Maria de Rocha Chevalley

Finde
deine Ganzheit
wieder

Mind Bridging® –
Die dynamische Kraft
Holographischer Psychologie

Verlag Via Nova

Übersetzung aus dem Englischen
von Günter Bien

1. Auflage 2000
Verlag Via Nova, Neißer Straße 9, 36100 Petersberg
Telefon und Fax: (06 61) 6 29 73
Internet:
www.verlag-vianova.de
www.transpersonal.com

Satz: typo-service kliem, 97647 Neustädtles
Druck und Verarbeitung: Rindt-Druck, 36037 Fulda
Alle Rechte vorbehalten
ISBN 3-928632-58-2

Vorwort

Holographische Psychologie
Finde deine Ganzheit wieder

Holographische Psychologie ist eine Psychologie für das 21. Jahrhundert. Sie verarbeitet Erkenntnisse der Physik des 20. Jahrhunderts, die die breite Öffentlichkeit sich noch nicht wirklich zu eigen gemacht hat, und steht auf dem Boden der transpersonalen Psychologie. Diese will den engen Reduktionismus überwinden, den die Richtungen der behavioristischen bzw. experimentellen Psychologie mit ihren aus den Wissenschaften des 19. Jahrhunderts abgeleiteten Denkmodellen mit sich brachten. In der Holographischen Psychologie begegnen einander Naturwissenschaft und Spiritualität auf ganz natürliche Weise. Es handelt sich um ein psychologisches Modell, dessen Wirkungen und Methoden Therapie und Lebenshilfe vereinen. Es ist ein leistungsfähiges neues Modell und eine positive Antwort auf die praktische Testfrage des kürzlich verstorbenen indianischen Heilers Sun Bear „Does it grow corn?" – „Trägt es Früchte?"

In *Psychology of Vision* habe ich die Entwicklung meines persönlichen Wachstums hin zu Vision, *Meisterschaft* und Erleuchtung beschrieben. Die Schönheit der *Holographischen Psychologie* liegt für mich darin, daß ihr Ausgangspunkt die Vorstellung von Ganzheit bzw. Nicht-Dualität ist, daß sie Heiligkeit und Einssein an den Anfang setzt – Einsichten und Wahrheiten, die Meister wiedererkennen oder wiederentdecken. Auf dieser Grundlage bietet dieses Buch Anweisungen und praktische Übungen, die zu diesen endgültigen und entscheidenden Einsichten verhelfen.

Geht man von der ohne Zweifel zutreffenden Voraussetzung der Ganzheit aus, zeigt *Holographische Psychologie* auch, wie gefangen wir in unseren Vorstellungen sind, und zeigt Wege aus den zahlreichen Fallen und Verlockungen des Getrenntseins vom Ganzen, denen wir zum Opfer fallen.

Ganz gleich, an welcher Stelle auf deinem Weg zur Erleuchtung, zur Erkenntnis der Ganzheit, du auch bist – dieses Buch wird dich immer wieder wachrütteln. Es wird dich daran erinnern, daß unsere Wahrnehmung der Welt eine Täuschung ist. Es wird dich weiter an dein spirituelles Erbe erinnern und seine dich verpflichtenden Geschenke der Gnade und daran, wie sich Mikrokosmos und Makrokosmos ineinander spiegeln. Oder, einfacher gesagt: Es wird dich daran erinnern, daß wir die Welt sind.

Dies Buch sei auch Wissenschaftlern empfohlen, die Beispiele und Methoden für „gelebte Holographie und Quantenphysik" suchen; Philosophen, die sich für die Bedeutung neuer Denkmodelle interessieren, in denen Physik, Welt und Denken zusammenkommen, und natürlich Psychologen, die nach neuen Ansätzen und Methoden suchen, um Menschen zu helfen.

Und schließlich richtet sich dieses Buch ganz besonders an Leute wie dich und mich, an Menschen in ihrem Alltag, und es kann in hohem Maße dazu beitragen, Antworten auf unsere Fragen nach Verstehen, persönlichem Wachstum und spiritueller Erkenntnis zu finden.

Chuck Spezzano, Ph. D.
Hawaii, im Oktober 1997

Widmung

Ich widme dieses Buch meinen Eltern. Bevor ich es fertigstellte, wußte ich nicht, daß beide, meine Mutter, Thereza Machado Rocha, und mein Vater, Alonso Rocha, mich durch ihre Liebe ständig lehrten, wie ich mein Herz und meinen Geist miteinander verbinden konnte; das Herz und den Geist von uns allen!

Ich widme dieses Buch meinen geliebten Söhnen Bernardo und Mauricio de Rocha Trindade.

Ich möchte dieses Buch besonders meinem Ehepartner Michel Chevalley widmen, mit dem ich in wahrer partnerschaftlicher Beziehung verbunden bin. Durch ihn komme ich immer wieder dazu, mein wahres Selbst zu erkennen. Durch seine Liebe half er mir, dieses Buch zur Welt zu bringen.

Schließlich widme ich dieses Buch unserer Ganzheit.

Inhaltsverzeichnis

Teil 5
Sei verantwortlich!

Sich wieder mit der Ganzheit zu verbinden ist der Mind Bridging-Weg

Du bist dazu geschaffen, den Gedanken der Ganzheit zu denken. Das ist Schöpfung. Das ist dein wahres Wesen. Doch du entscheidest dich, deine eigenen Gedanken zu denken. Das ist Fehlschöpfung. Das ist nicht dein wahres Wesen.

Du bist dazu geschaffen, in einer partnerschaftlichen Beziehung die Verbindung zur Ganzheit zu sein. Das ist dein wahres Wesen. Doch du blockierst diese Verbindung, indem du sie auf dich selbst beziehst. Damit bist du nicht dein wahres Wesen.

Du sollst wissen, daß dich nichts von deinem wahren Wesen trennen kann!

Du sollst wissen, daß deine Fehlschöpfung ein Weg ins Nichts, ins Nirgendwo ist. Wende statt dessen deine innere Kraft der Ganzheit zu. Das ist der Weg um alles, jedes Ziel zu erreichen.

Sich wieder mit der Ganzheit zu verbinden ist der Weg von Mind Bridging.

Danksagung

Ich danke allen, die seit meiner Kindheit in meinem Leben eine Rolle spielten. Ihre Unterstützung war mir eine Hilfe, mich selbst zu verstehen, und ermöglichte es mir, dieses Buch zu schreiben. Ich möchte allen meinen Therapeuten danken, ebenso allen meinen Klienten und Teilnehmern an Workshops, die mir halfen, mich zu öffnen, damit ich eine Brücke von meinem Herzen zu meinem Geist schlagen und dieses Wissen in mir zum Durchbruch kommen konnte.

Ich möchte der Schweiz danken, wo ich einen bedeutenden Teil dieses Werkes in friedvoller und harmonischer Atmosphäre entwickeln durfte. Meine Wertschätzung gilt allen meinen Freunden in der Schweiz, in Brasilien und überall auf der Welt für ihr Vertrauen, das sie mir entgegenbrachten. Ganz besonders dankbar bin ich auch Markus Wenger, meinem ersten Vertrauten in der Schweiz, der in seinen Überlebenskursen den Geist des echten Pioniers verkörpert.

Ich danke weiter Dr. Chuck Spezzano und seiner Frau Lency dafür, daß sie mir den Mut gegeben haben, in meinem schöpferischen Prozeß voranzukommen. Dr. Chuck Spezzano danke ich besonders für den aussagekräftigen Titel dieses Buches und sein Vorwort.

Ich danke Dawn Cartwright für ihre Integrität und ihre große Hilfe. Ferner danke ich Jon Emerson Colbath für seine unentbehrlichen Ratschläge, Jennifer Kennan Zindel für das Tippen und ihre Unterstützung und Lorenzo Conti für seine Skizzen und seine Bereitwilligkeit, die notwendigen Änderungen vorzunehmen, sowie Dieter Schmitz für die Porträtaufnahme und François Barton für seine hilfreichen Hinweise und seine große Freundlichkeit.

Mein Dank gilt meinem Verleger Werner Vogel für seine Begeisterungsfähigkeit, seine Anregungen und sein Vertrauen in die Botschaft dieses Buches. Weiter möchte ich Dr. med. Christian Larsen danken, der mich mit Werner Vogel bekanntgemacht hat.

Von ganzen Herzen danke ich Dr. med. Sydnea Torri de Araujo, mit der ich die allerersten Ideen zu diesem Buch gemeinsam besprach; sie mündeten schließlich in einer gemeinsamen Praxis.

Tiefe Wertschätzung empfinde ich für meine Freunde Philippe Baechtold für seine unschätzbare juristische Betreuung sowie für Dr. med. Georg Lück für seine kritischen Kommentare während der letzten Phase der Fertigstellung dieses Buches.

Meine tiefe Wertschätzung gilt auch Martha und Maurice Chevalley, die mich mit ihrer großen Sensitivität und mit ihrer unkomplizierten Lebenseinstellung inspiriert haben.

Mein Dank gilt Clelia Luiza da Silva für ihre Klugheit und beständige Ermutigung und Marlene Gomes für ihre aufrichtige Freundschaft.

Ich danke auch meinem Freund, dem Philosophen Richardo Neri, für die unzähligen Stunden, die wir damit verbrachten, neue Auffassungen vom wahren Wesen der Realität zu erforschen.

Danken möchte ich meinem ersten Ehemann Marcio Trindade; mit ihm als Partner machte ich wichtige Schritte zu meiner Reife und meinem Selbstverständnis. In einem tiefen Sinn war diese Ehe meine Lebensschule.

Weiter empfinde ich tiefe Dankbarkeit zu meinem Bruder Tarcisio M. Rocha und zu meinen Schwestern Auxiliadora Calabria, Maria Elisa Machado, Maria José Ferreira und Maria Tereza Pires für ihre Liebe. Auch meinen Schwägern danke ich für ihre unerschütterliche Freundschaft.

Von ganzen Herzen möchte ich der Gegenwart von Wahrheit und Heiligkeit in mir selbst danken. Sie hat meinen Geist wieder mit seinem schöpferischen Wesen, das Liebe ist, verbunden. Die Botschaft, die mir gegeben wurde, lautet: Dies ist das Mind Bridging-Buch. Laßt uns gemeinsam Brücken des Geistes bauen.

Die erste Innenschau, wie du deine Ganzheit wiedergewinnst

Wenn du dich nicht um deine Brücken kümmerst, kannst du deinem Geist keine Brücken bauen[1]

Diese Worte kamen mir ganz plötzlich mit machtvollem Klang und Licht in den Sinn. Dieser Augenblick war der Wendepunkt in meiner Arbeit der Erforschung des Geistes. Heute weiß ich, daß wir die dynamischen Kräfte eines gesunden Geistes verstehen können, indem wir die tiefe Bedeutung aufdecken, die hinter diesem verwirrenden Satz liegt! Was ich damals erfuhr, war eine Innenschau, die zu einer holographischen Sicht des Geistes führte. Das heißt, daß der Geist sich wie ein Hologramm entfaltet (siehe Glossar). Die Ganzheit drückt sich als eine schöpferische Bewegung aus. Diese Bewegung erzeugt Geist-Hologramme (siehe Glossar), deren Sinn darin besteht, kreativ mit der Ganzheit zusammenzuwirken. Dieser Sinn manifestiert sich als Selbst in einer partnerschaftlichen Beziehung zwischen den manifesten und nichtmanifesten Realitäten. Das Selbst offenbart sich als vielschichtige Erscheinungsform der Ganzheit. Jede dieser Manifestationen ist in der Ganzheit enthalten, und zugleich ist die Ganzheit in jeder dieser Manifestationen enthalten. So ist das Selbst eine holographische partnerschaftliche Beziehung. Es entfaltet sich in unserer physischen Realität in den Geist-Hologramm-Dimensionen von schöpferischem Mitwirken, hoher Energie und Selbstbewußtheit. Wenn sich diese drei Dimensionen durch einen überbrückenden Prozeß gleichzeitig manifestieren, erscheint eine neue, die vierte Dimension in unserem menschlichen Geist, nämlich die Widerspiegelung und Aktualisierung der Ganzheit, die sich in uns offenbart. Tatsächlich ist das Selbst die Essenz des Menschlichen.

Was bedeutet Innenschau? Innenschau ist unbegrenzte Intelligenz, die sich als tiefes Verstehen manifestiert. Sie ist vereinheitlichte Energie, reine Bewußtheit. Sie ist Ganzheit. Sie ist, „was ist". In jenem Augenblick, als die Worte „wenn du dich nicht um deine Brücken kümmerst, kannst du deinem Geist keine Brücken bauen" in mir aufkamen, wurde ich mir eines neuen Weges, den Geist zu verstehen, voll und ganz bewußt. Aber erst später konnte ich durch Innenschau Stück für Stück die holographische Vision erfassen, die sich mir anbot. Ich war höchst motiviert, diese neuen Ideen zu entwickeln. Ich begann sie mit dem in Verbindung zu bringen, was ich in

Psychologie, Philosophie, Kommunikationswissenschaft und anderen verwandten Sachgebieten gelernt hatte. Endlich war ich nach harter Arbeit, die Systematisierung, Erfahrung mit Patienten, Gruppentherapie, Schreiben und meinen eigenen tiefen persönlichen Transformationsprozeß einbezog, in der Lage, ein holographisches Modell des Geist-Körpers (siehe Glossar) zu entwerfen. Mir wurde die Eingebung zuteil, dieses Werk *Holographische Psychologie* zu nennen.

Überblick

Die Bezeichnung *Holographische Psychologie* besagt, daß der Geist sozusagen mit den „Augen eines Hologramms" gesehen wird. *Holographische Psychologie* lehrt, daß der Geist die Bewegung der Ganzheit ist und sich in hologramm-ähnlicher Weise manifestiert. In diesem Buch biete ich eine ausführliche Erklärung der holographischen Natur des Geistes an und benutze dabei einen theoretischen, einen praktisch-experimentellen und einen persönlichen Ansatz.

Das Vorhaben

Die Absicht dieses Buches ist es, die analytischen und die holographischen Perspektiven des Geistes zu integrieren und so eine Brücke zwischen traditioneller und „aktualisierter Psychologie" zu schlagen, wobei die letztere Geist und Körper als eine „Quantenrealität" (siehe Glossar) in ewiger Transformation versteht. Dieser Ansatz vertritt die Auffassung, daß eine ergänzende Wechselbeziehung zwischen den linearen und den holographischen Aspekten des Geist-Körpers besteht. Um die Aussage dieses Buches verstehen zu können, muß man Vergleiche, Unterscheidungen und die Versuchung, Etiketten zu benutzen, beiseite lassen. Dieses Werk ist vor allem mit einem offenen Herzen aufzunehmen; das wird Raum schaffen, damit sich etwas Neues zeigen kann. Ich erwähne das, weil ich selbst oft versucht war, an diesem Werk zu zweifeln. Wie jeder weiß, verweigert sich unser Geist üblicherweise dem Unbekannten. Zum Glück fühlte ich nach anfänglichen Augenblicken fehlenden Vertrauens, daß Begeisterung, Bewunderung und – warum soll ich es nicht sagen? – Hochachtung und eine tiefe Liebe für dieses Werk so wuchsen, daß ich mich immer weiter darauf einließ.

Es ist jetzt zehn Jahre her, seit ich die in diesem Buch vorgelegten Ideen zu entwickeln begann. Während dieser Jahre, in denen ich viele Höhen und Tiefen erlebte, konnte ich ständig die Wahrheit der Lehren dieses Buches erfahren und in mir selbst in einer solchen Weise umsetzen, daß ich dieses

Werk schließlich zur Welt bringen konnte. Immer wieder wurde ich herausgefordert zu lernen, meine Geist-Hologramme miteinander zu verbinden. Deswegen war ich das „Laboratorium" (und bin es noch), in dem sich dieses Wissen manifestierte. Zu dieser Herausforderung gehörte, meine inneren Werte auf ihre Gültigkeit zu überprüfen. Mein Leben fing an, eine neue Richtung zu nehmen. Ich wurde aufgefordert, neue Schritte in Richtung Transformation zu tun. Diese Transformation schloß eine intensive Zeit der beruflichen Neuorientierung und persönlichen Entwicklung mit ein, die wechselweise zwischen Brasilien und dem Ausland stattfand. In dieser Zeit traf ich meinen jetzigen Mann. Ich bin in seine Heimat, die Schweiz, gezogen, die inzwischen auch meine Heimat geworden ist. Diese Veränderung brachte es mit sich, sowohl mein Heimatland Brasilien als auch meine erste Ehe zu verlassen. Das schloß auch die Erfahrung mit ein, weit weg von meinen zwei Söhnen zu leben.

Der Richtungswechsel in meinem Leben hat mich ermutigt, neue und kreativere Wege in den Beziehungen zu Familie, Religion, Beruf, Geld, Gesundheit, zu Freunden und natürlich zu mir selbst zu suchen. Ich bin immer noch daran, eine Menge altes Zeug loszulassen. Ich spüre, daß eine neue, für meine gegenwärtigen Bedürfnisse geeignetere Energie in meinem Geist und Körper entsteht. Was ich Schritt für Schritt lerne, ist immer wieder, ins Zentrum meines Geistes zurückzufinden. Dies ist der Ort, wo ich Verstehen und Mitgefühl finde, ganz sicher nicht ein Ort, wo ich festgehalten werde. Ich ziehe mich hierhin nicht zurück, verstecke mich hier nicht vor dem, was wesentlich ist. Ich versuche immer zu sehen, was da ist, um mich selbst zu erkennen und die Wahrheit zu finden. Das Zentrum meines Geistes ist da, wo ich Liebe, Wohlbefinden, Verbundensein und Fülle finden kann. Es ist nichts anderes als Frieden! Immer wenn ich Frieden in mir spüre, entfalten sich neue Schichten des Verstehens in meinem Geist. Wenn dies geschieht, überschreitet mein Geist einige seiner Begrenzungen, läßt mich in meinem Leben und meinem Werk, das ich in diesem Buch vorlege, weiterkommen. Dies macht deutlich, daß unser Wachstum und jegliche schöpferische Arbeit mit Bewußtheit zu tun hat. Bewußtheit befreit unseren Geist. Nur durch Bewußtheit können wir uns weiterentwickeln.

Schließlich enthält dieses Buch meine Lehrzeit in bezug auf den holographischen Geist. Oft fühlte ich mich in eine Schule einer anderen Dimension versetzt. Meine Lehrzeit war nicht nur intellektuell ausgerichtet, sie war auch durch Intuition und Inspiration und von Gefühlen und Erfahrungen geprägt. Oftmals fühlte ich mich inmitten der sieben Mind Bridging-Hologramme, in einem psychologischen System, das auf sieben Diagrammen beruht, die ich zur Erklärung der holographischen Natur des Geistes entwickelte. Dieses

System ist der Ursprung der *Holographischen Psychologie*. In diesen Erfahrungen verstand ich nicht nur, sondern fühlte auch ganz tief die Bedeutung jedes Wortes, das die Mind Bridging-Hologramme beschrieb. Dieser meditative Prozeß geschah in Zeitabschnitten von vier, fünf und manchmal sogar sieben Stunden ohne Unterbrechung. Erst später wurde mir bewußt, wieviel Stunden ich in dieser Erfahrung, die Sieben Mind Bridging-Hologramme und ihre polaren Gegensätze zu verstehen, tatsächlich verbracht hatte:

Verbindende Geist-Hologramme		Trennende Geist-Hologramme	
(siehe Glossar)		(siehe Glossar)	
	Wahre Identität	Moralismus	
	Ursprünglichkeit	Persönlicher Mythos	
Verbindender Pol:	Selbstbesitz	Tabu	**Trennender Pol:**
Der ganzheitliche	Meisterschaft	Ritual	**Der fragmentierte**
Geist-Körper	Vereintsein	Aberglaube	**Geist-Körper**
	Partnerschaft	Vergötterung	
	Beziehung	Ich-sollte-ich-müßte-Pakt	

Ich möchte an dieser Stelle deutlich machen, daß mein Zugang zur Lehre des holographischen Geistes selbst durch holographische Erfahrungen möglich wurde. Durch diese Erfahrungen kam das Verstehen nicht auf folgerichtig-lineare Weise, sondern wurde als ein Ganzes vermittelt. Erst nachdem ich dieses Wissen auf eine holographische Art erlangt hatte, benutzte ich die auf linearer Folgerichtigkeit beruhende Fähigkeit meines logischen Verstandes, um sie in ein System zu integrieren.

Um ein tieferes und zugleich leichteres Verstehen zu ermöglichen, erkläre ich im Glossar am Ende dieses Buches die Bedeutung neuer Begriffe, die das spezifische Fachvokabular der *Holographischen Psychologie* ausmachen. Dazu gehören auch uns eigentlich vertraute Begriffe, die aber im Zusammenhang dieses Buches nicht immer die uns bekannte Bedeutung haben. Um den Lesefluß nicht zu beeinträchtigen, habe ich auf umständliche Formulierungen wie „er oder sie" verzichtet; wenn im folgenden von „er" die Rede ist, sind selbstverständlich beide Geschlechter gemeint.

Für wen dieses Buch bestimmt ist

Das Buch richtet sich an uns alle. Es ist für Psychologen, Philosophen, Theologen, Wissenschaftler und Studenten geschrieben und für jeden, der sich zum Geist hingezogen fühlt. Ganz bestimmt war es diese Anziehung, die ich Anziehung zur Wahrheit hin nenne, die mich zu meinen Universitätsstudien auf dem Gebiet der Humanwissenschaften führte. Durch Kommunikationswissenschaft, Psychologie und Philosophie begann ich den Geist zu verstehen.

Meine Wissensbegierde über den Geist führte mich auch zu weniger akademischen Studien, zu Workshops und Seminarveranstaltungen in Brasilien und anderen Ländern; sie ermöglichten mir viele wichtige Erfahrungen. Reisen um die Welt halte ich für eine gute Gelegenheit, durch das Medium verschiedener Kulturen etwas über den menschlichen Geist zu erfahren. Meine Wissensbegierde führte mich auch zur Meditation, die seit 1980 ein wichtiger Teil meines Lebens geworden ist. Meditation befähigte mich, tiefere Schichten meines Geistes zu erkunden. Wenn ich meditiere, fühle ich, daß ich zu meiner Mitte zurückkehre, und dies läßt Wandlung und Verbesserung in mir wirksam werden. Ich gelangte zu der Einsicht, daß Meditation für den Prozeß der Bewußtwerdung sehr wichtig ist.

Seit mehr als dreizehn Jahren erforsche ich den Geist. Natürlich schließt dies meine persönliche Suche genau so mit ein wie meine Arbeit in persönlicher Beratung und Gruppentherapie. Heute sehe ich, daß ich von Kindheit an ein natürliches Interesse für den Geist hatte. Ich erinnere mich, daß ich Fragen über das Wesen aller möglichen Dinge stellte, daß ich alles beobachtete, daß ich tief in mir ein Gefühl der Resonanz mit Menschen und Ereignissen erfuhr. Und das ist ganz besonders wichtig: Ich erinnere mich, daß ich in dieser Zeit die Stille erfuhr und das Gefühl, mich durch den Raum zu bewegen.

Die Realität des Geistes

Dies Buch führt uns dazu, neu zu überdenken, was die wahre Realität des Geistes ist. Ein Teil von mir ist sehr pragmatisch und analytisch. Trotzdem habe ich zunehmend meinen intuitiven, ganzheitlichen Geist erfahren. Ich erfahre ständig, wie unbegrenzt er ist. Diese holographischen Erfahrungen haben mir offenbart, daß der Geist eine völlig andere Realität besitzt, als wir ihm zuschreiben.

Veränderung von Paradigmen

Natürlich können wir die Auffassung, unser Geist habe keinen Zugang zu andern Dimensionen, nicht länger aufrechterhalten. Die Zeit ist gekommen, die holographische Natur unseres Geistes anzuerkennen, und wir müssen damit aufhören, unsere geistigen Erfahrungen, die nicht dem Üblichen entsprechen, als abnormale, verdächtige Phänomene anzusehen, die nur von „Mystikern" erfahren werden. In Wahrheit sind wir alle mit einem dem Mystischen zugänglichen Geist ausgestattet; dies ist unser transzendenter Geist. Wenn wir unser gegenwärtiges Denk-Paradigma verändern, werden wir unsere transzendenten Erfahrungen als die ganz natürlichen Erfahrungen unseres Geistes begreifen lernen, von denen niemand ausgeschlossen ist.

Die Brücke

Schließlich hoffe ich, daß dieses Buch die Brücke sein kann, die Mind Bridging möglich macht. Mind Bridging ist der verbindende Prozeß, durch den wir es erlernen und auch erreichen können, die Gabe, die unser ganzheitlicher Geist ist, anzunehmen. Die Ideen in diesem Buch werden nicht in einem vorgegebenen starren Rahmen präsentiert. Sie folgen vielmehr einer sich von selbst ergebenden, nicht vorherzusagenden schöpferischen Notwendigkeit (siehe Glossar), die charakteristisch für das holographische Denken ist. Das bietet uns die Möglichkeit, uns der Wechselbeziehung und Durchdringung des holographischen Geistes bewußt zu werden. Dies läßt uns den Geist als eine Realität verstehen, die frei ist von strengen, einengenden Strukturen, die allein auf den Prinzipien des linearen Denkens beruhen, was Ursache und Wirkung bedeutet.

Die Herausforderung

In diesem ganzen Buch wirst du dich einer großen Herausforderung gegenübersehen, die die Entdeckung der Brücken in deinem Geist betrifft, ihr Wesen und ihre Bedeutung. Deine Brücken sind Wege zu schöpferischem Mitwirken, hoher Energie und Selbstbewußtheit. Sie sind daher ein Ruf nach Ganzheit. Sie sind zugleich die Energien deines Geistes. Es sind die Hologramme deines Geistes.

Die Erfahrung von Mind Bridging

In den jeweiligen Einleitungen zu den fünf Teilen dieses Buches beschreibe ich einige meiner eigenen holographischen Mind Bridging-Erfahrungen. Diese Erfahrungen ermöglichten mir, die Grenzenlosigkeit meines Geistes zu erleben, indem ich mich mit seiner holographischen Dimension verband. Sie waren wichtig, um meinen kreativen Weg zu finden, der mich schließlich dazu brachte, die *Holographische Psychologie* ins Leben zu rufen und dieses Buch zu schreiben.

Diese Mind Bridging-Erfahrungen, die ich jeweils den einzelnen Abschnitten voranstelle, sind bedeutungsvoll für die dem Buch zugrunde liegende Botschaft. Durch sie können Verbindungen zwischen den holographischen und den analytischen Dimensionen des Geistes hergestellt werden. Ausgehend von der holographischen Perspektive, die in den Erfahrungen von Mind Bridging angeboten wird, kannst du selbst eine Verbindung zur analytischen, rationalen Perspektive herstellen, die durch die logische und verständliche Struktur dieses Buches gegeben ist. Ich möchte dir noch mitteilen, daß die Innenschau, die mich sozusagen „erinnerte", meine persönlichen Mind Bridging-Erfahrungen niederzuschreiben, erst drei Tage vor Beendigung der ersten Fassung dieses Buches kam. Ich bin mir bewußt, daß der tiefste Sinn dieser Mind Bridging-Erfahrungen darin liegt, dich zu ermutigen, die Unbegrenztheit deines eigenen Geistes anzuerkennen und dir zu ermöglichen, deine eigenen Erfahrungen zu machen. Diese Erfahrungen sind allen zugänglich.

Ich betrachte dieses Buch als ein Geschenk! Ich fühle, daß es eine Wechselbeziehung gibt zwischen diesem Geschenk und meiner Bereitschaft, in der Wahrheit zu sein, meiner rastlosen Suche nach meinem kreativen Wesen. Wenn ich auf mein Leben zurückblicke, sehe ich, daß ich viele Fehler gemacht habe. Ich glaube, daß dieses Wissen in mir aufkam, um mich zu inspirieren, meine Fehler auf der Stelle zu korrigieren. Diese Inspiration basiert auf dem, was wesentlich ist – Vergebung, Liebe und Achtung gegenüber meinem wahren Selbst. Und das ist es, was ich durch die Mitteilung dieses Wissens gelernt, entwickelt und gelehrt habe. Wir lehren immer, was wir lernen sollten!

Die Geburt

Die Geburt dieses Buches, wie es anfing und sich entwickelte, ist der lebendige Ausdruck vieler Eingebungen. Dieses Buch ist eine holographische Vision des Geistes mit der Absicht, den Frieden wiedererlangen. Eine der ersten Eingebungen war: „Dieses Buch ist für den Frieden, den Frieden des Geistes, geboren. Es ist eine Brücke. Es ist das Mind Bridging-Buch."

Zürich, Schweiz   Maria de Rocha Chevalley
Frühjahr 2000

Teil 1

Weißt du,
daß dein Geist-Körper
holographisch arbeitet?

Inspiration

Dies Buch wurde durch eine Innenschau inspiriert, die ich 1987 in Belo Horizonte (Brasilien) hatte, wo ich damals lebte. Es war drei Uhr nachmittags, und ich war mit meinen Auto unterwegs. Als ich an der Sant' Ana-Kirche vorbeifuhr, hörte ich eine innere Stimme, die mir mitteilte: „Geh hinein." Ich hatte keinen Grund, in die Kirche zu gehen, und deshalb verweigerte ich mich der Aufforderung. Ich erinnere mich noch gut, wie ich mir sagte: „Nein, ich möchte nicht hineingehen." Statt dessen fuhr ich weiter. Nach kaum hundert Metern hörte ich die innere Stimme wieder. „Geh hinein." Die Stimme war stärker, aber genau so liebevoll wie beim ersten Mal. Jetzt zögerte ich nicht mehr. Ich kehrte zur Kirche zurück. Sie war ganz leer und völlig still. Ich schloß meine Augen und fragte: „Warum bin ich hier?" Als ich meine Augen wieder öffnete, sah ich für den Bruchteil einer Sekunde, daß das riesige Kreuz hinter dem Altar sich zweimal in meine Richtung neigte. Dann hörte ich eine friedvolle innere Stimme, die aus jenem Teil meines Geist-Körpers kam, der mit der Ganzheit verbunden war. Ich verstand dies als eine Botschaft von Jesus: „Du bist hier, um mir zu helfen, meine wahre Botschaft zu verbreiten, die eine Botschaft der Liebe ist, indem du die verschiedenen Lehren in der Welt durch diese Liebe vereinst." Ich fragte zurück: „Aber wie soll das geschehen?" Die Antwort lautete: „Warte ab." Es war keine große Überraschung, weil mir bewußt war und ist, daß sich ein Teil meines Geistes und ebenso ein Teil des Geistes aller anderen – nämlich der, der ganz ist und alle Weisheit enthält – sich selbst durch Inspiration manifestieren kann.

Von diesem Augenblick an spürte ich, daß sich mein Leben änderte. Eine neue spirituelle Motivation kam in mir auf. Sie manifestierte sich als wachsende Anziehung zur Wahrheit, zum Geist, zur schöpferischen Bewegung der Ganzheit hin. Aber erst zwei Jahre später, im August 1989, öffneten sich mein Herz und Geist anderen Einsichten über den Geist. Da erst begann ich die Ideen zu entwickeln, die nach zehn Jahren in der *Holographischen Psychologie* ihren Höhepunkt fanden. Im Dezember 1994 erhielt ich eine Eingebung, die mir offenbarte, daß „dieses Werk auf Mind Bridging gründet". Aber erst im April 1996 kam ich auf die Bezeichnung *Holographische Psychologie*.

1
Innenschau ist die Erfahrung von Weisheit im still gewordenen Geist-Körper

Der Intellekt ist nur ein Aspekt deines Geist-Körpers. Er ist ausgerichtet auf die Aufgabe, die nicht an einen Ort gebundene, holographische Realität des Geist-Körpers in seine lineare, analytische Realität zu übersetzen.

Zu deinem Bewußtheitsprozeß gehört, daß du in einem inneren Zustand der Empfänglichkeit gegenüber deinen Absichten bist, während du durch deine Aufmerksamkeit die Bewegung deines Geist-Körpers anerkennst. So erfährst du eine bewußte Verbindung mit der kreativen Bewegung deines Geist-Körpers; diese Bewegung ist Ausdruck der transformierenden Natur deines Bewußtseins. Es ist wichtig zu bedenken, was dein Geist-Körper ist. Gewöhnlich nehmen wir an, Geist sei identisch mit Intellekt und dieser Intellekt sei vom physischen Körper getrennt. Der Intellekt ist nur ein Aspekt deines Geist-Körpers. Er ist ausgerichtet auf die Aufgabe, die nicht an einen Ort gebundene, holographische Realität des Geist-Körpers in seine lineare, analytische Realität zu übersetzen. Beide Realitäten sind Manifestationen der Bewegung des Geist-Körpers. Dabei ist der Intellekt der „Organisator" der Bewegung des Geist-Körpers, nicht ihr „Schöpfer". Die Bewegung des Geist-Körpers ist vielmehr die kreative Bewegung der Ganzheit. Sie ist eine einzigartige transzendente und zugleich physische Realität in ständiger Neuschöpfung und Transformation.

Deine Probleme verraten einen Mangel an Bewußtheit und sind deutliche Symptome deines die Wirklichkeit verzerrenden Intellekts. Dies funktioniert in der gleichen Weise wie bei einem Vortrag mit Simultanübersetzung. Während der Referent spricht, beschließt der Übersetzer, die vom Referenten seinen Zuhörern gegebene Information zu verdrehen. Dein verzerrender Intellekt verhält sich ähnlich wie dieser Übersetzer. Er versucht, deine wahre Natur, die im Kern Kommunikation ist, zu verzerren, indem er ein unechtes Selbst verkörpert, um sich so zum „Schöpfer" der Geist-Körper-Bewegung zu machen. So versucht er, eine fehlkreative Bewegung deines Geist-Körpers auszulösen, die gegen die kreative Bewegung der

Ganzheit verläuft. Dies spiegelt eine Verzerrung in der analytischen Realität deines Geist-Körpers wider, welche die holographische Realität deines Geist-Körpers daran hindert, sich in dir angemessen zu manifestieren. Die direkte Folge ist, daß deine intellektuellen Fähigkeiten entweder dominant und extrem rationalistisch verzerrt oder widersprüchlich und unlogisch werden. Das wiederum zeigt, daß dein Intellekt zuviel oder zuwenig Struktur hat; er besteht darauf, die Bewegung deines Geist-Körpers völlig zu beherrschen und zu kommandieren. Folglich bist du dann nicht mehr fähig, eine ganzheitliche Sicht zu haben.

Wenn du fähig bist, in der Gegenwart zu sein, und zugleich in dir präsent bist, gelingt dir die Vereinigung von Zeit und Raum in dir.

Deine Aufmerksamkeit wirkt wie ein Fenster und deine Absicht wie ein Cursor zu deinen verschiedenen Dimensionen. Es kommt zu einem Mangel an Bewußtheit, wenn deine Aufmerksamkeit und deine Absicht die Verbindung zur schöpferischen Bewegung deines Geist-Körpers aufgeben und sich abspalten. Die Ursache liegt in einer übersteigerten oder zu geringen intellektuellen Aktivität. Beides verzerrt sowohl die Aufmerksamkeit als auch die Absicht. Geschieht dies, so beginnen Aufmerksamkeit und Absicht unabhängig von der Ganzheit zu arbeiten und können nicht mehr schöpferisch zusammen mit ihr wirken. Dann beginnst du deine Aufmerksamkeit und Absicht ausschließlich auf dich zu richten, wirst darin gefangen und blockierst damit die schöpferische Transformation der Bewegung deines Geist-Körpers. Selbst wenn du deine zwanghaft ausgerichtete Aufmerksamkeit und Absicht losläßt, gerätst du jedoch, da dein Intellekt verzerrt ist, oft in die entgegengesetzte Falle – du widmest den Vorgängen um dich herum zu viel Aufmerksamkeit. Du beginnst zwanghaft zu analysieren, zu vergleichen und einzuordnen. Dasselbe selbstbezogene Verhalten spiegelt sich in deinem Geist-Körper wider, was ihn unaufmerksam und zerstreut werden läßt, weil du deinen Mittelpunkt verläßt.

Dein selbstbezogenes Verhalten verweist auf mangelnde Verbindlichkeit dir selbst gegenüber. Es läßt eben nicht zu, daß du Bewußtheit entwickelst, denn Bewußtheit bedeutet, daß du in deinem Mittelpunkt bleibst. In deinem Mittelpunkt gibt es keinerlei Trennung, nur Ganzheit. Folglich gibt es keine Unachtsamkeit, auch keinerlei Form von Kontrolle, sondern nur reine Kreativität. Wichtig ist zu verstehen, daß die Entwicklung von Bewußtheit nicht einfach dadurch zustande kommt, daß du deinen intellektuellrationalen Geist-Körper angemessen einsetzt. Zur Bewußtheit gehören vielmehr Empfindungen, Gefühle, Inspiration, Verstehen und noch weit mehr.

Deine Aufmerksamkeit ist die Verbindung deiner rezeptiven geistigen Energie mit deiner inneren weiblichen Realität. Beide haben mit deiner raum-korrelativen Realität zu tun. „Raum-korrelative Realität" bedeutet, daß du durch deine Aufmerksamkeit anerkennst, was in der Gegenwart abläuft, um so sensibel und schöpferisch mit deinem „inneren Raum" und „äußeren Raum" umgehen zu können. So ist es möglich, daß du das kreative Potential deiner inneren Welt mit dem deiner äußeren Welt verbinden kannst und auf diese Weise mehr kreative Energie erhältst. Dies bedeutet auch, daß du dich nicht ablenken läßt, weder durch Erfahrungen in der Vergangenheit noch durch Sorgen um die Zukunft. Du kannst mit deinen emotionalen Begrenzungen umgehen. Du wirst in die Lage versetzt, dich und dein Leben praktisch und effizient zu ordnen. Dies ermöglicht es dir, dich an die Fülle des Universums anzuschließen und dich mit schöpferischer Energie aufzuladen. Als direkte Folge davon erfährst du Harmonie und schwingst mit der schöpferischen Ordnung dieses harmonischen Universums mit. Dann besteht auch zwischen dir und dem Universum keine abstoßende Kraft mehr, statt dessen erlebst zu Anziehung.

Deine Absicht ist die Verbindung deiner aktiven geistigen Energie mit deiner inneren männlichen Realität. Beide haben mit deiner zeit-gerichteten Realität zu tun. „Zeit-gerichtete Realität" bedeutet, daß du in dir gegenwärtig bleibst und auf deine Absichten eingehen kannst. Du bist dann fähig, sie zu lenken, und kannst aktiv und mitschöpferisch mit deiner „inneren Zeit" und deiner „äußeren Zeit" umgehen. So kannst du dich und dein Leben auf deinen schöpferischen Lebenssinn hin ausrichten, statt vom Durcheinander deiner verschiedenen Absichten verwirrt zu werden. So kannst du jetzt zum Beispiel die schier endlose Liste der Dinge, die du erledigen solltest, einfach sein lassen. Statt dessen konzentrierst du dich auf die wirklich wichtigen Dinge. Du kannst das, was nicht mehr zu dir paßt, loslassen. Du setzt deine Prioritäten und improvisierst, wenn es nötig ist. Du läßt dich deshalb nicht mehr von entgegengesetzten Richtungen hin und her zerren: Du weißt einfach, was du willst! Du erfährst Integration!

Wenn du fähig bist, in der Gegenwart zu sein, und zugleich in dir präsent bist, gelingt dir die Vereinigung von Zeit und Raum in dir. Diese Vereinigung ist eine Folge der Verbindung zwischen deinen rezeptiven und aktiven Geist-Energien, den weiblichen und männlichen Realitäten in dir, und folgerichtig auch zwischen deiner Aufmerksamkeit und Absicht. Dies läßt Bewußtheit zu! Bewußtheit ist also die Verbindung deiner raum-korrelativen Realität mit deiner zeit-gerichteten Realität. Immer wenn es zu dieser Vereinigung kommt, wird Ganzheit in deinem Geist-Körper widergespiegelt und aktualisiert. Diese Verbindung, im Gegensatz zu Fragmentierung (siehe Glossar), bedeutet schöpferisches Mitwirken.

Wie oft „schläfst" du ein, während dein Leben an dir vorüberzieht? Wie oft blockierst du deine kreative Erweiterung, weil du versucht bist, Kontrolle auszuüben?

Was war dein Grundfehler? Er bestand in dem Versuch, deinen Geist-Körper unter deine Kontrolle zu bringen, indem du deine eigenen Überzeugungen und Regeln schufst und psychologische, soziale, wissenschaftliche, kulturelle und religiöse Modelle als absolute Wahrheiten akzeptiert hast. Modelle sind nur Vorstellungshilfen. Sie sind nicht die absolute Wahrheit. Wenn du deine eigenen Überzeugungen, Regeln und Modelle für absolute Wahrheiten hältst, führt das am Ende zu einer Blockierung deines Bewußtwerdungsprozesses. Bewußtheit heißt, deine eigene innere Weisheit in jedem Augenblick, in jeder Situation anzuerkennen und anzuwenden. Bewußtheit schließt schöpferische Transformation ein.

Warum ist Ausübung von Kontrolle dein Grundfehler? Dein Geist-Körper ist Bewegung. Er ist raum- und zeitlos, unbeständig, sich immer erneuernd, transzendierend und unbegrenzt! Er ist Transformation. Im wesentlichen ist er ein ständiger Informationsfluß. Dein Geist-Körper existiert sowohl in der nicht-manifesten, transzendenten Realität als auch in der manifesten und physischen. Dein Geist-Körper ist innerhalb der Ganzheit, deiner reinen Bewußtheit. Er ist auch in deiner alltäglichen Bewußtheit, wo du in der Ganzheit bist. Wenn du versuchst, die kreative Bewegung deines Geist-Körpers durch Trennen und Rationalisieren zum Stillstand zu bringen, wird sie durch dein Verhaftetsein zurückgehalten. Dies schafft Leid. Leid ist nichts anderes als eine Folge des Ausübens von Kontrolle. Dein Geist-Körper, der die dauernde Manifestation deines Bewußtseins ist, kann nur dann sein ganzes kreatives Potential entfalten, wenn du selbstverantwortlich mit ihm umgehst und ihn nicht zu kontrollieren versuchst. Versuchst du ihn zu kontrollieren, vergehst du dich gegen die mitschöpferische Natur deines Geist-Körpers, die dazu da ist, die ganzheitliche Bewegung deines Bewußtseins auszudrücken.

Dein Bewußtsein verfügt über die schöpferische formgebende Qualität, sich sowohl in besonderer Weise zu konzentrieren als auch zu expandieren. Wo zum Beispiel ist dein Bewußtsein während der Augenblicke, in denen du an ein vergangenes oder zukünftiges Ereignis denkst oder dich in Gedanken mit anderen in Verbindung setzt, die weit weg sind (wie z.B. wenn ich an meine Geschwister denke, die weit entfernt von der Schweiz, in Brasilien, leben)? Unser Bewußtsein ist genau dort, wo diese Ereignisse stattfinden und wo diese Menschen leben. Auch wenn du dir gar nicht klar machst, daß du an diese Menschen oder Situationen denkst, sollst du wissen, daß dein Bewußtsein dort ist, wo deine innere Aufmerksamkeit, deine innere Absicht und deine innersten Geist-Körper-Empfindungen sowie dein Wille miteinander verbunden sind.

Deine Aufmerksamkeit und Absicht, deine Empfindungen und der Stoffwechsel deiner Drüsen und inneren Organe, die Manifestationen deiner fünf Sinne, deine Inspiration und deine willensabhängigen Wahrnehmungen sind mit den ganz feinen Manifestationen deiner Gedanken und deiner Vorstellungskraft in wechselseitiger Beziehung verbunden. Deine Wahrnehmung ist nicht von deinem Willen getrennt. Das eine ist nur ein Spiegelbild des anderen. Was du wahrnimmst, spiegelt deinen tiefen Willen wider, der dir normalerweise verborgen ist. Läßt du dich von deiner Aufmerksamkeit und Absicht trennen, gehen sie auf Tauchstation. Dadurch hinderst du dich daran, für deinen eigenen Willen verantwortlich zu sein. Deine Entscheidungen werden zu unbewußten Entscheidungen. Verwirrung ergreift dann von deinem Geist-Körper Besitz. Du wirst überwältigt von unsinnigen Verhaltensweisen. Deine Geist-Körper-Empfindungen werden zu vage oder zwiespältig. Deine Gefühle geraten in Konflikt miteinander, und deine Gedanken produzieren zwanghaft sich selbst und werden konfus. Du kannst keine ganzheitliche Wahrnehmung mehr haben.

Deine „Entscheidung", dich von der inneren Aufmerksamkeit und Absicht abzukoppeln, kann man damit vergleichen, daß du allein in deinem Auto fährst und ganz plötzlich die unsinnige Entscheidung triffst, im fahrenden Auto ein Schläfchen zu machen. Wie lange wird das gut gehen, bevor es kracht? Dies Beispiel läßt sich auf deinen Geist-Körper anwenden. Du bist aufgerufen, deinen Geist-Körper mit vereinheitlichter Aufmerksamkeit und mit sinnvoll zusammenhängender, fokussierter Absicht zu „steuern", um seine Ganzheit aufrecht zu erhalten. Dies erfordert all deine Bewußtheit. Sich bewußt sein verlangt, in jedem Augenblick im Geist-Körper, der kreativen Bewegung der Ganzheit, völlig präsent zu sein. Das bedeutet, auf dem Fahrersitz deines Geist-Körpers zu sitzen und ganz einfach zu fahren, indem du der natürlichen Bewegung deines kreativen Ziels folgst. Solche Art des Fahrens hat mit Kontrolle nichts zu tun. Wenn du Kontrolle ausübst, unterbrichst du die kreative Bewegung deines Geist-Körpers.

Wie oft „schläfst" du ein, während dein Leben an dir vorüberzieht? Wie oft blockierst du deine kreative Erweiterung, weil du versucht bist, Kontrolle auszuüben? Übst du gerade jetzt zu viel Kontrolle aus? Vermeidest du es, dein Leben auf kreative Art zu „steuern"? Wie kannst du erkennen, ob du dich auf diese Weise verhältst? In Wahrheit ist es sehr leicht, Gewißheit darüber zu erlangen! Immer wenn du dich verloren oder antriebslos und lustlos fühlst, liegt es daran, daß du den Fahrersitz deines Geist-Körpers verlassen hast! Du hast eher Verwirrung gewählt statt Klarheit, Urheberschaft oder innere Weisheit! Du fühlst im selben Ausmaß dieses emotionale Ungleichgewicht, wie du dein kreatives Potential und Ziel in deinem Leben verleugnest. Im gleichen Ausmaß gehst du deiner kreativen Transformation aus dem Wege. Der einzige Weg, auf dem dein Geist-Körper sich befreien kann, um sich kreativ zu transformieren, ist Bewußtheit. Bewußtheit ist dein eigenes Erwachen, dein Verstehen, daß du geschaffen wurdest, um ständig die schöpferische Bewegung der Ganzheit zu sein, indem du kreativ manifestiert, wer du wirklich bist. Was immer der Selbstbewußtheit entgegensteht, richtet sich gegen deinen wahren Geist-Körper, der seinem Wesen nach ganz ist. Was immer deinem ganzheitlichen Wesen widerspricht, kann nicht wirklich existieren! Es ist lediglich Fragmentierung, Illusion.

Dein Glücklichsein zeigt, daß du mit Erfolg das kreative Potential deines Geist-Körpers erfährst, das das große kreative Potential des Universums widerspiegelt!

Deine Bereitschaft, dich neu zu entscheiden, dir eine weitere Chance zu geben, ist der erste Schritt zu Bewußtheit. Das ist ein Lernprozeß. Wenn zum Beispiel jemand Auto fährt, muß er oft aufgrund unerwarteter Situationen Lenkkorrekturen vornehmen, um sein Fahrtziel sicher zu erreichen. Das sind Momente der Bewußtheit. Bewußtheit ist vor allem ein nie endender Lernprozeß. Es geht darum, dich innerlich frei zu machen, indem du dich ständig neu auf das Licht deines kreativen Ziels ausrichtest. Damit dieses Licht leuchten kann, mußt du dein kreatives Potential entwickeln. So wirst du deine wahre Bestimmung erreichen können. Deine wahre Bestimmung liegt nicht „irgendwo draußen", sondern ist bereits in dir vorhanden. Du erkennst sie in deiner wahren Identität, die Ganzheit ist. Ganzheit ist ein Zustand deines Geist-Körpers, den du durch Selbstbewußtheit erfährst. In diesem Zustand findest du Erfüllung. Nur in diesem Zustand kann dein Geist-Körper sich kreativ und frei manifestieren, ohne durch Fragmentierung aufgehalten zu werden. Die Fragmentierung deines Geist-Körpers läßt es nicht zu, daß du dich neu entscheiden oder deinem Leben eine andere Richtung geben kannst. Du kannst deine Fehler nicht korrigieren. Du fühlst dich eingeengt, weil du überzeugt bist, keine weitere Chance zu verdienen. Du bist überzeugt, daß Glücklichsein dir nicht zusteht.

Dein Glücklichsein zeigt, daß du mit Erfolg das kreative Potential deines Geist-Körpers erfährst, das das große kreative Potential des Universums widerspiegelt! Der Geist-Körper im Zustand des Glücks akzeptiert keine Fragmentierung oder Zersplitterung. Wenn du diese Fragmentierung nicht akzeptierst, kannst du dein Gespür für Verbundenheit mit der Ganzheit nicht verlieren. Statt dessen bewahrst du deine Integrität und wächst in Mitgefühl und Selbstverantwortlichkeit. Dein wahre Absicht besteht darin, ständig die Mind Bridging-Bewegung der Ganzheit zu werden. Das eigentliche Ziel der Mind Bridging-Arbeit besteht deshalb darin, dir zu helfen, deinen holographischen und analytischen Geist-Körper zu integrieren, das heißt, in Einklang zu bringen, indem sie dich öffnet für Innenschau, unbegrenzte Intelligenz. Diese Innenschau erhält dich in einem Zustand von schöpferischem Mitwirken, hoher Energie und Selbstbewußtheit, in einem Zustand der Ganzheit. Sie führt dich deshalb weg von der Versuchung der Fragmentierung, die nur deinen Frieden und dein Glücklichsein stehlen würde.

Du bist ganz gewiß nicht das autonome Wesen, für das dich dein individualistischer und verzerrender Intellekt hält. Du bist geschaffen, um in partnerschaftlicher Beziehung zu sein!

Mind Bridging ist der tiefste Sinn der *Holographischen Psychologie*. Mind Bridging heißt, die Illusion der Fragmentierung des Geist-Körpers aufzugeben. Vielleicht bist du versucht zu denken, dies sei ein gewaltiges und sogar schwieriges Ziel. Keineswegs! Diese Versuchung ist charakteristisch für dein lineares Denken, in dem alles einer aufeinander folgenden, linearen Ordnung gehorcht. Das Ziel zu erreichen – Aufdecken der Illusion der Fragmentierung deines Geist-Körpers – ist nicht schwierig aus der Perspektive deiner holographischen Realität, in der alles gleichzeitig ist und in Wechselbeziehungen steht, einander durchdringt und beeinflußt. Mind Bridging ist eine Lektion in partnerschaftlicher Beziehung aus der Perspektive des holographischen Weltbildes. Erkennst du diese Perspektive an, wird das Ziel, die Fragmentierung deines Geist-Körpers und des kollektiven Geist-Körpers zu heilen, wirklich leicht werden.

Mind Bridging bedeutet die Entwicklung echter Freundschaft zwischen allen Teilen deines Geist-Körpers. Es ist nichts anderes als eine psychopädogogische Dynamik, die dir hilft, deinen tiefsten Wunsch zu erfüllen: deine Ganzheit zu erkennen und ausdrücken zu können. Um dieses Ziel zu erreichen, ist es nötig, die holographische partnerschaftliche Beziehung zu verstehen, die das Selbst, das du bist, ausdrückt. Dieses Verstehen kommt mit deiner Verpflichtung, mit der Ganzheit mitschöpferisch tätig zu sein. Deine Verpflichtung wird aber nur in dem Maße der Wahrheit entsprechen, in dem du zuläßt, daß du im Fluß der kreativen Transformation bleibst, wo du die Ganzheit in dir widerspiegelst und aktualisierst. Das heißt, du bist aufgerufen zu lernen, wie du mit Menschen, Dingen und Ereignissen umgehst und gleichzeitig im Zustand der Integrität, Verantwortlichkeit, des Mitgefühls und Verstehens bleibst. Damit dies geschehen kann, ist es notwendig, zunächst einmal anzuerkennen, daß dein wahres Wesen nicht-ortsgebunden, nicht-linear, unbegrenzt, sich ständig wandelnd, alles durchdringend und komplementär ist. Es ist ein Feld, das Informationen enthält, in Ganzheit ist und im Zustand der Unschuld existiert. Du bist ganz gewiß nicht das autonome Wesen, für das dich dein individualistischer und verzerrender Intellekt hält. Du bist geschaffen, um in partnerschaftlicher Beziehung zu sein! Dein Geist-Körper ist die Bewegung des Bewußtseins, durch die sich diese partnerschaftliche Beziehung manifestieren kann.

Mind Bridging ist ein neues Modell des Geist-Körpers, doch man darf seine Aussagen nicht als die absolute Wahrheit ansehen. Wegen deines analytischen und reduktionistischen Geist-Körpers kannst du leicht der Versuchung erliegen, dich an ein neues Modell des Geist-Körpers zu klammern, von dem du glaubst, es könne deine alten, ungelösten Fragen erklären. Mind Bridging erhebt nicht den Anspruch, ein exklusives neues Modell zu sein. Mind Bridging ist vor allem eine Innenschau, die andere Einsichten zu Tage zu bringen vermag. Innenschau ist die Erfahrung von Weisheit im still gewordenen Geist-Körper. Sie öffnet auch deinen inneren Blick, um dir zu vergegenwärtigen, daß alle Geist-Körper tatsächlich eine einzige Bewegung sind, die schöpferische Bewegung der Ganzheit!

Obwohl die Ganzheit ewige Gegenwart ist, kannst du, solange dein Geist-Körper im Schatten der Verwirrung verbleibt, die Ganzheit in dir nicht widerspiegeln und aktualisieren.

Man kann die Ganzheit, die unbekannt ist, nicht erklären, indem man ein Konzept entwirft, das unumstößliche Aussagen enthält. Immer wenn du das versuchst, ist dein Erklärungsversuch begreiflicherweise genau so begrenzt wie deine begrenzten Gedanken. Man kann Unbegrenztheit nicht mit unseren begrenzten Mitteln verstehen! So ist die Ganzheit für uns eine unbekannte Realität. Aber wie kann man das Unbekannte „wissen"? Dies ist keine Frage des rationalen Erkennens, sondern einer Erfahrung, durch die man mit der Ganzheit eins wird. Dies ist letztlich die Mind Bridging-Erfahrung. Durch Mind Bridging kann dein Geist-Körper Raumlosigkeit, Unbegrenztheit und Leere erfahren, in denen eine Fülle von vitaler schöpferischer Energie und Intelligenz enthalten ist. Dein Geist-Körper überwindet Begrenzung. Das bedeutet Erfahrung der Transzendenz!

Wer hat noch nie die Erfahrung eines atemberaubenden Anblicks gemacht, eines Augenblicks der reinen Liebe, einer Sekunde intensiver Leidenschaft oder – ohne besonderen Grund – eines tiefen Gefühls von Sich-Wundern und Verstehen? Zum Beispiel konnte ich eines Morgens, als ich das Fenster öffnete, sehen, daß der Frühling Einzug gehalten hatte. Fast von einem Tag zum anderen war ein Baum im Vorgarten plötzlich erblüht, so daß er mit schönen weißen Blüten ganz bedeckt war! Dieser Augenblick war so erfüllt, so wunderbar! Solche Augenblicke können sich durch unseren transzendenten Geist-Körper manifestieren, jenen Geist-Körper, der die Fähigkeit hat, Einfühlungsvermögen, Verbundenheit und echten Austausch zu erfahren. Wenn wir diese Fähigkeit ausdrücken, verbinden wir uns wieder mit unserem wahren Wesen. Wenn wir unser wahres Wesen erreichen und erfahren können, erweitern wir uns. Wir können Ganzheit erfahren, das Unbekannte. Wir spüren, daß wir das Unbekannte „kennen", weil wir die Gegenwart Gottes fühlen!

Wenn du den Kontakt mit deiner Ganzheit verlierst, liegt es daran, daß dein Geist-Körper vom Schatten der Verwirrung, der Konfusion, verhüllt worden ist. Du hast dich ablenken lassen! Du hast dich von der Bewegung deines Geist-Körpers, dem holographischen Bewußtsein, getrennt. Die lateinische Vorsilbe des Begriff Konfusion, „con", bedeutet „mit", „zusammen", und Fusion weckt die Vorstellung von „auflösen", „schmelzen". Wenn dein Geist-Körper konfus wird, ist es, als wäre er völlig verdreht und durcheinander gebracht worden. Du kannst die Dinge nicht mehr auseinanderhalten. Du hast keine ganzheitliche Vision mehr. Verzerrung, Verformung, Mangel an Information und daher Unordnung und Mangel an Harmonie dominieren deinen Geist-Körper. Diese Konfusion zeigt sich dann in dir als ein Schatten, denn du entfernst dich von der Innenschau, dem Brennpunkt des Laserlichts deines Geist-Körpers. Obwohl die Ganzheit ewige Gegenwart ist, kannst du, solange dein Geist-Körper im Schatten der Verwirrung verbleibt, die Ganzheit in dir nicht widerspiegeln und aktualisieren. Du kannst dich an deine Ganzheit nicht mehr erinnern.

Die Augenblicke, in denen du ganz bewußt bist, sind jene, in denen du dich deiner Ganzheit erinnern kannst. In diesen Augenblicken kann dein Geist-Körper die ewige Gegenwart erfahren, die Intensität ihrer Kreativität, weil Raum und Zeit ein Ganzes werden. In solchen Augenblicken machst du dir weder Sorgen um die Vergangenheit, noch entwickelst du Angst um die Zukunft. Du bist noch nicht einmal damit beschäftigt, dich in der Gegenwart zu behaupten. Dir Sorgen zu machen, wie du dich in die Gegenwart bringen kannst, läßt dich oft in eine Falle tappen. Diese Sorge ist schon das erste Hindernis. Sie zeigt nur, daß du in die Gegenwart zu kommen versuchst, als wäre die Gegenwart eine Realität außerhalb von dir. Was ist denn auch die Gegenwart, wenn weder Vergangenheit noch Zukunft existieren? Gegenwart ist lediglich ein intellektueller Hilfsbegriff, um deine Augenblicke der Bewußtheit zu erklären, jene erhebenden Momente, in denen du dich von der Ganzheit umfaßt fühlst und zugleich die Ganzheit in dir willkommen heißt. Diese Momente sollten nicht so selten sein! In Wirklichkeit sind sie dir immer zugänglich. Es ist deine eigene Entscheidung, sie alle zu bekommen.

2
Deine Ängste, Polarisierung und der Teufelskreis von Ursache und Wirkung

Lineares Denken, Ursache und Wirkung, Zeit und Raum als selbständige Realitäten sind durch das Bewußtsein geschaffen, das sich von der transzendenten zur physischen Realität hin entfaltet.

Dein Geist-Körper manifestiert sich in der physischen Realität als dualistische Energie, die weder gut noch schlecht ist. Diese dualistische Energie ist ihrer Natur nach komplementär, das heißt, auf Ergänzung angelegt. Der letzte Sinn dieser Dualität liegt darin, die Entwicklung von Selbstbewußtheit zu ermöglichen. Immer wenn sich die beiden Energien dieser Dualität vereinigen, kommt es zu Mitschöpfung und Ausweitung. Aber wenn dein Geist-Körper in Gegensätzen gefangen ist, verliert er sein Gleichgewicht. Polarisierung bedeutet immer Bewertung. Sie stempelt diese dualistischen Energien als „gut" oder „schlecht", „richtig" oder „falsch" ab. Der letzte Zweck der Polarisierung liegt darin, deinen Geist-Körper in einem Zustand der Verwirrung zu halten. Wenn dein Geist-Körper in die Gefangenschaft der Polarisierung gerät, wird er in „verbindende" und „trennende" Energien geteilt. Geschieht dies, mußt du schließlich kompensieren. Kompensation aber vergeudet deine schöpferische Energie und hält deinen Geist-Körper davon ab, sich in Mitschöpfung auszuweiten. Dein Geist-Körper ist dann unfähig, seine Begrenzungen zu transzendieren, weil die Erfahrung von Mind Bridging, die Integration bedeutet, nicht eintreten kann.

Deine verbindenden geistigen Energien verbinden dich ständig mit dem Ganzen. Sie zeichnen sich durch Verständnis, Liebe, Mut, Spontaneität, Unschuld, Vergnügen und Freude aus. Sie kommen in kreativer Wechselbeziehung und Zusammenarbeit zum Ausdruck und bringen daher deinen Geist-Körper ins Gleichgewicht. Auf der anderen Seite manifestieren sich deine trennenden geistigen Energien als Verwirrung, Haß, Machtkampf, Kontrolle, Arroganz, Schmerz und Furcht. Sie spiegeln die Fragmentierung deines Geist-Körpers wider, die dich zu allerlei individualistischen Tendenzen führt und zu dem Gefühl, etwas Besonderes zu sein. Es ist wichtig, sich bewußt zu machen, daß ausschließlich die schöpferische Bewegung des Ganzen wahrhaft existiert. Dein Geist-Körper ist die Manifestation dieser Bewegung! Das aber heißt: Dein Geist-Körper soll im Fluß sein und darf sich nicht durch Blockierung von Geist-Körper-Energien zurückhalten lassen, durch Polarisieren und Rationalisieren oder durch trennende Energien, die sich als Formen der Konditionierung zeigen!

Lineares Denken, Ursache und Wirkung, Zeit und Raum als selbständige Realitäten sind durch das Bewußtsein geschaffen, das sich von der transzendenten zur physischen Realität hin entfaltet. Diese Manifestation bringt die Dualität hervor. Während dieses Vorgangs der Manifestation von Bewußtsein gibt es keine wirkliche Trennung von der Ganzheit. Denn Bewußtsein spiegelt ja das Ganze wider, während es sich von dieser Ganzheit aus als kreativer Transformationsprozeß ausweitet. Bewußtsein manifestiert sich auf diese Weise als Geist-Körper. Aus diesem Grund ist die Dualität, die sich in deinem manifesten, physischen Geist-Körper abspielt, letztlich eine Gelegenheit für dich, Bewußtheit zu erlangen. Bewußtheit heißt: Deine Ganzheit bewußt zu erkennen, indem du all deine Dualitäten, deine gegensätzlichen Aspekte überbrückst. Diese Aspekte sind ja nur unterschiedliche Erscheinungsformen deiner rezeptiven und aktiven geistigen Energien bzw. der weiblichen und männlichen Anteile in dir. Dieser Mind Bridging-Prozeß zeigt dir deine wahre Identität, nämlich Ganzheit. Das erlaubt deinem Bewußtsein, tiefer zu werden, sich auszuweiten und schöpferisch zu wirken.

Um die Beziehung zwischen der Ganzheit und der Manifestation des Bewußtseins besser zu verstehen, stelle dir eine noch nicht aufgeblühte Blume vor. In diesem Zustand ist die Blüte noch nicht sichtbar. Sie ist in einem Ganzen eingehüllt. Wenn sich die Blütenblätter zu öffnen beginnen, geschieht das als ein Enthüllen aus diesem Ganzen heraus. Dieser Vorgang ist ein Gleichnis für die Entfaltung deines Bewußtseins. Die Blütenblätter, die für die Dualität deines Geist-Körpers stehen, stellen verschiedenartige, gegensätzliche Aspekte des Ganzen dar. Trotzdem bleibt jedes Blütenblatt gleichzeitig Teil desselben Ganzen, das sich nun in der physischen Welt manifestiert hat. Das gleiche geschieht, wenn sich dein Bewußtsein in der physischen Realität zum Ausdruck bringt. Während der Blütezeit erfährst du Mitschöpfung als Bewußtsein, das sich in Gestalt einer Blume zeigt. Polarisierung beginnt sich aber in deinem Geist-Körper zu zeigen, wenn Teile deines Bewußtseins – im Vergleich die Blütenblätter – zu glauben anfangen, sie seien vom Ganzen, aus dem sie sich enthüllt haben, getrennt. Dieser Teil deines Bewußtseins, der in die Polarität geht, vergißt dann, daß er eigentlich eine Widerspiegelung des Ganzen ist. Du identifizierst dich dann mit diesem Teil deines Bewußtseins und wirst selbstbezogen. Das führt dich zu einer Art „Gedächtnisschwund". Du vergißt deine wahre Identität, die Ganzheit. Dann fängst du an, jedes „Blütenblatt", jeden deiner verschiedenen Aspekte, als getrennte Seinsformen anzusehen; du faßt sie als positive oder negative Seiten der Polarität auf, als verbindende oder trennende Energien. Am Ende trennst du dich von deiner Ganzheit.

Immer wenn Schöpferisches in deiner inneren und äußeren Welt geschieht, dann deshalb, weil die grundlegenden Pole des Geist-Körpers, deine rezeptiven und aktiven Energien, deine weiblichen und männlichen Anteile, miteinander in Verbindung gebracht werden. Das führt zu Ganzheit und Glück. Folglich kann Zerstörung in deiner inneren und äußeren Welt nur dann eintreten, wenn diese Energien nicht miteinander verbunden werden können. Das führt zu Fragmentierung und Leiden.

Die täglichen Erfahrungen deines Geist-Körpers spiegeln gewöhnlich den Tanz zwischen deinen Polaritäten wider, zwischen deinen verbindenden und trennenden Energien, zwischen dem, was ist, und dem, was nicht ist.

Wie du weißt, reflektieren deine verbindenden Energien die Ganzheit; sie verkörpern einen Teil deines Geist-Körpers, der dich beständig an deine Ganzheit erinnert. Auf der anderen Seite stehen deine trennenden Energien für den Mangel an Ganzheit, für die fehlende Erkenntnis, daß dein Geist-Körper ein Ganzes ist. Daß du deine Ganzheit nicht erkennst, führt zur Fragmentierung deines Geist-Körpers, zu Selbst-Vergessenheit, Kraftlosigkeit und Polarisierung. Als Folge dieser Polarisierung springt dein Geist-Körper ständig von einem Pol zum anderen. Die täglichen Erfahrungen deines Geist-Körpers spiegeln gewöhnlich den Tanz zwischen deinen Polaritäten wider, zwischen deinen verbindenden und trennenden Energien, zwischen dem, was ist, und dem, was nicht ist. Sei dir auf jeden Fall bewußt, daß es tatsächlich deine eigene Entscheidung ist, wenn du deine Ganzheit nicht erkennst. Du hast die Freiheit, dich anders zu entscheiden.

Deine gewöhnlichen Erfahrungen basieren auf den Prinzipien von Ursache und Wirkung. Sie sind auf einen bestimmten Raum und eine bestimmte Zeit bezogen. Zu diesen Erfahrungen gehört der Umgang mit der Dualität. Abhängig von deiner Fähigkeit, schöpferisch mit der Dualität deines Geist-Körpers umzugehen, schwanken diese Erfahrungen zwischen der Erfahrung von Wohlbefinden und Unbehagen, Erfolg oder Mißerfolg, Liebe oder Ausbleiben der Liebe, Bedürftigkeit oder Erfüllung, Mangel oder Fülle, Erwartung oder Zuversicht usw. Wenn du annimmst, deine gewöhnlichen täglichen Erfahrungen seien die einzige Dimension deines Geist-Körpers, hast du dich eindeutig für die Begrenztheit entschieden. Deshalb bist du nicht in der Lage, mit deinen geistigen Energien kreativ umzugehen. Um deinen ganzheitlichen und unbegrenzten Geist-Körper wiederzuentdecken, mußt du erkennen, daß auch deine außergewöhnlichen, transzendenten Erfahrungen ein ganz natürlicher Teil deines Geist-Körpers sind. Tatsächlich sind sie die echteste Ausdrucksform deines wahren Geist-Körpers!

Deine außergewöhnlichen, transzendenten Erfahrungen kommen nur zustande, wenn dein Geist-Körper die Gegensätze überbrücken und einen ausgeglichenen Zustand wiedergewinnen kann. Dazu mußt du dich aus der Falle der Polaritäten befreien. Beispiele für transzendente Erfahrungen sind: Sich in Übereinstimmung mit dem Universum fühlen, intuitives Lernen, ganzheitliche Vision, bedingungslose Liebe, umfassendes Mitgefühl, Vergebung usw. Üblicherweise gelten solche Erfahrungen als etwas Besonderes. Hier ist es wichtig, sich zu erinnern, daß außergewöhnliche Erfahrungen dir nur deshalb zuteil werden können, weil dein Geist-Körper völlig natürlich über eine holographische Dimension jenseits von Ursache und Wirkung, Linearität und Polarisierung verfügt. Die holographische Dimension gehört zu einem Bereich von Schwingungen, wo Raum und Zeit anderen als den uns bekannten Gesetzen gehorchen. Im holographischen Bereich sind Raum und Zeit zu einem Ganzen vereint.

Die Bewegung deines Geist-Körpers kann sich nur in eine der beiden Richtungen entfalten. Die eine ist die Aktualisierung der Ganzheit in deinem Geist-Körper, d. h., der nie endende Prozeß, in dem dein Geist-Körper ganz wird. Das ist die reale Richtung. Die andere ist die Negation von Ganzheit in deinem Geist-Körper, verursacht durch die Illusion, es gebe keine Ganzheit. Diese Richtung ist deine eigene Fehlschöpfung. Interessanterweise führt dich die erste Richtung zu Glückseligkeit, zur Verwirklichung deines kreativen Potentials, zu deinem Lebenssinn und zur Wahrheit. Es ist der „Weg nach Hause". Die zweite Richtung führt dagegen zu Selbstzweifel, Selbsttäuschung und Illusion. Nur wenn du die Bedeutung beider Richtungen verstehst, kannst du sie durch Mitgefühl und Nichtbewertung miteinander verbinden. Verbindest du diese beiden Richtungen, kannst du über die in der zweiten Richtung enthaltene Illusion hinausgelangen und dadurch deine Ganzheit anerkennen und zurückgewinnen. Nur dann kannst du dich schöpferisch entfalten! Andernfalls wird diese falsche Vorstellung, eingehüllt in Selbstzweifel und Selbsttäuschung, zu einer unüberwindbaren Mauer zwischen dir und deinem schöpferischen Potential und deinem Lebenssinn.

Es ist an der Zeit, von der ausschließlichen Sichtweise deiner linearen Erfahrungen zu einer zu wechseln, die deine holographischen Erfahrungen einbezieht!

Was bedeutet die Erfahrung der Selbsterweiterung wirklich? Selbsterweiterung kommt zustande, wenn dein Geist-Körper den Schleier der Begrenztheit wegzieht, indem er Selbstbewußtheit wiedergewinnt und Selbstbezogenheit losläßt. Es gibt zwei Wege, die Begrenzungen deines Geist-Körpers zu überwinden, einen kurzen Weg und einen langen Weg. Der kurze ist der, dich wieder mit der unbegrenzten Intelligenz deines Geist-Körpers, die als Innenschau zu dir spricht, zu verbinden. Der lange ist der, mit den Energien von Schmerz und Angst zu arbeiten, die nur Symptom der Abwesenheit der unbegrenzten Intelligenz sind. Wir wählen oft diesen Weg. Leider verstrickst du dich in einem Netz von Ursache und Wirkung, wenn du diesen Weg wählst; du willst unbedingt Ursache und Wirkung deines Problems herausfinden und versuchst die Ereignisse nach bestimmten Vorstellungen von Raum und Zeit zu rekonstruieren. Das führt dich dazu, Ereignisse ausschließlich in linearer Abfolge zu begreifen. Du versteifst dich auf diese Linearität und bist beschränkt auf die Dynamik von Ursache und Wirkung. Das führt zu einem Teufelskreis! Auf diese Weise wirst du nie die endgültigen heilenden Lösungen für deine Probleme finden. Du schaffst lediglich Selbsttäuschung. Wenn du z. B. die Ursache deines Schmerzes und deiner Angst herausbekommst, hast du immer noch Schmerz und Angst, aber jetzt hast du noch ein zusätzliches Problem, nämlich deren Ursache. Als nächstes analysierst du diese Ursache, um ihre Lösung, also deren Ursache zu finden. Findest du die Ursache der Ursache, hast du statt eines Problems jetzt deren drei. Verfolgst du diese Richtung weiter, wirst du selbst ein höchst komplexes Problem! Das ist die typische Art und Weise, wie du dich in der endlosen Kette von Ursache und Wirkung verstrickst, was dich massiv in einer linearen Auffassung von dir selbst und von überhaupt allem gefangen hält.

Nehmen wir einmal an, daß du Schwierigkeiten hast, dich auszudrücken. Du hast ein ernsthaftes Kommunikationsproblem, weil du dich zu sehr kontrollierst. Dann findest du heraus, daß die Ursache deines Kommunikationsproblems und der übermäßigen Kontrolle aus deiner Kindheit herrührt. Deine Eltern ließen es nicht zu, daß du dich uneingeschränkt mitteilen konntest. Du kommst dann zum Schluß, daß deine Eltern deine Erwartungen nicht erfüllten. Damit hast du die Ursache deines Kommunikationsproblems herausgefunden! Trotzdem hast du das Problem noch – und noch eins dazu: ein Verlangen nach Liebe, das aus der Überzeugung entstanden ist, daß deine Eltern dir nicht genug Zuwendung gaben. Als nächstes möchtest du die Wurzel dieser Bedürftigkeit herausbekommen. Und du findest heraus, daß deine Bedürftigkeit von der Schwierigkeit herrührt, die deine Mutter bei deiner Geburt hatte. Wahrscheinlich hattest du im Augenblick deiner Geburt Angst, dich der Welt zu stellen! Nun hast du nicht nur Kommunikationsschwierigkeiten und ein Bedürfnis nach Zuwendung, sondern noch ein weiteres Problem: Du bist zu der Überzeugung gekommen, daß du ein Versager, unzulänglich und feige bist, und so immer weiter.

Daher sei dir bewußt: Wenn du deine Art und Weise, mit deinem Schmerz und deiner Angst und mit deinen Problemen umzugehen, nicht änderst, schaffst du dir immer neue Probleme. Deine Schmerzen und Ängste, deine trennenden geistigen Energien, können dann nicht geheilt werden, weil dein Geist-Körper zu sehr am Kreislauf von Ursache und Wirkung und Linearität haftet. Deine Sicht, deine Wahrnehmung, ist fragmentiert und kann nicht ganzheitlich sein! Diese lineare Art, mit deinen Problemen umzugehen, funktioniert offenbar nicht. In der Tat bist du aber immer wieder aufgerufen, eine neue, geeignetere Richtung einzuschlagen, die dich zu einer ganzheitlichen Auffassung deines Geist-Körpers führt. Es ist an der Zeit, von der ausschließlichen Sichtweise deiner linearen Erfahrungen zu einer zu wechseln, die deine holographischen Erfahrungen einbezieht!

Die Dualität deines Geist-Körpers ist lediglich ein unbedeutendes Zwischenstadium, das in dem Prozeß deiner Bewußtwerdung überwunden werden muß.

Der Weg aus der Fragmentierung deines Geist-Körpers heraus heißt, Ursache und Wirkung, Linearität, das heißt Karma, zu überwinden. Es geht darum, daß dein Geist-Körper auf das Wesentliche, das Ganze hin ausgerichtet wird. Das bedeutet, „Dharma" zu erfahren, dein ganzes kreatives Potential, deinen Lebenssinn. Statt ausschließlich Gründe und Erklärungen zu suchen, statt wie besessen vermuteten Ursachen und Wirkungen hinterherzulaufen, liegt der Sinn der *Holographischen Psychologie* darin, deinem Geist-Körper behilflich zu sein, seine Fragmentierung auf ganz einfache und leichte Art und Weise zu überwinden. Diese einfache, leichte und wirksame Art heißt: Direkt zur Quelle gehen, wo dein Geist-Körper ganz ist, und dies bedeutet, deinen Geist-Körper an dem Punkt zu erreichen, wo er ständig gegenwärtig ist.

Schließlich liegt der Sinn der *Holographischen Psychologie* darin, dem Weg von Mitschöpfung zu folgen. Das bedeutet, die unbegrenzte Intelligenz durch dich wirken zu lassen. Es reicht nämlich nicht aus, dein Problem verstandesmäßig zu begreifen, mit logischen Erklärungen alle deine Fragen nach dem Warum zu beantworten. Statt dessen ist es notwendig, deinen Geist-Körper der Dimension von Mind Bridging zu öffnen, der Dimension von Verzeihen und Versöhnen. Durch diese Dimension erhältst du die Gnade, die sich als unbegrenzte Intelligenz, als Innenschau zeigt. Gnade hat die Kraft, alle Dimensionen des Geist-Körpers zu transformieren und zu heilen. Auf biologischer Ebene ist dieser Heilungsprozeß ein beschleunigender Faktor für die Transformation der in den Zellen gespeicherten traumatischen Erinnerungen. Er sorgt auch für die Zellen des Körpers, indem er sie anregt, ihre Funktion zu verbessern, und hilft, sie gesund zu erhalten.

Mit der Dualität deines Geist-Körpers wirst du in jeder Situation deines Lebens konfrontiert. Wie du weißt, ist dies Teil deiner Erfahrung, die zu Bewußtheit führt. Läßt du dich dagegen von der Polarisierung, die sich in deinen Geist-Körper „einschleicht", aufhalten, wirst du geteilt, fühlst dich verloren und gerätst in Verwirrung. Das erzeugt Schuldgefühle. Erinnere dich, daß die Erfahrung der Dualität etwas anderes ist als die Erfahrung der Polarisierung. Das Auftreten der Dualität in deinem Geist-Körper schafft einen Zustand, der es dir ermöglicht, Bewußtheit zu üben. Polarisierung hingegen ist ein von dir selbst geschaffener Zustand deines Geist-Körpers, der den Prozeß des Bewußtwerdens hemmt. Polarisierung heißt, daß du dich davor drückst, Verantwortung zu übernehmen für deine Aufgabe, am Glück deines Lebens schöpferisch mitzuwirken. Sei dir bewußt: Wenn du deine Aufmerksamkeit ausschließlich darauf richtest, Antworten auf deine Fragen nach dem Warum als die Ursachen deiner Probleme zu finden, verstärkst du nur den Polarisierungsprozeß in deinem Geist-Körper. Das führt dich unvermeidlich in Verwirrung. Statt diese Verwirrung zu akzeptieren, kannst du dich aber auch entscheiden, die Polarisierung deines Geist-Körpers zu überwinden. Aber wie? Du tust dies, indem du anerkennst, daß deine transzendente Realität, dein wahres Wesen, nicht-dualistisch ist. Es ist ganzheitlich. Dies ist der erste notwendige Schritt!

Alles, was dich zu blockieren scheint, kann nicht wirklich sein, weil dein Geist-Körper die Bewegung des Ganzen ist. Du bist bestimmt, kreativ im Fluß zu sein. Wenn das, was dich blockiert, nicht wirklich ist, dann kannst du durch alles hindurchgehen, es als Illusion erfahren, dir der Täuschung bewußt werden und sie dann loslassen. Genau dies beabsichtigt die *Holographische Psychologie*. So übernimmst du Verantwortung für dein eigenes Leben. Damit wirst du ein wahrhaft mitschöpferischer Partner, der bewußt dem Ruf kreativer Mitschöpfung mit dem Ganzen folgt.

Die Dualität deines Geist-Körpers ist lediglich ein unbedeutendes Zwischenstadium, das in dem Prozeß deiner Bewußtwerdung überwunden werden muß. Diese Dualität ist nichts als eine kurze, zeitlich begrenzte Erfahrung! Man kann sie sinnbildlich mit einem winzigen Wassertropfen im Meer vergleichen, das den ganzen Prozeß von Mitschöpfung und Bewußtwerdung darstellt. Dieser Prozeß zeigt, daß Bewußtsein sich vertiefen und erweitern kann. Während dieses Prozesses ist es nicht wichtig, Ursache und Auswirkung deines Schmerzes und deiner Angst herauszubekommen, was nur die Polarisierung deines Geist-Körpers verstärkt, sondern wichtig ist, die hinter deinem Schmerz und deiner Angst liegende komplementäre Energie aufzudecken. Und dies bedeutet letztlich: Dein kreatives Potential und deinen Lebenssinn zu entdecken, die von Schmerz und Angst zugedeckt werden und sich nicht in deinem Leben zeigen dürfen. Deckst du dein kreatives Potential und deinen Lebenssinn auf, erlangst du auch deine ganzheitliche Sicht wieder, und dein Geist-Körper wird lebhafter und friedvoller. Das ist eine Auswirkung von Mind Bridging! All dies verweist darauf, daß die *Holographische Psychologie* die Aufmerksamkeit auf die Ganzheit richtet und nicht auf das Fehlen von Ganzheit, das sich als Schmerz, Angst und in anderen trennenden Energien manifestiert. Das bedeutet, daß Ganzheit die Arbeit von Mind Bridging beseelt.

Wenn du therapeutisch mit Geist-Hologrammen arbeitest, lernst du, deine Verbindung mit deiner inneren Wahrheit aufrecht zu erhalten. Du wirst dir deiner wahren Natur bewußt, die Ganzheit ist.

Gewöhnlich denken wir, daß wir ein Körper sind, der einen Geist enthält. Arbeitest du aber ganzheitlich mit deinem Geist, kannst du deutlich erfahren, daß du ein Geist-Körper bist, eine Realität, die eine einzige ganzheitliche Bewegung ist. Es gibt keine Stelle, wo dein Körper aufhört und dein Geist beginnt. Sie sind eine einzige Realität in einem Prozeß schöpferischer Transformation. Wenn du dich selbst als eine ganzheitliche schöpferische Bewegung wahrnimmst, sind dir alle Geist-Körper als Teil einer Realität, die wesentlich auf wechselseitiger Beziehung beruht, wertvoll. Dies ermöglicht Heilung in deinem Geist-Körper und in allen anderen. Du nimmst deine Vergangenheit und Zukunft immer weniger wichtig. Auch fängst du an, was immer in deinen inneren und äußeren Welten auftaucht, als deine eigenen Geist-Hologramme, als deine eigenen Projektionen zu bewerten! Es spielt dabei keine Rolle, ob diese Hologramme als wirkliche Ereignisse, Träume, Wünsche, Bilder, Menschen, Symbole, Zeichen usw. erscheinen. Sie stehen alle in Wechselbeziehung miteinander und entstehen mit schöpferischer Notwendigkeit aus der Bewegung des Ganzen. Sie sind alle Teile des

Puzzles, die in deinen inneren und äußeren Welten Gestalt annehmen, mit dem einzigen Zweck, dein Bewußtsein zu vertiefen und zu erweitern. Des erlaubt es dir, mit dem Ganzen in schöpferische Beziehung zu treten. Wenn du diesen mitschöpferischen Sinn deines Lebens anzuerkennen beginnst, wirst du dir auch bewußt, was sich wirklich in deinem Geist-Körper abspielt, denn dies bringt dich in Berührung mit der wahren Natur aller Dinge, und du beginnst auf natürliche Weise Beziehungen für etwas Wertvolles zu halten.

Wenn du therapeutisch mit Geist-Hologrammen arbeitest, weißt du manchmal nicht genau, wie du die in ihnen enthaltenen Informationen in Worte, Gefühle und Empfindungen umsetzen sollst. Auch kannst du nicht immer die Wechselbeziehung zwischen ihnen verstehen. Wie oft bist du z. B. verblüfft über die Art und Weise, in der sich Ereignisse in deinem Leben zutragen, weil die Wechselbeziehung zwischen ihnen widersprüchlich und nicht klar erkennbar ist? Wie oft warst du nicht fähig, deine gleichzeitigen Gefühle von Liebe und Haß zu verstehen oder zu begreifen, warum du dich von jemandem oder von etwas abgestoßen oder aber angezogen fühltest? Wichtig ist, ein Gespür zu gewinnen für die Wahrheit über jedes Ereignis, jede Empfindung, jedes Gefühl, jedes Bild, jede Situation, die jedes Hologramm betreffen, das sich in deinen inneren oder äußeren Welten manifestiert. Betrachte dies alles mit Neugierde! Denn dies läßt sie ganz zum Vorschein kommen, und so kannst du sie verbinden.

Es gibt eine vollkommene, alles durchdringende Ordnung. Wenn du anfängst, dich mit dem schöpferischen Sinn dieser vollkommenen Ordnung zu verbinden, wird deine Sichtweise Schritt um Schritt ganzheitlich. Manchmal manifestieren sich die Geist-Hologramme in ganz besonderen Gestalten in deinem Geist-Körper, zum Beispiel in einer inneren Stimme, die dich lachen, singen oder tanzen läßt, in Bildern, Vorstellungen, Gefühlen oder anderen Reaktionen und Empfindungen. Es ist wichtig, sich bewußt zu machen, daß hinter jedem Hologramm, das sich in deinem Geist-Körper entfaltet, eine Botschaft steckt. Überdies spiegelt jede Manifestation in der Welt ein Geist-Hologramm wider, es ist deine eigene Projektion. Das kann erschreckend sein! Du erkennst jede Manifestation in der Welt nur deshalb, weil sie bereits in deinem Geist-Körper als Moleküle, atomare Strukturen und anderen Formen von Bewußtsein vorhanden ist, die sich als Erfahrungen deiner Außenwelt manifestieren können! Denn es besteht eine Wechselbeziehung zwischen deinen inneren und äußeren Welten und deinen nicht-physischen und physischen Dimensionen. Sie beeinflussen einander andauernd. Das wird dich sicher wach machen, die notwendige Verantwortung für dein eigenes Leben und für das Leben überhaupt zu übernehmen.

Und schließlich enthalten alle Manifestationen in deiner inneren und äußeren Welt bestimmte Informationen über das Ganze, die Anerkennen oder Ablehnung enthalten. So erfährst du z. B. Leid, wenn du deine Ganzheit „ablehnst". Du hast ganz einfach „vergessen", dich mit deiner eigenen inneren Wahrheit und mit deinen schöpferischen Zielen in deinem Leben zu verbinden.

Wenn du therapeutisch mit Geist-Hologrammen arbeitest, lernst du, deine Verbindung mit deiner inneren Wahrheit aufrecht zu erhalten. Du wirst dir deiner wahren Natur bewußt, die Ganzheit ist. Du bist dann zum Brückenschlagen und Verstehen fähig. Du weißt genau, was du wissen mußt, und du lernst, deine Fehler zugleich zu korrigieren. Deshalb gewinnst du deine ganzheitliche Sicht, deine natürliche Weisheit wieder. Diese ganzheitliche Sicht spiegelt die Integration deines holographischen und deines analytischen Bewußtseins wider, die aus dem kreativen Umgang mit deinen Geist-Hologrammen hervorgeht. Sei dir bewußt: Deine Geist-Hologramme sollen Brücken zu einem wirklichen Verstehen sein. Sie sind Mittel, um die kreative Bewegung der Ganzheit auszudrücken. Das können sie aber nur, wenn du in Integrität bleibst.

Jedes Stück Information, das sich in deinem Geist-Körper zeigt, ist ein Geist-Hologramm und ein Teil des Puzzles.

Die folgenden sieben Hinweise sollen dich motivieren, holographisch mit deinem Geist-Körper zu arbeiten:

- Du sparst Zeit, weil du dir der gegenseitigen Durchdringung aller Dinge bewußt wirst. Dies hilft den fragmentierten Teilen deines Geist-Körpers, in die Sphäre der Bewußtheit aufzusteigen und dadurch geheilt zu werden. Das heißt: Dein Geist-Körper erkennt, daß er ein Ganzes ist.
- Du wirst nicht mehr an die Kette von Ursache und Wirkung gelegt und bleibst nicht mehr in der Linearität gefangen. Informationen, die nicht an einen bestimmten Ort gebunden sind, kommen spontan und von allen Seiten in deinen Geist-Körper. Du wirst dir bewußt, wie wichtig es ist, alle Hinweise und Zufälle zu beachten, weil alles miteinander in Wechselbeziehung steht.
- Holographische Arbeit beruht auf dem Prinzip Einfachheit. Das heißt, du mußt mit deinen Geist-Hologrammen mitfühlend umgehen, nicht mit Vorurteilen, Bewertungen und Herabsetzung. Alles spielt in vollkommener Ordnung zusammen. Richte daher deine Aufmerksamkeit auf den schöpferischen Sinn, der hinter allem existiert.

- Du brauchst dich nicht abzumühen, unterdrückte Gefühle und traumatische Ereignisse aufzudecken. Du mußt nur in deinem Geist-Körper gegenwärtig sein, und du wirst die Information erhalten, die du brauchst, um dem Weg der Selbstbewußtheit und Selbstentfaltung zu folgen. Und weiter: Jedes Stück Information dient der Sache, auch wenn es manchmal unwichtig und paradox zu sein scheint. Zwischen allen Dingen gibt es Wechselbeziehungen. Ob ein Paradox oder nicht, beide Wege können dich zur Anerkennung desselben Ganzen führen, der eine durch Widerspruch, der andere durch Resonanz. Wenn du in Integrität bist, in vollkommener Resonanz mit dem Ganzen stehst, spiegelt sich in dir das wahre Bild des Ganzen. Das besagt, daß eine kreative Wechselbeziehung zwischen dir und dem Ganzen besteht. Wenn du aber fragmentiert bist, stehst du im Widerspruch zu deiner ganzheitlichen Natur. Auch dann spiegelst du das Ganze wider, aber auf unnatürliche Weise und verzerrt. Das bedeutet, daß eine fehlkreative Wechselbeziehung zwischen dir und dem Ganzen besteht. Stell dir, um das besser zu verstehen, vor, daß du ein unbeschädigter und vollkommener Kristallspiegel bist. In diesem Fall spiegelst du die Perfektion des Ganzen wider. Und jetzt stell dir vor, du seist ein zersprungener, fragmentierter Spiegel. Du spiegelst nun dasselbe Ganze, aber verzerrt und verfälscht. Nur das Ganze existiert. Was immer du also widerspiegelst, ob getreu oder verzerrt, kann nur eine Widerspiegelung dieses Ganzen sein.
- Du brauchst keine ausgeklügelten Techniken, um bewußt zu deinem holographischen Geist-Körper Zugang zu haben. Erforderlich ist, daß du in partnerschaftlicher Beziehung zum Ganzen bleibst. Dazu mußt du dich auf deine eigene Ganzheit verpflichten. Wenn du in partnerschaftlicher Beziehung mit dem Ganzen bleibst, üben das Ganze, unendliche Intelligenz, das heißt Innenschau, welche die heilende Gnade ist, durch dich heilende Kraft aus.
- Jedes Stück Information, das in deinem Geist-Körper über eine Konfliktsituation auftaucht, enthält zugleich die Lösung für diese Situation. Jedes Teilstück erlaubt dir, die Lösung wiederzufinden. Wenn du z. B. ein Problem anpackst, trägt jedes Stück Information zur Klärung und zum Verständnis des Problems bei. Wichtig ist, sich bewußt zu sein, daß allem eine holographische Wechselbeziehung innewohnt. Und das bedeutet, daß alles eine Botschaft enthält.
- Jedes Stück Information, das sich in deinem Geist-Körper zeigt, ist ein Geist-Hologramm und ein Teil des Puzzles. Jedes Stück hat letztlich den Sinn, dich daran zu erinnern, daß deine wahre Identität auf Ganzheit und Vollkommenheit gegründet ist!

Sei dir also bewußt...

... daß alle Dinge einander durchdringen.

... daß Information einfach in deinen Geist-Körper dringt, und zwar nicht an einen Ort gebunden und spontan.

... daß eine vollkommene Ordnung allem zugrundeliegt und alles einen schöpferischen Sinn hat.

... daß jedes Stück Information bedeutsam ist, selbst wenn es manchmal unwichtig und paradox erscheint, weil alles in Wechselbeziehung zueinander steht.

... daß es notwendig ist, deine partnerschaftliche Beziehung mit dem Ganzen wiederzufinden.

... daß alles eine ihm innewohnende Botschaft enthält.

... daß dein wahres Wesen Ganzheit, Vollkommenheit ist.

3
Was haben deine Persönlichkeiten mit deinem holographischen Geist-Körper zu tun?

Du kannst von deinem wahren Wesen – der unteilbaren Bewegung vollkommenen Einsseins – nicht unabhängig sein!

Wenn die Bewegung deines Geist-Körpers schöpferisch zwischen deinen transzendenten und physischen Realitäten fließt, kann dein Geist-Körper gesund und im Gleichgewicht bleiben. Er wird zur Bewegung der Ganzheit. Dein Geist-Körper wird deshalb nicht blockiert. Vielmehr bleibt er im Zustand kreativer Transformation, was die Manifestation der verbindenden Geist-Hologramme möglich macht. Die verbindenden Geist-Hologramme, die verbindenden geistigen Energien, spiegeln die schöpferische Beziehung und Ausgeglichenheit zwischen den transzendenten und den physischen Realitäten deines Geist-Körpers wider. Sie sind Kommunikationsbrücken. Die trennenden Geist-Hologramme, die trennenden geistigen Energien, zeigen die Blockaden der kreativen Bewegung deines Geist-Körpers, indem sie seine Fragmentierung verkörpern. Diese trennenden Geist-Hologramme können das Selbst nicht ausdrücken, und nicht die Entfaltung der partnerschaftlichen Beziehung, die sowohl zwischen der manifesten und nichtmanifesten Realität als auch zwischen den transzendenten und physischen Dimensionen deines Geistes stattfindet.

Die trennenden Geist-Hologramme gehören zum Bereich deines gespaltenen Bewußtseins, einem Teil deines Geist-Körpers, der in selbständige Energien fragmentiert ist. Das legt die Vermutung nahe, daß der Ursprung der trennenden Hologramme darin liegt, daß ein Teil deines Geist-Körpers – besonders deines Intellekts – „unabhängig" von der Ganzheit sein will. Dieser unabhängige Teil deines Geistes „weigert sich" deshalb, in partnerschaftlicher Beziehung mit der Ganzheit kreativ zu wirken. Er versucht ständig, deinen gesamten Geist-Körper zu beherrschen, indem er das Wesen deiner inneren und äußeren Erfahrungen verändert. Das zerstreut deinen Geist-Körper. Er „vergißt" dann sein wahres, mitschöpferisches Wesen und seinen Sinn, und er schafft laufend trennende Geist-Hologramme. An dieser Stelle ist es wichtig, sich daran zu erinnern, daß diese „Autonomie" ja nur eine Illusion ist, die jener fragmentierte Teil deines Geist-Körpers erzeugt hat. Du kannst von deinem wahren Wesen – der unteilbaren Bewegung vollkommenen Einsseins – nicht unabhängig sein! Das Gefühl, ausgeschlossen und getrennt zu sein, eine Folge dieser „Autonomie", wird in deinem wie jedem anderen Geist-Körper in der Tiefe unterdrückt. Du wirst dir des großen Schmerzes, den es verursacht, gar nicht mehr bewußt. Auch wenn dieser Schmerz tief vergraben ist, ist er doch in den Tiefen deines unbewußten Geist-Körpers immer lebendig. Er manifestiert sich folglich in deinem Leben auf unerwartete Weise. Diese Manifestationen sind nichts anderes als ein Schrei tief in dir danach, daß diese Schmerzen geheilt werden wollen, und dies heißt: Die Illusion der Fragmentierung – die Erkrankung deines Geist-Körpers – muß aufhören. Dein verborgener Schmerz tritt gewöhnlich in Gestalt all deiner Schwierigkeiten auf. Jede deiner Schwierigkeiten ist nur ein Aufruf, in einen ganzheitlichen Zustand des Geist-Körpers zurückzukehren. Denn sie sind Symptom deiner geheimen Überzeugung, nicht mehr im Einheit zu sein. Aber das ist nicht wahr! Du bist immer noch eine verbindende Mind Bridging-Bewegung und wirst es immer sein, eine harmonische Bewegung von Integration und schöpferischem Mitwirken. Dies ist die Bewegung der Ganzheit.

Deine Persönlichkeiten sind trennende Geist-Hologramme. Sie können nicht in partnerschaftlicher Beziehung mit der Ganzheit stehen!

Der Teil deines Geist-Körpers, der sich von der Ganzheit abtrennt, wird so angsterfüllt, daß er zur Kompensation deinen ganzen Geist-Körper zu beherrschen und lenken versucht. Dieser Teil deines Geist-Körpers zerfällt in einzelne Fragmente und nimmt in zahllosen Selbstkonzepten, Energieformen oder Persönlichkeiten Gestalt an. Diese Persönlichkeiten haben ein ungeheures Bedürfnis, sich zu verteidigen und zu schützen. Letztlich sind diese Persönlichkeiten die verschiedenen Stimmen, die ständig in deinem Geist-Körper mitreden und dich nicht zum Frieden kommen lassen. Es sind die Stimmen, die in ständigem Wettstreit miteinander liegen. Sie wollen nichts voneinander wissen, um sich nicht miteinander zu integrieren. Sie sind zu selbstbezogen und unabhängig. Jede Persönlichkeit (siehe Glossar) ist darauf aus, deinen Geist-Körper zu beherrschen, als ob sie dein ganzer Geist-Körper wäre. Deine Persönlichkeiten sind trennende Geist-Hologramme. Sie können nicht in partnerschaftlicher Beziehung mit der Ganzheit stehen! Daher können diese trennenden Geist-Hologramme auch nicht real sein. Sie können nicht deinen wahren Geist-Körper ausdrücken, der von Natur aus ganzheitlich ist und dessen Sinn in schöpferischem Mitwirken besteht. Deine selbständigen Energieformen oder Persönlichkeiten – trennende Geist-Hologramme – sind verzerrende Bilder, Gespenster, bloße Entstellungen deines Geist-Körpers! Sie entfalten sich weitgehend wie die verbindenden Geist-Hologramme, können aber die schöpferische Wechselbeziehung, das Zusammenwirken, die einen gesunden, ausgeglichenen Geist-Körper kennzeichnen, nicht ausdrücken. Daher können sie auch nicht wahr sein.

Deine trennenden Geist-Hologramme führen zu Verwirrung. Wie tun sie das? Dein Geist-Körper gerät, statt in einem Zustand der Selbstbewußtheit zu bleiben, in einen Zustand der Selbstbezogenheit. Anstelle hoher Energie erfährt er einen Abbau von Lebensenergie, denn am Ende kann er nicht am Fließen dieser schöpferischen Energie teilhaben. Und statt schöpferisch mitzuwirken, zerfällt er in mehrere selbständig wirkende Energien. Als Folge davon erzeugt dein Geist-Körper Fehlschöpfung. Jede Persönlichkeit, autonom kreierend, möchte Recht haben, was aber nur ein Wettstreit um mehr Lebensenergie ist. Deine Persönlichkeiten tun genau dies, um zu überleben; andernfalls, so „denken" sie, würden sie sterben. Woran sie freilich nicht „denken", ist, was mit ihnen geschieht, solltest du sterben! Denn in Wirklichkeit „bringen sie dich um", indem sie dir die Lebensenergie entziehen.

Wenn du dich nach allen Seiten hin gezerrt fühlst, dann mache dir bewußt, daß du in einen Zustand ständigen Besorgtseins gefallen bist. Verharrst du in diesem Zustand, geht deine lebendige, schöpferische Energie in dem Bemühen, die „beste" Richtung zu finden, verloren. Dieser Zustand des Besorgtseins spiegelt nur den Angriff deiner Persönlichkeiten wider, die sich dir auf Kosten deiner kreativen Lebensenergie aufzudrängen versuchen. Immer wenn du spürst, daß ein Mensch oder eine Situation in deinem Leben deine Energie aufsaugt, dann paß gut auf, was wirklich abläuft! Kommt es zu diesem Aufsaugen, kompensierst du, und dies macht deutlich, daß du unter der Herrschaft einer oder mehrerer deiner Persönlichkeiten stehst. Letztlich versteckst du dich damit und vermeidest Selbstbesitz. Statt dein Leben in die Hand zu nehmen, erlaubst du deinen Persönlichkeiten, dir vorzuschreiben, wie du zu sein und zu handeln hast. Es sind diese Persönlichkeiten, die sich in Situationen oder Personen deiner Umgebung widerspiegeln, an die du glaubst und die dir deine vitale Energie wegnehmen.

Deine Persönlichkeiten sind nicht nur abstrakte Begriffe. Menschen und Situationen in deinem Leben lassen sie sichtbar werden. Einige dieser Persönlichkeiten erwecken den Anschein, als sei dein Geist-Körper im Zustand der Ganzheit, während sie in Wirklichkeit einen Mechanismus von Geben und Nehmen verbergen, der an Bedingungen geknüpft ist und nicht typisch für deinen ganzheitlichen Geist-Körper ist. So opfern sich tatsächlich viele Menschen auf in dem Glauben, wahrhaftig zu geben. Sie stehen immer ganz vorn, wenn es gilt, Menschen zu helfen. In Wirklichkeit geben sie aber nur, um zu nehmen. Diese Art des Gebens steht im Gegensatz zu wahrem Geben, das sich durch einen gleichzeitigen Fluß von Geben und Nehmen auszeichnet. Dieses Fließen ist bedingungslos. Es steht unter keiner Erwartung oder Pflicht, sondern ist reine Verpflichtung.

In deinem Bewußtwerdungsprozeß ist jeder Mensch und jede Situation in deinem Leben ein Anlaß, dich tiefer kennenzulernen, indem du sie in dich integrierst. Durch diese Integration kannst du die Konflikte beenden, die deinen Geist-Körper ständig fragmentieren. Diese Konflikte beruhen nur auf der Verleugnung deines wahren Wesens, der Ganzheit. Diese Leugnung hält deine Persönlichkeiten am Leben. Sie machen dann aus deinem Geist-Körper einen Kriegsschauplatz. Das verzerrt und trübt deinen Geist-Körper! Wenn du dir dessen nicht klar bewußt bist, dann deshalb, weil du den Kopf einziehst, um diesen Krieg in deinem Geist-Körper nicht zu sehen. Dieser Vorgang des Verdrängens ist tatsächlich die beste Entschuldigung, um nicht sehen zu müssen, was wirklich geschieht. Insgeheim glaubst du nämlich, nur durch diese Vogel-Strauß-Politik „überleben" zu können. Doch wenn du in die Falle dieser Illusion gehst, fängst du an, ein sinnloses Leben zu führen. Dein Leben kann so sinnlos werden, daß du dich nicht mehr weiterentwickelst. Statt in deinem Geist-Körper ganz präsent zu sein, ergibst du dich dem Angriff deiner Persönlichkeiten. So bleibt nur ein winziger Teil von dir lebendig, jener Teil, der nicht in der Illusion der Fragmentierung deines Geist-Körpers gefangen ist. Es ist dieser Teil, der als einziger mit dem Ganzen verbunden bleibt und nicht aufhört, dich daran zu erinnern, daß dein Geist-Körper unvergänglich ist und nie sterben wird. Er existiert für alle Zeit!

Du kannst dich ständig erneuern und sogar das Funktionieren deines physischen Körpers verbessern und den Alterungsprozeß verlangsamen.

Wenn ein Teil deines Geist-Körpers fragmentiert wird, wird er zugleich auf eine rein mechanische Wirklichkeit begrenzt, in der sich deine Persönlichkeiten sicher fühlen. Geschieht dies, verlierst du deine Spontaneität und deine Ursprünglichkeit. Du entwickelst den Drang, alles unter Kontrolle bringen zu müssen, und kommst zu dem Schluß, daß deine einzige Überlebenschance darin besteht, dich, andere und schlechthin alles zu kontrollieren. Dies könnte man das „Octopus-Syndrom" (Krake mit acht Fangarmen) nennen. Du kannst freilich auch eine passive Form der Kontrolle wählen, bei der du dich von allem distanzierst.

Wenn du dich mit deinen Persönlichkeiten identifizierst, handelst du, als wäre deine partnerschaftliche Beziehung zur Ganzheit wirklich unterbrochen. Obwohl dir der Fluß schöpferischer Energie aus der Ganzheit andauernd zugänglich ist, bist du in diesem Zustand unfähig, daraus zu schöpfen. Du bist allzu selbstbezogen. Das führt unvermeidlich zu allen möglichen Formen von Arroganz, die deine Unschuld und letztlich deine Freude zerstören! Unschuld ist ein Zustand des Geist-Körpers, die dich Großzügigkeit, Leichtigkeit, Liebe und Erfolg empfangen läßt. Durch deine Unschuld bleibst du mit dem Reich der Ganzheit verbunden, in dem Zeit und Raum in Wirklichkeit nicht getrennt sind. Was geschieht, wenn du, statt im Stand der Unschuld zu bleiben, arrogant wirst? Du verlierst deine natürliche Verbindung mit deiner holographischen Dimension, und du bist nicht mehr in der Lage, Zeit und Raum als eine einzige Realität zu erfahren. Du beginnst dich festzufahren, beschränkst dich auf Vergangenheit und Zukunft, Ursache und Wirkung, kurz auf Linearität. Du gibst dich selbst auf. Du vermeidest deinen Prozeß kreativer Transformation. Nur dieser Prozeß führt aber zu Selbstbewußtheit, hoher Energie und schöpferischem Mitwirken, zum Einssein!

Um dir deiner bewußt zu werden, mußt du zuerst anerkennen, daß du selbst eine kreative Bewegung und daher nicht von Dauer bist, sondern in ständigem Wandel begriffen. Meist hindern deine Persönlichkeiten dich an der bewußten Erfahrung dieser kreativen Bewegung. Sie hindern dein Bewußtsein daran, sich zu vertiefen und zu erweitern. Wenn du freilich anerkennst, daß dein Geist-Körper die Bewegung schöpferischen Mitwirkens ist, machst du damit den ersten Schritt in die Freiheit der Entscheidung, was in jedem einzelnen Augenblick deines Lebens gut für dich ist. Dies erlaubt dir, deinen auf schöpferisches Mitwirken gegründeten Lebenssinn zu verwirklichen und im kreativen Fluß sein, was immer in der Gegenwart geschieht. Du kannst dich ständig erneuern und sogar das Funktionieren deines physischen Körpers verbessern und den Alterungsprozeß verlangsamen. Du bist in der Lage, dich und dein Leben kreativ in die Hand zu nehmen, und läßt dich deshalb nicht von unnötigen Sorgen aufhalten, sondern vertraust dem Prozeß des Lebens. Ein einfaches Beispiel macht dies deutlich: Du beschließt, Urlaub zu machen. Im Urlaub fühlst du neue Kraft. Dein Aussehen entspannt sich, es geht dir wirklich gut, weil dein ganzer Geist-Körper in gesunder Weise auf deine Bedürfnisse und die Umgebung reagiert. Du fühlst dich einfach im Fluß kreativer Energie und vergrößerst gleichzeitig deine

Fähigkeit, dich zu erneuern. Diese Selbsterneuerung bedeutet, daß du ständig in einem Prozeß des Bewußtwerdens bist.

Wenn du deine Bewußtheit entwickelst, hast du die Chance, in einem Ozean von Möglichkeiten zu schwimmen, die dir ständig offen stehen. Das läßt dich das gewaltige kreative Potential deines Geist-Körpers sinnvoll und wirksam nutzen. Wenn du diese Ebene des Verstehens über dich selbst erreichst, offenbaren sich in deinem Leben deine Begabungen, anziehend, leicht, erfolgreich, jugendlich, großzügig und vieles mehr zu sein. Du befreist dich deshalb von deinen dominierenden Persönlichkeiten. Diese Persönlichkeiten, diese autonomen Fragmente deines Geist-Körpers, sind es, die dich gänzlich davon abhalten, deine Begabungen anzunehmen und dein schöpferisches Potential zu entfalten.

Deine Persönlichkeiten haben dieselbe holographische Natur wie dein holographischer Geist-Körper. Sie manifestieren diese holographische Natur jedoch auf völlig verzerrende Weise. Jede Persönlichkeit – jede nur auf sich selbst bezogene geistige Energie – hat auf alle Informationen in deinem Geist-Körper Zugriff. Jede Persönlichkeit mißdeutet diese Daten aber so, daß du in die Falle der Selbstbezogenheit gerätst. Die verschiedenen Abstufungen der Selbstbezogenheit, die du erfährst, spiegeln sich in der Bandbreite deiner Persönlichkeiten wider.

In Fällen extremer Persönlichkeitsstörung ist ein hoher Grad von Selbstbezogenheit im Spiel. Manchmal ist der Prozeß der Selbstbezogenheit so intensiv, daß der Mensch weder die Fragmentierung seines Geist-Körpers in verschiedene Persönlichkeiten erkennt, noch in der Lage ist, die unterschiedlichen Neigungen und Verhaltensformen, die er sich angeeignet hat, anzuerkennen. Wenn es zu einer solchen Persönlichkeitsspaltung kommt, ist sich der Mensch nicht einmal der Übergänge von einer Persönlichkeit zur anderen bewußt. Es hat den Anschein, als sei der Geist-Körper dieses Menschen von fremden Energien besetzt. Das wird in den vier Fällen sichtbar (siehe Bild 3-1), in denen die Hirnstrommuster je nach Persönlichkeitstyp variieren.

Bild 3-1

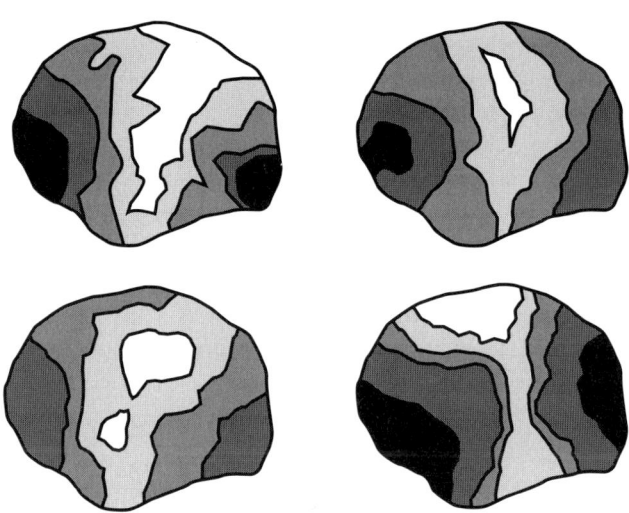

„Die Hirnstrommuster von vier Persönlichkeiten eines Menschen, der an einer Persönlichkeitsspaltung leidet (multiple Persönlichkeit)." (Nach einem Original in einem Aufsatz von Benett G. Braun im *American Journal of Clinical Hypnosis*)[2]

In solchen Fällen von Persönlichkeitsspaltung treten nicht nur Veränderungen in Körperhaltung, Pulsfrequenz und Muskelanspannung auf, sondern auch das Muster der Hirnströme verändert sich signifikant. Das ist überraschend, denn normalerweise verändern sich Hirnstrommuster nicht einmal in Fällen höchster emotionaler Erregung. Das läßt vermuten, daß hinter dem ganzen Persönlichkeitsprozeß ein holographisches Prinzip liegt, das es dem Gehirn ermöglicht, eine ungeheure Menge an Informationen zu speichern. Diese gewaltige Datenmenge ist in einer Vielzahl von Persönlichkeiten gespeichert. Es ist wichtig, darauf hinzuweisen, daß diese fragmentierten geistigen Energieformen, eben die Persönlichkeiten, sich in jedem Geist-Körper auf unzählige Arten entfalten können. Und was das alles noch komplexer macht, ist, daß jede dieser Persönlichkeiten ihr eigenes System von Überzeugungen hat. So lassen deine Persönlichkeiten deinen Geist-Körper nicht einfach, klar und gesund bleiben, sondern verursachen Komplikationen, Durcheinander und Unausgeglichenheit in deinem vitalen Energiesystem.

Wenn du überzeugt bist, dein Geist-Körper sei in einzelne Fragmente zerfallen, dann wirst du selbst zwangsläufig fragmentiert!

Wird dein Geist-Körper von den Persönlichkeiten beherrscht, die Formen der Verhaftung sind, verliert er sich selbst in Fragmentierung, und du bist nicht mehr empfänglich. Dein kreatives Potential, dich zu wandeln, schwindet, bis du dich schlagartig erinnerst, daß dein Geist-Körper ganzheitlich ist. Wenn du überzeugt bist, dein Geist-Körper sei in einzelne Fragmente zerfallen, dann wirst du selbst zwangsläufig fragmentiert. Und du wirst diese fragmentierte Person in einer fragmentierten Familie in einer fragmentierten Gesellschaft. Du verwandelst dich in eine Ansammlung von Persönlichkeiten, die bestimmen, was du in jedem Augenblick deines Lebens zu brauchen glaubst. Tatsächlich bist du selbst es, der diese Möglichkeit schafft, weil du deine schöpferischen Kräfte diesen Persönlichkeiten opferst.

Das Auftreten einer Persönlichkeit in deinem Geist-Körper geschieht dadurch, daß sie dir suggeriert, sie sei die einzig richtige, die dich jeweils am besten „schützt". Die Macht dieser Suggestion garantiert dieser Persönlichkeit ihre Existenz. Auf diese Weise gerätst du in die Falle ihrer tyrannischen Natur. Und schlimmer noch – du identifizierst dich vielleicht mit einer oder mehreren dieser Persönlichkeiten, welche im Gegenzug die Herrschaft übernehmen und deinen Geist-Körper steuern. Deine Persönlichkeiten blockieren deshalb deinen freien Ausdruck, deine Spontaneität und deinen Selbstbesitz. Du verlierst schlicht deine Ursprünglichkeit und deine Authentizität – ja dich selbst!

Nehmen wir uns die Zeit, einige zufällig ausgewählte Elemente zu betrachten, wie sie die folgenden Diagramme „Der fragmentierte Geist-Körper" und „Der ganzheitliche Geist-Körper" (siehe Bild 3-2 und Bild 3-3) zeigen. Das Diagramm „Der fragmentierte Geist-Körper" zeigt einen gespaltenen Geist-Körper, der von Persönlichkeiten beherrscht und von Konflikten überwältigt wird. Das Diagramm „Der ganzheitliche Geist-Körper" spiegelt dagegen das wahre Wesen des Geist-Körpers wider, das ganzheitlich und deshalb Frieden selbst ist:

54

Bild 3-2

Der fragmentierte Geist-Körper

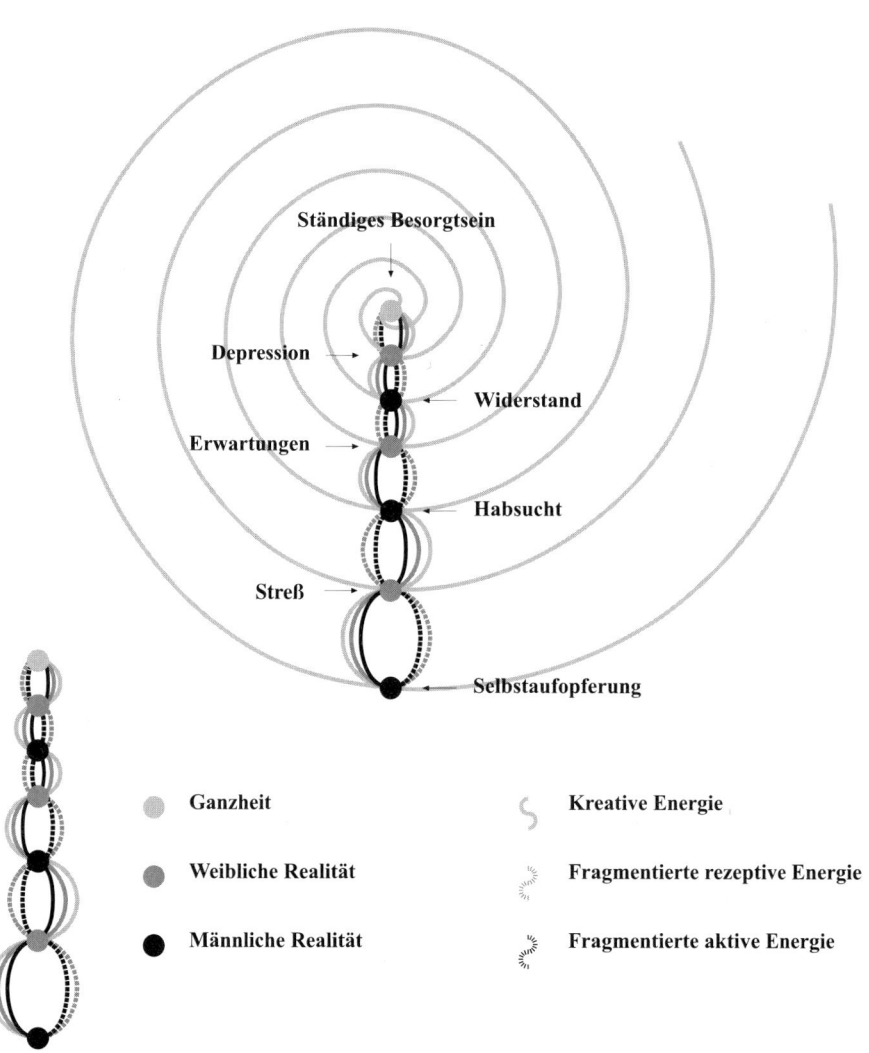

Ständiges Besorgtsein

Depression

Widerstand

Erwartungen

Habsucht

Streß

Selbstaufopferung

Ganzheit

Weibliche Realität

Männliche Realität

Kreative Energie

Fragmentierte rezeptive Energie

Fragmentierte aktive Energie

Fehlkreativer Intellekt

Der ganzheitliche Geist-Körper

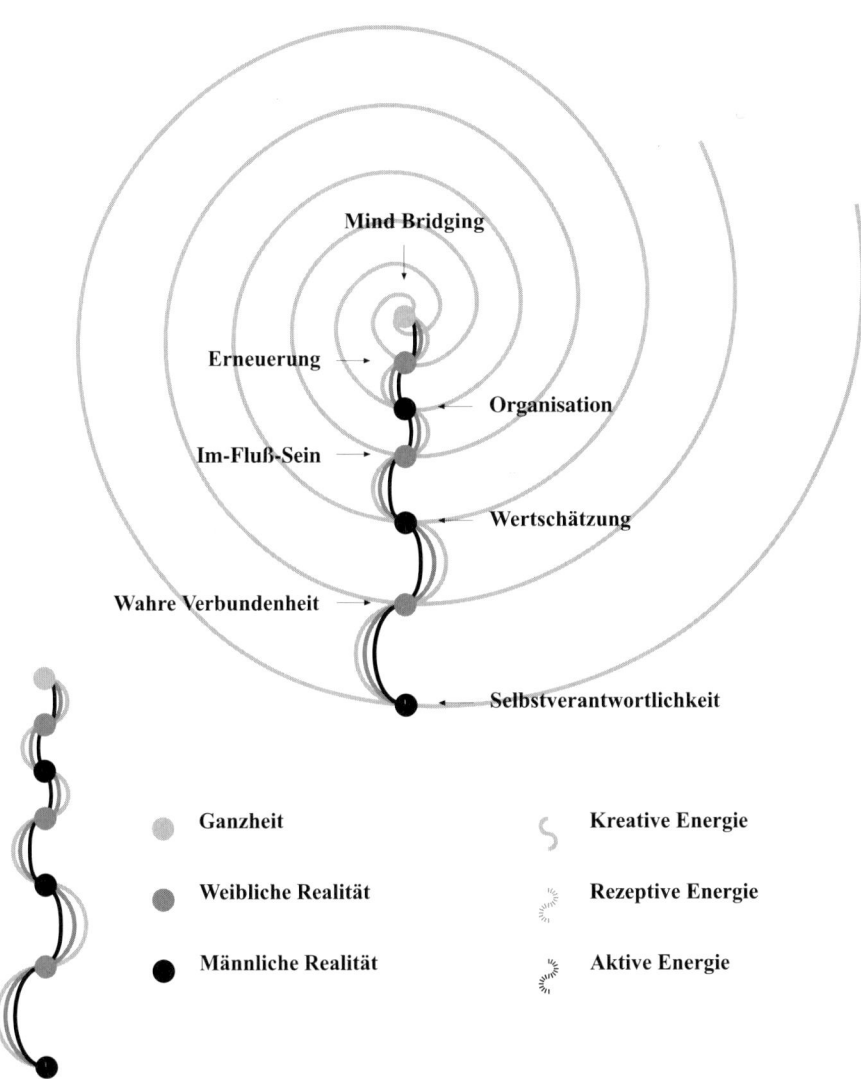

Mind Bridging

Erneuerung

Organisation

Im-Fluß-Sein

Wertschätzung

Wahre Verbundenheit

Selbstverantwortlichkeit

Ganzheit

Weibliche Realität

Männliche Realität

Kreative Energie

Rezeptive Energie

Aktive Energie

Kreativer Intellekt

Wenn du versucht hast, dich gemäß diesen beiden Gruppen einzuschätzen, so sei dir bewußt, daß dies nicht das eigentliche Ziel ist! Wir sind ständig in Versuchung, uns und andere zu analysieren. In Wirklichkeit wendest du in manchen, vielleicht sogar in vielen Bereichen deines Lebens alle diese Elemente an. Es geht nicht darum, alles zu messen und einzustufen. Wichtiger ist die Einsicht, daß gewiß keines der Elemente in der Grafik „Der fragmentierte Geist-Körper" die Wahrheit über dich wirklich repräsentiert! Sie können nur in Erscheinung treten, weil du ihnen Wert beimißt!

Einige Menschen haben die Illusion dieser Elemente im Diagramm „Der fragmentierte Geist-Körper" dadurch fast überwinden können, daß sie akzeptierten, daß ihr Geist-Körper ganzheitlich ist. Sie werden gleichsam zu ihrem ganzheitlichen Geist-Körper allein dadurch, daß sie sich dessen erinnern. Wie geht das? Immer wenn sie sich in irgendeiner Form der Fragmentierung – Verwirrung, Arroganz, Wut, Furcht usw. – verfangen, entschließen sie sich unverzüglich von neuem, sich ihrer Ganzheit zu verpflichten. Sie verpflichten sich auch der Ganzheit der Konfliktsituation, die sich ihnen gerade eröffnet, und der Ganzheit jeder in diese Situation verwickelten Person. Dies ist der einzige Weg, aufzulösen, was in deinem Geist-Körper – und in allen Geist-Körpern – unwahr ist. Was unwahr ist, spiegelt lediglich wider, wie sich deine Persönlichkeiten ausleben. Wenn du deinen Körper heilen willst, mußt du deshalb deine Aufmerksamkeit nicht der Krankheit widmen, sondern deinen Geist auf völlige Gesundheit ausrichten. Wenn du deine Beziehungen heilen willst, setze dich für ihr Gelingen ein. Wenn du dich in einer Situation unwohl fühlst, dann verpflichte dich ihr. Habe Vertrauen! Du erreichst das, indem du aufhörst, dich dieser Situation zu verweigern und sie zu diskriminieren. Du bist aufgerufen, dich dieser unbehaglichen Situation anzuvertrauen – und allen weiteren Situationen in deinem Leben. Sie alle stehen in Beziehung zueinander. Dies erfordert deine innere Verpflichtung und deine Entscheidung. Nur so können deine Probleme sich klären und kann Heilung gelingen. Willst du das Ende der Illusionen, konzentriere dich auf die Wahrheit. Die Wahrheit wird sich dir von selbst zeigen. Dies ist der Weg der Erleuchtung. Immer wenn du deine Ganzheit erkennst, gehst du den Weg der Erleuchtung. In diesen Augenblicken kannst du alle negativen und positiven Polaritäten und alle Formen von Kompensation überschreiten, weil du nicht in Gegensätzen gefangen bist. So wird dein Geist-Körper die einzigartige schöpferische Bewegung der Ganzheit.

Kehren wir noch einmal zu den Diagrammen „Der fragmentierte Geist-Körper" und „Der ganzheitliche Geist-Körper" zurück (siehe Bild 3-2 und Bild 3-3). Richten wir unsere Aufmerksamkeit auf die Elemente in diesen

Diagrammen, so sehen wir, daß die positiven, die Elemente des ganzheitlichen Geist-Körper-Diagramms, die verbindenden Energien, Kreativität und Ganzheit, also „Wahrheit", verkörpern, während die negativen Elemente des fragmentierten Geist-Körper-Diagramms deine Verwirrung, deine trennenden geistigen Energien, die „Unwahrheit" widerspiegeln. Verwirrung prägt die Fragmentierung deines Geist-Körpers. Dennoch sind die Elemente der beiden Geist-Körper-Diagramme aufeinander bezogen und zeigen, was in deinem Geist-Körper vor sich geht. Der Unterschied liegt darin, daß das eine die Illusion, das andere die Wahrheit ist. Die trennenden Energien sind Widerspiegelungen deiner Illusion, die verbindenden sind Widerspiegelungen deiner wahren Natur. Immer wenn du diese oder andere Gegensätze miteinander verbindest, überwindet dein Geist-Körper die Polarität von positiv-negativ. Du kannst diese gegensätzlichen Elemente verbinden, indem du hinter die negativen schaust und dabei die komplementäre schöpferische Energie aufdeckst, die sie verbergen. Zu dieser Integration gehört die Verbindung der analytischen und der holographischen Aspekte deines Geist-Körpers. Es ist erforderlich, daß du dich aus ganzheitlicher Sicht betrachtest, und das verlangt einen Zustand innerer und äußerer Harmonie. Du erkennst dann, daß allein die Ganzheit wahrhaft existiert. Diese Augenblicke der Erkenntnis sind Widerspiegelungen von Mind Bridging, sind wahres Verstehen!

Um dich von deiner Verwirrung, d. h. von mangelndem Verstehen, zu befreien, mußt du die Überzeugung loslassen, daß dein Geist-Körper in einzelne Fragmente zerfallen ist. Und du kannst diese Überzeugungen nur dann loslassen, wenn du dich dazu durchringst, die Illusion der Fragmentierung nicht länger zu akzeptieren. Dadurch wird dein Interesse an dir und anderen geradezu dramatisch ansteigen. Folglich werden sich deine widersprüchlichen Erfahrungen im menschlichen Bereich völlig verändern. Die irrige Vorstellung, daß dein Geist fragmentiert ist, aufzugeben ist der entscheidende Punkt, den du auf deinem Weg, dich von deinen Verwirrungen und Ängsten zu befreien, beachten mußt. Dies kann jedoch nur geschehen, wenn du dich selbst darauf verpflichtest, statt Widerstand zu leisten. Das geschieht, wenn du dich mit deiner Ganzheit verbindest. Fängst du an, die Illusion der Fragmentierung aufzugeben, ist eines der neu auftretenden Anzeichen die Erfahrung von Glückseligkeit und Fülle ohne erkennbaren Grund. Dein Gefühl von Freude und Wohlbefinden wird gewaltig sein! Erst dann wird sich dein schöpferisches Potential in deinem Leben ganz entfalten können.

Alle Manifestationen – und das schließt jedermann und alles ein – werden vom Reich der Schwingungen her interpretiert.

Alle deine Probleme sind das Ergebnis der Fragmentierung deines Geist-Körpers. Sie treten als Mißverständnis oder Verwirrung in Erscheinung. Verwirrung ist mit Schmerz verbunden, Schmerz mit Angst, Angst mit Kontrolle, Kontrolle mit Arroganz, Arroganz mit Haß, Haß mit Machtkampf und dieser wieder mit Verwirrung. Der Teufelskreis dreht sich endlos, und Verwirrung ist, was ihn in Gang hält. Tatsächlich ist die Wurzel eines jeden deiner Probleme Verwirrung, und du kannst deshalb keine kreativen Lösungen für deine Probleme finden, weil du nicht in der Lage bist, die unsinnige Wechselbeziehung zu unterbrechen, die in deinem Geist-Körper ständig wirksam ist.

Verwirrung, Schmerz, Angst, Kontrolle, Arroganz, Haß und Machtkampf sind keine isolierten Gefühle; vielmehr treten sie zusammen auf, eines spiegelt das andere wider. Sie zeigen die unterschiedlichen Blickwinkel der zwischen ihnen bestehenden engen fehlkreativen Wechselbeziehungen. So zeigen deine Probleme deine primären trennenden Gefühle (siehe Bild 3-4). Nach der *Holographischen Psychologie* entsteht ein Problem in deinem Geist-Körper durch die Wechselbeziehung und gegenseitige Durchdringung deiner primären trennenden Gefühle, die für die sieben Grundebenen der Fragmentierung deines Geist-Körpers stehen:

Bild 3-4

Die primären trennenden Gefühle

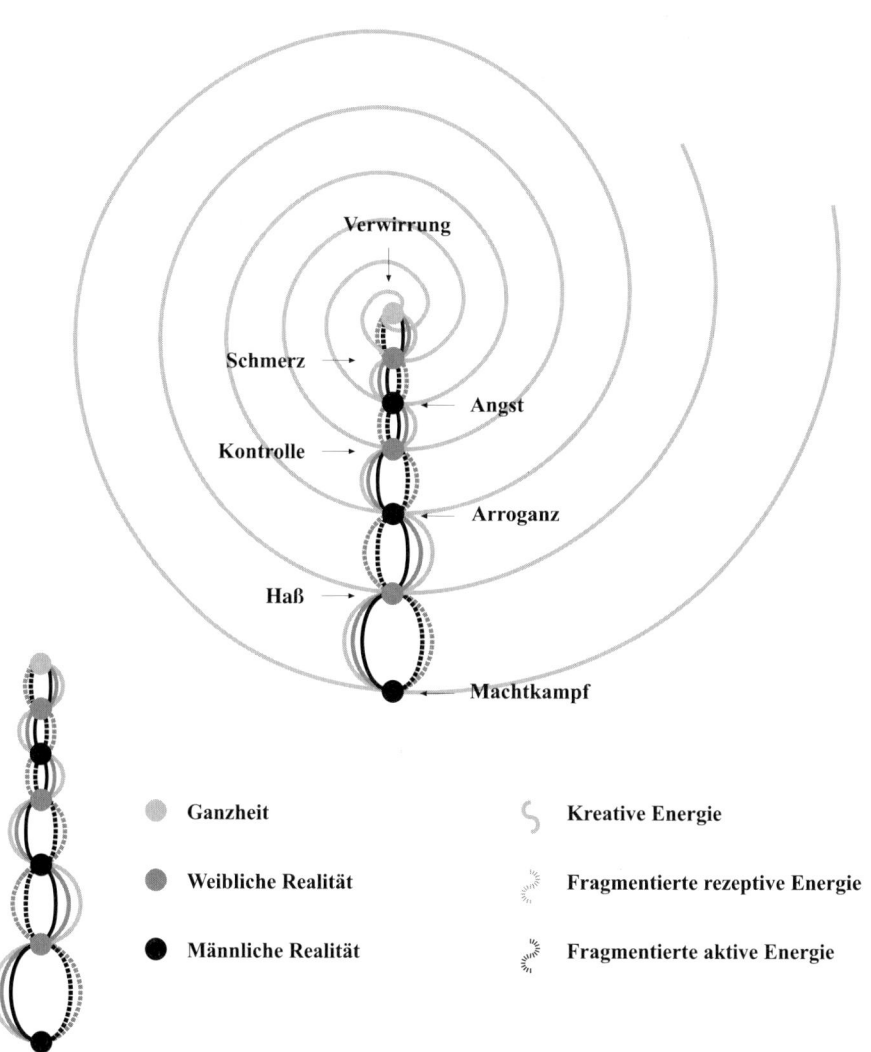

Verwirrung

Schmerz

Angst

Kontrolle

Arroganz

Haß

Machtkampf

Ganzheit Kreative Energie

Weibliche Realität Fragmentierte rezeptive Energie

Männliche Realität Fragmentierte aktive Energie

Fehlkreativer Intellekt

Auf dem Weg zu Mind Bridging ist es entscheidend, die kreativen und fehlkreativen Wechselbeziehungen zu entdecken, die gleichzeitig in deinem Geist-Körper auftreten. Erst dann kannst du erleben, wie sich diese Wechselbeziehungen entfalten, und sie zugleich integrieren; diese Integration erlaubt dir, über deine Begrenzung hinauszusehen. Erst dann kannst du echte Lösungen für deine Probleme finden! Suche eine Wechselbeziehung zwischen beliebigen Begriffen im Diagramm „Der fragmentierte Geist-Körper" (siehe Bild 3-2) und Begriffen im Diagramm „Die primären trennenden Gefühle" (siehe Bild 3-4). Du wirst sehen, daß zwischen den entsprechenden Elementen beider Diagramme eine ähnliche fehlkreative Wechselbeziehung besteht. Diese Art fehlkreativer Wechselbeziehung ist es, die deine Probleme erzeugt! Halte jetzt Ausschau nach einer Wechselbeziehung zwischen beliebigen Begriffen im Diagramm „Der ganzheitliche Geist-Körper" (siehe Bild 3-3) und Begriffen im Diagramm „Die primären verbindenden Gefühle" (siehe Bild 3-5). Du wirst entdecken, daß eine ähnliche kreative Wechselbeziehung zwischen den Elementen in den beiden Diagrammen besteht. Diese Art kreativer Wechselbeziehungen ist es, die es ermöglicht, daß Brücken der Ganzheit in dir errichtet werden.

Bild 3-5

Die primären verbindenen Gefühle

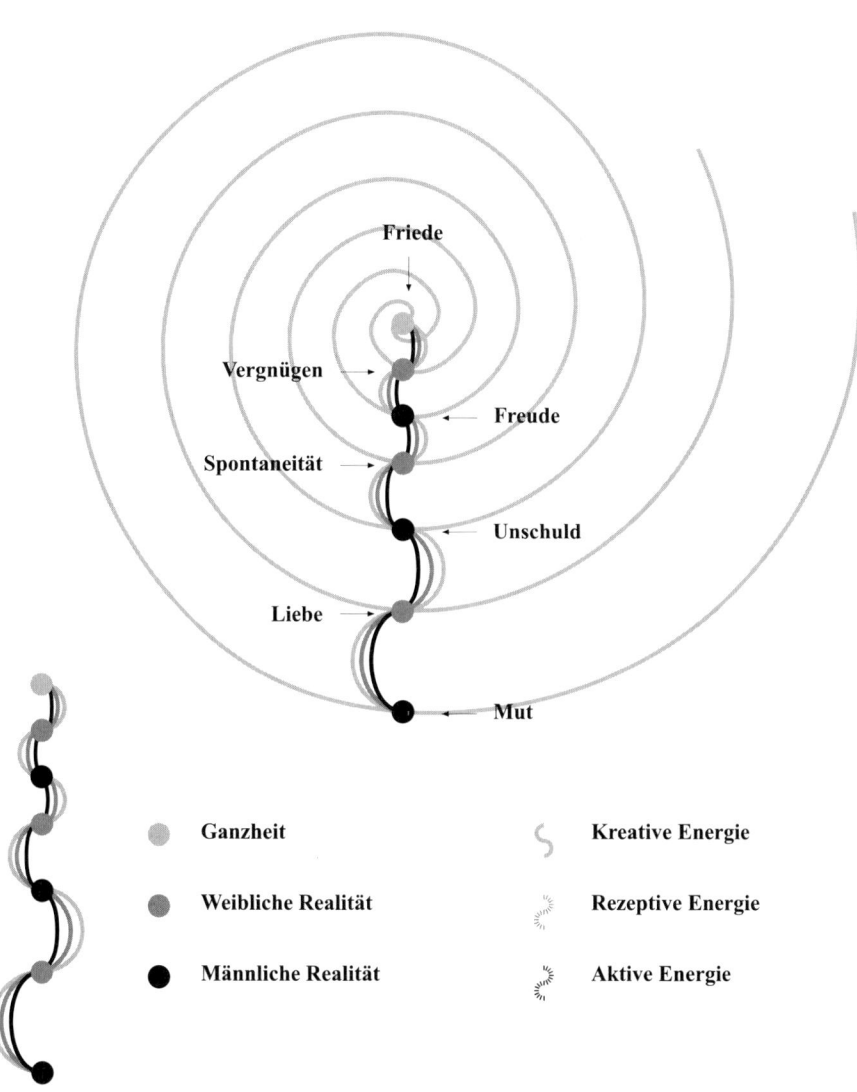

Friede

Vergnügen

Freude

Spontaneität

Unschuld

Liebe

Mut

Ganzheit   Kreative Energie

Weibliche Realität   Rezeptive Energie

Männliche Realität   Aktive Energie

Kreativer Intellekt

All diese Elemente sowohl der fehlkreativen als auch der kreativen Wechselbeziehungen sind nicht nach dem Prinzip von Ursache und Wirkung miteinander verknüpft. Sie treten gleichzeitig in deinem Geist-Körper auf. Sie stehen alle ihrer Natur nach in einer holographischen Wechselbeziehung, d. h., sie sind in ein Ganzes – deinen Geist-Körper – eingebunden. Zugleich enthalten sie Informationen über dieses Ganze. Diese Energien oder Geist-Hologramme entfalten sich auf unvorsehbare Weise und beeinflussen einander durch unmittelbare Kommunikation, d. h. unmittelbare Informations-Übertragung. Der folgende Vergleich (siehe Bild 3-6) kann dir helfen, die ganzheitliche Natur deines Geist-Körpers und seine holographische Manifestation, die seine zusammenhängende, sich gegenseitig durchdringende Quantennatur ausdrückt, zu verstehen.

Bild 3-6

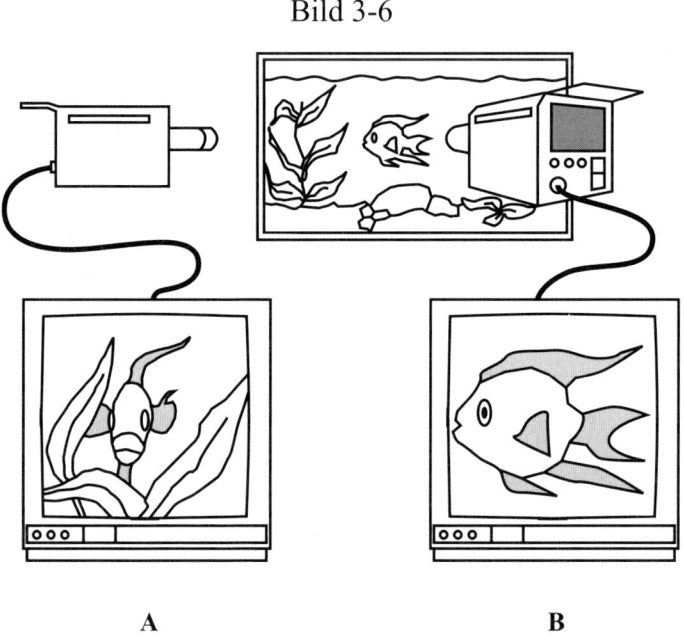

A   B

„Nach Bohms Auffassung besteht zwischen subatomaren Teilchen eine gleichartige Wechselbeziehung wie zwischen den Bildern des Fisches auf den beiden Bild-schirmen."[3]

Wenn du auf Bildschirm A bzw. B schaust, könntest du meinen, es handle sich um zwei verschiedene Fische. Aber die Bildschirme A und B zeigen ein und denselben Fisch, nur aus verschiedenen Blickwinkeln. Bewegt sich ein Fisch in die eine Richtung, scheint sich der andere in eine andere zu bewegen. Trotzdem stehen die Bewegungen auf beiden Bildschirmen zueinander in Beziehung, denn natürlich gehen sie auf denselben Fisch zurück. Die beiden Blickwinkel sind Aspekte derselben Realität, die hier für das unteilbare Ganze steht. Dieser Vergleich läßt uns auch Jungs Konzept der Synchronizität – bedeutungsvolles Zusammenfallen von Ereignissen – sowie mystische Erfahrungen, Reinkarnationsvorstellungen und bestimmte religiöse Auffassungen besser verstehen.

Das obige Beispiel des Fisches im Aquarium veranschaulicht die Idee, daß es eine einzige Realität gibt, die der Ganzheit. Der gesamte Raum ist von Quantenpotential durchdrungen. Daher kommt es auf subatomarer Ebene zu unmittelbarer und nicht vorhersagbarer Kommunikation, denn alles ist miteinander verbunden. Auf einer tieferen Ebene gibt es nur eine einzige Realität.

Dein Geist-Körper ist seinem Wesen nach eine kreative Bewegung, die sich wie ein Hologramm entfaltet. Linear betrachtet, sind deine Geist-Hologramme den Prinzipien von Ursache und Wirkung unterworfen. Alle deine Geist-Hologramme sind aber auch in eine einzige Realität eingebettet, aus der heraus sie sich nicht ortsgebunden und nicht vorhersagbar entfalten. Das geschieht in Übereinstimmung mit einer schöpferischen Notwendigkeit, die sich aus der kreativen Bewegung ergibt, der Bewegung der Ganzheit. Auch wenn sich deine Geist-Hologramme auf nicht vorhersagbare Art entfalten, folgen sie doch einer dahinter liegenden kreativen Ordnung, die den Zweck des schöpferischen Mitwirkens hat.

Wenn du mit deinen Geist-Hologrammen arbeitest, ist der entscheidende Punkt der, genau darauf zu achten, wie sie, wenn sie sich in deinem Geist-Körper entfalten, miteinander in Wechselbeziehung stehen. Wenn z. B. ein ganz bestimmtes Problem momentan deinen Geist beherrscht, dann haben alle deine Bilder, Gefühle oder unklaren Empfindungen mit diesem bestimmten Problem zu tun. Wenn du deine Aufmerksamkeit auf ein bestimmtes Problem richtest, tauchen Geist-Hologramme auf, die verschiedene Seiten dieses Ganzen – des Problems – erscheinen lassen, das sich jetzt in deinem Geist-Körper abspielt. Alle diese Blickwinkel stehen in einer Wechselbeziehung zueinander! Der Bereich der Schwingungen ist der Bereich deiner Geist-Hologramme. In diesem Bereich ist nichts getrennt, nichts erscheint in linearer Abfolge. Zeit und Raum fallen zusammen. Alles ist in einem Ganzen enthalten. Alle Manifestationen – und das schließt jedermann und alles ein – werden vom Reich der Schwingungen her interpretiert.

4
Wie die Verbindung der Geist-Hologramme aus der Depression zur Kreativität führt

Sei dir bewußt, daß du ein lebendes Geist-Hologramm bist.

Alles wird ganz einfach, wenn du akzeptierst, daß dein Geist-Körper eine ganzheitliche Realität ist. Du verstehst, daß dir kein anderer schöpferischer Weg offensteht als der, sich gegenseitig zu unterstützen, weil jeder und alles in Wechselbeziehung zueinander steht. Wenn du begreifst, daß dein holographisches Wesen dein analytisches Wesen umfaßt, dann setzt ein unvermeidlicher Wandel in deiner Wahrnehmung ein. Dieser Wandel manifestiert sich in dir als Verstehen, Selbstverantwortlichkeit und Mitgefühl. In der Folge kannst du eine völlig neue Ebene kreativer Kommunikation erreichen – die Mind Bridging-Ebene.

Auf einer tiefen, subatomaren Ebene sind wir alle miteinander verbunden! Wir alle haben Zugang zu universalem Wissen. Das bedeutet unter anderem, daß wir einander helfen können, kreative Lösungen für alle Probleme zu finden. Wir sind alle Boten für einander, weil wir alle Informationen über alles besitzen. Ob du das einsiehst oder nicht, spielt keine Rolle; du stellst für jeden, mit dem du in Kontakt kommst, ein Stück Information dar, und umgekehrt ebenso. Wir wirken an der Gestaltung der Schöpfung in ihrer Ganzheit mit, alle zusammen.

Das Informationsnetz, an dem du als Bote teil hast, tritt jenseits deiner unbewußten Dimension in Erscheinung, in der Dimension von Mind Bridging, welche die Integration deiner holographischen und analytischen Naturen darstellt. Diese Dimension umfaßt alles Wissen. In dieser Dimension, die jenseits deines verbindend-positiven wie trennend-negativen Unbewußten liegt, sind dir Weisheit und Erleuchtung zugänglich. Jeder Mensch kann dir helfen, Wissen, Weisheit und Erleuchtung zu erlangen und deine Probleme zu klären! Gerade wegen deiner wahren Persönlichkeit, Einzigartigkeit und Teilnahme an der schöpferischen Bewegung der Ganzheit bist du auch in der Lage, anderen Menschen bestimmte Informationen anzubieten, die nur du anbieten kannst, und ihnen dadurch Klarheit zu verschaffen. Dieser mitschöpferische Sinn, dessentwillen du lebst, kann leicht verwirklicht werden, wenn du dir erst einmal bewußt geworden bist, daß du eine Brücke zur Ganzheit darstellst. Das heißt nichts anderes, als daß du dich öffnest, um wahre partnerschaftliche Beziehung zu jedem Menschen und allen Dingen zu entwickeln. Das erfordert, daß du dein Verstehen, dein Mitfühlen und deine Selbstverantwortlichkeit erweiterst, damit es bei dir und bei anderen zu dieser Innenschau kommen kann. Sei dir bewußt, daß du ein lebendes Geist-Hologramm bist, das dieses holographische Prinzip widerspiegelt: Die Ganzheit – reine Weisheit – ist in jedem Teil, in jedem menschlichen Wesen, zugleich ist jeder Teil, jedes menschliche Wesen in der Ganzheit – reine Weisheit! Alles Geschaffene durchdringt einander auf diese holographische Weise. Es ist deshalb wichtig, daß du dich für die Menschen und Situationen in deinem Leben interessierst! Sie alle sind lebendige Information! Jeder von ihnen ist eng mit etwas verbunden, wonach du suchst, und dies nicht nur bewußt, sondern auch unbewußt, entweder um den von dir betretenen Weg zu unterstützen oder um dein Leben in eine andere, kreativere Richtung zu lenken. Wisse es zu schätzen, mit jedem und allem in partnerschaftlicher Beziehung zu stehen, und lasse dich von Innenschau, von unbegrenzter Intelligenz leiten. Das ist der wahre Weg zur Ganzheit!

Jeder Teil deines Geist-Körpers steht mit jedem anderen in einer Wechselbeziehung. Wenn du eine bestimmte Richtung einschlägst, bewegen sich deshalb alle Teile so, daß dir ein neuer Lebensentwurf, eine neue Vision angeboten wird.

Wenn du deinen Geist-Körper aus einer holographischen Perspektive verstehst, erfaßt du, daß alles einander durchdringt und miteinander verbunden ist. Wenn du dich einer Richtung verpflichtest, beginnt dein Geist-Körper sich wie ein Kaleidoskop zu verhalten. Jeder Teil deines Geist-Körpers steht mit jedem anderen in einer Wechselbeziehung. Wenn du eine bestimmte Richtung einschlägst, bewegen sich deshalb alle Teile so, daß dir ein neuer Lebensentwurf, eine neue Vision angeboten wird. Wenn du in wahrer partnerschaftlicher Beziehung mit anderen Menschen zusammenwirkst, verhält sich dein Geist-Körper nach dem Kaleidoskop-Prinzip von Mind Bridging. Du gewinnst eine neue Sichtweise. Du bist dann in der Lage, dir und diesen Menschen zu helfen, einen Zustand ganzheitlicher Wahrnehmung zu erreichen. So erlangen beide mehr Klarheit. Du hast dann die Möglichkeit, diese Klarheit zu erweitern und Brücken zu jedermann in deiner Nähe zu schlagen. Das ist die grundlegende Bedeutung von Mitschöpfung.

Rolf

Rolf begann vor vier Jahren mit mir zu arbeiten, weil er über viele Jahre an periodischen Depressionen litt. Er war ohne jede Motivation und fühlte sich beruflich sehr unter Druck gesetzt. Zur Zeit unserer Sitzungen war er Manager in einer international tätigen Gesellschaft in der Schweiz. Von den vielen beruflichen Reisen fühlte er sich ausgebrannt. Er regte sich bereits über bevorstehende Reisen auf, die zu seinem anspruchsvollen Arbeitsplan gehörten. In unserer ersten Sitzung fragte ich ihn unter anderem, wie er sich vor zwei Jahren gefühlt habe, und er sagte: „Besser." Zu diesem Zeitpunkt begannen wir bereits, seine geistigen Brücken, seine Geist-Hologramme aufzudecken, indem wir Empfindungen, Gefühlen, Bildern und Absichten aufzutauchen erlaubten.

Wenn du mit deinen Geist-Hologrammen therapeutisch arbeitest, entfalten sie sich gewöhnlich in deinem Geist-Körper, sobald du beim Versuch, eine tiefgreifende Beziehung herzustellen, dir selbst genug Aufmerksamkeit widmest. Dies beeinflußt die elektrischen Funktionen und die chemischen Reaktionen deines Geist-Körpers. So schüttet dein Geist-Körper Hormone aus, während du dir deiner Geist-Körper-Empfindungen bewußt wirst. Es ist wichtig, diesen Empfindungen Beachtung zu schenken und sich zugleich der bedeutungsvollen Wechselbeziehung bewußt zu bleiben, die – scheinbar zufällig – zwischen allem besteht. Diese Empfindungen können mit etwas in Verbindung stehen, das gerade eben geschieht, wie etwa dem Geräusch eines Flugzeugs, dem Ton einer Klingel, dem Knurren deines Magens, einem Husten, einem vagen Bild oder einem Satz, den jemand spricht, mit Musik usw. Da es eine schöpferische Wechselbeziehung zwischen dir und allem gibt, was um dich herum geschieht, kann das Bewußtmachen dieser Ereignisse neue Türen für das Verständnis des schöpferischen Netzes öffnen, das laufend gewoben wird.

Jedes Ereignis, gleich wie unwichtig es dir erscheinen mag, läßt sich kreativ deuten. Jedes stellt ein Zeichen dar. Wenn du dir dieses Vorgangs bewußt bist, beginnst du eine klare Wahrnehmung der verschiedenen Manifestationen deiner fünf Sinne, deiner physischen und transzendenten Eingebungen und deines Willens zu entwickeln. Du beginnst auch deine Absichten, die in dir auftauchen und letztlich diesen ganzen Prozeß widerspiegeln, präzise wahrzunehmen. Gleichzeitig wirst du für deine Gefühle sensibel, die in deinem Geist-Körper entstehen, wenn du dir gestattest, in die Tiefe deines Wissens zu tauchen. Dabei beginnen sich in deinem Geist-Körper Gedanken und Bilder zu entwickeln. Das läuft fast genauso ab, als würdest du ein Bild malen und dabei mit einem Farbklecks anfangen. Aus diesem Klecks wird nachher eine Umrißlinie, eine klare Gedankenform oder ein Konzept, und auf nicht vorhersagbare Weise wird daraus eine bildhafte Vorstellung, die das Gemälde, das Geist-Hologramm, sichtbar werden läßt.

In dem Augenblick, als Rolf mir sagte, vor zwei Jahren sei es ihm besser gegangen, sah ich, wie seine Augen strahlender wurden. Plötzlich kam in mir eine unangenehme Empfindung auf, ein zwiespältiges Gefühl von Freude und zugleich Schmerz. Ein Geist-Hologramm, ein weißes Auto, erschien in meinem Geist. Meine innere Reaktion darauf war eine nicht klar faßbare Abwehr dagegen. Ich fragte ihn dann nach dem weißen Auto. Zuerst sagte er, er habe keine besondere Beziehung zu so einem Wagen, änderte aber sogleich seine Meinung und sagte: „Die Frau meines besten Freundes hatte ein weißes Auto." Er war verblüfft, und es sah aus, als würde er sich an einen völlig vergessenen Traum erinnern. Dann sagte er noch: „Sie war eine Frau, die ich wirklich liebte, und sie starb, aber ich konnte ihr diese Liebe nie zeigen. Sie gab den Menschen um sich herum das Gefühl, wirklich zu leben!" Die Art und Weise, wie er das Wort „Menschen" aussprach, machte mir klar, daß er seine Fähigkeit zur Lebensfreude blockierte. Hinter dem Wort „Menschen" versteckte er sich, verbot er sich geradezu, das Gefühl wirklichen Lebens zu erfahren. Als Rolf diesen Zusammenhang herstellte, wurde mir bewußt, daß das weiße Auto ein Geist-Hologramm war, das es ermöglichte, die Energieblockade in seinem Geist-Körper zu lokalisieren. Die unteilbare Realität unserer Geist-Körper konnte sich durch diesen therapeutischen Prozeß bewußt manifestieren. Zugleich wurde mir klar, daß die Botschaft des weißen Autos auch für mich eine spezielle Information enthielt. All dies geschah, weil an diesem Punkt der Sitzung eine schöpferische Notwendigkeit, die aus unserem Geist-Körper aufgetaucht war, plötzlich wichtiger geworden war, damit der Heilungsprozeß geschehen konnte. Nachdem Rolf all die Zusammenhänge, die durch das weiße Auto ausgelöst worden waren, hergestellt hatte, wurde er völlig ruhig und schaute mich nur lange an. Seine Augen blickten in meine, was ihm eine emotionale Verankerung gab. In diesem Augenblick war er ganz und gar in seinem Geist-Körper und kam an eine Stelle, an der er mit seiner Bewußtheit noch nie gewesen war. Er konnte seinen Geist-Körper mit der Ganzheit verbinden und entdeckte neue Zusammenhänge, die es ihm erlauben würden, seinem Leben eine neue Richtung zu geben. An dieser Stelle war ihm die gesamte Wahrheit als eine Ganzheit zugänglich. Sein Geist-Körper erfuhr Innenschau und unbegrenzte Intelligenz! Später sagte er nur: „Es ist Licht, goldenes Licht!" Ich ließ ihn dieses Licht eine ganze Weile erleben und fragte ihn dann: „Wie nennst du dieses Licht?" Lächelnd und mit Tränen in den Augen sagte er: „Gott." Er erfuhr Gott als Vollkommenheit, als Ganzheit!

Gott als Bild, das goldene Licht, hatte sich als heilendes Hologramm in seinem Geist-Körper entfaltet und seinen Geist-Körper in Gnade eingebettet! Gott, das Licht, war das Geist-Hologramm, das ihm geholfen hatte, seinen Geist-Körper zu verbinden. Dieser Prozeß geschah nicht einfach durch Analyse, sondern schloß ein, was wesentlich ist: die Erfahrung, die Ganzheit zu erfassen und ihr Zeuge zu sein. Diese tiefe Erfahrung war äußerst wichtig, denn sie ermöglichte es ihm, Teile seines Geist-Körpers so miteinander zu verbinden, daß er damit beginnen konnte, sein wahres Selbst kennenzulernen. Er konnte längst vergessene Teile seine Geist-Körpers integrieren, was es ihm ermöglichte, seine ganze Situation anders zu erfahren. In der tiefen Stille seines Geist-Körpers tauchten diese vergessenen Teile wie Stücke seines Depressions-Puzzles auf. Jedes dieser Geist-Hologramme, bei denen er eine Brücke bauen, die er erkennen und verstehen konnte, war dann in der Lage, sich in Weisheit umzuwandeln. Als Rolf nachher über seine inneren Erfahrungen zu sprechen begann, konnte ich ihn Schritt für Schritt dahin führen, die zwischen den Teilen, diesen Geist-Hologrammen, bestehende Wechselbeziehung zu entdecken. Schließlich konnte er sich auf völlig andere Art wahrnehmen, denn er war in das Reich von Mind Bridging eingetaucht, in die Tiefe und Wahrheit aller Geist-Körper.

Wenn trennende Geist-Hologramme, wie zum Beispiel die Bilder von Konfliktsituationen, gefolgt von Gefühlen von Haß, Schmerz, Angst usw., sich in deinem Geist-Körper zu entwickeln beginnen, tauchen sie gewöhnlich aus den Tiefen deines Geist-Körpers einzig dazu auf, um geheilt zu werden. Diese Heilung kann durch das Licht deines Verstehens, deiner Innenschau geschehen, und so kannst du diese trennenden Geist-Hologramme anders verstehen, weil jetzt ein Prozeß des Vergebens – Mind Bridging – stattfinden kann. Während dieses Heilungsvorgangs tauchen mitten unter deinen trennenden Geist-Hologrammen nach und nach verbindende Geist-Hologramme auf. Sie spiegeln Ganzheit wider, zum Beispiel Erinnerungen an harmonische Situationen, begleitet von Liebe, Freude oder anderen erfreulichen Gefühlen. Sie tauchen auf, um dich an deine Ganzheit zu erinnern. Damit machen sie Heilung möglich. Diese verbindenden Geist-Hologramme können dir einfach durch ihre Gegenwart vermitteln, daß deine Realität weit über die Begrenzungen hinausgeht, die deine trennenden Geist-Hologramme bewirken. Dann kannst du auch deine bisher blockierte vitale kreative Energie zurückgewinnen. Du änderst dein Leben!

Gegen Ende seiner Sitzung waren Rolfs Augen lebendig geworden. Er hatte die Lebendigkeit wiedergewonnen, die er in der Gegenwart jener lebenslustigen Frau gespürt hatte, eine Lebendigkeit, die auszudrücken er sich selbst lange Zeit gehindert hatte. Das verzerrende, trennende Geist-

Hologramm von Frustration, das ihn zu dieser Sitzung geführt hatte, verbarg zahllose damit zusammenhängende Geist-Hologramme, die seinen Geist-Körper und seine Kreativität hemmten. Als Folge davon war er nicht in der Lage, ganz er selbst zu sein, und das war die eigentliche Ursache seiner Depression. Diese trennenden Geist-Hologramme ließen ihn einfach seine Verbindung mit der Ganzheit und mit seinem eigenen Leben nicht spüren!

Es ist wichtig, an dieser Stelle darauf hinzuweisen, daß Rolf, als sich die Geist-Hologramme in seinem Geist-Körper entfalteten, völlig präsent war und die Erfahrung der Bewegung dieser Geist-Hologramme schweigend zuließ. Er beobachtete sie und ließ sie manifest werden, anstatt sie zu leugnen oder abzuwehren. Durch diesen besinnlichen Mind Bridging-Prozeß, der weniger als zehn Minuten dauerte, konnte schließlich eine Veränderung in seiner Bewußtheit eintreten. Diese Veränderung kann sich nur einstellen, wenn der Geist-Körper in einem Zustand der Hingabe, der Stille, der kreativen Leere, d. h. in tiefer Ruhe ist. Die Erfahrung eines solchen Zustandes ließ seinen Geist-Körper, wie auch meinen, empfänglich werden für Innenschau, für unbegrenzte Intelligenz. Indem ich ihn durch einen analytischen Prozeß begleitete, der zu Vergebung führte, konnte so Veränderung und Transformation geschehen. Rolf war nachher in der Lage zu verstehen, daß es noch eine andere Realität gibt. Am Ende der Sitzung konnte er sich mir gegenüber mit einer klaren Wahrnehmung äußern. Seine alten Beschwerden hatten deutlich abgenommen, und dies erlaubte seinem Geist-Körper mehr Spielraum. Nach dieser Mind Bridging-Erfahrung war Rolf in der Lage, seine Depression und seine Unangemessenheit auf andere Art zu erkennen und anzunehmen, weil er die Erfahrung von Ganzheit gemacht hatte.

Wie oft erinnerst du dich täglich an deine Unschuld?

Wenn du vergißt, daß dein Geist-Körper ganzheitlich ist, so ist das ein Symptom für die Erkrankung deines Geist-Körpers und letztlich Ursprung deiner ganzen Spannungen. Dein Geist-Körper kann sich nicht erneuern, weil er sich von der Ganzheit getrennt fühlt. Daher produziert er trennende Geist-Hologramme, die, wie du schon weißt, Entstellungen, Täuschungen und Fehlschöpfung deines Geist-Körpers sind. Diese trennenden Geist-Hologramme blockieren dein schöpferisches Potential in einer Weise, daß du keine Freude an dir selbst, an anderen oder an deinem Leben hast. Du verlierst deine Unschuld! Aber nur wenn eine Veränderung in deiner Wahrnehmung eintritt, kannst du dich daran erinnern, daß deine Natur Ganzheit ist. Dann entwickelt sich dein Geist-Körper in Selbstbewußtheit, statt im Zustand der Selbstbezogenheit steckenzubleiben. So findet auf diese Weise dein Geist-Körper seinen natürlichen Zustand von Unschuld, Ausgeglichenheit wieder, weil er deren Gegensätze durch einen Mind Bridging-Prozeß überbrücken kann.

Deine in Erscheinung tretenden Geist-Hologramme können deine partnerschaftliche Beziehung mit der Ganzheit nicht widerspiegeln, wenn sie das Merkmal der kreativen Wechselbeziehung, innerhalb und zwischen deren drei Dimensionen und auch untereinander, nicht aufweisen. Dies läßt deinen Geist-Körper unsicher, fragmentiert und ängstlich werden. Du akzeptierst daher deine Unschuld nicht mehr, die Widerspiegelung deiner partnerschaftlichen Beziehung mit der Ganzheit. Je weniger unschuldig du zu sein „denkst", desto mehr wirst du an eine endlose Kette von Konditionierungen gelegt, die in deinem Geist-Körper durch Schuld entstehen. Gibt es jemanden auf der Welt, der nie Schuld fühlte? Natürlich nicht. Das legt nahe, daß auch du nicht glaubst, unschuldig zu sein. Dieser Glaube stellt eine Falle dar und verstrickt dich in ein Netz von Einschränkungen. Wie befreiend ist es daher zu wissen, daß Schuld lediglich ein Prozeß der Selbst-Vergessenheit ist, zu dem auch Selbst-Ausschluß und Selbst-Ignoranz gehören. Es ist nur möglich, daß ständig Schuld in deinem Geist-Körper – und im Geist-Körper aller – erzeugt wird, weil die notwendige Korrektur nicht stattgefunden hat! Die Korrektur kommt dann zustande, wenn du dich daran erinnerst, daß dein Geist-Körper für immer ganzheitlich ist. Schuld ist also nichts Geringeres als ein beharrlicher Ruf nach Mind Bridging. Mind Bridging ist der Prozeß, durch den du die kreative Wechselbeziehung sowohl innerhalb und zwischen den drei Dimensionen deiner Geist-Hologramme als auch zwischen diesen Geist-Hologrammen wiederherstellen kannst. Dieser Prozeß offenbart dir dein Einssein.

Wir alle existieren in diesem Augenblick menschlichen Bewußtseins, damit einer den anderen an seine Unschuld erinnert! Dies ist der erste Transformationsschritt, der jetzt notwendig ist, damit menschliches Bewußtsein eine neue Ebene seiner Erweiterung erreichen kann. Sobald das geschieht, werden sich neue Verständnisebenen für jedermann zu entfalten beginnen. Noch unbekannte, verborgene Dimensionen, die der ganzheitlichen Natur unserer Geist-Körper besser entsprechen, werden zugänglich werden. Wie oft erinnerst du dich täglich an deine Unschuld? Wie oft hilfst du jeden Tag Menschen, indem du ihnen einfach sagst: „Du bist im Stand der Unschuld!" Wie oft wachst du morgens auf und erlaubst dir, deine Unschuld zu fühlen? Wir alle müssen jetzt unsere Unschuld anerkennen. Eine Veränderung deiner Wahrnehmung wird nur durch dieses Schlüsselwort eintreten können:

Unschuld. Unschuld ist wirklich das Mind Bridging-Wort! In dem Maße, wie wir unsere Unschuld annehmen, heilen wir unsere Geist-Körper vom Leid, und so können wir auch vergeben!

Die *Holographische Psychologie* beruht darauf, Verbindungen zwischen Teilen der inneren und äußeren Welten herzustellen, um zu helfen, die Unschuld wiederzuerlangen. In einem größeren Maßstab versteht die *Holographische Psychologie* den therapeutischen Prozeß von Mind Bridging als ein Mittel, um Verantwortung gegenüber dem gesamten Prozeß schöpferischen Mitwirkens zu übernehmen. Nur wenn dieses schöpferische Mitwirken anerkannt wird, wird Psychologie wahrhaftig Wissenschaft des Geistes durch Wissenschaft des Herzens werden. Ich verwende hier das Wort „Herz", um eine Brücke zur Ganzheit zu bezeichnen.

Die Wissenschaft der *Holographischen Psychologie* wurde genau deswegen ins Leben gerufen, um jedem bei seiner Entwicklung zu helfen, den Geist-Körper zu überbrücken. Aus biologischer Sicht ist das Herz verbunden mit dem Fließen des Blutes, mit Leben und Pulsschlag. Darüber hinaus verwenden wir das Herz auch als Symbol für Unterstützung und partnerschaftliche Beziehung (siehe Bild 4-1). Die Bedeutung hinter all diesen Vorstellungen ist, daß wir alle miteinander verbunden sind durch eine Mind Bridging-Bewegung, die unsere Ganzheit ausdrückt. Deswegen benutzen Menschen auf der ganzen Welt spontan diese einfache Art, Verbundenheit auszudrücken:

Bild 4-1

Daher ist das „Herz" die Brücke zwischen dem Ich und dem Du, zwischen dir und allem. Aber warum? Das „Herz" urteilt nicht, mißt nicht, klassifiziert nicht; es verbindet. Das „Herz" legt lediglich Zeugnis ab von der Wahrheit! Niemand kann sein eigenes „Herz" belügen.

Holographische Psychologie ist eine neue Sicht des Geist-Körpers auf der Grundlage einer Verbindung zwischen den physischen und den transzendenten Dimensionen deines Geist-Körpers. Es geht darum, die lineare, analytische Realität mit der nicht ortsgebundenen, holographischen Realität des Geist-Körpers in einer ganzheitlichen Sicht zu verbinden. *Holographische Psychologie* will nicht, daß Techniken und Modelle wichtiger werden als das menschliche Wesen. Denn Menschlichkeit ist der Zugang zu unserer ganzheitlichen Dimension.

Modelle, Techniken und Theorien sind lediglich Werkzeuge. Statt uns an sie zu binden, sollen wir sie benutzen und gleichzeitig anerkennen, daß eine sich gegenseitig durchdringende, unteilbare Realität existiert. Diese Realität ist Ganzheit. Sich mit der Ganzheit wieder zu verbinden ist die Grundlage der *Holographischen Psychologie. Holographische Psychologie* will dazu beitragen, die Widerspiegelung und Aktualisierung der Ganzheit in jedem menschlichen Geist-Körper zu bewirken. Diese Ganzheit, die sich in jedem Individuum und der ganzen Schöpfung offenbart, enthält alles. Der natürliche Weg, uns mit unserer Ganzheit wieder zu verbinden und die Fragmentierung unseres Geist-Körpers zu heilen, liegt darin, daß wir uns alle zusammen unserer Unschuld erinnern. Tun wir das, gewinnen wir unseren Lebenssinn wieder und lassen Schritt um Schritt Verwirrung, Schmerz, Angst, Kontrolle, Arroganz und Haß los, die alle nur Formen von Machtkampf sind. Auf diesem Weg befreien wir uns von jeder einengenden Begrenzung!

5
Warum steht der Geist-Körper mit der Holographie in Beziehung?

Die Erfindung des Hologramms stellte einen bedeutenden Schritt in der modernen Physik dar.

Was ist Holographie? Was genau ist ein Hologramm? Wie entwickelte sich die holographische Idee? Wie wird die Holographie angewendet? Die Beantwortung dieser Fragen gibt uns die Gelegenheit, einige wissenschaftliche Grundlagen des Konzepts zu skizzieren, das in diesem Buch entwickelt wird. Ihm liegt die Erkenntnis zugrunde, daß der Geist-Körper eine unteilbare Realität darstellt, welche die kreative Bewegung der Ganzheit ausdrückt und holographischer Natur ist. Es ist wesentlich festzuhalten, daß dieser Vorschlag durch das allgemeine holographische Prinzip inspiriert ist, daß das Ganze in jedem Teil und jeder Teil im Ganzen enthalten ist. Dieses Konzept verweist nicht auf spezifische holographische Techniken. Was ist also Holographie?

„Holographie ist eine Art linsenlose Fotografie, bei der das von einem Objekt verstreute Wellenmuster des Lichts auf einer Fotoplatte als Interferenzmuster aufgezeichnet wird. Wird die Aufnahme – das Hologramm – in einen kohärenten Lichtstrahl, z. B. einen Laserstrahl, gebracht, wird das originale Wellenmuster wieder hergestellt. Es zeigt sich ein dreidimensionales Bild. Da es keine Linse mit einem Brennpunkt gibt, sieht die Aufnahme wie ein bedeutungsloses Muster von Wirbeln aus. Jedes Stück des Hologramms kann zur Rekonstruktion des ganzen Bildes verwendet werden."[4] (Siehe Bild 5-1 und Bild 5-2.)

Um die Holographie besser zu verstehen, ist es hilfreich, zu fragen, was genau ein Hologramm ist:

„Es gibt grundsätzlich zwei Arten von Hologrammen: solche, die mit Laserlicht oder zumindest mit teilweise kohärentem Licht abgespielt werden müssen, und solche, die mit weißem Licht realisiert abgespielt werden können. Letztere werden hauptsächlich zu Schauzwecken verwendet, während erstere gewöhnlich nur für wissenschaftliche und technische Anwendungen eingesetzt werden."[5]

74

Bild 5-1

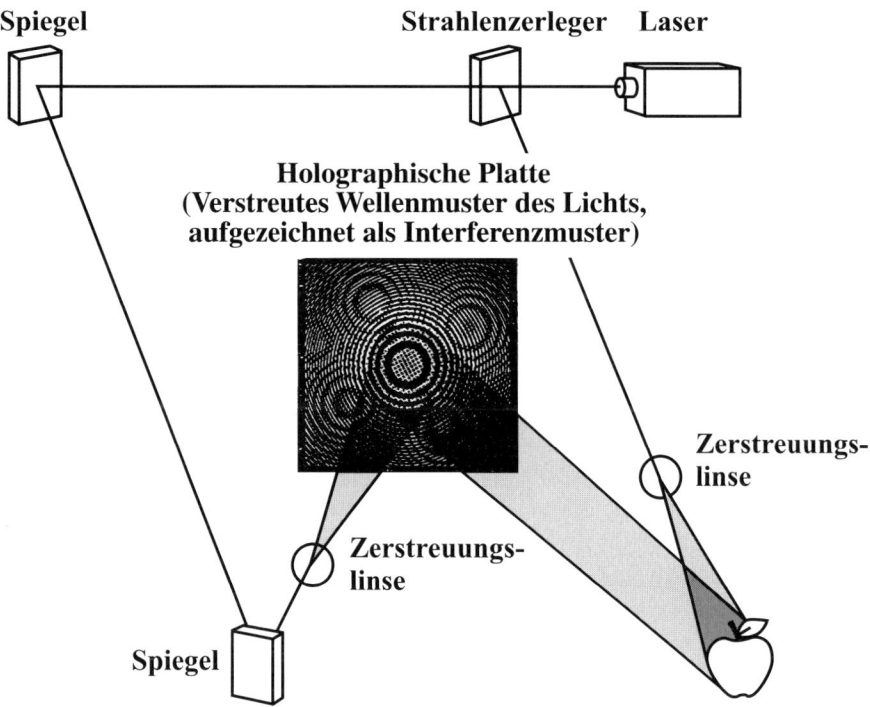

Spiegel **Strahlenzerleger** **Laser**

Holographische Platte
(Verstreutes Wellenmuster des Lichts,
aufgezeichnet als Interferenzmuster)

Zerstreuungs-
linse

Zerstreuungs-
linse

Spiegel

„Ein Hologramm entsteht, wenn ein Laserstrahl in zwei getrennte Strahlen aufgespalten wird. Der erste Strahl wird vom Aufnahmeobjekt, in diesem Fall einem Apfel, reflektiert. Dann läßt man den zweiten Strahl mit dem reflektierten Licht des ersten kollidieren, und das dadurch entstehende Interferenzmuster wird auf den Film gebannt."[6]

Bild 5-2

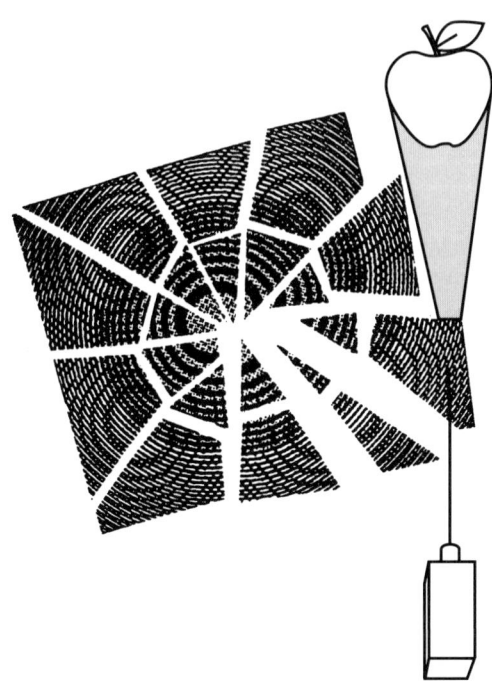

„Im Unterschied zu einem konventionellen Foto enthält jedes Teilstück des holographischen Films alle Informationen des Ganzen. Wenn eine holographische Platte
zerbrochen ist, kann man also mit jedem Bruchstück das vollständige Bild rekonstruieren."[7]

Wenn eine holographische Platte in Stücke zerbrochen ist, ist die
Fähigkeit jedes einzelnen Teils zur Rekonstruktion des ganzen Bildes allerdings durch bestimmte Voraussetzungen eingeschränkt. Leith und Upatnicks
schreiben:

„Jeder kleine Teil des Hologramms enthält Informationen über das ganze
Originalbild und kann es daher reproduzieren. In dem Maße, wie die Stückchen klei-
ner werden, geht etwas an Auflösung verloren. Werden zunehmend größere Teile des
Hologramms für die Rekonstruktion benutzt, nimmt die Tiefenschärfe des Bildes ab,
d.h., das Zentrum wird enger, so daß für jede Verwendung jeweils eine optimale
Größe bestimmt werden kann."[8]

Die Erfindung des Hologramms stellte einen bedeutenden Schritt in der modernen Physik dar. Dennis Gabor, ein britischer Physiker ungarischer Abstammung, erfand die holographische Methode dreidimensionaler Fotografie 1947 und erhielt dafür den Nobelpreis. Gabor verwendete Leibniz' Differential- und Integralrechnung, um diese fotografische Methode ohne Linsensystem zu beschreiben: Holographie.

Später, in den siebziger Jahren, kam Karl Pribram von der Stanford-Universität in seinen neurologischen Studien zu dem Schluß, daß das Hologramm ein Erklärungsmodell dafür ist, wie Gedächtnisinhalte im Gehirn gespeichert werden. Seine Erklärung lautete, daß die Struktur des Gehirns seiner Natur nach holographisch ist. Während dieser Entwicklungsphase ergab sich für Pribram eine interessante Frage: „Weiß" das Gehirn, indem es Schwingungen von einer anderen Dimension transformiert? „Wer" im Gehirn deutet das Hologramm? Schon in der altgriechischen Philosophie waren ähnliche Fragen gestellt worden: „Wer ist der kleine Mann im kleinen Mann?" „Wo existiert das Ich?"

In einer Vorlesung meinte Pribram, vielleicht sei die Antwort auf die Frage, wer im Gehirn das Hologramm deute, darin zu finden, daß die Welt selbst ein Hologramm ist. Er legte seiner Zuhörerschaft weiter dar, daß, wenn dies der Fall sein sollte, auch die Zuhörer Hologramme seien – Darstellung von Schwingungen, die von seinem Gehirn gedeutet werden und genauso von den Gehirnen eines jeden Anwesenden. Wenn das Wesen der Realität holographisch ist, dann ist nach dieser Vorstellung unsere physische, greifbare Realität „Maya", was wörtlich „kosmische Illusion" heißt. Das würde bedeuten, daß die konkrete Realität einfach ein Trugbild ist!

Gleichfalls in den siebziger Jahren verfeinerte in einem anderen Teil der Welt David Bohm, Physiker an der Universität von London, sein Verständnis der Quantenphysik. Er beschäftigte sich intensiv mit der Bedeutung des Quantenpotentials. Dabei stieß er auf Merkmale, die ein neues, vom konventionellen Zugang zur Physik völlig verschiedenes Verständnis mit sich brachten. Eines dieser Merkmale war die Bedeutung der Ganzheit. Aus der Perspektive des Quantenpotentials bestimmt das Ganze seine Teile. Die klassische Physik hingegen betrachtet das Ganze als Wechselwirkung seiner Teile. In Bohms Sichtweise ist ein Elektron nicht ein Einzelding, sondern etwas Totales, das sich in den ganzen Weltraum einhüllt. Elektronen und andere Elementarteilchen werden durch einen stetigen Zustrom aus der impliziten oder verhüllten Ordnung in Gang gehalten; und auch wenn diese Teilchen zerstört zu sein scheinen, verhüllen sie sich lediglich wieder in der impliziten Ordnung. Die scheinbare Bewegung eines Elektrons geht deshalb auf Einfalten und Entfalten zurück. Bohm meint, daß alle Manifestationen im Universum ein Produkt dieses Einfaltens und Entfaltens sind. Er deutet an, daß es im „expliziten Reich" physischer Dinge und Ereignisse, die voneinander getrennt erscheinen, ein „implizites Reich" gibt. In seinem Verständnis der Quantenrealität existieren das unteilbare Ganze und das Ganze in jedem Teil der expliziten Ordnung gleichzeitig. Er kam zum Schluß, daß das Universum ein gewaltiges Hologramm sei. Bohm zieht es jedoch vor, das Universum als eine „Holobewegung" zu beschreiben. Michael Talbot drückt es in seinem Buch *The Holographic Universe* so aus:

> „Wenn ein Teilchen zerstört zu sein scheint, geht es nicht verloren. Es hat sich lediglich wieder in der tieferen Ordnung verhüllt, der es entsprungen ist. Ein holographischer Film und das von ihm erzeugte Bild sind zugleich ein Modell der impliziten und expliziten Ordnung. Der Film repräsentiert eine implizite Ordnung, denn das in seinen Interferenzmustern kodierte Bild ist eine verborgene Totalität, die sich im Ganzen verhüllt."[9]

„Das Gehirn ist ein Hologramm, das ein holographisches Universum deutet."

Nachdem sie auf Grund ihrer Untersuchungen neue Ideen zusammengetragen hatte, legten Karl Pribram und David Bohm an einem bestimmten Punkt ihrer Forschungen eine Theorie vor, die sie so zusammenfaßten:

> „Unsere Gehirne konstruieren nach mathematischen Prinzipien eine „konkrete" Realität, indem sie Schwingungen einer anderen Dimension deuten, eines Reichs bedeutsamer, strukturierter Primärrealität, die Zeit und Raum überschreitet. Das Gehirn ist ein Hologramm, das ein holographisches Universum deutet."[10]

Und David Bohm, der Begründer der Theorie von der expliziten oder enthüllten und der impliziten oder verhüllten Ordnung:

> „Pribram hat Belege für seine Vermutung erbracht, daß Erinnerungen über das ganze Gehirn hinweg gespeichert werden, und zwar so, daß Information über einen Gegenstand oder eine Eigenschaft nicht in einer besonderen Nervenzelle oder einem lokalisierbaren Teil des Gehirns gespeichert wird, sondern eher so, daß die gesamte Information im Ganzen verhüllt ist. Dies Speicherung gleicht in seiner Funktion einem Hologramm, aber seine tatsächliche Struktur ist viel komplexer."[11]

Man muß sich klar machen, daß die Speicherkapazität eines Hologramms gewaltig ist, ja geradezu phantastisch! Pribram schreibt in seinem Buch *Languages of the Brain*: „Etwa zehn Milliarden Bits (das ist die Maßeinheit) an Information lassen sich mit Holographie in einem Kubikzentimeter brauchbar speichern."[12] Leith und Upatnicks sagen es so:

„Mehrere Bilder können bei aufeinanderfolgenden Belichtungen auf einer einzigen Platte übereinander aufgenommen werden, und jedes einzelne Bild kann wieder sichtbar gemacht werden, ohne von den anderen Bildern beeinträchtigt zu werden. Jedes Bild wird dazu auf eine eigene Trägerfrequenz moduliert, wobei die Phase der Trägerfrequenz ein freier Parameter bleibt."[13]

Mit seiner Sicht des Bewußtseins und der impliziten Ordnung gibt Bohm eine weitere Erklärung von Pribrams Idee, daß Erinnerung im Gehirn holographisch gespeichert ist:

„Wir können folglich annehmen, daß, wenn die holographische Aufzeichnung entsprechend aktiviert worden ist, die Reaktion darauf die Erstellung eines Musters von nervöser Energie ist, die ihrerseits eine partielle Erfahrung hervorruft, die jener ähnlich ist, die ursprünglich das Hologramm erzeugte." [14]

Bohm betont nachdrücklich, daß Bewußtsein, das „Bewußtheit, Aufmerksamkeit, Wahrnehmungsvermögen, Verstehen und vielleicht noch mehr" einschließt, nicht auf eine mechanische Vorstellung des holographischen Modells Gehirn reduziert werden kann; er vermutet, daß Bewußtsein „noch tiefer reichen muß".[15] Auch wenn Bewußtsein in diesem Buch mit einem holographischen Modell erklärt wird, dürfen wir nicht der Versuchung erliegen, Bewußtsein auf ein Modell festzulegen. Das holographische Modell des Bewußtseins ist nur eine Form, die zur Erklärung benutzt werden kann, und diese Form scheint sich für eine neue und ganzheitlichere Sicht, was Bewußtsein wirklich sein könnte, am besten zu eignen.

Die theoretischen Prinzipien der Holographie hätten viel früher ausgearbeitet werden können. Es wurde möglich, als Thomas Young 1802 seine Theorie der Diffraktion und Interferenz entwickelte. 1678 bezog sich Christiaan Huyghens mit seinem Wellenmodell darauf. Die Geschichte der Technologie zeigt aber deutlich, daß eine Erfindung oft erst dann möglich ist, wenn die zeitgenössische Kultur „reif" ist. Graham Saxby erklärt diesen Punkt so:

„In der Holographie wird heute ein großer Bereich des elektromagnetischen Spektrums angewandt, von Radar und Mikrowellen-Bildern mit Wellenlängen von wenigen Zentimetern, über das sichtbare Spektrum bis zum Ultraviolett und darüber hinaus zu den Röntgenstrahlen und Wellen von Elektronen. Akustische Holographie beginnt sich neben anderen Formen von Ultraschallbildern zu etablieren, und holographische Techniken werden in der medizinischen Ausbildung und Praxis zu wertvollen Instrumenten. Das holographische Porträtstudio ist bereits Tatsache. Hologramme finden sich in Büchern, in Souvenirgeschäften, in Kunstmuseen, auf Ausstellungsständen, auf Geschenkpapieren, Grußkarten, Postmarken und Banknoten. Sicherheitshologramme sind ein großes Geschäft: Allein auf Kreditkarten gibt es jedes Jahr mehrere Milliarden Hologramme."[16]

Der gesamte Raum ist ein Quanten-Potential und daher eine zusammenhängende Realität, aus der nicht ortsgebundene und nicht vorhersagbare Ereignisse hervorgehen.

Was Bohm dazu brachte, das Universum als ein holographisches Universum zu beschreiben, war das Phänomen und der Begriff der Quanten. Quanten sind Grundbausteine des Universums. Was heißt das? Michael Talbot erklärt es so:

> „‚Quanten‘ ist der Plural von ‚Quant‘. Ein Elektron ist ein Quant, mehrere Elektronen bilden eine Gruppe von Quanten. Der Begriff Quant ist gleichbedeutend mit ‚Wellenteilchen‘, das ebenfalls etwas bezeichnet, das sowohl Teilchen- als auch Welleneigenschaften besitzt."[17]

Für Bohm bestand ein interessanter Aspekt der Quantenrealität in den Zusammenhängen, die zwischen nicht miteinander in Verbindung stehenden subatomaren Ereignissen existieren. Für uns scheint der Zustand des Getrenntseins in einer physischen Welt unbezweifelbar. So nimmst du etwa den Stuhl, auf dem du gerade sitzt, als von dir und dem Tisch neben dir getrennt wahr. Auf ziemlich dieselbe Weise siehst du dich von anderen Individuen getrennt. Aber auf der subatomaren Ebene durchdringt sich tatsächlich alles mit allem.

Alle Materie im Universum, z. B. der Tisch neben dir, dein Stuhl, deine Kleider, ist letztlich Energie. Würdest du ein Elektronenmikroskop benutzen und es auf diesen Tisch richten, würdest du den Tanz von Milliarden Molekülen sehen, die sich in verschiedene Richtungen bewegen. Würden sich diese Moleküle jedoch plötzlich alle in dieselbe Richtung bewegen, würde sich der Tisch „auflösen". Die illusionäre Vorstellung von „Gegenständlichkeit" ist also davon abhängig, wie sich diese Moleküle organisieren. Es hat auch mit unserer Wahrnehmung zu tun, zu der gehört, wie unser Bewußtsein Realität anerkennt, fokussiert, klärt, bewertet, manifestiert und interpretiert.

Mache dir erneut bewußt, daß alle Materie miteinander in Verbindung steht. Materie ist vergleichsweise wie eine kleine Welle, ein leichtes Ansteigen der Energie im großen Energie-Ozean des leeren Weltraums. Das führt uns zur Vorstellung, daß wir Sauerstoffatome atmen, die aus ungezählten Elektronen bestehen, die früher einmal die Körper von Buddha, von Jesus, der Muttergottes, die Körper von Napoleon und von Kleopatra und auch die von Bäumen oder von primitiven Tieren bildeten. Wir atmen ständig Sauerstoffatome ein, die Elektronen von Menschen enthalten, die einst auf dieser Erde gelebt haben! So tauschen wir unaufhörlich Sauerstoffatome unseres Körpers mit denen anderer aus!

Der gesamte Raum ist ein Quanten-Potential und daher eine zusammen-hängende Realität, aus der nicht ortsgebundene und nicht vorhersagbare Ereignisse hervorgehen. Bekanntlich wird Ganzheit nicht als Teil eines interagierenden Systems betrachtet, sondern vielmehr als ein unteilbares System und als Ganzes, welches die Teile strukturiert. So gesehen, ist Ganz-heit die primäre Realität. Sie ist das, „was ist".

Alle Ereignisse in deiner inneren und äußeren Welt hängen zusam-men. Sie beeinflussen einander ständig, weil eine dauernde Infor-mationsübertragung stattfindet.

Es gibt Hinweise, daß die Wechselbeziehungen, die zwischen den einzelnen Wissenschaften bestehen, zu besserem Verständnis beitragen. Forschung und Entdeckungen in der modernen Physik haben die Psychologie maß-geblich beeinflußt. Was hat z. B. die Quantenphysik mit dem Geist-Körper zu tun? Nach S. T. DeBerry „erweitert sich ein Quanten-Ansatz in der Physik zu einem System-Ansatz in der Psychologie [...] der Begriff selbst bedeutet „unteilbares Paket", eine Auffassung, die eine ganzheitlich-syste-mische Orientierung beinhaltet."[18] DeBerry schafft mehr Klarheit, wenn er diese Vorstellungen mit Faktoren aus der Quantenphysik in Verbindung bringt: Komplementarität, Bewußtsein, Interaktion, Nicht-Linearität/Nicht-Ortsgebundenheit. Komplementarität: „Das Konzept der Komplementarität, zuerst von Niels Bohr eingeführt, besagt, daß das Universum nie auf eine einzige, einheitliche Art beschrieben werden kann, sondern nur durch meh-rere, einander überschneidende Perspektiven der Realität zu verstehen ist."[19] Bewußtsein: „Das Bewußtsein des Beobachters ist immer in Betracht zu ziehen. [...] Bohm schließt Bewußtsein in allen physikalischen Interaktionen als einen integralen Vorgang ein."[20] Interaktion: „Unterschiedliche Systeme arbeiten ständig zusammen. [...] Das Universum ist vielschichtig, und auf geheimnisvolle Weise ist die Interaktion dieser Schichten, die das bewirkt, „was ist" und was unser Selbst als Realität erfährt. Aus dieser Wechsel-wirkung entsteht eine Welt."[21] Nicht-Linearität: „Nicht-lineare Erscheinun-gen stellen nicht-symmetrische, paradoxe und nicht-vorhersagbare Entwicklungen dar."[22] Nicht-Ortsgebundenheit: „Vorgänge, die physikalisch zueinander keine Nähe aufweisen, wirken in gewisser Weise aufeinander ein."[23]

Für Heinz Pagels ist die Nicht-Ortsgebundenheit des Quants die Theorie der Informationsübertragung. Für die meisten von uns ist es aber nicht ein-fach, die Vorstellung von Nicht-Ortsgebundenheit zu akzeptieren. Wir verstehen, daß Gegenstände, die in unserer physischen Realität nahe beieinander liegen, miteinander kommunizieren können, aber wir haben Mühe zu verstehen, wie Kommunikation stattfinden soll, wenn die Gegenstände weiter voneinander entfernt sind. DeBerry betont:

„Damit solche Kommunikation stattfinden kann, muß sich die Nachricht *schneller als mit Lichtgeschwindigkeit verbreiten.*" „Weil die Nicht-Ortsgebundenheit nicht durch raum-zeitliche Faktoren begrenzt wird, kann die Entfernung praktisch unendlich sein und sich in jeder Dimension der Realität vom subatomaren bis zum kosmischen Bereich erstrecken." „Nur wenige Dinge können so demütig machen wie Quantenphysik, und innerhalb der Quantenphysik ist es die Vorstellung der Nicht-Ortsgebundenheit, die wirklich in Erstaunen versetzt."[24]

Einstein konnte die Möglichkeit, daß sich etwas schneller als mit Lichtgeschwindigkeit fortbewegen konnte, theoretisch nicht akzeptieren. 1982 zeigte jedoch Alain Aspect in einem bekannten Experiment, daß holographische Eigenschaften für das Gewebe subatomarer Teilchen, aus dem unsere materielle Realität besteht, charakteristisch sind. Dabei wurde beobachtet, daß Einfluß sich mit mehr als Lichtgeschwindigkeit ausgebreitet haben mußte. Alain Aspect deutet an, daß das Universum tatsächlich nicht ortsgebunden und von Natur aus ein Quant ist. Dasselbe gilt für deinen Geist-Körper, und das bedeutet, daß er ein „unteilbares Paket" ist; er kann nicht auf etwas anderes reduziert oder aufgeteilt werden. Alle Ereignisse in deiner inneren und äußeren Welt hängen zusammen. Sie beeinflussen einander ständig, weil eine dauernde Informationsübertragung stattfindet.

Wenn in Wechselbeziehung stehende Systeme in der Lage sind, einander augenblicklich zu beeinflussen, so legt dies nahe, daß hinter allem eine Quantennatur der Realität liegt, ein untrennbares Ganzes, das sich durch eine in die Erscheinungswelt tretende schöpferische Notwendigkeit unvorhersagbar ordnet und zugleich manifestiert. Dies führt uns zu dem Schluß, daß es eine andere Ebene der Realität gibt. Sei dir dessen bewußt, daß Ereignisse, die in einem beträchtlichen Abstand voneinander geschehen, einander beeinflussen. Das ist nicht nur faszinierend, sondern ergibt auch Sinn: Dein Geist-Körper ist nicht nur Beobachter, er ist zugleich der Beobachtete und ist der Vorgang des Beobachtens. Was wirklich existiert, ist die verbindende Bewegung des Bewußtseins, die Manifestation der zusammenhängenden Realität. Diese Realität ist die Bewegung der Ganzheit. Jeder Mensch und jedes Ding ist in der Ganzheit und enthält Ganzheit. Du kannst gar nicht getrennt sein von der Ganzheit!

Es ist wichtig, darauf hinzuweisen, daß alle hier vermittelte Information letztlich den Sinn hat, deinen Geist einer weiteren und ganzheitlicheren Realität zu öffnen. Der Zweck dieser kurzen wissenschaftlichen Ausführungen liegt nicht darin, gewisse Erscheinungen der Physik erschöpfend zu erklären. Sie sind eher allgemeine Hinweise auf die Entwicklung einer holographischen Sicht der Realität. Der Zweck dieser Ausführungen ist es, ein wissenschaftliches Verständnis der *Holographischen Psychologie* zu vermitteln, den natürlichen Zusammenhang zwischen verschiedenen Wissenschaften zu erläutern und die Entwicklung interdisziplinärer Forschung hervorzuheben. Diese Informationen könnten dich ermutigen, dein Verständnis der Physik zu vertiefen, wenn du dich dazu angesprochen fühlst.

Die größte Illusion liegt in der Überzeugung, dein Geist sei getrennt und begrenzt!

Zwischen allen Dingen bestehen nicht nur Wechselwirkungen, alle Dinge durchdringen einander auch. Das ist das Merkmal partnerschaftlicher Beziehung zwischen der nicht-manifesten und der manifesten Realität. Das hat mit der kreativen Bewegung deines Geist-Körpers zu tun, die sich als diese partnerschaftliche Beziehung – das ist das Quanten-Selbst (siehe Glossar) – manifestiert. Dein Geist-Körper ist deshalb die unbegrenzte und unaufhörliche Bewegung der Ganzheit. Ganzheit durchdringt alles und ist auch alles. Hegel sagte, das Unbegrenzte enthalte das Begrenzte. Das erläutert die ganzheitliche Realität deines Geist-Körpers: Die transzendente/holographische Realität umfaßt die physische/analytische Realität.

Verstehst du jetzt, daß es keine vergangenen und keine zukünftigen Ereignisse gibt? Mache dir klar, daß kein System Geschehnisse in Zeit und Raum enthält, wenn es nicht eine kollektive Überzeugung von der Existenz dieses System gibt. Dieses System ist lediglich eine Interpretation deines Intellekts, der diese Überzeugung materialisiert, Trennung und „Greifbarkeit" bewirkt. Das ist keinesfalls Science Fiction oder eine Illusion! Die größte Illusion liegt in der Überzeugung, dein Geist sei getrennt und begrenzt! Jeder Mensch und jedes Ding ist eine einzigartige Realität, die mit anderen verbunden ist und die einander durchdringen, selbst du und die Gestirne, die bis zu mehreren Milliarden Lichtjahren entfernt sind, und es macht wirklich nichts aus, wie weit weg sie sind!

Es ist an der Zeit, die Wahrnehmung deines Geist-Körpers zu ändern. Du tratest ins Leben, um in einem Geist-Körper-Zustand von hoher Energie zu leben und dabei deine Begabung anzuerkennen. Und dennoch ist ein Teil deines Geist-Körpers durch deine Konditionierungen so begrenzt, daß du, anstatt deine Gaben zu erkennen, von deiner eigenen Größe, deinem unbegrenzten Selbst erschreckt und erschüttert wirst! Vielleicht ist diese Erschütterung notwendig, um endlich aus dem Alptraum deiner Begrenztheit aufzuwachen und deine Fülle, deine Ganzheit zu erkennen! Denn die Begrenztheit deines Geist-Körpers ist nur ein schlimmer Traum. Niels Bohr, einer der Väter der Quantenphysik, sagt es so: „Wer von der Quantentheorie nicht erschüttert wird, versteht sie nicht!" Vielleicht ist die Erschütterung über die ganzheitliche Dimension deines Geist-Körpers genau das, was du brauchst, um sie zu verstehen, deine eigene Größe und Ganzheit anzunehmen und schließlich in den Zustand schöpferischen Mitwirkens zu gelangen! Schöpferisches Mitwirken ist der Weg, der aus der Begrenztheit herausführt!

Jeder einzelne von uns ist dafür verantwortlich, ob das Leben sich schöpferisch entfaltet oder nicht!

Die moderne Physik führte zu einer neuen Sicht der Phänomene, die mit veränderten Bewußtseinszuständen zu tun haben wie Psychokinese, Telepathie, Präkognition und intuitiven Heilmethoden. Sie bewirkte auch eine neue Einschätzung von „Schnell-Lernen" und mystischen Erfahrungen. Mit letzteren ist das Empfinden völliger Verbindung und völligen Einsseins mit der ganzen Schöpfung und dem Universum gemeint. Trotzdem ist noch ein tieferes Verstehen deines Geist-Körpers notwendig. Wenn du akzeptierst, daß alles miteinander verbunden ist und sich aus der Ganzheit entfaltet, dann wird es nötig, deinen Geist-Körper zu überdenken, und wenn du das tust, überdenkst du das Leben selbst. Du kannst dann deine verantwortliche Teilnahme am Prozeß schöpferischen Mitwirkens nicht mehr in Abrede stellen.

Jeder einzelne von uns ist dafür verantwortlich, ob das Leben sich schöpferisch entfaltet oder nicht. Daher kannst du dich auch nicht dazu entscheiden, „unabhängig" von der schöpferischen Bewegung, die der Geist-Körper ist, zu sein. Du bist das Quanten-Selbst. Dein Wesen ist partnerschaftliche Beziehung. Du kannst nicht etwas anderes sein, als du tatsächlich bist. Wenn du von Natur aus unteilbar bist, kann dein Geist-Körper auch nicht fragmentiert sein. Du mußt dir völlig klar darüber sein, daß du aufgerufen bist, die irrige Vorstellung von der Fragmentierung und Begrenztheit deines Geist-Körpers zu überwinden. Der Weg, unsere Einheit bewußt wiederzugewinnen, führt über das, was man „Zusammenheit" nennen könnte.

Der Weg aus dem Leiden, aus der Konditionierung des Geist-Körpers, besteht darin, durch gegenseitige Unterstützung in wahrer partnerschaftlicher Beziehung bewußt die ganzheitliche Bewegung der Schöpfung zu werden. Aber wie soll das geschehen? Nur dadurch, daß du dich um deine geistigen Energien kümmerst und deine Geist-Hologramme miteinander verbindest. Du baust dann Brücken des Bewußtseins zu dir selbst, zu jedem anderen, zur Schöpfung, zum ganzen Universum, zu Galaxien und darüber hinaus. Sei dir bewußt, daß alles außerhalb deines Geistes lediglich eine Projektion dessen ist, was schon da ist. Du bist verantwortlich dafür, wie sich das Selbst, die Bewegung schöpferischen Mitwirkens, entfaltet. Wenn du diese Realität nicht annehmen kannst, verfehlst du einfach deinen Lebenssinn, den des schöpferischen Mitwirkens! Es ist an der Zeit, diesen Fehler zu korrigieren, indem du deinen analytischen und deinen holographischen Geist-Körper in einem ganzheitlichen Paradigma integrierst. Es ist an der Zeit, deine schöpferischen weiblichen und männlichen Anteile in dir zu vereinigen. Es ist an der Zeit, wahrhaft zu empfangen und wahrhaft weiterzugeben. Andernfalls wird die ganze Menschheit, anstatt mitschöpferisch tätig zu sein, in eine Krise gestürzt. Die Krise, die letztlich eine Krise der schöpferischen Kraft in unserer Welt ist, nimmt bereits dramatische Ausmaße an.

Grundlegende Schritte, die zur holographischen Sicht der Realität führten:

Chronologie einer Idee
- 1714: Gottfried Wilhelm von Leibniz, Entdecker der Integral- und Differentialrechnung, sagte, daß hinter dem materiellen Universum eine metaphysische Realität liege und dieses hervorbringe. Raum-Zeit, Masse, die Entwicklung der Physik und Energieübertragung sind intellektuelle Konstrukte.
- 1902: William James vertrat die Auffassung, das Gehirn blende gewöhnlich eine umfassendere Realität aus.
- 1905: Einstein veröffentlichte seine Theorien.
- 1907: Henri Bergson sagte, die letzte Realität sei ein Lebensimpuls, der nur auf intuitivem Wege zu verstehen sei. Das Gehirn schirme die umfassendere Realität ab.
- 1929: Alfred Whitehead, Mathematiker und Philosoph, beschrieb die Natur als eine große, sich erweiternde Verknüpfung von Ereignissen, die nicht in der sinnlichen Wahrnehmung zu einem Ende kommen. Dualismus, wie er sich etwa in Geist/Materie zeige, sei ein falsches Prinzip; die Realität beziehe alles ein und greife ineinander… und Karl Lashley publizierte umfangreiche Forschungen, in denen er nachwies, daß bestimmte Erinnerungen nicht an einer einzelnen Stelle zu finden, sondern über das ganze Gehirn verteilt sind.

- 1947: Dennis Gabor verwendete Leibniz' Differential- und Integralrechnung, um eine potentiell dreidimensionale Photographie zu beschreiben: die Holographie.
- 1965: Emmett Leith und Juris Upatnicks gaben die erfolgreiche Herstellung von Hologrammen mittels des gerade erfundenen Laserstrahls bekannt.
- 1969: Karl Pribram, der mit Lashley als Neuro-Chirurg zusammengearbeitet hatte, legte dar, daß das Hologramm ein leistungsfähiges Modell für im Gehirn ablaufende Prozesse sei.
- 1971: Der Physiker David Bohm, der mit Einstein zusammengearbeitet hatte, erwog den holographischen Aufbau des Universums.
- 1975: Pribram verband seine und Bohms Theorien in einer deutschsprachigen Veröffentlichung über Gestalt-Psychologie.
- 1977: Pribram entwickelte Gedanken über die vereinheitlichende metaphysische Bedeutung seiner Synthese. [25]

- 1980: Dr. Kenneth Ring von der University of Connecticut, Psychologe und Präsident der Internationalen Gesellschaft für Nahtodstudien, vermutet, daß Nahtoderfahrungen mit dem holographischen Modell erklärt werden können. Nach seiner Auffassung sind Nahtoderfahrungen und der Tod selbst lediglich Verlagerungen des Bewußtseins eines Menschen. Diese Verlagerungen geschehen von einer Ebene des Hologramms auf eine andere Realitätsebene.
- 1982: Der Physiker Alain Aspect leitete ein Forschungsteam bei einem wegweisenden Experiment im Institut für theoretische und angewandte Optik in Paris. Dieses Experiment zeigte, daß holographische Eigenschaften charakteristisch für das Netz subatomarer Teilchen sind, aus denen sich unser materielles Universum aufbaut. Es wurde beobachtet, daß Information (Einfluß) sich schneller als Licht verbreiten müßte.
- 1985: Dr. Stanislav Grof, Leiter der psychiatrischen Forschungsgruppe am Maryland Psychiatric Research Center, veröffentlichte zusammen mit einem Professor der School of Medicine an der John-Hopkins-Universität ein Buch, indem sie darlegten, daß Erscheinungen auf dem Gebiet archetypischer Erfahrungen, Begegnungen mit dem kollektiven Unbewußten und veränderte Bewußtseinszustände nur mit dem holographischen Modell erklärt werden können. Das Buch bestätigt, daß die gegenwärtig anerkannten neurophysiologischen Modelle des Gehirns nicht dazu geeignet sind, solche Erscheinungen zu erklären.
- 1987: Beim Jahrestreffen der Gesellschaft für Traumstudien in Washington, DC, kam der Physiker Fred Alan Wolf zu dem Schluß, daß Klarträume unser Zugang zu Parallelwelten sind. Das holographische

Modell kann solche Erfahrungen erklären. In Klarträumen erkennt der Träumer, daß er im Wachzustand ist. Fred Alan Wolf ist der Überzeugung, daß das holographische Modell es ermöglicht, eine „Physik des Bewußtseins" zu entwickeln, die uns der Erforschung anderer Dimensionen und Existenzebenen näher bringt.

- 1987: Dr. F. David Peat, Physiker an der Queen's University in Kanada, veröffentlichte *Synchronizität: Die Brücke zwischen Materie und Geist.* In diesem Buch legte er dar, daß ungewöhnliche und bedeutungsvolle Übereinstimmungen, also Synchronizitäten, keineswegs das Ergebnis reinen Zufalls sind. Das holographische Modell kann solche Synchronizitäten erklären. Dr. Peat ist der Auffassung, daß unsere Gedanken und die materielle Welt aufs engste miteinander verbunden sind. Ja, er vermutet sogar, daß diese Verbindung viel tiefer ist, als wir annehmen.

Zusammengefaßt waren die erwähnten Schritte wichtig für die Entwicklung der holographischen Idee: Sie sind grundlegende Schritte, die zur holographischen Sicht der Realität führten.

Teil 2

Der Prozeß der Bewußtwerdung: Gibt es eine Krise der Kreativität?

Sehnsucht

Wenn ich jetzt auf mein Leben zurückschaue, wird mir bewußt, daß es nach der Erfahrung in der Sant' Ana-Kirche eine Reihe von „Zufällen" in meinem Leben gab, die mich in eine andere Richtung führten. Während dieser Zeit des Übergangs begann ich eine tiefe Sehnsucht nach etwas mir Unbekanntem zu fühlen, und dies motivierte mich zutiefst, den wahren schöpferischen Sinn meines Lebens zu entdecken. Zugleich erfuhr ich neben diesem Gefühl der Sehnsucht ein tiefes Gefühl der Verbindung mit jedem und allem, als könnte ich in den Geist anderer Menschen gelangen und ihre Sorgen und Freuden erfahren. Ja mehr, ich erfuhr noch vieles andere. Ich konnte sehen, wie sich in bestimmten Situationen, wenn ich mich tief in Menschen einfühlte, Licht um ihre Körper bewegte. Ebenso sah ich zu gewissen Zeiten, wenn ich mich an der Natur erfreute, Lichtregen vom Himmel fallen. Ich nahm mir vor, unbedingt herauszufinden, was mit mir vorging. Ich las viele einschlägige Bücher und nahm an vielen Seminaren teil.

Ich war mir nicht sicher, ob solche Erfahrungen das Richtige für mich wären. In einer meiner Meditationsübungen beschloß ich, meine Sorgen Gott mitzuteilen, und fragte: „Wenn dies mein Weg zur Ganzheit ist, möchte ich ein konkretes Zeichen haben. Wenn mir bis morgen jemand einen Stein schenkt, werde ich annehmen, daß ich auf meinem wahren Weg bin." Als ich am nächsten Tag in meinem Garten die Sonne genoß, rief mich ein fünfjähriger Junge, der zu meiner Verwandtschaft gehört, bei meinem Namen und sagte, die Hände hinter dem Rücken verschränkt: „Ich habe dir ein Geschenk mitgebracht." Als er seine Hand öffnete, sah ich einen schönen Stein aus dem Fluß, so groß wie seine Hand. Die Reinheit dieses Jungen brachte mir die klare Antwort, die ich brauchte.

Dennoch kamen mir nach einigen Monaten ernsthafte Zweifel. Mein Intellekt konnte diese Erfahrungen nicht als etwas ganz Normales annehmen. Ich beschloß, mich mit einer befreundeten Psychiaterin zu treffen, um mit ihr über meine Erfahrungen zu reden. Sie gab nicht viel auf meine Sorgen, und wir unterhielten uns mehr als drei Stunden lang über unser Leben, unsere Pläne und über gemeinsame Erlebnisse. Wir hatten viel Spaß daran, uns an Situationen und Menschen zu erinnern, die wir beide kannten, und ich vergaß den Zweck unserer Zusammenkunft völlig. Dann lächelte sie mich bestätigend an, und da erst verstand ich, daß sie die ganze Zeit überprüft hatte, was tatsächlich in mir vorging. Dann sagte sie: „Mit dir ist alles in Ordnung. Dein Bewußtsein erweitert sich, das ist alles."

In meinen Sitzungen begann ich, mit meinen Klienten mitzuempfinden, ihren emotionalen Schmerz und sogar ihr physisches Unbehagen zu spüren. Ich begann auch, mich auf die Botschaft dieses körperlichen Unbehagens einzuschwingen und es für diesen Menschen in Worte zu fassen. Es gab für mich keinen Zweifel daran, daß mein Bewußtsein Zugang zu einem Bereich erhielt, in dem konkrete Dinge und Wissen geschaffen werden können. Zu der Zeit hatte ich keine Ahnung, was ein Hologramm ist. Heute freilich kann ich erfassen, was mir geschah. Ich begann, die Verbindung zur holographischen Fähigkeit meines Geist-Körpers herzustellen, diese wiederzugewinnen und bewußt zu erfahren.

6
Meistens fühlst du Angst statt Freude –
Eine Krise der Kreativität?

Eine Krise ist ein Zustand des Geist-Körpers, bei dem Blockade-Muster in einem Teufelskreis von Wiederholungen verflochten sind.

Alle kreativen Prozesse beginnen mit Innenschau, und jedes menschliche Wesen kann Innenschau, die unbegrenzte Intelligenz ist, erreichen. Warum also besteht heute eine Kreativitäts-Krise solchen Ausmaßes in unserer inneren und äußeren Welt? Man könnte annehmen, daß die Hauptursache dieser Krise in der Überzeugung liegt, der Mensch habe den Gipfel seiner Kreativität erreicht und das gegenwärtige erstaunliche Entwicklungsniveau spreche dafür, daß die Menschheit sich dem Ende ihres kreativen Potentials nähere. Wenn du diese vereinfachende Annahme teilst, könnte sie dich auf den Gedanken bringen, daß diese Krise ihre Ursache darin hat, daß es nicht mehr viel zu entdecken gibt und daß von jetzt an alles nur noch eine Sache der Wiederholung ist! Du könntest voreilig zum Schluß kommen, daß selbst der für die Entwicklung deines kreativen Potentials verfügbare „Raum" nicht mehr ausreicht, um dich als kreatives und innovatives Wesen zu erweitern. Dein Raum ist eng geworden, nicht nur wegen der Überbevölkerung, sondern wegen einer Überzahl an Ideen. Daher ist dein Raum überfüllt und von Konkurrenz beherrscht! Du kannst dann davon ausgehen, daß deine neue, kreative Idee sicher irgendwo unter den vielen anderen untergehen wird. Dieser neuen Idee, so könntest du überzeugt sein, wird es wie einer von ihrem Schwarm ausgestoßenen Möwe ergehen, deren Schicksal es ist, für immer allein zu sein. Dieser Möwenschwarm ist immerhin ein gutes Bild für den kreischenden Schwarm von Konditionierungen, die du durchgemacht hast und die einzig von heftiger Kritik aus deiner inneren und äußeren Welt herrühren. Und so glaubst du ernsthaft, daß es keine Möglichkeiten zur Umsetzung deines kreativen Potentials gibt.

Mit dieser Erklärung dürfen wir uns aber nicht zufrieden geben. Wir müssen auf anderem Weg zu verstehen suchen, was tatsächlich die Kreativitätskrise in der Welt verursacht. Deine eigene kritische und skeptische Haltung wird dich immer wieder zur Frage führen: „Besteht denn überhaupt eine solche Krise in der Welt?" Um diese Frage beantworten zu können, mußt du besser verstehen, was eine Krise ist. Eine Krise ist ein Zustand des Geist-

Körpers, bei dem Blockade-Muster in einem Teufelskreis von Wiederholungen verflochten sind und die natürliche Bewegung der Transformation und des Fließens behindern. Was du in der Welt von heute beobachten kannst, sind widersprüchliche Verhaltensmuster und alte erstarrte Formen, die Veränderung auf den Gebieten menschlicher Betätigungen wie Wissenschaft, Technologie, Religion, Politik, Wirtschaft, Erziehung und Kunst blockieren. Alle diese Bereiche stehen vor der Herausforderung, eine kreative Transformation zu vollziehen, damit ein Sprung hin zu neuen Formen der Integration gemacht wird.

Alle Konflikte unter den Menschen, die mit emotionalem, intellektuellem, ökonomischem oder ökologischem Ungleichgewicht zu tun haben, sind Symptome unserer Krisen, die nach dringender Transformation in unserer inneren und äußeren Welt rufen! Daher wird es eine Transformation nur dann geben, wenn wir, statt die gegenwärtige Kreativitätskrise zu leugnen, anerkennen, daß diese Krise letztlich nicht nur eine äußerliche, sondern auch eine innere ist, die wir zu überwinden aufgerufen sind. Menschen neigen dazu, Krisen größer zu machen, als sie tatsächlich sind. Vermeide diesen Fehler! Versteh die gegenwärtige Krise als Gelegenheit, deine Kreativität so neu auszurichten, daß du eine neue Ebene des Verstehens und der Zusammenarbeit, eine neue Ebene der Erfüllung erreichen kannst. Statt eine Krise als ausweglos anzusehen, kannst du sie auch als Chance betrachten, deine innere Kraft zurückzugewinnen und dich mit Innenschau, unbegrenzter Intelligenz, zu verbinden!

Der Geist-Körper, der seine Trennung nicht überwinden kann, kann auch seine Ganzheit nicht erkennen.

Um das Problem „Gibt es eine Kreativitätskrise in der Welt von heute?" zu klären, stelle dir zwei Fragen. Erstens: „Gibt es Fülle in dieser Welt?" Sicher wirst du diese Frage bejahen. Tatsächlich gibt es viel mehr, als du denkst, was aber fehlt, ist eine gleichmäßige Verteilung dieser Fülle. Zweitens: „Gibt es Frieden und Harmonie unter den Menschen, in den Familien und zwischen den Völkern?" Du wirst sagen: „Nein, keineswegs." Diese beiden Antworten führen unweigerlich zum Schluß, daß es wirklich eine Kreativitätskrise gibt. Wir sind begabt, und die Welt bietet mehr als genug. Dennoch wissen die Menschen nicht, wie sie diese Gaben und diese Fülle teilen und sich ihrer erfreuen können. Wenn wir nicht miteinander teilen, gibt es nur Bedürftigkeit, Konkurrenzdenken, keine wahrhafte Kreativität. Um diese durch Bedürftigkeit und Konkurrenzdenken charakterisierte Krise zu überwinden, mußt du lernen, in echter partnerschaftlicher Beziehung zu sein. Dies ist der Weg, der es dir ermöglichen wird, wieder dein wahres Wesen – Begabung, Fülle, Harmonie, Frieden und reine Freude – zu erlangen.

Es ist aufschlußreich, daß viele Menschen heute kaum fähig sind, ihre leidenschaftlichen Gefühle ungehindert auszudrücken. Die meisten von uns neigen dazu, diese Gefühle abzuweisen. Wenn du bemerkst, daß du deine Gefühle der Leidenschaft abweist, sei dir bewußt, daß du dich auch davon abhältst, ungehindert Vergnügen und Freude zu erfahren. Du drückst wohl weniger als zehn Prozent deiner Fähigkeit aus, wahres Vergnügen und wahre Freude zu empfinden. Die restlichen neunzig Prozent mißbrauchst du oder, vielleicht noch schlimmer, verwandelst du in Schmerz und Angst. Warum bist du nicht zu wahrem Vergnügen und wahrer Freude fähig? Vergnügen und Freude sind die Grundgefühle aller Menschen! Sie sind die polaren Gegensätze zu Angst und Schmerz. Wenn du erkennst, daß wir uns selbst daran hindern, Vergnügen und Freude zu erfahren, wirst du leicht den Schluß ziehen können, daß du und jeder andere von Schmerz und Angst beherrscht werden. Schmerz und Angst sind eindeutig die entscheidenden Symptome der gegenwärtigen Kreativitätskrise. Schmerz und Angst sind letztlich der Verlust deiner wahren Freiheit, die Ganzheit ist!

Aber was hat dies alles mit partnerschaftlicher Beziehung zu tun? Was mußt du hier lernen? Es gibt nur eines zu lernen, nämlich daß du andauernd die kreative Bewegung der Ganzheit werden sollst! Das gewährt wahres Vergnügen und wahre Freude! Du bist das Selbst, bist partnerschaftliche Beziehung. Diese Wahrheit anzuerkennen wird dein Konkurrenzdenken dramatisch verändern, dich dazu bringen, dich selbst und andere auf schöpferische Art zu unterstützen. Du wirst aufhören, gegen deine kreative Natur anzukämpfen, und das bedeutet nichts anderes, als in partnerschaftlicher Beziehung zu sein. Zum Glück braucht es nicht lange, um partnerschaftliche Beziehung zu erlernen. Es geht bei diesem Lernprozeß allein darum, deine schöpferische Natur gleichsam umarmen zu wollen, es ist die des Quantenselbst. Es geht auch darum, in Übereinstimmung mit deinem Willen zu handeln! Diese Bereitschaft und diese Übereinstimmung sind es, die partnerschaftliche Beziehung möglich machen.

Leugnest du aber, daß es eine Kreativitätskrise gibt, dann akzeptierst du wahrscheinlich die Verzerrung der Realität, die sich vor deinen Augen abspielt. Aber hinter dieser Verzerrung versteckt sich ein Ruf nach Integration! Deine Leugnung dieses Rufs nach Integration hat wesentlichen Einfluß auf eine tiefere Ebene deines Geist-Körpers. Du machst dir gar nicht klar, wie sehr diese Verzerrung dich, jedermann und alles beeinflußt! Sie hält dich davon ab, deine geistigen Energien zusammenzuführen, deine Geist-Hologramme zu verbinden. Der Geist-Körper, der seine Trennung nicht überwinden kann, kann auch seine Ganzheit nicht erkennen. Ganzheit ist die schöpferische Kraft deines Geist-Körpers! Wenn du jedoch die Verzerrung deines Geist-Körpers, seine Fragmentierung, als etwas „Normales" akzeptierst, läßt du dich von der Tatsache ablenken, daß dein Wesen Ganzheit ist. Diese Verzerrung verschärft deine inneren und äußeren Krisen. Diese spiegeln dann nur deinen Widerstand, dich der schöpferischen Kraft zu übergeben, wider. Dies bedeutet, daß du dich dagegen sträubst, dein wahres Wesen zu verkörpern, das dazu bestimmt ist, sich als „Glück durch schöpferisches Mitwirken" zu verwirklichen.

Wenn du dich als einzigartiges Teilstück in dem gewaltigen Hologramm der Mitschöpfung anerkennst, dann verstehst du deine große Bedeutung als Mitwirkender am holographischen „öko-kreativen Lebensenergie-Prozeß". Dies ist der Prozeß, in dem du bist, der es dir ermöglicht, eine tiefere und erweiterte Stufe deines Bewußtseins zu erreichen. Er kann dich von deiner selbstgeschaffenen Begrenztheit befreien und erlaubt dir, deine Ganzheit wiederzugewinnen. Ganzheitliches Bewußtsein zu erfahren ist die Menschheit jetzt aufgerufen. Es ist Zeit für eine tiefgreifende kollektive Transformation. Um besser zu verstehen, was „öko-kreativer Lebensenergie-Prozeß" bedeutet, muß man verstehen, daß Ökologie die Übertragung von Information und Organisation umfaßt, daß Kreativität Kommunikation und Teilnahme beinhaltet und daß zu Lebensenergie Umwandlung und Neuschöpfung gehört. Diese Kette von Implikationen ist typisch für den „öko-kreativen Lebensenergie-Prozeß". Letztlich geht es um Loslassen und Integration.

Übertragung von Information, Organisation, Kommunikation, Teilnahme, Umwandlung und Neuschöpfung sind die fundamentalen Prinzipien, auf denen die Transformation, die in uns stattfinden soll, beruht. Diese Transformation kann aber nur durch einen Prozeß des Loslassens und der Integration zustande kommen. Es ist wichtig zu wissen, daß diese Prinzipien auch die grundlegenden Prinzipien von Mind Bridging sind. Sie können uns helfen, unseren mitschöpferischen Zweck zu erfüllen, zusammen, als Menschheit, als globales Kollektiv, als das eine Kollektivbewußtsein, das wir bilden.

Sei dir bewußt, daß deine Geist-Hologramme immer etwas widerspiegeln, was für dich zu wissen wichtig ist.

Jede einzelne Schwierigkeit in deinem Leben ist die Projektion einer Energieform, die in deinem Geist-Körper blockiert ist. Jede Schwierigkeit ist eine Form der Trennung und steht für eine mißachtete kreative Energie in dir, die du noch nicht integrieren konntest. Wenn du diese Energie anerkennst und eine Brücke zu ihr schlägst, wirst du mehr du selbst. Dies bedeutet Integrität! Wenn du erst einmal deine geistigen Energien, deine Geist-Hologramme, überbrückst, werden sie weder gut noch schlecht, weder richtig noch falsch sein. Denn du hast kein Bedürfnis mehr, Urteile über dich, andere oder überhaupt irgend etwas zu fällen. Denke daran, daß die Menschen und Situationen deines Lebens deine Geist-Hologramme widerspiegeln. Wenn du dir gestattest, deine Geist-Hologramme zu verbinden, setzt in deiner inneren und äußeren Welt eine Transformation ein! Du bist dann jenseits von Unterscheidung, Begrenzung, Konkurrenzdenken und Trennung. So kannst du ein wahres Verständnis deiner selbst erlangen, weil du in partnerschaftlicher Beziehung mit der schöpferischen Bewegung deines Geist-Körpers stehst! Sei dir bewußt, daß deine Geist-Hologramme immer etwas widerspiegeln, was für dich zu wissen wichtig ist. Deine Geist-Hologramme zu überbrücken ist deshalb unentbehrlich in deinem Prozeß, deine wahre Identität, die Ganzheit ist, wiederzufinden. Dieser Mind Bridging-Prozeß kann jede Krise zum Stillstand bringen! Er erlaubt dir, die partnerschaftliche Beziehung zwischen deiner inneren und äußeren Welt wiederherzustellen und Einssein zu erfahren. All dies weist darauf hin, daß die Krise der Kreativität in der Welt von heute lediglich ein Aufruf für dich ist, empfänglich für dich selber zu sein. Es ist deine Empfänglichkeit, die es der Ganzheit möglich macht, sich in dir, in jedem Menschen und in jedem Ding zu verwirklichen.

7

Wie deine Überzeugung „Ich habe etwas falsch gemacht" dein Sein und Handeln blockiert

Das Paradoxe ist, daß Verschmelzung – oberflächlich betrachtet – mit deiner Entscheidung, jemanden zu „retten", zusammenhängt, sich darunter aber dein tiefer Wunsch verbirgt, davor „gerettet" zu werden, du selbst zu sein.

Wenn du den Sinn verstehst, der hinter deinem Leben steckt, nämlich kreativ das Selbst, das du bist, zu manifestieren, stellst du eine Veränderung in deiner Wahrnehmung fest. Du fühlst dich in die ganze Bewegung der Schöpfung eher einbezogen als von ihr ausgeschlossen. Du machst die Erfahrung, selbst diese kreative Bewegung zu werden. Alle deine Probleme – wie die der anderen – beruhen auf der Überzeugung, ausgeschlossen zu sein, und darin liegt die Wurzel deiner Angriffs- und Verteidigungsmechanismen. Aber Ausgeschlossensein kannst du nur dann erfahren, wenn du deinen Lebenssinn mißverstehst. Wenn du dich ausgeschlossen fühlst, liegt das also daran, daß du dich von deiner Lebensaufgabe entfernt hast. Du hast dein kreatives Potential und deinen schöpferischen Lebenssinn vergessen. Wie ist es dazu gekommen? Es hat wahrscheinlich damit zu tun, daß du mit mindestens einem Mitglied deiner Familie oder sogar mit deiner ganzen Familie „verschmolzen" bist. Das führt dazu, daß du dich ständig davon abhältst, dein eigenes kreatives Potential zu entwickeln sowie deinen schöpferischen Lebenssinn zu entdecken und zu erfüllen. Das ist mit deiner Unfähigkeit verbunden, einen kreativen Umgang mit deinen emotionalen Grenzen zu entwickeln. Als Kind wurdest mit diesem falschen Umgang vertraut. Wenn jemand in deiner Familie, mit dem du auf diese Weise verschmolzen warst, traurig wurde, so wurdest du es auch; machte sich diese Person Sorgen, wurdest auch du unvermeidlich besorgt. Nur wenn dieses Familienmitglied Glück und Freude erfuhr, erlaubtest du dir, auch glücklich zu sein und dich zu freuen. Eine andere mögliche Reaktion ist, daß du dich abgewiesen fühltest, wenn dieser Mensch traurig war, oder sogar ausgeschlossen, wenn er glücklich war. Diese unterschiedlichen Verhaltensweisen zeigen nur, daß du aufgrund dieser Verschmelzung völlig abhängig von diesem Menschen warst. Du konntest nicht lernen, dein eigenes Wesen frei auszudrücken, und damit hast du dich davon abgehalten, zu entwickeln, wer du wirklich bist. Deshalb kannst du dich sehr oft nicht sicher fühlen! Du gehst dann im gewaltigen Meer von Kompensationen unter. Diese Kompensation hält dich aber nur davon ab, eine echte und reife Beziehung zu dir, zu anderen Menschen und jeglichen Dingen in deinem Leben aufzubauen!

Verschmelzung hat mit deiner Entscheidung zu tun, jemanden zu „retten". Wenn du als Kind ein Opfer von Verschmelzung wurdest, hast du eine unbewußte Entscheidung getroffen, deine ganze Familie oder ein einzelnes Familienmitglied vor Problemen zu „retten". Wenn diese Entscheidung unantastbar und unkorrigiert bleibt, blockiert sie aber die Aneignung von innerem Raum und innerer Ausrichtung. Es fehlt einfach an vollkommener Übereinstimmung zwischen dir und deinem kreativen Weg. In der Folge hast du oft ein unangenehmes Gefühl, ein nicht recht definierbares Schuldgefühl, das auf deine tief verborgene Überzeugung zurückgeht, daß du etwas falsch gemacht hast. Das Paradoxe ist, daß Verschmelzung – oberflächlich betrachtet – mit deiner Entscheidung, jemanden zu „retten", zusammenhängt, sich darunter aber dein tiefer Wunsch verbirgt, davor „gerettet" zu werden, du selbst zu sein.

Oft teilst du deine Angst, „es nicht zu schaffen", auf verschiedene Lebensbereiche auf und machst sie damit zu zahllosen Monumenten deiner Unzufriedenheit.

All deine „trennenden Verhaltensweisen" gehen auf deine Entscheidung zurück, deine Aufmerksamkeit von der Anerkennung deiner Ganzheit, deiner wahren Größe, zurückzuziehen und folglich dein kreatives Potential und deinen schöpferischen Lebenssinn anzuerkennen. Deine trennenden Verhaltensweisen sind Ausdruck deiner unbewußten Entscheidung, deine partnerschaftliche Beziehung mit der Ganzheit aufzulösen, was unweigerlich dazu führt, daß du von Selbstzweifel überwältigt wirst. Dieser bildet eine der wichtigsten treibenden Kräfte im Zusammenhang mit Verschmelzung. Statt diesen Zweifel als Alarmsignal zu betrachten, zurück zu deinem Mittelpunkt zu gelangen, dem Ort deiner Ganzheit, erlaubst du diesem Selbstzweifel, die Herrschaft über deinen Geist-Körper anzutreten. Sorge übermannt dich, und dieses ständige Besorgtsein verstärkt deine Angst, du selbst zu sein. Es lenkt dich von dir selbst ab! Du vernachlässigst schließlich deine persönliche Weiterentwicklung. Hier ist es wichtig einzusehen, daß die Verwirklichung deines schöpferischen Lebenssinns aus vielen einzelnen Schritten besteht, die sich dir als Alltagssituationen präsentieren. Sie laden dich stets ein, die eine oder andere deiner Schwierigkeiten zu bewältigen. Das erfordert, daß du die Verantwortung dafür übernimmst, deine eigenen kreativen Entscheidungen zu fällen. Das gibt dir aber auch die Chance, dich und deine Fähigkeiten zu verbessern, und läßt dich reif werden! Jedesmal, wenn es dir gelingt, eine Schwierigkeit zu überwinden, lernst du etwas dazu. Wenn du aber zuläßt, daß dich Selbstzweifel, übertriebene Sorge und Verwirrung dominieren, blockierst du diesen Lernprozeß. Du zerfällst dann in viele fragmentierte Einzelabsichten. Du weißt jetzt nicht mehr, wer du wahrhaftig bist und was du wirklich willst.

Zwanghafter Selbstzweifel, der dich oft überkommt, verrät die Fragmentierung deines Geist-Körpers. In diesem Zustand bist du fest überzeugt, daß du dein kreatives Potential und deinen schöpferischen Lebenssinn nicht mehr entwickeln und erfüllen kannst, um dessentwillen du in dieses Leben gekommen bist. Verloren in diesem Mißverständnis, ist dein tiefster Wunsch der, „gerettet" zu werden! Dieser Wunsch aber ist eine Falle, denn er sperrt dich in Konditionierung und Beschränkung ein. Panik kommt über dich, Schamgefühl hält dich gefangen. Du verbirgst dieses Schamgefühl unter einem Mantel der „Gerissenheit", wirst heuchlerisch und fängst an vorzutäuschen. Am Ende wirst du auch zu dir selbst unehrlich. Dies spiegelt deinen Mangel an Selbstbestimmung wider, reifer zu werden. Du kannst dann nicht mehr mit deinen emotionalen Grenzen umgehen. Letzteres führt dazu, daß du dein Mißverständnis und den zwanghaften Zustand des Zweifelns an dir selbst aufrechterhältst. Wenn du dagegen lernst, mit deinen emotionalen Grenzen kreativ umzugehen, fällst du keinem Mißverständnis zum Opfer. Du findest dann immer wieder zu deinem Zentrum zurück. Um mit deinen emotionalen Grenzen kreativ umzugehen, mußt du damit beginnen, in schwierigen Situationen dir selbst zu vertrauen! Dieses Vertrauen stellt sich ein, wenn du dir immer wieder vornimmst, dein schöpferisches Potential und deinen Lebenssinn einzubringen. Eine solche innere Verpflichtung sollst du sogar dann eingehen, wenn du dieses kreative Potential und diesen schöpferischen Lebenssinn nicht völlig zu erfassen vermagst oder nicht siehst, wie du sie ausdrücken kannst. Sei dir bewußt, daß diese innere Verpflichtung die Kraft hat, jeden Zweifel auszuräumen!

Dein kreatives Potential und dein Lebenssinn sind nicht etwas, das in weiter Zukunft liegt oder gar unerreichbar ist. Vergiß nicht, daß dein kreatives Potential und dein Lebenssinn aus den nicht vorhersagbaren Situationen deines Alltags zusammengestellt werden, die dich beharrlich auffordern, jederzeit kreativ auf sie einzugehen. Sie sind Prüfungen zur Meisterschaft. Sie lösen deine Fähigkeit aus, Neues auszuprobieren. Und nur du kannst diese unvorhersagbaren Situationen in den sicheren Hafen von Frieden und Verstehen führen. Dann freilich enthüllen sich dir neue Ebenen und Aspekte deines kreativen Potentials und deines Lebenssinns, die dich anspornen, auf deinem kreativen Weg vorwärts zu gehen. Das ist ein täglicher Vorgang der Kultivierung deiner kreativen Energie, die dann in dir freigesetzt wird, damit du eine feinere Stufe deiner Kreativität erreichen kannst.

Gewöhnlich hinderst du dich daran, deine Kreativität zu entwickeln. Du wirst dann kindisch. Dein Leben wird zu einem ständigen Kampf gegen deine Angst, nicht lebensfähig zu sein. Auf einer tieferen Ebene entspricht dieser Angst eine weitere Angst, nämlich die, nicht zu wissen, wie du die Situationen, mit denen dich dein Leben konfrontiert, bewältigen sollst. Diese Angst schlägt sich als fehlender Erfolg in vielen Lebensbereichen nieder; sie spiegelt sich in deinen üblichen Schwierigkeiten mit Liebe, Geld, Sexualität, Karriere und Familie wider. Oft teilst du deine Angst, „es nicht zu schaffen", auf verschiedene Lebensbereiche auf und machst sie damit zu zahllosen Monumenten deiner Unzufriedenheit. Ohne dir dessen ganz bewußt zu sein, lebst du dann dein Leben, als gingest du ständig auf der Straße der Verzweiflung, die du mit diesen Monumenten der Unzufriedenheit schmückst. Diese Verzweiflung zeigt sich gewöhnlich in dir als tiefes Einsamkeitsgefühl, das in deiner Unfähigkeit gründet, eine reife Kommunikation zwischen deinen inneren und äußeren Welten zu entwickeln.

Je größer deine Begabung ist, um so leichter kann dich dein Zweifel an dir selbst in Versuchung führen!

Es ist wichtig zu verstehen, daß dir im „Kreativitätsrennen" um schöpferisches Wirken mit der Ganzheit die Pole-Position, die beste Startposition, angeboten wird. Du brauchst diese Führungsposition bloß anzunehmen und es deiner Kreativität zu erlauben, dich ungehindert auf das Erreichen deines kreativen Potentials und Lebenssinns hinzusteuern. Je schneller du dies verwirklichen kannst, um so eher kannst du deinen „Grand Prix", deine Lebensfreude, gewinnen! Wenn du den „Rennwagen" deiner Kreativität steuerst, laß dich nicht durch Empfindungen beunruhigen, du seiest klein und unbedeutend. Sei nicht neidisch auf die Größe derer, die auf ihrem eigenen Weg zur Selbstverwirklichung an dir vorbeijagen. Laß dich jetzt nicht von der Angst auffressen, das du „es nicht schaffst". Diese Angst hindert dich daran, erfolgreich dein kreatives Potential zu entwickeln und deinen schöpferischen Lebenssinn zu erfüllen. Es sind diese Entwicklung und Erfüllung, die dazu führen können, daß du deine Größe wiedergewinnst. Verschwende deine Zeit nicht! In diesem „Kreativitätsrennen" kann keiner alleine gewinnen, gewinnen ist nur gemeinsam möglich. Du kannst nur „gemeinsam gewinnen", wenn du deinen Geist-Körper auf deine Ganzheit ausrichtest. Das erlaubt dir, deine eigene Größe und deine schöpferische Kraft anzunehmen, um sie zu genießen und mit anderen zu teilen. In diesem „Kreativitätsrennen" teilen sich alle den ersten Preis – Ganzheit! Bekenne dich also zu deiner wahren Größe, und gib deinem schöpferischen Potential und Lebenssinn vollständigen Ausdruck! Sei dir bewußt, daß viele Menschen auf dich warten, die deine Hilfe brauchen! Du kannst mit ihnen schöpferisch zusammenwirken, sobald du dich entschließt, deine Gaben anzuerkennen und deine Begabung mit anderen zu teilen. Das ist dein Weg zu Reife!

Je größer deine Begabung ist, um so leichter kann dich dein Zweifel an dir selbst in Versuchung führen! Selbstzweifel läßt dich vergessen, daß von dir einzig die innere Verpflichtung erwartet wird, kreativ das zu verwirklichen, das zu sein und zu tun, um dessentwillen du auf diese Welt gekommen bist. Alles weitere geschieht durch dich als Manifestation der kreativen Bewegung der Ganzheit. Liegt die wahre Bedeutung deines Selbstzweifels nicht darin herauszufinden, wie stark deine innere Verpflichtung gegenüber deiner Begabung, für deine Ganzheit ist? Zweifel – jedoch nicht ein zwanghafter Selbstzweifel – kann für deine Bewußtheit eine Übung sein! Zweifel kann dir die Chance eröffnen, selbstverantwortlich eigene Entscheidungen zu treffen, an ihnen zu lernen und damit Reife zu erlangen. Läßt du dich aber in einen ständigen Zustand des Zweifels an dir selbst ziehen, entsteht daraus eine Blockade. Dieser wiederkehrende Zustand des Selbstzweifels zeigt deine Angst, dich voll und ganz zu verpflichten. Um daher das unbewußte und unbestimmte Schuldgefühl, das in deinem ständigen Zweifeln an dir seine Wurzeln hat, vollständig zu heilen, ist deine innere Verpflichtung zur Verwirklichung deines wahren Wesens gefordert. Es ist notwendig, dir selbst zu vertrauen! In dem Maße, wie du fähig wirst, dich deinem kreativen Potential und deinem Lebenssinn zu verpflichten, beginnst du auch Vergnügen, Freude, Fülle, Wohlbefinden und Erfüllung zu ernten, statt dich in Schmerz, Angst, fehlende Liebe, Mangel und andere Formen der Kompensation zu verlieren!

Zu dienen hat mit Leichtigkeit zu tun, nicht mit Aufopferung!

Schmerz, Angst, fehlende Liebe und Mangel werden durch deine ständige unbewußte Weigerung, zu dienen, aufrechterhalten. Bereit sein zu dienen, in schöpferischem Mitwirken, bedeutet dagegen, dein kreatives Potential zu erweitern und deinen schöpferischen Lebenssinn mit Vergnügen und Freude zu verwirklichen. Es bedeutet, alles was du bereits im Überfluß besitzt, nämlich deine Begabung, weiterzugeben. Leider fällt es dir gewöhnlich schwer, deine Begabungen zu anerkennen. Du kannst aber nur wahrhaft bereit sein zu dienen, wenn du deine Begabungen anerkennst, sie entwickelst und sie zum Ausdruck bringst durch Dinge, bei denen du fühlst, daß du sie wirklich gut kannst. Zu dienen hat mit Leichtigkeit zu tun, nicht mit Aufopferung! Es geschieht ohne Anstrengung! Es ist, als besäßest du einen kostbaren Edelstein, der aber noch nicht geschliffen ist. Wenn du diesen Edelstein – dein kreatives Potential – geduldig und mit Freude schleifst, können Glanz, Schönheit, Erfolg – dein wahrer Wert – leicht für dich und andere Menschen sichtbar werden. Dies erfordert unbedingt deinen festen Willen, dich und deine Fähigkeiten schöpferisch zu entwickeln.

Es spielt keine Rolle, wie alt du bist. Alter ist kein Hindernis auf dem Weg zur Erleuchtung. Wirklich wichtig für dich und deine Familie ist es, gemeinsam den kreativen Weg zu beschreiten.

In der Dynamik der Probleme in einer Familie gilt, daß die Menge an kreativer Energie, die in dieser Gruppe unwirksam oder gestört ist, sich in den Problemen der Familie widerspiegelt. Diese Dynamik läuft auf ähnliche Weise ab wie in sozialen Gruppen oder in der Wirtschaft. Doch es braucht nur ein einziges Familienmitglied oder ein einziges Mitglied in solchen Organisationen, das mutig die weise Entscheidung trifft, sein kreatives Potential und seinen Lebenssinn zu verwirklichen, damit die Heilung der Schwierigkeiten in der Familie oder in der Organisation beginnen kann. Das erklärt sich damit, daß ein zugrundeliegendes holographisches Prinzip die partnerschaftliche Beziehung zwischen den Familienmitgliedern oder den Mitgliedern der Organisation leitet. Jedes einzelne Mitglied zeigt das gesamte kreative Potential und den Lebenssinn dieser Familie aus verschiedenen Blickwinkeln. Ähnlich zeigt jedes einzelne Mitglied einer Organisation das kreative Potential und den Sinn, der zur Zeit in dieser Organisation erkennbar ist, aus verschiedenen Blickwinkeln. Und zugleich zeigt jeder Blickwinkel in verschiedenen Deutlichkeitsabstufungen das gesamte kreative Potential und den Lebenssinn jedes einzelnen Mitglieds der Familie oder der Organisation. Daher kann jedes einzelne Mitglied, das sich entschließt, sein eigenes kreatives Potential und seinen Lebenssinn zu erfüllen, das kreative Potential und den Sinn erfüllen, die der Familie oder der Organisation zugehören. Dabei ist niemand ausgeschlossen! Wenn dies geschieht, werden die anderen Mitglieder unweigerlich davon beeinflußt und spüren die Kraft, auch ihr eigenes kreatives Potential und ihren Lebenssinn zu erfüllen. Das bedeutet Heilung, und diese Heilung kann eintreten, weil sehr viel blockierte kreative Energie in der Familie oder der Organisation freigesetzt wird. Da du dir all dessen nun bewußt bist, fühlst du dich nicht aufgerufen, deine Familie, die Menschen, die du liebst, wahrhaft zu unterstützen, indem du dich entscheidest, dein kreatives Potential und deinen Lebenssinn zu verwirklichen? Füllst du dich nicht berufen, die Mitglieder deines Teams zu unterstützen? Dies würde ihnen und dir, allen zusammen, einen kreativen Sprung ermöglichen, der zu Selbstverwirklichung und Erleuchtung führt.

Wichtig ist die Erkenntnis, daß der Einfluß des einen auf den anderen das Medium für den Heilungsprozeß ist. Denn wir sind nicht voneinander getrennt – selbst wenn wir weit voneinander entfernt sind! Unvermeidlich beeinflussen wir einander ständig. Ein bemerkenswertes physikalisches Experiment, das ein Forschungsteam unter der Leitung von Alain Aspect am Institut für Theoretische und Angewandte Optik in Paris durchführte, erklärte den Zusammenhang zwischen nichtortsgebundenen Aspekten. Dieses Experiment ist eine außergewöhnliche Bestätigung dafür, daß unsere wesentliche Realität eine Quantenrealität ist, daß wir von Natur aus unteilbar sind und nicht fragmentiert werden können. Ja, wir sind das Quantenselbst! Dieses Experiment verbietet es, unseren engen Zusammenhang, unsere Verbundenheit zu vernachlässigen:

„Als erstes erzeugten sie eine Serie von Zwillingsphotonen, indem sie Kalziumatome mit Laser erhitzten. Dann schickten sie die Photonen in entgegengesetzte Richtungen durch 6,50 m lange Rohre und durch Spezialfilter, die sie zu einem der zwei möglichen Polarisationsanalysatoren lenkten. Jeder Filter brauchte eine zehnmilliardstel Sekunde, um auf den einen oder den anderen Analysator umzuschalten, rund eine dreißigmilliardstel Sekunde weniger, als das Licht für die Gesamtstrecke von dreizehn Metern benötigte, die beide Photonen voneinander trennte. Auf diese Weise konnten Aspect und seine Kollegen ausschließen, daß die Photonen mit Hilfe irgendeines bekannten physikalischen Vorgangs miteinander kommunizierten."

„Entweder lag eine Verletzung von Einsteins Verdikt gegen eine Schneller-als-Licht-Kommunikation vor oder die beiden Photonen waren ‚nicht-örtlich' verbunden. Weil die meisten Physiker es ablehnten, Prozesse, die schneller als mit Lichtgeschwindigkeit ablaufen, in der Physik zuzulassen, gilt Aspects Versuchsergebnis allgemein als ein praktischer Beweis dafür, daß die Beziehung zwischen den beiden Photonen nicht ortsgebunden ist."[26]

Ein solches Experiment zeigt, daß Einfluß sich schneller ausbreiten müßte als Licht! Es weist darauf hin, daß alle Materie im Universum miteinander verbunden ist und daß unsere Realität sich nicht teilen läßt. Sie ist ein Quant! Es ist ein Tatsache, daß wir gemeinsam an diesem kreativen Netz weben und so ständig das Netz schöpferischen Mitwirkens beeinflussen und von ihm beeinflußt werden. Wichtig ist, daß dieser Einfluß des einen auf den anderen zum Segen, aber auch zum Fluch werden kann. Offensichtlich hängt dies von unserem Verhältnis zu den drei Bewußtheitsfaktoren ab – Selbstverantwortung, Mitgefühl und Verstehen –, ob wir sie realisieren oder vernachlässigen.

Wenn du die Bedeutung deiner zusammenhängenden Realität verstehen kannst, beginnst du jedes deiner Familienmitglieder zu unterstützen. Das gilt für die Familie deiner Eltern – Vater, Mutter, Schwestern und Brüder. Aber du unterstützt auch deine eigene Familie – Ehefrau, Ehemann und Kinder – bei der Verwirklichung ihres eigenen kreativen Potentials und Lebenssinns, denn diese sind eng mit dir verknüpft. Es spielt keine Rolle, wie alt du bist. Alter ist kein Hindernis auf dem Weg zur Erleuchtung. Wirklich wichtig für dich und deine Familie ist es, gemeinsam den kreativen Weg zu beschreiten. Wenn du bereits Menschen in deiner Familie Kraft gibst, erweitere deine Unterstützung und gib auch anderen Menschen Kraft, ihr eigenes kreatives Potential und ihren Lebenssinn zu verwirklichen. Denn diese Menschen sind auch Teil deiner weltumspannenden Familie. Sie gehören zu deinem Gruppen-Bewußtsein – der Menschheit! Vergiß nicht: In diesem globalen „Kreativitätsrennen" muß jeder „gemeinsam gewinnen". Anders geht es nicht!

Das Wesen deines Glücks, deiner Ganzheit, ist Liebe. Liebe ist „allumfassend". Wahre Liebe ist unmöglich, wenn du dich von deinem wahren Wesen distanzierst.

Dein Glück kannst du nur erfahren, wenn du fähig bist, dein kreatives Potential ganz zum Ausdruck zu bringen und deinen schöpferischen Lebenssinn Schritt für Schritt zu erfüllen. Du mußt aber deine Größe in ihrer Gesamtheit ausdrücken, ohne an deiner wahren Identität – Vollkommenheit – zu zweifeln. Dies soll ein ständiger Vorgang werden, in dem du dich selber und andere an die Ganzheit erinnerst. Wenn du diesen Prozeß ständig durchmachst, kann wahres Glück in dir Realität werden! Buddha sagte einmal: „Es gibt keinen Weg zum Glück. Glück ist der Weg."

Das Wesen deines Glücks, deiner Ganzheit, ist Liebe. Liebe ist „allumfassend". Wahre Liebe ist unmöglich, wenn du dich von deinem wahren Wesen distanzierst, indem du dein kreatives Potential und deinen Sinn vernachlässigst. Wahre Liebe gibt es nicht mitten in Kompensation, sondern nur da, wo du selbst Kreativität verkörperst und selbst zum Glück wirst. Dann kannst du diese Liebe so vollständig ausstrahlen, daß du ein wahrer Helfer, eine echte Führungspersönlichkeit wirst. Du bist dann fähig, dich an deinem Leben voll und ganz und schöpferisch zu erfreuen und andere zu inspirieren, dasselbe zu tun. Du bist jetzt in der Lage, dich selbst als Geist und Materie zu erfahren! Das ist schließlich das Geheimnis, das hinter deinen Gefühlen der Liebe liegt, hinter deinen Gefühlen, daß du zur Ganzheit gehörst! Solche Gefühle führen dich zu Integration. Im Gegensatz dazu können deine Gefühle, ausgeschlossen zu sein, nur Zweifel und Schuldgefühle erzeugen und verhärten. Sie können nur zur Trennung führen, zu Materialismus.

„Selbst-Ausschluß" hängt mit „Selbst-Vergessenheit" zusammen. Selbst-Vergessenheit bedeutet, daß du deine ganzheitliche Natur vergessen hast. In diesem Prozeß, der von deinem Gefühl, ausgeschlossen zu sein, zur Selbst-Vergessenheit führt, verfängst du dich in der Falle der „Selbst-Ignoranz", die das Leugnen deiner natürlichen Weisheit meint. Das hemmt dich auf deinem Weg zu Selbsterkenntnis und kreativem Mitwirken. Du bist nicht mehr fähig, Selbsteinschätzung auszuüben. Und du kannst nicht mehr ein kreatives Selbstmanagement entwickeln! Du gibst so deine Ursprünglichkeit und deinen Selbstbesitz auf. Ist es nicht Zeit, daß du die kreative Entscheidung triffst, aus den Fallen des Selbst-Ausschlusses, der Selbst-Ignoranz und der Selbst-Vergessenheit auszubrechen? Ist es nicht Zeit, daß du die kreative Entscheidung triffst, dich von zwanghaftem Selbstzweifel und Schuldgefühlen zu befreien? Bei diesen Entscheidungen geht es darum, deine Ganzheit wiederzufinden.

Nur an jener Stelle des Einbezogenseins, die in deinem Geist-Körper immer vorhanden ist, besteht eine Öffnung, die dir erlaubt, das Gebiet der unbegrenzten schöpferischen Möglichkeiten, das dein wirkliches Wesen ist, deine Ganzheit, zu betreten. Nur von dieser inneren Stelle des Einbezogenseins aus kannst du deine holographischen Fähigkeiten erweitern. Die einfachste Art, diese Erweiterung zu erklären, besteht darin zu sagen, daß es dich zu jenen Momenten führt, in denen du deine Ganzheit lebst, indem du dich in die kreative Bewegung der Ganzheit versunken fühlst. Du wirst einfach eins mit dieser ganzheitlichen Bewegung. Alles ist im Fluß! Aber du kannst solche Momente nicht wirklich begreifen, wenn du nur deine rationalen, analytischen Fähigkeiten einsetzt. Du mußt auch deine holographischen Fähigkeiten wiedergewinnen und entwickeln. Dazu gehört die Erfahrung der nicht-linearen und unberechenbaren Natur deines Geist-Körpers, die Teil deiner nicht-manifesten Dimension im Reich der Transzendenz ist. Grenzenlosigkeit! Denn tatsächlich gehen deine holographischen Fähigkeiten darauf zurück, daß du dir den Zugang zu deiner transzendenten Realität erlaubst, in der Raum und Zeit untrennbar eins sind.

Jenseits der Zeit, was ist dort?

Jenseits des Raums, was ist dort?

Dort, wo Zeit und Raum eine einzige Realität sind ...

... weder du, noch ich, noch wir.

Aber,

Wir, als du und ich...

... Ganzheit existiert in vollkommenem Einssein.

Dort, wo Zeit und Raum ein Ganzes sind...

... dort ist etwas oder alles. Dort ist wahre Verbundenheit!

Wir können es nicht denken.

Wir können es nicht sehen.

Aber wir, alle zusammen, „kennen" es, weil wir dort nie weggegangen sind.

Dort ist nicht weit und nicht nah, es ist darin und darüber hinaus...

... du „kennst" es. Du mußt dich nur erinnern!

Es ist.

Es ...

... ist.

8
Hör auf, Opfer oder Rebell zu sein –
sei du selbst!

All deine Probleme gibt es nur, weil du deine Entscheidungen aufschiebst und es nicht wagst, ein Risiko einzugehen.

Wie können wir über die Kreativitätskrise hinaussehen? Wichtig ist es, eine Krise als Wendepunkt zu verstehen. Eine Krise ist lediglich das Ergebnis einer Anhäufung von Informationen, die im Geist-Körper gespeichert werden, welche du aber nicht entziffern kannst; und das hindert dich daran, deine eigene Richtung zu finden. Bildlich gesprochen, gibt es einen Verkehrsstau im Geist-Körper. Eine Krise ist also nur ein Mangel an richtigem Verstehen und kann bewältigt werden. Von jeder Krise geht immer eine Warnung aus: Hör auf, das Opfer zu sein! Hör auf, der Rebell zu sein! Wenn du auf diese Warnung hörst, wirst du deine Krisen anders wahrnehmen. Du fängst an, Korrekturen vorzunehmen, und darin liegt der Kern deines Prozesses in Richtung Reife. Wie unverständlich dies auch klingen mag: Du fängst an, eine Krise – ungeachtet der darin enthaltenen Schwierigkeiten – als Chance zu sehen.

All deine Probleme gibt es nur, weil du deine Entscheidungen aufschiebst und es nicht wagst, ein Risiko einzugehen. Das läßt darauf schließen, daß dein Schmerz und deine Angst deine Entscheidungen behindern, dein Leben neu zu orientieren. Das hält dich davon ab, die Chancen zu erkennen, die das Leben dir bietet. Wenn du Schmerz und Angst losläßt, bleibt eine ganzheitliche Vision, die dich Begeisterung, Freiheit, Leidenschaft erfahren läßt! Leidenschaft ist die Grundlage der Kreativität! Wenn du aber Opfer oder Rebell spielst, bist du von kreativen Entscheidungen weit entfernt!

Eine Krise reflektiert einen Zustand deines Geist-Körpers, in dem du keine richtigen Wahlmöglichkeiten siehst. Das rührt daher, daß die Dynamik einer Krise auf der Vorstellung beruht, daß es nicht wichtig ist, eine Lösung zu finden, sondern die Krise aufrecht zu erhalten. Denn letztlich ist eine Krise die beste Belohnung für jene von uns, die Opfer oder Rebell spielen. Sind wir Opfer, haben wir das Bedürfnis, uns ständig über irgend etwas zu beklagen. Sind wir Rebell, haben wir das Bedürfnis, stets gegen etwas anzukämpfen. Am einfachsten lassen sich diese Bedürfnisse befriedigen, wenn zwanghaft Krisen geschaffen werden.

In Krisensituationen scheinen dir alle „Türen" verschlossen zu sein. Und wirklich bleiben sie verschlossen, bis du eine Richtung wählst. Wenn du dich einer Richtung verpflichtest, wird dir die richtige als der wahre Weg erscheinen; die anderen werden wie ein Kartenhaus zusammenfallen. Und dann werden sich alle „verschlossenen" Türen öffnen, denn es werden wirklich Änderungen stattfinden! Du mußt dir klar machen, daß deine Krisen nur dann einen Bezug zur Kreativität haben können, wenn du sie als Schritte zu einer neuen Ebene des Verstehens erfahren kannst. Wenn du dich mitten in einer Krise befindest, mußt du also durch sie hindurchgehen und sie als Chance sehen, bestimmte Schwierigkeiten zu bewältigen. Dadurch erweiterst du dein kreatives Potential und findest deine schöpferische Kraft wieder! Mit anderen Worten: Kreativität und Krise wirken nur dann zusammen, wenn du die Krise als einen kurzen Schritt verstehst, um die Mauern deiner Begrenzung zu überwinden.

Du stürzt dein Leben in dem Ausmaß in Krisen, wie du das Leben selbst aufgibst! Denn du verlierst dich selbst, wenn du dich in Nachgiebigkeit gegenüber dir selbst oder in Selbstaufopferung verwickelst. So vernachlässigst du die Erfüllung deines kreativen Lebenssinns, welcher Selbsterziehung und schöpferisches Mitwirken ist. Kreativ mit Krisen umgehen zu können, was zur Selbsterziehung gehört, ist der Weg zu Selbstverantwortlichkeit. Wenn du dich auf diesen Weg machst, wirst du dazu kommen, deine eigenen Entscheidungen für das glückliche Leben zu treffen, das du anstrebst, weil es dir erlaubt, dein Bewußtsein zu vertiefen und zu erweitern. Und das läßt dich deine Integrität bewahren. Sei dir bewußt, daß deine kreativen Entscheidungen nur aus einem Ort der Integrität in dir kommen können. Sie kommen aus deinem Zentrum, wo Fragmentierung unmöglich ist.

Wenn du Krisen schaffen kannst, kannst du auch den Himmel erschaffen!

Viele von uns sind gewohnt, unsere Krisen zu einer uns „verhätschelnden Hilfe" zu machen, die uns nur davon abhält, einen Schritt vorwärts zu machen. Was diese Form der Kompensation nährt, ist unsere falsche Überzeugung, daß wir dabei auf dem Wege sind, uns persönlich zu entwickeln. Diese Kompensation wird dann zur Sucht! Wenn du geradezu süchtig danach wirst, ein Leben voller Krisen zu führen, machst du aus jeder Schwierigkeit ein gewaltiges existentielles Problem. Jedesmal, wenn dich diese Sucht überwältigt, gerätst du zwangsläufig in Situationen größten Leides! Du gibst dich selbst auf.

Wichtig ist, Krisen als etwas Besonderes in deinem Leben verstehen zu lernen, worin du aufgefordert wirst, wirkliche Transformation zuzulassen. Damit solche Transformation stattfinden kann, brauchst du dich weder selber zu bestrafen, noch mit dir selbst Mitleid zu haben. Selbstbestrafung, die Selbstaufopferung reflektiert, und Selbstmitleid, das Nachgiebigkeit gegen dich selbst zum Ausdruck bringt, sind lediglich Ablenkungen, die dich davon abbringen, kreative Entscheidungen zu treffen. Es sind diese kreativen Entscheidungen, die es dir auf deinem Weg zur Selbstverantwortung leichter machen würden. Wenn dein Geist-Körper von Selbstaufopferung erdrückt wird, erfährst du Bedürftigkeit, Verhaftetsein und Mangel. Wenn dein Geist-Körper von Selbstnachgiebigkeit versucht wird, beginnst du zu feilschen, wirst selbstgerecht und fühlst dich leer. Selbstaufopferung und Selbstnachgiebigkeit können dich nur dazu führen, deine fehlkreativen Entscheidungen zu wiederholen, sie können dich auf deinem Weg zu Reife nicht unterstützen.

Du brauchst freilich keinerlei Form von Selbstaufopferung und Selbstnachgiebigkeit in dein Leben einzubeziehen. Der Glaube an die Notwendigkeit, sich aufzuopfern, um dafür belohnt zu werden, ist eine alte und eingefleischte Denkart. Du hältst dieses Konzept aufrecht, und zwar auf bewußter wie unbewußter Ebene. Dieses Konzept ist im universalen, kollektiven trennenden Unbewußten seit langer Zeit gespeichert und wird von Generation zu Generation weitergegeben. Die Menschheitsgeschichte ist voller Beispiele, die dieses Konzept verstärken. Das Ausmaß deiner Selbstaufopferung entspricht aber dem Ausmaß, mit dem du dir an einem bestimmten Punkt das Recht einräumst, nachgiebig gegenüber dir selbst zu sein. Wenn du dich für Selbstaufopferung und Selbstnachgiebigkeit entscheidest, verstrickst du dich folglich in beiden Verhaltensweisen, die den Mustern von Opfer und Rebell entsprechen und die dich dazu bringen, ständig deine Krisen zu erzeugen. Als Folge verhindern sie Integration, Kreativität, Transzendenz, wechselseitige Beziehung, Reife, Einssein, die Erfahrung Gottes!

Du kannst Gott, das Prinzip der Ganzheit, nicht als deine Wahrheit annehmen, wenn du deine Augen nicht öffnest, die Augen deines Geistes, um deine alten Konzepte zu ändern, die auf der Überzeugung beruhen, daß du dich selber bestrafen mußt, um das sogenannte „spirituelle Wachstum" zu rechtfertigen. Diese verborgene, unsinnige Überzeugung ist es, die deinen existentiellen Krisen Nahrung gibt. Solange du diese Überzeugung nicht loswirst, gestattest du dir auch nicht, Glück zu verdienen. Du kannst dir nicht mehr erlauben, das zu besitzen, was du wirklich verdienst. Inneren Frieden! Das rührt daher, daß du dich deinerseits deiner Wahrheit nicht wirklich verpflichtest. Statt deine Begabungen zu verdienen und den Lohn für deine Größe zu erhalten, verfällst du dann in ein Muster, zu nehmen, nur um deine Bedürftigkeit zu befriedigen.

Die unbegrenzte Intelligenz, Gott, achtet nicht auf deine Aufopferungen oder ob du nachgiebig gegenüber dir bist. Nachgiebigkeit gegenüber dir selbst und Selbstaufopferung spiegeln lediglich deine eigenen unwahren Entscheidungen wider, deine Fehlschöpfungen, deine Illusionen, die mit deinem ganzheitlichen Wesen nichts zu tun haben. Unbegrenzte Intelligenz kann nur deine Ganzheit „sehen", nichts sonst. Entschließt du dich, deine „geistigen Augen" zu öffnen und deine ganzheitliche Sicht wiederzugewinnen, beginnst du zu verstehen: Wenn du Krisen schaffen kannst, kannst du auch den Himmel erschaffen! Das liegt in deiner Verantwortlichkeit und Entscheidung. So beruhen Himmel und Glück letztlich darauf, schöpferische Entscheidungen zu treffen und dein Leben auf verantwortliche Art und Weise zu leben. Das erfordert Integrität und Grundsätze!

Sicher ist es für dich nicht leicht zu akzeptieren, daß du ständig eingeladen bist, in schöpferisches Mitwirken mit der Ganzheit zu treten. Und du bist dir auch nicht bewußt, daß du ständig aufgefordert wirst, in partnerschaftlicher Beziehung mit dem Ganzen zu sein. Daß du dir dieser Einladung und dieser Aufforderung nicht bewußt bist, zeigt, daß du dich aus der aktiven wie rezeptiven Verantwortlichkeit für den mitschöpferischen Prozeß herausnimmst. Und das wieder liegt daran, daß du Angst hast, deine schöpferische Kraft in deine eigenen Hände zu nehmen. Wenn du nicht glaubst, für das Glück geschaffen zu sein, bestreitest du, daß du geschaffen bist, um in Partnerschaft mit der Ganzheit zu sein. Du weigerst dich dann, zu akzeptieren, nach deinem Ursprung geschaffen zu sein: zu Seligkeit und Vollkommenheit! So erlaubst du, daß die Illusion von deinen Krisen und deiner Begrenztheit Realität wird. Oft läßt du dich von einem ganzen Gedankengeflecht kontrollieren, das auf Schmerz und Angst basiert, auf Aufopferung, Schuldgefühl, zwanghaftem Verhalten, fixen Ideen, Bestrafung, Rache, Gewalt und Versagen. All diese Konzepte und viele ähnliche andere verhindern deine Weiterentwicklung. Sie blockieren einfach deine Kreativität!

Aber was genau ist Kreativität? Sie bedeutet, in der Bewegung der Schöpfung zu sein. Schöpfung ist das Gegenteil von Zerstörung. Selbstzerstörung ist alles, was deine kreative Geist-Körper-Bewegung am Fließen hindert. Selbstzerstörung ist lediglich der Zustand deines Geistes-Körpers, der Krisen Geltung verleiht, indem er sie zu etwas, das notwendig und machtvoll ist, umformt. Selbstzerstörung hält dich davon ab, eine Krise als ein Hindernis zu betrachten, das beseitigt werden muß, um zu einer wahren

Sicht deiner selbst oder einer Situation zu gelangen. Wenn du deine Krisen, deine Hindernisse, stark machst, verharrst du in Mißverständnis.

Wenn du dein Leben zu einem Monument deiner Krisen machst, hältst du dich selbst davon ab, reif zu werden. In diesem Fall kannst du deine schöpferische Kraft, die dich heiter, unbeschwert und fröhlich sein ließe, nicht völlig umsetzen, und du erfährst dein Leben als ermüdend und langweilig. Hast du je bemerkt, daß die Menschen, die sich ständig beklagen, nur ihrer eigenen Langeweile und ihrem Stumpfsinn freien Lauf lassen? Wie viele von uns haben diese Rolle des Jammernden gespielt? Diejenigen, die ihr kreatives Potential und ihren Lebenssinn wirklich umsetzen können, haben keine Zeit für Klagen! Gejammer ist Mangel an Entscheidungskraft!

Sei dir dessen bewußt, daß du es dir angewöhnt hast, durchs Leben zu gehen und Monumente deiner Unzufriedenheit vor dir aufzubauen, vor denen du dich in Verehrung verbeugst. Diese Monumente zeigen, wie du es dir erlaubst, beim Jammern zu bleiben. Damit schiebst du lediglich die Erfahrung deiner Ganzheit hinaus. Schau einmal in dich hinein und sieh, welche Monumente der Unzufriedenheit und Klage du errichtet hast, die dich an der Erfüllung deines kreativen Potentials und Lebenssinns hindern. Entschließe dich, dich von ihnen zu lösen. Das ist der erste Schritt. Sei dir bewußt, daß die Verwirklichung deines kreativen Potentials und Lebenssinns der einzige Weg für dich ist. Es ist der Weg zum Glück!

Eine Krise tritt ein, wenn du versuchst, mit alten Mustern neue Lösungen zu finden. Das funktioniert nicht!

Wenn du süchtig auf deine Krisen bist, siehst du alles verkehrt. Du fühlst dich in viele verschiedene Richtungen gezogen, was zu Unentschlossenheit führt und dich schließlich in einen Wiederholungsmechanismus verstrickt, ohne daß du es merkst. Diese unbewußte Wiederholung macht dich so geschäftig, daß sie dir das falsche Gefühl von Transformation vermittelt. Doch in Wahrheit geht es bei deiner Geschäftigkeit gar nicht darum, ein Ziel zu erreichen. Sie ist vielmehr eine Form der Begrenzung, die dich festsitzen läßt. Wenn du deine Begrenztheit akzeptierst, sträubst du dich unbewußt dagegen, kreative Schritte vorwärts zu machen, weil das gar nicht dein Ziel ist! Denn Begrenztheit und Kreativität passen nicht zusammen. Die Überzeugung von deiner Begrenztheit hält dich im Zustand der Krise. Von diesem Glauben an deine Begrenztheit kannst du dich befreien, wenn du deine kreative Kraft, deine Ganzheit, anerkennst.

Die Kreativitätskrise ist ein ganz wesentliches Problem unserer heutigen Welt. Eine Krise tritt ein, wenn du versuchst, mit alten Mustern neue Lösungen zu finden. Das funktioniert nicht! Die Welt befindet sich in einer kritischen Lage. Wir dürfen nicht vergessen, daß diese Kreativitätskrise, ein Mangel an Glück, eine Projektion aller Geist-Körper ist, die von allen möglichen Formen der Konditionierung und Begrenzung erfaßt sind. Ja, die Krise ist Ausdruck der Konflikte in allen Geist-Körpern. Wir verstehen die Welt gewöhnlich als einen Ort, an dem wir leben, und nicht als einen Ort, der in uns, in unseren Geist-Körpern lebt! Nur wenn du anerkennst, daß die äußere Welt lediglich eine Widerspiegelung deiner inneren Welt ist, kannst du verstehen, daß sich die Krise der Kreativität in dieser Welt von innen heraus heilen läßt. Zu keiner anderen Zeit war die Menschheit so reich, so entwickelt, so wohlhabend – und doch zugleich auch so voller Zweifel und von ihrer eigenen Begrenztheit besessen! Das „Geschäftigkeits-Syndrom" – von Krisen überwältigt zu sein – zeigt nur deine Angst, Verantwortung für deine mitschöpferische Natur zu übernehmen. So vermeidest du es, selbstverantwortlich zu handeln. Dieses „Geschäftigkeits-Syndrom" kann dich nur zu einer Pseudo-Transformation führen.

„Transformation" bedeutet wörtlich „Überschreitung der Form", und das meint, über alte Blockaden hinaus zu gelangen, alte Konditionierungen hinter sich zu lassen. Nur dies kann dich dazu bringen, eine tiefere Ebene des Verstehens zu erreichen, welche dir erlaubt, in wahrer Kreativität zu sein. Nur dies erlaubt dir, über die Hindernisse hinauszusehen und so neue kreative Antworten zu entdecken! Du bist aufgerufen, deine Ganzheit wiederzulernen. Das wird es dir möglich machen, Realität an Stelle von Illusion, Glück an Stelle von Krise zu erfahren. Um dich an deine ganzheitliche Natur zu erinnern, laß diese Aussage in deinem Geist wirken: Eine Krise ist lediglich eine Zeit der Verwirrung, die erforderliche Korrekturen und Transformation ermöglicht. Betrachte eine Krise als einen kleinen Schritt zu weiteren ganzheitlichen und visionären Schritten.

Die Überzeugung, du müssest leiden, um dich weiter zu bringen oder um belohnt zu werden, zeigt nur deine Unreife.

Wenn du deine Krisen nicht durchmachst und überwindest, vermitteln sie dir nur Leere, Mangel an Selbstliebe und Selbstwertgefühl. Denn in einer Krise kaust du dieselbe Sache immer wieder durch. Du drehst dich im Kreis der stets gleichen Probleme. Du wiederholst deine alten Fehler immer wieder und vervielfachst sie dabei ins Unendliche. Die Versuchung ist groß, in deinen Krisen zu verharren. Um dich von dieser Versuchung zu befreien, mußt du dir folgendes bewußt machen: Nicht das Verharren in der Krise läßt Kreativität in dir manifest werden, sondern das Heraustreten aus der Krise, ohne sie zu verdrängen. Wenn du diese Wahrheit akzeptierst und nach ihr zu handeln beginnst, verstärkst du deine Verpflichtung und deine Selbstverantwortlichkeit. Dies führt dich dazu, Selbstliebe und Selbstwert zu erfahren. Wenn du aber aufhörst, dich gegen dein kreatives Potential zu sträuben, bist du in der Lage, aus der Krise herauszutreten und in deinem Leben vorwärts zu gehen. Dies führt zu wahrer schöpferischer Transformation!

Bist du erst einmal in diesem Prozeß schöpferischer Transformation, bist du auch im Fluß der Schöpfung. Dann kannst du von Gestalt zu Nicht-Gestalt tanzen, von physischer zu transzendenter Realität und umgekehrt. Das hat mit Loslassen und Aufgeben von Verhaftetsein zu tun und bringt dich dazu, dich leidenschaftlich und wahrhaftig auszudrücken! Du wirst authentisch, überströmend und mitfühlend. Du überschreitest die Illusion deiner Begrenztheit. Transzendenz stellt einen Zustand deines Geist-Körpers dar, der es dir erlaubt, dich zu erweitern. So ist Transzendenz letztlich das Wesen der Schöpfung! Kreativität ist keineswegs auf Krisen angewiesen. Die Überzeugung, du müssest leiden, um dich weiter zu bringen oder um belohnt zu werden, zeigt nur deine Unreife. Das ist genau der Weg, eine Krise zu mißbrauchen. Wenn dies geschieht, bewirkst du, daß die Kreativitätskrise in der Welt bleibt, weil du deiner Verantwortung ausweichst, dein Leben in echtem Zusammenwirken und wahrer Teilnahme zu führen. Du verweigerst ein Leben in schöpferischem Mitwirken.

9
Warum bist du so erschöpft? Und weitere Fragen nach dem Warum

Sei dir bewußt, daß deine Überzeugungen deine Erfahrungen widerspiegeln und diese wiederum deine bewußten oder unbewußten Entscheidungen. In diesen Entscheidungen haben deine Überzeugungen ihre Wurzeln!

Wenn alle schöpferischen Prozesse mit Innenschau zusammenhängen, dann läßt sich daraus folgern, daß Innenschau das wichtigste natürliche, durch Geburt erworbene Recht aller Menschen ist. Es ist auch deine Gabe! Wenn du aber deinen Geist-Körper durch verschiedene Formen von Konditionierung oder durch starre Überzeugungen einengst, können sich Innenschau und folglich echte Kreativität nicht manifestieren. Offenheit und Freiheit sind Grundvoraussetzungen dafür, daß dein Geist-Körper wahrhaft schöpferisch mitwirken kann. Du kannst nur in dem Maß Angemessenheit und Einzigartigkeit entwickeln, wie du offen und frei von Konditionierung bist. Offen bist du, wenn du in deinem Geist-Körper einen Freiraum zuläßt, um unbegrenzte Intelligenz aufzunehmen. Dann gewinnst du deine innere Weisheit wieder, die dir erlaubt, wirkliche Freiheit zu erfahren!

Bist du dir bewußt, daß du die meiste Zeit nach Gründen und Erklärungen suchst? Bist du dir bewußt, daß dein Geist-Körper immer geschäftig ist, stets voller Gedanken und Ideen? Hast du bemerkt, daß deine Gedanken aus jeder Ecke deines Geist-Körpers auf dich einstürzen und sich dir aufzudrängen versuchen? Hast du je darauf geachtet, wie es dir schwerfällt, deine Vorstellungskraft, deine Gefühle, deine Sensitivität, deinen Willen und deine Empfindungen in geordneter und kreativer Weise zu entfalten? Und ist dir klar, daß du leicht zum Gefangenen deiner fixen Überzeugungen wirst? Diese Überzeugungen bestehen gänzlich aus starren Konzepten und stehen oft zueinander in Widerspruch. Sie erhöhen nur noch die Unordnung in deinem Geist-Körper! Deine fixen, einschränkenden Überzeugungen wie auch deine Mißerfolge und unbedachten Entscheidungen spiegeln nur den fehlenden Zusammenhang deines in Unordnung geratenen Geist-Körpers wider. Sei dir bewußt, daß deine Überzeugungen deine Erfahrungen widerspiegeln und diese wiederum deine bewußten oder unbewußten Entscheidungen. In diesen Entscheidungen haben deine Überzeugungen ihre Wurzeln! Kannst du dir vorstellen, wie verwirrt dein Geist-Körper sein muß, wenn du dich weigerst, Verantwortung für deine Gedanken, deine Vorstellungskraft, deine Gefühle, deine Sensitivität, deine Empfindungen und deinen Willen zu übernehmen? Dein Geist-Körper ist dann wie ein Orchester ohne Dirigent. Jeder Gedanke – jedes Instrument – spielt ohne Rücksicht auf die anderen, von einer Melodie kann keine Rede sein. Ihr zusammenhangloses Spiel läßt keine Harmonie zu und verwirrt deine Vorstellungskraft. Deine Gefühle – der Rhythmus – gehen kreuz und quer durcheinander. Ihre irritierende Kadenz beeinträchtigt deine Sensitivität. Deine Empfindungen – der Klang – sind bald zu laut, bald zu leise und stören deinen Willen. Diese Störung erzeugt einen Zustand des Zweifels, der dazu führt, daß sich dein Wille in viele einzelne Willen spaltet. Diese Willen nehmen den Klang, deine Empfindungen, in verzerrender, zwiespältiger Weise wahr. Im Grunde lebst du in einem verwirrten Geist-Körper ohne inneren Freiraum und innere Ausrichtung. Diese Verwirrung ist aber nur Ausdruck davon, wie du aus der Verantwortung für deinen Geist-Körper und damit für den kreativen Umgang mit deinem Leben fliehst.

Wenn dein Geist-Körper fragmentiert wird und in Verwirrung gerät, verfängst du dich unweigerlich in einem Verteidigungsmechanismus, der nur von deinem Widerstand zeugt. Die Neigung deines Geist-Körpers, sich verwirrt zu verhalten, hängt mit deiner Angst zusammen, du könntest dein kreatives Potential verwirklichen, was dir dann ermöglichen würde, deinen schöpferischen Lebenssinn zu erfüllen. Das Ausmaß deines heftigen Widerstandes gegen diese Entwicklung und Erfüllung entspricht dem Ausmaß, in dem du ein riesiges kreatives Potential vor dir versteckst. Sei dir bewußt, daß dieser Widerstand es dir verwehrt zu sehen, welche Begabungen du hast! Und er macht es dir unmöglich anzuerkennen, daß du wirklich fähig bist, sowohl schwierige Situationen in deinem eigenen Leben zu transformieren und zu heilen als auch dazu beizutragen, Heilung im Leben anderer zu bewirken. Die Menge an kreativer Energie, die du dazu mißbrauchst, deinen Widerstand aufrecht zu erhalten, könntest du jedoch dazu verwenden, dir und anderen zu helfen, ein Leben in Fülle, Erfüllung, Freude, Gesundheit und Frieden zu führen! Das könnte leicht geschehen, wenn du es zuließest, dein kreatives Potential völlig zu entwickeln, indem du es mit anderen teilst. Deine Begabung kann sich erst erweitern und in reine Erfüllung transformiert werden, wenn du sie zu teilen beginnst.

Alles, was du wissen mußt, ist, daß einzig du selbst für den Mißbrauch deiner kreativen Energie die Verantwortung trägst!

Immer wenn du ein Problem hast, dann teile deine Gabe schöpferischen Mitwirkens, indem du jemandem hilfst, von dem du spürst, daß er gerade jetzt Hilfe braucht, statt dich ausschließlich dir selbst zuzuwenden und dich zu verhätscheln. Wenn du deine kreative Energie mit jemandem teilst, beginnt sie für dich und den Menschen, dem du hilfst, zu fließen. Wenn du deiner kreativen Energie die passende Richtung gibst, zum Beispiel um jemanden zu helfen, der Hilfe benötigt, oder um etwas zu erledigen, das du die ganze Zeit vor dir hergeschoben hast, oder wenn du dir einen alten, beinahe vergessenen Traum erfüllst, oder wenn du Verantwortung dafür übernimmst, kreative Entscheidungen zu dem, was in deinem Leben gerade ansteht, zu fällen – immer dann fühlst du neue Lebensenergie! Du findest deine kreative Lebenskraft wieder! Sei dir bewußt, daß jene Momente in deinem Leben, die dir am schwierigsten vorkommen, tatsächlich diejenigen sind, in denen du über die meiste kreative Energie verfügen würdest, wenn du dich entscheiden würdest, damit aufzuhören, deine Schwierigkeiten stark zu machen. Alles, was du wissen mußt, ist, daß einzig du selbst für den Mißbrauch deiner kreativen Energie die Verantwortung trägst! Das führt dazu, daß die kreative Energie ihren wahren Sinn nicht erfüllen kann, nämlich den, dich dabei zu unterstützen, ein glückliches Leben für dich und deine Umgebung zu schaffen. Erst wenn dir bewußt wird, daß du deine kreative Energie oft mißbrauchst, kannst du sehen, daß deine Probleme lediglich Fehlschöpfungen sind. Zu Problemen kommt es, weil deine kreative Energie von ihrem mitschöpferischen Ziel weggeleitet worden ist. Das führt zu einem massiven Abbau deiner Lebensenergie. Du fühlst dich dann oft niedergeschlagen. Dein Leben funktioniert überhaupt nicht mehr.

Jedesmal, wenn du dich davon abhältst, in partnerschaftlicher Beziehung zu sein, weißt du nicht, warum deine Projekte mißlingen.

Je weniger dein Leben funktioniert, um so mehr nimmt die Verwirrung in deinem Geist-Körper zu, und das führt zu Streß. Was wird durch den Streß behindert? Er blockiert partnerschaftliche Beziehung, Zusammenwirken und Nähe. Streß bedeutet übermäßiges Anhäufen von selbst auferlegten Bedingungen! Er hält dich in der Fragmentierung deines Geist-Körpers gefangen. Fragmentierung ist derjenige Zustand deines Geist-Körpers, in dem es völlig an schöpferischem Mitwirken fehlt, weil keine echte partnerschaftliche Beziehung mit der Ganzheit zugelassen wird. Diese partner-schaftliche Beziehung kann nur bestehen, wenn du in partnerschaftlicher Beziehung stehst mit Menschen, mit der Natur, mit deinen Projekten oder mit dem, was jeweils unmittelbar vor dir ist. Was zählt, ist deine positive Einstellung zur partnerschaftlichen Beziehung. Wie sie sich entwickelt, ist jedoch eine Frage der Selbstverantwortung.

Jedesmal, wenn du dich davon abhältst, in partnerschaftlicher Beziehung zu sein, weißt du nicht, warum deine Projekte mißlingen, warum du so erschöpft bist, warum dein Leben so langweilig dahinplätschert, warum alles so geschieht, wie du es gerade nicht haben willst; warum du nicht verstehen kannst, was du verkehrt machst; warum die Menschen dich nicht verstehen, schätzen und lieben können; warum an deinem freien Tag merk-würdige Dinge geschehen, die überhaupt nicht zu deinen eigentlichen Plänen für diesen Tag passen; warum du keinen lieben Freund oder den rich-tigen Geschäftspartner hast; warum ausgerechnet dann, wenn du gerade etwas gern tun möchtest – schreiben, malen, Musik hören, lesen oder ausru-hen – jemand unangemeldet kommt oder etwas geschieht und dich stört. In dieser endlosen Liste von „Warum-Fragen" sind diese drei die häufigsten: „Warum weiß ich nie, was ich wirklich will?" „Warum weiß ich nicht, wozu ich auf der Welt bin?" und „Warum verstehe ich den Sinn meines Lebens nicht?"

Vergiß nicht, daß hinter allem, was in deinem Leben geschieht, ein Sinn liegt! Alles geschieht nur, um dir deinen schöpferischen Lebenssinn zu ent-hüllen, jenen Lebenssinn, nach dem du suchst! Und das, wonach du in dei-nem Leben Ausschau hältst, liegt genau vor deiner Nase! Der heilige Franz von Assisi sagte einmal: „Wonach du ausschaust, das schaut dich an." Sei dir bewußt, daß die Verwirrung deines Geist-Körpers – eine Fehlkreatur deiner zwiespältigen Empfindungen, deines gespaltenen Willens, deiner einander widersprechenden Gefühle, deiner unpräzisen Sensitivität, deiner fehlkreati-ven Gedanken und deiner in Unordnung geratenen Vorstellungskraft – sich in den schwierigen Situationen deines Lebens manifestiert. Diese schwieri-gen Situationen treten immer wieder auf, um dich darauf aufmerksam zu machen, dein Leben so neu zu entscheiden, daß du es schöpferisch gestalten kannst. Schwierigkeiten werden sich ständig wiederholen, bis du dich end-lich entscheidest, Verantwortung zu übernehmen und deine Geist-Holo-gramme zu verbinden. Deine Geist-Hologramme zu verbinden bedeutet die schöpferische Energie freizusetzen, die durch deine Probleme aufgestaut wird. Dieses Verbinden erlaubt dir, deinen wahren schöpferischen Lebens-sinn, der hinter deinen Problem verborgen liegt, wiederzuentdecken, dich an ihn zu erinnern. Der erste Schritt, um deine Geist-Hologramme zu verbinden, ist der Wille, ins Zentrum deines Geist-Körpers zurückzukehren, wo du Stille, Harmonie und Frieden erfahren kannst. Dazu mußt du die Entscheidung fällen, damit aufzuhören, die Verwirrung in deinem Geist-Körper zu erzeugen und aufrechtzuerhalten. Du mußt verstehen, daß die Verwirrung deines Geist-Körpers nur die heimtückische Verunreinigung erhöht – den Mangel an Glück –, die in unserer heutigen Welt bereits zu hoch ist!

Es ist wichtig zu wissen, daß es auf deine „Warum-Fragen" niemals ausreichend Antworten geben wird!

Es gehört zu deiner Natur, wissen zu wollen, „warum" etwas gerade so und nicht anders geschieht. Gehst du mit diesen Fragen aber zu weit, können die „Warum-Fragen" deinen Geist-Körper in völlige Ruhelosigkeit und Verstörung verstricken. Sie hindern dich daran, dich selbstverantwortlich zu verhalten. Läßt du dich durch deine „Warum-Fragen" verführen, bringen sie dich dazu, anzunehmen, sie würden dir Zugang zu den Tiefen deiner Bewußtheit gewähren. Wenn du dieser Versuchung nachgibst, drehst du dich aber nur auf der Oberfläche deines Bewußtseins im Kreise. Das freilich ist Kompensation! Du bleibst in der Kompensation stecken und hältst dich so selber davon ab, in die klaren Gewässer des tiefen Verstehens zu steuern. Du hinderst dich daran, wirklich zu ändern, was in dir und in deinem Leben der Änderung bedarf.

Es ist wichtig zu wissen, daß es auf deine „Warum-Fragen" niemals ausreichend Antworten geben wird! Die Antworten auf diese Fragen kommen immer durch deine Gedanken und mentalen Konstrukte zustande, die aber nur kurzfristig helfen, die in deinem Geist-Körper herrschende Anspannung zu lösen. Später wird die Anspannung nur wieder zunehmen, und so wirst du von einer nicht abreißenden Kette neuer Gedanken anhängig, aus denen dein Geist-Körper neue Antworten zu bekommen versucht. In dieser Rastlosigkeit und Unruhe verstrickst du dich! In einem solchen Prozeß werden Verwirrung und Anspannung in deinem Geist-Körper nur immer schlimmer!

Gedanken an sich können nämlich die Verwirrung und Anspannung deines Geist-Körpers nicht verändern, wohl aber Innenschau! Innenschau, unbegrenzte Intelligenz, macht in deinem Geist-Körper auf der Stelle aus Anspannung Verstehen! Denn Innenschau ordnet deine Gedanken! Deine Gedanken werden dann zu Werkzeugen, die dir helfen, deinen schöpferischen Lebenssinn zu erfüllen. Innenschau entsteht in der Stille deines Geist-Körpers und nicht in der Geschäftigkeit jener Gedanken, die Antworten auf deine „Warum-Fragen" zu geben versuchen. Innenschau manifestiert sich nur, wenn du innerlich ruhig, offen, empfänglich und im Zentrum deines Geist-Körpers bist.

Natürlich haben deine „Warum-Fragen" ihre Berechtigung! Sie gehören zu deinem intellektuellen Prozeß, der dich zur Klarheit führt. Sie können dir helfen, tiefere Ebenen des Verstehens zu erreichen. Aber es ist wichtig zu lernen, wie du deine „Warum-Fragen" richtig anwendest, und vor allem zu lernen, wie du deine Gedanken einsetzen kannst, statt ihnen zu erlauben, dich zu mißbrauchen! Du mußt es vermeiden, von den „Warum-Fragen", die aus dem Ansturm deiner Gedanken entstehen, in Unruhe versetzt zu werden. Sonst wird sich dein Geist-Körper endlos um sie im Kreis drehen.

Erinnere dich: „Wonach wir ausschauen, das schaut uns an." Die Lösungen, nach denen du suchst, liegen letztlich unter deinen Problemen verborgen! Es wird dir nur gelingen, diese echten Lösungen für deine Probleme zu finden, wenn dein Geist-Körper es lernt, still zu sein und dabei offen zu bleiben. Diese Stille und Offenheit macht es dir möglich, eine Brücke zu schlagen, dich wieder mit deiner inneren Weisheit zu verbinden. Diese Wiederverbindung läßt Wahrheit und Klarheit in und aus dir strahlen. Sei dir bewußt, daß unbegrenzte Intelligenz, deine innere Weisheit, durch einen still gewordenen Geist-Körper spricht!

Innenschau ist die natürliche Korrektur deines Geist-Körpers. Sie macht Mind Bridging möglich!

Erst dann wirst du deinen Geist-Körper schöpferisch einsetzen können, wenn du lernst, ihn zur Ruhe zu bringen und dich dabei der Innenschau, der unbegrenzten Intelligenz hinzugeben. Dies zu lernen, gehört zu deiner Verpflichtung, deinen Widerstand dagegen aufzugeben, der Kanal zu sein, durch den sich unbegrenzte Intelligenz, Weisheit, manifestieren kann. Dich als diesen Kanal zu akzeptieren, wird dir erlauben, Innenschau zu erfahren. Innenschau ist für deinen Geist-Körper ähnlich wichtig wie der Dirigent für die gute Aufführung bei einem Orchester. Innenschau ist die natürliche Korrektur deines Geist-Körpers. Sie macht Mind Bridging möglich! Innenschau ist die Art, wie sich Ganzheit in dir zeigt. Es wird dir oft die Vorstellung vermittelt, Innenschau entstehe, wenn du nur lange genug über ein Problem nachdenkst. Aber das ist falsch. Wenn du dich darauf beschränkst, deine Gedanken weiter zu verfolgen, kannst du dich leicht in einem Prozeß possessiver Induktion verstricken. Unter possessiver Induktion versteht man ein zwanghaftes Suchen und Sammeln von Informationen, um eine bestimmte Vorstellung zu konkretisieren. Dieser Prozeß verstärkt nur die Kompensation. Er läßt dich selbstgerecht gegenüber deinen Selbstbildern bleiben und bewirkt, daß du in deinen starren Vorstellungen verhaftet bleibst. Denn du glaubst, die Wahrheit über etwas zu „besitzen". Wie oft beispielsweise bist du morgens aufgewacht mit der plötzlichen Eingebung, etwas ganz anderes zu machen, als du für diesen Tag geplant hattest? Normalerweise begräbst du diese Eingebung unter dem Ansturm deiner unbeweglichen Konzepte, die dein zwanghaftes Herumstudieren erzeugt. Diese Konzepte springen dich jeweils auf widersprüchliche Weise an und versuchen zu beweisen, ob diese Eingebung gültig ist oder nicht. Meist führen solche Konzepte dazu, daß du gar nicht mehr wissen willst, wohin diese Eingebung dich führen könnte. Es könnte sein, daß diese Eingebung dich eine neue Form entdecken ließe, dich, das heißt deine Kreativität, auszudrücken. Wenn du dich aber in deinen widersprüchlichen Konzepten verlierst, verpaßt du die Chance, nach dieser Eingebung zu handeln!

In diesem Zusammenhang mußt du wissen, daß wahre Innenschau ein Geistesblitz ist, der dich erleuchtet. Offensichtlich ist es auch möglich, daß du allein durch Gedankenarbeit zu brillanten Lösungen kommst! Aber dies ist der längste und schwerste Weg für deinen Geist-Körper, ein gewisses Verstehen zu erreichen. Zudem ist er Irrtümern ausgesetzt, denn ein Gedanke für sich genommen ist immer fragmentiert. Er kann nicht die ganze Wahrheit enthalten. Du mußt erst wieder lernen, schöpferisch mit deinen Gedanken zu arbeiten. Dazu mußt du deinen Körper entspannen und deinen Geist leer machen, während du den andauernden Dialog deiner Gedanken so zum Stillstand bringst, daß sich Innenschau zeigen kann. Innenschau, unbegrenzte Intelligenz allein ermöglicht den wahren und kreativen Ausdruck deiner Gedanken. Deine Gedanken erschaffen sich dann nicht um ihrer selbst willen, sind dann nicht mehr fragmentiert, in ständiger Wiederholung und dominant. Vielmehr werden sie zu mitschöpferischen Gedanken, echten Werkzeugen und Verbündeten auf dem Weg zur Entdeckung deines wahren Selbst.

Einstein machte einmal die interessante Bemerkung, daß er beim Versuch, ein Problem zu lösen, immer wieder darüber nachdenken konnte, die Lösung sich aber jeweils erst dann zeigte, wenn er aufhörte, zu grübeln und besessen nach der Lösung zu suchen. Das legt die Vermutung nahe, daß dein Geist-Körper im Zustand der Unvoreingenommenheit, Entspannung und Zentrierung auf ganz natürliche Weise Innenschau erfahren kann.

Es ist unmöglich, allein durch lineares Denken echte Lösungen zu finden. Du brauchst sowohl eine lineare als auch eine holographische Sicht der Realität.

Immer wenn du dich selbst darin einübst, auf deine Geist-Hologramme zu achten, immer wenn du dich bemühst, sie zu verbinden, kommt es zu Verstehen. Daher ist es in deinem schöpferischen Wachstumsprozeß wirklich wichtig, deine Geist-Hologramme zu verbinden. Dich selbst dann einzuüben, deine Geist-Hologramme zu verbinden, erfordert aber, daß du ständig willens bist, im Zentrum deines Geist-Körpers präsent zu sein. Innenschau, unendliche Intelligenz, stellt sich dann ein und heilt die Fragmentierung deines Geist-Körpers. Vergiß dabei nicht, daß du gleichsam nur der Betreuer dieses Prozesses bist, nicht der Ausführende! Wenn du dich für den Ausführenden hältst, für jenen, der selbst heilt, gehst du davon aus, daß du die Fragmentierung deines Geist-Körpers unabhängig von Innenschau, unbegrenzter Intelligenz, korrigieren kannst. Es ist eine Ironie, daß dein Geist-Körper, wenn er sich in dieser Unabhängigkeit verfängt, der Sklave deiner fragmentierten Gedanken wird. Um diese Sklaverei zu vermeiden, darfst du es nicht mehr zulassen, daß deine Gedanken, Empfindungen, Gefühle, deine Vorstellungskraft und Sensitivität deinen Geist-Körper beherrschen. Sonst wirst du von der Ganzheit abgetrennt und bleibst in deiner Alltagsrealität.

Es ist unmöglich, allein durch lineares Denken echte Lösungen zu finden. Du brauchst sowohl eine lineare als auch eine holographische Sicht der Realität, um deinem Geist-Körper ganzheitlich und wirksam Ausdruck zu verleihen. Deine lineare Sicht der Realität ist das Ergebnis eines dreidimensionalen intellektuellen Vorgangs. Die erste Dimension bezieht sich auf deine Fähigkeiten, deine Empfindungen, die Reaktionen deines Geist-Körpers anzuerkennen, sowie auf deine Fähigkeit, deinen Willen und deine Sinne zu fokussieren. Die zweite Dimension bezieht sich auf deine Fähigkeiten, Klarheit über deine Gefühle zu gewinnen und deine Sensitivität zu bewerten. Die dritte Dimension bezieht sich schließlich auf deine Fähigkeiten, deine Gedanken zu manifestieren und deine Vorstellungskraft zu interpretieren. Wenn du aber nicht in dir selbst bist, um diesen intellektuellen Vorgang zu leiten, gerätst du in Verwirrung und machst leicht Fehler. Die einzige Möglichkeit, den geordneten Zusammenhang in deinem Geist-Körper zu bewahren, besteht darin, in dir selbst präsent zu bleiben und dabei wahrhaft den natürlichen Zustand der Ganzheit auszuleben. Das führt Schritt für Schritt zu Ordnung und Gnade. Ein tiefes Verstehen, Innenschau, wird jetzt in dir wirksam.

Innenschau integriert deinen Geist-Körper und gibt ihm neue Lebens-kraft! Sie erhält die Kreativität deines Intellekts, macht ihn fähig, sich wirksam und geordnet auszudrücken. Diese Wirksamkeit und Ordnung sind Ergebnis eines andauernden Vorgangs des Brücken-Schlagens: Deine rezeptive geistige Energie verbindet sich mit deiner aktiven geistigen Energie, und deine weibliche Realität verbindet sich mit deiner männlichen Realität. Dank diesem Vorgang des Brücken-Schlagens bist du in der Lage, die Polarisierung deiner verschiedenen Aspekte zu überwinden sowie deine Ganzheit und deine holographischen Fähigkeiten zurückzugewinnen. Dabei findest du deine Authentizität wieder, indem du deine kreative Energie integrierst. Du kannst dann die Bewegung des Flusses der Schöpfung in ihrer Gesamtheit erfahren. Du kannst sie sogar bewußt erfahren! Aber wie? Du kämpfst nicht mehr gegen diese Bewegung, sondern wirst eins mit ihr. Du hast Vertrauen dazu, daß der Fluß der Schöpfung unbehindert fließt und dich überall hinträgt, wohin du zu gehen berufen bist. Du verstehst, daß dieser Fluß der Schöpfung, die ewige Bewegung der Ganzheit, intelligent, umfassend und vollkommen ist! Wenn du diese Tatsache verstehst und dich dieser kreativen Bewegung hingibst, kannst du mit Krisen in deiner inneren wie äußeren Welt umgehen. Nur dann kannst du diese Krisen überwinden, indem du frei von Mißverstehen wirst. Nur dann kannst du dich selbst heilen.

Die Fähigkeit, dich immer wieder zu heilen, ist das Wunder, das dir und allen Geist-Körpern stets zugänglich ist. Damit dieses Wunder geschehen kann, mußt du dich erst erinnern und mußt akzeptieren, daß du deinem Wesen nach ganzheitlich bist, daß du stets die kreative Bewegung der Ganzheit wirst und daß du ganz in diese schöpferische Bewegung einbezogen bist. Und dies sind die einzigen Antworten, die alle deine „Warum-Fragen" vollständig beantworten können!

10
Gehst du dem Erfolg aus dem Weg?

Kreativität ist Liebe in Transformation!

Wie kann eine Krise deine wahre Kreativität blockieren? Du kannst diese Frage beantworten, wenn du verstehst, was Kreativität bedeutet, und erkennst, wie du heute mit deinen Krisen umgehst. Bildlich gesprochen, benutzt du eine Krise, als ob sie ein „Ort" wäre, wo du dich verstecken kannst. Eine Krise sollte aber als Fluß betrachtet werden, den du durchquerst, um ans andere Ufer zu gelangen. Das Erreichen des anderen Ufers bedeutet, den nächsten kreativen Schritt zu tun. Wie du mit deinen Krisen umgehst, ist ein Symptom deiner Selbstaufgabe, die die Verleugnung deiner selbst ist. Oft benutzt du deine Krise als deine beste Entschuldigung, dich nicht schöpferisch zu transformieren. Dadurch läßt du dich auf einen Zustand völliger Bedeutungslosigkeit schrumpfen, der mit deiner wahren Natur, die reine Kreativität und Ganzheit ist, überhaupt nicht übereinstimmt. Indem du dich nur noch in der Tretmühle deiner Krisen aufhältst, trennst du dich am Ende von deinem schöpferischen Wesen. Du gehst der Kreativität einfach aus dem Weg!

Kreativität ist sowohl Rhythmus als auch Harmonie. Sie ist die spiralförmige, dynamische Bewegung der Ganzheit, durch die sich Bewußtsein vertieft, erweitert und so als Leben entfaltet! Diese spiralförmige Bewegung führt dich stets nach innen und vorwärts zu unbekannten kreativen Dimensionen deiner selbst. Das führt dazu, daß du deine innere Weisheit erweiterst, dein Verstehen vertiefst und innere Harmonie findest. Verstrickst du dich aber in deinen selbstgeschaffenen Krisen, liegt es daran, daß du einem heimlichen Plan folgst. Du weigerst dich, dich selbst zu erkennen. Du brauchst dich dann nicht zu verändern! Damit weichst du aber einfach der Selbstverantwortung aus. So mißbrauchst du deine Krisen. Folglich wird die spiralförmige Bewegung deines Bewußtseins durch Mangel an Rhythmus, an Frieden und an Verstehen fragmentiert. Das führt zu einem Abbau deiner Lebensenergie. Du verfängst dich in einer ständigen kreisförmigen Bewegung, die dich davon abhält, die kreative spiralförmige Bewegung deines Bewußtseins auszuführen (siehe Bild 10-1). Diese kreisförmige Bewegung reflektiert ein Verhalten von Selbstbezogenheit, aus dem du keinen Ausweg finden kannst. Du bist nicht mehr fähig, deine Grenzen zu überschreiten, und das raubt dir die Freude, dein Leben ganz und kreativ zu erfahren.

Kreativität entsteht im Reich der Ganzheit. Sie ist außerhalb des Bereichs deiner Gedanken und kann in keiner Weise durch die Gesetze von Ursache und Wirkung begrenzt werden. Sie kann auch nicht aus übersteigertem Rationalismus oder Materialismus noch aus Widerspruch und Trennung hervorgehen. Diese sind vielmehr die Ursache deiner ständigen existentiellen Krisen. Kreativität ist Liebe in Transformation! Liebe zeichnet sich durch Integration, Teilnahme und Freude aus! Das ist es, worum es im Prozeß der Mitschöpfung geht. Wenn du nicht kreativ bist, verstärkst du nur dein Verhaftetsein, deine besitzergreifende Art und dein Bedürfnis nach Kontrolle. All das verstärkt deine Ängste und hindert dich daran, reifer zu werden.

Weil Kreativität Liebe in Transformation ist, ist dein Beharren, in einer Krise zu bleiben, nichts anderes als ein Versuch, diesen Fluß der Liebe zu blockieren. Sei dir aber bewußt, daß dieser Strom der Liebe in dir nicht versiegt, auch wenn du dich weigerst, ihn anzuerkennen. Liebe strömt aus der ewigen Quelle von wahrer Kreativität, von der Ganzheit selbst, aus deiner tiefsten Realität! Was du wissen mußt, ist, daß diese Liebe nur dann in dir strömen kann, wenn du es verstehst, mit deinen Krisen verantwortungsvoll umzugehen. Dazu mußt du erkennen, daß eine Krise nichts anderes als eine Aufforderung zum Lernen ist. Dieser Lernprozeß ist es, der dich wirkungsvoll weiterbringt, hin zur Realisierung deiner Ganzheit. Eine Krise ist deshalb nicht ein unumstößliches Hindernis, das dich in Stagnation und Hoffnungslosigkeit festhält, sondern sollte als Chance verstanden werden, deine Begabungen aufzudecken, die unter dieser Krise verborgen sind. Es ist entscheidend, folgendes zu verstehen: Wie tief du in deiner Krise verharrst, so sehr gibst du Liebe und damit Beteiligung und Selbstverantwortlichkeit auf. Du gibst es einfach auf, erfolgreich zu sein!

Bild 10-1

Die Einstellung zu Krisen

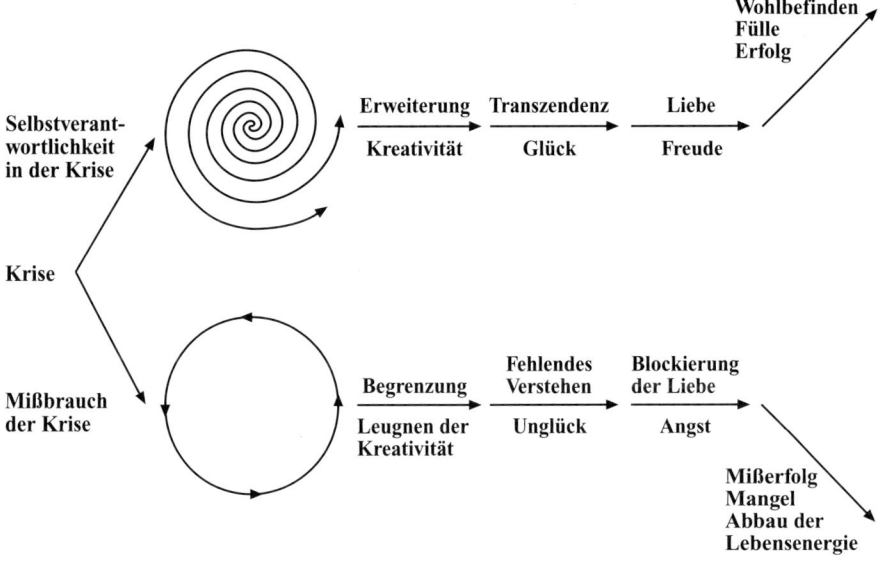

Glück ist der Körper deiner Transzendenz und das Antlitz deiner Kreativität!

Hast du dich je voller Kraft gefühlt? Hast du dich je gut gefühlt und gespürt, daß alles ohne besonderen Grund in Ordnung ist? Solche Augenblicke verdankst du deiner kreativen Fähigkeit, an der Fülle teilzuhaben. Diese Fülle ist Ganzheit! Sei dir bewußt, daß deine Kreativität diese Fülle reflektieren kann! Du kannst deine Kreativität auf viele Arten ausdrücken, etwa durch ein Lächeln aus der Tiefe deines Herzens, durch die Zubereitung eines köstlichen Mahls, durch einen Anruf bei einem Freund, durch Anordnen der Bücher im Regal, durch Gartenarbeit, Musik hören, Ausruhen, kurz dadurch, daß du tust, was dich glücklich macht. Glück ist der Körper deiner Transzendenz und das Antlitz deiner Kreativität! Du bist auch dann kreativ, wenn du dich einfach an einem Sonnenuntergang erfreust, in der Natur verweilst oder einfach still dasitzt. In solchen Augenblicken, in denen du dich glücklich fühlst, indem du dich völlig in dein Tun oder einfach in dein Sein vertiefst, bist du in einem kreativen Prozeß im tiefsten Sinn seiner Bedeutung. Wenn es dazu kommt, dann deshalb, weil du ganz im Zentrum und in der Gegenwart bleibst. Das macht es dir möglich, dich ans Feld der vereinheitlichten kreativen Energie, der unbegrenzten Intelligenz, „anzuschließen". Kreative Energie kann dann in dich und durch dich hindurch strömen, während du ganzheitliches Bewußtsein erfährst.

Das Tragische ist, daß auch jeder Augenblick, in dem du dich schlecht oder unbehaglich fühlst, deine eigene „Schöpfung" ist. Dies sind Augenblicke, in denen du Liebe vermeidest. Sie zeigen nur deinen Widerstand, in Teilnahme an der Ganzheit schöpferisch zu wirken. Dieser Widerstand macht es unmöglich, daß du dich glücklich und gut fühlst. Er führt unausweichlich dazu, daß du in deiner Verweigerung steckenbleibst. Er verhindert deshalb kreative Transformation und hält dich davon ab, die Gefühle deiner Wertlosigkeit zu überwinden. Diese Gefühle graben sich tief in deinen Geist-Körper ein und bringen dich dazu, deine Krisen zu schüren. Das hält dich davon ab, deine Begrenzungen zu überwinden, und du bist nicht mehr fähig, deine wahre Größe anzuerkennen und deine Kreativität zu entwickeln. Das Ergebnis ist, daß dein Bewußtsein sich nicht vertiefen und erweitern kann. Dies verstärkt deinen unbewußten Schmerz, deine Traumata, wo all deine Gefühle der Wertlosigkeit sicher aufbewahrt werden.

Deine Traumata stehen für die Teile deiner Erinnerung, die noch nicht gelernt haben, in partnerschaftlicher Beziehung mit der Ganzheit zu sein. Sie wissen nichts von Kreativität. Es sind die Teile, die „vergessen haben, erwachsen zu werden". Diese Teile wurden von ihrem schöpferischen Lebenssinn, der Mitschöpfung, abgelenkt. So konnten sie die kreative Transformation durch einen Mind Bridging-Prozeß nicht durchmachen. Sie konnten keine Bewußtheit entwickeln. Deine Traumata sind nichts anderes als erstarrter Ausdruck von ungeheiltem Schmerz! Dieser Schmerz dauert unbewußt in deinem Geist-Körper an und stört ständig dein Leben. Deine Traumata halten dich davon ab, reif zu werden und kreativ zu sein, weil sie dir die Chance verwehren, deinen unbewußten Schmerz zu heilen. Sei dir bewußt, daß du nur den Raum der Reife und wahrer Kreativität betreten kannst, wenn du dich aufmachst, diese fragmentierten Teile des Schmerzes „aufzutauen", die in deinem trennenden Unbewußten verborgen sind. Durch dieses Auftauen erlaubst du diesen Teilen, in dein Bewußtsein zu treten, so daß sie integriert werden können. Diese Teile, trennende Geist-Hologramme, können sich dann ihrer ganzheitlichen Natur wieder bewußt werden und die Illusion der Fragmentierung aufgeben. Wenn das gelingt, kommst du in deinem Reifeprozeß einen Schritt weiter. Du wirst kreativer! Andernfalls kann es zu Selbstzerstörung kommen, weil deine Traumata als riesige Blöcke von destruktiver geistiger Energie aus dir auftauchen. Diese

Arten von geistigen Energien können nur dazu führen, daß du dich unbewußt selbst behinderst.

Wahres Vergnügen ist Erfüllung! Wahres Vergnügen heißt, ganz in die Bewegung der Schöpfung eingebettet zu sein!

Es gibt überhaupt nur zwei Lebenswege, zwischen denen du wählen kannst. Der eine ist „Kreativität", der andere ist „der Kreativität aus dem Weg gehen". Wenn du nicht glücklich bist, weichst du deshalb bestimmt dem Glück aus. Wenn du keinen Erfolg hast, weichst du bestimmt dem Erfolg aus. Wenn du an der Fülle nicht teilhast, weichst du bestimmt der Fülle aus. Glück, Erfolg und Fülle sind lediglich Formen der Kreativität. Jede deiner Schwierigkeiten zeugt davon, daß du der Kreativität aus dem Weg gehst. Nur wenn du aufhörst, deiner wahren Natur, der reinen Kreativität, aus dem Weg zu gehen, kannst du Fülle, Glück und Kreativität ernten!

Der beste Weg, dein Leben zu gestalten, ist der, jeden Augenblick als ein Kunstwerk zu verstehen, das du selber schaffst. Es gibt keinen anderen Künstler außer dir, der dein glückliches Leben gestalten kann. Willst du wissen, ob du in einer bestimmten Situation deines Lebens wahrhaft kreativ bist, brauchst du dich bloß zu fragen: „Bin ich jetzt glücklich?" statt: „Bin ich jetzt kreativ?" Glück ist nämlich der Kompaß zur Kreativität. Wenn du wirklich schöpferisch bist, wird die Erfahrung, daß du schöpferisch bist, so stark, daß du mit dieser Erfahrung eins wirst! Du fühlst dich dann einfach gut, einfach glücklich! Während solcher Augenblicke, in denen dein Geist-Körper in Kreativität gebettet ist, bleibt kein Raum für Vergleich und Urteil. Warum ist das so? Im Augenblick kreativen Tuns verbinden sich deine rezeptiven und aktiven geistigen Energien wie auch deine weiblichen und männlichen inneren Realitäten. Das führt zu einer heiligen Vereinigung. Diese heilige Vereinigung spiegelt Mind Bridging wider. Ganzheit manifestiert sich dann in deinem Geist-Körper!

Ein wichtiger Bestandteil deines bewußten kreativen Prozesses ist, daß du dir gestattest, deine Wertschätzung auszudrücken. Wertschätzung ist das Gegenmittel gegen Konkurrenzdenken. Nur wenn du dich von Konkurrenzdenken befreist, kannst du wirklich schöpferisch sein. Wenn du im Konkurrenzdenken befangen bist, kannst du deine kreative Erfahrung nicht genießen, weil dein Geist-Körper nie zur Ruhe kommen kann, sondern immer von der Vorstellung besessen ist, mehr und noch mehr zu erreichen. Weil die Kreativität im Reich der Ganzheit entsteht, das frei von Konkurrenzdenken ist, stellt sie den Weg zu einem Zustand dar, in dem der Geist-Körper nicht von Selbstzweifeln geplagt wird. All deine Krisen sind lediglich das Ergebnis von Augenblicken extremen Selbstzweifels und von Verurteilung, die ihrerseits nichts als Schuldgefühle erzeugen. Hinter jeder Krise stecken Schuldgefühle.

Solange du aber unter Schuldgefühlen leidest, verleugnest du deine kreative Energie. Du wirst deshalb nicht aufhören, dir Schwierigkeiten zu schaffen; du wirst dir weiterhin Schmerzen zufügen. Schmerz läßt kein Vergnügen zu. Aber was ist Vergnügen? Wahres Vergnügen ist Erfüllung! Wahres Vergnügen heißt, ganz in die Bewegung der Schöpfung eingebettet zu sein! Diese Erfahrung ist nur möglich, wenn dich die kreative Bewegung der Ganzheit trägt. Das erfordert, deinem Leben mit Hingabe, Vertrauen und Engagement zu begegnen und deine Ganzheit anzunehmen. Zudem darfst du deine kreative Reise nicht aufgeben, denn du bist für das gewaltige Hologramm der Mitschöpfung wesentlich!

Erkennst du, daß die Mehrheit der Menschen davon abgeschnitten ist zu lernen, Zugang zu ihrer transzendenten Dimension zu finden, der natürlichen Erfahrung des Geist-Körpers von Ganzheit?

Du bist verantwortlich dafür anzuerkennen, daß deine transzendenten Erfahrungen genauso zu deinem Wesen gehören wie deine alltäglichen und ganz gewöhnlichen. Du bist auch verantwortlich dafür, das Zentrum deines Geist-Körpers auszuweiten, das ein Ort der Harmonie und die Quelle deiner schöpferischen Kraft ist. Diese Erweiterung ist dein Weg zur Transzendenz. Er steht in enger Beziehung zu deiner Fähigkeit, auf deine Begabung zu Mitschöpfung einzugehen. Daß du auf deine Begabung eingehst, ermöglicht deinem Bewußtsein, sich frei zu manifestieren und sich ständig zu vertiefen und zu erweitern! Es ist jetzt an der Zeit zu erkennen, daß das Tor zu deiner Transzendenz immer offensteht, wenn du wirklich den Willen hast, deine grenzenlose Kreativität zu erfahren. Dieses Tor ist dein „Weg nach Hause", und dein Zuhause ist dort, wo deine Ganzheit und deine reine Kreativität wohnen.

Ist dir bewußt, daß deine persönliche Entwicklung ein Lernprozeß ist?

Erkennst du, daß die Mehrheit der Menschen davon abgeschnitten ist zu lernen, Zugang zu ihrer transzendenten Dimension zu finden, der natürlichen Erfahrung des Geist-Körpers von Ganzheit?

Siehst du, daß es deine große Angst und die vielen Selbstzweifel sind, die dich daran hindern, deine transzendenten Erfahrungen zu haben?

Verstehst du, daß Angst und Selbstzweifel dich von Frieden, Fülle, Wohlbefinden, Liebe und Erfolg fernhalten? Bist du dir bewußt, daß diese Glückszustände nur möglich sind, wenn du deine Grenzen überwindest?

In Wahrheit bist du in deinem Innersten überzeugt, daß du deine transzendenten Erfahrungen gar nicht verdienst. Du denkst sogar, daß du dazu gar nicht fähig bist. Bewußt Transzendenz zu erfahren muß aber genau wie alles andere im Leben auch erlernt werden. Gewiß, dieser Lernprozeß ist nicht für alle derselbe, weshalb jeder ein anderes Lebens-Lernprogramm hat. Du bist eine einzigartige Manifestation der Ganzheit, und auch jede menschliche Erfahrung ist einzigartig. Du hast dein eigenes Lernprogramm für dein Leben, deinen eigenen Weg zur Transzendenz. Oft blockierst du aber dein Transzendieren, weil du aus diesem Lernprogramm auszusteigen versuchst. Das kann auf zwei Arten sein: Erstens dadurch, daß du dich für etwas Besonderes hältst – du bildest dir etwas auf deine Begabungen ein, seien sie mystischer, intellektueller, emotionaler oder physischer Art. Manchmal geschieht es sogar, daß du einen übermäßigen Stolz auf diese Gaben entwickelst. Zweitens glaubst du, daß du unfähig bist, Erfahrungen jenseits deiner physischen Realität zu machen. In beiden Fällen weichst du dem Erlernen des Transzendierens aus, d. h., wie du wirklich in den Prozeß des schöpferischen Mitwirkens eintreten kannst. Du wirst am Ende Rollen spielen, um „Erfolge" zu erzielen. Damit verlierst du deine Ursprünglichkeit, deine natürliche Fähigkeit, deine Begrenzungen zu überwinden, indem du dich allzeit schöpferisch erneuerst und transformierst.

Bist du bereit, deine Geist-Hologramme zu verbinden sowie deine Begrenzungen zu überschreiten und deinen Erfolg anzunehmen? Dein Weg zur Transzendenz ist wahrhaftig dein Weg zum Erfolg!

Wenn du deine Ursprünglichkeit wahrhaft lebst, erzielst du leicht Erfolge, weil du deine Begabungen vollkommen umsetzen kannst. Du kannst jedoch deine Ursprünglichkeit nur dann ganz ausdrücken, wenn du deine Begrenzungen überschreitest. Deine Ursprünglichkeit ist also eng mit deiner Erfahrung von Transzendenz verknüpft. Wenn du deine Ursprünglichkeit aufgibst, gibst du zwangsläufig auch deine Fähigkeit auf, ein glückliches Leben zu führen. Der Verlust deiner Ursprünglichkeit ist dein grundlegender Fehler! Um sie wiederzugewinnen, mußt du bereit sein, aus deinen Lebenserfahrungen zu lernen und Demut, Geduld und Vertrauen zu entwickeln, die Grundlagen deiner partnerschaftlichen Beziehung zu dir selber und zur Ganzheit. Diese Grundlage hilft dir, deine Beweglichkeit und dein Gespür für Möglichkeiten zurückzugewinnen, die dir ermöglichen, dich völlig zu erneuern und dein Leben zu transformieren! Damit gewinnst du deinen Enthusiasmus, die größte Gabe deiner Ursprünglichkeit, zurück.

Verstehst du, daß du, um die Begrenztheit deines Geist-Körpers zu überschreiten, genügend Selbstverantwortlichkeit, Mitgefühl und Verstehen entwickeln mußt, damit du deine Geist-Hologramme verbinden kannst?

Bist du bereit, deine Geist-Hologramme zu verbinden sowie deine Begrenzungen zu überschreiten und deinen Erfolg anzunehmen? Dein Weg zur Transzendenz ist wahrhaftig dein Weg zum Erfolg!

Ist dir klar, daß die Brücken zwischen deinen Geist-Hologrammen im selben Augenblick in deinem Geist-Körper und dem Geist-Körper aller entstehen und daß diese Verbindung Vereintsein schafft? Ist dir bewußt, daß Vereintsein der Nährboden von Fülle und Erfolg ist?

Du bist eindringlich aufgerufen, Erfolg, wechselseitige Beziehung und Fülle zu erfahren. Du bist aufgefordert, deine Ganzheit zu realisieren! Das ist nur möglich, wenn du die Illusion der Fragmentierung deines Geist-Körpers überwindest, indem du deine Geist-Hologramme verbindest. Bist du dir der großen Bedeutung dieser Chance bewußt?

11
Heraus aus der Krise

Indem du Ursprünglichkeit und Selbstbesitz entwickelst, kannst du erfahren, daß du „Geist" bist, der sich als „Materie" manifestiert, und ebenso, daß du „Materie" bist, eingebettet in „Geist". Du verstehst, daß du ein geistiger Körper in einem verkörperten Geist bist.

Die gegenwärtige Kreativitätskrise ist ein Syndrom, das als „Unterbrochene-Verbindungen-Effekt" sichtbar wird. Das hat damit zu tun, daß alles, was die Verbindungen deiner Geist-Hologramme, deiner geistigen Energien, zerstört, zur Krise führt. Verbindung bedeutet Kontinuität und Kommunikation. Unterbrichst du die Kommunikation, brichst du auch einen laufenden Prozeß der partnerschaftlichen Beziehung ab, und die Kreativität kann nicht mehr in Erscheinung treten. Um deine Brücken der Kommunikation aufrechtzuerhalten, mußt du deine Ursprünglichkeit und deinen Selbstbesitz zurückgewinnen. Beide sind die Grundlagen einer wahren partnerschaftlichen Beziehung mit der Ganzheit! Ganzheit ist das Wesen deiner wahren Kreativität! Deshalb kannst du deine Krisen nur überwinden, wenn du deine partnerschaftliche Beziehung mit der Ganzheit manifestiert. Wenn du dich dieser partnerschaftlichen Beziehung öffnest, kann wahre Kreativität aus deinem Innern gedeihen.

Um Ursprünglichkeit und Selbstbesitz zu erlangen, mußt du auch die richtige Umgebung für deine persönliche Entwicklung schaffen. Du mußt dazu ein „Verhalten der Elternschaft über dich selbst" an den Tag legen, wofür das Schneckenhaus ein hervorragendes Bild ist. Während die Schnecke wächst, bietet das spiralförmige Gehäuse die bestangepaßte Umgebung für ihre Entwicklung. Ein „Verhalten der Elternschaft über sich selbst" erreichst du, wenn du das verbindende Hologramm der „kreativen inneren Mutter" und des „kreativen inneren Vaters", die deine innersten Realitäten sind, annimmst. Das garantiert, daß du von dir selbst und in der Folge auch von anderen Akzeptanz und Unterstützung in deinem Reifeprozeß erfährst. Das Ergebnis dieser Erfahrung ist, daß du von alleine Selbstverantwortung, Mitgefühl, Freude, Führungsqualität und Optimismus entwickelst, kurz: Bereitschaft für das Leben. Wenn du diese Eigenschaften entfaltest, fühlst du dich verankert; du ziehst Fülle, Liebe und Wohlergehen an und erfreust dich deines Erfolgs. Du realisierst dann den wahren Sinn des Lebens, nämlich eine einzige Realität von Geist und Materie zu sein, die sich kreativ manifestiert!

Indem du Ursprünglichkeit und Selbstbesitz entwickelst, verstärkst du deine innere Flexibilität, entwickelst ein Gespür für die günstige Gelegenheit und eignest dir deinen inneren Raum und deine innere Ausrichtung an. Du fühlst, daß du Anrecht hast auf alles, was du bist, und das heißt Anrecht auf Kreativität selbst! Du kannst dein Leben in seiner Gesamtheit, in seinen physischen und geistigen Dimensionen, nur erfahren, wenn du deine Ursprünglichkeit und deinen Selbstbesitz wahrhaft lebst. Sie sind die grundlegenden kreativen Beziehungen, die du mit dir selbst hast. Indem du Ursprünglichkeit und Selbstbesitz entwickelst, kannst du erfahren, daß du „Geist" bist, der sich als „Materie" manifestiert, und ebenso, daß du „Materie" bist, eingebettet in „Geist". Du verstehst, daß du ein geistiger Körper in einem verkörperten Geist bist. Erst dann erkennst du, daß es keine wirkliche Trennung zwischen dir als Materie und dir als Geist gibt. Das einzige, was es gibt – und das ist keine wirkliche Trennung – ist deine zeitliche Erfahrung in dieser Welt, die deines Bewußtwerdens! Diese Erkenntnis ermöglicht es dir zu entdecken, daß Bewußtheit etwas vom Wichtigsten in deinem Leben ist. Durch Bewußtheit erweiterst du deine schöpferische Energie und kannst dich so aus dem Gefängnis deiner selbstverursachten Begrenzungen befreien. Diese Bewußtheit verlangt, daß du für einen andauernden Prozeß bereit bist, die kreative Bewegung der Ganzheit zu werden, indem du immer wieder Mind Bridging ausübst.

Deine Geist-Körper-Bewegung, in der sich die kreative Bewegung der Ganzheit spiegelt, folgt einem dreifachen kreativen Prinzip: der Unbeständigkeit, der Transformation und der Unvorhersagbarkeit.

Was ist der eigentliche Sinn von Mind Bridging? Mind Bridging ist die holographische, spiralförmige Dynamik der Bewegung ganzheitlichen Bewußtseins. Diese Dynamik entfaltet sich in deinem Geist-Körper und durch deinen Geist-Körper und führt dich dazu, dein Quantenselbst zum Ausdruck zu bringen. Das Quantenselbst, das bist du selbst, ist die Matrix der Mitschöpfung. Da ist das Verhalten von partnerschaftlicher Beziehung, das du ebenso wie alle Menschen in Ganzheit entwickeln sollst, aufgezeichnet. Dieses Verhalten von partnerschaftlicher Beziehung ist deine Möglichkeit, deine nichtmanifeste Realität mit deiner manifesten Realität zu integrieren. Es ist auch deine Gelegenheit, eine Brücke zwischen der physischen

Dimension und der transzendenten Dimension deines Bewußtseins zu schlagen. Wenn es zu diesem Prozeß der Integration kommt, kannst du deine kreative Natur zum Ausdruck bringen und gewinnst dabei dein ganzheitliches Bewußtsein wieder. In deinem täglichen Leben machst du diesen Prozeß von Integration und Verbindung durch, wenn du dich für eine bewußte partnerschaftliche Beziehung mit dir selbst, mit allen und mit allem öffnest. Nur so kannst du deine partnerschaftliche Beziehung mit der Ganzheit voll leben.

Deine Geist-Körper-Bewegung, in der sich die kreative Bewegung der Ganzheit spiegelt, folgt einem dreifachen kreativen Prinzip: der Unbeständigkeit, der Transformation und der Unvorhersagbarkeit. Unbeständigkeit formt deine Geist-Körper-Bewegung durch ein mitschöpferisches Muster. Transformation erneuert sie durch die Verbindung ihrer verschiedenen Aspekte. Unvorhersagbarkeit definiert sie, weil eine Ordnung zugrunde liegt, die alles organisiert. Menschen und die gesamte Schöpfung sind dazu bestimmt, stets die kreative Bewegung der Ganzheit zu werden, in Übereinstimmung mit diesem dreifachen Prinzip. Diese kreative Bewegung bewahrt deshalb immer ihre „Frische", ihre Vitalität.

Deine eigene Manifestation in der physischen Realität ist nicht auf den Augenblick deiner Geburt beschränkt. Du wirst ständig „geboren", manifestiert!

Wie manifestiert sich die kreative Bewegung der Ganzheit in deinem Geist-Körper, durch deinen Geist-Körper und mit deinem Geist-Körper? Gemäß der *Holographischen Psychologie* strömen unbegrenzte Intelligenz, vereinheitlichte Energie und reine Bewußtheit aus der Ganzheit, dem Hologramm der Mitschöpfung aus. Dieses Hologramm ist der Geist. Der Geist ist also eine dreidimensionale Realität, die sich in einer fortwährenden Bewegung der Erweiterung und Vertiefung von Bewußtsein enthüllt. Dieses Bewußtsein ist nichts anderes als kreative Energie! Wenn sich der Geist von der nichtmanifesten zur manifesten Realität enthüllt, spiegelt er Ganzheit aus einer Vielzahl von Aspekten. Diese Aspekte sind dazu bestimmt, daß die Menschheit und die gesamte Schöpfung sie durch ein Muster von Mitschöpfung zum Ausdruck bringen soll. Dieses Muster von Mitschöpfung wird dann in deinen Geist-Körper eingeprägt. Es ist ein Mittel, mit dem du Selbstbewußtheit von einem unbewußten zu einem bewußten Zustand zu entwickeln beginnst. Das bedeutet, daß du die eigenen verschiedenen Aspekte der Ganzheit, die in deinen verschiedenen Aspekten ihre Entsprechung haben, integrieren sollst, indem du eine bewußte partnerschaftliche Beziehung mit diesen Aspekten aufbaust. Dieses Verhalten einer partnerschaftlichen Beziehung macht das Wesen des Menschen aus, macht dein ganzheitliches Wesen aus. Du kannst nur reif werden, wenn du diese wahre partnerschaftliche Beziehung ehrst und verwirklichst!

Mit anderen Worten: Aus einer linearen Perspektive heraus betrachtet, erfährst du bei der Entwicklung deines Bewußtseins ursprünglich den vereinheitlichten, kollektiven „unbewußten Zustand", den Speicher deines schöpferischen Potentials und kreativen Lebenssinns, den Speicher der gesamten Schöpfung! In der folgenden Phase erreicht dein Bewußtsein einen „unterbewußten Zustand", der sich über einen ständigen Strom von Entfaltungen und Einfaltungen deines Bewußtseins manifestiert, der von der Ganzheit ausgeht und wieder zu ihr zurückkehrt. Dieser Strom erzeugt ein Bewußtseinsnetz, ein Feld von Energieinformation, das sich in dir als unvorhersagbare und grenzenlose Möglichkeiten realisiert. Diese Möglichkeiten, Geist-Hologramme, bewegen sich als ganze Einheiten, die „Brücken von Bewußtsein" bilden. Während sich dein Bewußtsein in einem Prozeß des Brückenschlagens entwickelt, geschieht etwas ganz Wichtiges: Aus der kreativen Bewegung der Ganzheit geht eine schöpferische Notwendigkeit hervor, die von deinem Bewußtsein verlangt, einen „bewußten Zustand", den Zustand der Selbstbewußtheit, zu erreichen. Dein Bewußtsein kann diesen Zustand erreichen, wenn du eine bewußte partnerschaftliche Beziehung mit deinen verschiedenen Aspekten aufbaust. Das macht es dir möglich, sie in dir zu integrieren. Durch diese Integration erkennst du deine kreativen Fähigkeiten, deine Begabungen. Nur so kannst du deine ganzheitliche Natur wiedergewinnen, und das bedeutet, einen Zustand von tiefer Bewußtheit zu erfahren. Das führt dazu, daß du dein Einssein erfährst. Reine Kreativität!

Die verschiedenen Zustände oder die unterschiedlichen Momente der Bewegung deines Bewußtseins, die du bei der Entwicklung dieses Bewußtseins erfährst, treten nicht nur in linearer Abfolge auf, sondern auch in nicht-ortsgebundener und in unvorhersagbarer Weise. Der lineare, analytische Prozeß und der nicht-ortsgebundene, holographische Prozeß ermöglichen zusammen als ein ganzheitlicher Prozeß die ständige Manifestation deines Geist-Körpers. Deine eigene Manifestation in der physischen Realität ist nicht auf den Augenblick deiner Geburt beschränkt. Du wirst ständig „geboren", manifestiert! So überraschend es klingen mag, du bist in jedem einzelnen Augenblick deiner Existenz ein neuer Mensch! Obwohl das ständig geschieht, verlierst du nicht die Bewußtheit, wer du bist. Das ist die Schönheit deiner vollkommenen Natur! Solche Vollkommenheit ist nur möglich, weil dein Bewußtsein ein ganzheitliches ist.

Wie fühlt es sich an, wenn dir klar wird, daß du nicht davor „davon-laufen" kannst, für alle Zeit mit der Ganzheit ihre kreative Bewegung zu vollziehen?

Der alleinige Sinn dieses Prozesses des Entfaltens und des Einfaltens deines Bewußtseins ist der, dir bewußt zu machen, daß du ein „Mitschöpfer" mit der Ganzheit bist. Dieser Prozeß bietet dir die Möglichkeit, ein wahrer Partner der Ganzheit zu werden. Zu Mitschöpfung kommt es jedes Mal, wenn du Ganzheit in deiner inneren und äußeren Welt widerspiegelst, aktualisierst und manifestierst. Kurz, zu Mitschöpfung kommt es, wenn du in deinem Leben deine partnerschaftliche Beziehung statt Konkurrenzdenken, Machtkampf oder andere Formen der Trennung verwirklichst. Nur wenn du zu deiner inneren und äußeren Welt in partnerschaftlicher Beziehung stehst, kannst du dich subjektiv und objektiv in wirkungsvoller Art entwickeln. Neue Facetten deiner Kreativität werden dir dann zugänglich. Das bringt Fülle, Liebe und Wohlergehen in dein eigenes Leben und in das Leben der Menschen um dich zurück! Indem du die Verantwortung dafür trägst, deine partnerschaftliche Beziehung aufrecht zu erhalten, erfüllst du deinen alleinigen Lebenssinn, nämlich glücklich zu sein und Glück zu verbreiten! Ja, dein Glück und das Glück von anderen ist das eigentliche Ziel des ganzen Prozesses der Entwicklung deines Bewußtseins. Dieses Ziel kann nur sichtbar werden, wenn du dein Leben in Ganzheit, durch Ganzheit und mit Ganzheit, das heißt in Mitschöpfung mit der Ganzheit, feierst!

Die Bewegung ganzheitlichen Bewußtseins ist bestimmt, sich in dir durch die holographische, spiralförmige Mind Bridging-Dynamik deines Bewußtseins unbeschränkt zu entfalten und einzufalten. Diese Entfaltungen und Einfaltungen erlauben deinem Bewußtsein, höhere Ebenen der Kreativität zu erreichen. Beide sind dafür verantwortlich, daß du deine verbindenden Geist-Hologramme manifestierst. Vergiß nicht, daß auch du ein verbindendes Geist-Hologramm bist! Auch du bist in jedem Augenblick deines Lebens eine Manifestation von ganzheitlichem Bewußtsein. Du bist deinem Wesen nach eine Brücke von Bewußtsein! Du bist eine Interpretation einer nicht-manifesten Dimension, der Dimension der Schwingungen, im Reich der Ganzheit. Du wurdest geboren, um in partnerschaftlicher Beziehung mit der Ganzheit zu sein!

Wie fühlt es sich an, wenn dir klar wird, daß du nicht davor „davonlaufen" kannst, für alle Zeit mit der Ganzheit ihre kreative Bewegung zu vollziehen? Wie fühlt es sich an, wenn du verstehst, daß dies erfordert, ein echter Partner der Ganzheit zu sein? Bist du dir bewußt, daß die kreative Bewegung der Ganzheit fortwährend auf holographische Weise erfolgt? Bist du dir bewußt, daß es sich dadurch in Form vielschichtiger Facetten deines Selbst, also deiner selbst, manifestiert, die auch deine parallelen Dimensionen (siehe Glossar) widerspiegeln? Wie wäre es mit dem weisen Entschluß, dich der schöpferischen Bewegung der Ganzheit – also deinem Leben – wirklich anzuvertrauen, statt dich und das kollektive Bewußtsein an der Entwicklung zu hindern? Wie wäre es, wenn du dir der Mind Bridging-Dynamik deines Bewußtseins bewußt würdest, damit du dir helfen kannst, dein Leben kreativ zu führen?

Dein kreativer Intellekt und dein gesunder Geist-Körper machen es dir möglich, dein glückliches Leben zu realisieren!

In der *Holographischen Psychologie* integriert die Mind Bridging-Dynamik die in dir auftretenden spezifischen Wechselbeziehungen und Prozesse. Durch diese Integration wird die Unteilbarkeit der Bewegung deines Bewußtseins bewahrt und tritt als dein kreativer Intellekt und dein gesunder Geist-Körper in Erscheinung! Dein kreativer Intellekt und dein gesunder Geist-Körper machen es dir möglich, dein glückliches Leben zu realisieren! Folglich hilft dir die Mind Bridging-Dynamik mit ihren Wechselbeziehungen und Prozessen, das erfüllende Leben zu schaffen, das du verdienst. Die Mind Bridging-Dynamik besteht aus drei Teilkräften, nämlich aus der Subdynamik des Verbindenden, der Subdynamik des Verbundenen und der Subdynamik des Vorgangs des Verbindens (siehe Bild 11-1).

Bild 11-1

Die Mind Bridging-Dynamik und die Dimensionen des Bewußtseins

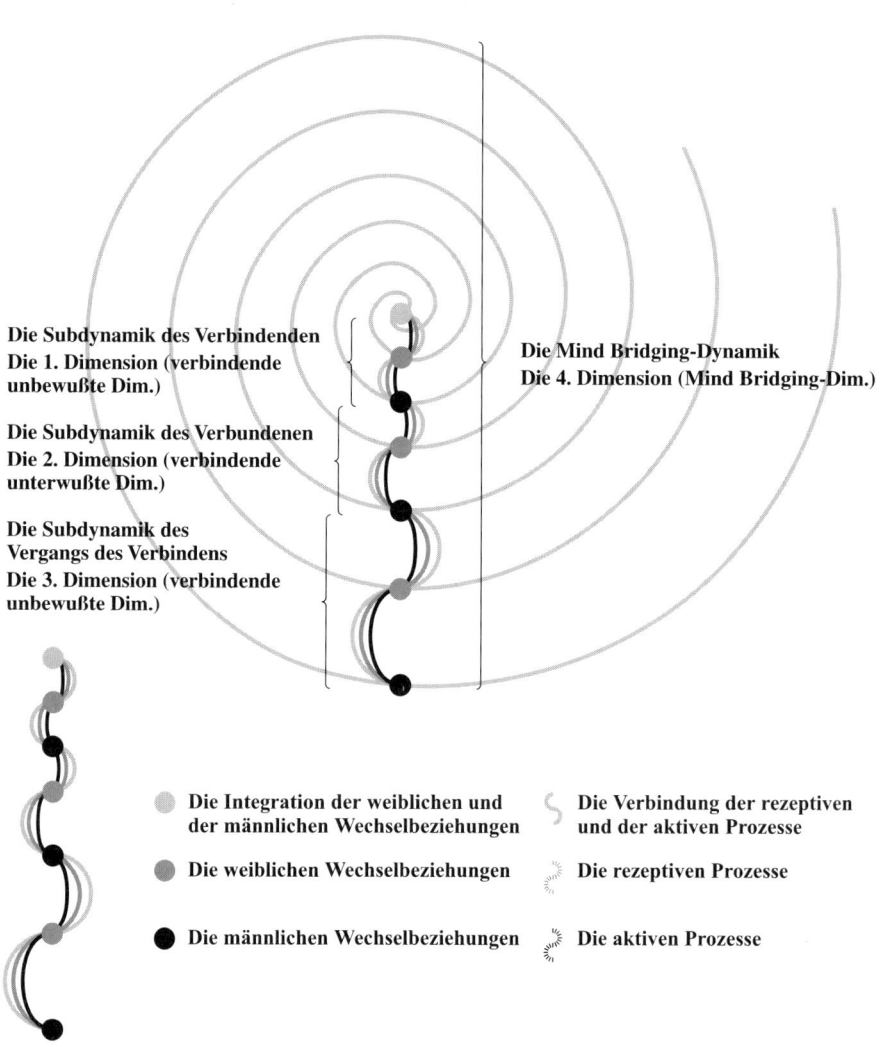

Die Subdynamik des Verbindenden
Die 1. Dimension (verbindende unbewußte Dim.)

Die Mind Bridging-Dynamik
Die 4. Dimension (Mind Bridging-Dim.)

Die Subdynamik des Verbundenen
Die 2. Dimension (verbindende unterwußte Dim.)

Die Subdynamik des Vergangs des Verbindens
Die 3. Dimension (verbindende unbewußte Dim.)

Die Integration der weiblichen und der männlichen Wechselbeziehungen

Die Verbindung der rezeptiven und der aktiven Prozesse

Die weiblichen Wechselbeziehungen

Die rezeptiven Prozesse

Die männlichen Wechselbeziehungen

Die aktiven Prozesse

Kreativer Intellekt

Die Mind Bridging-Dynamik stellt die Verbindung, das grundlegende Merkmal deines ganzheitlichen Bewußtseins dar. Die Teilkräfte dagegen bewirken, daß du dir den Zusammenhang deines analytischen Bewußtseins bewahrst. So manifestiert sich dein holographisches Bewußtsein in deiner inneren und äußeren Welt in kreativer Weise. Wenn du sie nicht richtig zum Ausdruck bringst, so liegt das daran, daß du eine Verzerrung deiner analytischen, verstandesmäßigen Fähigkeit zuläßt. Das bedeutet, daß du deine Empfindungen und die Reaktionen deines Geist-Körpers „fehl"anerkennst. Du verlierst deine Fähigkeit, deine Sinne und deinen Willen zu fokussieren. Du bist unfähig, dir über deine Gefühle Klarheit zu verschaffen und deine Sensitivität korrekt zu bewerten. Zudem kannst du deine Gedanken nicht mehr kohärent zum Ausdruck bringen und deine Vorstellungskraft geordnet interpretieren. Die in dir entzifferte Information wird zu einer Lawine unorganisierter Informationen, weil dein Intellekt sie auf verzerrende Weise anerkennt, fokussiert, klärt, bewertet, manifestiert und interpretiert. Dein Geist-Körper wird von Mißverstehen überwältigt! Das kann dich von der Realität abbringen und in eine Phantasie-Welt voller Verzerrungen führen, weil sich eine unkontrollierte Manifestation deines holographischen Bewußtseins in dir abspielt. In der Folge schwankst du oft zwischen Depressionen und Teilnahmslosigkeit. Beide sind letztlich nur Erfahrungen von Fragmentierung, einem Mangel an Integration und Ganzheit.

Die drei Teilkräfte von Mind Bridging sollen deine drei weiblichen Wechselbeziehungen – den „Spürenden", den „Empfindenden" und den „Denkenden" – mit deinen drei männlichen Wechselbeziehungen – dem „Entscheidenden", dem „Erfahrenden" und dem „Produzierenden" – durch rezeptive und aktive Mind Bridging-Prozesse integrieren. Gleichzeitig verbinden sich deine rezeptive geistige Energie und deine aktive geistige Energie (siehe Bild 11-2). Durch diesen Prozeß von Integration und Verbinden manifestieren sich die „Mitschöpfer"-Realität in dir und die vierte Dimension deines Bewußtseins. Diese Manifestation erlaubt dir, deine partnerschaftliche Beziehung mit der Ganzheit zum Ausdruck zu bringen.

Die Mind Bridging-Wechselbeziehungen und -Prozesse

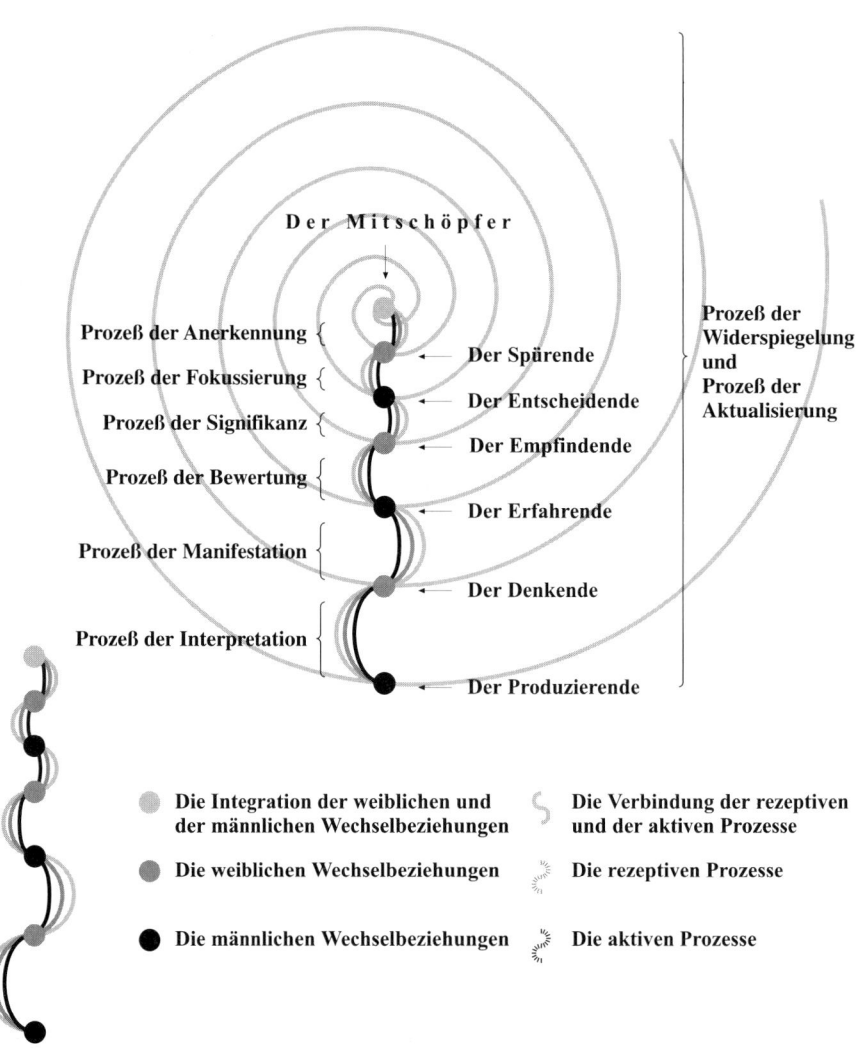

Der Mitschöpfer

Prozeß der Anerkennung {   Der Spürende

Prozeß der Fokussierung {   Der Entscheidende

Prozeß der Signifikanz {   Der Empfindende

Prozeß der Bewertung {   Der Erfahrende

Prozeß der Manifestation {   Der Denkende

Prozeß der Interpretation {   Der Produzierende

Prozeß der
Widerspiegelung
und
Prozeß der
Aktualisierung

Die Integration der weiblichen und der männlichen Wechselbeziehungen

Die weiblichen Wechselbeziehungen

Die männlichen Wechselbeziehungen

Die Verbindung der rezeptiven und der aktiven Prozesse

Die rezeptiven Prozesse

Die aktiven Prozesse

Kreativer Intellekt

139

Indem du deine Urteilskraft wiedergewinnst, bleibst du in einem gesunden und kreativen Zustand, in einem Zustand der Ganzheit.

Wenn du lernst, wie die kreative Bewegung ganzheitlichen Bewußtseins fortwährend spiralförmig in deinem täglichen Leben wirkt, verstehst du die Mind Bridging-Dynamik in einer sehr praktischen Weise. Stell dir vor, daß du irgend etwas auf kreative Weise realisieren willst, zum Beispiel eine glückliche Beziehung, dein Wohlergehen, das Haus deiner Träume, eine ersehnte Reise, ein erfolgreiches Unternehmen, ein erfolgreiches Projekt oder Fülle und Ungezwungenheit in deinem Leben und im Leben deiner Lieben. Als erstes mußt du dich in deiner Ganzheit anerkennen und dich zugleich für die Ganzheit öffnen, indem du dich selber zurücknimmst, um die Führung der Ganzheit zu überlassen. Das geschieht, indem du dich zu einem Ort der Liebe und Wahrheit in deinem Geist-Körper trägst. Das führt dazu, daß ganzheitliches Bewußtsein sich in dir, durch dich und mit dir erweitern kann. So wird dir die Möglichkeit gegeben, deine Fähigkeit zur Mitschöpfung anzunehmen! Entschließe dich jetzt, dich ganz auf deine eigene Ganzheit und auf die Ganzheit dessen, „was du willst", einzulassen.

Dich selber auf Ganzheit zu verpflichten erfordert Vertrauen und Geduld. Es verlangt deine völlige Hingabe, das heißt deinen ganzen Einsatz für das, was du in deinem Leben erschaffen willst. Das motiviert dich zu manifestieren, „was du willst", selbst wenn du nicht weißt, wie du deinen Wunsch verwirklichen sollst. Deine Verpflichtung bewirkt, daß dein gesamter Geist-Körper psychologisch und biologisch beeinflußt wird und prompt darauf reagiert. Du hast dann die Möglichkeit, deine Konzentration zu üben. Du fängst an, die Empfindungen und Reaktionen deines Geist-Körpers anzuerkennen, während du deine Sinne und deinen Willen fokussierst. In der Folge machst du einen kreativen „Prozeß der Anerkennung" durch, der dich dazu führt, den „Spürenden", die weibliche Wechselbeziehung der mitschöpferischen Dimension deiner Geist-Hologramme, angemessen zum Ausdruck zu bringen. Ebenso machst du einen kreativen „Prozeß der Fokussierung" durch, der dich dazu bringt, den „Entscheidenden", die männliche Wechselbeziehung der mitschöpferischen Dimension deiner Geist-Hologramme, angemessen zum Ausdruck zu bringen. Wenn es dazu kommt, verbinden sich der anerkennende Aspekt deiner rezeptiven geistigen Energie und der fokussierende Aspekt deiner aktiven geistigen Energie. Jetzt schwingt unendliche Intelligenz, Innenschau in dir, weil du wieder eine Brücke zu deinen Empfindungen und zu deinem Willen schlägst. Du verbindest dich wieder mit der inneren Führung! Du gewinnst deine Urteilskraft zurück! Diese ganze Situation spiegelt die Subdynamik des Verbindenden wider, die sich auf einer tiefen und feinen Ebene deines Bewußtseins abspielt, der verbindenden unbewußten Dimension (siehe Bild 11-1). Die Subdynamik des Verbindenden ist es, die dich dazu bringt, den inneren Verbindenden zu verkörpern. Dies ist der urteilssichere Teil von dir, der dafür verantwortlich ist, die gesamte Bewegung deines Bewußtseins zu verbinden, indem er deinen Geist-Körper in partnerschaftlicher Beziehung mit der Ganzheit kreativ führt. Indem du deine Urteilskraft wiedergewinnst, bleibst du in einem gesunden und kreativen Zustand, in einem Zustand der Ganzheit.

Sei dir bewußt, daß die Erneuerung und Integration von Information gleichermaßen Transformation bedeutet!

Während der Erfahrung der Subdynamik des Verbindenden beginnt dein Geist-Körper, unzählige Nuancen von Energien zu erzeugen, die dir unendliche Möglichkeiten bieten, „was du willst" zu bewerten. Du fängst an, die Vielfalt dieser Energien zu fühlen, Brücken von Bewußtsein, die unvorhersagbar aus dem Sturm deiner Gefühle auftauchen. Zugleich wirst du empfänglich für ihre unterschiedlichen Bedeutungen, die dir ermöglichen, diese Gefühle präzise zu bewerten. Wenn deine Gefühle vollständig in dir zu Tage treten, bis zum Punkte, wo deine Sensitivität ganz geschärft und du mit deiner Aufmerksamkeit fähig bist anzuerkennen, „was du willst", wird deine Absicht, deine Wünsche zu verwirklichen, immer stärker. In der Folge bringst du den „Empfindenden", die weibliche Wechselbeziehung der Dimension hoher Energie in deinen Geist-Hologrammen, angemessen zum Ausdruck, indem du einen kreativen „Prozeß der Signifikanz" durchmachst. Du drückst auch angemessen den „Erfahrenden" aus, die männliche Wechselbeziehung der Dimension hoher Energie in deinen Geist-Hologrammen, indem du einen kreativen „Prozeß der Bewertung" durchmachst. Wenn dies geschieht, verbindet der klärende Aspekt deiner rezeptiven geistigen Energie den bewertenden Aspekt deiner aktiven geistigen Energie. Das Ergebnis ist, daß du durch die kreative Energie transformiert wirst. Diese Transformation kann nur geschehen, weil du in engen Kontakt mit deinen Gefühlen und deiner Sensitivität trittst und dich so auf die vereinheitlichte Energie einstimmst. Das bedeutet, daß du mit der universalen potentiellen Information, die holographisch im Spektrum von Schwingungsmustern gespeichert ist, zu schwingen beginnst. Diese gespeicherte universale Information wird dann in deinem ganzen Geist-Körper dekodiert, was dir die Möglichkeit gibt, die Information in dir zu erneuern, während du sie integrierst. Sei dir bewußt, daß die Erneuerung und Integration von Information gleichermaßen Transformation bedeutet! Dieser gesamte Prozeß spiegelt die Subdynamik des Verbundenen wider, die sich auf einer weniger feinen Ebene deines Bewußtseins abspielt, der verbindenden unterbewußten Dimension (siehe Figur 11-1). Durch die Subdynamik des Verbundenen verkörperst du den verbundenen Teil deiner selbst. Das ist dein transformierbarer Teil, der von deiner Formbarkeit zeugt, der Fähigkeit, geformt zu werden. Deine Formbarkeit bringt dich dazu, die verschiedenen Seiten deiner selbst und die unterschiedlichen Aspekte dessen, „was du willst", zu integrieren.

Du fühlst, daß das ganze Universum darauf aus ist, daß du erreichst, „was du willst"! Das deutet darauf hin, daß du die Verbindung mit deiner Ganzheit wiederhergestellt hast!

Während du deinen kreativen „Prozeß der Manifestation", dessen, „was du willst", durchmachst und dabei die Subdynamik des Verbindenden und die des Verbundenen erfährst, beginnst du deine Gedanken erscheinen zu lassen und deine Vorstellungskraft zu interpretieren. Dann bist du fähig, in greifbarer Weise deine Geist-Hologramme zu manifestieren! Das bedeutet, daß deine Geist-Hologramme in deinem Leben Gestalt annehmen, und zwar in Form unzähliger „Zufälle", Gelegenheiten, Träume, Zeichen, Menschen, Situationen und so weiter, um ein tiefes Verständnis dessen, „was du willst", in deinem Leben zu ermöglichen. Zum Beispiel kommt plötzlich der Wunsch in dir auf, eine bestimmte Person zu treffen; du vernimmst einen inneren Ruf, zu einem bestimmten Ort zurückzukehren; jemand gibt dir ein wichtiges Buch zu lesen, oder du triffst jemanden, der dich inspiriert, deinem Leben eine andere kreative Richtung zu geben. Du fühlst, daß das ganze Universum darauf aus ist, daß du erreichst, „was du willst"! Das deutet darauf hin, daß du die Verbindung mit deiner Ganzheit wiederhergestellt hast! Wenn du hingegen deine Fragmentierung erfahren würdest, würdest du stattdessen durch deine widersprüchlichen und unangenehmen Erfahrungen und deine Mißverständnisse das Universum als eines wahrnehmen, das sich gegen dich verschworen hat. Sei dir bewußt, daß es deine Ganzheit ist, die wahre Kooperation im richtigen Moment anzieht, während deine Fragmentierung zwar auch Kooperation anzieht, aber im falschen Moment und in falscher Weise. Der Grund dafür ist: Wenn von deiner Seite keine Kohärenz besteht, dann ist die „Kooperation", die dir zuteil wird, auch inkohärent. Denn sie spiegelt nur deine Fragmentierung wider.

Je mehr deine Gedanken während des „Prozesses der Manifestation", dessen, „was du willst", kohärent sind, bis zu dem Punkt, wo deine Vorstellungskraft präzise interpretiert, „was du willst", desto stärker wird die Gabe der Manifestation in dir. Diese Stärke ist eine direkte Folge davon, daß du deine Integrität, deine Ganzheit, wiedergewonnen hast. Nur so kann dein Wunsch in kreativer und greifbarer Weise in Erscheinung treten. Das bedeutet, daß du den „Denkenden", die weibliche Wechselbeziehung der Dimension von Selbstbewußtheit in deinen Geist-Hologrammen, angemessen zum Ausdruck bringst, indem du einen kreativen „Prozeß der Manifestation" durchmachst. Du bringst auch den „Produzierenden", die männliche Wechselbeziehung der Dimension von Selbstbewußtheit in deinen Geist-Hologrammen, angemessen zum Ausdruck, indem du einen kreativen „Prozeß der Interpretation" durchmachst. Wenn dies geschieht, verbindet sich der manifestierende Aspekt deiner rezeptiven geistigen Energie mit dem interpretierenden Aspekt deiner aktiven geistigen Energie. Reines Bewußtsein, die universale, geordnete Weisheit entfaltet sich dann in dir, weil du den Zusammenhang deiner Gedanken und deiner Vorstellungskraft wiederherstellst. Diese ganze Situation spiegelt die Subdynamik des Vorgangs des Verbindens wider, die sich auf der „greifbarsten" Ebene deines Bewußtseins abspielt, der verbindenden bewußten Dimension (siehe Bild 11-1). Die Subdynamik des Vorgangs des Verbindens ist es, die dich dazu bringt, den Teil von dir zu verkörpern, der den Vorgang des Verbindens vollzieht. Dies ist der Teil, der dafür verantwortlich ist, daß die Bewegung des Bewußtseins sich in verstehbarer, geordneter und kreativer Weise entfaltet und einfaltet, das heißt, sich als Klarheit manifestiert. Diese Klarheit ist Friede! Das bedeutet, daß du deine partnerschaftliche Beziehung mit der Ganzheit zum Ausdruck bringst, indem du bewußt auf deine innere und äußere Welt antwortest und in verantwortungsvoller Weise deine eigene Realität schaffst.

Vergiß nicht: In dem Maß, in dem du dich einer echten partnerschaftlichen Beziehung mit dir selbst, mit allem und allen, denen du in deinem Leben begegnest, öffnest, stellst du auch deine partnerschaftliche Beziehung mit der Ganzheit wieder her. Es ist auch das Maß, in dem du Ganzheit in dir widerspiegelst und aktualisierst. Warum ist das so wichtig? Wenn du dich so verhältst, bist du in der Lage, auf natürliche Weise zwischen Wahrheit und Illusion zu unterscheiden, weil du mit deiner Aufmerksamkeit die Ganzheit anerkennst und dir erlaubst, deine ganzheitliche Sicht wiederzugewinnen. Mit bezug auf das, „was du schaffen willst" in deinem Leben, kann dann zweierlei geschehen: Zum einen, daß du den Drang verspürst, entschlossen vorwärtszuschreiten und diesen Wunsch zu realisieren; zum anderen, daß du eine Veränderung in dir bemerkst. Es kann sein, daß du erkennst, daß „was du willst" und „wie du willst, daß es geschieht" nicht das beste für dich oder für die anderen Beteiligten ist. Diese Veränderung erlaubt dir, die nötigen Korrekturen zu machen. Du verspürst wie von selbst Distanz! Du hast dann die Möglichkeit, dich neu zu entscheiden und vielleicht eine andere Richtung zu wählen.

Die Chance, bewußt mit der Ganzheit mitschöpferisch tätig zu sein, geht auf deinen kreativen Intellekt zurück.

Es ist wichtig zu wissen, daß die verschiedenen Momente der Bewegung deines Bewußtseins in dir als Ganzes auftreten. Dein verstandesmäßiges Erfassen dieser Bewegung erfolgt jedoch der Reihe nach. Die Chance, bewußt mit der Ganzheit mitschöpferisch tätig zu sein, geht auf deinen kreativen Intellekt zurück. Über deinen kreativen Intellekt wird es dir möglich, deine weiblichen Wechselbeziehungen, den „Spürenden", den „Empfindenden" und den „Denkenden", zu integrieren, indem du einen „Prozeß der Widerspiegelung" durchmachst, der dich dazu bringt, dein Bewußtsein zu vertiefen! Über deinen kreativen Intellekt wird es dir auch möglich, deine männlichen Wechselbeziehungen zu integrieren, den „Entscheidenden", den „Erfahrenden" und den „Produzierenden", indem du einen „Prozeß der Aktualisierung" durchmachst, der dich dazu bringt, dein Bewußtsein zu erweitern! Während der Vertiefung und Erweiterung deines Bewußtseins verbindet sich der widerspiegelnde Aspekt deiner rezeptiven geistigen Energie mit dem aktualisierenden Aspekt deiner aktiven geistigen Energie. Das Ergebnis ist, daß dein analytisches Bewußtsein und dein holographisches Bewußtsein sich ebenfalls miteinander verbinden. Diese Verbindung manifestiert sich als ganzheitliches Bewußtsein. Reine Kreativität fließt dann als Wissen, Weisheit und Erleuchtung in dich! Diese sind alle Widerspiegelungen der gesamten Mind Bridging-Dynamik. Folglich treten die innere „Mitschöpfer"-Realität und die Mind Bridging-Dimension deines Bewußtseins in Erscheinung. In der Mind Bridging-Dimension gewinnst du als Mitschöpfer deine Erinnerung an die Ganzheit zurück und manifestierst dann das Hologramm der Mitschöpfung – unbegrenzte Intelligenz, vereinheitlichte Energie und reine Bewußtheit. Ja, du erfährst Ganzheit!

Immer wenn du deine Ganzheit erfährst, sei dir bewußt, daß du deine Realität als „Mitschöpfer" in deinem Leben verwirklichst. Der innere „Mitschöpfer" ist es, der dein Leben dazu bringt, in Klarheit zu blühen. Das ist ganzheitliches Verstehen! Indem du der „Mitschöpfer" wirst, bist du fähig, dein kreatives Potential in deinem täglichen Leben zum Ausdruck zu bringen und Schritt für Schritt deinen kreativen Lebenssinn zu erfüllen. Ohne erkennbaren Grund fühlst du Begeisterung, Vertrauen und innere Stärke. Du bist in der Lage, diese innere Stärke, dein eigenes Licht, mit anderen zu teilen und sie zu ermutigen, selber zu leuchten. Du wirst einfach, gewinnst deine Leidenschaft und Unschuld zurück. Du fühlst dich „zu Hause"! Du bist bereit, deine kreative Energie von einer höheren Ebene zu deinem Führer zu machen. Du fühlst dich wohl und getragen von dir selbst, von anderen Menschen und vom Leben überhaupt. Die innere „Mit-schöpfer"-Realität zu verwirklichen ist deshalb der entscheidende Schritt, um aus Krisen herauszukommen.

Die Mind Bridging-Dynamik mit ihren Teilkräften, Wechsel-beziehungen und Prozessen ist wirklich der grundlegende Schritt dazu, deine Ganzheit wiederzufinden!

Die Mind Bridging-Dynamik mit ihren Teilkräften, Wechselbeziehungen und Prozessen kann dir helfen, die innere „Mitschöpfer"-Realität auszu-drücken. Sie bewahren die Unteilbarkeit deines Bewußtseins, indem sie seine Entfaltung in einem ewigen Prozeß des Verbindens aufrechterhalten, sich unbegrenzt dreidimensional spiralförmig bewegend, und zugleich deine weiblichen und männlichen inneren Realitäten integrieren sowie deine rezeptiven und aktiven geistigen Energien verbinden. Das ermöglicht dir, die vielen Ebenen der Kreativität auszudrücken, die dir zur Verfügung stehen, wenn deine inneren weiblichen und männlichen Realitäten und deine rezep-tiven und aktiven geistigen Energien sich als Einssein verbinden. Diese Verbindung ist es, die es dir ermöglicht, deine ganzheitliche Natur wieder-zugewinnen und kreativ deinen Lebensteppich, der andauernd gewoben wird, zu manifestieren. Die Mind Bridging-Dynamik mit ihren Teilkräften, Wechselbeziehungen und Prozessen ist wirklich der grundlegende Schritt dazu, deine Ganzheit wiederzufinden! Sie sind die Grundlage der Lehre der *Holographischen Psychologie*. Dies ist die Lehre der Kreativität, die Lehre des Einsseins.

Teil 3

Die Herrschaft des Psycho-Virus beginnt oder: Die Überzeugung, von der Ganzheit getrennt zu sein

Wendepunkt

Das Gefühl der Sehnsucht nach etwas Unbekanntem, das ich bereits erwähnt habe, wurde in mir immer stärker. Es war, als käme ich an einen entscheidenden Wendepunkt in meinem Leben. Um diese Zeit – ich lebte noch in Brasilien – fühlte ich mich tief berührt von einer Fernsehsendung, die von der Erscheinung der Jungfrau Maria einer Gruppe von Kindern in Medjugorje (Jugoslawien) berichtete. Ich sprach darüber mit meinem Mann und erfuhr von ihm, daß eine gemeinsame Freundin, die Frau eines Geschäftspartners, gerade von Medjugorje zurückgekommen war. Ich entschloß mich, sie anzurufen. Nachdem ich mit ihr gesprochen und von ihren Erfahrungen gehört hatte, brach ich in Tränen aus und konnte damit nicht aufhören. Es war mir, als hätte mich die Wahrheit berührt, das Wesen meiner Gefühle der Sehnsucht nach etwas Unbestimmtem. Ich verstand diese Erfahrung als einen inneren Aufruf und beschloß, darauf einzugehen... Ich fuhr nach Medjugorje.

Mein auf Nachforschung eingestellter Geist war darauf aus, eine Erklärung eines solchen Phänomens wie der Erscheinung der Jungfrau Maria zu finden. Ich wollte die Wahrheit herausfinden. Zu dieser Zeit traf ich mich mit einem Freund, dem Direktor einer der Fernsehstationen meiner Stadt, Belo Horizonte. Ich sprach mit ihm über meinen Wunsch, einer Erscheinung der Jungfrau Maria in Medjugorje beizuwohnen, und bat ihn um ein Empfehlungsschreiben an den dortigen Priester. Ich würde ihm als Gegenleistung einiges journalistische Material zu diesem Phänomen liefern. Ich sagte ihm, daß dieser Brief mir die Gelegenheit geben würde, mich mit der Gruppe von Kindern zu treffen, die die Jungfrau Maria während ihrer Erscheinung sehen und mit ihr sprechen konnten, und er schrieb mir freundlicherweise diesen Brief.

Als ich in der letzten Juniwoche des Jahres 1988 in Medjugorje ankam und die Kirche besuchte, spürte ich, daß eine starke Energie von Frieden und Liebe jeden und alles durchströmte! Ich war überrascht, so viele Menschen aus allen Teilen der Welt zu sehen. Ich erfuhr, daß täglich gegen 19 Uhr die Erscheinung in der oberen Empore stattfand, wo üblicherweise der Chor sang. Nur wenige Menschen durften teilnehmen. Ich spürte, daß ich keine Aussichten hatte, einer von ihnen zu sein.

Ich blieb mehr als eine Woche in Medjugorje. Täglich ging ich vor 19 Uhr in die Kirche und blieb bis nach der Erscheinung dort. Die Kirche war immer überfüllt. Ein tiefes Gefühl von Gemeinschaft und Vereintsein begann sich in mir zu regen. Ich fühlte mich in meinem Zentrum und im Frieden! An meinem letzten Tag in Medjugorje betete ich gerade, als ich plötzlich eine innere Stimme hörte, die deutlich sagte: „Bevor du Medjugorje verläßt, wirst du ein Geschenk erhalten, das dir zeigen wird, daß du mir ganz nahe bist." Ich muß nicht erst sagen, wie erstaunt ich war! Außerdem konnte ich mir überhaupt nicht vorstellen, wie dies möglich wäre, da ich Medjugorje am nächsten Nachmittag in Richtung Rom verlassen wollte. Ich hielt dies für eine Einbildung meines Geistes.

Am nächsten Morgen ging ich zum Reisebüro, um mein Flugticket bestätigen zu lassen. Zu meiner großen Überraschung stand ich nicht auf der Passagierliste. Ich bekam die Auskunft, daß ich erst in zwei Tagen nach Rom fliegen könne. Ich war ganz schön enttäuscht. Einer der Angestellten fing mit mir ein Gespräch an, um eine andere Lösung zu finden. Schließlich kamen wir auf Phänomene in Zusammenhang mit der Erscheinung der Jungfrau Maria zu sprechen, und ich sagte ihm, daß ich einen Brief von Fernsehleuten in Brasilien hätte, die gern mehr über Medjugorje wissen wollten, und daß ich mehrmals versucht hätte, mich mit dem Priester zu verabreden, aber ohne Erfolg. Auch sprach ich mit dem Reiseveranstalter über meinen großen Wunsch, an einer Erscheinung der Jungfrau Maria teilzunehmen. Da sagte er: „Gegen Mittag wird der Priester über den Kirchplatz nach Hause gehen. Ich bin mit ihm befreundet und werde Sie ihm vorstellen."

Wir trafen den Priester, wie er versprochen hatte, und ich überreichte ihm meinen Brief. Er las ihn und sagte: „Seien Sie um fünf Uhr vor dem Tor, das zur Empore der Kirche führt. Ich werde Sie dort abholen." Um fünf Uhr war ich vor dem Tor, als der Priester kam. Wir stiegen die Wendeltreppe schweigend empor. Oben saß ein Junge mit sechs anderen Personen auf einer Bank. Ich sollte die siebte sein. Dieser Junge war von den Kindern der einzige, der einige Jahre nach der Erscheinung der Jungfrau immer noch mit ihr sprechen konnte.

Unten im Hauptschiff der Kirche beteten viele Menschen den Rosenkranz, und auch ich begann zu beten. Wie ich da auf meiner Bank saß, fühlte ich mich, als hätte ich eine Sphäre unbekannter Energie betreten. Ich erlebte eine ganz andere Beziehung zum Gewicht meines Körpers und dachte, ich würde ohnmächtig werden. Diese Erfahrung war die Folge der Gegenwart der Jungfrau Maria im Raum. In diesem Augenblick kniete der Junge nieder und begann die Jungfrau zu sehen und ihr zuzuhören, und auch ich kniete nieder. Ich fühlte mich intensiv von Gnade berührt! Ich erfuhr die Ganzheit. Ich schloß meine Augen und fing an, Gnade für meine Familie und Freunde zu erbitten, bis ich deutlich hörte: „Schluß damit! Du hast einen großen, herrlichen Auftrag! Geh in die Vereinigten Staaten und berichte dort von mir." Als ich das hörte, war mir klar, daß sie wollte, ich solle ihre Botschaft von Liebe und Frieden verbreiten. Ich konnte sie nicht buchstäblich mit meinen physischen Augen wahrnehmen, aber irgendwie sah ich, daß sie ihren Arm hob und zum Fenster zeigte, in die Richtung, in die ich gehen sollte.

Nach ungefähr zehn Minuten stand der Junge auf, und wir stiegen alle langsam die Treppe hinunter und verließen die Kirche. Ich war immer noch im Zustand der Gnade und der Leichtigkeit. Ich fühlte mich völlig in der Gegenwart und völlig gegenwärtig in mir und zugleich in völliger Verbindung mit der Ganzheit. Ich hatte Gefühle der Entspannung und des Friedens wie nie zuvor! Die starke Wirkung dieser Erfahrung dauerte noch den ganzen Tag an.

Im Augenblick der Erscheinung hatte ein Mann den Jungen gefilmt. Als wir die Treppe hinunterstiegen, flüsterte der Priester mir zu: „Fragen Sie diesen Amerikaner, ob er Ihnen nicht eine Kopie seines Videofilms in Ihr Land schicken kann." Unten auf dem Hof ging ich auf den Mann zu und fragte ihn, ob dies wohl möglich wäre, und sagte ihm, ich würde alle Auslagen für das Video und das Porto übernehmen. Er war gerade dabei, seine Kameraausrüstung wieder einzupacken, und sagte: „Nein, ich schicke Ihnen eine Kopie – das ist ein Geschenk." Ich konnte gar nicht glauben, daß die Botschaft, die ich tags zuvor in der Kirche vernommen hatte, wahr geworden war. Ich würde dieses Geschenk bald bekommen – wenn wir unsere Anschriften austauschen würden. Dabei bemerkte ich mit großem Erstaunen, daß er im Pentagon beschäftigt war, und da konnte ich mir nicht mehr vorstellen, jemals eine Kopie des Videofilms zu bekommen.

Zwei Monate vergingen, ohne daß ich etwas erhielt. Ich wählte die Telefonnummer, die mir der Mann für das Pentagon gegeben hatte. Die Person, die meinen Anruf entgegennahm, sagte mir, er sei nicht da. Da entschloß ich mich, die andere Nummer, die er mir gegeben hatte, zu wählen. Ich rief ihn zu Hause an und wurde sogleich mit ihm verbunden. Er erinnerte sich an mich und sagte, er bereite das Video vor und werde es mir schicken. In der Zwischenzeit dachte ich mir, ich sollte ihm einen Scheck für seine Auslagen für das Video und die Postgebühren schicken, und das tat ich auch. Einen Monat später bekam ich zu meiner großen Freude das Video und dazu einen Brief, den ich hier wiedergebe:

Liebe Maria,
es tut mir leid, daß es so lange gedauert hat, die Kopie fertigzustellen. Heute habe ich deinen Brief und den Scheck erhalten. Wow! Ist die Post immer so langsam? Ich hatte ohnehin vor, dir das Video heute zu schik-

ken, aber dein Brief kam gerade zur rechten Zeit. Ich schicke dir das Geld zurück, das ich nicht brauchte. Ich hoffe, du kannst meinen Scheck einlösen.

Das Video ist eine Freundschaftsgabe. Es hat viel Zeit gekostet, und selbst jetzt ist die Qualität an manchen Stellen nicht sehr gut. Aber es war das Beste, was wir mit unserer Ausrüstung machen konnten, und ich hoffe, daß es den Leuten gefallen wird.

Ich hoffe, daß es dir gut geht, und Gott möge dich segnen.

In dem Film spricht der Junge mit der Jungfrau Maria, und ich bin genau hinter ihm. Es war genau so, wie mir die Stimme gesagt hatte: „Bevor du Medjugorje verläßt, wirst du ein Geschenk bekommen, um dir zu zeigen, daß du mir sehr nahe bist."

Im Oktober 1988 entschloß ich mich dann, in die Vereinigten Staaten zu gehen. Ich schrieb mich für einen Englisch-Intensivkurs in San Francisco ein. Zusätzlich besuchte ich einige Seminare über Persönlichkeitsentwicklung. Einer der Teilnehmer an meinem Englischkurs war Schweizer. Er war einer der Menschen, mit denen ich über meine Erfahrungen in Medjugorje sprach. Drei Jahre später, im Dezember 1991, wurde er mein Ehemann. Ich hatte mich schon 1990 dafür entschieden, von Brasilien in die Schweiz umzuziehen. Nach San Francisco nahm mein Leben eine andere Richtung. Es war für mich eine Zeit großer Übergänge. Mein erster Ehemann und ich trafen Anfang 1989 die Entscheidung, uns zu trennen, und 1991 ließen wir uns in Brasilien scheiden.

12
Der Psycho-Virus, das Ersatzprogramm des Geist-Körpers: Fehlen von Glück

Wenn du in den Zustand der Fragmentierung gerätst, liegt es daran, daß du deine Empfindungen von Ganzheit leugnest, deine Gefühle von Ganzheit verdrängst und deine Gedanken an Ganzheit unterdrückst!

Du blockierst Mitschöpfung, wenn du an die Illusion einer Trennung vom der Ganzheit glaubst. Eine solche Überzeugung zeigt, daß dein Geist-Körper Fragmentierung erfährt, die auf Selbstzweifel, Verwirrung oder einem Mangel an Verstehen gründet. Diese Fragmentierung wiederum erzeugt ständig eine Krise der Kreativität in deiner inneren und deiner äußeren Welt. Die Fragmentierung deines Geist-Körpers hat mit den Mechanismen von Verleugnung, Verdrängung und Unterdrückung zu tun. Wenn du in den Zustand der Fragmentierung gerätst, liegt es daran, daß du deine Empfindungen von Ganzheit leugnest, deine Gefühle von Ganzheit verdrängst und deine Gedanken an Ganzheit unterdrückst!

Was bringt deinen Geist-Körper dazu, seine Ganzheit zu leugnen, zu verdrängen und zu unterdrücken? Was bringt die kreativen Wechselbeziehungen zwischen deinen Geist-Hologrammen zum Stillstand? Und schließlich, was verzerrt die drei manifesten Dimensionen deiner Geist-Hologramme – schöpferisches Mitwirken, hohe Energie und Selbstbewußtheit – und blockiert so deine partnerschaftliche Beziehung mit der Ganzheit? Die Erklärung für all diese Störungen ist ein Ersatzprogramm, das die Kontrolle über deinen Geist-Körper ausüben will. Dieses Ersatzprogramm ist der Psycho-Virus, die Überzeugung, von der Ganzheit getrennt zu sein, oder das Fehlen von Glück. Der Psycho-Virus versucht, die Kontrolle über deinen Geist-Körper zu übernehmen, und bewirkt dabei eine unwahre Geist-Körper-Bewegung, die im Gegensatz zur kreativen Bewegung der Ganzheit steht. Er hält dich so davon ab, ein „Mitschöpfer" mit der Ganzheit zu sein.

Wie kommt es zu dieser Überzeugung? Während sich dein Bewußtsein in einer Vielfalt von Bildern entfaltet, wird die wunderbare Vorstellung von Widerspiegelung, Differenzierung, Dualität von einer holographischen verbindenden Dynamik erzeugt. Diese Dynamik bringt dein Bewußtsein dazu, einen integrierten Prozeß der Materialisierung durchzumachen, der es befähigt, einen Zustand tiefer Bewußtheit zu erreichen. Im Verlauf dieses Prozesses der Materialisierung wird jedoch deine ganzheitliche Wahrnehmung fragmentiert und die Vorstellung der Dualität durch Selbstzweifel verzerrt. Dein Bewußtsein kann nicht mehr erkennen, daß diese Dualität aus verschiedenen Aspekten des einen Ganzen, deiner unteilbaren Natur, besteht. Das bedeutet, daß eine Fehlwahrnehmung dein Bewußtsein in die Überzeugung, von der Ganzheit getrennt zu sein, verstrickt. Du fällst dann dem Psycho-Virus zum Opfer.

Wann immer Selbstzweifel dich verwirrt, sei dir bewußt, daß die Bewegung deines Geist-Körpers in einer Tretmühle von Verzerrung und Mißverstehen gefangen ist. Das rührt daher, daß ein Teil deines Geist-Körpers ein fragmentiertes, destruktives Muster übernommen hat, das eine Bewegung erzeugt, die der kreativen Bewegung der Ganzheit entgegengesetzt ist. Dieser Gegensatz wird nur von der geistigen Verwirrung dieses Teils deines Geist-Körpers, von deinem Mangel an Ganzheit reflektiert. In deinem täglichen Leben drückt sich dieser Mangel darin aus, daß du dich von deinen primären trennenden Gefühlen wie Verwirrung, Schmerz, Angst, Kontrolle, Arroganz, Haß und Machtkampf überwältigen läßt. Wenn sie es sind, die dich kontrollieren, werden deine Gedanken zusammenhanglos und interpretieren diese trennenden Gefühle fälschlich als eine tatsächliche Trennung vom Ganzen. Das bedeutet, daß du dich selber aufgegeben hast! In der Folge beginnen deine Gedanken der Trennung weitere ähnliche Gedanken zu erzeugen. Diese Gedanken werden zu selbstständigen Wesen und verdichten sich zum Psycho-Virus. Die Entwicklung deines analytischen Bewußtseins wird dann zusammenhangslos und fragmentiert, geregelt durch die materialistischen Gesetze der Habsucht, des Konkurrenzkampfs und der Besitzgier. Hier liegt der eigentliche Ursprung des Psycho-Virus, der Überzeugung, von der Ganzheit getrennt zu sein.

Wenn du die belastenden Situationen, in du dich bringst, korrigieren willst, faß den Entschluß, von nun an kreativ mit deinem Geist-Körper umzugehen. Das erlaubt dir, die Lehren, welche die Menschen und Situationen deines Lebens ständig für dich bereithalten, wahrzunehmen und sie zu integrieren.

Zwanghafter Selbstzweifel ist in der Tat ein Syndrom des Psycho-Virus! Er besiegelt die illusionäre Verzerrung der Bewegung deines Geist-Körpers, indem er einen Schleier der Vergessenheit über seine Ganzheit zieht. Das erlaubt dir nicht, dich an deine partnerschaftliche Beziehung mit der

Ganzheit zu erinnern. Du vergißt dann, daß du das Selbst verkörperst. Tief in dir ist jedoch ein Ort der Wahrheit und des Lichts, der dich nie vergessen läßt, daß du das Quantenselbst bist, dessen Wesen Ganzheit ist. Jedesmal, wenn du dich mit diesem Ort verbindest, erfaßt du, daß deine Trennung von der Ganzheit nicht echt sein kann! Du verstehst, daß du ein Geist-Körper bist, eine untrennbare und einzigartige Bewegung von ganzheitlichem Bewußtsein. Du bist die holographisch-analytische Vorstellung, die aus der Ganzheit hervorgegangen ist. Dein einziger Sinn ist, gemeinsam mit der Ganzheit eine wirkliche Welt zu schaffen. Eine Welt, die Friede ist! Du kannst dich von der Ganzheit überhaupt nicht trennen!

Wie schafft es der Psycho-Virus immer wieder, deinen Geist-Körper zu verzerren, zu fragmentieren und so dein Leben zu stören? Jedes Mal, wenn du in einem zwanghaften Zustand von Selbst-Zweifel gefangen bist, sei dir bewußt, daß du dich sträubst, eine wahre partnerschaftliche Beziehung mit deinen Empfindungen, mit den Reaktionen deines Geist-Körpers, mit deinen Sinnen und mit deinem Willen aufzubauen. Du sträubst dich auch dagegen, mit deinen Gefühlen und deiner Sensitivität in Berührung zu kommen sowie mit deinen Gedanken und deiner Vorstellungskraft zu interagieren. Das zeigt, daß du mit diesen Manifestationen des Geist-Körpers nicht verantwortungsvoll umgehst. Diese Verantwortungslosigkeit spiegelt sich dann negativ in den Menschen und Situationen in deinem Leben. Es ist wichtig zu verstehen, daß diese Menschen und Situationen die nach außen projizierten verschiedenen Aspekte von dir selbst sind! Diese Menschen und Situationen spiegeln also nur wider, was du dir selbst antust! Kein Wunder, ziehst du diese Negativität an, denn auf einer gewissen Ebene, in einem gewissen Bereich deines Lebens, wenn auch vielleicht auf eine andere Art, behandelst du dich selbst genau so, wie diese Menschen dich behandeln und diese Situationen dich betreffen. Wenn du die Vorstellung hast, daß es im Leben nur um Kampf geht, wenn du fühlst, daß alles zu schwierig für dich ist und das Leben es nicht gut mit dir meint, dann frag dich einmal selbst: „Was ist es, das zu sein oder zu tun ich gerade jetzt in meinem Leben mich sträube und das mich hindert, kreativ vorwärts zu schreiten?" Denn gewiß sträubst du dich nicht nur gegen dein kreatives Potential und deinen Lebenssinn, sondern auch dagegen, die Manifestationen deines Geist-Körpers anzuerkennen! Das bedeutet, daß du nicht in deinem Geist-Körper gegenwärtig bist! Du übernimmst nicht die Verantwortung für dich selbst. Wenn du die belastenden Situationen, in du dich bringst, korrigieren willst, faß den Entschluß, von nun an kreativ mit deinem Geist-Körper umzugehen. Das erlaubt dir, die Lehren, welche die Menschen und Situationen deines Lebens ständig für dich bereithalten, wahrzunehmen und sie zu integrieren. Es bedeutet nicht, daß jemand tatsächlich deine Hand packt und dich auf deinen Weg bringt oder daß diese Situationen eindeutig deine Richtung bestimmen. Diese Lehren sind nicht immer so offensichtlich! Vielmehr gehen sie auf eine subtile und unvorhersagbare Weise aus deinen täglichen Begegnungen hervor. Indem du dich diesen Lehren öffnest, wird es dir möglich, deine kreative Energie zurückzugewinnen und so deinen Widerstand, du selbst zu sein, zu überwinden. Diese kreative Energie steht dir immer zur Verfügung, aber sie ist verborgen hinter jedem Menschen oder jeder Situation, die dir das Leben schwierig machen. Diese kreative Energie bleibt inaktiv, bis du die Kluft zwischen dir und diesen Menschen oder Situationen überbrückst. Damit beginnst du einen Mind Bridging-Prozeß, der dich dazu führt, deine Kreativität vollständig zum Ausdruck zu bringen und deine Ganzheit wiederzufinden!

Wenn du Trennung erfährst, ist das in erster Linie nur ein Mißverständnis, das du korrigieren kannst!

Deine kreativen Projektionen und kreativen Assoziationen sind die Medien, durch die sich ganzheitliches Bewußtsein, also kreative Energie, in dir manifestieren kann. Durch deine Mechanismen von kreativen Projektionen und kreativen Assoziationen bist du in der Lage, das Selbst, dich selbst, zu manifestieren. Der Mechanismus von kreativer Projektion erlaubt dir, die verschiedenen Aspekte deiner selbst nach außen zu erweitern, so daß du sie erkennen kannst. Der Mechanismus von kreativer Assoziation gibt dir die Möglichkeit, diese Aspekte bewußt in dir zu integrieren. Dadurch entwikkelst du eine partnerschaftliche Beziehung zu deinem ganzen Wesen. Du erlangst Bewußtheit. Diese Bewußtheit offenbart sich als dein Einssein. Doch jedes Mal, wenn der Psycho-Virus die Kontrolle über die Bewegung deines Geist-Körpers übernimmt, werden deine kreativen Projektionen verschwommen, unklar, verzerrt und blockieren deine kreativen Assoziationen. Das führt dazu, daß ein Prozeß der Dissoziation in Gang gesetzt wird. Du verstrickst dich in Mißverstehen! Dieses Mißverstehen setzt ein, wenn du einige Empfindungen deines Geist-Körpers als zwiespältig und unangenehm wahrnimmst. Weil du Angst hast vor dem Unbekannten, verleugnest du diese Empfindungen des Geist-Körpers, statt mit ihnen zu interagieren. Die Verleugnung deiner Empfindungen verstrickt dich aber in einen Zustand zunehmenden Selbstzweifels.

Wenn du Trennung erfährst, ist das in erster Linie nur ein Mißverständnis, das du korrigieren kannst! All deine Probleme beruhen ausnahmslos auf

Trennung. All deine Probleme gehen auf einen zwanghaften Zustand von Selbstzweifel, der durch Fehlwahrnehmung erzeugt wird, zurück. Fehlwahrnehmung verursacht letztlich die Verzerrung der Mechanismen von Projektion und Assoziation. Wenn du dich in Mißverständnissen verstrickst, projizierst du verzerrt und fällst in Dissoziation. Geschieht dies, vervielfachst du die Fehlwahrnehmungen deines Geist-Körpers und läßt sie real werden! Das Gute ist aber, daß du diese Fehlwahrnehmungen korrigieren kannst, indem du ihrer bewußt wirst! Es ist deine eigene Verantwortung, deine Fehlwahrnehmungen zu ganzheitlichen Wahrnehmungen zu transformieren.

Aber was erzeugt Fehlwahrnehmung? Fehlwahrnehmung wird verursacht durch die Desintegration deiner weiblichen und männlichen inneren Realitäten wie auch durch die Fragmentierung deiner aktiven und rezeptiven geistigen Energien. Das ist es, was zu deinen Gefühlen, von der Ganzheit getrennt zu sein, führt. Meistens ist dieses Gefühl tief in dir verborgen und bewirkt, daß du in einem ständigen Zustand des Selbstzweifels, der Machtlosigkeit, bist. Am Ende vergißt du deine wahre Identität, die der Ganzheit! Du machst dann deine innere und äußere Welt zu einem Schauplatz von Machtkampf, Selbsthaß und Rache. Dieser Schauplatz ist die Welt des Psycho-Virus. Wenn du dich in einer solchen Welt verstrickst, verlierst du wegen deiner eigenen Angriffe auf dich selbst die Orientierung. Diese Selbst-Angriffe manifestieren sich oft als fremde innere Stimmen, die in rauhem Ton zu dir sprechen, dich warnen und dir drohen und dich so davon abhalten, du selbst zu sein. Dann fühlst du dich verloren!

Wenn du zur Zeit in einem zwanghaften Zustand von Selbstzweifel steckst in bezug auf Menschen oder Situationen in deinem Leben, oder wenn du dir übermäßig Sorgen machst über eine Entscheidung, die du zu einem Lebensprojekt fällen mußt, dann denk daran, daß es die Gedanken, von der Ganzheit getrennt zu sein, sind, die dich überwältigen. Mach dir keine Sorgen, du kannst sie korrigieren! Aber wie? Verpflichte dich der Ganzheit dieser Menschen oder Situationen wie auch deiner eigenen Ganzheit. Verpflichte dich zudem der Ganzheit der Entscheidung, von der du fühlst, daß du sie machen sollst, und auf die Ganzheit deines Projekts! Die Bedeutung, dich derart spezifisch einzubringen, liegt darin, deine kreative Energie direkt in Form von Vertrauen auf diese Verpflichtungen zu fokussieren. Das gibt dir die Klarheit, die Wahrheit über diese Entscheidungen zu erkennen.

Was du bezüglich deiner Verpflichtungen aufgefordert bist zu tun, ist, dein Herz gegenüber diesen Menschen und Situationen zu öffnen, dein Vertrauen in sie zu setzen und dabei deine Integrität zu bewahren. Das bedeutet, daß du es vermeiden mußt, dich auf Manipulation und Feilschen einzulassen! Du mußt auch Vertrauen in den Erfolg deines Projektes haben. Dadurch gibst du diesen Menschen, diesen Situationen, diesem Projekt und natürlich deinem wahren Wesen mehr Bedeutung als deinen zwanghaften Selbstzweifeln. Erst wenn der Selbstzweifel seine Macht verliert, kannst du in deiner Mitte, einem Ort des Verstehens, sein! An diesem Ort öffnest du dich echter partnerschaftlicher Beziehung, und das gibt dir die Möglichkeit, all deine Mißverständnisse hinter dir zu lassen und deine Konflikte aufzulösen. Tatsächlich ist ein Konflikt eine der wichtigsten Waffen des Psycho-Virus! Durch deine Konflikte versucht der Psycho-Virus unablässig dich zu verwirren und läßt bösartig die Trennung vom Ganzen als sehr real erscheinen!

Der Psycho-Virus ist die eigentliche Wurzel deines Egos.

Wenn der Psycho-Virus sein Ziel erreicht, kannst du deine Ganzheit nicht mehr manifestieren. Ein machtvolles, krankhaftes System von Überzeugungen übernimmt die Kontrolle über deinen Geist-Körper. Dieses System von Überzeugungen heißt Moralismus. Zwei seiner Grundsätze lauten: „Was mir gefällt, das bin ich. Was mir nicht gefällt, das bin nicht ich." „Was ich weiß, ist richtig. Was ich nicht weiß, ist falsch." Moralismus ist es, was dich von Innovation, Transformation und wahrer Kreativität fernhält! Moralismus fesselt dich nur an strenge Verurteilungen und auf Reduktionismus. Das führt dazu, daß du zwanghaft alles vergleichst und auf radikale Weise über alles deine Schlüsse ziehst. Wenn du zum Moralisten wirst, steckst du ständig alles in Schubladen und sagst, was gut ist und was schlecht ist, was richtig ist und was falsch ist. Du bist dann nicht mehr fähig, in deinem Zentrum zu sein, wo das kohärente laserähnliche Licht deiner inneren Weisheit dich erleuchtet, sondern bist getrieben, deine Urteile und Kritiken, deine trügerischen Schatten zu verbreiten und zu verewigen. Zudem beginnst du, diesen Schatten, die du mit deinen Gedanken und Bildern von Trennung erzeugst, Macht zu verleihen. Fälschlich schließt du dann daraus, daß du einzig diese Schatten-Gedanken und Schatten-Bilder bist, weil du sie überbewertest. Das führt dazu, daß du selbstbezogen wirst und dich innerlich zerrissen fühlst! Sämtliche Formen von Zweifel, Verwirrung, Störungen und ständigem Besorgtsein ergreifen deinen Geist-Körper und lösen ständig widersprüchliche Gefühle wie Liebe und Haß, Freude und Angst aus. Du verlierst deine natürliche Kraft, deine Unschuld! Du kannst nichts mehr genießen, weil du die Hölle durchmachst, den Verlust deiner ganzheitlichen Wahrnehmung. Das bedeutet, daß deine Aufmerksamkeit und deine Absicht unter die

Führung eines unwahren Selbst geraten sind, deines Egos, das auf die Überzeugung, von der Ganzheit getrennt zu sein, den Psycho-Virus, zurückgeht. Ja, der Psycho-Virus ist die eigentliche Wurzel deines Egos.

Aufgrund der Herrschaft deines Egos ist deine Erinnerung in deiner physischen Realität eingeschlossen. Die festen Mauern deines Egos spalten deine Erinnerung und schließen sie ein. Deine Erinnerung, die geschaffen wurde, um dich an die Ganzheit und an deine wahre Identität zu erinnern, kann seine Funktion nicht erfüllen! Das läßt deine Erinnerung sich in einem Kreis von Wiederholungen drehen, beschränkt auf ihre mechanischen Funktionen wie „Aufzeichnen", „Zurückspulen" und „Wiedergeben". Du kannst deine Ganzheit nicht mehr leben, weil diese mechanistischen Funktionen dich entweder dazu führen, zwanghaft Informationen zu sammeln und aufzuzeichnen, um künftig Kontrolle und Sicherheit zu haben, oder ständig zu vergangenen Situationen zurückzuspulen, wodurch du dich in eine Zeitkapsel zurückziehst und dich daran hinderst, vorwärtszuschreiten; oder immer wieder die gegenwärtige Verwirrung deines Geist-Körpers abzuspielen wie eine CD, die Aussetzer macht, was dich in der Luft hängen läßt. Schlimmer noch, diese mechanischen Funktionen verstärken durch die verzerrende Linse des Selbst-Auschlusses, der Selbst-Ignoranz und der Selbst-Vergessenheit deine Überzeugung, von der Ganzheit getrennt zu sein. Diese verzerrende Linse drängt sich dir auf, indem sie sich zwischen dein physisches und dein transzendentes Bewußtsein schiebt. Diese verzerrende Linse führt zu einer Beeinträchtigung deines Urteilsvermögens. Diese Linse ist nichts anderes als der Psycho-Virus!

Was in deinem täglichen Leben wirklich geschieht, wenn du meinst, daß dich jemand ablehnt, ist, daß du deine eigene Ablehnung auf diese Person projizierst.

Vergiß nicht, daß dein Ego aus dem illusionären Verlust deiner Ganzheit hervorgeht! Dein Ego, dieses unwahre Selbst, ist nicht entstanden, um schöpferisch mitzuwirken, sondern verkörpert den trügerischen Prozeß von zwanghaftem Selbstzweifel, Fragmentierung, Trennung. Dein Ego kann nur existieren, wenn da etwas ist, zu dem es in Gegensatz stehen kann! Dein Ego kann nicht überleben, wenn du deine Abwehrhaltung aufgibst. Die Ablehnung deiner Ganzheit macht dein Ego real. Sie manifestiert sich durch deine Angriffe und deine Abwehr. Angriff und Abwehr sind die zwei Seiten derselben Münze. Sei dir darüber im Klaren, daß jeder Angriff, der gegen die Welt gerichtet ist, auch ein Angriff ist, der gegen dich selbst gerichtet ist, weil er ein Angriff auf deine Ganzheit darstellt! Weil jeder Angriff ein Angriff auf deine Ganzheit ist, führt jeder Angriff dazu, daß du deine Abwehr verstärkst, um den Schmerz der Fragmentierung zu vermeiden. Angriff und Abwehr verstärken einander stets, und beide werden genährt durch Selbstablehnung, die eine Folge deiner Selbstzerstörung ist. Diese Selbstablehnung steht deinem Ego prompt zu Diensten und wird ständig durch deine verzerrenden Projektionen und durch Dissoziation nach außen gespiegelt. In der Tat beruht dein Ego auf Selbstablehnung!

Die Dynamik der Selbstablehnung bedeutet, daß du die Ablehnung deiner ganzheitlichen Natur auf deine abgespaltenen und unabhängigen Teile projizierst. Diese Projektion erlaubt dir, deine unangenehmen Gefühle wie Haß, Rache und Unsicherheit, die auf die Ablehnung deiner Ganzheit zurückgehen, auf diese genannten Teile zu übertragen. Du machst das zu deiner Verteidigung gegen die ständigen Angriffe dieser Art von Gefühlen. Folglich hältst du die Leugnung deiner eigenen Selbstablehnung aufrecht. Dieses Verleugnen läßt dich nur in Dissoziation geraten. Verzerrende Projektion ist also eine Abwehr, die in der Form von Dissoziation zum Angriff auf dich selbst wird. Kurz, deine verzerrenden Projektionen und die Dissoziation erhalten nur dein Ego und das universale Ego am Leben! Was in deinem täglichen Leben wirklich geschieht, wenn du meinst, daß dich jemand ablehnt, ist, daß du deine eigene Ablehnung auf diese Person projizierst. Auch das Gefühl, von einer Situation zurückgewiesen zu werden, zeugt von deiner Selbstablehnung. Du vermeidest es in derselben Weise, in die Situation hineinzutreten, wie du es vermeidest, in dein wahres Selbst hineinzutreten. Wenn du meinst, daß Ablehnung besteht, ist das also nur eine Projektion aus deinem Inneren. Diese Ablehnung wird Realität, weil du deine Energie von dieser Person oder dieser Situation abziehst oder weil du Forderungen aufstellst! Was aber tatsächlich diesen ganzen Prozeß der Ablehnung verstärkt, ist dein Ego, jener selbständige Teil deines Geist-Körpers. Wenn aber deine Selbstablehnung ihre Macht verliert, bleibt nur das in dir zurück, was real ist, und das ist dein kreatives Wesen, das Liebe ist.

Es ist wichtig zu wissen, daß deine Selbstablehnung in jeder Art von Machtkampf ihren Ausdruck findet! Dein Machtkampf ist die hauptsächliche Ursache der Blockierung deiner partnerschaftlichen Beziehung mit der Ganzheit. Machtkampf hält so die Illusion deines Egos aufrecht. Das führt dazu, daß du dich auf einen Machtkampf mit der Ganzheit einläßt. Dies ist der Machtkampf, der jedem Konflikt zugrunde liegt!

Jedes Mal, wenn du deinem Ego die Herrschaft über deinen Geist-Körper überläßt, wirst du durch Formen der Konditionierung und der Illusion blockiert. Du entfernst dich weit von deinem Zentrum. Du beginnst, dir selbst und anderen Vorwürfe zu machen, statt einfach zu korrigieren, was der Korrektur bedarf. Das würde dazu führen, daß du die Verantwortung für dich und dein Leben übernimmst! Wenn du aber ständig dir und anderen Vorwürfe machst, hältst du dich davon ab, dich kreativ zu transformieren, also auch davon, reif zu werden. Du kannst dich nicht mehr daran erinnern, daß du in der Ganzheit bist und daß die Ganzheit in dir ist. Das bedeutet, daß du deine holographische partnerschaftliche Beziehung mit der Ganzheit vergißt und damit das Selbst, das du bist. Du entwickelst dann das Bedürfnis, dich gegen alle und alles zu schützen, und das hindert dich daran, in echter partnerschaftlicher Beziehung zu sein! Es ist wichtig zu verstehen, daß Schmerz Schmerz erzeugt, Angst Angst erzeugt, Kontrolle Kontrolle erzeugt. Und dasselbe gilt für Arroganz, Haß, Machtkampf, Verwirrung und alle deine trennenden Gefühle. In der Tat ist diese Fähigkeit, sich selbst zu erzeugen, ein Merkmal all deiner Gefühle. Gefühle erzeugen immer weitere ähnliche Gefühle! Das ist ein Prinzip, das für alle Gefühle gilt! Der Psycho-Virus macht sich dieses Prinzip auf negative Weise zunutze, indem er dich in deinen trennenden und Konflikte erzeugenden Gefühlen festhält und so die Fragmentierung deines Geist-Körpers aufrecht erhält. Diese Gefühle fangen dann an, sich auf unkontrollierte Weise zu vervielfältigen. In der Folge wirst du deine Verdächtigungen nicht mehr los und verfällst dem Pessimismus. Oder du verleugnest gänzlich deine trennenden Gefühle, und dann wirst du als Kompensation übertrieben optimistisch.

Die Zeit ist da, unsere verfeinerte Sensitivität aufzuwecken! Dieses Aufwecken wird es ermöglichen, eine reife innere Kommunikation zu entwickeln, wie sie erforderlich ist, damit die Menschheit das universale Bewußtsein erweitern kann.

Frage dich, warum immer mehr unserer Filme extrem gewalttätig, sensationell und in ihrer Absurdität perfekt sind, warum Katastrophenmeldungen in Nachrichten und Tageszeitungen an erster Stelle stehen und warum die Menschen von allem angezogen werden, was Erregung durch Terror, Panik, empörende sexuelle Situationen und andere pervertierte Arten von Unterhaltung verspricht. All dies zeigt nämlich nur den hohen Grad unserer Fragmentierung! Diese Fragmentierung nimmt in uns ständig zu und kann ein schlimmes Ausmaß erreichen, wenn wir nicht alle aus diesem Wahnsinn aufwachen. Es ist höchste Zeit, damit aufzuhören, die Herrschaft des Psycho-Virus zu stärken, die hinter diesem ganzen Szenario der Fragmentierung steckt, die auf übertriebener Raffiniertheit aufgebaut ist. Diese

Fragmentierung wird uns unweigerlich zu extremen Zuständen von „Unabhängigkeit", Schwäche und Dumpfheit führen.

Wir leben in einer neuen Zeit, in der wir intensiv und sofort alle Segnungen und Verirrungen in unserer Umgebung, auf der ganzen Welt und darüber hinaus erfahren können. An diesem globalen Netz, gewoben aus den Zauberfäden sofortiger und unvorhersagbarer Informationsübertragung, ist jeder von uns beteiligt. Einige Menschen erfahren bereits bewußt in ihrem Geist-Körper die unmittelbaren Auswirkungen dieser alles durchdringenden Kommunikation. Die Zeit ist da, unsere verfeinerte Sensitivität aufzuwekken! Dieses Aufwecken wird es ermöglichen, eine reife innere Kommunikation zu entwickeln, wie sie erforderlich ist, damit die Menschheit das universale Bewußtsein erweitern kann.

Wir können – positiv wie negativ – andere beeinflussen und von anderen beeinflußt werden. Wir sind deshalb nachdrücklich aufgerufen, nicht nur individuell, sondern auch kollektiv die Verantwortung dafür zu übernehmen, daß eine kreative Transformation stattfinden kann. Wir werden für diesen Augenblick vorbereitet, indem wir zu einem Wendepunkt, zu einer Verfeinerung unseres Bewußtseins, geführt werden. Das wird es uns möglich machen, eine hohe Stufe der Verfeinerung zu erreichen, wie sie nötig ist, wenn es zu einer bedeutenden kreativen Transformation kommen soll, die unserer ganzheitlichen Natur entspricht. Wenn du dir bewußt wirst, daß jeder dafür verantwortlich ist, daß diese persönliche und zugleich universelle Transformation ablaufen kann, und wenn jeder diese Verantwortung annimmt, wird sie leicht und voll Begeisterung geschehen. Alles, wozu du aufgerufen bist, es zu verwirklichen, ist, Bewußtheit zu entwickeln! Wenn dir die Bewußtheit fehlt und du nicht an dieser globalen kreativen Transformation teilnehmen kannst, werden deine innere und äußere Welt gestört. Das bedeutet, daß die „wechselseitige Kommunikation", die zu unserem Wesen gehört, in Verwirrung gerät und alles nicht nur für dich ganz persönlich, sondern auch kollektiv sehr belastend werden kann. All das ist deine eigene Entscheidung! Deine Entscheidungen haben aber die Kraft, sofern sie auf deine Bewußtheit zurückgehen, alle Hindernisse auf dem Weg zu wahrer Kreativität wegzuräumen!

13
Sinnlosigkeit ist der Punkt,
an dem der Psycho-Virus ansetzt

Dein kreativer Intellekt ist das Medium, um die Information, die in deiner Erinnerung gespeichert ist, zu filtern und deine unbegrenzte Erinnerung auszudrücken.

Holographische Psychologie geht davon aus, daß deine Erinnerung wie eine holographische Platte ist, in der das Wellenfeld des Lichts, vom riesigen Hologramm der Mitschöpfung zerstreut, dem Selbst, als ein Interferenzmuster aufgezeichnet ist. Dein Erinnerungsvermögen ist unbegrenzt! Das liegt daran, daß deine Erinnerung, aufgezeichnet in deinem gesamten Geist-Körper, ein holographisches System ist, das zu einem ähnlichen, aber größeren holographischen System gehört, welches seinerseits zu einem noch größeren holographischen System gehört und so fort. Deine Erinnerung hat Anteil an Mitschöpfung in dieser universalen, ganzheitlichen Konfiguration von Systemen und Subsystemen, der das holographische Prinzip eigen ist. Jedesmal, wenn du den Schatten des Psycho-Virus in deinem Geist-Körper auflöst, bietet sich dir folglich die Möglichkeit, Zugriff auf die riesige universale Menge von Information zu bekommen und sie zu integrieren. Nur über deinen kreativen Intellekt, der frei vom Psycho-Virus ist, kannst du diese Information in dir zusammenhängend verarbeiten! Nur dann bist du in der Lage, diese Information in deinem täglichen Leben zum Zweck der Mitschöpfung zu benutzen. Das ist Integration! Dein kreativer Intellekt ist das Medium, um die Information, die in deiner Erinnerung gespeichert ist, zu filtern und deine unbegrenzte Erinnerung auszudrücken. Er ist also das Medium, um deine Bewußtheit zu entwickeln. Die Funktion deiner Erinnerung hingegen besteht letztlich darin, die Integrität des Selbst, das du bist, zu erhalten. Deine Erinnerung kann diese Funktion immer dann erfüllen, wenn du dich ganz auf deine Ganzheit verpflichtest! Diese Selbstverpflichtung erfordert aber deine Entschlossenheit, deine verschiedenen Aspekte zu integrieren. Nur dann hast du die Macht, die Zusammenhanglosigkeit deines Intellekts jeweils zu korrigieren. Dein Intellekt ist dann in der Lage, die schöpferischen Notwendigkeiten, die ständig aus der kreativen Bewegung der Ganzheit in dir hervorgehen und in deiner Erinnerung gespeichert werden, wahrheitsgetreu zu interpretieren. Diese schöpferischen Notwendigkeiten sind es, die sich als deine Geist-Hologramme projizieren. Tatsächlich ist jedes Geist-Hologramm ein selbständiges Ganzes. Jedes einzelne gehört zu deiner komplexen intellektuellen Struktur. Jedes Hologramm, zu dem eine Brücke geschlagen wird, ist deshalb ein Mittel zu Integration und zu Selbstbewußtheit. Das Ausmaß, in dem du Bewußtheit entwickelst, entspricht dem Ausmaß, in dem kohärentes Licht deines ganzheitlichen Verstehens die ursprünglichen Wellenmuster des Hologramms der Mitschöpfung regeneriert, das in deiner Erinnerung aufgezeichnet ist. Das hat zum Ergebnis, daß die illusionäre Spaltung der Matrix des Hologramms der Mitschöpfung, die durch den Psycho-Virus erzeugt wird, verschwindet. Das gesamte Hologramm der Mitschöpfung wird in dir projiziert. Das bedeutet, daß deine Erinnerung ihre Funktion erfüllt, indem sie es dir möglich macht, die Mind Bridging-Dynamik deines Bewußtseins zu manifestieren. Diese Dynamik führt dich dazu, deine Ganzheit wiederzufinden, indem du dich an deine Ganzheit erinnerst.

Durch einen vom Psycho-Virus ausgelösten Prozeß der Spaltung wird deine Erinnerung jedoch zweigeteilt. Ein Teil bewahrt seine Integrität und erlaubt dir, das Selbst als partnerschaftliche Beziehung auszudrücken. Dieser Teil erinnert dich stets daran, daß dein Wesen Ganzheit ist. Der andere Teil wird fragmentiert. Du verlierst dann die Bewußtheit deiner Ganzheit, weil du dich von deinem ganzheitlichen Bewußtsein ablöst. Das schränkt dich auf deine manifeste, d. h., physische Realität ein und hat zur Folge, daß du dich nicht mehr an deine holographische partnerschaftliche Beziehung mit der Ganzheit erinnern kannst. Du vergißt, daß du in der Ganzheit bist und daß zugleich die Ganzheit in dir ist. Eine riesige Kluft tut sich nun zwischen dir und der Ganzheit auf!

Es ist gut zu wissen, daß ein Teil deiner Erinnerung zwar deine Selbstbezogenheit verstärkt, ein anderer aber in Selbstbewußtheit verbleibt. Dieser Teil ist es, der dich stets an deine wahre Identität erinnert, indem er das Selbst, das du bist, für dich widerspiegelt.

Wenn es zur Spaltung deiner Erinnerung kommt, teilt sich deine Erinnerung in zwei Systeme, in das System der Ganzheit und in das System der Fragmentierung. Das System der Ganzheit führt dich zur Mitschöpfung, zum Einssein. Das System der Fragmentierung dagegen führt dich zur Fehlschöpfung, zur Trennung. Dieses System dient dem Psycho-Virus. Diese Fragmentierung deiner Erinnerung ist jedoch nur eine Illusion. In Wahrheit ist sie nie wirklich geschehen! Tatsache ist vielmehr, daß in deiner

Erinnerung eine Quantenrealität gespeichert ist, eine unteilbare Realität, die das Selbst, das Hologramm der Mitschöpfung ist! Deine Erinnerung kann gar nicht fragmentiert werden, denn seine verbindende Natur besteht für immer! Was sich abspielt, ist vielmehr ein falsches Szenario, das deine Erinnerung auf seine manifeste, physische Realität beschränkt, die durch die Linearität von Zeit und Raum geprägt ist. Das bewirkt, daß du eine verzerrende Perspektive zu dir selbst entwickelst, denn du bist nicht in der Lage, dein Bewußtsein zu vertiefen und zu erweitern, und das hält dich davon ab, dein holographisches Wesen richtig zu erfahren. Das Resultat ist, daß du nicht mehr die Formbarkeit deines Geist-Körpers und die Unbegrenztheit deines ganzheitlichen Bewußtseins erleben kannst.

Wenn du nicht die Verantwortung dafür übernimmst, deine Überzeugung, von der Ganzheit getrennt zu sein, zu korrigieren, bleibt deine Erinnerung in alle Ewigkeit in einem illusionären Prozeß der Fragmentierung gefangen. Der Teil, in dem der Psycho-Virus aufgezeichnet ist, wird die Überzeugung, von der Ganzheit getrennt zu sein, dadurch verstärken, daß er sie immer wieder abspielt. Das wird unweigerlich die Fragmentierung des kollektiven Geist-Körpers verstärken! Zu dieser Verstärkung kommt es, weil du dem System von Überzeugungen der Fragmentierung erlaubst, Macht in dir zu entfalten. Dieses System von Überzeugungen spiegelt nur die Tatsache wider, daß ein unwahres Selbst von dir Besitz zu ergreifen versucht, indem es dich dazu bringt, selbstbezogen zu werden. Es ist gut zu wissen, daß ein Teil deiner Erinnerung zwar deine Selbstbezogenheit verstärkt, ein anderer aber in Selbstbewußtheit verbleibt. Dieser Teil ist es, der dich stets an deine wahre Identität erinnert, indem er das Selbst, das du bist, für dich widerspiegelt.

Tatsache ist, daß es sich beim Psycho-Virus um einen Fehler handelt, der sich korrigieren läßt. Korrektur ist jedoch nur möglich, wenn du fest entschlossen bist, dich auf deine Ganzheit zu verpflichten, was dir erlaubt, deine geistigen Energien, deine Geist-Hologramme, zu verbinden. Das bedeutet, daß du bereit sein mußt, deine kreative Energie wiederzugewinnen, die wegen der trügerischen Spaltung deiner Erinnerung blockiert ist. Das ist der erste Schritt! Sei dir bewußt, daß die Macht deiner Entscheidung, dich auf deine Ganzheit zu verpflichten, alle Geist-Körper beeinflussen kann, den Psycho-Virus sowohl aus deren individuellen fragmentierten Erinnerungen als auch aus unserer kollektiven fragmentierten Erinnerung zu löschen! Nur wenn du und alle anderen diese wichtige Entscheidung treffen, können wir einander dabei helfen, wieder unsere Integrität zu erlangen und unsere innere Stärke zurückzugewinnen! Nur zusammen können wir den kollektiven selbstbezogenen Zustand unseres Geist-Körpers heilen. Es ist aber nötig, daß „Zusammenheit" zuerst in jedem einzelnen von uns beginnt.

Jeder von uns, der sich entschließt, die Illusion, von der Ganzheit getrennt zu sein, nicht länger zu akzeptieren, hilft nicht nur, den Psycho-Virus auszulöschen, sondern hilft auch, den Ego-Prozeß zum Stillstand zu bringen! Dieses universale Ego aufzugeben ist jetzt nötig, damit wir – die Menschheit – wahrhaft in eine mitschöpferische Dimension eintreten können. Dieses Aufgeben kann aus deinem Inneren vollendet werden. Einige sind bereits unterwegs auf dem Mind Bridging-Weg zu dieser Aufgabe und zur mitschöpferischen Dimension. Du bist aufgefordert, dich ihnen anzuschließen!

Die erste Dimension deiner Geist-Hologramme und die erste Dimension deines Bewußtseins sind unter die Herrschaft des Psycho-Virus geraten und sind durch Selbst-Ausschluß zu Gefangenen geworden!

Es ist wichtig, die einzelnen Schritte zu verfolgen, die der Psycho-Virus macht, um dir sein fragmentiertes Wesen – Selbst-Ausschluß, Selbst-Ignoranz und Selbst-Vergessenheit – aufzudrängen. Das ermöglicht dir, dich von deiner Überzeugung, von der Ganzheit getrennt zu sein, zu befreien. Der erste Schritt des Psycho-Virus besteht darin, dich zu Selbst-Ausschluß zu verleiten. Das bedeutet, daß du dich von der Ganzheit ausschließt. Dabei „fehl"anerkennst du deine ganzheitliche Natur. Das hat mit der Verzerrung deiner weiblichen Wechselbeziehung, dem „Spürenden", zu tun. Selbst-Ausschluß verleitet dich auch dazu, deinen Geist-Körper nicht mehr auf die Ganzheit auszurichten. Du verlierst den Sinn für deine kreative Ausrichtung. Das hat mit der Verzerrung deiner männlichen Wechselbeziehung, dem „Entscheidenden", zu tun. Wenn es zur Verzerrung des „Spürenden" und des „Entscheidenden" kommt, hast du zwiespältige Empfindungen, und dein Wille spaltet sich in viele Einzelwillen auf. Die erste Dimension deiner Geist-Hologramme (siehe Bild 11-1) und die erste Dimension deines Bewußtseins sind unter die Herrschaft des Psycho-Virus geraten und sind durch Selbst-Ausschluß zu Gefangenen geworden! Das führt dazu, daß die erste Dimension deiner Geist-Hologramme, die Dimension der Mitschöpfung, zur Dimension der Fehlschöpfung wird. Gleichzeitig zerfällt die erste Dimension deines Bewußtseins in die verbindende unbewußte Dimension und in die trennende unbewußte Dimension. Du hast nur noch Zweifel, verlierst dich in zwanghaftem Vergleichen und setzt dich in diesem unausgeglichenen Zustand fest. In der Folge hast du ein wiederkehrendes und unbestimmtes Gefühl von Schuld, das dich in zwei entgegengesetzte Richtungen führen kann: Zum einen entwickelst du ein übermäßiges

Bedürfnis nach Sicherheit, nach Schutz. Zum anderen gehst du zwanghaft unvernünftige Risiken ein, und zwar meist aus purer Naivität. In beiden Fällen bist du nicht fähig zu erkennen, welches der richtige Weg ist, weil du nicht mehr in der Lage bist, dich als ein Ganzes wahrzunehmen. Vielmehr nimmst du dich wahr als in zahllose Gestalten oder Wesenheiten fragmentiert, die dich verwirren, indem sie dich in entgegengesetzte Richtungen weisen. Sehr oft bist du unfähig zu sehen, daß diese getrennten Wesenheiten lediglich deine eigenen Projektionen sind, die du integrieren mußt, um den Sinn für dein ganzheitliches Wesen wiederzugewinnen. Indem er nicht fähig ist, diese Integration zustandezubringen, beginnt dein Geist-Körper seine Fragmentierung aufrechtzuerhalten. Diese Unfähigkeit geht auf deine unbewußte Entscheidung zurück, in deiner Fragmentierung stecken zu bleiben, um deinem Reifungsprozeß auszuweichen! Solches Ausweichen schränkt dich auf deine trennende unbewußte Dimension ein. Du fällst dann deinen fehlkreativen Mustern zum Opfer, weil du dich selbst ausschließt, am erleuchteten Zustand deiner Ganzheit teilzuhaben. Diese fehlkreativen Muster, die in deiner Selbstzerstörung und Selbstaufgabe wurzeln, sind es, die deine persönliche Entwicklung blockieren und den Selbst-Ausschluß verstärken. Um diese mißliche Situation zu überwinden, darfst du dich weder selbst zerstören noch aufgeben, sondern mußt dich deinem Einssein anvertrauen. Das kann geschehen, indem du deine Verpflichtung gegenüber dem Ganzen immer wieder erneuerst. Du darfst deine Suche nach Wahrheit nicht aufgeben!

Die zweite Dimension deiner Geist-Hologramme und die zweite Dimension deines Bewußtseins sind unter die Herrschaft des Psycho-Virus geraten und zu Gefangenen von Selbst-Ignoranz geworden!

Der zweite Schritt des Psycho-Virus besteht darin, dich zu Selbst-Ignoranz zu verleiten, um dich daran zu hindern, dein Einssein zu erleben. Selbst-Ignoranz verleitet dich dazu, deine kreativen Fähigkeiten zu vernachlässigen, indem sie deine weibliche Wechselbeziehung, den „Empfindenden", verzerrt. Selbst-Ignoranz bewirkt auch die Fehlbewertung deiner kreativen Möglichkeiten, indem sie deine männliche Wechselbeziehung, den „Erfahrenden", verzerrt. Wenn es zur Verzerrung des „Empfindenden" und des „Erfahrenden" kommt, treten Widersprüche in deiner inneren und äußeren Welt auf. Die zweite Dimension deiner Geist-Hologramme und die zweite Dimension deines Bewußtseins sind unter die Herrschaft des Psycho-

166

Virus geraten und zu Gefangenen von Selbst-Ignoranz geworden! Das führt dazu, daß die zweite manifeste Dimension deiner Geist-Hologramme, die Dimension von hoher Energie, zur Dimension des Abbaus von Lebensenergie wird. Gleichzeitig zerfällt die zweite Dimension deines Bewußtseins in die verbindende unterbewußte Dimension und in die trennende unterbewußte Dimension. Das führt entweder zu ständigem Besorgtsein und dazu, daß du durch Verwirrung zurückgehalten wirst, oder dazu, daß du das Bedürfnis entwickelst, dich zu zerstreuen. Diese Formen der Kompensation treten auf, weil deine Aufmerksamkeit zerstreut wird und deine Absicht in viele Richtungen abgelenkt wird. Du bist nicht mehr in deinem natürlichen Zustand von Vergnügen, Freude, Spontaneität, Unschuld, Liebe, Mut und Friede. Deine natürliche Fähigkeit, dich zu transformieren, wird vernachlässigt! Du fühlst dich nicht in der Lage, die ganze mißratene Situation zu korrigieren! Folglich unterwirfst du dich ihr, während du in deine trennende unterbewußte Dimension eingeschlossen bist – den dunklen Zustand des Fehlens von Friede. Das Resultat ist, daß du deine Fähigkeit verlierst, Menschen, dich selber oder überhaupt irgend etwas präzise zu bewerten. Du kannst den wahren Sinn deiner Existenz nicht mehr finden. Du vergeudest deine kreative Lebensenergie und verstärkst deine Selbst-Ignoranz. Alles scheint dir sinnlos zu sein. Sei dir bewußt, daß Sinnlosigkeit der Punkt ist, an dem der Psycho-Virus ansetzt! Indem er dich in Sinnlosigkeit verharren läßt, verhindert der Psycho-Virus, daß deine kreativen Lebenserfahrungen sich erfolgreich entfalten. Das Ziel des Psycho-Virus ist es, dich davon abzuhalten, an dir selbst oder an irgend etwas Freude zu haben! Die einzige Möglichkeit, dich von den Fesseln der Sinnlosigkeit zu befreien, liegt darin, damit aufzuhören, dich hinter deinen Tarnungen zu verbergen. Das bedeutet, damit aufzuhören, dich klein zu machen, oder zu versuchen, jemand zu sein, der du nicht bist. Das bedeutet auch, damit aufzuhören, dich zu etwas zu drängen! In jenen Momenten, in denen du jedoch Sinnlosigkeit erfährst, sollst du sanft mit dir sein. Laß dir Zeit, all deine trennenden Gefühle, die in dir hochkommen, auszudrücken. Dadurch bist du fähig, Sinnlosigkeit und Öde in Lebendigkeit zu verwandeln. Indem du deine trennenden Gefühle in verantwortungsvoller Weise zum Ausdruck bringst, beginnt nämlich der Schatten des Psycho-Virus, die Sinnlosigkeit, zu weichen und macht Platz für eine neue Inspiration in dir. Du brauchst jetzt nichts anderes zu tun, als dich von dieser Inspiration leiten zu lassen. Sie entstammt deinem ganzheitlichen Wesen!

Die dritte Dimension deiner Geist-Hologramme und die dritte Dimension deines Bewußtseins sind unter die Herrschaft des Psycho-Virus geraten und zu Gefangenen von Selbst-Vergessenheit geworden!

Der dritte Schritt, den der Psycho-Virus macht, um deinen Weg zur Selbstbewußtheit zu versperren, besteht darin, dich in Selbst-Vergessenheit einzuschließen und Selbsterkenntnis zu verhindern! Selbst-Vergessenheit verführt deine Gedanken dazu, getrennt von der Ganzheit, sich selbst zu erzeugen, indem sie deine weibliche Wechselbeziehung, den „Denkenden", verzerrt. Selbst-Vergessenheit verleitet dich auch zur Fehlinterpretation deiner Vorstellungskraft, und so beginnst du, deine eigene Realität fehlerhaft zu erschaffen. Das bedeutet, daß du getrennt von der Ganzheit, ein unabhängiger Schöpfer wirst. Diese Unabhängigkeit hat mit der Verzerrung deiner männlichen Wechselbeziehung, dem „Produzierenden", zu tun. Wenn die Verzerrung des „Denkenden" und des „Produzierenden" eintritt, kommst du dazu, gedankenlos Urteile zu fällen und in verantwortungsloser Art alles herunterzumachen. Die dritte Dimension deiner Geist-Hologramme und die dritte Dimension deines Bewußtseins sind unter die Herrschaft des Psycho-Virus geraten und zu Gefangenen von Selbst-Vergessenheit geworden! Das führt dazu, daß die dritte Dimension deiner Geist-Hologramme, die Dimension von Selbstbewußtheit, zur Dimension von Selbstbezogenheit wird. Gleichzeitig zerfällt die dritte Dimension deines Bewußtseins in die verbindende bewußte Dimension und in die trennende bewußte Dimension. Das bewirkt, daß du entweder den Zusammenhang verlierst oder das Bedürfnis entwickelst, alles zu rationalisieren, zu klassifizieren und in Beschlag zu nehmen, um die Kontrolle zu haben. Dieses Bedürfnis wird dann wichtiger, als der zu sein, der du bist. Am Ende schränkst du dich auf deine trennende bewußte Dimension ein, den unstabilen und unangenehmen Zustand von Individualismus, die dich davon abhalten, für dich selbst verantwortlich zu sein. In einem solchen Zustand kannst du nicht mehr ein harmonisches und erfüllendes Leben für dich selbst oder für die Menschen um dich schaffen. Stattdessen führst du einen Machtkampf mit allen und allem, das heißt mit deiner Ganzheit! Dadurch, daß du von Selbstbezogenheit zurückgehalten wirst, verstärkst du nur deine Selbst-Vergessenheit. Als Folge kannst du deine Reifung nicht fortführen, denn du bist unfähig, dich an deine partnerschaftliche Beziehung mit der Ganzheit zu erinnern und sie zu entwickeln. Das beraubt dich der Möglichkeit, bewußt die kreative Bewegung der Ganzheit zu werden, indem du daran gehindert wirst, Ungezwungenheit und das kreative Wesen des Lebens zu erfahren! Deshalb sollst du in jenen Momenten, in denen du dich von deinen Schwierigkeiten überwältigt fühlst, verantwortungsvoll sein. Öffne dich in partnerschaftlicher Beziehung jenen Menschen oder jenen Situationen, mit denen du eine wechselseitige Beziehung vernachlässigt hast. Indem du kreativ mit ihnen interagierst, gelangst du zu einem besseren Verständnis deiner selbst, und das wird dir erlauben, einen Ausweg aus deinen Schwierigkeiten zu finden. Du bist dann fähig, in deinem Leben vorwärtszuschreiten.

Ein Ausspruch von Jesus lautet: „Wo zwei oder drei in meinem Namen versammelt sind, da bin ich unter ihnen." Wir können das „in meinem Namen" als „in Ganzheit" verstehen, denn Jesus ist der lebendige Ausdruck einer wahren partnerschaftlichen Beziehung mit der Ganzheit. Das bedeutet, daß er Ganzheit verkörpert! Du kannst Ganzheit nur verkörpern, wenn du wirklich in partnerschaftlicher Beziehung jemanden oder etwas zum Zweck der Integration gibst! Aber diese partnerschaftliche Beziehung muß in dir selbst anfangen. Das erfordert, daß du in einem Prozeß des Verbindens alle deine verschiedenen Aspekte integrierst und annimmst, und dazu gehört immer die Korrektur von Fehlwahrnehmungen und die Bereitschaft zur Transformation! Sei dir bewußt, daß eine partnerschaftliche Beziehung nur dann wahrhaft sein kann, wenn sie aus einem Ort der Integrität in dir stammt. Wie kannst du wahrhaft mit anderen Menschen oder mit etwas in deinem Leben interagieren, wenn du Teile deiner selbst verleugnest? Wie kannst du jemanden lieben und wirklich schätzen, wenn du dich selbst nicht lieben und schätzen kannst? Wenn du dich nicht selber lieben und schätzen kannst, kannst du gewiß keine wahre partnerschaftliche Beziehung mit jemandem haben. Ist dies der Fall, hinderst du dich selbst daran, deine Menschlichkeit zu leben. Dann verharrst du in Selbstbezogenheit, und deine Einstellungen und dein Verhalten werden Widerspiegelungen deines Mangels an Integrität, der Verleugnung deiner Humanität!

Es ist wichtig zu wissen, daß deine Einstellung dein innerer Impuls ist, den du auf jemanden oder auf etwas richtest. Dieser Impuls kann positiv, negativ oder zwiespältig sein. Dein Verhalten besagt, daß du deinen inneren Impuls, deine Einstellung, in Handlung umsetzt. Wenn du nun unter dem Einfluß des Psycho-Virus selbstbezogen wirst, verraten deine Einstellung und deine Verhaltensweisen gegenüber dir selbst, anderen und deinem Leben die Trennung von der Ganzheit. Wenn du dich nicht anders entscheidest, wirst du auch nicht glücklich werden!

Nur von der vierten transzendenten Dimension deines Bewußt-seins, der Mind Bridging-Dimension, und von den weiteren Dimensionen aus bist du in der Lage zu verstehen, daß der Psycho-Virus nur eine Illusion ist.

Indem er die drei manifesten Dimensionen deiner Geist-Hologramme verzerrt und die drei manifesten Dimensionen deines analytischen Bewußtseins fragmentiert, blockiert der Psycho-Virus die Manifestation des Selbst, deiner selbst. Er hindert dich daran, bewußt dein ganzheitliches Bewußtsein zu erfahren. Er hält dich davon ab, dein holographisches und dein analytisches Wesen zu integrieren. Nur von der vierten transzendenten Dimension deines Bewußtseins, der Mind Bridging-Dimension, und von den weiteren Dimensionen aus bist du in der Lage zu verstehen, daß der Psycho-Virus nur eine Illusion ist. *Holographische Psychologie* versteht dies so, daß diese Dimensionen frei von einer Beeinflussung durch den Psycho-Virus sind! So kannst du dir aus der Mind Bridging-Dimension klar machen, daß der Psycho-Virus ein Schatten von Selbst-Ausschluß, Selbst-Ignoranz und Selbst-Vergessenheit ist, welche du andauernd auf fehlerhafte Weise erschaffst und fortbestehen läßt. Dieser Schatten breitet sich jedes Mal aus, wenn dein holographisches und dein analytisches Bewußtsein sich voneinander spalten. Zu dieser Spaltung kommt es, wenn du fehlkreative Verhaltensformen wie Selbstzerstörung, Selbstaufgabe, Selbstbildnisse, Selbsttäuschung, Selbstzentriertheit und Selbstzurückweisung entwickelst; sie alle sind Formen der Selbstverzerrung. Diese Spaltung ist der eigentliche Ursprung des Psycho-Virus!

Die vierte Dimension deines Bewußtseins, die Dimension des Quantenselbst, gehört zu jenem Reich von Schwingungen, in welchem dein tägliches Leben geschaffen wird.

Es ist wichtig zu wissen, daß in der Mind Bridging-Dimension, welche die Dimension deines unteilbaren Wesens ist, nichts im Gegensatz zur Ganzheit steht! In dieser Dimension des Bewußtseins erfährst du deshalb deine Momente der Bewußtheit! Damit sind jene Erfahrungen gemeint, in denen du die Gegenwart erfährst, du dich erfüllst, in innerer Ruhe und in dir gegenwärtig fühlst. Du gewinnst jetzt die Erinnerung an die Ganzheit zurück. Dein Bewußtsein erreicht eine tiefere und erweiterte Ebene in der spiralförmigen Bewegung seiner Evolution, in der Spirale des Verstehens. Das bedeutet, daß dein Bewußtsein die kreative Welle schafft, und das zeigt, daß ganzheitliches Bewußtsein sich frei und kreativ in dir, durch dich und mit dir als Verstehen manifestiert!

Tatsächlich ist die Mind Bridging-Dimension der „magische Bereich". Sie verbindet dich wieder mit deiner Gabe der Schöpfermacht, die deine Fähigkeit ist, deine Träume wahr werden zu lassen. Diese Gabe bedeutet, daß du die Realität des „Mitschöpfers" in dir anerkennst. Das ermöglicht dir, den Traum von einem glücklichen Leben, für das du geschaffen wurdest, verantwortungsvoll und wirksam in konkrete Realität umzusetzen. Die vierte Dimension deines Bewußtseins, die Dimension des Quantenselbst, gehört zu jenem Reich von Schwingungen, in welchem dein tägliches Leben geschaffen wird. Nur über die Erfahrung dieser vierten Dimension läßt du das Licht der Ganzheit von innen scheinen. Nur dann bist du in der Lage, dieses Licht mit allen zu teilen und es überall zu verbreiten. Das ist Erleuchtung! Erleuchtung ist in jedem Augenblick deines Lebens möglich!

Die fünfte Dimension deines Bewußtseins ist ihrer Natur nach holographisch und kommt in dir zum Ausdruck, wenn deine Gedanken und deine Vorstellungskraft ganzheitlich sind.

Zu deinem ganzheitlichen Wesen gehört die fünfte transzendente Dimension deines holographischen Bewußtseins, die geordnete Weisheit, die sich durch deine mit allen Kenntnissen erfüllte Natur manifestiert. Die fünfte Dimension deines Bewußtseins ist ihrer Natur nach holographisch und kommt in dir zum Ausdruck, wenn deine Gedanken und deine Vorstellungskraft ganzheitlich sind. Das bedeutet, daß deine Gedanken harmonisch sind und deine Vorstellungskraft der Integration dient. Du hast dann die Möglichkeit, deine innerste Wahrheit auszudrücken und dich so wirklich kennenzulernen. Denn du läßt zu, daß reine Bewußtheit, die nicht manifeste dritte Dimension des Hologramms der Mitschöpfung (siehe Glossar), sich in dir zum Ausdruck bringt. Reine Bewußtheit „definiert" das kreative Verhalten deiner Geist-Körper-Bewegung.

Die sechste Dimension deines Bewußtseins ist ihrer Natur nach holographisch und offenbart sich in dir, wenn deine Gefühle und deine Sensitivität achtsam und sinnvoll sind.

Ein weiterer Aspekt deines ganzheitlichen Wesens ist die sechste transzendente Dimension deines Bewußtseins, ein vereinheitlichtes Feld von

Information und unbegrenzten Möglichkeiten, das sich als deine veränderbare Natur manifestiert. Die sechste Dimension deines Bewußtseins ist ihrer Natur nach holographisch und offenbart sich in dir, wenn deine Gefühle und deine Sensitivität achtsam und sinnvoll sind. Entsprechend müssen sie aufrichtig gefühlt und zum Ausdruck gebracht werden. Das erlaubt der vereinheitlichten Energie, der nichtmanifesten zweiten Dimension des Hologramms der Mitschöpfung in dir wirksam zu werden und dich kreativ zu verwandeln. Die vereinheitlichte Energie, welche die verbindende Dynamik deiner Geist-Körper-Bewegung ist, bewirkt ihre Erneuerung.

Die siebte Dimension deines Bewußtseins ist ihrer Natur nach holographisch und kommt in dir zum Ausdruck, wenn du fähig bist, dich mit deinen wahren Bedürfnissen und Wünschen zu verbinden.

Ein weiterer Aspekt deines ganzheitlichen Wesens ist schließlich die siebte transzendente Dimension deines Bewußtseins, Innenschau, die sich durch deine unterscheidungsfähige Natur manifestiert. Die siebte Dimension deines Bewußtseins ist ihrer Natur nach holographisch und kommt in dir zum Ausdruck, wenn du fähig bist, dich mit deinen wahren Bedürfnissen und Wünschen zu verbinden. Du verbindest dich mit deinen wahren Bedürfnissen, wenn du fähig bist, deine Empfindungen in ganzheitlicher Weise anzuerkennen. Du verbindest dich mit deinen wahren Wünschen, wenn sich dein eigener Wille und der Wille des Ganzen zum kreativen Willen (siehe Glossar) vereinigen. Du läßt zu, daß unbegrenzte Intelligenz, die nichtmanifeste erste Dimension des Hologramms der Mitschöpfung, sich in dir zum Ausdruck bringt. Unbegrenzte Intelligenz ist das kreative Muster der Geist-Körper-Bewegung. Wenn sie sich manifestiert, wird dein Wesen auf kreative Weise „geformt".

Dein dimensionsloses Bewußtsein, die kreative Energie selbst, stellt sich in dir als Gnade dar und manifestiert sich als dein Glücksgefühl! Du bist dann fähig, die Schönheit deiner Einzigartigkeit zum Ausdruck zu bringen.

Einzig in diesen intensiven Augenblicken wahrer Kreativität, wenn du dein kreatives Potential genießt und dich an deinem schöpferischen Sinn erfreust, kannst du dein dimensionsloses Bewußtsein erfahren. Dein dimensionsloses Bewußtsein, die kreative Energie selbst, stellt sich in dir als Gnade dar und manifestiert sich als dein Glücksgefühl! Du bist dann fähig, die Schönheit deiner Einzigartigkeit zum Ausdruck zu bringen. Du bist erfüllt vom Wunsch, mit der kreativen Bewegung der Ganzheit eins zu werden, weil du spürst, wie deine ganzheitliche Realität erwacht. Du erfährst deshalb Ganzheit, das, „was ist". Nur dann kannst du dich wieder mit der Urquelle verbinden.

Nur indem du die drei verzerrenden manifesten Dimensionen deiner Geist-Hologramme korrigierst und die Fragmentierung der drei trennenden Dimensionen deines analytischen Bewußtseins, die der Psycho-Virus ausgelöst hat, heilst, kannst du das Wesen deiner physischen Natur kreativ verkörpern. Diese Verkörperung bedeutet, daß du schöpferisches Mitwirken, hohe Energie und Selbstbewußtheit in deinem Alltag realisierst. Wenn das geschieht, bist du fähig, mit dem Wesen deiner transzendenten Natur – unbegrenzte Intelligenz, vereinheitlichte Energie und reine Bewußtheit – mitzuvibrieren. Du schlägst eine Brücke zwischen deiner physischen und deiner transzendenten Natur. Du manifestierst das Hologramm der Mitschöpfung und bringst so dein Selbst zum vollkommenem Ausdruck. Das ist der Weg, deine Ganzheit wiederzufinden, der dich mit deinem Einssein, mit deinem ganzheitlichen Bewußtsein belohnt!

14
Wie sehr hat dich der Psycho-Virus unter Kontrolle?

Der Ausweg aus deinen fehlkreativen Entscheidungen besteht darin, die Verantwortung dafür zu übernehmen, dich immer wieder mit deiner inneren Wahrheit zu verbinden. Das gibt dir die Chance, deine natürliche Fähigkeit zu erweitern, erfolgreich zu sein!

Die hauptsächliche Strategie, mit der dich der Psycho-Virus unter Kontrolle hält, besteht darin, dich zu fehlkreativen Entscheidungen zu bringen. Zu diesem Zweck hält dich der Psycho-Virus davon ab, die inneren Reaktionen und Manifestationen deines Geist-Körpers anzuerkennen und so klar wahrzunehmen, was zur Zeit in dir und in deinem Leben vorgeht. Schließlich verfängst du dich in einem Zirkel von Selbstzerstörung und Selbstaufgabe, weil du dich von deiner inneren Wahrheit entfernt hast. Diese Entfremdung erzeugt Schuldgefühle. Du verbirgst diese Schuldgefühle oft hinter deinem Bedürfnis, andere Menschen oder eine Situation zu diskriminieren. Dieses Bedürfnis führt dich unvermeidlich in die Falle des Zauderns!

Zaudern ist die Wurzel deiner Verletzlichkeit und Unsicherheit. Wegen dieses Zauderns beginnst du Druck zu verspüren, dich so gut wie möglich „anzupassen", um dich in belastenden Situationen sicher zu fühlen. Diese „Anpassung" hält aber deinen Mechanismus der Ablehnung in Gang, und du nährst ihn, indem du dich von deiner inneren Wahrheit entfernst. Wenn du durch den Mechanismus der Ablehnung blockiert wirst, ist es dir unmöglich, in deinem Leben erfolgreich zu sein! Diese Unmöglichkeit zeigt, daß du deine innere Größe ablehnst und deine Fähigkeit vernachlässigst, dein Leben selbst kreativ zu gestalten. Kreatives Selbstmanagement ist nur möglich, wenn du die klare Absicht hast, der Richtung zu folgen, in die dich deine innere Wahrheit, die innere Führung, weist. Der Ausweg aus deinen fehlkreativen Entscheidungen besteht darin, die Verantwortung dafür zu übernehmen, dich immer wieder mit deiner inneren Wahrheit zu verbinden. Das gibt dir die Chance, deine natürliche Fähigkeit zu erweitern, erfolgreich zu sein!

Du mußt einfach ehrlich mit dir selbst sein!

Ein weiterer wichtiger Aspekt der Strategie, mit welcher der Psycho-Virus deinen Geist-Körper unter Kontrolle hält, besteht darin, dich dazu bringen, in fehlkreativer Weise schmerzvolle, tragische Erfahrungen zu schaffen, etwa ein gebrochenes Herz, eine Krankheit oder Unzufriedenheit mit deiner Arbeit. Diese Erfahrungen haben mit der Unterdrückung deiner tiefsten Gefühle und deiner Sensitivität zu tun. Wenn eine solche Unterdrückung auftritt, dann deswegen, weil du das Bedürfnis entwickelt hast, dich selbst zu schützen. Du hast beschlossen, dich hinter deinem Selbstbild zu verstecken. Damit verhinderst du echte Kommunikation zwischen dir und allen Menschen, zwischen dir und allen Dingen! Du wirst selbstzentriert. Widersprüchliche Gefühle wie Liebe und Haß kommen als Resultat deiner selbstauferlegten Isolation in dir auf. Du wirst dir dann in bezug auf deine Gefühle unsicher, hast Angst davor, sie zu empfinden, und versuchst, sie so weit wie möglich zu verdrängen. Damit erkennst du deine Sensitivität nicht mehr, die ein wichtiger Teil in deinem Prozeß kreativer Transformation ist. Und noch schlimmer, du frierst deine Sensitivität ein! Du bist unfähig, auf den innersten Bereich deiner selbst, auf andere Menschen oder auf Situationen in deinem Leben einzugehen. Du wirst verletzlich gegenüber allen Arten von Unglück! Unfähig, deine Sensitivität im Gleichgewicht zu halten, gerätst du naiv in schwierige Situationen. Du verlierst sogar deine Fähigkeit, kreativ aus Problemen herauszufinden. Deine Lebensenergie wird zunehmend abgebaut.

Wenn du mit deinen Gefühlen nicht in Berührung kommen kannst und deine Sensitivität vernachlässigst, bleibst du im Verdrängungsmechanismus deines Geist-Körpers stecken. Du manifestierst diese Unfähigkeit auf zwei Arten: Entweder drückst du deine Gefühle ohne echte Empfindung aus, oder du drückst sie auf überempfindliche, hysterische und besitzergreifende Weise aus. In beiden Fällen vermeidest du es, mit deinen Gefühlen wirklich in Berührung zu kommen. Du erfährst weder deine wahren Gefühle, noch bist du fähig, wirklich an deine Sensitivität heranzukommen. Dies hindert dich daran, deine Gaben der Meisterschaft und des Vereintseins zu empfangen. Du verlierst Humor und Leichtigkeit, beides Zustände des Geist-Körpers, die in diesen Gaben enthalten sind. Du hinderst dich daran, dein kreatives Wesen, das mit wechselseitiger Beziehung und Fülle identisch ist, zu leben. Es mangelt dir an Substanz, und das zeigt sich in deinem Leben in der Kette erfolgloser Erfahrungen! Der einzige Weg, dich davor zu bewahren, deine schmerzvollen Lebenserfahrungen zu erzeugen, ist aber der, dich wieder mit deinem „Herzen" zu verbinden, jenem Teil von dir, der stets die Wahrheit sagt. Du mußt einfach ehrlich mit dir selbst sein!

Wenn du in einem Zustand der „Unabhängigkeit" bleiben willst, wirst du unvermeidlich abhängig von deinen eigenen Regeln.

Es gehört ebenfalls zur Strategie des Psycho-Virus, daß er dich dazu bringt, eigene Regeln zu schaffen. Dabei unterdrückst du deine ganzheitlichen Gedanken und deine ganzheitliche Vorstellungskraft, die dich doch zu einem wahren Partner der Ganzheit machen könnten. Wenn du in dieser Unterdrückung gefangen wirst, übernimmst du deine Zwänge, die aus „Sollen" und „Müssen" bestehen. Das bedeutet, daß du beginnst, eine Rolle zu spielen, die Rolle des Hüters deiner persönlichen Regeln, was dazu führt, daß die Vision deiner Menschlichkeit verzerrt wird, weil deine Zwänge von „Sollen" und „Müssen" dich in Selbsthaß und Selbsttäuschung verstricken. Du gibst deinem Selbsthaß und deiner Selbsttäuschung ständig Nahrung, indem du deinen Gedanken und deiner Vorstellungskraft erlaubst, deinen Geist-Körper in unangemessener Weise zu lenken! Sei dir bewußt, daß immer, wenn du aufhörst, mit deinen Gedanken und deiner Vorstellungskraft kreativ umzugehen, du dich in einer Welt von verzerrender Manifestation und von Fehlinterpretation, das heißt in der Welt deiner persönlichen Regeln verlierst. Indem dich der Psycho-Virus davon abhält, mit deinen Gedanken und deiner Vorstellungskraft kreativ umzugehen, verwirrt er deinen Geist-Körper so sehr, daß du dich nicht mehr an deine wahre Identität eines „Mitschöpfers" mit der Ganzheit erinnern kannst. Wenn das geschieht, entscheidest du dich dafür, dich von deinen persönlichen Regeln leiten zu lassen, und das zwingt dir eine falsche Identität auf. Du gibst deine Freiheit auf! Sei dir bewußt, daß du die Grenzen, die dir deine eigenen Regeln auferlegen, nur überwinden kannst, wenn du aufhörst, ein unabhängiger, von der Ganzheit getrennter Schöpfer zu sein. Wenn du in einem Zustand der „Unabhängigkeit" bleiben willst, wirst du unvermeidlich abhängig von deinen eigenen Regeln. Das ist kindisch. Es hält dich nur davon ab, reifer zu werden.

Dein Geist-Körper wurde geschaffen, um den Gedanken der Ganzheit zu denken; das ist Schöpfung. Das ist, was du bist. Dennoch hast du dich entschlossen, deine eigenen Gedanken zu schaffen; das ist Fehlschöpfung. Das ist, was du nicht bist. Deinen Geist-Körper zu heilen heißt, diese Wahrheit anzuerkennen! Der Psycho-Virus hält dich unablässig davon ab, diese Wahrheit anzuerkennen. Zum einen, indem er dich deine fehlkreativen Entscheidungen wiederholen läßt. Zum anderen, indem er dich deine schmerzvollen Lebenserfahrungen vervielfachen läßt, und schließlich, indem er dich dazu bringt, deine eigenen persönlichen Regeln zu verstärken. Mit diesen Strategien hält dich der Psycho-Virus ständig unter Kontrolle. Sie halten dich davon ab, vollkommene Nähe zu erfahren. Es ist diese vollkommene Nähe, die in der Natur deiner partnerschaftlichen Beziehung mit der Ganzheit steckt.

Du wirst in deinem eigenen Geist-Körper ein „Außenseiter"! Du verlierst auch die Fähigkeit, dich mit deinen wahren Bedürfnissen und deinen wahren Wünschen zu verbinden!

Der Psycho-Virus, deine Überzeugung, von der Ganzheit getrennt zu sein, ist nicht nur in jedem Organ, jedem Molekül und jedem Atom deines physischen Körpers aufgezeichnet, sondern auch im gesamten trennenden kollektiven Geist-Körper. Dein Geist-Körper ist deshalb ständig getrieben, sich gemäß der falschen Vorstellung der Trennung von Materie zu verhalten, die dich in Besitzgier und Verhaftetsein festhält. Du glaubst dann fälschlich, daß du nur überleben kannst, wenn du für deine „Rechte" kämpfst. Dein Leben wird zu einem ständigen Überlebenskampf. Du kannst dich nicht entspannen, denn du fängst an, dich aufzuopfern, und stehst im Konkurrenzkampf. Das hat schwerwiegende Auswirkungen auf deinen ganzen Geist-Körper und führt dazu, daß deine Atmung (physische Inspiration) fehlgeleitet wird. Du atmest beispielsweise zu schnell, zu kurz oder nicht tief genug. Das verhindert, daß du in deinem Geist-Körper bist, und hält dich davon ab, daß du eine vertraute Beziehung zu dir selbst entwickelst. Du kannst dann nicht mehr von Gnade inspiriert werden! Du hinderst dich daran, ein Kanal für kreative Energie zu sein.

Es ist wichtig zu verstehen: Wann immer du dich von Gnade inspirieren läßt, zeigt sich das in deinem Nervensystem und auch in den chemischen Reaktionen deines Geist-Körpers. Du bleibst physisch und mental gesund, denn schöpferische Kraft breitet sich in dir aus. Das stellt das auf das Ganze abgestimmte Funktionieren deiner fünf Sinne wieder her und ermöglicht dir so eine klare Wahrnehmung. Gleichzeitig wird dein Wille ein schöpferischer Wille. Dein ganzer Geist-Körper erfährt eine Zunahme von schöpferischem Mitwirken, hoher Energie und Selbstbewußtheit, die den natürlichen Fluß von Inspiration sowohl auf physischer als auch auf transzendenter Ebene aufrechterhalten. Eine Brücke zwischen deinen biologischen und transzendenten Formen der Inspiration wird wiederhergestellt. Jedesmal, wenn diese Brücke jedoch zerbricht, trennst du dich von dir selbst! Wie oft „vergißt" du zum Beispiel in deinem Alltag, daß du Durst hast, schlafen möchtest, physisch oder emotional verletzt bist oder dich nicht wohl fühlst? Wie oft „vergißt" du, daß du weinen möchtest oder daß du jemanden, den du liebst, sehen oder umarmen möchtest? Du wirst in deinem eigenen Geist-Körper ein „Außenseiter"! Du verlierst auch die Fähigkeit, dich mit deinen wahren Bedürfnissen und deinen wahren Wünschen zu verbinden! Sei dir bewußt, daß deine wahren Bedürfnisse und wahren Wünsche die unauslöschbaren Fackeln sind, die dir helfen, deine innere Harmonie wiederzuentdecken und deine Integration zurückzugewinnen!

Wenn du dich mit deinen wahren Bedürfnissen verbindest, wirst du unvermeidlich mit deinen persönlichen Regeln, deinen blockierten Gefühlen und den verleugneten Empfindungen deines Geist-Körpers konfrontiert. Das erschreckt dich!

Der gesamte Prozeß, in dem du dich von deinen wahren Bedürfnissen entfernst, wird zum Beispiel sichtbar, wenn du dich über jemanden oder über eine Situation beklagst. Du willst, daß sich die Menschen und Situationen ändern, weil du selbst dich nicht verändern willst. Du vernachlässigst es, Entscheidungen zu deinen wahren Bedürfnissen zu treffen. Diese Vernachlässigung kommt nicht von ungefähr: Wenn du dich mit deinen wahren Bedürfnissen verbindest, wirst du unvermeidlich mit deinen persönlichen Regeln, deinen blockierten Gefühlen und den verleugneten Empfindungen deines Geist-Körpers konfrontiert. Das erschreckt dich! Du ziehst es deshalb vor, die Ursache deiner Beziehungsprobleme auf andere oder auf äußere Situationen zu projizieren. Damit befreist du dich zwar kurzfristig von der Spannung, die dein Problem erzeugt, aber dieses Verhalten verstärkt nur deine Fehlwahrnehmungen, die ihrerseits deine Klagen verstärken. Wenn du stattdessen die Verantwortung dafür übernehmen würdest, dich zu verändern, indem du von deinen Fehlwahrnehmungen zu ganzheitlichen Wahrnehmungen übergehst, könntest du deine Klagen heilen und dabei deine wahre Größe ausdrücken und Erfolg haben. Dir ist aber deine Angst vor Größe und Erfolg nicht bewußt, und das hält dich davon ab, dich zu verändern! Tief in dir drinnen fürchtest du, nicht fähig zu sein, mit den guten Dingen, die dir deine Größe und dein Erfolg bringen könnten, umzugehen. Du willst deshalb „lieber" in deinen Klagen stecken bleiben und gefangen sein in einem Mangel an Liebe, Erfolg, Geld und allem, was dir Glück bringt!

Mache dir klar, daß alles, worüber du klagst, sich auf etwas in dir bezieht, das nach Veränderung oder Fürsorge verlangt. Jedesmal, wenn du dich beklagst, gehst du nur einer kreativen Entscheidung, die Empfänglichkeit gegenüber einem wahren Bedürfnis oder einem wahren Wunsch erfordert, aus dem Weg. Wenn du dich aber über fehlende Erfüllung in deiner Beziehung zu jemandem – Ehefrau, Ehemann, Sohn, Tochter, Freund, Chef – oder bezüglich deiner Karriere oder deiner finanziellen Lage beklagst, mußt du dir bewußt sein, daß du eigentlich in deinem Innern ein Problem mit dir selbst hast. Das ist ein Problem, aus dem du noch keinen Ausweg finden kannst. Das zeigt, daß du in dir ein Muster der Trennung fortsetzt, das mit der mangelnden Erfüllung eines wahren Bedürfnisses zu tun hat. So kann dieses Problem nicht geheilt werden!

Der letzte Grund, der dich von deinen wahren Wünschen abbringt, ist jedoch deine tiefe Angst, daß dich diese Wünsche in eine andere Richtung weisen als in jene, die du gewohnt bist.

Wenn du andererseits deinen wahren Wünschen aus dem Weg gehst und dich sträubst, in dir zu sein, so liegt dies an deiner Überzeugung, daß du nichts mit der Ursache deines Beziehungsproblems zu tun hast und folglich auch nichts unternehmen mußt. Es ist nicht deine Angelegenheit! Du erwägst gar nie die Möglichkeit, daß die Lösung dieser Probleme in dir selbst liegt. Diese Einstellung ist nicht anderes als ein Symptom deines Getrenntseins. Diese Dissoziation zeigt deutlich, daß du es vermeidest, mit deinen wahren Wünschen in Berührung zu kommen. Das ist der Grund, weshalb du dich nicht integrieren kannst. Der letzte Grund, der dich von deinen wahren Wünschen abbringt, ist jedoch deine tiefe Angst, daß dich diese Wünsche in eine andere Richtung weisen als in jene, die du gewohnt bist. Das würde von dir verlangen, eine Entscheidung zu fällen. Du fürchtest dich davor, eine Entscheidung zu treffen, weil du tief in dir nicht für das Resultat deiner Entscheidungen verantwortlich sein willst. Du weigerst dich deshalb strikt, dich mit deinen wahren Wünschen zu verbinden, weil du nichts mit dem emotionalen „Zeug" zu tun haben willst, das durch diese Wünsche ausgelöst werden kann!

Sei dir bewußt: Jedesmal, wenn du dich von deinen wahren Bedürfnissen und deinen wahren Wünschen entfernst, erzeugst du ein Beziehungsproblem. Nur wenn du den Mut hast, dich wieder mit deinen wahren Bedürfnissen und deinen wahren Wünschen zu verbinden, kannst du deine inneren und äußeren Konflikte lösen! Denn dann hast du die Chance, dich kreativ zu transformieren. Du veränderst dich, indem du lernst, dich selbst zu achten! Die ganze mißliche Situation, in der du steckst, und die schwierigen Menschen um dich herum verändern sich dann mit. Das führt dazu, daß sowohl du selbst als auch diese Menschen und Situationen viel attraktiver, interessanter und erfolgreicher werden, weil ein Entwicklungsprozeß stattfinden kann, in dem kreative Energie ausgetauscht wird. Du mußt dir aber im klaren sein, daß diese ganze Veränderung zuerst in dir selbst stattfinden muß.

Wenn du anfangen willst, die Strategien des Psycho-Virus zu überwinden, gibt es keinen anderen Weg. Du mußt deine wahren Bedürfnisse und deine wahren Wünsche achten. Das erfordert Empfänglichkeit gegenüber dir selbst, um zu verhindern, daß sich deine ganzheitliche Natur in der Illusion der Fragmentierung verstrickt. Empfänglichkeit führt dich dazu, deine Fähigkeit anzunehmen, für dich und jene, die du liebst, ein erfolgreiches Leben zu schaffen. Zudem erlaubt sie dir, deinen Erfolg wahrhaft zu genießen. Wenn Empfänglichkeit jedoch fehlt, bist du nicht fähig, deinen Erfolg wirklich zu schätzen, selbst wenn er groß ist. Das liegt daran, daß deine wahren Bedürfnisse – die Mittel zu Harmonie – und deine wahren Wünsche – die Mittel zur Integration – nicht erfüllt werden können! Ohne Harmonie und Integration ist dein „Erfolg" nur eine Kompensation. Du kannst ihn überhaupt nicht genießen!

Warum ist es nicht so einfach, Überzeugungen, Erfahrungen und Entscheidungen zu ändern? Es liegt daran, daß sie auch kollektive Überzeugungen, kollektive Erfahrungen und kollektive Entscheidungen sind!

Es fällt dir schwer, zu akzeptieren, daß du dein Leben Augenblick für Augenblick erschaffst, weil es dir schwer fällt, deine Gabe schöpferischer Manifestation anzuerkennen! Und deswegen übernimmst du gewöhnlich auch keine Verantwortung für dein Leben. Du nimmst das Gute und das Schlechte, das dir geschieht, hin, als ob du nicht direkt für diese Dinge verantwortlich wärst. Wenn du nicht erkennst, daß alles entweder eine kreative oder eine fehlkreative Projektion deines eigenen Geist-Körpers ist, projizierst du in unverantwortlicher Weise deine Unzufriedenheit und löst dich unbedacht von allen. In naiver Weise trennst du dich damit von der Ganzheit!

Der wahre Grund, weshalb du deine Gabe der Manifestation verleugnest, ist der, daß du konditioniert bist, sie nicht zu akzeptieren. Diese Konditionierung ist nicht nur eine Folge deiner unbewußten individuellen Entscheidung, sondern auch das Resultat einer unbewußten kollektiven Entscheidung. In deinem Alltag verstärkst du diese Konditionierung dauernd durch deine Überzeugungen, Erfahrungen und Entscheidungen. Wenn du zuläßt, daß du durch diese Konditionierung festgehalten wirst, hinderst du dich daran, Führungsqualität zu entwickeln. Nur wenn du deine Gabe der Manifestation akzeptierst, machst du den ersten Schritt zur Selbstverantwortung. Du gewinnst die Führung in deinem Geist-Körper und in deinem Leben zurück, indem du die Aufgabe annimmst, dein Leben selbst kreativ in die Hand zu nehmen.

Warum ist es nicht so einfach, Überzeugungen, Erfahrungen und Entscheidungen zu ändern? Es liegt daran, daß sie auch kollektive Überzeugungen, kollektive Erfahrungen und kollektive Entscheidungen sind! Warum fühlst du dich alt? Warum denken wir, daß heute heute ist und heute nicht gestern ist? Warum glauben wir an die Realität unserer Uhren? Warum sind wir überzeugt, daß einige Dinge gut sind und andere schlecht? Tatsache ist, daß unsere einschränkenden und widerstreitenden Erfahrungen dazu dienen, unsere persönlichen Regeln und fixen Überzeugungen zu verstärken; es ist unsere fehlkreative Entscheidung, diese einschränkenden und widerstreitenden Erfahrungen zu wiederholen, die unsere persönlichen Regeln und starren Überzeugungen am Leben erhalten! Der Teufelskreis der Strategien des Psycho-Virus verstärkt sowohl in unserem individuellen als auch im kollektiven Geist-Körper fortwährend unsere Überzeugung, von der Ganzheit getrennt zu sein. Das hält uns in einem festen Netz der Konditionierung gefangen, ohne daß wir einen Ausweg finden. Infolgedessen wird unsere Perspektive auf uns selbst und auf alles kurzsichtig. Das erklärt, warum es manchmal harte Arbeit ist, sich zu verändern!

Deine Erfahrungen werden nur dann wirklich bedeutungsvoll, wenn du dich dafür entscheidest, dich wieder mit deiner inneren Wahrheit zu verbinden. Statt dich in Konflikte zu führen und dich zu begrenzen, werden sie dann zu verbindenden Erfahrungen. Deshalb wirst du damit aufhören, deinen persönlichen Regeln, die immer deinen starren Überzeugungen dienen, Macht zu verleihen. Diese Überzeugungen haben dann nicht mehr die Herrschaft über dich. Du bist eindringlich aufgerufen, deine Zwänge, deine „Sollen" und „Müssen" aufzugeben. Du bist aufgerufen, deine starren Überzeugungen gegen Prinzipien einzutauschen. Überzeugungen sind starr, weil sie einen Mangel an innerer Weisheit kompensieren. Sie führen stets zu Überreaktionen. Sie lassen dir keine Möglichkeit zu innovativen Entscheidungen, sondern determinieren und begrenzen deine Optionen! Prinzipien dagegen sind flexibel. Sie spiegeln deine innere Weisheit. Sie führen immer dazu, daß du deine Verteidigungshaltung aufgibst und Frieden findest! Nur mit Prinzipien bist du in der Lage, unter den vielen Schritten, die dir jeden Augenblick offen stehen, weise zu wählen. Nur mit Prinzipien findest du innere Ruhe und Sicherheit auf deinem kreativen Weg. Wenn du dich an

Prinzipien statt an Überzeugungen hältst, schaffst du die Möglichkeit, deine eigene Fragmentierung und zugleich die des kollektiven Geist-Körpers zu heilen. Dieser universale Heilungsprozeß muß jedoch in deinem Inneren beginnen.

Nimm dir einen Augenblick Zeit und frag dich: „Neige ich zu Überreaktionen? Wie hoch ist der Prozentsatz der Überreaktionen in meinem alltäglichen Leben?"

Es ist wichtig, nicht zu vergessen, daß die hauptsächliche Funktion des Psycho-Virus die ist, dich daran zu hindern, Freiheit zu erfahren. Der Psycho-Virus versucht deshalb, das Funktionieren deines Geist-Körpers zu stören und ihn so zu schwächen. Dein Geist-Körper wird dann durch den destruktiven Prozeß deines Egos, deines unwahren Selbst, eingeschränkt. Du fängst an, übermäßig zu reagieren, statt dich kreativ zum Ausdruck zu bringen. Nimm dir einen Augenblick Zeit und frag dich: „Neige ich zu Überreaktionen? Wie hoch ist der Prozentsatz der Überreaktionen in meinem alltäglichen Leben?" Deine Antwort wird dir helfen, dir bewußt zu werden, in welchem Ausmaß der Psycho-Virus dir die Überzeugung, von der Ganzheit getrennt zu sein, aufgedrängt hat, um deinen Geist-Körper zu kontrollieren. Wenn du erkennst, daß der Psycho-Virus dich unter Kontrolle hat, liegt es an dir zu entscheiden, ob du unter seiner Herrschaft bleiben willst oder nicht. Sei dir bewußt, daß das Ausmaß, in welchem du dich selbst verpflichtest, die Herrschaft des Psycho-Virus über dich zu stoppen, proportional von der Korrektur deiner Fehlwahrnehmungen über dich selbst, über die anderen Menschen und über dein ganzes Leben abhängt. Ohne Zweifel ist die klare Entscheidung, dich von der Macht des Psycho-Virus zu trennen, der kürzeste Weg, deinen Geist-Körper von der Illusion, von der Ganzheit getrennt zu sein, zu heilen!

15
Der Psycho-Virus und deine Angst, dich selbst zu verlieren

Wenn deine kreativen Kanäle durch den Psycho-Virus und die Ego-Prozesse blockiert sind, können sowohl der individuelle als auch der kollektive Geist-Körper ernsthaften Schaden nehmen!

Deine auf Fehlkreativität beruhenden Ego-Muster haben immer zu tun mit deiner auf dem Abbau von Lebensenergie beruhenden Ego-Dynamik und mit deinen auf Selbstbezogenheit beruhenden Ego-Verhaltensweisen. Dieses Konfliktszenario von Ego-Mustern, Ego-Dynamik und Ego-Verhaltensweisen, das sich ständig in deinem Geist-Körper abspielt, reflektiert letztlich nur die Verzerrung deiner kreativen Kanäle von Verstehen, Sinnlichkeit-Sexualität, Instinkt, Kommunikation, Intuition, Zuneigung und Emotion (siehe Bild 15-1). Diese Verzerrung bewirkt, daß du dein unbegrenztes Wesen und deine Gaben nicht mehr leben kannst, indem sie dich davon abhält, deine holographisch-analytische partnerschaftliche Beziehung mit dem Ganzen auszudrücken! Deine sieben kreativen Kanäle stehen in enger Beziehung mit deinem Nervensystem und den chemischen Vorgängen in deinem Geist-Körper. Auf verschiedenen Ebenen sind sie deshalb mit allen physischen und psychischen Prozessen in deinem Inneren verbunden!

Bild 15-1

Die kreativen Kanäle des Geist-Körpers und die Spirale des ganzheitlichen Verstehens

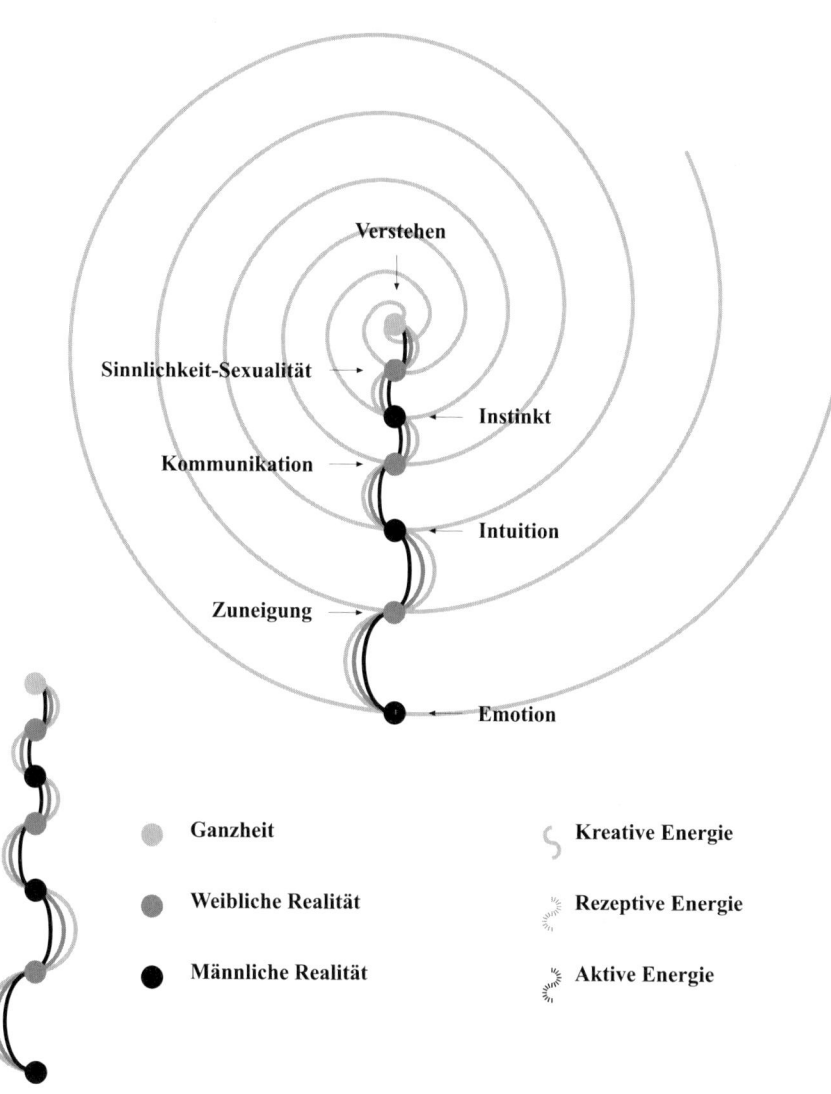

In der *Holographischen Psychologie* wird davon ausgegangen, daß deine kreativen Kanäle einen transzendenten Aspekt haben. Dieser Aspekt umfaßt auch deine Drüsen, deine Empfindungen, deinen Willen, deine fünf Sinne, deine Gefühle, deine Sensitivität, deine Gedanken, deine Vorstellungskraft, deine Inspiration und deine Wahrnehmung, die in enger Beziehung zu deinen kreativen Kanälen stehen. Dieser transzendente Aspekt tritt gleichzeitig mit den biologischen und psychologischen Aspekten dieser Fähigkeiten und Funktionen in Erscheinung. Solche Aspekte sind ein Fenster zu anderen Realitäten, zu deinen parallelen Dimensionen (siehe Glossar), den nicht-ortsgebundenen Manifestationen deiner selbst. Sie sind deshalb der Linearität von Zeit und Raum nicht unterworfen. Es sind logische Muster, die an deinem unbegrenzten Bewußtsein teilhaben und über ein spezielles Code-System kommunizieren, das vom logischen Code-System, mit dem wir vertraut sind, verschieden ist. In deinen Nacht- und Tagträumen, deinen Déjà-vu-Erlebnissen, Vorahnungen und Gleichzeitigkeitserfahrungen – bedeutungsvollen Zufällen – kommen deine parallelen Dimensionen zum Ausdruck! Diese parallelen Dimensionen werden von deinem Geist-Körper aus dem Reich der Schwingungen interpretiert. Diese Interpretation gibt dir die Möglichkeit, die Information aus diesen parallelen Dimensionen zu integrieren. Dein Bewußtsein ist dann in der Lage, sich zu vertiefen und zu erweitern sowie das Verständnis deiner selbst zu erhöhen. Dadurch wird dir bewußt, daß du in ständiger Mitschöpfung mit der Ganzheit bist, indem du deine manifeste und deine nicht-manifeste Natur miteinander verbindest.

Es ist wichtig, sich klar zu machen, daß die *Holographische Psychologie* ihre Aufmerksamkeit ausschließlich auf die transzendenten und psychologischen Aspekte der Drüsen, der Empfindungen, des Willens, der fünf Sinne, der Gefühle, der Sensitivität, der Gedanken, der Vorstellungskraft, der Inspiration und der Wahrnehmung richtet. Sie befaßt sich nicht mit deren psychiatrischer und biologischer Behandlung, die in den Bereich der Medizin und der Ärzte gehört. *Holographische Psychologie* hat nicht die Absicht, eine ausschließliche Vorgehensweise oder eine bestimmte Behandlungsmethode vorzuschreiben. Und sie redet auch nicht dem sorglosen Umgang mit irgendwelchen Geist-Körper-verändernden Substanzen das Wort, die das Bewußtsein vertiefen und erweitern sollen. Denn wenn deine kreativen Kanäle durch den Psycho-Virus und die Ego-Prozesse blockiert sind, können sowohl der individuelle als auch der kollektive Geist-Körper ernsthaften Schaden nehmen! Wenn wir in unserer linearen, physischen Realität sind, können wir Ursache und Wirkung unserer Handlungen und Verhaltensweisen einschätzen. Wenn wir jedoch mit dem Geist-Körper arbeiten, arbeiten wir nicht nur mit einer linearen, physischen Realität, sondern auch mit einer holographischen, transzendenten Realität, einer Quantenrealität! Während wir in der Lage sind, in unserer linearen Realität Voraussagen zu machen, sind die Folgen unserer fehlkreativen „Handlungen" in der holographischen Realität immer unvorhersagbar. Das Ausmaß eines möglichen Schadens ist deshalb nicht kalkulierbar!

Bildlich gesprochen, funktionieren die linearen und holographischen Wechselbeziehungen der kreativen Kanäle wie chinesische Schachteln.

Wenn dein Geist-Körper in den Fluß kreativer Energie und Weisheit eingebettet ist, so liegt das daran, daß deine kreativen Kanäle weder blockiert noch überaktiv sind. Ihre harmonische Zusammenarbeit macht es möglich, daß deine kreative Energie sich frei manifestieren kann. Das läßt dich schöpferisches Mitwirken, hohe Energie sowie Selbstbewußtheit erfahren und erlaubt dir so, deine Ganzheit zum Ausdruck zu bringen. Eine Besonderheit deiner kreativen Kanäle liegt darin, daß sie sich gleichzeitig in analytischen und holographischen Wechselwirkungen manifestieren können: Zum einen durch die analytische Wechselwirkung auf lineare und vorhersagbare Art, zum anderen durch die holographische Wechselwirkung auf ortsunabhängige, unvorhersagbare Weise. In der holographischen Wechselwirkung enthält der kreative Kanal des Verstehens, als ein Ganzes für sich, die sechs anderen kreativen Kanäle, ist aber gleichzeitig in jedem von diesen enthalten. In der linearen Wechselbeziehung der kreativen Kanäle dagegen, die sich in expliziter Weise abspielt, „entfaltet" sich Verstehen in Sinnlichkeit-Sexualität, Sinnlichkeit-Sexualität in Instinkt, Instinkt in Kommunikation, Kommunikation in Intuition, Intuition in Zuneigung, Zuneigung in Emotion, Emotion in eine erweiterte Stufe von Verstehen, die ihrerseits sich wieder in eine erweiterte Stufe von Sinnlichkeit-Sexualität entfaltet und so weiter. Diese lineare Wechselbeziehung kann auch auf umgekehrte Weise betrachtet werden, nämlich in impliziter Weise: Das geschieht zum Beispiel, wenn Emotion sich in Zuneigung „einfaltet", Zuneigung in Intuition, Intuition in Kommunikation und so weiter. Diese Einfaltung führt dich immer auf eine tiefere Stufe des Verstehens deiner selbst. Du mußt dir bewußt sein, daß diese lineare Wechselbeziehung – sei sie explizit oder implizit – nur kreativ sein kann, wenn sie nicht durch den Psycho-Virus gestört wird.

Bildlich gesprochen, funktionieren die linearen und holographischen Wechselbeziehungen der kreativen Kanäle wie chinesische Schachteln. Aus einer holographischen Perspektive betrachtet, ist der kreative Kanal des

Verstehens wie eine Schachtel, die sechs weitere Schachteln enthält. Jede Schachtel – jeder kreative Kanal – zeigt die gleiche „Form" und drückt die gleiche „Art" aus wie die große Schachtel – den kreativen Kanal des Verstehens. Jede Schachtel ist in sich vollständig und „unabhängig", obwohl sie mit jeder anderen in Wechselbeziehung steht. Aus einer linearen Perspektive enthält jede Schachtel die anderen oder ist in ihnen enthalten und existiert nur in sequentieller Beziehung.

Kurz, die holographische Wechselbeziehung deiner kreativen Kanäle manifestiert sich in dir unvorhersagbar und nicht-ortsabhängig. Sie tritt in Verbindung mit der analytischen Wechselbeziehung auf, die sich vorhersagbar und linear entweder auf explizite oder auf implizite Weise abspielt. Wenn diese holographischen und analytischen Wechselbeziehungen kreativ zusammenwirken, erlangst du ganzheitliches Verstehen. Du erlebst die vierte Dimension deines Bewußtseins. Dein ganzheitliches Verstehen wird aber jedesmal blockiert, wenn der Psycho-Virus in den analytischen, intellektuellen Prozeß deines Bewußtseins eindringt, indem er die lineare Wechselbeziehung deiner kreativen Kanäle verzerrt. Diese Verzerrung hindert dich daran, deine holographische Wechselbeziehung richtig zu erfahren. Der Psycho-Virus blockiert damit deine Erleuchtung!

Der kreative Kanal des Verstehens ist der Begegnungspunkt, wo die nicht-ortsgebundene, holographische Wechselbeziehung mit der linearen, analytischen Wechselbeziehung deiner kreativen Kanäle verbunden wird. Diese Verbindung geschieht folgendermaßen: Der kreative Kanal des Verstehens, als ein Ganzes für sich, entwickelt sich als die spiralförmige Mind Bridging-Dynamik des ganzheitlichen Bewußtseins (siehe Figur 15-1). Diese spiralförmige Mind Bridging-Dynamik macht es möglich, daß sowohl die holographischen als auch die analytischen Wechselbeziehungen zustandekommen, so daß sie gleichzeitig in der Mikro- als auch in der Makro-Realität deines Geist-Körpers auftreten können. Während nun dein kreativer Kanal des Verstehens sich in der spiralförmigen Mind Bridging-Dynamik vertieft und erweitert, produziert er in unvorhersagbarer Weise Geist-Hologramme in dir. Diese Geist-Hologramme sind dreidimensional, „biopsychische Genstrukturen". Sie sind identisch mit der primären Matrix, dem kreativen Kanal des Verstehens, der sie erzeugt. Jedes deiner Geist-Hologramme ist Teil einer komplexen intellektuellen Struktur, als ein Ganzes, und ist gleichzeitig eine intellektuelle Struktur, als ein Ganzes für sich. Jedes deiner Geist-Hologramme hat die Möglichkeit, dreidimensional dieselbe holographisch-analytische Konfiguration deiner kreativen Kanäle unter vielen verschiedenen Aspekten zu projizieren. Das ist der Grund, weshalb sich Geist-Hologramme reproduzieren können. Indem du einen Mind Bridging-

Prozeß durchmachst (siehe Bild 15-2), wird es dir möglich, eine Brücke zu all deinen Geist-Hologrammen zu schlagen, ohne dabei deine intellektuelle Struktur zu verlieren. Folglich fragmentiert sie nicht, sondern bleibt ganzheitlich. Du kannst dann das breite Spektrum des Selbstverstehens erfahren! Deshalb kann ganzheitliches Bewußtsein, die kreative Energie, sich in deinem Leben, für dich und deine Umgebung manifestieren. Bildlich gesprochen, ist jedes Geist-Hologramm ein Tor zu einem tieferen Verständnis und damit zu einer zugrundeliegenden, alles durchdringenden ganzheitlichen Realität, wo Schöpfung ständig stattfindet.

Bild 15-2

Der Mind Bridging-Prozeß

 **Der kreative Intellekt**

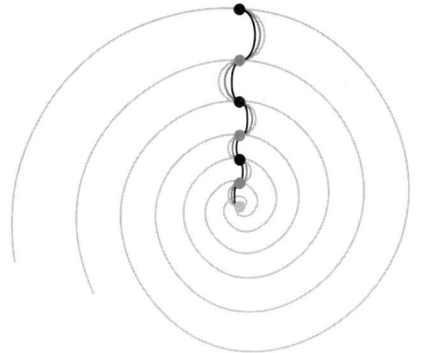 **Das Geist-Hologramm**

Der holographische Netz

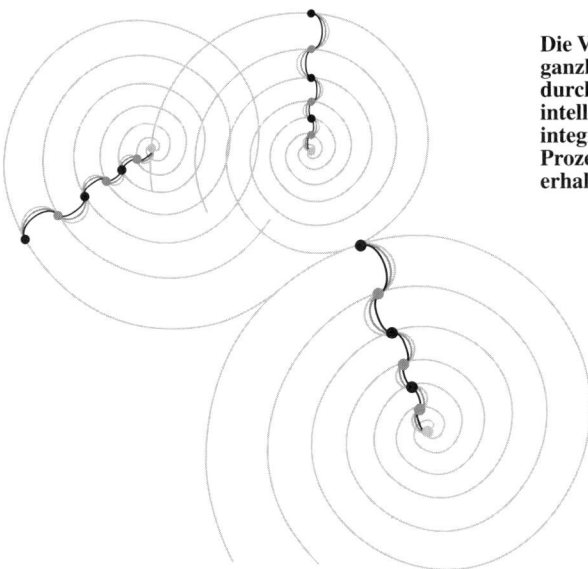

Die Vorstellung eines ganzheitlichen Systems, das durch einen holographischen, intellektuelle Strukturen integrierenden Mind Bridging-Prozeß aufrecht erhalten wird

Mangel an Selbstverstehen führt dazu, daß du im täglichen Leben naiv versuchst, all die einzelnen Teile zusammenzufügen, um deine eigene Ganzheit, die Ganzheit aller Menschen und die Ganzheit von allem zu verstehen.

Der Psycho-Virus bringt dich in erster Linie dazu, einen wirren Intellekt zu entwickeln, der mit der kreativen Bewegung deiner Ganzheit nicht im Einklang steht! Er stört die spezifischen Funktionen jedes kreativen Kanals und verändert so ihre analytische Wechselbeziehung. Wenn die analytische Wechselbeziehung deiner kreativen Kanäle inkohärent wird, schränkt sie dich in ihrer Zusammenhanglosigkeit ein. Dein kreativer Intellekt wird so zu einem verzerrenden Intellekt, der im Psycho-Virus seine Verkörperung hat! Du kannst die holographische Wechselbeziehung deiner kreativen Kanäle nicht mehr richtig erfahren. Dies erschüttert dein Selbstverstehen.

Mangel an Selbstverstehen führt dazu, daß du im täglichen Leben naiv versuchst, all die einzelnen Teile zusammenzufügen, um deine eigene Ganzheit, die Ganzheit aller Menschen und die Ganzheit von allem zu verstehen. Du analysierst streng dich selbst, die anderen und alles; du verlierst dich in extremem Experimentieren, extremer Wissenschaftlichkeit, reduzierst alles, um am Ende nichts zu beweisen! Es ist ein Weg ohne Ende, mit zahllosen „Warum" und wenig zutreffenden Schlußfolgerungen. Wenn du Opfer dieses Weges wirst, wirst du auch Opfer von zwanghaftem Zweifel. Er spiegelt deine naive Entscheidung wider, deine Ganzheit getrennt vom Ganzen zu „rekonstruieren". Du kannst bei deiner rastlosen Suche nach Wahrheit, die insgeheim deine verzweifelte Suche nach deiner eigenen Ganzheit enthüllt, nur erfolgreich sein, wenn du dein extremes analytisches Verhalten oder deine Widersprüchlichkeit beiseite läßt! Du gerätst sonst unvermeidlich in einen Zustand des Ungleichgewichts, weil dein analytisches Bewußtsein entweder über- oder inaktiv ist. Statt deine Sinnlichkeit-Sexualität in Integrität auszuleben, schränkst du dich durch Ressentiments ein oder versuchst umgekehrt auf rebellische, unverantwortliche Weise aus ihnen auszubrechen; statt deinen Instinkt als natürliches Mittel zur Selbsterhaltung einzusetzen, wirst du von Halluzinationen getrieben; statt wahrer Kommunikation erfährst du Einsamkeit; statt dich deiner Intuition zu öffnen, indem du dich ein Kanal sein läßt, durch den die Ganzheit ihre Fülle teilen kann, schließt du dich in einem Turm der Selbstsucht ein. Und statt Zuneigung pflegst du Selbstablehnung; statt wahre Beziehung mit deinen Emotionen zu entwickeln, fängst du an, sie vorzutäuschen (siehe Bild 15-3). So fühlst du dich nicht wohl, es fehlt dir an innerem Frieden, und du wirst geistig verwirrt!

Verzerrung und Fragmentierung der kreativen Kanäle des Geist-Körpers
Blockierung des ganzheitlichen Verstehens

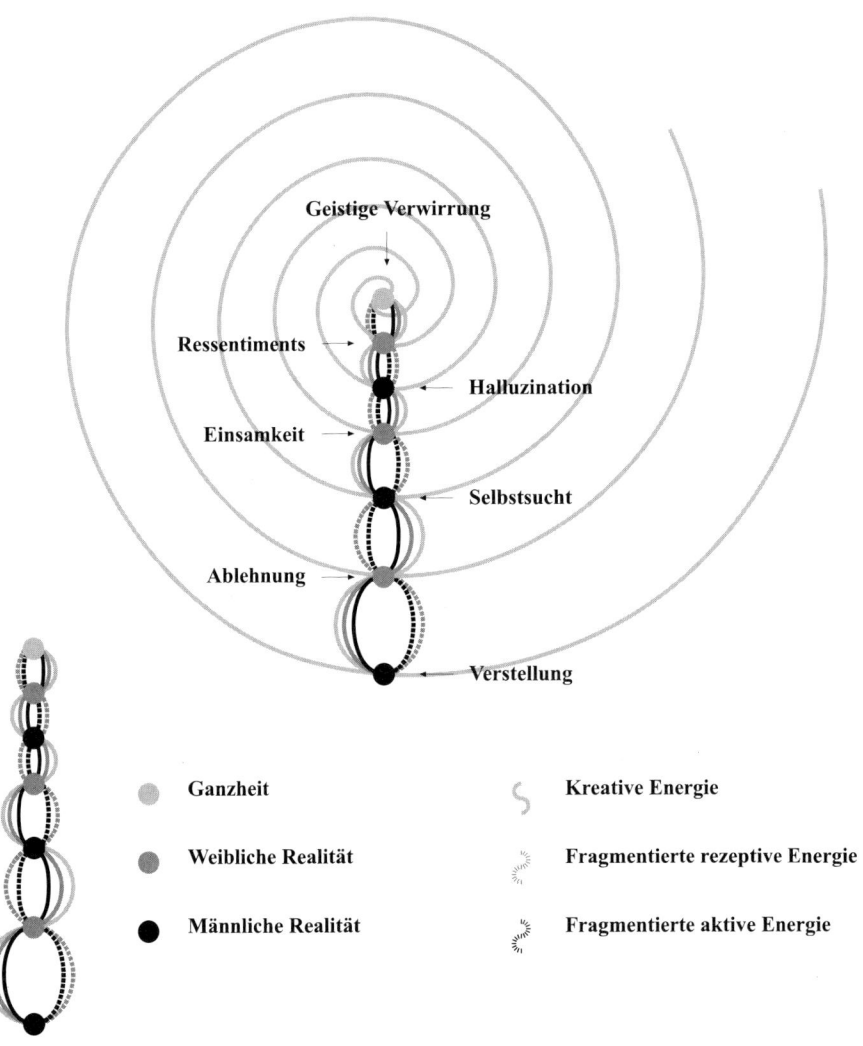

Geistige Verwirrung

Ressentiments

Halluzination

Einsamkeit

Selbstsucht

Ablehnung

Verstellung

Ganzheit   Kreative Energie

Weibliche Realität   Fragmentierte rezeptive Energie

Männliche Realität   Fragmentierte aktive Energie

Psycho-Virus

„Wie kann ich den Trick des Psycho-Virus auflösen?" Das ist für jedermann die erste Frage.

Vergessen wir nicht, daß der Psycho-Virus nur eine Illusion ist! Er ist die mächtigste deiner Illusionen. Aber weil er nur ein Trick ist, kannst du ihn auflösen. Der Psycho-Virus ist eine kollektive Illusion, die wir gemeinsam überwinden müssen. Sonst wird er weiterhin als kollektive Hypnose wirksam bleiben. „Aber wie kann ich den Trick des Psycho-Virus auflösen?" Das ist für jedermann die erste Frage. Die Antwort ist einfach: Jeder Mensch, der sich dafür entscheidet, seine Ganzheit wiederzufinden, gewinnt Schritt für Schritt die Bewußtheit seiner wahren Natur wieder. Diese Entscheidung hat die Kraft, die gesamte Welt, Galaxien, das Universum und noch darüber hinaus zu beeinflussen, denn sie ist ganz einfach eine Botschaft des Verstehens! Verstehen ist die universale ganzheitliche Essenz unserer geordneten inneren und äußeren Welt. Im Verstehen steckt das ganzheitliche Prinzip, das alles ordnet! Deine Entscheidung, deine Ganzheit wiederzufinden, kann deshalb die Unendlichkeit erreichen und alle heilen. Die heilende Kraft deiner Entscheidung ist unbegrenzt, wie du selbst unbegrenzt bist! Warum ist das so? Erst wenn du anerkennst, daß du nicht fragmentiert bist, kannst du Schritt für Schritt deine kreative Kraft wiedergewinnen und korrigieren, was der Korrektur bedarf. Erst dann kannst du dich dauernd kreativ transformieren. So kannst du beginnen, die universale falsche Überzeugung, von der Ganzheit getrennt zu sein, von innen zu heilen. Es ist eine Trennung, die auf einem Mißverständnis beruht! Der Psycho-Virus hält dich aber davon ab, deine Ganzheit wiederzufinden, weil er sich dem Verstehen und jeder kreativen Transformation widersetzt. Wenn er die Macht hat, kann sich dein Geist-Körper nicht kreativ transformieren.

Angst – und das gilt für alle trennenden Gefühle – ist das Gefühl, zu verlieren, sich selbst zu verlieren, und bedeutet, daß dein gesamter Geist-Körper nach Ganzheit schreit.

Wenn du dich nicht mehr kreativ transformieren kannst, wirst du unvermeidlich von Verwirrung überwältigt. Sie manifestiert sich in dir als eine Lawine trennender Gefühle! Sehr oft überdeckst du diese Gefühle, statt sie vollständig auszuleben und dann loszulassen. Das führt dazu, daß du in deinem Leben auf Situationen stößt, die dich immer wieder mit den gleichen trennenden Gefühlen konfrontieren. Das wird solange andauern, bis du beginnst, deine Gefühle zu fühlen und dir erlaubst, sie offen und ehrlich auszudrücken. Sonst wachsen sie in dir zu riesigen, schrecklichen Schatten.

Deine trennenden Gefühle treten in unterschiedlichen Gestalten auf. Sie stehen jedoch alle für das gleiche grundlegende Gefühl der Angst, sich selbst zu verlieren. Die Angst, sich zu verlieren, geht auf den Schmerz deiner Trennung vom Ganzen zurück! Die Angst, sich zu verlieren, ist deshalb ein eindeutiges Symptom der Herrschaft des Psycho-Virus. Denn der Psycho-Virus gründet in Schmerz und Angst, dem gemeinsamen Erkennungs-zeichen der Fragmentierung. Das Interessante ist, daß du kreativ durch dei-nen Schmerz und deine Angst hindurchgehen kannst, wenn du die Konfrontation mit deinem tiefsten Schmerz und deinen tiefsten Ängsten zuläßt und dich dabei auf deine Ganzheit verpflichtest. Du lernst aus ihnen und läßt sie los. Du findest wieder Zugang zu deiner Ganzheit! Das wird natürlich von deiner selbstbestimmten Absicht abhängen, die Realität zu sehen, die hinter deinem Schmerz und deinen Ängsten verborgen ist. Nur wenn du deine Augen öffnest, um die kreative Energie zu entdecken, die hin-ter deinem Schmerz und deinen Ängsten verborgen liegt, kannst du deine innere Stärke zurückgewinnen und die Illusion des Psycho-Virus auflösen.

Es ist wichtig, all deine trennenden Gefühle als Warnzeichen zu verstehen, daß du auf dem falschen Weg bist. Bei meinem eigenen Versuch, die hinter einer meiner Ängste liegende Dynamik zu verstehen, fragte ich den stets ganz bleibenden Teil meines Geistes: „Was liegt hinter dieser Angst?" Die Einsicht kam prompt: „Angst – und das gilt für alle trennenden Gefühle – ist das Gefühl, zu verlieren, sich selbst zu verlieren, und bedeutet, daß dein ge-samter Geist-Körper nach Ganzheit schreit." Deine trennenden Gefühle brin-gen dich deshalb dazu, die nötigen Korrekturen in dir vorzunehmen. Dein Leben kann dann auf erfüllendere und leichtere Weise vorwärtsgehen. Das bedeutet, daß du dich und dein Leben in kreativer Weise neu orientieren und deine Ganzheit leben kannst. Das bewirkt, daß dein Gefühl, sich zu verlieren, das nur deinen übertriebenen Pessimismus widerspiegelt, zu nichts verblaßt.

Es ist gut, zu wissen, daß jedesmal, wenn du aufhörst, deinen Pessimis-mus zu verstärken, dir ein neuer kreativer Schritt gezeigt wird! Du hast die Chance, den Schatten deiner hoffnungslosen Routine, der aus deinen zwang-haften Verhaltensweisen, Ritualen, Gewohnheiten und Süchten hervorgeht, vollständig zu vertreiben. Diese Routine macht dich nur blind gegenüber deinen verschiedenen Aspekten. Gerade ihre Anerkennung ist es aber, die dir erlaubt, neue Aspekte deiner Kreativität anzunehmen, wenn du bereit bist, sie zu integrieren. Nur durch diese Integration kannst du deinen destruktiven Pessimismus in Zuversicht verwandeln und so wahrhaft ein kreativer Kanal von Verstehen werden. Nur dann wirst du dich verändern, und dein Leben wird erfolgreich sein!

16
Wie kannst du den Psycho-Virus entlarven?

Du selbst zu sein erfordert, daß du ganz in der Gegenwart bist. Das geschieht nur, wenn du ganz in dir gegenwärtig bist.

Der Psycho-Virus, diese unwahre Geist-Körper-Bewegung, die deine Transzendenz blockiert, verhindert, daß du innovativ wirst, dich selbst erneuerst und neu belebst! Ist dir bewußt, daß deine Gedanken jeden Tag fast dieselben sind? Indem du ständig die gleichen Gedanken abspielst, verstärkst du nur dein einschränkendes System von Überzeugungen. Du erinnerst dich ständig an schmerzliche Erfahrungen in der Vergangenheit, verharrst in deiner Angst vor der Zukunft und machst dir ständig Sorgen um sie. Du lebst in deiner Vergangenheit und programmierst deine Zukunft auf der Grundlage deiner früheren Mißerfolge. Du gehst der Gegenwart aus dem Weg. Innovation, Erneuerung und Neubelebung werden so unmöglich!

Nur in der Gegenwart kann dein Geist-Körper natürlich, spontan und schöpferisch sein. Wenn du aber nicht ganz in der Gegenwart bist, fühlst du dich von deiner kreativen Kraft getrennt und bist dir auch nicht des ständigen Flusses von kreativer Energie bewußt, die dir unbegrenzt zur Verfügung steht. Du machst nur von einem Bruchteil deines gewaltigen kreativen Potentials Gebrauch. Hast du wirklich eine Chance, in deinem Leben erfolgreich zu sein, wenn du diesen einschränkenden Lebensstil fortsetzt?

Das Buch *Living Buddha, Living Christ* von Thích Nhât Hanh spricht von der Bedeutung, Achtsamkeit zu üben. Das läßt sich erreichen, indem man Bewußtheit der Gegenwart übt. Das erfordert, daß du die Kluft zwischen deiner inneren und deiner äußeren Welt überwindest. Du wirst dir dann bewußt, was in dir und um dich augenblicklich und ununterbrochen vor sich geht. Thích Nhât Hanh erläutert das mit einer Geschichte von Buddha, der einmal gefragt wurde: „Herr, was für Übungen praktizierst du und deine Mönche?" Er antwortete: „Wir sitzen, wir gehen und wir essen." Als der Frager beharrte, daß doch jedermann sitze, gehe und esse, sagte ihm Buddha: „Wenn wir sitzen, *sind wir uns bewußt*, daß wir sitzen. Wenn wir gehen, *sind wir uns bewußt*, daß wir gehen. Wenn wir essen, *sind wir uns bewußt*, daß wir essen."

Das Ziel des Psycho-Virus ist es, deinen Geist-Körper auf die Vergangenheit oder auf die Zukunft auszurichten. So entfernst du dich von der

Gegenwart. Du bleibst stehen. Du fühlst das völlige Fehlen von Glück! Du bist schlicht unfähig, deine Kreativität wahrhaft auszudrücken. Deshalb kannst du nicht du selbst sein! Du selbst zu sein erfordert, daß du ganz in der Gegenwart bist. Das geschieht nur, wenn du ganz in dir gegenwärtig bist. Du bist dann fähig, mit deinen emotionalen Grenzen umzugehen. Nur so kannst du deine Zwangsvorstellung, in der Vergangenheit oder in der Zukunft zu leben, überwinden.

Du lebst ein Leben, das dich davon abhält, mit der Ganzheit mit-schöpferisch tätig zu sein. So verfällst du der Selbstzerstörung. Das ist es, was sich ändern muß!

Auf dieser Stufe der Bewußtheit weißt du über den Psycho-Virus wirklich Bescheid und siehst den Grund, warum die Dinge nicht in deinem Sinn laufen oder das Leben so schwierig ist. Es genügt aber nicht, daß du die Ursache deiner Erfolglosigkeit zwar kennst, aber nicht siehst, daß der Psycho-Virus deine Projektion, deine eigene Fehlschöpfung ist. Die Ursache deines Mangels an Glück zu finden wird deine Probleme noch nicht lösen! Es wird dich auch nicht von deinen Ängsten befreien oder dich von der Last deiner trennenden Gefühle retten. Du mußt davon erfüllt sein, dich zu transformieren! Wenn du von der Idee besessen bist, du habest endlich die Ursache deines Problems gefunden, lenkt dich das nur davon ab, deine eigene Fehlschöpfung, den Psycho-Virus, zu korrigieren. Das verstärkt wieder das Ziel des Psycho-Virus, dich von der Realität der Gegenwart fernzuhalten.

Heilung von deiner Fragmentierung ist nur möglich, wenn du dich entscheidest zu verändern, was verändert werden muß. Veränderung bedeutet immer, der Ablehnung deiner wahren Natur, die Ganzheit ist, Einhalt zu gebieten. Heilung kommt letztlich dadurch zustande, daß du anerkennst, daß der Psycho-Virus eine falsche Vorstellung, ein Produkt deiner Phantasie ist. Die vom Psycho-Virus verursachte Dynamik der Fragmentierung geht auf deine Überzeugung zurück, daß du dich von der Ganzheit trennen kannst. Du beginnst dir Vorwürfe zu machen, deine wahre Natur verraten zu haben, und gleich darauf bestreitest du sie wieder. Diese Vorwürfe verschwinden aus deinem Bewußtsein, aber in deinem Geist-Körper sind sie immer noch da! Was hast du als „Verräter" verdient? Gibt es etwas anderes als Bestrafung, das dein Leben dir geben sollte? Du übernimmst es selbst, dich im Namen des Lebens zu bestrafen! Du lebst ein Leben, das dich davon abhält, mit der Ganzheit mitschöpferisch tätig zu sein. So verfällst du der

Selbstzerstörung. Das ist es, was sich ändern muß! Kein Zweifel, Korrektur ist nur möglich, wenn du deine Wahrnehmung von dir und der Ganzheit änderst. Du mußt verstehen, daß die Ganzheit in dir ist und du zugleich in der Ganzheit bist. Du kannst diese holographische partnerschaftliche Beziehung zwischen dir und dem Ganzen, das sich als das Quantenselbst, das du bist, manifestiert, nicht ändern. Das Quantenselbst ist letztlich Ausdruck der tiefen Verbundenheit, der natürlichen Nähe und der vollkommenen Interaktion, die in deinem ganzen Wesen steckt. Jesus spricht über diese holographische partnerschaftliche Beziehung, das Selbst. In Joh. 15,1 sagt er: „Ich bin der wahre Weinstock [...] Bleibet in mir, und ich in euch. Wie die Rebe nicht von sich aus Frucht tragen kann, wenn sie nicht am Weinstock bleibt, so auch ihr nicht, wenn ihr nicht in mir bleibt."

Nur wenn du dich erinnerst, daß die Ganzheit in dir ist und du in der Ganzheit bist, kannst du Zugang zur Ganzheit gewinnen!

Vergiß nicht, daß diese Veränderung in deiner Wahrnehmung von dir selbst und von dem Ganzen auch dazu beiträgt, daß eine Veränderung im kollektiven Geist-Körper eintritt! Du sollst die falsche Überzeugung korrigieren, daß die Ganzheit eine starke Kraft außerhalb von dir ist. Das schließt eine universelle Korrektur mit ein! Auch wenn es erschreckend sein mag, von einer universelle Korrektur zu sprechen, ist es hilfreich, sich daran zu erinnern, daß du im Universum bist und das Universum sich in dir spiegelt. Wenn du das erkennst, wird alles einfacher! Du kannst das Universum erreichen. Nur wenn du dich erinnerst, daß die Ganzheit in dir ist und du in der Ganzheit bist, kannst du Zugang zur Ganzheit gewinnen!

Der letzte Schritt, um deine Wahrnehmung, von der Ganzheit getrennt zu sein, zu verändern, besteht darin, unverzüglich damit aufzuhören, deine innere Größe abzulehnen! Das kann nur geschehen, wenn du wirklich den Willen aufbringst, dich deiner Wahrheit über dich selbst zu erinnern. Das bedeutet, dich nicht mehr mit Gefühlen der Minderwertigkeit zu belasten. Gib dir die Chance, deine Begabungen zu erfahren. Nur du kannst das für dich selbst tun! In der Tat, deine innere Erlaubnis, was diese Chance betrifft, ist der Keim deiner Transformation. Diese innere Erlaubnis ist das Resultat davon, daß du dir wahrhaft vergibst. Indem du dir selbst vergibst, wirst du erkennen, daß der Psycho-Virus ein illusionärer Schatten ist, der dein Licht verdeckt! Du kannst nicht leuchten. Der Psycho-Virus kann aber nie wirklich deinen Geist-Körper kontrollieren, weil er nicht wirklich ist. Du bist es, der ihn real macht! Du bist ganz sicher kein „Verräter"!

Nur durch Selbstvergebung, die einen Mind Bridging-Prozeß erfordert, läßt du ganz natürlich und Schritt für Schritt deine Verurteilungen, Zweifel, dein Verhaftetsein und dein Bedürfnis nach Kontrolle los. Du gibst auch das ganze Phantasiegebäude auf, das du auf der Illusion errichtet hast, von der Ganzheit getrennt zu sein. Du heilst deinen Geist-Körper von der Beherrschung durch den Psycho-Virus. Du gewinnst deine Integrität zurück, indem du dich erbarmungsvoll „zurück nach Hause" bringst. „Zu Hause" ist nicht irgendwo, sondern ist in der Ganzheit selbst.

Deine trennenden Gefühle sind alle Masken, hinter denen sich der Psycho-Virus versteckt, Masken, die die sieben primären Ebenen der Fragmentierung deines Geist-Körpers widerspiegeln.

Du hast unbedacht den Psycho-Virus erzeugt, indem du ein von der Ganzheit unabhängiger Schöpfer wurdest. Dein Leben ist zu einem Denkmal des Psycho-Virus geworden, und du kannst nicht mehr aufhören, ihn zu verehren. Dieses Denkmal, das auf Kompensation aufgebaut ist, ist die Grundlage all deiner Probleme! Dieses Monument steht auf deinen sieben primären trennenden Gefühlen: Verwirrung, Schmerz, Angst, Kontrolle, Arroganz, Haß und Machtkampf. Die Lösung deiner Probleme zeigt sich dagegen durch Aufdecken deiner sieben primären verbindenden Gefühle: Friede, Glücksgefühl, Freude, Spontaneität, Unschuld, Liebe und Mut. Gewöhnlich verbirgst du diese verbindenden Gefühle hinter deinen trennenden. Wenn du auf diesem Wege bleibst, kannst du deine Probleme nicht lösen! Deine trennenden Gefühle sind alle Masken, hinter denen sich der Psycho-Virus versteckt, Masken, die die sieben primären Ebenen der Fragmentierung deines Geist-Körpers widerspiegeln (siehe Tabelle 16-1). Diese Masken trennen dich von den sieben Gesichtern der Ganzheit. Sie sind die holographische Metapher für deine sieben primären verbindenden Gefühle.

Tabelle 16-1

Die sieben Masken des Psycho-Virus		Die sieben Gesichter der Ganzheit	
	Verwirrung	Friede	
Die sieben	Schmerz	Glücksgefühl	Die sieben
primären	Angst	Freude	primären
trennenden	Kontrolle	Spontaneität	verbindenden
Gefühle	Arroganz	Unschuld	Gefühle
	Haß	Liebe	
	Machtkampf	Mut	

Es ist jetzt Zeit, die Gesichter der Ganzheit in deinen Geist-Körper einzuprägen.

Suche dir einen ruhigen Platz für folgende Übung, wo du dich wohlfühlst und entspannen kannst. Lies jetzt die Übung sorgfältig durch, und führe jeden Schritt konzentriert durch. Diese Übung kann dir sehr dabei helfen, dich von einem Problem zu befreien, das dich gerade bedrückt. Sie kann dir helfen, ein erfüllteres, friedvolleres und glücklicheres Leben zu gestalten. Wenn es dir so lieber ist, kannst du jemanden bitten, dich durch diese Übung zu begleiten. Schließe dann deine Augen. Dies dient der besseren Wirkung der Übung.

Teil 1

- Denke an ein Problem, das dich zur Zeit bedrückt. Es ist sicher, daß dieses Problem aus den Masken des Psycho-Virus besteht. Schau jede dieser Masken aufmerksam an (siehe Tabelle 16-1). Welche Rollen spielen sie in deinem Problem?
- Bleibe neugierig, und versuche unter den Psycho-Virus-Masken diejenige herauszufinden, die am besten dein Problem charakterisiert. Nimm die erste, die dir in deinem Geist als die richtige erscheint.
- Wirf jetzt einen Blick auf das entsprechende Gesicht der Ganzheit, das die von dir gewählte Maske verbirgt. Erkunde, in welchen Bereichen deines Lebens – Karriere, Lebensbeziehung, Finanzen, Sexualität, Familie usw. – du das Gesicht der Ganzheit daran hinderst, sich zu verwirklichen.
- Richte nun deinen Geist-Körper ausschließlich auf das von dir ausgewählte Gesicht der Ganzheit, und spüre es tief in dir. Frag dich: „Warum würde ich lieber ein Problem schaffen, statt mir zu erlauben, diese Qualität zu verkörpern, dieses Gesicht der Ganzheit, die mich für meine Begabungen und ein erfüllteres Leben öffnen würde?"

  Der Grund liegt wohl darin, daß du Angst davor hast, mit einer neuen Situation, die deine Begabungen mit sich bringen könnten, nicht fertig zu werden. Das zu vermeiden wird für dich wichtiger, als deine Begabungen zu entwickeln. Dahinter steckt deine grundsätzliche Angst, die Angst vor dem Unbekannten, die dazu führt, daß du die folgenden Möglichkeiten ignorierst.

- Vielleicht erkennst du, daß dieses Gesicht der Ganzheit eine Qualität ist, die gerade dabei ist, sich in dir mit ganzer Intensität zu zeigen, und du hast Angst, weil du nicht weißt, wie du damit umgehen sollst. Wenn du diese Qualität bereits in dir anerkannt hast, ist es vielleicht nötig, daß du dich in der angezeigten Richtung kreativ erweiterst. Erwäge die Möglichkeit, daß du dein Problem „geschaffen" hast, um dieser Qualität aus dem Weg zu gehen. Gerade diese Qualität ist es aber, die dich dazu bringen kann, in deinem Leben kreativ vorwärtszukommen.

- Vielleicht ist dieses Gesicht der Ganzheit eine Qualität, die du in dir schon entwickelt hast. Du bist in diesem Augenblick jedoch versucht, sie wegen deines Problems aufzugeben und sie als Rache gegen eine wichtige Person in deinem Leben, gegen eine bedeutende Autorität oder sogar gegen Gott zu benutzen.

- Vielleicht ist dieses Gesicht der Ganzheit eine Qualität, die bedeutet, daß du die richtige Person bist, die jemand anderem helfen könnte, im Leben weiter zu kommen. Das würde dadurch geschehen, daß du diese Qualität mit dieser Person teilst und ihr damit möglich machst, mit dir zu lernen. Du weigerst dich aber, diese Aufgabe anzunehmen. Sei dir bewußt, daß, immer wenn du eine Qualität in dir anerkennst und sie mit anderen teilen kannst, auf beiden Seiten eine Brücke zur Ganzheit geschlagen wird. Es ist eine Brücke, die auf beiden Seiten Wachstum ermöglicht.

- Vielleicht bist du derjenige, dessen Aufgabe es ist, dieses Gesicht der Ganzheit bei einem anderen anzuerkennen und diesen Menschen zu ermutigen, diese Qualität auch bei sich selbst zu erkennen. Das kann für diesen Menschen und für dich dazu führen, daß ihr zusammen einen Schritt nach vorne macht – in gemeinsamer schöpferischer Kreativität.

Was dir wirklich hilft, dich in Richtung der genannten Möglichkeiten zu bewegen und zu entdecken, was tief in dir vorgeht, ist, dir selbst und anderen Menschen in deinem Leben zu vergeben. Vergebung führt dich dazu, dein Bewußtsein zu vertiefen und zu erweitern und infolgedessen deine mitschöpferische Natur zurückzuerlangen.

Teil 2

- Was mußt du dir vergeben?
- Wem mußt du vergeben?
- Welche Situation in deinem Leben kommt dir jetzt in den Sinn, in der du vergeben mußt?

Die Antworten auf diese Fragen, die spontan in deinem Geist auftauchen, enthalten genau das, was im Augenblick geheilt werden muß. Das wird dich für die kreativen Schritte frei machen, die du jetzt tun mußt. „Aber wie vergebe ich?" Vergebung ist leicht zu verstehen, wenn du sie auf den Mind Bridging-Prozeß beziehst. Vergebung ist die Brücke zur Ganzheit, die zwischen den Teilen deines Geist-Körpers, die getrennt oder verleugnet sind, gebaut wird. Diese Teile spiegeln sich durchweg in den

Menschen und Situationen deines Lebens, die, wie du meinst, für die Probleme deines Geist-Körpers verantwortlich sind.

Jeder Akt des Vergebens ist letztlich ein Akt der Selbstvergebung. Damit Vergebung, Mind Bridging, geschehen kann, mußt du deinen Willen mit dem des Ganzen vereinigen. Damit erfährst du den kreativen Willen! Darin liegt die tiefste Bedeutung von Vergebung! Wenn du dich diesem kreativen Willen öffnest, geschieht Vergebung durch Gnade, durch kreative Energie. Dann kannst du diese verleugneten Energien verbinden, die du nach außen projizierst, weil du keine Verantwortung übernehmen willst, kreativ mit ihnen zu interagieren. Jedesmal, wenn du vergibst, bist du also fähig, die Lösung für deine Probleme zu finden! Denn dann gewinnst du die blockierte Kraft deiner kreativen Lebensenergie zurück.

Die Menschen und Situationen deines Lebens, denen du vergeben mußt, spiegeln auf abgewandelte Weise dein Verhalten gegenüber dir selbst wider. Wenn du zum Beispiel Menschen nicht vergeben kannst, weil du glaubst, sie hätten sich in der Vergangenheit nicht um dich gekümmert, dann frage dich, ob du jetzt in der Gegenwart dich selbst achtest und für dich sorgst. Stell dir die Frage, ob du dich dafür einsetzt, dein kreatives Potential zu entwickeln und deinen Lebenssinn zu erfüllen. Dieses Verständnis ist der Weg, von Unmut und Groll freizuwerden! Jeden Groll, den du gegenüber jemandem oder gegenüber einer Situation hegst, ist eigentlich ein Groll gegenüber dir selbst!

Sei dir bewußt, daß alles, was du zu vermissen glaubst, alle jene Dinge, auf die sich dein Groll bezieht, jene Dinge sind, die du selbst im Überfluß besitzt, die aber zuwenig entwickelt sind! Wenn du dich zum Beispiel beklagst, daß dein Partner seine Liebe zu dir nicht zum Ausdruck bringt, so könnte das bedeuten, daß du selbst aufgefordert bist, diese Liebe auszudrücken, damit du deine Fähigkeit erweiterst, Liebe zu geben. Indem du deine Liebe mit deinem Partner teilst, kann dein Partner mit dir lernen! Wenn du damit keinen Erfolg hast, obwohl du deine ganze Liebe dafür eingesetzt hast, ist es vielleicht nicht dein wahrer Lebenspartner. Ist dies der Fall, kannst du deine Situation deutlich sehen und sie ohne Groll oder Gefühle des Versagens akzeptieren. Das macht dich frei, dich anders zu entscheiden oder einer anderen Richtung zu folgen und dennoch deine Integrität zu bewahren. Du hast Frieden! Dieser Friede macht es möglich, deine Aufmerksamkeit auf einen neuen Schritt zu richten, der sich dir zeigt. Jeder Schritt wird eine neue kreative Möglichkeit, eine unerwartete Gelegenheit sichtbar machen. Er wird sich in deinem Leben als eine Folge deiner Entscheidung zeigen, die Verantwortung für dich, für andere und für die gesamte Situation zu übernehmen. Und dieses Beispiel kann für alle Bereiche deines Lebens angewandt werden!

- Richte jetzt deinen Geist-Körper auf eine der großen Klagen, die du gegen jemanden oder eine Situation hast.

  Bezieht sich diese Klage auf etwas, was du in der Beziehung zu diesem Menschen oder dieser Situation vermißt?

  Bezieht sich diese Klage auf etwas, was dieser Mensch dir deiner Meinung nach angetan hat oder was diese Situation verursacht hat?

  Was ist es, knapp und präzis, das dir dieser Mensch angetan hat, und wie hat dich diese Situation betroffen?

  Bezieht sich diese Klage auf etwas, das du nicht geben konntest?

  Wenn du dich beklagst, dann frage dich: „Was ist es, das ich mir nicht erlaube zu geben, und was ist es, das ich mir nicht zu empfangen erlaube?" Nimm dir Zeit, um auf die Antworten zu hören... Höre auf die innere Stimme... Sie kommt stets, wenn du wirklich bereit bist, sie zu empfangen!

- Führe dir jetzt jene Menschen und Situationen, denen du vergeben mußt, vor Augen. Laß den Raum, der zwischen dir und ihnen besteht, vom kreativen Willen, deinem ganzheitlichen Willen, ausgefüllt werden. Stelle dir bildhaft vor, wie heilendes Licht, das von diesem kreativen Willen her scheint, sich zwischen dir und diesen Menschen, zwischen dir und diesen Situationen ausbreitet. Laß dir Zeit, dieses Licht zu teilen. Sei bereit, es wahrhaft zu erleben.

- Stelle dir jetzt bildhaft vor, wie das Licht deines ganzheitlichen Willens euch alle durchlichtet! Fühle die Intensität dieses Lichts! Sage diesen Menschen oder Situationen in der Stille deines Herzens, einem nach dem anderen: „Ich vergebe dir." Laß dabei dein Verhaftetsein und alle Erwartungen los. Habe einfach Vertrauen! Zur richtigen Zeit wirst du diese Vergebung spontan erfahren.

  Wenn in deinem Alltag diese Menschen und Situationen in deinem Geist erscheinen, erneuere dann jedesmal diesen Vorsatz, ihnen zu vergeben. Vergebung kann von einem Augenblick zum andern geschehen, sie kann aber auch aus vielen Schichten bestehen. Es ist eine schöpferische Notwendigkeit, daß du erst bestimmte Situationen in deinem Leben erfahren mußt, bevor völlige Vergebung geschehen kann. Diese Situationen stellen Brücken dar, die du selbst errichtest, um ganzheitliches Verstehen in dein Herz und deinen Geist zurückzubringen. Dieses Verstehen wird dich zu den tieferen Schichten der Vergebung führen. Werde dabei nicht ungeduldig, sondern verpflichte dich, immer wieder zu vergeben.

Teil 3

- Schau jetzt noch einmal auf die Masken des Psycho-Virus (siehe Tabelle 16-1). Während du eine nach der anderen anschaust, fasse den Entschluß, sie loszulassen. Wähle die erste Maske, die du auslöschen möchtest. Nenne ihren Namen, und wiederhole danach den Satz: „Ich lasse dich los." Schließe zugleich einen Moment deine Augen, und stelle dir vor, daß du mit einem Lichtstrahl die Psycho-Virus-Maske aus deiner Erinnerung auslöschst. Öffne dann deine Augen, und wähle die nächste Maske, die du auslöschen willst. Fahre damit fort, bis du – eine nach der anderen – alle Masken ausgelöscht hast. Nimm dir ausreichend Zeit, um diesen Teil der Übung durchzuführen.

- Es ist jetzt Zeit, die Gesichter der Ganzheit in deinen Geist-Körper einzuprägen. Sei dir bewußt, daß jedesmal, wenn du die Gesichter der Ganzheit in dir einprägst, der Psycho-Virus immer weniger Macht über dich besitzt. Um die Gesichter der Ganzheit in deinen Geist-Körper einzuprägen, wähle zuerst eines davon aus (siehe Tabelle 16-1). Wende jetzt die bekannte Technik an, dir etwas einzuprägen. Schließe dann deine Augen, und atme tief ein. Halte den Atem an, und konzentriere dich auf das Gesicht der Ganzheit, das du in deinen Geist-Körper einprägen möchtest. Atme aus, und laß deinen Atem in einer einzigen, schnellen Bewegung durch die Nase ausströmen. Gib deinen Atem frei, und verbinde ihn mit der intensiven Absicht, das Gesicht der Ganzheit in deinen Geist-Körper einzuprägen. Öffne deine Augen, und wähle dir das nächste Gesicht der Ganzheit aus, das du dir einprägen möchtest, und wiederhole die einzelnen Schritte. Mach damit weiter, bis du alle Gesichter der Ganzheit in deinen Geist-Körper eingeprägt hast.

- Folgendes ist wichtig: Wenn jemand aus Mangel an Integrität diese Einpräge-Technik auf einfältige oder leichtsinnige Art mißbraucht, so wird in ihm eine störende Energie verstärkt. Wenn du dagegen in einem Zustand ganzheitlichen Bewußtseins bist, wird die störende Energie vom ganzheitlichen Feld, an dem du teilhast, nicht aufgenommen. Dieses Feld wirkt dann wie ein natürlicher Schutzschild.

Teil 4

- Schau jetzt ein letztes Mal auf die sieben Gesichter der Ganzheit, und fühle sie (siehe Tabelle 16-1). Sage dir: „Das ist mein Gesicht! Ich bin ganz! Ich bin Licht!"

- Schließe deine Augen, und spüre diese verbindenden Bestätigungen tief in dir. „Dies ist mein Gesicht! Ich bin ganz! Ich bin Licht!" Wiederhole innerlich, ohne Worte, diese Bestätigungen ungefähr eine Minute lang immer wieder, und sei dabei ganz entspannt. Du beginnst zu spüren, wie Frieden, Glücksgefühl, Freude und andere verbindende Gefühle in dir entstehen und sich ausbreiten. Erlebe diese Gefühle in ihrer ganzen Tiefe. Nimm dir Zeit! In dem Maß, in dem du dir gestattest, in Harmonie zu sein und Integration zu erfahren, indem du deine primären verbindenden Gefühle von Friede, Glück, Freude, Spontaneität, Unschuld, Liebe und Mut lebst, bist du auch vor Fragmentierung geschützt. Im gleichen Maß kannst du auch den Psycho-Virus entlarven. Du findest deine Ganzheit wieder!

- Atme zum Abschluß tief ein... sei einen Moment lang still... Spüre die Ruhe und Stille in dir! Spüre den Boden unter den Füßen, fühle dich zentriert und entspannt... und öffne langsam deine Augen.

Teil 4

Der Weg aus den Tricks der Trennung, denen du zum Opfer fällst

Brückenschlag

Fast zwei Jahre nach meinem Aufenthalt in San Francisco, meiner Trennung von meinem Ehemann und vor meinem Umzug in die Schweiz reiste ich mehrere Male nach Europa und in die USA, um Kurse und Seminare zu besuchen. Bald nach meiner Rückkehr von San Francisco spürte ich den Drang, in meinem Leben neue Ausrichtungen zu erkunden. Es fühlte sich an, als würde sich tief in mir etwas verändern, und diese Empfindungen einer sich anbahnenden Veränderung ließen in mir den Wunsch entstehen, nach Indien zu reisen. Mir war, als würde ich aufgerufen, mit einer Realität in Berührung zu kommen, die anders war als die mir zu dieser Zeit vertraute. Einer der Gründe war, mit Sai Baba zusammenzukommen, der bei vielen als Erleuchteter gilt. Menschen aus aller Welt reisen nach Indien allein aus dem Grund, ihn in seinem Ashram zu besuchen. Auf der Suche nach mir selbst spürte ich den Drang, zu ihm zu gehen. Heute ist mir klar, daß hinter meinem Wunsch, nach Indien zu gehen und Sai Baba zu besuchen, tiefe Sehnsucht lag, unbekannte Aspekte meines holographischen Geist-Körpers miteinander zu verbinden.

Zu der Zeit ereigneten sich in Brasilien mehrere „Zufälle" in meinem Leben, die mit meinen Plänen zu tun hatten, nach Indien zu gehen und Sai Baba zu besuchen. Diese „Zufälle" bestärkten mich in meiner Absicht. In Rio de Janeiro bekam ich Zugang zu einer Gruppe, die jedes Jahr einige Zeit in Sai Babas Ashram verbracht hatte. Ich konnte mit ihnen über ihre Erfahrungen sprechen und über die Veränderungen, die in ihrem Leben eintraten. Sie spürten, daß diese Veränderungen eine innere Transformation widerspiegelten, die sie darauf zurückführten, daß sie in ihrem Geist-Körper immer mehr friedliche, liebevolle und tiefgehende Erfahrungen machten. Dann überraschte mich ein Freund aus meiner Heimatstadt mit einem Geschenk, einem kleinen Päckchen mit Asche, die Sai Baba materialisiert hatte. Wenig später traf ich jemanden, der kleine Gruppen führte und betreute, die nach Indien fuhren. Dieser Mann war mit den Eigentümlichkeiten des Landes wohl vertraut. Im Gespräch erzählte er mir, daß seine nächste Gruppe aus sechs Teilnehmern in einem Monat aus meiner Heimatstadt Belo Horizonte nach Indien fliegen würde. Ich beschloß, mich der Gruppe anzuschließen, und kam im Januar 1989 in Indien an.

Und wirklich, kaum war ich da, erfuhr ich eine ganz andere Realität. Ich fing an, mich aus einem anderen Blickwinkel als vorher zu betrachten. Ich erfuhr die hinter allem liegende Relativität. Jeder Ort, zu dem ich kam, bot mir im Überfluß ganz unerwartete Möglichkeiten, meine innere und äußere Welt miteinander zu verbinden. Das kam daher, daß ich mich in meinem Zentrum erlebte, in meinem wahren Wesen. Ich nahm alles um mich herum bewußt wahr und stand in Beziehung mit mir und mit dem, was in meiner Umgebung geschah. Damals stellte ich mir immer wieder meine grundlegenden und entscheidenden Fragen: „Was ist der wahre Sinn meines Lebens?" und: „Wozu ist das Leben da?"

Wir waren wie eine kleine Pilgergruppe in diesem Kontinent der Gegensätze. Ich sah zahlreiche Orte in Indien und das Himalajagebirge in Nepal. Die Großartigkeit ganz eigentümlicher Situationen forderte mich radikal heraus. Gelegentlich sprach ich mit alten, weisen Menschen, die mir begegneten. Das alles führte dazu, daß ich allmählich innere Ruhe fand. Sie ließ mich die Verbindung zu Menschen, die ich liebe, wiederfinden und wertschätzen. Diese Ruhe ließ mich die Bedeutung meiner andauernden Suche nach innerer Wahrheit verstehen.

Nach dieser Zeit, die unsere Gruppe gemeinsam in Indien und Nepal verbracht hatte, ging jeder seinen eigenen Weg, wie wir abgemacht hatten, bevor wir Brasilien verließen. Ich ging nach Putaparti, in Sai Babas Ashram. Ich kam am Vormittag an, und nachdem ich mich angemeldet hatte, führte mich jemand zu meinem Schlafzimmer, das ich mit vier anderen Personen teilte. Irgendwelchen Komfort gab es nicht. Das verwirrte mich, und es war für mich schwierig, dies zu akzeptieren. Zunächst wehrte ich mich heftig gegen diese Situation, doch dann beschloß ich, nicht aufzugeben, sondern mich der Ganzheit dieser Erfahrung zu verpflichten und gar nicht erst den Versuch zu machen, etwas zu verändern. Die Antworten auf meine grundsätzlichen Fragen zu finden wurde jetzt für mich das Wichtigste. Ich war deshalb entschlossen, mich in meinen Geist-Körper, in die Tiefen meiner inneren Ruhe, eintauchen zu lassen. Ich wollte diese Erfahrung nicht verpassen. Die einzige Bequemlichkeit, die ich mir erlaubte, war die, daß ich mir auf einem offenen Markt außerhalb des Ashrams eine dünne Matratze kaufte, die ich über die Ziegelstein-Zement-Konstruktion legte, die als Bett diente.

Während der Zeit im Ashram erfuhr ich Augenblicke reiner innerer Ruhe und spürte, wie sich die Energie in meinem Geist und Körper in einer anderen Schwingung ausbreitete. Ich konnte mich urplötzlich an längst vergessene Erlebnisse in meinem Leben erinnern. Und ich konnte ohne jede Schwierigkeit die damit verbundenen Bilder und Gefühle, die ständig in mir aufstiegen, loslassen. Ohne meine Gefühle zu verdrängen oder diese Bilder zu unterdrücken, konnte ich sie erfahren, beobachten und verstehen – und dann gehen lassen. Heute verstehe ich, daß diese Ereignisse in meinem Bewußtsein hochkamen, um geheilt zu werden. In dieser Zeit träumte ich nachts auch sehr intensiv und spürte durch diese Träume, als würde mein Geist-Körper meine anderen Dimensionen aufwecken. Was auf mich einen besonderen Eindruck machte, war, daß mir die meiste Zeit bewußt war, daß ich träumte!

Im Ashram zeigte sich Sai Baba zweimal am Tag, und die Menschen kamen zusammen, um ihn zu diesen bestimmten Zeiten – morgens und nachmittags – zu sehen. Er ging unter den Menschen umher, die im Vorgarten seines Hauses innerhalb des Ashrams auf ihn warteten. Er lächelte kaum merklich und schaute den Menschen liebevoll, mitfühlend und heiter in die Augen. Bei einem dieser Treffen kam er in meine Richtung, und plötzlich sah ich eine riesige Glocke vor ihm, welche die Form seiner Gestalt hatte. Ich konnte beides sehen, die Glocke und Sai Baba. Im Bruchteil einer Sekunde erschien ein weiteres Bild vor der Glocke – das liebevolle Gesicht von Jesus, so groß wie die Glocke – und ich konnte das alles dreidimensional sehen. Plötzlich kam mir die Erkenntnis: „Damit diese Glocke erklingen kann, muß jemand sie anschlagen. Du bist genau wie diese Glocke. Wenn du deine Einzigartigkeit und innere Schönheit ausdrücken willst, die sich darin manifestieren, was zu sein und was zu tun du geboren wurdest, so mußt auch du dich von Gnade ‚anschlagen‘, berühren lassen." Und plötzlich wußte ich, daß Gnade die Berührung der Ganzheit ist, und das Bild von Jesus erschien mir als Brücke zur Gnade. Durch ihn würde ich in der Lage sein, meinen kreativen Weg zu entdecken und meine Ganzheit wiederzufinden! Und mir wurde weiter bewußt, daß wir alle dazu bestimmt sind, durch eine besondere Verbindung – eine „Brücke" –, einen einzigartigen Boten der Liebe, angeregt zu werden, unsere Herzen zu öffnen, um uns durch die Belebung durch Gnade zum Sinn unseres Lebens zu bekennen. Dieser Überbringer wahrer Liebe kann jeder sein, der das Licht der Ganzheit auf uns werfen kann, ein Erleuchteter, ein Meister, aber auch unser Lehrer, Partner, Freund, kurzum jedermann.

Während meiner Vision begriff ich, daß die Liebe, die ich in Jesu Augen sah, dieselbe war, die auch aus Sai Babas Augen strahlte. Ich verstand, daß dort, wo echte Liebe wohnt, nur wechselseitige Beziehung und Gleichheit sein können, denn wahre Liebe kann alle Unterschiede aufheben. Mir wurde auch bewußt, daß echte Liebe auszudrücken und zu erfahren der allen gemeinsame kreative Lebenssinn ist. Bald nach diesen Erfahrungen fühlte ich, daß ich aufgerufen war, in eine andere Richtung zu gehen, nämlich in jene, die meine Innenschau mir gezeigt hatte. Am nächsten Morgen verließ ich mit einem Gefühl tiefer Dankbarkeit den Ashram.

Unmittelbar danach traten in meinem Leben tiefe Veränderungen ein, ich begann nach und nach mich in einer Weise zu fühlen, wie ich es nie zuvor erlebt hatte. Ich erfuhr mehr Klarheit und Lebendigkeit in meinem Geist-Körper, und meine Wahrnehmungsfähigkeit wurde intensiver. Im August 1989 fing ich in Brasilien systematisch damit an, das Werk zu entwickeln, das schließlich zu diesem Buch führte. Was in diesem Buch steht, floß in Gestalt zahlreicher Eingebungen in mich ein! Es war, als hätte ich mich in einen intensiven Workshop aus einer anderen Dimension eingeschrieben. In manchen Situationen konnte ich mich bewußt in zwei völlig verschiedenen Dimensionen gleichzeitig erleben. Wenn ich zum Beispiel mit meinem Auto von meinem Wohnort auf dem Land in die Stadt fuhr, war ich mir sehr oft völlig bewußt, was ich in der physischen, konkreten Realität tat, wie auch, was ich in einer anderen, subtileren Realität des Geist-Körpers erlebte. Und in dieser Realität wurden mir die Grundlehren dieses Buches erklärt. Diese Erklärungen waren nicht nur intellektueller Art; ich konnte sie vielmehr mit meinem ganzen Geist-Körper verstehen. Dieses Verstehen kam immer als Ganzes zu mir, alles auf einmal. Es war, als wüßte ich alles unmittelbar. In dieser Geist-Körper-Realität konnte ich erfahren, wie ich auf unvorhersagbare, aber kohärente Weise von einer „Situation" zu einer anderen wechselte. Ich war in der Lage, ohne jede Schwierigkeit zu erfahren, wie die kreativen und erkennenden Fähigkeiten meines Geist-Körpers übergreifend, genau und friedvoll zusammenarbeiteten.

Diese Erfahrungen, in einer Dimension meines Geist-Körpers zu sein, zu der ich bisher keinen bewußten Zugang gehabt hatte, versetzten mich in die Lage, die Großartigkeit und Formbarkeit meines Geist-Körpers zu erfahren. Sie führten mich dazu, einen Aspekt meines Geist-Körpers zu verbinden, den ich bisher noch nicht als zu mir gehörig erkannt hatte. Später verstand ich, daß ich in diesen holographischen Erfahrungen bewußt und kreativ die vierte Dimension meines Bewußtseins erlebte, die Mind Bridging-Dimension, die Dimension des Quantenselbst, in der Unbegrenztheit die Realität ist!

17
Das Ego und seine Tricks

Wenn du in deinem täglichen Leben nicht mehr spontan geben und nehmen kannst, ist das ein klares Zeichen dafür, daß du zum Sklaven deines Egos geworden bist!

Dein Ego-Prozeß zeigt, daß du nicht im Zentrum deines Geist-Körpers bist. Dieses Zentrum ist ein innerer Zustand, in dem du deine eigene Ganzheit anerkennst und dich gleichzeitig ganz in der Gegenwart fühlst. Wenn du dich von deinem Zentrum zurückziehst, überläßt du diese Ganzheit deinem Ego. Da dieses Zentrum aber ein Ort des Lichtes ist, kann das Ego ihn nicht wirklich einnehmen und besetzt halten. Stattdessen erweitert dein Ego den Schatten der Trennung, der zum Psycho-Virus gehört. Dieser Schatten trennt dich von deinem inneren Licht und läßt dich vergessen, daß du deinem Wesen nach dieses Licht bist. Jedesmal, wenn du dich mit diesem Schatten eingehend befaßt und ihn vertreibst, eröffnet sich wieder ein Zugang zu diesem Zentrum deines Geist-Körpers. Ja, es durchlichtet dich! Das erfordert aber den Mut, die unbekannten Reiche deines trennenden Unbewußten zu durchqueren, wo deine inneren „Ungeheuer", deine Schattengestalten, hausen. Diese Gestalten sind fehlkreative Muster, die du als Verteidigungsmechanismus gegen die „Angriffe" aus deiner äußeren Welt entwickelst. Diese äußeren Angriffe sind aber nichts anderes als Widerspiegelungen deiner andauernden inneren Angriffe gegen deine Ganzheit. Nur wenn du die Illusion deines trennenden Unbewußten überwindest, indem du seine „Schattenbewohner", seine fehlkreativen Muster, durch Verstehen, Mitgefühl und Selbstverantwortlichkeit integrierst, erreichst du deine Mind Bridging-Dimension. Du strebst dann nach der einzigen echten Realität in dir, nach dem Licht! Es herrscht Friede!

Dein Ego ist jener Teil deines Geist-Körpers, der sich weigert, sein eigenes Licht anzunehmen. Dein Ego ist beides, sowohl der „Schwindler", der das täuschende Szenario der Schatten, Geister und Verwirrung heraufbeschwört, als auch der Regisseur, der die irrsinnigen Szenen in dir lenkt. Die hauptsächlichen Funktionen deines Egos bestehen darin, deinen Willen in Konflikt zu bringen, deine Lebenskraft aufzuzehren und dich von deiner Selbstverantwortung abzulenken. Damit verzerrt es deine kreativen Kanäle. Der ständige Fluß von kreativer Energie, der durch diese kreativen Kanäle fließen soll, wird zum Stillstand gebracht. Durch Zögern hältst du deinen Fortschritt zur Mitschöpfung auf. Mitschöpfung zu erreichen ist ein Prozeß, der deinem Ego völlig fremd ist. Es hat natürlich keine Ahnung, daß Geben und Nehmen für eine partnerschaftliche Beziehung Voraussetzung ist. Wenn du in deinem täglichen Leben nicht mehr spontan geben und nehmen kannst, ist das ein klares Zeichen dafür, daß du zum Sklaven deines Egos geworden bist! Dein Ego führt dann die wahnsinnigen Vorstellungen des Psycho-Virus aus. Dein Ego hört auf die Wünsche des Psycho-Virus und richtet so einen Zustand ständiger Verwirrung in deinem Geist-Körper an, was dazu führen kann, daß sich in dir Fehlfunktionen breit machen.

Am Ende spielst du den Helden, das Opfer und eine riesige Liste weiterer Figuren, die ausschließlich durch die arroganten Wünsche deines Egos bestimmt werden.

Die Kraft der Manifestation ist die natürliche kreative Kraft deines Geist-Körpers. Sie erlaubt dir, dein glückliches Leben zu schaffen, ein glückliches Leben, das mit deiner Ganzheit vereinbar ist! Dein Ego bringt dich dazu, mit dieser Kraft unbedacht umzugehen, indem es dich mit zahllosen widersprüchlichen Pflichten überlädt, extremes Leid verursacht und bewirkt, daß du eine bedrohliche Welt erschaffst. Ständig wird deine Überzeugung verstärkt, daß alles in einer getrennten Form existiert und daß dies die „reale Welt" ist. Solche Verstärkung erfolgt über eine Massenhypnose, die deinen eigenen und den kollektiven Geist-Körper mit dieser Überzeugung in die Falle lockt. Dein Ego führt dir die greifbare Welt, deine physische Realität, so vor, wie wenn sie deine einzige Realität, deine einzige Möglichkeit wäre.

Im Ego-Prozeß verlierst du die Bewußtheit dafür, daß die Gabe der materiellen Verwirklichung nur eine deiner zahlreichen Fähigkeiten ist. Diese Gabe der Materialisierung ist dir gegeben, um mit der Ganzheit schöpferisch tätig zu sein! Es ist die Fähigkeit, Geformtes aus nicht Geformtem zu schaffen, und umgekehrt. Diese magische Gabe wird von deinem Ego in die Falle gelockt und versklavt. Und dann gibt dein Ego den Ton an! Es macht dein Leben zu einer Bühne. Am Ende spielst du den Helden, das Opfer und eine riesige Liste weiterer Figuren, die ausschließlich durch die arroganten Wünsche deines Egos bestimmt werden. Noch schlimmer, du wirst zum naiven Opfer der illusionären Welt, in der du lebst, und du verstrickst dich in ihrer Falschheit. Du vergißt, daß deine Fähigkeit zu kreativer Manifestation, die Gabe der materiellen Verwirklichung, in Wahrheit dein Geburtsrecht ist.

Sie wurde dir geschenkt, weil du ein Partner der Ganzheit bist, und nicht dazu, die Hölle, einen inneren Ego-Zustand der Intrige und Selbsttäuschung, zu schaffen. Vielmehr wurde sie dir gegeben, um den Himmel, deinen dir eigenen Zustand der Erfüllung und der Glückseligkeit, zu schaffen!

Beherrscht von deinem Ego, beginnt dein Geist-Körper schließlich einen Prozeß von zwanghafter materieller Verwirklichung, von Habsucht, Verhaftetsein und ständiger Sorge. Du wirst vom zwanghaften Bedürfnis, zu nehmen und zu besitzen, überwältigt. Konkurrenzdenken bestimmt dein Leben! Zudem verlierst du dein Zeitbewußtsein. Entweder fehlt es dir an Zeit, die Vielfalt von Aktivitäten, die du dir aufbürdest, zu erledigen, oder du vergeudest deine Zeit damit „herumzuhängen", verloren inmitten von sinnlosen Tätigkeiten. Du verlierst auch dein Raumbewußtsein. Du verstehst es nicht, die passende Umgebung für deine grundlegenden Bedürfnisse auszuwählen. Du bist entsprechend unfähig, den Raum, in dem du lebst, praktisch zu organisieren. Du läßt zu, daß alles in Unordnung ist, oder du organisierst dich umgekehrt bis zum Punkt, wo du den Raum, in dem du lebst, nicht mehr genießen kannst. In dieser äußerst belastenden Situation, verursacht durch mangelnde Bewußtheit von Zeit und Raum, nimmt deine Fragmentierung allmählich zu. Als Folge vergißt du deine wahre Identität völlig und gibst es auf, mit der Ganzheit mitschöpferisch tätig zu sein.

Du bist in dieses Leben eingetreten, um ein Star zu sein. Du bist gekommen, um dein Licht zu verbreiten! Gib nicht auf! Gibt dir die Chance, noch einmal einen Schritt vorwärts zu machen!

Wie hält dein Ego die Fragmentierung deines Geist-Körpers aufrecht? Dein Ego produziert ständig Illusionen der Trennung und hält dich davon ab, dich wieder mit deiner inneren Wahrheit, deinem inneren Licht zu verbinden! Wenn dein Ego gibt, verfolgt es insgeheim die Absicht, dafür etwas zu bekommen. Es sucht ständig Beifall. Das ist aber nicht echtes Geben! Echtes Geben ist bedingungslos! Sei dir bewußt: Wo kein echtes Geben ist, kann auch kein echtes Empfangen sein. Ebenso gilt: Wo kein echtes Empfangen ist, kann umgekehrt auch kein echtes Geben sein. Dein Ego versteht nicht, was echtes Nehmen ist, weil es immer geschäftig ist. Es opfert sich auf und versucht mit „Gerissenheit" – oder indem es die Energie anderer Menschen anzapft –, sich Schritt für Schritt so viel wie möglich anzueignen. Sein letztes Ziel ist es, zu kontrollieren und zu besitzen. Aufmerksamkeit zu suchen, Sondergewinne zu erhalten und spezielle Vorteile zu verlangen – sie machen die Bedürftigkeit deines Egos aus!

Wenn du es zuläßt, daß dein Ego deinen Geist-Körper festhält, sorgt es dafür, daß du nicht leicht Zugang zu deinem Geist-Körper findest. Es lenkt dich dauernd ab, indem es dich mit deinen vielen Sorgen im Kreis drehen läßt. Wenn du in eine Tretmühle von unerwarteten und beunruhigenden Situationen gerätst, kannst du nicht mehr Ruhe finden. Du wirst von den widersprüchlichen Selbstkonzepten, denen du erlaubt hast, sich als deine Persönlichkeiten materiell zu verwirklichen, überwältigt. Diese Persönlichkeiten bilden dein Ego! Das ist der Wahn, in den du eingeschlossen wirst. Dein Ego ist also eine Sammelidentität von fragmentierten geistigen Energien, Selbstkonzepten oder Persönlichkeiten. Es ist eine Ansammlung, die auf deinen Geist-Hologrammen beruht, die sich selber von der Ganzheit ausschließen und so zu trennenden Geist-Hologrammen werden. In diesem Gefühl des Ausschlusses, das auf deine trennenden Geist-Hologramme zurückgeht, stecken die Keime deiner Selbstzerstörung und Selbstaufgabe. Es sind Keime, die dein Ego nährt und aufzieht, um seine Herrschaft über dich zu erhalten!

Du darfst nicht vergessen, daß die Ansammlung deiner fragmentierten geistigen Energien ein Teil deines Geist-Körpers ist! Sie ist ein Teil der illusionären Welt, die du selber geschaffen hast und real machst. Um dieser Nicht-Realität deines Egos, die deine eigene Fehlschöpfung ist, ein Ende zu machen, mußt du dir deiner Ego-Tricks bewußt werden. Diese Tricks können klar zeigen, wie dein Ego deine kreative Energie mißbraucht. Sie öffnen dir die Augen, wie dein Ego schöpferisches Zusammenwirken mit der Ganzheit verweigert, indem es dich von deinem Zentrum, einem Ort des Lichts und des Verstehens, fernhält. Dazu muß sich dein Ego mit seinen Tricks tarnen. Es sind die Tricks, denen du leicht zum Opfer fällst. Sie halten dich erfolgreich davon ab, der zu sein, der du bist, und kreativ zu erreichen, was du tust.

Die riesigen Hindernisse auf deinem Weg zur Reife werden durch die Ego-Tricks (siehe Glossar) von Moralismus, persönlichem Mythos, Tabu, Ritual, Aberglaube, Vergötterung und Ich-sollte-ich-müßte-Pakt geschaffen! Diese Tricks erlauben dir nicht, auf dein inneres Licht zuzugehen und all deine Gaben zu empfangen! Selbst wenn du es wagst, auch nur ein paar deiner Gaben anzuerkennen, so bist du nicht fähig, sie in deinem Herzen und Geist am Leben zu erhalten. Es gibt keine Garantie dafür, daß du fähig sein wirst, diese Gaben zu bewahren! Du glaubst, sie zurückweisen zu müssen, weil du deine Gaben gar nicht verdienst. Deine Ego-Tricks sind es also, die dich völlig davon abhalten, deine primären Hologramm-Gaben zu entwickkeln. Diese primären Hologramm-Gaben sind die Mittel, mit denen du all deine anderen Gaben zusammenbringen kannst. Sie entfalten sich in dir als wahre Identität, Ursprünglichkeit, Selbstbesitz, Meisterschaft, Vereintsein, Partnerschaft und Beziehung! Es ist jetzt Zeit, damit zu beginnen, geduldig und vertrauensvoll Block für Block die Hindernisse, die deine Ego-Tricks geschaffen haben, wegzuräumen! Du bist jetzt aufgefordert, deine Begabungen anzunehmen, um frei und zuversichtlich durchs Leben zu gehen. Das gehört zu deiner angeborenen Freiheit! Du darfst jetzt nicht aufgeben, auf deinem Weg zur persönlichen Reife, zur Kreativität, weiterzugehen, selbst wenn du meinst, es sei zu spät. Sei dir darüber im klaren, daß Gedanken dieser Art, die dir jetzt gerade in den Sinn kommen, nur deinem Ego dienen! Die Wahrheit drängt dich zu erkennen, daß genau jetzt der Zeitpunkt gekommen ist, deine verleugneten Gaben zusammenzubringen! Du bist in dieses Leben eingetreten, um ein Star zu sein. Du bist gekommen, um dein Licht zu verbreiten! Gib nicht auf! Gib dir die Chance, noch einmal einen Schritt vorwärts zu machen!

18
Wahre Identität ist der Weg, aus dem Ego-Trick Moralismus herauszukommen

Wenn Moralismus die Kontrolle über deinen Geist-Körper übernimmt, blockiert er deine Kreativität vollständig! Moralismus ist die verrückte Vorstellung deines Egos, die deine wahre Identität verdeckt.

Dein Ego ist ein Produkt des Psycho-Virus, um in dir seinen Schatten der Hoffnungslosigkeit aufrecht zu erhalten. Die Aufgabe deines Egos ist es deshalb, deine illusionäre Trennung vom Ganzen am Leben zu erhalten und die Verwirrung deines Geist-Körpers zu erhöhen! Dazu bedient sich dein Ego zahlreicher Tricks. Moralismus ist der Haupttrick, von dem all deine anderen Ego-Tricks abhängig sind. Die sekundären Tricks deines Egos sind persönlicher Mythos, Tabu, Ritual, Aberglaube, Vergötterung und Ich-sollte-ich-müßte-Pakt (siehe Bild 18-1). Gemeinsam geben diese Ego-Tricks ein Bild der Fragmentierung deines Geist-Körpers! Diese Fragmentierung ist das Zuhause deines Egos, dessen Absicht es ist, die Verzerrung deiner analytischen Fähigkeiten und Funktionen fortzusetzen und dich dazu zu bringen, deine holographische Natur zu mißbrauchen. Du kannst deshalb nicht mehr deine primären Hologramm-Gaben von wahrer Identität, Ursprünglichkeit, Selbstbesitz, Meisterschaft, Vereintsein, Partnerschaft und Beziehung entwickeln (siehe Bild 18-2). Diese Gaben zu entwickeln ist aber dein einziger Weg, aus deinen Ego-Tricks herauszukommen.

Die fehlkreative Natur des Geist-Körpers
oder die Ego-Tricks

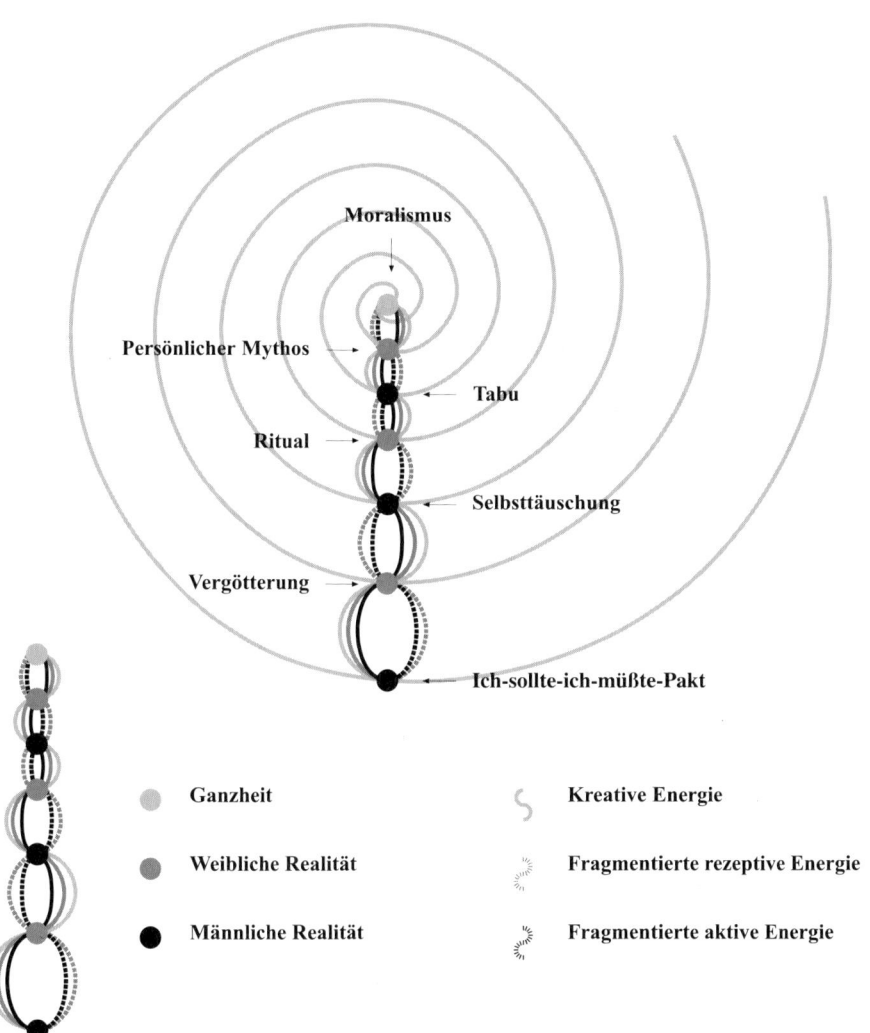

Die kreative Natur des Geist-Körpers
oder die primären Hologramm-Gaben

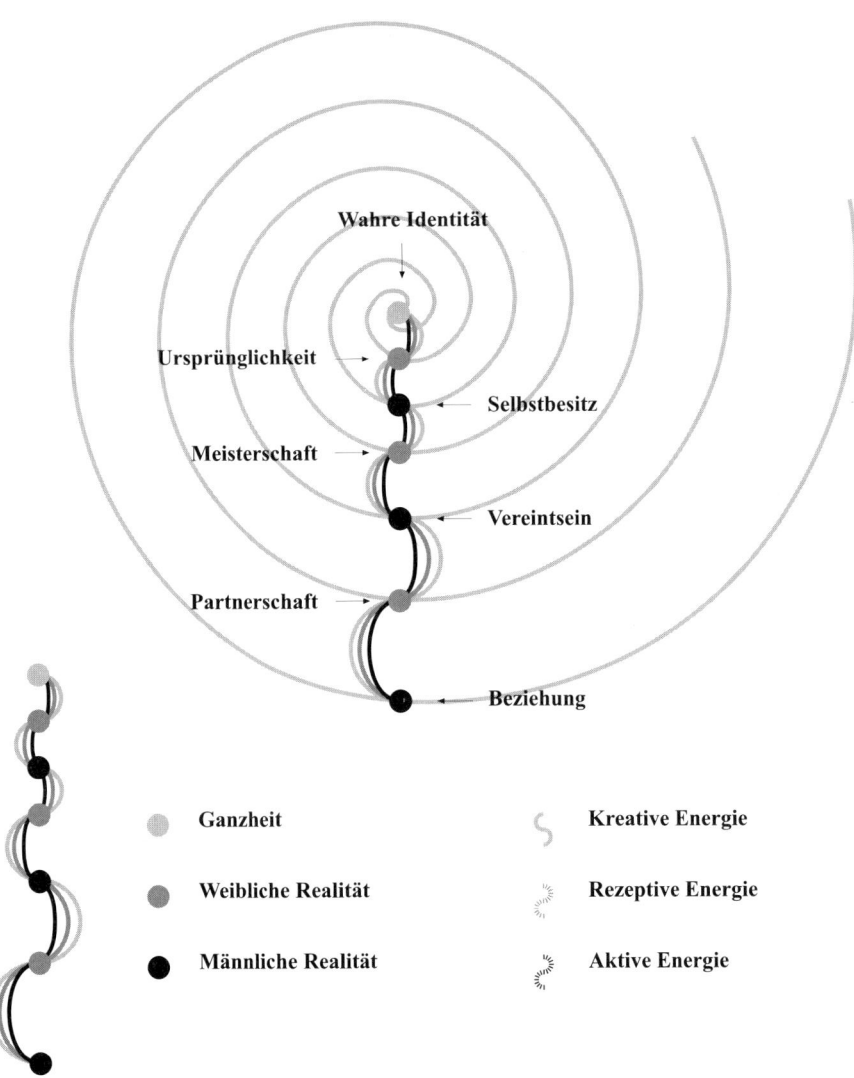

Wahre Identität

Ursprünglichkeit

Selbstbesitz

Meisterschaft

Vereintsein

Partnerschaft

Beziehung

Ganzheit

Kreative Energie

Weibliche Realität

Rezeptive Energie

Männliche Realität

Aktive Energie

Kreativer Intellekt

Wenn Moralismus die Kontrolle über deinen Geist-Körper übernimmt, blockiert er deine Kreativität vollständig! Moralismus ist die verrückte Vorstellung deines Egos, die deine wahre Identität verdeckt. Deine wahre Identität von Licht und Ganzheit ist deine wichtigste primäre Hologramm-Gabe, in der all deine anderen primären Hologramm-Gaben enthalten sind. Dein Ego hindert dich daran, all deine Gaben zu empfangen, indem es dich daran hindert, deine wahre Identität zu entwickeln. In dem Ausmaß, in dem Moralismus deinen Geist-Körper beherrscht, bist du auch in zwanghaftem Vergleichen gefangen: gut – schlecht, richtig – falsch, schön – häßlich, leicht – schwer, Erfolg – Mißerfolg. Zwischen Möglichkeiten wie zum Beispiel richtig oder falsch, gut oder schlecht zu wählen ist zweifellos eine Unterscheidungsfähigkeit deines Geist-Körpers. Wenn du sie aber übertreibst, kannst du nicht mehr richtig zwischen Möglichkeiten unterscheiden. Du verlierst deine natürliche Fähigkeit zu verstehen, zu der gehört, daß du jeden Moment und jede Situation miterleben, erfahren, loslassen und integrieren kannst. Du gerätst in die Falle der Selbstzerstreuung. Leicht wirst du dann von Zweifel, ständiger Sorge und Verwirrung überwältigt. Du bist voreilig mit deinen Urteilen und verstärkst dein Verhaftetsein; oder du wirst selbstgerecht, allzu strukturiert und kaltschnäuzig, weil es dir an Selbst-Engagement mangelt; oder du hebst vom Boden ab, wirst unstrukturiert, abgelöst von dem, was in deinem Leben vorgeht und damit unfähig, die Folgen deiner Handlungen abzuwägen. In solchen Fällen bist du nicht in der Lage, deine Kreativität vollständig zum Ausdruck zu bringen!

Sei dir bewußt, daß nur wenige Menschen in der Lage sind, die holographische Fähigkeit ihres Geist-Körpers vollständig und kreativ einzusetzen. Gewöhnlich erkennen wir diese Menschen unter den Genies, den großen Wissenschaftlern, Meistern und Mystikern oder unter den großen Künstlern, Autoren und Komponisten. Es gibt jedoch auch andere Menschen, welche die holographische Fähigkeit ihres Geist-Körpers weitreichend anwenden, aber in selbstzerstörerischer Weise. Wir stufen diese Menschen gewöhnlich als Geistesgestörte, Psychotiker, Fanatiker oder Borderline-Fälle ein. Dazu gehören auch alle, die Psychiater und Psychologen unter die Rubrik „Geistesstörung" einordnen. Alle Psychopathologien sind letztlich Manifestationen des verfehlten Umgangs mit seinen eigenen holographischen und analytischen Fähigkeiten.

Die holographischen und analytischen Fähigkeiten deines Geist-Körpers sind nur unterschiedliche Weisen, dich auszudrücken. Mit deinen holographischen Gaben drückst du die Fähigkeit zu Beziehung, zu gegenseitiger Durchdringung, zu Integration, Zusammengehörigkeit und Unmittelbarkeit aus. Diese Fähigkeiten führen dich zu einem Ganzen, das die Vorstellung von zusammengefügten Teilen übersteigt. Mit deiner analytischen Fähigkeit hingegen kannst du deine Aufmerksamkeit auf ein bestimmtes Ereignis oder Thema richten und versuchen, es vorherzusehen, zu klassifizieren, zu berechnen oder auf eine Ebene intellektuellen Verstehens zu reduzieren. Auch so gelangst du zu einem Ganzen! Es besteht aber aus Einzelteilen, die du zusammenfügst. Deine holographische Fähigkeit ist mit der Idee von Untrennbarkeit, mit einer globalen Sichtweise verbunden, während deine analytische Fähigkeit auf der Einteilung in Kategorien und Klassen sowie einer lokalen Sichtweise beruht. Beide Fähigkeiten widerspiegeln zwar die kreative Natur deines Geist-Körpers, aber es ist deine holographische Fähigkeit, die deine analytische Fähigkeit umfaßt und einbezieht, wie wir ja auch sagen: „Denke global, handle lokal." Deine holographische Fähigkeit ist deshalb die allumfassende Sicht der Realität. Sie umfaßt und durchdringt die lokale, auf deine analytische Fähigkeit zurückgehende Perspektive derselben Realität.

„Du bist hier, um Harmonie zu schaffen!"

Jedesmal, wenn du dem zwanghaften Vergleichen zwischen gut und schlecht, richtig oder falsch entgehst, machst du dich frei von Moralismus. Dein Geist-Körper kann dann seine Dualität transzendieren und einen Zustand der Ausgeglichenheit erreichen. Das bedeutet, daß du eine ganzheitliche Perspektive von dir selbst erreichst. Dein Bewußtsein kann sich vertiefen und erweitern und drückt so die Größe deiner wahren Identität aus. Du fühlst dich frei, dein schöpferisches Potential und deinen kreativen Lebenszweck vollständig zu entwickeln. Diese Entwicklung ist der Weg echter Spiritualität, der Weg zur Ganzheit, der Weg zur Heiligkeit. Pierre Teilhard de Chardin beschreibt in *The Divine Milieu* eine tiefgehende wissenschaftliche, philosophische und religiöse Vision dessen, was es heißt, unsere Heiligkeit zu leben. Eine seiner visionären Aussagen dazu lautet, daß Ganzheit auch geistige Gesundheit, die Ausgeglichenheit der geistigen Energien bedeutet. Er sagt, daß dieser Ausgleich der Energien immer dann zustande kommen kann, wenn wir Harmonie zwischen unseren aktiven und passiven Wesenszügen finden können.

Um deine Spiritualität anzunehmen und leben zu können, mußt du auf deinem Weg, deine Ganzheit wiederzufinden und damit wiederzugewinnen, vorankommen. Es ist deshalb notwendig, daß du dich um dein kreatives Potential kümmerst und deinen schöpferischen Lebenssinn erfüllst! Dein Ego verbirgt ständig dein kreatives Potential und deinen schöpferischen

Lebenssinn vor dir, um dich auf deinem Weg, deine Ganzheit wiederzufinden, aufzuhalten. Deshalb kannst du nicht mehr Sinnhaftigkeit und innere Ruhe erfahren, sondern verlierst dich inmitten widersprüchlicher Ziele und unvollendeter Aufgaben. Es hilft aber sicher, wenn du dich daran erinnerst, daß du deinen kreativen Weg leicht entdecken kannst, indem du neugierig auf alles bist, was zu tun dir leicht fällt und woran du echtes Vergnügen und Freude hast. Dies sind Pfeile, die dich zur Erweiterung deiner Kreativität führen. Die Pfeile können selbst sichtbare Zeichen deines kreativen Potentials darstellen, oder sie können auch nur die ersten Schritte zeigen, die du machen mußt, um auf deinen wahren kreativen Weg zu gelangen. Ich hatte zum Beispiel immer eine Begabung für Gestaltung. Meine Familie und meine Freunde pflegten mich zu bitten, ihnen bei der Gestaltung ihrer Wohnungen zu helfen. Dies motivierte mich, Innenarchitektur zu studieren und einige Jahre auf diesem Gebiet zu arbeiten. In dieser Zeit merkte ich, daß das, was mich in meiner Arbeit so erfüllte, in der Harmonie und Ausgeglichenheit bestand, die ich den Menschen anbieten konnte. Ich entwickelte deshalb einen Fragebogen, den ich über einen Zeitraum von bis zu vier Sitzungen durchging. In diesen Sitzungen begann ich zu verstehen, daß meine wahre Motivation darin bestand herauszufinden, was hinter den Wünschen dieser Menschen stand, um ihnen zu helfen, den Ausgleich in ihrem inneren und äußeren „Zuhause" zu finden. Dies erleichterte meine Arbeit und ließ mich als Innenarchitektin erfolgreich sein. Trotzdem entstand der Wunsch in mir, die Richtung meiner Arbeit zu verändern. Wenig später wurde mir während eines Workshops zur Persönlichkeitsentwicklung klar, daß Innenarchitektur nur ein Pfeil war, der mich zu einer größeren Dimension meiner Kreativität wies. In diesem Workshop wurden wir aufgefordert, unseren Lebenssinn in einem einzigen Satz aufblitzen zu lassen. Der Satz, der in mir aufkam, lautete: „Du bist hier, um Harmonie zu schaffen!" In diesem Moment konnte ich die Richtung meines schöpferischen Lebenssinns erkennen, und ich verstand, daß ich mein kreatives Potential entwickeln sollte, um diesen Sinn zu erfüllen. Motiviert durch diese Einsicht und durch das Zeichen, das ich während meiner Erfahrung mit Innenarchitektur erhalten hatte, begann ich dann mit meinem Studium der Psychologie.

Heute verstehe ich, wie diese nachdrückliche Botschaft „Du bist hier, um Harmonie zu schaffen!" sich in meinem Leben manifestiert. Soweit ich das beurteilen kann, ermutige ich durch dieses Buch und die *Holographische Psychologie*, in der das therapeutische Mind Bridging-Modell geschaffen und angewandt wird, andere Menschen, die Integration ihres Geist-Körpers zu verwirklichen, indem sie ihre eigene Harmonie aufdecken, das heißt, in der inneren und äußeren Welt Frieden finden. Letztlich soll meine Arbeit Menschen anleiten, bewußt ihr holographisches Wesen und ihr analytisches Wesen wieder zu verbinden, damit sie sich als lebender Ausdruck des Selbst anerkennen. Das geschieht, indem ich ihnen helfe, ihre wahren Bedürfnisse und ihre wahren Wünsche wiederzuentdecken sowie ihr kreatives Potential und ihren schöpferischen Lebenssinn zu realisieren. Über einen Mind Bridging-Prozeß, der auf Vergeben und Selbst-Engagement beruht, sind diese Menschen zudem in der Lage, die Verzerrung ihres intellektuellen Verständnisses ihrer selbst und ihres Lebens zu korrigieren. Dann können sie Sinnhaftigkeit und innere Ruhe erfahren und Schritt für Schritt ihre Ganzheit wiederfinden!

Wir sind hier zusammen, weil jeder von uns ein Teil eines Puzzles ist, eines gewaltigen Plans, eines holographischen Meisterwerks.

Wenn du immer noch nicht deutlich siehst, was dein schöpferischer Lebenssinn ist, und wenn du auf der Suche nach ihm bist, dann schließe die Augen und richte deine Aufmerksamkeit einige Minuten auf dein „Herz", das als Sitz der Liebe und der Wahrheit gilt. Laß deine Gedanken frei umherschweifen, bis dein Geist-Körper ganz entspannt ist. Frage dich dann: „Worin besteht mein schöpferischer Lebenssinn?" Die Antwort wird wie ein Blitzstrahl in einem einzigen Satz erscheinen – wenn du wirklich bereit bist, sie zu empfangen! Es kann sein, daß du diesen Satz und die darin enthaltene Botschaft zurückweisen möchtest. Diese Zurückweisung findet Ausdruck in Gedanken wie den folgenden: „Dafür bin ich zu alt", „Nichts kann mein Leben verändern", „Versuche nicht, etwas zu verändern, was du schon kennst", „Paß auf, du kannst das Unbekannte nicht kontrollieren" usw. Laß dich von solchen Gedanken nicht ablenken! Wenn du deine Frage stellst, wirst du dir vielleicht nicht unmittelbar, aber doch schneller, als du denkst, deiner kreativen Fähigkeiten und der besten Weise, sie zur Erfüllung deines schöpferischen Lebenssinns zu nutzen, bewußt. Aber wie weißt du, wann du wirklich dein kreatives Potential und deinen wahren schöpferischen Lebenssinn entwickelst? Tatsächlich ist es sehr einfach: Das Ausmaß, in dem du wirklich dein kreatives Potential entwickelst, entspricht dem Ausmaß, in dem du dich „in der Ganzheit" fühlst. Du erfährst Selbstsicherheit, Leichtigkeit, Fülle und Harmonie! Auf der anderen Seite entspricht das Ausmaß, in dem du deinen schöpferischen Lebenssinn erfüllst, dem Ausmaß, in dem du „Ganzheit in dir" erkennst. Das äußert sich in Wohlgefühl, Lebendigkeit, Begeisterung und Teilnahme am Leben!

Sei dir bewußt, daß wir ins Leben getreten sind, unsere Gaben zu entwickeln, um bewußt mit der Ganzheit mitschöpferisch zu wirken! Wir sind hier zusammen, weil jeder von uns ein Teil eines Puzzles ist, eines gewaltigen Plans, eines holographischen Meisterwerks. Dieses holographische Meisterwerk spiegelt die Gestalt von Ganzheit wider! Unter diesem Blickwinkel sind wir für einander sich ergänzende Hologramme! Wir können einander helfen, unsere Gaben zu entwickeln! Das Leben wird erfrischend, wenn wir diesen holographischen, komplementären Prozeß, an dem wir teilhaben, verstehen. Wir entwickeln einen Sinn für das Spielerische, für Spaß und Humor, und das zeigt, daß wir uns vom Moralismus befreien, der Herrschaft unseres Egos. Wir beginnen deshalb, jeden einzelnen Menschen anzuerkennen, zu unterstützen und zu schätzen! Wir erkennen, daß die Menschen und Situationen in unserem Leben Zeichen sind, die uns zum Einssein führen. Diese Zeichen sind Geist-Hologramme, die der Entwicklung unseres Geist-Körpers dienen und uns den Weg zur Ganzheit zeigen können. Jedes von ihnen vermittelt uns ein Stück Verstehen. Jedes von ihnen vertritt ein Stück unseres Geist-Körpers, das an die Oberfläche unseres Bewußtseins kommt, um eine Brücke zu bilden. Dies gibt uns die Chance, aus der Kompensation herauszutreten. Wir können unseren Rationalismus, die Abtrennung, die Verurteilungen und den Reduktionismus, die alle Fragmentierung bedeuten, heilen. Wenn diese Stücke – Geist–Hologramme – auftauchen und wir sie integrieren, entwickeln wir Selbstbewußtheit. Zunehmend sehen wir, wie vergnüglich dieser Prozeß, in dem es um die Korrektur der Fragmentierung unseres Geist-Körpers geht, sein kann und mit wieviel Humor er verbunden ist! Und das kommt daher, daß dieser Verstehensprozeß selbst wichtiger wird als das Schaffen von Problemen.

Ganzheitliches Verstehen kann nur in der Ewigkeit deiner Grenzenlosigkeit und im leeren Raum deiner inneren Ruhe bestehen.

Gewöhnlich hat das Wort „Verstehen" einen bestimmten Nebensinn, der seine ganze Bedeutung nicht erfaßt. Die meisten sind der Meinung, Verstehen sei allein das Ergebnis theoretischer Überlegungen und man müsse von einem Konzept zum anderen springen, um die überzeugendste Antwort zu finden. Das ist aber nur ein einzelner Aspekt von Verstehen, ein Ergebnis des intellektuellen Prozesses. Bei diesem Prozeß definiert der Intellekt ein Ganzes, indem er die einzelnen Teile zusammenfügt und alle Konzepte unter eine zentrale Vorstellung einordnet.

Ganzheitliches Verstehen oder „Erleuchtung" kann aber nur im leeren Raum zwischen deinen Gedanken zustandekommen. Das geschieht, wenn dein Geist leer ist und dein Körper sich im Gleichgewicht befindet! Das Vakuum deines Geist-Körpers kann dann zu einem mit unbegrenzter Intelligenz, vereinheitlichter Energie und reiner Bewußtheit angefülltem Raum werden. Diese Fülle geht hervor aus der Integration deines holographischen Verstehens mit deinem analytischen Verstehen. Dein holographisches Verstehen ist die „Weisheit", die in dir funkelt; über einen Prozeß unmittelbarer und unerwarteter Informationsübertragung kommt sie wie ein Blitzschlag über dich. Dein analytisches Verstehen dagegen ist das „Wissen", das sich in dir entfaltet, das Ergebnis des intellektuellen Prozesses, der differenzierte Ausarbeitung und Nachdenken einschließt. Wenn sich die holographischen und analytischen Formen des Verstehens miteinander verbinden, manifestiert sich ganzheitliches Verstehen – die Erleuchtung des Geist-Körpers – in dir. Diese Erleuchtung läßt sich erfahren als umfassender und nachhaltiger Zustand der Klarheit und der inneren Ruhe. Sie ist Transzendenz. Sie bedeutet, daß du dich von der Verwirrung der Schuld und selbstauferlegten Einschränkungen befreist. Ganzheitliches Verstehen kann nur in der Ewigkeit deiner Grenzenlosigkeit und im leeren Raum deiner inneren Ruhe bestehen. Jedesmal, wenn es zustandekommt, heilst du dich von Moralismus!

Wenn du zuläßt, daß der Ego-Trick Moralismus die Macht über deinen Geist-Körper übernimmt, wirst du gewiß zum Opfer von Beschränkung! Beschränkung ist eine Wand, die vom Ego-Trick Moralismus aufgebaut wird, um dein ganzheitliches Verstehen durch Verzerrung zu „fragmentieren". Du löst dich dann von der Ganzheit ab. Ganzheit wird zu einer weit entfernten Vorstellung, „etwas dort draußen, irgendwo hinter dem Mond"! Du kannst nicht verstehen, daß die Ganzheit in dir ist und daß du in der Ganzheit bist. Du kannst deine kreative Energie nicht genießen! Der von deinem kreativen Kanal des Verstehens gesteuerte Fluß kreativer Energie in deinem Geist-Körper wird gestört. Du fängst dann an, unbesonnen Fehlschöpfungen zu produzieren und wiederholt Fehler zu machen! Für unbegrenzte Intelligenz, vereinheitlichte Energie und reine Bewußtheit bleibt dann in dir kein Raum mehr. Du verschließt dir die Möglichkeit zur Selbsterkenntnis.

Dein Ego verleitet dich in übler Weise, deinen kreativen Weg dort zu suchen, wo du ihn nie finden kannst! Es verwirrt dich, indem es dich in deinen unvollendeten Aufgaben gefangen hält. Es bringt dich stets auf den entgegengesetzten Weg.

Wenn dein Ego dich von deinem Zentrum, von deiner Ganzheit, wegführt, hat das immer damit zu tun, daß du dich von etwas sehr Reizvollem verführen oder durch deine eigenen Probleme ablenken läßt. In beiden Fällen fällst du leicht der Fehlwahrnehmung zum Opfer! Diese Fehlwahrnehmung führt dazu, daß du auf verzerrende Weise projizierst und dich deshalb ständig absonderst. Du gerätst dann häufig in die Tretmühle deiner Fehlwahrnehmungen, deiner verzerrenden Projektionen und der Trennung. Es ist also nicht der Projektionsmechanismus selbst, der dich von deinem Zentrum fernhält, sondern seine ständige Fehlanwendung durch dein Ego. Projektion ist lediglich ein kreatives Mittel und als solches weder gut noch schlecht, sondern ein neutrales Werkzeug. Stell dir zum Beispiel vor, daß du am selben Abend zweimal ins Kino gehst. Beim ersten Mal ist die Projektion des Filmes sehr gut, und du kannst alles klar erkennen. Beim zweiten Mal aber ist deine Wahrnehmung unklar. Die Bilder sind unscharf, und du kannst nicht verstehen, was vor sich geht. Was du siehst, erscheint entstellt und zusammenhangslos. Was ist geschehen? Zwischen dem ersten und dem zweiten Film passierte etwas, was den Projektionsmechanismus verstellt hat. Dasselbe geschieht mit dir, wenn du unter der Herrschaft deines Egos stehst. Dein Ego ist die Verkörperung deiner Fehlwahrnehmungen, eine Folge davon, daß du nicht in deinem Zentrum bist, nicht in deiner Wahrheit! Im Kinobeispiel hätte der Besitzer sicher den zweiten Film angehalten. Wenn du beginnst, deinen Geist-Körper in Besitz zu nehmen, indem du in dein Zentrum zurückkehrst, kannst du auf dieselbe Weise deine verzerrenden Projektionen anhalten und dich so vor der Trennung bewahren. Du bist also in der Lage, deine Fehlwahrnehmungen unmittelbar bei ihrem Auftreten zu korrigieren; andernfalls führen sie zur Selbstverzerrung deines Geist-Körpers. Selbstverzerrung schließt den Teufelskreis von Schuld und selbstauferlegten Einschränkungen, auf denen der Ego-Trick Moralismus seine Machtbasis errichtet, um dich zu kontrollieren.

Schuldgefühl läßt dich denken, daß du nicht gut genug bist. Damit verlierst du die Fähigkeit, zu akzeptieren, wie begabt du in Wirklichkeit bist. Egal, was du erreichst, du fühlst, daß du nie deinen eigenen Erwartungen noch denen anderer gerecht wirst. Sogar wenn es bei dir gut läuft, hältst du es für nicht gut genug. Dies ist der Teufelskreis von Schuld und Einschränkung. Er beruht auf deinem zwanghaften Bedürfnis zu vergleichen, das der

Ego-Trick Moralismus in dir auslöst. Am Ende geht es dir wie einem Schiff ohne Kompaß: Du gehst verloren und kennst nicht mehr das Ausmaß deines kreativen Potentials oder die Richtung deines schöpferischen Lebenssinns.

In deinem täglichen Leben geschieht es oft, daß du im riesigen Meer des Mißverstehens verloren gehst. Du fängst dann an, unbedacht und wiederholt Fehler zu machen! Sei dir bewußt, daß auf einer ganz tiefen Ebene diese Fehler nur zeigen, daß du verzweifelt versuchst, deinen wahren Weg, der von deinem Ego verdeckt wird, wiederzufinden. Gewöhnlich gelingt es dir nicht, diesen Weg wiederzufinden. Dein Ego verleitet dich in übler Weise, deinen kreativen Weg dort zu suchen, wo du ihn nie finden kannst! Es verwirrt dich, indem es dich in deinen unvollendeten Aufgaben gefangen hält. Es bringt dich stets auf den entgegengesetzten Weg. Das Wesen deines Geist-Körpers und aller Geist-Körper besteht aber darin, sich auf die Wahrheit auszurichten, so, wie die Sonnenblume sich nach der Sonne wendet. Wenn du deinen kreativen Weg nicht finden kannst, liegt das logischerweise daran, daß dein Ego versucht, dich so weit wie möglich von deiner wahren Identität, von deinem Wesen, fernzuhalten. Manchmal geht das bis in Extreme! Es gibt aber zwei einfache Tatsachen, an denen dein Ego nichts ändern kann, nämlich daß deine wahre Identität Licht ist und daß dein Wesen Vollkommenheit ist! Kannst du akzeptieren, daß dein Wesen Vollkommenheit ist? Fragst du schon: „Bin ich wirklich vollkommen?" Um zu akzeptieren, daß dein Wesen Vollkommenheit ist, muß du deine Aufmerksamkeit allein darauf richten, daß du aus der Ganzheit geboren wurdest. Ganzheit ist völlige Integration. Ganzheit ist Vollkommenheit. Vollkommenheit kann nur Vollkommenes hervorbringen!

Heiße deine leuchtende wahre Identität willkommen!

- Mache es dir bequem und lies die Übung sorgfältig durch, während du sie Schritt für Schritt ausführst. Eine andere einfache Möglichkeit, diese Übung durchzuführen, ist, sie zusammen mit jemandem zu machen, der sie dir laut vorliest, während du die einzelnen Schritte ausführst. In diesem Fall kannst du die Augen schließen, um die Wirkung zu verstärken. Beachte folgendes:
Um die Übung leicht und wirkungsvoll durchzuführen, schlage ich vor, daß du die linke Seite deines Geist-Körpers als Ort für deine weibliche innere Realität und deine rezeptive geistige Energie wählst. Entsprechend wird die rechte Seite deines Geist-Körpers der Ort für deine männliche innere Realität und deine aktive geistige Energie.

Dieser Vorschlag hat lediglich einen didaktischen Sinn, denn tatsächlich spielt es keine Rolle, welchen Teil deines Geist-Körpers du für die weibliche bzw. männliche innere Wirklichkeit und die rezeptiven bzw. aktiven geistigen Energien wählst. Diese Energien und Realitäten sind in deinem gesamten Geist-Körper holographisch aufgezeichnet. Die Wahl eines bestimmten Orts dient lediglich dazu, dir einen Bereich zu geben, auf den du dich ganz konzentrieren kannst, so daß deine weiblichen und männlichen Realitäten sowie deine rezeptiven und aktiven geistigen Energien für dich evident werden. Dann kannst du mit ihnen im Gleichklang sein.

Ein weiterer wichtiger Grund, vor Beginn der Übung einen Ort für diese Realitäten und Energien zu bestimmen, liegt darin, deinem Intellekt eine Struktur vorzugeben. Dein intellektuelles Verstehen hängt von einer deutlichen Struktur ab, um zu erfassen, wie die Übung abläuft. Das ermöglicht es dir, wirkungsvoll und erfolgreich die Übung durchzuarbeiten.

- Atme einige Male tief ein und aus. Wenn du ausatmest, dann laß zu, daß deine Bewußtheit, also der Teil von dir, der diese Erfahrung erfaßt, von deinem Geist-Körper aus zusammen mit deinem Atem sich erweitert. Wiederhole das für einige Zeit...

- Atme tief ein, bringe deine Bewußtheit zum Scheitelpunkt deines Kopfes und atme normal weiter. Schau nach unten, und stell dir dabei in der Mitte deines Körpers eine Teilung vor, einen Schatten, den du selbst erzeugt hast, der die linke von der rechten Seite deines Geist-Körpers trennt. Sei dir dessen bewußt, daß diese Mauer des Schattens hauptsächlich aus zwanghaftem Zweifel, Mangel an Vertrauen und fehlender Nähe besteht.

- Verlagere jetzt deine Bewußtheit auf die rechte Seite deines Geist-Körpers, und stell dir einen Mann vor, der deine kreative männliche innere Realität sowie deine aktive geistige Energie repräsentiert. Laß das Bild dieses Mannes real werden. Welche Qualitäten siehst du in ihm? Was ist es, das dich an ihm anzieht? Empfinde Wertschätzung für ihn. Laß dich mit den großen Qualitäten, die er ihn dir wachruft, mitschwingen...

- Wende jetzt deine Bewußtheit der linken Seite deines Geist-Körpers zu. Stell dir eine Frau vor, die deine kreative weibliche innere Realität sowie deine rezeptive geistige Energie repräsentiert. Laß das Bild dieser Frau real werden. Welche Qualitäten siehst du in ihr? Was ist es, das dich an ihr anzieht? Empfinde Wertschätzung für sie. Laß dich mit den großen Qualitäten, die sie ihn dir wachruft, mitschwingen...

- Bringe deine Bewußtheit zurück zum Scheitelpunkt. Schau auf die rechte Seite deines Geist-Körpers. Laß neben dem Mann, der für deine kreative männliche Realität und deine aktive geistige Energie steht, das Bild deines Vaters erscheinen. Beobachte, wie dein Vater und dieser Mann einander anschauen. Sie halten sich bei den Händen und lächeln. Mögen sie auch unterschiedlich aussehen, sie sind dieselben. Der einzige Unterschied ist der, daß vielleicht dein Vater nicht alle jene großen männlichen Qualitäten dieses Mannes entwickeln konnte. Trotzdem teilen sie dieselben Gaben und Qualitäten ... sonst wäre diese Begegnung in deinem Geist-Körper nicht möglich. Um dir diese großen Qualitäten aber als Gaben anzubieten, ist dein Vater ins Leben gekommen, aber vielleicht war er nicht fähig dazu... Nimm jetzt diese Gaben an! Indem du diese Gaben wahrhaft annimmst, ermöglichst du es deinem Vater, wo immer er ist, seine kreative Energie zu erweitern, indem er dieses Geben vollendet!

- Schau jetzt auf die linke Seite deines Geist-Körpers. Laß neben der Frau, die für deine kreative weibliche Realität und deine rezeptive geistige Energie steht, das Bild deiner Mutter erscheinen. Beobachte, wie sie einander zulächeln. Sie sehen einander in die Augen. Sie halten sich bei den Händen. Mögen sie auch unterschiedlich aussehen, sie sind dieselben. Deine Mutter hat die gleiche Schönheit, die gleichen großen Qualitäten wie diese Frau. Der Unterschied ist der, daß vielleicht deine Mutter nicht die großen weiblichen Qualitäten dieser Frau entwickeln konnte. Trotzdem teilen sie dieselben Gaben und Qualitäten ... sonst wäre diese Begegnung in deinem Geist-Körper nicht möglich. Um diese großen Qualitäten aber als Gaben dir anzubieten, ist deine Mutter ins Leben gekommen, aber vielleicht war sie nicht fähig dazu... Nimm jetzt diese Gaben an! Indem du diese Gaben wahrhaft annimmst, ermöglichst du es deiner Mutter, wo immer sie ist, ihre kreative Energie zu erweitern, indem sie dieses Geben vollendet!

- Schau jetzt auf die rechte Seite deines Geist-Körpers. Schau deinem Vater in die Augen. Vergib ihm. Er konnte nicht anders. Er konnte nicht anders handeln. Er tat sein Möglichstes für dich wie auch für sein eigenes Leben. Habe Verständnis! Laß die Liebe, die du für ihn fühlst, ihm Kraft verleihen. Laß auch seine Liebe zu dir kommen und dich stärken. Schau ihm tief in die Augen, tiefer als je zuvor. Erfahre diese Wiederverbindung!

- Schau jetzt auf die linke Seite deines Geist-Körpers. Schau deiner Mutter in die Augen. Vergib ihr. Sie konnte nicht anders. Sie tat ihr Möglichstes für dich wie auch für ihr eigenes Leben. Habe Verständnis! Gieße deine tiefe Liebe in sie aus. Verleihe ihr Kraft. Laß auch ihre Liebe zu dir kommen und dich stärken. Schau ihr tief in die Augen, tiefer als je zuvor. Erfahre diese Wiederverbindung!

- Schau noch einmal deine Eltern an. Wenn du deinem Vater und deiner Mutter mit deiner Liebe Kraft gibst, schmelzen einige Urteile über sie, die noch in dir verblieben sind, dahin. Diese Urteile verlieren allmählich ihre

Kraft, und umgekehrt gewinnst du allmählich Kraft, weil du deine kreative Energie wiedergewinnst, die solche Urteile dir vorenthalten.

Dein Vater und deine Mutter, gestärkt mit deiner Liebe, wo immer sie sind, selbst wenn sie nicht mehr in dieser physischen Dimension sind, vollenden, was sie für dich in diesem Leben begonnen haben. Auch du vollendest, was du für sie begonnen hast. Sei dir bewußt, daß du ins Leben gekommen bist, ihnen das Licht der Liebe zu bringen, um sie zu ermutigen, ihre eigene Größe auszuleben, so daß sie in allen Dimensionen auf ihrem kreativen Weg weiterhin vorwärtsschreiten können. Die Vollendung dieses Prozesses, der sich jetzt zwischen dir und deinen Eltern abspielt, ist es, die dich von deinem zwanghaften Bedürfnis zu vergleichen befreien kann. Dieser Zwang ist ein Produkt der Spaltung zwischen deinen Hologrammen des inneren Vaters und der inneren Mutter. Diese Spaltung geschah, weil deine Fehlwahrnehmungen und Fehlinterpretationen deiner Eltern dich dazu brachten, sie in verzerrender Weise zu verinnerlichen. Aus dieser Kluft ist dein Moralismus entstanden. Von diesem Bruch hat dein fehlkreatives Leben seinen Ausgang genommen!

- Sieh jetzt noch einmal von deinem Scheitel auf die Mauer des Schattens hinab; betrachte sie mit tiefem Verstehen. Zerbröckle diese Mauer des Schattens mit deinem tiefen Verstehen, das Klarheit ist, das Licht ist... Spüre jetzt, wie dein gesamter Geist-Körper Licht ausstrahlt... Spüre, wie du von Licht umgeben bist... Heiße deine leuchtende wahre Identität willkommen!

- Laß das Licht deiner wahren Identität Vater und Mutter umfassen... Laß dieses Licht auch deine weibliche innere Realität und deine rezeptive geistige Energie sowie deine männliche innere Realität und deine aktive geistige Energie erfassen... Freue dich an dieser Vereinigung! Führe dir vor Augen, wie sie in dir zu reinem Licht verschmelzen... Sie sind Teil deines Lichts!

- Atme tief ein... Bleibe einen Moment ganz still... Sei bereit, dein eigenes Licht anzunehmen. Es ist Liebe... Genieße den Frieden... Stell dir vor, wie dieser Friede von dir zu allen und allem ausstrahlt... Erfahre eine Weile lang die Grenzenlosigkeit...

- Atme tief durch... und öffne deine Augen.

19
Ursprünglichkeit ist der Weg, aus dem Ego-Trick Persönlicher Mythos herauszukommen

Dein persönlicher Mythos spiegelt deine Fehlwahrnehmung wider, ein Versager oder ein Verlierer zu sein. Wenn du diesen persönlichen Mythos, deine unglückliche Geschichte, aufrechterhältst und dir damit beweist, wie erfolglos du bist, verstärkst du diese Fehlwahrnehmung!

Der Ego-Trick Persönlicher Mythos ist deine unglückliche Geschichte, die deine Ursprünglichkeit verbirgt. Aber nur wenn du deiner Ursprünglichkeit Ausdruck verleihst, kannst du dich transformieren. Transformation ist das Werkzeug der Kreativität! Wenn du nicht kreativ bist, bist du ein Gefangener von Konditionierung und schaffst dabei deinen persönlichen Mythos. Du gibst deshalb deine Ursprünglichkeit auf! Wie kannst du dich davon befreien, ständig in die Falle der Konditionierung zu geraten? Der kürzeste Weg besteht darin, Selbst-Gestaltung zu entwickeln. Selbst-Gestaltung ist der Weg zu ständigem kreativem Wandel. Du erlangst ein Gespür dafür, wie weit du dich vorwagen kannst und wann du dich wieder zurückziehen mußt. Selbst-Gestaltung ist ein Zustand deiner natürlichen kreativen Formbarkeit. Wenn du diese Formbarkeit, auf der deine Kreativität beruht, lebst, bist du frei von Routine und dem Teufelskreis der Sucht, die ein klares Zeichen deiner Konditionierung sind.

Dein persönlicher Mythos spiegelt deine Fehlwahrnehmung wider, ein Versager oder ein Verlierer zu sein. Wenn du diesen persönlichen Mythos, deine unglückliche Geschichte, aufrechterhältst und dir damit beweist, wie erfolglos du bist, verstärkst du diese Fehlwahrnehmung! Damit beginnst du dich selbst zu zerstören. Die Mauern der Selbstzerstörung, die deinen persönlichen Mythos verteidigen, unterbrechen deinen kreativen Prozeß, halten dich davon ab, du selbst zu sein. Selbstzerstörung untergräbt deine Gabe der Selbst-Gestaltung, deine Formbarkeit! Du bist dann in ständiger Unruhe und fängst an, dich selbst zu bestrafen. Selbstzerstörung veranlaßt dich, deinen persönlichen Mythos aus Fäden des Versagens, gesponnen von deinen zwanghaften Verhaltensmustern, zu weben. Du verstrickst dich in einem Teufelskreis von Fehlwahrnehmungen und unglücklichen Erfahrungen. Du bist ständig bemüht, dich an die Menschen, die alltäglichen Aktivitäten und

Situationen in deiner Umgebung anzupassen, statt kreative Transformation durch Erneuerung zuzulassen. Leicht wirst du zum Opfer wiederkehrender Depressionen, weil du deine Ursprünglichkeit nicht ausdrücken kannst. Du kannst nicht du selbst sein. Nicht du selbst sein zu können führt dazu, daß du deine Mißerfolge wiederholst. Das ist so schmerzhaft, daß du dem zu entfliehen suchst, indem du dich gegen deine Empfindungen, die dich an dein Versagen erinnern könnten, abschottest. Diese verleugneten Empfindungen, die sich wegen deiner Verleugnung immer mehr ausbreiten, werden dann zu riesigen Schattenwesen. Diese Schattenwesen fangen an, in der dunklen Seite deiner inneren Welt zu hausen. Sie beunruhigen dich ständig und bringen dein Leben durcheinander. Du fühlst dich ruhelos, machtlos, und willst diesen Unterdrückern entkommen. Dazu verschließt du dich schließlich entweder gegen all deine Empfindungen, oder du erfährst sie auf belanglose Weise, indem du deine Sensitivität verzerrst. Welchen Weg auch immer du wählst, am Ende „frierst" du deine Sensitivität ein.

Eine deiner Strategien, für deine Empfindungen keine Verantwortung zu übernehmen, ist die, nie Zeit zu haben. Alles muß schnell geschehen. Du gestattest dir nicht, deine Erfahrungen wirklich zu erleben. Du gerätst dann in einen Zustand der Unangemessenheit. Du löst dich von deinem kreativen Willen, dem ganzheitlichen Willen. Eine andere Strategie ist Zögern und Aufschieben. Dadurch hältst du dich nur davon ab, dein Leben mit Begeisterung und Leidenschaft zu leben! Zaudern blockiert deine Transformation, deine Erneuerung, deine Neubelebung und damit die Erweiterung deiner Kreativität. Gefangen in Zeitnot und Zögern, hast du weder Vergnügen, noch kannst du die für dein inneres Kind bezeichnende unschuldige Neugier entwickeln. Dein inneres Kind ist deine spirituelle Energie. Wenn du stets in Eile bist oder zwanghaft zögerst, ist das ein Zeichen, daß deine Unangemessenheit immer schlimmer wird, weil du es vermeidest, mit deiner Leidenschaft und deiner Begeisterung kreativ umzugehen. Statt dessen kompensierst du und begräbst darunter deine spirituelle Energie!

Kennst du jemanden, der niemals pünktlich ist? Bist du selber nie pünktlich? Wie oft ertappst du dich dabei, eine Liste von Dingen aufzustellen, die zu erledigen du immer wieder aufgeschoben hast? Kennst du auf der anderen Seite jemanden, der ein Sklave seiner Uhr ist? Bist du immer derjenige, der zu früh zu Verabredungen kommt? Wie oft nimmst du dir nicht genug Zeit, deine Erfahrungen bewußt aufzunehmen, weil du dir ständig Gedanken darüber machst, was du als nächstes auf deiner „Liste" erledigen mußt. Wie oft bist du nicht flexibel genug, um einen Plan zu ändern? Sei dir bewußt, daß, wenn deine Einstellung durch Zeitnot oder Zögern geprägt wird, du ein Opfer deiner zwanghaften Verhaltensmuster wirst! Diese Verhaltensformen gehen auf deine selbst erzeugenden Gedanken und die ungeordnete Vorstellungskraft zurück. Das Ausmaß deiner Zwangsvorstellungen verweist auf deinen Mangel an Leidenschaft und Begeisterungsfähigkeit. Ebenso steht das Ausmaß deines zwanghaften Verhaltens in Verhältnis zu deiner Unangemessenheit, deinem Ungenügen. Daß du dich in Zeitnot oder Zaudern verlierst, zeigt nur, daß du es vermeidest, mit deinen Empfindungen und deinem tiefen Willen in Verbindung zu sein. Das macht dir zu viel Angst! Deshalb vermeidest du es, deine Gefühle aufrichtig zu erfahren und deine Sensitivität zu entwickeln. Das verzerrt völlig deine Wahrnehmung der Realität.

Deine Qual ist das Resultat davon, daß du ständig in der Vergangenheit oder in der Zukunft, aber nie in der Gegenwart lebst. Deine Angst geht auf deine riesige Furcht vor dem Unbekannten zurück.

Deine Empfindungen sind eng verbunden mit deiner normalen Sinneswahrnehmung, mit deiner außersinnlichen Wahrnehmung sowie mit deinem unbewußten Willen. Sie beeinflussen also direkt deine Entscheidungen. Wenn du deine Empfindungen anerkennst und kreativ auf sie eingehst, hältst du deine natürliche Verbundenheit mit deinen verschiedenen Aspekten und Dimensionen aufrecht. Deine Aufmerksamkeit bleibt empfänglich für dein Einssein und deine Absicht bleibt fokussiert und interaktiv, statt in eine Vielzahl von Absichten aufgeteilt zu werden. Das erlaubt dir, ständig diese verschiedenen Aspekte und Dimensionen deines Bewußtseins zu integrieren. Deine Entscheidungen bleiben folglich kreativ; selbst wenn Situationen in deinem Leben auftreten, die mit deiner Ganzheit nicht vereinbar sind, bist du immer noch in der Lage, dich weise anders zu entscheiden. Der Grund liegt darin, weil du eine ganzheitliche Perspektive für dich selbst erlangst. Du entwickelst also eine innere Flexibilität, die dir anzeigt, wann die richtige Zeit ist, in der Erfahrung zu sein bzw. weiterzugehen. Du bist nicht gefangen im Kreislauf von Sucht, Widerwille, Zwangsvorstellungen und zwanghaftem Verhalten. Du fließt einfach mit dem Fluß der kreativen Bewegung der Ganzheit. Das bewahrt dich davor, in Konditionierungen hineingezogen zu werden. Deine Flexibilität ist der Schlüssel, dein Gespür für den richtigen Augenblick zu verfeinern. Diese Verfeinerung macht dich bereit für das Leben, für Erfüllung, wahre Leidenschaft und wahre Begeisterung, für tiefe Entspannung!

Interessanterweise werden deine Erfahrungen viel authentischer, wenn du deiner Leidenschaft und deiner Begeisterung Ausdruck verleihen kannst! Das schafft noch mehr Leidenschaft und Begeisterung! Sie können nur

Ausdruck finden in deiner Fähigkeit, in der Gegenwart zu bleiben, die die Voraussetzung dafür ist, daß du Selbst-Gestaltung entwickelst. Selbst-Gestaltung ermöglicht dir, wahrhaft du selbst zu sein. Du fühlst dich dann genügend sicher, um zu improvisieren, etwas zu wagen und dich zu erneuern. Wenn du aber nicht in der Gegenwart bleiben kannst, lebst du unvermeidlich in Qual und Angst. Deine Qual ist das Resultat davon, daß du ständig in der Vergangenheit oder in der Zukunft, aber nie in der Gegenwart lebst. Deine Angst geht auf deine riesige Furcht vor dem Unbekannten zurück, die damit zu tun hat, daß du es vermeidest, deine Gabe der Improvisation zu entwickeln. Hinter deiner Qual und Angst versteckt sich aber dein tiefer Wunsch nach Leidenschaft, Begeisterung und Angemessenheit. Weil du nicht weißt, wie du damit fertigwerden sollst, begräbst du schließlich diesen Wunsch. Du fürchtest dich zu verlieren, wenn du dich wirklich auf Leidenschaft, Begeisterung und Angemessenheit einläßt. Trotzdem bleibt dieser Wunsch in deinem Geist-Körper präsent. Du machst den unangemessenen Versuch, auf diesen geheimen Wunsch einzugehen, indem du Spannung und Aufregung erzeugst, meist auf sehr destruktive Weise. Du setzt dir zum Beispiel unerreichbare, unsinnige Ziele und schaffst dir so Streß. Oder du setzt dich gefährlichen Situationen aus. Du gehst mit deiner Sinnlichkeit-Sexualität auf entstellte Weise um, oder du entwickelst auffällige Verhaltensformen wie Ladendiebstahl, Rebellion gegen Autorität, Teilnahme an Extremsportarten, Schlägereien. Oder du schaffst extremes Leid durch Unfall, Krankheit, Scheidung usw. Wenn du dich davon abhältst, deine Leidenschaft und Begeisterung auf verantwortungsvolle Weise zu entwickeln, kann es zudem auch sein, daß du unfreundliche innere Stimmen hörst, die zu dir in der Sprache des Schmerzes und der Angst sprechen: „Geh nur kein Risiko ein, es kann schief gehen" oder „Wenn du diesen Weg gehst, wirst du ja doch nur enttäuscht". Du verlierst jegliche Hoffnung.

Es ist wichtig, daß du dir klar machst: Ohne Leidenschaft, Begeisterungsfähigkeit und Angemessenheit gibt es keine wirkliche Kreativität! Wenn du dir nicht gestattest, verantwortungsvoll mit deiner Leidenschaft, deiner Begeisterungsfähigkeit und Angemessenheit umzugehen, indem du sie auf gereifte und kreative Weise erfährst, ist es unvermeidlich, daß du dich davon abhältst, vorwärts zu schreiten, weil du deine kreative Energie zurückhältst, dich zu transformieren. Wenn sich deine kreative Energie nicht transformieren kann, staut sie sich zu Depressionen. Deine Depression tritt in jenen Zeiten zutage, in denen du dich völlig niedergeschlagen fühlst. Das einzige, was dich aus dem schwarzen Loch dieser Depression herausholen kann, ist der freie und verantwortungsvolle Ausdruck deiner kreativen Energie. Sie ist deine Lebensenergie, die deinen ganzen Geist-Körper durchdringt. Sie ist von ihrem Wesen her die Manifestation deines Geistes, der ewig ist und sich ständig kreativ erneuert. Selbst wenn dein Körper stirbt, bleibt diese Energie erhalten. Sie transzendiert dann nur die physische Realität, und du wirst mit einer neuen Dimension deines Selbst vertraut gemacht.

Was ist Spiritualität? Spiritualität heißt, deine Ursprünglichkeit zu leben! Sie ist der Ausdruck deines kreativen, vitalen Selbst. Du gewinnst deine Spiritualität zurück, wenn du deine kreative Energie zum Ausdruck bringst, die Entfaltung deiner Ursprünglichkeit! Du erfährst dann unschuldige Neugier und Spaß! Du erneuerst dich und verjüngst dich. Wenn du in deiner Spiritualität bist, kann sich deine wahre Kreativität erweitern. Und wenn du in wahrer Kreativität bist, kommst du auf dem Weg deiner Spiritualität voran. Spiritualität und echte Kreativität gehen immer Hand in Hand; sie sind die beiden Seiten einer einzigen Münze. Sie spiegeln einander, und gemeinsam spiegeln sie Ganzheit wider. Du erfährst daher dann deine Spiritualität, wenn du wirklich kreativ bist, und du bist dann wirklich kreativ, wenn du deine Spiritualität lebst. Zu beiden gehören echte Leidenschaft, echte Begeisterung und echte Angemessenheit. Deine Gabe der Ursprünglichkeit zu entwickeln ist der einzige Weg, in wahrer Kreativität und in Spiritualität, in Ganzheit zu bleiben!

Was du gewöhnlich für Freiheit hältst, ist nur eine Reaktion auf sie. Freiheit ist nicht ein Mangel an Selbst-Gestaltung. Die Unfähigkeit, Selbst-Gestaltung zu entwickeln, führt dich vielmehr in einen Teufelskreis von Ressentiments.

Dein persönlicher Mythos bringt deine Spiritualität vollständig zum Erliegen und zehrt deine kreative Energie auf. Du „verlierst" Teile deiner selbst! Diese Teil frieren ein, weil sie nicht mehr fähig sind, sich kreativ auszudrücken. Sei dir bewußt, daß die eingefrorenen Teile deines physischen Körpers den fragmentierten Teilen deines Geistes entsprechen, und umgekehrt! Wie oft hast du es vernachlässigt, deinen Körper zu spüren? Wie lange schon hast du „vergessen", diese fragmentierten unbewußten Teile deines Geistes, die sich in den erstarrten und empfindungslosen Teilen deines Körpers spiegeln, wiederzugewinnen? Diese fragmentierten und verhärteten Teile sind es, die von Zeit zu Zeit als Gefühle des Ressentiments oder als ernstzunehmende Erscheinungen körperlichen Unbehagens hervorbrechen.

Freiheit erfährst du nur, wenn du deine wahre Kreativität zum Ausdruck bringst! Freiheit erfordert, daß du in deinem Geist-Körper präsent bist. Dazu gehört, daß du die Empfindungen deines Geist-Körpers anerkennst, daß du dir deiner Inspiration bewußt bist und daß du mit deinem Willen und deiner Wahrnehmung kreativ umgehst. Sonst fehlkreierst du eine Welt der Illusion, getrennt von der Ganzheit. Du verlierst schlicht deine Gabe der Freiheit, weil du dich von deinem Geist trennst. Du gehst dann in einem Prozeß der Materialisierung deiner inneren Drohungen verloren. Vergiß nicht, daß es dein Geist, deine kreative Lebenskraft ist, die sich ständig verwandelt, indem sie deinen Geist-Körper erneuert. So wird dein Geist-Körper neu belebt und bleibt in einem Zustand der Jugendlichkeit. Der Alterungsprozeß läuft dann nicht so ab, wie wir ihn zu sehen gewohnt sind. Dein gesamter Geist-Körper kann ständig Neues, Friede, Verbindung, Erfüllung, Leichtigkeit, Freude und Teilnahme erfahren. Das ist wahre Freiheit!

Was du gewöhnlich für Freiheit hältst, ist nur eine Reaktion auf sie. Freiheit ist nicht ein Mangel an Selbst-Gestaltung. Die Unfähigkeit, Selbst-Gestaltung zu entwickeln, führt dich vielmehr in einen Teufelskreis von Ressentiments. Diese Ressentiments erzeugen eine Art von „Freiheit", eine Form von Kompensation. Diese Freiheit der Kompensation führt nur zu Kummer und Schmerz oder physischem und mentalem Unbehagen und läßt Spiritualität, wahre Kreativität, die echtes Vergnügen ist, nicht zu. Sie gehen Hand in Hand. Sie können nicht bestehen, wenn du in Suchtverhalten, unglücklichen Erfahrungen und Selbstzerstörung versinkst. Sie sind nicht möglich, wenn Zeitnot, Zögern, seltsame Verhaltensweisen, Zwangsvorstellungen, zwanghaftes Verhalten und Selbstbestrafung herrschen. Sie entstehen auch nicht daraus, daß du dich aufopferst oder umgekehrt allzu nachgiebig gegenüber dir selbst bist. Sie haben ihren Ursprung auch nicht in deinem Verhaftetsein, in deiner Selbstgerechtigkeit oder darin, daß du dich trennst. Sie stellen sich auch nicht ein, wenn du Vergnügungen erstrebst, indem du durch Perversionen oder hedonistische Verhaltensweisen Spannung schaffst. Wahre Freiheit und wahre Freude kommen allein daher, daß du in deinem Zentrum bist. Wahre Freiheit und wahre Freude finden sich deshalb in deiner Ganzheit! Deshalb fühlst du Schmerz, sobald du dich von deinem Zentrum entfernst. Denn dann überwältigt dich Konditionierung. Wenn du Freiheit und Freude außerhalb deines Zentrums suchst, so suchst du Licht in der Finsternis!

Die Blüte deiner Ursprünglichkeit blüht nur, wenn dein kreativer Kanal der Sinnlichkeit-Sexualität aufblüht.

Der verborgene Schmerz deiner Ressentiments ist lediglich eine Art, es zu vermeiden, dein Leben wirklich zu leben. Du übernimmst deshalb keine

Verantwortung für dich selbst oder dafür, deine kreative Energie zum Ausdruck zu bringen. Jeder physische Schmerz oder jedes psychische Unbehagen ist ein Zeichen, daß du auf irgendeiner Ebene deine kreative Energie blockierst. Du weist deine Gabe der Ursprünglichkeit zurück. Die Blüte deiner Ursprünglichkeit blüht nur, wenn dein kreativer Kanal der Sinnlichkeit-Sexualität aufblüht. Aber das erfordert, daß du es sein läßt, deinem Ego Macht zu geben. Wenn du deine Gabe der Ursprünglichkeit vernachlässigst, ergreift dein Ego sogleich die Gelegenheit, deinen kreativen Kanal der Sinnlichkeit-Sexualität zu kontrollieren. Du wirst durch Ressentiments ausgetrocknet. Ressentiment ist dein Fall aus dem Himmel! Das Wort „Ressentiment" geht auf das Lateinische zurück und bedeutet „nochmals fühlen". Ressentiment wird deine Hölle, weil du nicht aufhören kannst, deinen Schmerz zu fühlen, der durch die Blockierung deiner geistigen kreativen Energie verursacht wird.

Wenn du ein Opfer von Ressentiments bist, wiederholst du immer wieder dieselben schmerzhaften Empfindungen, manchmal in ähnlichen, manchmal in verschiedenen Situationen. Es gelingt dir aber nie, diese Gefühle zu transformieren. Durch deine Ressentiments bringst du so den Fluß kreativer Energie in deinem Geist-Körper zum Stillstand. Du gerätst vielleicht in Versuchung, dich mit dekadenten Verhaltensweisen in einen Kreislauf der Kompensation zu begeben. Eine zweite Möglichkeit ist die, jegliches Vergnügen zurückzuweisen und dich in einen Turm der Einschränkungen einzuschließen. Beides blockiert deine Spiritualität. Wo zwischen diesen beiden Arten, deine Spiritualität zurückzuweisen, hast du dich verloren? In beiden Fällen bist du weit davon entfernt, zu verstehen, was Lebensfreude und Spiritualität gemeinsam haben. Wenn du aus dem Blickwinkel der Integrität keine Lebensfreude in dir erfahren kannst, ist deine Unschuld verlorengegangen, und du kannst deine freudvollen Lebenserfahrungen nicht als echten Ausdruck deiner Ganzheit anerkennen. Das spiegelt dein negatives Urteil über Lebensfreude. Dieses Urteil ist über das System der Überzeugungen deines Egos, das System der Überzeugungen der Fragmentierung, tief in dir verwurzelt! Du weigerst dich deshalb, Lebensfreude als einen Weg zur Erleuchtung zu sehen. Dein Ego bringt dich dazu, deine echte Lebensfreude abzulehnen und gleichzeitig in versteckter, verzerrender und falscher Weise doch nach ihr zu suchen. Vergiß nicht: Spiritualität und wahre Kreativität bedeuten auch, daß du wahres Vergnügen verwirklichen kannst, die Erfahrung deiner Ganzheit!

Dein persönlicher Mythos, wie auch immer er lauten mag, ist deine beste Entschuldigung dafür, daß du deine kreativen Lebenserfahrungen nicht wirklich entwickelst, keinen Erfolg hast und deine Ursprünglichkeit nicht wirklich lebst.

Dein Ego-Trick Persönlicher Mythos besteht zum Teil darin, deine Ressentiments zu schüren, um dich zu nötigen, deine unglückliche Geschichte aufrecht zu erhalten. Du benutzt deinen persönlichen Mythos, um deine Ressentiments zu rechtfertigen. Wenn du auf deinen persönlichen Mythos achtest, siehst du, daß er die Wiederholung derselben trennenden Muster, derselben trennenden Dynamik und derselben trennenden Verhaltensweisen ist. Diese Wiederholung ist verantwortlich für das andauernde schmerzhafte Gefühl, ein Versager zu sein. Dein persönlicher Mythos, wie auch immer er lauten mag, ist deine beste Entschuldigung dafür, daß du deine kreativen Lebenserfahrungen nicht wirklich entwickelst, keinen Erfolg hast und deine Ursprünglichkeit nicht wirklich lebst. Nur wenn du in deiner Ursprünglichkeit bist, kannst du aber wirklich erfolgreich sein! Wenn du in deinem persönlichem Mythos steckst, machst du dagegen immer wieder dieselben Fehler! Wenn du diesen Mythos abspielst, läßt du zu, daß dein kreativer Kanal der Sinnlichkeit-Sexualität verzerrt wird. Du fängst dann an, deinen kreativen Kanal der Sinnlichkeit-Sexualität falsch zu benutzen, indem du deine sinnlich-sexuelle Energie ausschließlich aus einer physischen Perspektive erfährst. Du vergißt, die transzendente Perspektive von Sinnlichkeit-Sexualität in dein Leben einzubeziehen. Folglich lehnst du entweder deine Sinnlichkeit-Sexualität völlig ab, weil du sie verurteilst, oder du wirst süchtig danach und machst sie stärker als dich selbst. Du machst dann Sinnlichkeit-Sexualität zu einem mächtigen Wesen, das dich beherrscht. Die Verzerrung deiner sinnlich-sexuellen Energie ist die Wurzel aller Formen der Konditionierung. Diese Konditionierung blockiert ihrerseits den schöpferischen Sinn deiner Sinnlichkeit-Sexualität. Dazu gehört, verantwortungsvoll und kreativ Risiken einzugehen. Wenn jedoch dein kreativer Kanal der Sinnlichkeit-Sexualität ständig durch deinen persönlichen Mythos verzerrt wird und nicht mehr richtig funktioniert, verlierst du gänzlich deine Gabe der Selbst-Gestaltung. Ohne Selbst-Gestaltung Risiken einzugehen führt immer zu Selbstzerstörung. Mit Selbst-Gestaltung Risiken einzugehen ist hingegen, wie wenn ein Meister im Skifahren den Berg hinunterfährt!

Mystisches Vergnügen liegt in der Erfahrung völliger Verbundenheit, in der es keinerlei Begrenzungen gibt.

Nur wenn du fähig bist, mit deiner sinnlich-sexuellen Energie kreativ umzugehen, gelangst du zu wahrer Kreativität. Wenn du es verstehst, in einer reifen Beziehung mit deiner sinnlich/sexuellen Energie zu sein, kannst du das Leben genießen, Spaß haben, locker sein sowie den physischen und den kosmischen, transzendenten Orgasmus, mystisches Vergnügen, erfahren. Mystisches Vergnügen liegt in der Erfahrung völliger Verbundenheit, in der es keinerlei Begrenzungen gibt. Die großen Meister haben eine Fülle an sinnlich-sexueller Energie, und ihre Meisterschaft hat viel damit zu tun, zu wissen, wie sie ihre sinnlich/sexuelle Energie erfahren können, ohne ihre Integrität zu verlieren. Sie lassen nicht zu, daß sich ihre sinnlich/sexuelle Energie fragmentiert. Diese Integrität ihrer sinnlich-sexuellen Energie läßt sie höchste Stufen von Verstehen, Mitgefühl und Selbstverantwortlichkeit erreichen. Wenn eine Situation auftritt, die zu Ressentiments führen kann, sind die großen Meister deshalb fähig, ihre Gefühle sogleich zu verwandeln und jeder Form von Groll zu entgehen. Sie sind frei! Der reife Umgang mit ihrer sinnlich-sexuellen Energie erlaubt ihnen, diese Energie in reine Kreativität zu verwandeln, in reine Anziehungskraft. So führen sie erfolgreich und fortlaufend die nötige Transformation in ihrer inneren und äußeren Welt durch. Diese Anziehungskraft erlaubt ihnen zu erlangen, was sie wollen, und ihre Wünsche in Mitschöpfung mit der Ganzheit zu manifestieren. Kreativ auf sinnlich-sexuelle Energie zu antworten und dabei die Integrität zu bewahren, ist das Prinzip hinter aller Meisterschaft und die Basis aller Heilungen. Das liegt daran, daß deine sinnlich-sexuelle Energie die Energie der Erfahrung von Unbegrenztheit ist. Jedes Problem spiegelt letztlich nur eine Begrenzung wider, die du dir selbst auferlegt hast. Indem du die transzendenten und die physischen Aspekte deiner sinnlich-sexuellen Energie verbindest, ohne dabei deine Integrität zu verlieren, kannst du ihre erneuernde und grenzenlose Kraft wiedergewinnen. Das gibt dir deine natürliche Fähigkeit zurück, dich, deine Probleme und die Menschen in deiner Umgebung spontan zu heilen. Du erweiterst einfach deine angeborene kreative Kraft.

Wenn du mit deiner sinnlich-sexuellen Energie in verantwortlicher Weise umgehst, erweiterst du dein kreatives Potential und machst dich bereit für deinen schöpferischen Lebenssinn! Deine sinnlich-sexuelle Energie ist die treibende Kraft, die dich dazu bringt, neue physische und psychische Fertigkeiten zu entwickeln – zum Beispiel eine neue Sprache zu erlernen, ein Musikinstrument zu spielen, eine besondere Sportart auszuüben, ein

Bild zu malen, ein Buch zu lesen oder auch zu schreiben, deine Arbeit zu verbessern, zu singen, zu tanzen, die Natur zu genießen, dich besonders um deinen Garten zu kümmern, neue wissenschaftliche Ideen zu entwickeln, in der Öffentlichkeit zu sprechen, zu reisen und neue Orte zu entdecken, zu meditieren, zu beten, deine Beziehungen mit deinem Partner, deiner Familie und deinen Freunden zu genießen. Der reife Umgang mit deiner sinnlich-sexuellen Energie ist es, der dich fähig macht, deine Authentizität zum Ausdruck zu bringen. Deine Ressentiments sind dagegen nur Symptome, daß nicht du deine sinnlich-sexuelle Energie bestimmst, sondern daß sie dich auf destruktive Weise beherrscht. Du hast deshalb deinem Ego die Macht der sinnlich-sexuellen Energie überlassen. Doch deine sinnlich-sexuelle Energie ist deine Gabe! Die Verzerrung deiner sinnlich-sexuellen Energie kommt nur dadurch zustande, daß du dich weigerst, Verantwortung für diese Gabe zu übernehmen, und sie deshalb nicht als dir zugehörig akzeptieren kannst.

Nur wenn du wieder eine tiefe Verbindung mit dir selbst herstellst und verstehst, daß dein persönlicher Mythos eine Entschuldigung dafür ist, dich nicht kreativ zu entwickeln, heilst du vollständig deine Ressentiments und deine Gefühle, ein Versager zu sein!

Wenn du Ressentiment gegenüber einem bestimmten Menschen oder einer bestimmten Situation empfindest, ist das erste, was du tun mußt, um deine sinnlich-sexuelle Energie und deine kreative Energie wiederzufinden, mit den Gefühlen und Empfindungen in Berührung zu kommen, die mit deinen Ressentiments zu tun haben. Um diesen Groll und Ärger praktisch und wirksam zu heilen, schließe die Augen und visualisiere den Menschen oder die Situation, gegenüber denen du Ressentiments hegst. Gibt deinem Ressentiment vollständig Ausdruck, bleibe dabei aber in Integrität und betrachte den Menschen oder die Situation mit Augen der Unschuld und des Friedens. Fühle diesen Moment ganz intensiv, und vergib von einem inneren Punkt in dir diesem Menschen oder dieser Situation. Vergib dir selbst. Es ist ganz wichtig zu vergeben! Denn unzweifelhaft wird dieses Vergeben deine sinnlich-sexuelle Energie und deine kreative Energie von der Kontrolle durch dein Ego befreien. Laß dann diesen Menschen bzw. diese Situation, auf die dein Ressentiment sich bezog, gehen, indem du sie dir in einer Kugel aus blauem Licht vorstellst. Dann laß die Kugel im Blau des Himmels entschwinden. Visualisiere dann, wie du dich in einer Kugel aus goldenem Licht sicher und wohl fühlst. Dieses goldene Licht ist ein heilendes Hologramm. Stelle dir zugleich vor, daß dieses goldene Licht sich durch deinen ganzen Geist-Körper ausbreitet. Nimm dir Zeit, dieses Licht zu erleben, das eine heilende Dimension deiner selbst ist.

Allzu oft versteckst du dich hinter deinen Ressentiments, und statt sie zu korrigieren, beginnst du Rachegefühle zu entwickeln. Du fängst an, diese Gefühle aufzustauen, statt sie zu korrigieren. Diese Gefühle verstärken nur deine Ressentiments. „Aber wie werde ich meine Ressentiments los?" fragst du vielleicht. Erstens mußt du dich in Integrität bereitmachen, deine unbehaglichen Empfindungen anzuerkennen und die trennenden Gefühle, die aus diesen Empfindungen hervorgehen, zu erfahren und auszudrücken. Zweitens mußt du dich aus dem Gefängnis deines persönlichen Mythos befreien. Gewöhnlich verleugnest du diese Empfindungen und Gefühle völlig und wiederholst deine unglückliche Geschichte. Es ist einfach: Wenn du nicht den Mut aufbringst, durch diese Gefühle hindurchzugehen und sie zum Ausdruck zu bringen, wirst du sie aber nicht loslassen, sondern sie in dir begraben. Diese verleugneten Empfindungen und Gefühle werden schließlich zu von dir getrennten, autonomen Wesen, die so versteckt und losgelöst sein können, daß sie sich in dir zu richtigen „Killern" verwandeln. Sie zerstören nach und nach dein Leben, deine Beziehungen, deine Gesundheit. Sie können zu ernsthaften Krankheiten werden, die deinen Körper zerstören – eine erschreckende Vorstellung!

Vergiß nicht, daß jeder Mensch und jede Situation in deinem persönlichen Mythos eine Rolle spielen, die du für sie entworfen hast, und genauso spielst du in den persönlichen Mythen anderer eine Rolle. Dein persönlicher Mythos, deine unglückliche Geschichte, besteht aus Figuren, auf die du Ressentiments projizierst. Nur wenn du wieder eine tiefe Verbindung mit dir selbst herstellst und verstehst, daß dein persönlicher Mythos eine Entschuldigung dafür ist, dich nicht kreativ zu entwickeln, heilst du vollständig deine Ressentiments und deine Gefühle, ein Versager zu sein! Nur dann kannst du erfolgreich deine glückliche Geschichte auf kreative Weise nach außen projizieren und verwirklichen.

Laß die Sonne deiner Ursprünglichkeit aus deinem Inneren leuchten!

Lies die Übung sorgfältig durch, während du sie Schritt für Schritt ausführst. Oder bitte jemand, sie dir laut vorzulesen, während du sie ausführst. In diesem Fall kannst du die Augen schließen, um die Wirkung zu verstärken.

Teil 1

Wähle eine ganz bequeme Stellung, um mit der Übung zu beginnen. Bleibe bereit, Innenschau zu empfangen. Bitte die unendliche Intelligenz, jenen Teil deines Geist-Körpers, der stets ganzheitlich ist, dir zu helfen, die wahren Antworten auf die folgenden Fragen zu finden:

- Was ist dein persönlicher Mythos?
  - Ist es ein tragischer Mythos? Ist es ein Mythos, in dem es um Schuld geht? Ist es ein Mythos, in dem es um Angemessenheit geht? Ist es ein Mythos, in dem es um etwas Absurdes geht? Ist es ein Mythos, in dem es um Verlassen geht? Ist es ein Mythos, in dem es um einen Helden geht? Ist es ein Mythos, in dem es um ein schwarzes Schaf oder um einen Sündenbock geht? Ist es ein Mythos, in dem es um den Unsichtbaren geht? Ist es sonst ein Mythos? Nimm dir Zeit, deinen persönlichen Mythos zu bestimmen.
- Wie hältst du deinen persönlichen Mythos aufrecht?
  - Durch Gefahr? Durch Inkompetenz? Durch Krankheit? Durch Konfrontation? Durch Herzeleid? Durch mangelnde Glaubwürdigkeit? Durch Schikanierung? Durch Selbstkritik? Durch Zaudern? Durch Rebellion? Durch Vernachlässigung? Durch Perfektionismus? Auf andere Art? Nimm dir Zeit, zu klären, wie du deinen persönlichen Mythos aufrecht erhältst.
- Laß den Film deines persönlichen Mythos, deine unglückliche Geschichte, in deinem Geist ablaufen. Achte auf die Einzelheiten. Nimm dir Zeit. Wenn diese Einzelheiten deutlich werden, halte den Film deines persönlichen Mythos an, und präge dir das Bild im Gedächtnis ein. Erkenne an, daß dieses Bild ein trennendes Geist-Hologramm ist. Entschließe dich, dieses Bild wieder wachzurufen, wenn diese Übung dich dazu auffordert.
- Laß jetzt die Antworten in deinem Geist aufblitzen, während du die folgenden Fragen durcharbeitest:
  - Was für eine Gabe wird dir angeboten, die so wertvoll ist, daß du deinen persönlichen Mythos brauchst, um sie vor dir zu verstecken?
  - Warum erschreckt dich diese Gabe?
  - Gegenüber wem bist du so selbstgerecht geworden, daß du deinen persönlichen Mythos brauchst, um diese Selbstgerechtigkeit aufrecht zu erhalten, statt dich über deine Gabe zu freuen?
  - Was ist es, das du zu verlieren fürchtest?
  - Was ist es, das du zu haben fürchtest?
  - Kurz, worin liegt der eigentlich Sinn deines persönlichen Mythos?

- Richte jetzt deine Aufmerksamkeit auf die Hauptfiguren deines persönlichen Mythos. Diese sind die bedeutsamen Menschen in deinem Leben, gegenüber denen du ein Ressentiment hast... und beantworte folgende Fragen:
  - Welche Gaben bieten sie dir an? Nenne ihre Gaben, eine nach der anderen. Sei dir ihrer bewußt... Welche Botschaft versuchst du diesen Menschen zu geben, wenn du ihre Gaben mit deinen Ressentiments ihnen gegenüber zurückweist? Formuliere diese verschiedenen Botschaften für jede Person. Nimm dir Zeit...
  - Bist du bereit, in deinem Leben weiterzukommen? Bist du bereit, die Gaben zu entwickeln, welche dir die bedeutsamen Menschen in deiner unglücklichen Geschichte anbieten, um deine sinnlich-sexuelle Energie und deine kreative Energie zu befreien? Bist du bereit, dir die Gabe des Erfolgs zu geben?
- Während du diese Entscheidungen fällst, verpflichte dich jetzt, die Gaben zu entwickeln, welche dir die bedeutsamen Personen in deinem persönlichen Mythos anbieten. Es sind die Gaben, die dich auf den Weg zu deiner Ursprünglichkeit zurückbringen können. Rufe jetzt das Bild deines persönlichen Mythos ab, das du dir in deine Erinnerung eingeprägt hast. Richte das Licht deiner inneren Verpflichtung auf dieses eingefrorene Bild. Stell dir vor, wie dieses Licht das Bild deines persönlichen Mythos zum Schmelzen bringt, bis es ganz verschwindet. Während es schmilzt, stell dir an seiner Stelle einen leuchtend blauen Himmel vor. Spüre die Reinheit dieses blauen Himmels.
- Du hast jetzt deinen persönlichen Mythos aus deiner Erinnerung gelöscht und bist fähig, wieder ganz in dir zu sein. Du bist fähig, dich über das verbindende Hologramm der Sonne wieder mit deiner Ursprünglichkeit zu verbinden. Geh jetzt zum zweiten Teil dieser Übung über.

Teil 2

Atme einige Male tief ein und aus. Entspanne deinen Körper nach und nach von den Füßen bis zum Kopf. Nimm dir Zeit zum Entspannen... Spüre, wie wohl dir geworden ist. Stelle dir jetzt die Sonne vor...

- Laß dieses Hologramm der Sonne in deinem Geist real werden. Nimm mit ihm Beziehung auf, indem du zuerst die Anweisungen liest oder hörst und dann in deinem eigenen Rhythmus vorgehst:
  - Atme tief ein. Halte den Atem an, und stelle dir die Leuchtkraft der Sonne vor. Atme in einem einzigen raschen Atemstoß durch die Nase aus mit der Absicht, das Sonnen-Hologramm in den Raum vor dir einzuprägen. Stell es dir intensiv vor! Erfahre es! Atme eine Weile ein und

aus, und empfange das Licht und die Wärme der Sonne. Genieße dieses Licht und diese Wärme.

- Welche Empfindungen kannst du gerade jetzt in dir wahrnehmen? Fühle, welche Empfindungen jetzt in dir präsent sind... Nimm dir Zeit... Laß jetzt diese Empfindungen los... und sei bereit, die Wärme und das Licht der Sonne zu empfangen... Spüre sie...
- Welche Gefühle kommen jetzt in dir auf? Spüre jedes der Gefühle, die jetzt in dir präsent sind. Nimm dir Zeit. Laß jetzt diese Gefühle los... und sei bereit, die Wärme und das Licht der Sonne zu empfangen... Spüre sie...
- Welche Gedanken kommen jetzt in dir auf? Achte darauf, welche Gedanken jetzt in dir präsent sind... Nimm dir Zeit... Laß sie jetzt los... und sei bereit, die Wärme und das Licht der Sonne zu empfangen... Spüre sie... Erfreue dich noch einmal am Bild der Sonne vor dir, und sprich noch einmal zu dir selbst: „Das ist mein Licht... Ich bin in meinem Licht." Genieße dieses Licht und diese Wärme...
- Bringe jetzt das Bild der Sonne in deine Beckengegend, und fange an, langsam einzuatmen... Während du von ganz tief unten einatmest, werden die Strahlen der Sonne leuchtender... Während du von ganz tief unten ausatmest, breitet sich das Licht der Sonne immer mehr aus... und du fühlst dich entspannt... Atme auf diese Art von deiner Beckengegend her etwa eine Minute weiter... und fühle, wie du das Licht der Sonne ausweitest... und das Licht deiner Ursprünglichkeit mit der Ganzheit teilst... Dies ist das Licht deiner kreativen Kraft. Das Hologramm der Sonne hilft, dich daran zu erinnern und es wiederzugewinnen. Sei auch bereit, das Licht von der Ganzheit, die dich umfängt, zu empfangen... Spüre dieses Geben und Empfangen von Licht zwischen dir und der Ganzheit... Bleibe eine Weile in dieser Erfahrung... Laß die Sonne deiner Ursprünglichkeit aus deinem Inneren leuchten...
- Atme jetzt tief ein. Bewege langsam und behutsam deinen Körper... öffne deine Augen, und fühle dich geborgen in deinem eigenen Licht!

20
Selbstbesitz ist der Weg, aus dem Ego-Trick Tabu herauszukommen

Alle Bedürfnisse deines Geist-Körpers sind eine natürliche Folge des Lebens in der physischen Realität, in der Zeit und Raum getrennt erfahren werden.

Tabu ist das Reich deiner tiefsten Geheimnisse! Tabu nährt sich von Schrecken und Angst. Deine verzerrende Art und Weise, wie du das Leben in der materiellen Welt gestaltest, führt dich dazu, deine Tabus aufrecht zu erhalten. Dieser falsche Umgang hat damit zu tun, daß du gewöhnlich den transzendenten Aspekt nicht in deine materielle Realität einschließt. Entsprechend verhältst du dich, als ob dein Wesen nur ein physisches wäre. Indem du in diesem Verhalten verharrst, überläßt du deinem Ego die Kontrolle über deinen Geist-Körper. Dein Ego produziert dann den Ego-Trick Tabu, um dieses Ziel wirkungsvoll zu erreichen. Tabu blockiert deinen Selbstbesitz! Als Folge gibst du dich selbst auf und leidest an einem Mangel an Vertrauen. Du kannst aber mit deiner materiellen Ebene nur kreativ umgehen, wenn du auf die grundlegenden physischen, psychischen und transzendenten Bedürfnisse deines Geist-Körpers eingehst. Eine reife Beziehung zu diesen Bedürfnissen zu entwickeln ist der einzige Weg zu Selbstgenügsamkeit und damit zu Selbstbesitz.

Zu deinen grundlegenden physischen Bedürfnissen gehört zum Beispiel, dich auszuruhen, dich zu schützen und zu pflegen und Abfallprodukte aus deinem Körper auszuscheiden. Du hast auch grundlegende psychische Bedürfnisse wie lieben und geliebt zu werden, zu teilen, teilzuhaben, zu jemandem zu gehören, dich zu vergnügen und frei zu sein. Darüber hinaus hast du auch Bedürfnisse transzendenter Art wie die Bedürfnisse, dein kreatives Potential und deinen Lebenssinn auszudrücken, deine Bewußtheit zu erweitern und das Geistwesen, das du bist, zu erfahren, indem du deine Ganzheit lebst. Damit diese transzendenten Bedürfnisse erfüllt werden können, ist es erforderlich, daß du mit jemandem, mit der Natur, mit deiner kreativen Arbeit und schlechthin mit allem in deinem Leben in Verbindung stehst. Wenn Franz von Assisi Sonne und Mond als Bruder und Schwester ansah, war dies Ausdruck der Erfüllung eines transzendenten Bedürfnisses, nämlich der Erfahrung des Nicht-Getrenntseins aufgrund einer vollständigen Interaktion mit der Natur. Indem du dich bereitmachst, kreativ ohne Ausnahme auf alle deine physischen, psychischen und transzendenten Bedürfnisse einzugehen, beginnst du Selbstbesitz zu entwickeln! Kreativ auf ein Bedürfnis zu reagieren heißt, es in geeigneter Weise zu erfüllen oder es bewußt loszulassen. Deine verantwortliche Reaktion auf ein Bedürfnis ist es, die dir Selbstbesitz möglich macht! Selbstbesitz gibt dir umgekehrt die Möglichkeit, ständig die Kluft zwischen deiner physischen und deiner transzendenten Welt zu überbrücken. Du bringst deshalb deinen Geist-Körper wieder ins Gleichgewicht, in sein Zentrum, wo du dich stets zu Hause fühlst. Wenn es dir hingegen an Selbstbesitz mangelt, kann diese Kluft nie überwunden werden, weil deine kreative Energie in Kompensation fließt und nicht in Verbundenheit.

Alle Bedürfnisse deines Geist-Körpers sind eine natürliche Folge des Lebens in der physischen Realität, in der Zeit und Raum getrennt erfahren werden. In der physischen Dimension scheinen Menschen, Dinge und Ereignisse voneinander isoliert zu existieren. Würdest du in einer anderen Realität mit einer anderen Ordnung bezüglich Zeit und Raum leben, würdest du wahrscheinlich keine Bedürfnisse der Art haben, wie du sie jetzt hast. Dein Realität wäre ganz anders!

Du hinderst dich daran, ein Bedürfnis als ein Signal von deinem Geist-Körper zu sehen, zu deinem Zustand der Ganzheit zurückzukehren.

Ein Bedürfnis ist nur ein Zeichen, eine Vorstellung in deinem Geist-Körper, daß in dir eine Unausgeglichenheit besteht. Diese Disharmonie hat damit zu tun, daß du im Augenblick mit deinen Raum- und Zeitrealitäten nicht richtig umgehst. Dies kommt von deiner Unfähigkeit, dir deinen inneren Raum und deine innere Ausrichtung zu eigen zu machen. Wenn dies nicht gelingt, kannst du deinen Selbstbesitz nicht mehr verwirklichen. Du hinderst dich daran, ein Bedürfnis als ein Signal von deinem Geist-Körper zu sehen, zu deinem Zustand der Ganzheit zurückzukehren. Wenn du diesen Hinweis nicht beachtest, hat das meist damit zu tun, daß dein Geist-Körper zu sehr auf Gegenstände fixiert ist und in einen Zustand der Polarität geraten ist. Es ist unvermeidlich, daß es dir dann an Harmonie und Integration mangelt.

Ein einfaches Beispiel dieses Zustands von Objektbezogenheit und Gegensätzlichkeit ist, wenn du wegen fehlender Organisation Dinge sich anhäufen läßt, die du erledigen sollst. Du kümmerst dich einfach nicht darum! Dann fühlst du dich wegen der Dringlichkeit, diese Dinge zu erledigen, gehetzt. Statt Prioritäten zu setzen und dich kreativ zu reorganisieren, wirst du widersprüchlich und desorientiert. Du fühlst dich müde, erlaubst dir aber keine Ruhepause. Statt dessen gibst du den Dingen, die du erledigen mußt, übertrieben viel Gewicht. In einer solchen Situation fühlst du dich oft gestärkt durch ein Getriebensein und durch eine überschüssige Energie, diese Dinge zu erledigen. Aber in Wahrheit gerät dein Geist-Körper in einen Zustand der Bedürftigkeit. Diese überschüssige Energie, die plötzlich in dir ausbricht, ist lediglich eine Überreaktion deines Geist-Körpers, die dir Kraft gibt und dich zugleich drängt, diese Aufgaben zu erledigen, um dich vor deiner eigenen Kritik und der Kritik anderer zu schützen. Dieser Energiestoß kommt aber nur zustande, weil du gegenüber deinen eigenen starren Urteilen und den negativen Urteilen anderer über dich von äußeren Dingen abhängig geworden bist. Du hast einfach dein kreatives Handeln blockiert. Mit deiner Verhaftung an äußere Dinge hast du es aufgegeben, dich um die grundlegenden Bedürfnisse zu kümmern, die vorher da waren, wie das Bedürfnis, dich auszuruhen. Andere Beispiele der Objektbezogenheit sind, wenn du dich niedergeschlagen fühlst, weil das Wetter mies ist, oder wenn du dich nur dann motiviert fühlen kannst, wenn du jemanden findest, der dich ständig bestätigt.

Jedesmal, wenn ein Bedürfnis nicht angemessen befriedigt oder aufgegeben wird – dazu bedarf es deiner Fähigkeit, zu unterscheiden, ob dieses Bedürfnis ein echte Notwendigkeit oder nur Kompensation ist –, kommt es unvermeidlich zu einem Abbau von kreativer Lebensenergie! Mag dieser Abbau auch als isoliertes Ereignis erscheinen, so beeinflußt er doch ausnahmslos deinen gesamten Geist-Körper und alle Bereiche deines Lebens! Dieser Abbau stört auch die Verbindung zu deiner nicht-physischen, nicht-manifesten Realität, der transzendenten Realität. Wenn du den Abbau kreativer Lebensenergie nicht korrigieren kannst, tritt in dir nämlich der „Unterbrochene-Verbindungen-Effekt" ein. Das bedeutet, daß es in deinem Geist-Körper zu ernsthaften Störungen kommt. Du wirst nicht mehr mit deinen Lebenssituationen fertig. Du fühlst dich unsicher. Du wirst leicht von Mißtrauen überwältigt. Dein Leben kann unerträglich werden. Das alles verändert deine Beziehungen und deine Art zu leben. Du wirst zum Beispiel unfähig, Prioritäten zu setzen oder wichtige Projekte deines Lebens zu Ende zu führen. Du verlierst die Konzentration bei deiner Arbeit und kannst das Leben nicht mehr genießen. Du bist nicht mehr in der Lage, die großen und zarten Momente zu erkennen, die das Leben dir anbietet! Am Ende leidest du unter Trennung oder dem „Unterbrochene-Verbindungen-Effekt"! Sei dir bewußt, daß ein Bedürfnis nichts anderes als ein dringlicher Ruf ist, deine Ganzheit als Materie und Geist anzunehmen. Wenn du auf diesen Ruf reagierst, vermeidest du es, Trennung und Schwäche zum Opfer zu fallen. Deine Verbindung mit deiner Ganzheit wiederherzustellen erlaubt deshalb deinem Geist-Körper, im Gleichgewicht zu sein, in einem Zustand der Gesundheit. Wenn du dich aber nicht um deine Bedürfnisse kümmerst, verlierst du den Sinn für deine Ganzheit. Gleichzeitig kann es von einfachem Unwohlsein bis hin zu tragischen physischen und psychischen Formen der Selbstzerstörung kommen! Es fällt dir dann schwer, deine physische Realität als eine Wirklichkeit zu erfahren, die mit deiner transzendenten Realität verbunden ist.

Bedürftigkeit und Überdruß sind zwei Seiten derselben Münze. Beide erzeugen unausweichlich Kompensation.

Wenn du das Ungleichgewicht der dich überwältigenden Fragmentierung nicht korrigieren kannst, werden die unbeachteten Bedürfnisse zu Bedürftigkeit. Bedürftigkeit ist ein Symptom, daß der Geist-Körper in Kompensation gefangen ist. Ein einfaches Beispiel, um zu verstehen, wie diese Kompensation funktioniert, ist, wenn an einem heißen Sommertag deine Knöchel anschwellen. Der Körper tut das, um Wasser als eine Art Kompensation für das zurückzuhalten, das du wegen der Hitze verlierst. Wenn du nun mehr trinkst oder es kühler wird, kehrt dein Körper in seinen natürlichen Zustand der Ausgeglichenheit zurück. Wenn nicht, kommt es zu Flüssigkeitsverlust, was nichts anderes als Bedürftigkeit bedeutet. Oder vielleicht drängt es dich, jemandem Liebe oder Haß zu zeigen. Wenn du diese Liebe oder diesen Haß nicht auf verantwortungsvolle Weise ausdrückst, gerätst du in Bedürftigkeit. Du verfängst dich dann in Formen der Kompensation, etwa wenn du deine Liebe auf anklammernde, abhängige Art ausdrückst, deinen Haß übertrieben ausagierst oder sogar den Ausdruck deiner Liebe und deines Hasses gänzlich blockierst!

Entscheidend ist, daß du dich ständig abstrampelst, um aus der Bedürftigkeit, die durch deinen verfehlten Umgang mit deiner physischen Realität erzeugt wird, herauszukommen. Dieser ständige Kampf bewirkt in dir Gefühle des Überdrusses. Bedürftigkeit und Überdruß sind zwei Seiten derselben Münze. Beide erzeugen unausweichlich Kompensation. Kompensation wiederum verstärkt deine Instabilität und damit deine Unfähigkeit, mit deiner physischen Realität umzugehen. Es gibt zwei Grundformen der Kompensation, die diese Verstärkung bewirken: Entweder hängst du dich allzu sehr an deine materielle Realität, oder du löst dich völlig von ihr. Im ersten Fall kämpfst du um Anerkennung und wirst zu ehrgeizig, besitzergreifend, neidisch und gierig. Im zweiten Fall vernachlässigst du dich, und das kann dazu führen, daß du alles verlierst, was du erworben hast, speziell Geld. Oder es kann dazu führen, daß du die emotionale und materielle Basis, die du in deinem Leben erreichen wolltest, nie vollendest. Schließlich kann es zur Folge haben, daß du asozial wirst. Es ist dann nicht länger deine Sache, dich um dein Überleben zu kümmern. Zwischen diesen beiden Polen der Kompensation bist du in zahllose Formen von merkwürdigsten Verhaltensweisen eingeklemmt, die du wie Krücken benutzt, um dich abzustützen. Vielleicht nimmst du zum Beispiel merkwürdige Verhaltensweisen an, wie zum Beispiel, daß du keinen Wert auf deine äußere Erscheinung oder auf Hygiene legst, den unkonventionellen Typ spielst und jegliche Ordnung ablehnst. Vielleicht wirst du aber auch im Gegenteil eitel, neigst zu dramatischem Benehmen, stellst deinen materiellen Besitz zur Schau, zwingst deine intellektuellen Fähigkeiten anderen auf oder übertreibst deine psychischen Gaben. Solche Exzentrizitäten geben dir ein falsches Gefühl von Anerkennung und eine unechte Stabilität! Sie sind aber nur Teil des auf Kompensation beruhenden Szenarios, in dem du dich ständig verlierst. Alle Arten von Kompensation sind trotz ihrer „defensiven" Funktion Angriffe auf dich selbst. Kompensation ist ein Zeichen, daß ein Angriff in dir durchgeführt wird. Dein Geist-Körper fühlt sich einfach nur verletzt.

Ein Bedürfnis bezieht sich immer auf einen Wunsch. Wenn die Bedürfnisse zu Bedürftigkeit werden, werden deine Wünsche unersättlich! Das führt dich zu Disharmonie und Desintegration. In einem tiefen Sinn hat deine Bedürftigkeit mit einer elektrischen und chemischen Fehlfunktion deines Geist-Körpers zu tun. Deine Bedürftigkeit hat deshalb direkt mit deinen zwiespältigen Empfindungen, der Verzerrung deiner fünf Sinne und dadurch mit deinen Fehlwahrnehmungen und der Spaltung deines Willens zu tun. Deine Bedürftigkeit spiegelt zudem die Blockierung deiner transzendenten Inspiration und die Störung deiner physischen Inspiration wider. Die gesamte aus dem Gleichgewicht geratene Struktur deiner Bedürftigkeit zeigt sich schließlich im Ausbruch trennender Gefühle, in der ungenauen Sensitivität, in verwirrten, sich selbst erzeugenden Gedanken und in der Vorstellung, getrennt zu sein. Bedürftigkeit untergräbt deine Lebenskraft! Wenn Bedürftigkeit aufkommt, bist du deshalb dringend aufgerufen, dir und deinem Leben Aufmerksamkeit zu schenken, damit korrigiert werden kann, was nach Korrektur schreit!

Wenn du als Folge deiner inneren Drohungen in einen Zustand der Rückentwicklung gerätst, vermehrst du deine Halluzinationen und Illusionen.

Die Manifestation deines Bedürfnisses ist eng mit deinem kreativen Kanal des Instinkts verbunden. Wenn das Ego deinen Instinkt dominiert, verlierst du den natürlichen Sinn deines Geist-Körpers für innere Ausrichtung und für das Setzen von Prioritäten, was stark mit deiner inneren Wahrnehmung von Zeit zu tun hat. Du verlierst auch deinen natürlichen Sinn für den inneren Raum und für Ordnung, was im Tiefsten mit deiner inneren Wahrnehmung des Raumes zu tun hat. Wenn du unfähig bist, durch das Setzen von Prioritäten und die Organisation deiner selbst sowie deines Lebens Bewußtheit für Raum und Zeit zu entwickeln, bewirkt das in dir ein Gefühl der Heimatlosigkeit. Du wirst bedürftig! Das bedeutet, daß du nicht mehr mit deiner instinktiven Energie umgehen kannst, die doch die elementare Energie ist, die deine physische Realität antreibt! Der Verlust der Kontrolle über deine instinktive Energie führt dazu, daß du widersprüchlich und orientierungslos wirst oder daß du beides kompensierst, indem du übermäßig organisiert und von oben herab handelst. Jede dieser vier Möglichkeiten hindert dich daran, dein Leben in einer praktischen und kreativen Weise zu gestalten! Es kommt dir vor, als ob du ständig vor jemanden oder etwas davon- oder ihnen hinterherlaufen würdest. Du fühlst dich verfolgt, wirst ängstlich und verlierst den Boden unter den Füßen. Dieser Zustand verstärkt seinerseits dein Muster, jedem Menschen und jeder Situation in deinem Leben möglichst aus dem Weg zu gehen. Du widersetzt dich dann allem, und häufig kommt es dazu, daß du dich zurückentwickelst. Wenn du als Folge deiner inneren Drohungen in einen Zustand der Rückentwicklung gerätst, vermehrst du deine Halluzinationen und Illusionen. Du kannst deine planende Vision nicht mehr gestalten. Diese planende Vision ist die Bestimmung der wichtigen Schritte, die du in deinem Leben machen möchtest. Die Gestaltung deiner planenden Vision erlaubt dir, auf angemessene Weise Entscheidungen über dein Leben zu fällen und dich erfolgreich in Übereinstimmung mit den schöpferischen Notwendigkeiten zu leiten, die unerwartet in jedem Augenblick auftreten. Sonst drängen sich Unentschlossenheit und ein Mangel an Selbstmanagement zwischen deine planende Vision und die Bestimmung der lebenswichtigen Zwischenziele. Diese lebenswichtigen Zwischenziele sind klar bestimmte Stufen, die du nehmen mußt, um deine Lebensziele zu erreichen. Sie erfordern Disziplin! Disziplin ist aber nur möglich, wenn du dein Vertrauen bewahrst und in deiner Aufmerksamkeit konzentriert bleibst. Das ist aber unmöglich, wenn die Energie deines

Instinkts von deinem Ego dominiert wird! Wenn dies eintritt, wirst du von Mißtrauen und Panik getrieben, statt aktive Konzentration zu bewahren. Panik macht dein Leben zu einem einzigen Widerspruch.

Indem es die Kontrolle über deine Energie aus dem Instinkt ausübt, verstärkt dein Ego nur deine Bedürftigkeit. Bedürftigkeit ist aber ein Angriff auf deine spirituelle und materielle Existenz und damit auf deine transzendente und deine physische Realität. Bedürftigkeit verbirgt immer Angst, und Angst ist die Erfahrung, die Verbindung mit der Ganzheit verloren zu haben! Nur wenn dein kreativer Kanal des Instinkts im Gleichgewicht ist, hat dein Geist-Körper physisch eine sichere Grundlage, was Voraussetzung dafür ist, daß du dich spirituell erweitern kannst. Diesbezüglich ist es erforderlich, daß du die Verzerrung deiner instinktiven Energie korrigierst, um sicher und vertrauensvoll Selbstbesitz zum Ausdruck zu bringen. Deine Energie aus dem Instinkt ist es, die dich von deinem Untergang oder davor, dich zu verlieren, bewahren kann!

Tabu erreicht nur das eine Ziel, dir die Möglichkeit zu verwehren, reif zu werden. Es läßt dich dauernd Unrealität erzeugen. Du verkriechst dich dann im „Schoß" deines Egos! Angst überwältigt dich.

Wenn deine Energie aus dem Instinkt von deinem Ego mißbraucht wird, bist du unfähig, Selbstgenügsamkeit zu entwickeln. Selbstgenügsamkeit ist aber die direkte Folge davon, daß du deine Hologramme der „kreativen inneren Mutter" und des „kreativen inneren Vaters" angemessen verinnerlicht hast. Die Verinnerlichung dieser Hologramme hilft dir, einen Zustand des Vertrauens und der Selbstdisziplin zu bewahren. Etwas vom Wichtigsten, das deine physischen Eltern für dich tun, besteht darin, ein Vorbild zu sein, wie du dein elterliches Hologramm verinnerlichen kannst. Wenn aber deine physischen Eltern nicht in der Lage waren, ihr eigenes elterliches Hologramm zu verinnerlichen, konnten sie dich schlicht nicht lehren, diese Verinnerlichung auf angemessene Weise durchzuführen. Falls das für dich gilt, bist du jetzt aufgerufen, deinen physischen Eltern zu helfen, diesen Fehler zu korrigieren, indem du die Verinnerlichung deines elterlichen Hologramms zu Ende führst. Der Grad, in dem du mit deinen Bedürfnissen und Wünschen kreativ umgehst, entspricht dem Grad, in dem diese Verinnerlichung auf angemessene und kreative Weise in dir stattfinden kann. Wenn du hingegen darauf bestehst, deinen physischen Eltern dafür Vorwürfe zu machen, daß sie deinen Erwartungen nicht gerecht wurden, behinderst du nur deine eigene Entwicklung und gehst der Verantwortung für deine wahren Bedürfnisse und deine wahren Wünsche aus dem Weg. Deinen Eltern Vorwürfe zu machen schafft lediglich Groll. Es ist wichtig, zu verstehen, daß deine physischen Eltern es nicht besser wußten! Nur wenn du deine Ressentiments gegen deine Eltern sein läßt, kannst du dir erfolgreich deinen inneren Raum und deine innere Ausrichtung zu eigen machen. Infolgedessen möglicht dies es dir, deinen physischen Eltern und deiner ganzen Familie, die blockierte kreative Energie der Familie freizumachen und sie wiederzugewinnen. Diese kreative Energie erreicht alle Generationen und korrigiert unter deinen Vorfahren augenblicklich, was der Korrektur bedarf. Sei dir im klaren, daß diese Korrektur nicht der Zeit und dem Raum unterworfen ist! Sie ist möglich, weil zwischen allen Familienmitgliedern eine holographische Beziehung besteht. Sobald kreative Energie frei in dir fließt, wird sichtbar, daß dein Ego nicht länger seine Herrschaft über deine Energie aus dem Instinkt aufrechterhalten kann. Tabu verliert deshalb seine Macht.

Tabu erreicht nur das eine Ziel, dir die Möglichkeit zu verwehren, reif zu werden. Es läßt dich dauernd Unrealität erzeugen. Du verkriechst dich dann im „Schoß" deines Egos! Angst überwältigt dich. Angst ist der Königsthron des Egos, und Tabu ist der Bunker, den du benutzt, um dich zu schützen und zu verstecken, nur um zu überleben! Die Mauern dieses Schutzraums bestehen aus deinen verborgensten Ängsten, die das Ego nährt, um dich in Tabu einzuschließen. Diese tiefsten Ängste, die deinem Ego dienen, zerstören alle deine Projekte und untergraben deine Anstrengungen, in erfüllender Weise Struktur, Ordnung und Sinn für Prioritäten in dein Leben zu bringen. Deine tiefsten Ängste führen dich daher ständig dazu, dich selbst zu sabotieren. Kennst du jemanden, der nicht in der Lage ist, Ordnung in sein Leben zu bringen, oder jemanden, der umgekehrt sein Leben durch Überorganisation unerträglich macht? Wenn du dich in einem dieser Verhalten wiedererkennst, mußt du dir bewußt sein, daß deine instinktive kreative Energie durch deinen Ego-Trick Tabu verzerrt wird. Tabu zieht dir den Boden unter den Füßen weg, und ohne Boden kannst du kein Fundament für dein Leben legen. Wie könntest du ein Haus bauen oder Lebenspläne umsetzen, ohne ein Fundament zu haben? Der leichteste Wind wird dein Haus zum Einsturz bringen, wird deine Lebenspläne ruinieren. Wenn du mit deinen Lebensplänen Erfolg haben willst, mußt du deshalb die Kontrolle über deine instinktive kreative Energie haben! Es gibt keinen anderen Weg!

Die richtige Art, mit deiner Angst umzugehen, ist nicht Angriff oder Verteidigung, sondern der Weg der Gewaltlosigkeit.

Alle Ängste, auch jene, über die du offen sprechen kannst, enthalten einen versteckten Anteil, der tief in deinem Geist-Körper verborgen ist. Wenn dieser versteckte Anteil an die Oberfläche deines Bewußtsein käme, würde er durch deine Bewußtheit geheilt werden! Deine Ängste offen und verantwortungsvoll zu erfahren und auszudrücken ist der einzige Weg, dich von ihnen und folglich von deinen Tabus zu befreien.

Die sichtbare Angst entspricht nicht dem wirklichen Ausmaß der gesamten Angst. Jener Teil, der blockiert bleibt, erstarrt ist, wird zu deinem Tabu. Die Ego-Dynamik der Angst beruht darauf, daß ein Teil deiner Angst nie an der Oberfläche deines Geist-Körpers auftauchen wird. Er wird unerreichbar. Dieser Teil bringt dann seinerseits eine weitere Angst hervor, von der ein Teil gleichfalls unerreichbar wird. Dieser Teufelskreis geht so weiter, bis eine schwere Kette von Restangst erzeugt worden ist. Das bedeutet, daß eine permanente Energie von Restangst unbewußt in deinem Geist-Körper existiert, und dein Ego läßt nicht zu, daß du sie freisetzt. Das kann dich lähmen. Diese Restangst kannst du nicht heilen, wenn du dich ausschließlich auf psychologische Verfahren verläßt. Diese Restangst, eine Form von Besitzen, kann nur dadurch geheilt werden, daß deine kreative Energie, die hinter deinen Tabus verborgen ist, freigesetzt wird. Kreative Energie kann dann als Gnade zu dir zurückkehren. Möglich ist das nur, wenn du den festen Entschluß faßt, deine Fragmentierung zu heilen und deine partnerschaftliche Beziehung mit der Ganzheit wiederherzustellen!

Bis jetzt bist du mit Angst so umgegangen, daß du ihr entweder entgegengetreten bist oder dich ihr unterworfen hast. So bringst du dich immer entweder in eine Angriffs- oder eine Verteidigungsposition. Unter Angriff und Verteidigung kann aber nur eines gedeihen, nämlich Gewalt. Gewalt erzeugt nur noch mehr Gewalt. Gewalt verstärkt Fragmentierung. Fragmentierung erzeugt noch mehr Fragmentierung und daraus Angst. Angst erzeugt nur noch mehr Angst! Die richtige Art, mit deiner Angst umzugehen, ist nicht Angriff oder Verteidigung, sondern der Weg der Gewaltlosigkeit. Wie kannst du diesen Weg finden? Du erreichst diesen Weg nur durch aktive Konzentration. Aktive Konzentration besteht darin, in deinem Geist-Körper ganz präsent zu sein, indem du aktiv verfolgst, was in deinem Leben vor sich geht, offen bist für das, was geschieht, und weißt, daß deine Realität die Illusion deiner materiellen Welt übersteigt. Dazu gehört auch, verantwortlich und wirksam nach dieser Vorstellung zu handeln. Das läßt dich hinter die Dinge blicken und eine Brücke zur Ganzheit schlagen. Dann kannst du alles loslassen, was nur eine Illusion ist. Kein Zweifel, aktive Konzentration ist der Weg der Gewaltlosigkeit, der Weg von Selbstbesitz! Sie spiegelt deine kreativen Handlungen wider, die auf den kreativen Umgang mit deiner instinktiven Energie zurückgehen. Diese kreativen Handlungen zeigen sich in deinen fokussierten Absichten und in deiner planenden Vision. Wenn du kreative Handlungen entwickelst, befreist du vollständig deine Energie des Instinkts vom Mißbrauch durch dein Ego. Du bist deshalb nicht mehr blockiert durch den Ego-Trick Tabu, der deiner ganzheitlichen Natur Gewalt antut.

Die Psychologie hat zahlreiche Methoden entwickelt, mit Angst umzugehen: Einige Theorien weisen dich zum Beispiel an, mit der Angst leben zu lernen. Um zu „funktionieren", stellst du dich auf sie ein. Andere dagegen schlagen vor, daß du lernst, gegen deine Angst Widerstand zu leisten, indem du wiederholt in Situationen versetzt wirst, die Angst hervorrufen. Diese Methode wird stets begleitet von an den Intellekt gerichteten Erklärungen, wie die Angstmechanismen funktionieren. Weiter gibt es Theorien, die empfehlen, die durch deine Angst verursachte Spannung durch therapeutische Durchbrüche freizusetzen. Diese Durchbrüche sollen die Angst schwächen. Du kannst dann deine Angst aus einer „realen" Perspektive angehen.

Was dir meist nicht bewußt ist, ist die Tatsache, daß du selbst gewöhnlich einen anderen, einen tragischen Weg wählst, mit deinen Ängsten umzugehen. Sehr oft wählst du diesen Weg unbewußt. Du schaffst in deinem Leben ständig schmerzvolle Erfahrungen. Dein unbewußtes Ziel ist es, deine Energie des Instinkts zu unterbrechen, um die steigende und schließlich unerträgliche Spannung aufzulösen, die deine Ängste, die diese Energie blockieren, in dir erzeugen. Von einem logischen Standpunkt aus hört sich das sehr irrational an. Hier geht es aber um deine Energie aus dem Instinkt, die ihrem Wesen nach rein impulsiv ist. Getreu ihrer Natur kann es deine Energie aus dem Instinkt nicht ertragen, eingeschränkt zu werden. Deine instinktive Energie, unterdrückt in Form deiner Ängste, drängt dich deshalb vehement, von Zeit zu Zeit einen Ausweg zu finden, damit sie kräftig ihren Druck ablassen kann. Wenn du nicht kreativ mit deiner instinktiven Energie umgehst, fängt diese Energie an, dein Leben auf fehlkreative Weise zu steuern. Sie verhält sich wie ein wildes Tier, das plötzlich zu wüten beginnt, oder wie ein Vulkan, der unvermutet in ein vernichtendes Flammenmeer ausbricht.

Der eigentliche Zweck von Angst ist der, dich vor einer Gefahr zu warnen.

Wenn du deinen Geist-Körper auf Ganzheit ausrichtest statt auf Angst, die nichts als Fragmentierung ist, kann deine gesamte Wahrnehmung der Angst zunehmend transformiert werden. Das ist der einzige Weg, deine sonst unerreichbare Restangst, die vom Ego-Trick Tabu verdunkelt wird, allmählich doch zu erreichen. In dem Augenblick, in dem du bereit bist, die Tatsache anzunehmen, daß deine einzige Realität Ganzheit ist, beginnst du deine Erinnerung kreativ umzugestalten. Diese Umgestaltung macht es möglich, daß sich kreative Energie in dir erweitert. Die Erweiterung des Lichts deiner kreativen Energie ist es, das dich von deinen Schattenängsten heilen kann.

Die gesamte Mind Bridging-Dynamik der Befreiung von Angst beruht darauf, die Illusion von der Fragmentierung deines Geist-Körpers zu dekonstruieren, indem du dich deiner ganzheitlichen Natur erinnerst. Um deine Ängste zu heilen, mußt du zuerst bereit sein, dich von der Vorstellung von Furcht zu lösen. Du mußt dich auf deine Ganzheit ausrichten! Sei dir bewußt, daß deine Restängste, Tabus, aufrecht erhalten werden durch die „Anziehung", die ihre große Macht auf dich ausübt. Es ist eine Macht, die du selbst an sie abtrittst und nährst. Wenn du aber den Mut findest, dich klar zu entscheiden, dich von dieser riesigen Macht nicht einschüchtern zu lassen, sondern standhaft bleibst, befreist du dich von ihrer Anziehungskraft. Es ist keineswegs einfach, eine solche Entscheidung zu fällen, denn du bist vom Adrenalinstoß abhängig geworden, den Angst in dir auslöst. Angst ist also eine Sucht! Wenn du das einsiehst und die Verantwortung für dich selbst und dein Leben übernimmst, kannst du deinen Selbstbesitz zurückgewinnen! Du gewinnst die gewaltige kreative Kraft, die aufgrund der Angst brach liegt, zurück. Diese kreative Kraft kehrt dann zurück und steht für die Erfüllung deines schöpferischen Lebenssinns zur Verfügung. Der Schatten deiner Ängste kann dich nicht länger zurückhalten. Der eigentliche Zweck von Angst ist der, dich vor einer Gefahr zu warnen. Sie soll dir ein Signal geben zu überprüfen, wo du bist und wohin du gehen willst, damit, sofern nötig, eine Korrektur erfolgen kann. So kann Angst dir helfen, dein Leben zu bewahren. Aber wenn der „lebensrettende" Charakter deiner Angst von deinem Ego verzerrt wird, richtet dich Angst zugrunde, weil sie dir die Freude am Leben raubt!

Wenn deine tiefsten, versteckten Ängste die Bewohner deiner trennenden unbewußten Dimension sind, dann hausen sie dort, wo du deine Ganzheit „verloren" hast.

Tabu, bestehend aus deinen verborgenen Ängsten, ist das Resultat von Selbsthypnose wie auch von Massenhalluzination. Dein Ziel muß deshalb sein, dich von deiner Sucht nach Angst zu befreien und dich der Macht dieser verzerrenden Erregung oder Einbildung, die diese Selbsthypnose und Massenhalluzination aufrechterhält, zu entziehen. Du unterwirfst dich deinen Tabus und all deinen Ängsten, weil, wie du weißt, diese Einbildung übermächtig und unwiderstehlich wird! Diese Einbildung lenkt deine Aufmerksamkeit ab und spaltet deine fokussierte Absicht in eine Vielzahl selbständiger Absichten auf. Das erzeugt unzählige Ängste in dir. Was wird mit deinen Tabus und all deinen Ängsten geschehen, wenn du verstehst, daß es nichts Mächtigeres und Begeisterneres geben kann als deine Realität, deine Ganzheit? Wie können Dunkelheit, Angst und Tabu unter dem Licht deiner Ganzheit weiterbestehen?

Wenn deine tiefsten, versteckten Ängste die Bewohner deiner trennenden unbewußten Dimension sind, dann hausen sie dort, wo du deine Ganzheit „verloren" hast. Deine trennende unbewußte Dimension ist jener Teil von dir, der zuerst die Brücke zur Ganzheit abbricht. Deine Überzeugung, von der Ganzheit getrennt zu sein, wird folglich unantastbar. Diese trennende unbewußte Dimension ist es aber, in die du eintauchen mußt, um deine Brücken zur Ganzheit wiederaufzubauen. Nur wenn du dich entschließt, deine Tabus als Illusionen zu betrachten, öffnest du deine Augen und siehst deine Ängste in der richtigen Proportion. Nur dann kannst du mit deinen Ängsten auf verantwortungsvolle Weise umgehen. Du beginnst zu verstehen, daß du selbst es bist, der deine Tabus erzeugt und nährt. Deshalb kannst du dich gegen sie entscheiden!

Hinter jeder Angst steckt letztlich die Angst vor dem Unbekannten. Indem es deine Ängste nährt, hält dich dein Ego deshalb davon ab, die nächste Erfahrung, den nächsten unbekannten Moment deines Lebens zu genießen!

Die Sprache deines Unbewußten, sowohl des verbindenden als auch des trennenden Unbewußten, ist die Sprache von Symbolen, Bildern, Zeichen, Archetypen und Metaphern. Das sind die Elemente, die – einzeln oder zusammen – eine holographische Sprache bilden. Diese holographischen

Elemente können dennoch Schatten und Fragmentierung oder Licht und Ganzheit widerspiegeln. Wenn du deine Ängste heilen willst, wenn du die hinter ihnen verborgene komplementäre kreative Energie wiederfinden willst, mußt du die Elemente von Licht und Ganzheit aus dieser holographischen Sprache verwenden. So kannst du zum Beispiel einen Lichtstrahl in deinen Händen visualisieren, mit dem du deine Ängste auslöschen kannst. Wenn du deine Angst aus deiner Erinnerung gelöscht hast, stell dir vor, wie der Lichtstrahl sich in ein Symbol, ein Bild oder eine Farbe verwandelt, die für dich Vertrauen repräsentieren. Jedesmal, wenn diese Angst wieder in dir auftaucht, ruf dieses Symbol des Vertrauens in deine Erinnerung zurück. Verbinde dich mit ihm!

Die holographischen Elemente – Symbole, Bilder, Zeichen, Archetypen und Metaphern, die Licht und Ganzheit reflektieren – sind verbindende Geist-Hologramme. Sie sind die Fackeln, die dir auf deinem Weg leuchten. Folglich können sie dich dabei führen, den Schatten deiner Ängste zu durchschreiten und sie sicher aufzulösen. Sie können dich anleiten, dich wieder mit der Ganzheit zu verbinden, indem du deine Ganzheit wiederfindest! Von diesem Reich des Unbewußten aus kannst du beginnen, die Fragmentierung deines Geist-Körpers zu heilen, indem du aufhörst, deinen geheimen Ängsten Macht zu verleihen. Bildlich gesprochen, gehst du mit all deinen Ängsten so um, als ob der kleinste Regentropfen – deine Angst – die gesamte Atmosphäre – deine Ganzheit – in Angst und Schrecken versetzen würde. Natürlich gibt es keine Analogie, die angemessen dein Wesen, deine Ganzheit, mit deinen Ängsten, die nur Fragmentierungen sind, vergleichen kann. Es gibt keine Beziehung zwischen dem, „was ist", und dem, „was nicht ist".

Angst schließt immer etwas ein, von dem du glaubst, du könntest nicht damit fertig werden. Sehr häufig verdecken deine tiefsten Ängste deinen riesigen Widerstand dagegen, dein kreatives Potential und deinen Lebenssinn zu verwirklichen, weil du glaubst, daß du unfähig bist, mit deiner Begabung zurechtzukommen. Hinter jeder Angst steckt letztlich die Angst vor dem Unbekannten. Indem es deine Ängste nährt, hält dich dein Ego deshalb davon ab, die nächste Erfahrung, den nächsten unbekannten Moment deines Lebens zu genießen! Jeder Moment sollte aber als eine natürliche Gelegenheit verstanden werden, daß sich etwas Neues ereignet, um Selbstverstehen zu verbessern. Diese Erneuerung erhält die kreative Transformation aufrecht. Es kann dich zu wahrer Kreativität und reiner Freude führen. Wenn Angst einen Mangel an Freude und damit an Ganzheit darstellt, liegt der einzige Weg, deine Ängste aufzulösen, darin, daß du deine Fähigkeit wiedererlangst, reine, unbedingte Freude, die frei von Kompensation ist, zu empfinden!

Nimm deine Freude an!

Lies die ganze Übung sorgfältig durch, um die Aufgaben wirkungsvoll auszuführen und alle Brücken zu verstehen, welche diese Erfahrung, deine
Freude anzunehmen, enthalten. Nur so bist du bereit, alle diese Brücken zu
überqueren, die dich zu deiner Ganzheit führen können.

Teil 1

- **Die Brücke der Grundlage bauen**
  - Erinnere dich an ein bestimmtes Tabu, eine tiefe, versteckte Angst von
    dir.
  - Spüre sie einfach.
  - Wähle dann in deiner Vorstellung einen Menschen, einen Freund, dem
    du vertraust.
  - Nimm dann per Telefon oder sonstwie Kontakt mit diesem Freund auf
    und erkläre ihm deine Absicht, ihm als Teil einer Erfahrung, deine
    Ganzheit wiederzufinden, deine geheime Angst, dein Tabu, zu enthül-
    len.
  - Verabrede dich mit deinem Freund für einen Zeitpunkt, an dem ihr
    beide Zeit habt, ruhig zusammenzusitzen.
  - Wenn du dich mit deinem Freund triffst, erzähle diesem Freund von
    deinem Tabu, deiner tiefsten Angst, und wie es dich daran hindert,
    Freude im und am Leben zu haben. Laß deinen Freund auch wissen,
    daß er dir zuhören und mit dir empfinden und nichts anderes machen
    soll, als einen der folgenden Sätze zu sagen, wenn er merkt, daß es
    angebracht ist. Zu beachten ist, daß er jedesmal nur einen der folgen-
    den Sätze verwenden soll:
    - Es ist ja nur eine Täuschung!
    - Du bist ganzheitlich... Habe Vertrauen!
    - Du kannst dich auch anders entscheiden.
- **Die Brücke der Verbindung bauen**
  Es ist wichtig, zwei Punkte zu verstehen, bevor du dein Tabu mitteilst:
  - Erstens, höre deinem Freund aufmerksam zu, wenn er jeweils einen der
    folgenden Sätze spricht: „Es ist ja nur eine Täuschung!" „Du bist ganz-
    heitlich... Habe Vertrauen!" „Du kannst dich auch anders entscheiden."
  - Zweitens, höre deinem Freund mit einem offenen Herzen zu! Jedesmal,
    wenn dein Freund einen der genannten Sätze ausspricht, lasse ein tiefes
    Gefühl zu und vertraue ihm. Laß die Gedanken, sofort zu antworten
    oder ein Urteil abzugeben, los. Bleibe in deinen Gefühlen, und bringe
    sie erst zur rechten Zeit zum Ausdruck. Du mußt verstehen, daß diese

Erfahrung nicht ein verbaler Dialog mit deinem Freund, der dir beisteht, sondern eine Erfahrung der Empathie, ein Dialog der Energien. Laß die gesamte Erfahrung sich behutsam und mit Eleganz und Vertrauen entfalten.

- **Die Brücke des Einsseins bauen**
  - Es ist wichtig, daß du und dein Freund, der dir beisteht, vor Beginn der Übung bereit ist, Innenschau, unendliche Intelligenz, zu empfangen. Beide sollten um Innenschau bitten!
- **Die Brücke der Harmonie bauen**
  - Wenn du dich mitgeteilt hast, bedanke dich bei deinem Freund, der dir beigestanden ist... schenke ihm ein Lächeln, danke ihm mit Worten, umarme ihn, oder drücke deine Freude in irgendeiner anderen Form aus, die du als angemessen empfindest.

Teil 2

Bitte deinen Freund, den zweiten Teil der Übung vorzulesen, so daß du deine Erfahrung integrieren kannst.

- Schließe deine Augen... Atme tief ein... Stell dir einen Tropfen reinen Wassers vor, der das Licht der Sonne reflektiert... Fühle seine Transparenz... Fühle seinen Glanz... Geh in dieses Hologramm, diesen Wassertropfen... Fühle dich innerhalb dieses Wassertropfens... Erlebe die Empfindung dieses Tropfens... Spüre, wie fein er ist ... Werde eins mit ihm ...
- Spüre, wie du alles Licht, alle Klarheit aufnimmst, die dir in diesem Wassertropfen überreich angeboten wird... Laß dir Zeit, dieses Licht aufzunehmen...
- Fühle, wie dieser Tropfen sanft sein klares Licht in dir verbreitet... dich reinigt... Teil deines eigenen Glanzes und deiner eigenen Leuchtkraft wird... Dieses Leuchten weitet sich jetzt über deinen physischen Körper hinaus aus... Fühle jetzt die Ausweitung deines eigenen Glanzes, deiner Transparenz... Fühle die Frische und Freude deines eigenen Lichts... Nimm deine Freude an... Gib dir etwa eine Minute Zeit, diese Erfahrung tief zu genießen...
- Atme jetzt tief ein, und bewege langsam und sanft deinen Körper... und öffne deine Augen!

21
Meisterschaft ist der Weg, aus dem Ego-Trick Ritual herauszukommen

Dein Selbstbildnis hindert dich daran, auf angemessene Weise deine riesige kreative Energie zu manifestieren.

Der Ego-Trick Ritual beruht auf deinen Tarnungen. Dieser Trick besteht aus zahlreichen Ritualen, die du benutzt, um dich zu schützen. Diese Rituale halten dich davon ab, auf allen Ebenen wahrhaft zu kommunizieren, und blockieren deine Fähigkeit, dich selbst auszudrücken. Du bist dann nicht in der Lage, kreativ auf deine innere und äußere Welt zu antworten. So unterwirfst du dich deinen Ritualen. Du kannst deshalb nicht mehr du selbst sein! Du kannst dich nicht zeigen, wie du wirklich bist! Du entwickelst gewöhnlich Rituale in deinen Freundschaften, in deiner Partnerschaft, in der Familie, im Geschäft, in der Sexualität, in deinem Alltag und sogar im Urlaub! Das Ritual ist eine Trumpfkarte im Spiel deines Egos! Es spiegelt den Verlust deiner Spontaneität wider. Deine Spontaneität kann nicht gedeihen, und so kannst du keine Selbstsicherheit entwickeln. Du fängst deshalb an, rastlos dein Selbstbildnis aufzubauen und verhedderst dich in deinen Maskierungen, die auf deinen Kompensationsbedürfnissen beruhen. Diese Bedürfnisse spiegeln nur deine Schamgefühle, du selbst zu sein, die eine Folge der mangelnden Bewußtheit deines ganzheitlichen Wesens ist! Bei der verzweifelten Suche nach Bestätigung entwickelst du dann das Bedürfnis, dich entweder ganz klein zu machen oder dich aufzuspielen. Deine Minderwertigkeitsgefühle halten diese Kompensationsbedürfnisse aufrecht. Indem du ständig diese Gefühle hegst und pflegst, vergrößerst du am Ende deine verborgenen Schamgefühle. Minderwertigkeitsgefühle lassen dich in der Kette deiner zerstörerischen Verhaltensweisen im Kreise herumdrehen, so daß du dich zwanghaft kontrollierst oder wiederholt etwas ausagierst, das du überhaupt nicht bist. Solches Verhalten äußert sich nach deinem Bedürfnis nach Bestätigung und in deiner Angst davor, ausgelacht zu werden, die beide ein Muster des Gefallenwollens aufrecht erhalten. So wirst zu einem Schmeichler – einem „Opferschmeichler" oder einem „Rebellenschmeichler".

Die Rolle des Opferschmeichlers hindert dich daran, eine klare Haltung zu jemandem oder zu einer Situation in deinem Leben einzunehmen. Es ist deine riesige Angst vor der Enthüllung, wie begabt du wirklich bist, die dich dazu treibt, diese Rolle zu spielen. Und hinter dieser Angst liegt die Angst, bei den anderen Eifersucht zu erregen und dann allein gelassen zu werden. Ein Opferschmeichler zu sein, ist, wie wenn du dich auf deinem Lebensweg ständig für deine Talente zu entschuldigen hättest: „Es tut mir leid, ich wollte dich nicht mit meinen Talenten verletzen!" Letztlich steckt hinter dieser Entschuldigung eine gewaltige Anmaßung, die du aber fest bestreitest. Du wagst es aber nicht, dich wirklich zu zeigen, außer wenn du jemand findest, der dich ständig bestätigt und dir so die „Erlaubnis" gibt, deine Talente zu nutzen! Das führt nur zu Minderwertigkeitsgefühlen. Als Opferschmeichler hast du Angst vor der Möglichkeit, daß du einen Fehler machst, und weichst deshalb jeder Konfrontation aus. Wenn du dagegen in der Rolle des Rebellenschmeichlers steckst, machst du gegen jeden und alles Front. Der Rebellenschmeichler in dir macht aus der Prämisse „Front machen gegen alles" den Akt des Gefallenwollens. Du glaubst, du müssest in pompöser Weise gegen alles sein, weil du sonst keine Chance hättest, deine „kümmerlichen Talente" unter Beweis zu stellen. „Front machen gegen alles" wird für dich das Wichtigste im Leben, wichtiger als dich selbst wahrhaft zum Ausdruck zu bringen und all deine ständig verleugneten Talente zu entwikkeln. Anstatt dich spontan deiner kreativen Energie zu erfreuen, indem du derjenige wirst, der du wirklich bist, steckst du deine Energie lieber in die Überzeugung, du müssest „Front machen gegen alles", und benimmst dich entsprechend. Insgeheim hoffst du, dadurch die nötige Autorität und Bewunderung zu gewinnen, um den Wert deiner „kümmerlichen Talente" zu erhöhen. Dieser Mangel an Begabung ist aber gerade eine Folge deines Zweifels an deinen Begabungen. Diese Unsicherheit ist die eigentliche Wurzel deiner Selbstverleugnung. Der Zweifel an deiner Begabung verhärtet deshalb deine Überzeugung, du müssest „Front machen gegen alles", als ob du dich so deiner Kompetenz versichern könntest. Wenn das Moment der Selbstgefälligkeit in deiner Überzeugung, du müssest „Front machen gegen alles", zu stark wird, fängst du an, jeden und alles zu kritisieren. Du leugnest sogar die Tatsache, daß auch dir Fehler unterlaufen können. Wenn du einen Fehler machst, bist du deshalb nicht mehr in der Lage, ihn zu erkennen. Das nimmt dir die Möglichkeit, ihn zu korrigieren. Du bist in deinem Fehler gefangen und kannst nicht vorwärtsschreiten.

Wenn du die Rolle des Opferschmeichlers spielst, dann zeigt dir das, daß du in einer fragmentierten subjektiven Perspektive von dir selbst und deinem Leben gefangen bist. Du blockierst dann deine Selbsterweiterung, weil du in einem inneren Zirkel von Schuld und Kompensation steckst, der sich in einem Mangel an Gefühl für richtige Selbsteinschätzung zum Ausdruck bringt. Dieser Sinn für das richtige Verhältnis zu dir selbst fehlt in deinen Interaktionen mit anderen Menschen und deinem Lebenssituationen. Du verlierst deshalb den Blick für die reale Dimension deiner selbst und deiner Interaktionen! Wenn du hingegen den Rebellenschmeichler spielst, treibt dich eine fragmentierte objektive Perspektive von dir selbst und deinem Leben. Es ist dir dann nicht möglich, in dich selbst einzutauchen, dich auf deine innere Wahrheit auszurichten sowie deine authentische Dimension und deine wahre Ausrichtung zu entdecken. In beiden Fällen, ob du den Opferschmeichler oder den Rebellenschmeichler spielst, bist du unfähig, eine ganzheitliche Sicht von dir selbst oder von anderen Dingen zu haben. Du kannst keine Führungsqualität und Empfänglichkeit entwickeln, weil deine ganze Energie in den Aufbau deines Selbstbildnisses gesteckt wird. Dein Selbstbildnis hindert dich daran, auf angemessene Weise deine riesige kreative Energie zu manifestieren. Es hält dich davon ab, dich bestimmt und angemessen auszudrücken. Damit kannst du nicht mehr innere Meisterschaft erlangen.

Wenn du dich aber dazu entschließt, dein Selbstbildnis aufzugeben, erscheint in dir der wahre Ausdruck deiner Persönlichkeit, der Ausdruck deiner Ganzheit. Du beginnst zu leuchten!

Glaubst du denn, Meister wie Jesus und Buddha hätten sich ernsthaft Gedanken über ihr Selbstbildnis gemacht? Meinst du, sie hätten ihre Energie an eine solche Verrücktheit verschwendet? Im Gegenteil – ihre Größe zeigt ihre Meisterschaft, ihre kreative Energie voll zum Ausdruck zu bringen. Das ist der einzige Weg zu Erleuchtung! Jesus sagte, daß wir alles tun können, was er tat, und noch viel mehr. Immer wenn du deine kreative Energie nicht voll zum Ausdruck bringst, wählst du den Weg, dich klein zu machen, statt deine kreative Kraft anzuerkennen! Nur wenn du deine kreative Kraft liebend annimmst, kann deine Attraktivität wie ein Feuerwerk ausbrechen! Wenn du ein wahrer Führer, ein „Mitschöpfer", werden willst, mußt du aus den Rollen des Opferschmeichlers und des Rebellenschmeichlers ausbrechen und dich öffnen! Das erfordert, daß du dich nicht hinter deinen Maskierungen versteckst, weil du zuviel Angst davor hast, dein wahres Wesen zu zeigen.

Die Angst, deine Attraktivität auszudrücken, und die Angst, mit ihr nicht umgehen zu können, wenn du sie einmal erlangt hast, verleiten dich dazu, hinter deinem Selbstbildnis „Schutz" zu suchen. Wenn du dich aber dazu entschließt, dein Selbstbildnis aufzugeben, erscheint in dir der wahre

Ausdruck deiner Persönlichkeit, der Ausdruck deiner Ganzheit. Du beginnst zu leuchten! Deine Fähigkeit zu Kommunikation nimmt stark zu, und Schritt um Schritt wirst du offener. Deine Aufmerksamkeit bleibt vereinheitlicht, und du fokussierst deine Absichten, anstatt daß sie sich gegenseitig widersprechen. Das bedeutet, daß du deine Fertigkeiten, dein Know-how, anerkennst und wirklich kompetent wirst. Natürlich gibst du deine Maskierungen auf. Gefallsucht und die Angst, ausgelacht zu werden, kennst du nicht mehr. Du zeigst erfolgreich deine Führungsqualität und wirst damit wirklich attraktiv! Zudem kannst du dich als deinen eigenen Meister anerkennen, als Meister deines Lebens!

Dein Perfektionismus und deine Selbstkritik verstärken aber deinen Mangel an Selbstsicherheit und dein Bedürfnis nach Kontrolle.

Überreaktion ist nichts anderes als ein unkontrollierter Ausbruch deiner blockierten kreativen Energie. Du erzeugst diese Blockade, wenn du dich zwanghaft zensierst und wiederholt dir selbst und anderen etwas vormachst. Überreaktion zeigt zudem, daß du nicht mit den Situationen umgehen kannst, wie sie wirklich sind. Fehlinterpretationen sind immer an deinen Überreaktionen beteiligt! Deine Überreaktionen sind Schutzschilde für deine Tarnungen. Diese gehen auf deine selbstauferlegte Einsamkeit zurück, die in deinem Mangel an Selbstsicherheit und deinem Bedürfnis nach Kontrolle zum Ausdruck kommt! Dein Perfektionismus und deine Selbstkritik verstärken aber deinen Mangel an Selbstsicherheit und dein Bedürfnis nach Kontrolle. Wenn du in diesen Teufelskreis von Perfektionismus und Selbstkritik gerätst, machst du den Fehler, dein Selbstbildnis zu überschätzen. Kreative Kommunikation ist dann nicht mehr möglich. Es ist entscheidend, daß der zur Meisterschaft führende kreative Kanal der kreative Kanal der Kommunikation ist. Wenn das Ego deinen kreativen Kanal der Kommunikation beherrscht, kannst du deshalb kein Führer sein, weil du unfähig bist, Urheber deiner selbst zu sein. Deine Führungsqualität spiegelt sich in deiner Fähigkeit wider, Urheber deiner selbst zu sein! Beide führen dich zu Meisterschaft. Nur deine Einzigartigkeit und wahre Führungsqualität, zu denen Empfänglichkeit gehört, können Überreaktion vermeiden!

Das Ausmaß, in dem du von Ritualen überwältigt wirst, spiegelt die Verzerrung deines kreativen Kanals der Kommunikation wider! Der hohe Grad an Erwartungen und Frustrationen, den du in deinem Leben ständig erzeugst, ist von dieser Verzerrung abhängig. Wenn der Erwartungsdruck zu hoch wird, verlierst du deine Fähigkeit, dich präzis und locker auszudrükken. Du verlierst dein Im-Fluß-Sein. Wenn dich dagegen Frustrationen beherrschen, bist du unfähig, dich präzise und leicht auszudrücken. Das liegt daran, daß die Intensität deiner Frustration mit deiner Unfähigkeit, offen zu sein, zunimmt. Diese Unfähigkeit steht in einem proportionalen Verhältnis zu deiner Undurchlässigkeit oder deinem Verlust an Transparenz. Das hohe Maß an Erwartungen und Frustrationen in deinem Leben ist mit der Einschränkung deiner Spontaneität verbunden. Diese Einschränkung gründet in deinem Bedürfnis nach Bestätigung und in deiner Angst, ausgelacht zu werden. Dieses Bedürfnis zeigt, daß du deine Meisterschaft verleugnest. Deine Meisterschaft zu leugnen ist aber nichts anderes, als die Größe deines unteilbaren Wesens zurückzuweisen. Damit gibst du die Möglichkeit auf, dich ganz auf deine innere und äußere Welt einzulassen. Das verunstaltet deine Sensitivität. Diese Deformation wird dann ihrerseits im ständigen Ansturm deiner trennenden Gefühle spürbar.

Selbstbildnis ist das Spiel des Egos, in dem deine Persönlichkeiten verschiedene Maskierungen und ausgefallene Kostüme tragen, um sich in gegenseitiger, scharfer Konkurrenz auszudrücken. In diesem Spiel kannst du nur der Verlierer sein!

Trotz unserer hochentwickelten Kommunikationstechnologie sind wir weit davon entfernt, in unserer inneren Kommunikation dieselbe Entwicklung zu erreichen. Innere Kommunikation ist die Herausforderung der kommenden Jahre! Du bist jetzt dringend aufgerufen, diese innere Kommunikation zu entwickeln. Das verlangt von dir, deine verschiedenen Aspekte und Dimensionen in der kreativen Art von Mind Bridging zu integrieren. Mind Bridging hilft dir, dich mit den unterschiedlichen Manifestationen deines Bewußtseins zu verbinden. Das unüberwindbare Hindernis bei der Wiederherstellung des Flusses dieser inneren Kommunikation ist jedoch dein Selbstbildnis!

Wenn du wahre Kommunikation mit deiner äußeren Welt, die in deiner inneren Welt beginnt, herstellen willst, mußt du erst Selbstsicherheit entwickeln. Selbstsicherheit ist der einzige Weg, wahren Kontakt mit Menschen und Lebenssituationen herzustellen und zu unterhalten, und der einzige Weg, um auf deine innere Weisheit zu hören. Ohne Selbstsicherheit bezweifelst du ständig diese innere Stimme. Schlimmer noch, du kannst nicht verstehen, was du hörst! Dann beginnst du, dich über Klischees auszudrücken. Klischees geben dir die „Sicherheit", die du brauchst, aber sie nehmen dir die Authentizität! Diese Sprache von Klischees ist die Sprache deines

Selbstbildnisses. Nur wenn du das Bedürfnis aufgibst, ständig dein Selbstbildnis zu erzeugen, kannst du Selbstsicherheit entwickeln und die Fähigkeit zu authentischer Kommunikation wiederfinden! Nur so kannst du deine natürliche Kommunikation mit unbegrenzter Intelligenz, Innenschau, wiederherstellen. Innenschau ist immer da, in deinem Geist-Körper gegenwärtig. Sie läßt dich nie im Stich, wenn du erst deine kreative Motivation wiedergewonnen hast. Diese Motivation ist nur möglich, wenn du gelernt hast, deine Aufmerksamkeit wirklich tief nach innen zu richten.

Jedes Problem ist ein Problem der inneren Kommunikation! All deine Probleme verweisen auf einen Mangel an Kommunikation zwischen den fragmentierten Teilen deines Geist-Körpers. Um kreative innere Kommunikation wiederherzustellen, mußt du in das große Unbekannte steigen, deine unbegrenzte Natur, die sich in jedem Moment deines Lebens ausdrückt. Es erfordert, daß du deiner inneren Weisheit vertraust und ihr folgst. Kreative Kommunikation ist dann ein Mittel, durch das du ferne Ziele erreichen kannst und das dir neue und klare Wahrnehmungen verschaffen kann. Sie kann deine Augen für eine ganzheitliche Sicht deiner selbst und deines Lebens öffnen. Wenn kreative Kommunikation in dir nicht mehr möglich ist, zeigt das, daß die fragmentierten Teile deines Geist-Körpers, deine Persönlichkeiten, deinen wahren Ausdruck blockieren. Sie halten dich mit Verpflichtungen gegenüber deinem Selbstbildnis auf. Selbstbildnis ist das Spiel des Egos, in dem deine Persönlichkeiten verschiedene Maskierungen und ausgefallene Kostüme tragen, um sich in gegenseitiger, scharfer Konkurrenz auszudrücken. In diesem Spiel kannst du nur der Verlierer sein! Du verlierst deine ganzheitliche Sicht. Solange es dir an Selbstbehauptung fehlt, deinen Selbstausdruck, der durch dein sich in den Vordergrund drängendes Selbstbildnis verdunkelt ist, zurückzugewinnen, wirst du immer die Rolle des Verlierers spielen! Du wirst deine Fähigkeit des Im-Fluß-Seins und deine Spontaneität vernachlässigen. Spontaneität ist aber das beste Mittel gegen Selbstbildnis! Sie bedeutet, im Fluß der Kreativität zu sein! Sie erfordert, daß du in deinem Geist-Körper gegenwärtig bist und frei und kreativ auftrittst. Nur wenn deine Spontaneität von innen strahlt, können Innenschau, Weisheit in dir aufblitzen. Du befreist dich dann von der Folter deiner inneren Stimmen der Kritik und des Perfektionismus. Selbstverständlich gewinnst du dann Humor und Leichtigkeit zurück und damit auch deine Attraktivität.

Erst wenn du aufhörst, dir Sorgen zu machen, wie du du selbst sein oder etwas machen sollst, wird dir der richtige Weg Schritt um Schritt gezeigt.

Warum versuchst du ständig, dich selbst, alle anderen und jede Situation streng zu kontrollieren, statt in deiner Spontaneität zu bleiben? Deine Kontrolle zeigt nur deinen verborgenen Wunsch, eine Machtposition einzunehmen! Eine Position, die dir das falsche Gefühl gibt, die Ganzheit zu beherrschen! Kontrolle ist nur ein Mittel, der Verantwortung auszuweichen, dein kreatives Potential und deinen schöpferischen Lebenssinn auszudrükken. Du versucht unablässig, die Kontrolle zu bewahren, weil du glaubst, einen besseren Plan gefunden zu haben, als in Mitschöpfung zu sein! Du entfernst dich dann von deinem Lebenssinn und deiner Lebensaufgabe in dieser physischen Welt. Das führt nur zu Zaudern und Zögern! Eine unserer wichtigsten Aufgaben im Leben ist aber die, durch einen mitschöpferischen Lernprozeß Know-how und Fertigkeiten zu entwickeln. Du bist ganz bestimmt nicht in diese Welt gekommen, dich hinter Maskierungen zu verbergen, um andere Menschen und Situationen für deine eigenen individuellen Ziele zu kontrollieren. Hinter deinem ständigen Versuch, Kontrolle auszuüben, steckt deine unbewußte Entscheidung, die kreative Kommunikation zwischen dir und der Ganzheit zu unterbrechen. Diese Unterbrechung, eine Folge der Zersplitterung deines kreativen Willens, ist für dich ein Mittel, dich von deiner „Verpflichtung" freizumachen, deinen kreativen Selbstausdruck zum Zweck der Mitschöpfung zu verbessern. Du weichst dieser Verantwortung ganz einfach aus. Jede Form der Kontrolle dient deshalb einzig deinem Ego-Trick Ritual, der darauf abzielt, deine Fähigkeit zu kreativer Kommunikation zu unterdrücken. Das Ironische ist, daß du mit deiner ständigen Kontrolle die kreative Kommunikation aus deinem Leben verbannst und damit völlig unter die Kontrolle deiner Rituale gerätst, die dich mit sinnlosen Routinen ablenken!

Kontrolle spiegelt nur deine Inkompetenz wider! Deine Inkompetenz blockiert Empfänglichkeit und Führungsqualität! Du bist gewohnt, zu kontrollieren, weil du Angst davor hast, nicht zu wissen, wie du mit den vielfältigen Situationen in deinem Leben fertig werden sollst. Diese Situationen ergeben sich aber ständig, und sie sind für dich eine Chance, deine wahre Motivation zu entdecken, deine Fähigkeit zu verbessern, dich selbst auszudrücken und deine Kreativität zu erweitern! Du mußt aber wissen: Erst wenn du aufhörst, dir Sorgen zu machen, wie du du selbst sein oder etwas machen sollst, wird dir der richtige Weg Schritt um Schritt gezeigt. Indem du dich von deinem Bedürfnis nach Kontrolle befreist, stellst du die Kommunikation mit der Stimme der Weisheit, der inneren Führung, wieder her. Erst dann kannst du dich auch wieder mit deiner natürlichen Erwartungshaltung und Motivation verbinden, dich von deinen Enttäuschungen und von deinen eng gefaßten Erwartungen befreien. Du kannst nicht mehr verlorengehen! Dein Grundfehler ist, daß du deine natürliche Erwartungshaltung aufgibst und zu eng gefaßten Erwartungen machst, die nur den Rahmen für deine Enttäuschungen abgeben. Eigentlich hat natürliche Erwartungshaltung mit kreativem Ausdruck und Motivation zu tun, nämlich damit, daß du im Fluß des Lebens bist. Natürliche Erwartungshaltung bedeutet offen, neugierig zu sein, auf die kreative Erneuerung der Interaktionen in deinem Leben zu vertrauen. Eng gefaßte Erwartungen dagegen sind die Bausteine deiner Kontrolle, aus denen das Lagerhaus deines Skeptizismus, deiner Gier und Selbstsucht gebaut ist, wo deine Enttäuschungen bereits erwartet werden. Eng gefaßte Erwartungen schränken deine Möglichkeiten ein. Nur im Zustand deiner natürlichen Erwartungshaltung – und nicht gefangen in Frustrationen und eng gefaßten Erwartungen – verspürst du wieder den Drang, erfolgreich einen Schritt nach vorn zu machen!

Ein Meister ist jemand, der eine ganzheitliche Vision von sich selbst, von anderen Menschen und vom Leben erlangen und sie zum Zweck der Mitschöpfung anwenden kann. Er inspiriert andere, dasselbe zu tun.

Wenn du dich verpflichtest, deinem Wesen ganz und gar Ausdruck zu verleihen, haben Angst, ausgelacht zu werden und Schamgefühl keinen Platz mehr, weil du dich ganz in wahre Kommunikation einbringst und in kreative Energie eingebunden fühlst. Du gleichst einem Künstler, der sein Meisterwerk schafft. In solchen Momenten fühlst du dich in deiner inneren und äußeren Welt völlig wohl. Wenn du bei einer Erfahrung oder einer Situation in deinem Leben dieses Wohlsein verspürst, dann hast du Transparenz erreicht! Dann kannst du mit Humor und Leichtigkeit dir und anderen Menschen helfen. Du gewinnst folglich deine Meisterschaft zurück.

Ein Meister ist jemand, der eine ganzheitliche Vision von sich selbst, von anderen Menschen und vom Leben erlangen und sie zum Zweck der Mitschöpfung anwenden kann. Er inspiriert andere, dasselbe zu tun. Ein wirklicher Meister ist jemand, der unsere Begabung sehen kann, während wir selbst für unsere eigene innere Größe blind sind. Er zeigt uns den Weg. Er gibt uns die Sicherheit unserer Ganzheit und schenkt uns die Möglichkeit, mit ihm zu lernen, wie wir Sicherheit über die uns innewohnenden Werte erreichen können! Wir können deshalb sicher unseren Weg gehen. Der Meister wird dann unser guter Freund. Wir haben nicht mehr das Bedürfnis, zu ihm „hinaufzuschauen". Ein Meister ist zudem jemand, der eine Situation mit reiner, unschuldiger Neugierde, dem Ursprung jeglicher Motivation, ansehen kann. Anstatt sich hinter Selbstkonzepten und Selbstbildnissen zu verstecken, bleibt ein Meister neugierig, während er verantwortungsvoll auf die sich entwickelnde Situation eingeht. Ein Meister versteht es, aus jeder Situation in seinem Leben zu lernen. Aus Mitgefühl gesteht er ein, daß er Fehler machen kann, und er hat zugleich die Würde, diese Fehler zu korrigieren, ohne von Selbstkritik zerstört zu werden! Vielmehr lernt er aus diesen Fehlern, damit er sie nie wieder macht.

Deine Initiation auf dem Weg der Meisterschaft erfordert, daß du deine unschuldige Neugierde wiedergewinnst. Diese Unschuld hilft dir, dein Selbstbildnis aufzugeben. Nur dann bist du fähig, in deinem Geist-Körper, in deinem Leben wahrhaft gegenwärtig zu sein und dein eigener Meister zu werden. Dein eigener Meister zu sein ist ein ständiger Lernprozeß, der dich immer weiter bringt. Meisterschaft beruht auf Selbstsicherheit, nicht auf Selbstbildnis. Wenn du dich darin verlierst, dein Selbstbildnis zu schaffen, beginnst du wie ein Roboter zu leben. Du hängst dich zu sehr an Rituale und verlierst deine Leichtigkeit, deinen Humor und deine Ausgelassenheit. Deshalb mußt du die Maske deines Selbstbildnisses fallenlassen, wenn du Selbstsicherheit, Empfänglichkeit sowie Führungsqualität erlangen willst. Nur so wirst du deine Empfindungsfähigkeit „Im-Fluß-Sein" wiedergewinnen. Nur so wirst du dich motiviert fühlen, vorwärtszukommen und auch andere zu bewegen, auf ihrem kreativen Weg weiterzuschreiten. Dafür wirst du die Freiheit gewinnen, dich vollkommenen zum Ausdruck bringen zu können. Du wirst deshalb offen sein. Du wirst dich von deiner Gewohnheit, alles zu bemängeln, befreien. Du wirst aufhören, dir und anderen etwas vorzumachen. Du wirst Kompetenz erlangen! All dies wird möglich sein, weil du auf deinem Weg zur Meisterschaft weitergekommen bist. Meisterschaft heißt, deinem Wesen Ausdruck zu verleihen und dich mitzuteilen. Meisterschaft ist kein Selbstzweck, sondern ein Lebensweg. Wieviel Meisterschaft du erreicht hast, zeigt sich an deiner Freiheit und am Grad der Bestimmtheit deiner Kommunikation mit dir selbst und mit anderen. Diese Kommunikation muß dann kreativ offen sein statt festgelegt und starr. Sie erfordert auch, daß du dich in deiner inneren und äußeren Welt wohlfühlst. Zu allem, was mit Meisterschaft zu tun hat, gehört die Entwicklung der Gaben von wahrer Kommunikation, Offenheit und seiner Einzigartigkeit, die im Gegensatz zu deiner Sucht nach einen Selbstbildnis stehen. Der Schlüssel zu diesen Gaben liegt darin, deine Kommunikationsbrücken zur Ganzheit zu erhalten.

Deine kreative Energie kann sich in dir nur ausbreiten, wenn du in deinem Leben Platz für Flexibilität, Raum für inspirierende Überraschungen frei läßt. Sonst fällst du der Wiederholung und der Routine, dem Ritual, zum Opfer.

Meisterschaft hat zwei grundlegende Komponenten: Leichtigkeit und Humor. Wenn du dir gestattest, Leichtigkeit zu erfahren und deinen Humor auszudrücken, werden die weiblichen und männlichen Realitäten in dir integriert. Zugleich kommt es zur Verbindung deiner rezeptiven und aktiven geistigen Energien. Diese Realitäten und Energien können sich dann in kreativer Weise manifestieren! Durch deine weibliche innere Realität und durch deine rezeptive geistige Energie erlangst du die Gabe der Leichtigkeit. Durch deine männliche innere Realität und durch deine aktive geistige Energie kannst du deine Gabe des Humors offen teilen. Wenn du deine weiblichen und männlichen Realitäten in dir integrierst und deine rezeptiven und aktiven geistigen Energien miteinander verbindest, wirst du Herausforderungen als Chancen statt als Hindernisse ansehen. Das ist eine Qualität von Meisterschaft! Nur wenn du deine Meisterschaft wiederfindest, kannst du wirklich Vertrauen in den Prozeß des schöpferischen Mitwirkens haben. Du fühlst dich dann nicht mehr verloren und einsam. Du fühlst dich gut und leicht, bewahrst deine Ruhe und Sicherheit. Deine Äußerungen und Reaktionen werden klar. In jeder Situation kannst du direkt und aufrichtig sein, weil du dich von Innenschau, von unbegrenzter Intelligenz inspirieren läßt. Deshalb bringst du dich wahrhaft zum Ausdruck. Das ist keine so naive Schlußfolgerung, wie du vielleicht denkst! Bestimmt hast du in deinem Leben Augenblicke erfahren, in denen du dich ganz wohl, begeistert, motiviert und leicht gefühlt hast. In diesen Augenblicken hast du die Erfahrung deiner inneren Meisterschaft gemacht. Aber erst dann, wenn du lernst, diese Augenblicke bewußt zu erleben, indem du ihren Wert anerkennst, werden sie in deinem Leben oft und ganz natürlich auftreten. Diese Augenblicke zeigen auch, daß du auf deinem Weg zur Führungsqualität Fortschritte machst. Sie markiert das Ende des Ego-Tricks Ritual.

Verwechsle aber das Ritual nicht mit der kreativen Struktur, die du deinem Leben gibst. Dein Leben kreativ zu strukturieren heißt, unter deinen Aktivitäten Prioritäten setzen zu können, indem du deine Zeit, deinen Raum, deine Beziehungen und deine Arbeit auf flexible Weise organisierst. Dein Leben auf flexible Weise zu strukturieren bedeutet auch, flexible Richtlinien und wichtige Zwischenziele zu schaffen, die dir helfen, auf dem Weg zu bleiben und deiner planenden Vision zu dienen. Diese Vision heißt, deine Fähigkeit zur Manifestation deiner kreativen Handlungen zu entwickeln!

Solche kreativen Handlungen beruhen auf deiner Fähigkeit, mit Zeit und Raum angemessen umzugehen. Dazu gehört auch, daß du in deinem kreativen Prozeß Zeit für inspirierende Überraschungen hast.

Deine kreative Energie kann sich in dir nur ausbreiten, wenn du in deinem Leben Platz für Flexibilität, Raum für inspirierende Überraschungen frei läßt. Sonst fällst du der Wiederholung und der Routine, dem Ritual, zum Opfer. Wenn du deinen Tag planst, „vergißt" du aber gewöhnlich, diesen Freiraum für inspirierende Überraschungen zu schaffen. Die bloße Möglichkeit, dich wegen diesen Raum zu verlieren, erschreckt dich! Du schaffst dir deshalb lieber Rituale. Diese Rituale beanspruchen all deine Zeit und dein ganzes Leben, während sie dir die Illusion der Sicherheit vorgaukeln, weil alles unter deiner Kontrolle zu sein scheint. Mit Meisterschaft hat das aber nichts zu tun! Wie lange willst du noch so leben? Wie lange soll dich dieses Zaudern und Zögern noch bestimmen? Nur wenn du die weise Entscheidung triffst, dich auf den Weg zur Meisterschaft deiner selbst zu machen, gibst du dir in deinem Tagesablauf bewußt freie Zeit für inspirierende Überraschungen! Das ist eine Zeit, die nicht von Verpflichtungen, Terminen oder Ritualen belastet ist, sondern dazu da ist, daß neue kreative Ideen in dir reifen und sich durch dich manifestieren können! Nur so wird es dir möglich, deine Ausgelassenheit, deine Spontaneität und deinen Humor zu fördern und dabei deiner Transparenz wirklich Ausdruck zu geben. Dann erst wirst du ganz leicht sein, indem du die Freiheit wiedergewinnst, der zu sein, der du wirklich bist!

Genieße die Erfahrung deiner Meisterschaft! Du bist ein Meister. Du bist ein Sieger.

- Wähle jemanden in deinem Leben, einen Menschen, den du jetzt unterstützen willst. Triff dich mit ihm oder ruf ihn an. Sag ihm nicht, daß du ihm helfen willst. Ermutige ihn, seine Hoffnungen und Erwartungen bezüglich Lebensziele mit dir zu teilen. Höre ihm aufmerksam und geduldig zu, und sei bei dem Gespräch ganz präsent. Sei ganz offen und interessiert an dem, was er sagt. Sei vor allem willens, ihn mit Herz und Geist zu unterstützen! Gestatte dir dabei, die Gabe deiner Führungsqualität zu erfahren und deine Gaben der Empfänglichkeit und Attraktivität zu entfalten.
- Zeige diesem Menschen, daß du dich wirklich für seinen Erfolg verpflichtest. Versichere ihn seiner Begabungen! Ermutige ihn, Vertrauen in seine Projekte zu haben. Motiviere ihn, seine Fähigkeit zu entdecken, ein

glückliches Leben für ihn und seine Angehörigen zu schaffen. Diese Erfahrung von Meisterschaft ist erst abgeschlossen, wenn du fühlst, daß du diesem Menschen bis zum Ende zugehört und ihn ganz unterstützt hast.

- Nimm während dieser Erfahrung die Empfindungen von Leichtigkeit und Humor an, die sich in dir sanft und heftig in einem Springbrunnen von Glückseligkeit zu manifestieren beginnen. Genieße diese Gefühle... Erkenne, wie wunderbar es ist, wenn du mit Leichtigkeit und Humor deine Führungsqualität ganz zum Ausdruck bringen kannst! Leichtigkeit und Humor sind deutliche Zeichen dafür, daß authentische kreative Kommunikation vor sich geht. Beide zeigen daher, daß du dich von einigen Schichten des Ego-Tricks Ritual befreit hast.

- Koste diese Erfahrung aus! Sie ist dein Geburtsrecht. Genieße die Erfahrung deiner Meisterschaft! Du bist ein Meister. Du bist ein Sieger.

22
Vereintsein ist der Weg, aus dem Ego-Trick Aberglaube herauszukommen

Individualismus treibt dich nur dazu an, um Privilegien zu kämpfen und etwas Besonderes zu sein!

Zu Selbstverwirklichung kann es nur dann kommen, wenn du dazu fähig bist, die verschiedenen Dimensionen deines Bewußtseins in deinen physischen und transzendenten Realitäten zu integrieren. Um deine Selbstverwirklichung zu verhindern, erfindet dein Ego den Trick Aberglaube. Dieser Ego-Trick ist die falsche Überzeugung, daß alle Dinge und alle Menschen nur als isolierte Wesenheiten existieren. Du vergißt dann, daß diese scheinbare Trennung lediglich ein Mittel zur Manifestation der physischen Dimension ist. Du vergißt die eigentliche Wahrheit, daß du, jedermann und alles eine untrennbare Quantenrealität bilden! Aus diesem Aberglauben der Getrenntheit der Materie geht dein Individualismus hervor. Individualismus treibt dich nur dazu an, um Privilegien zu kämpfen und etwas Besonderes zu sein! Das macht dich zum Opportunisten. Opportunismus soll deine Klagen und das Bedürfnis nach Besitz verbergen. Beides sind klare Symptome deines Zweifels an deiner grenzenlosen Natur. Deine Sicherheit, daß du auf deinen physischen Körper begrenzt bist und nichts anderes als dieser Körper zu sein scheinst, ist eine Frucht dieses Zweifels. Diese verzerrende Vorstellung ist zugleich eine kollektive Vorstellung, die an der Fragmentierung des Gruppen-Bewußtseins, zu dem du gehörst, ihren Anteil hat. Dein Individualismus, dein Zweifel, deine Klagen und dein Besitzdenken widerstreben deshalb deiner Gabe des Vereintseins und stehen daher in Widerspruch zu deiner Universalität!

Besitzdenken wird durch Induktion genährt. Possessive Induktion (siehe Glossar) ist jener Prozeß deines Egos, in dem deine Gedanken sich zwanghaft und ohne Zusammenhang selbst erzeugen und deine Vorstellungskraft ungeordnet arbeitet. Das bewirkt eine unkontrollierte Materialisierung in deiner inneren und äußeren Welt. Diese Gedanken, die „Dinge" sind, machen die subtilste Form der Materialisierung aus! Solange deine Gedanken mit dem Ganzen verbunden bleiben, sind sie Werkzeuge, die deinen kreativen Prozeß unterstützen. Wenn sich aber deine Gedanken verselbständigen, „autonom" werden und deine Vorstellungskraft unlogisch wird, bleibt kein Raum, in dem Ganzheit, Innenschau, sich in dir manifestieren können. Der Aberglaube der Getrenntheit der Materie beginnt deinen gesamten Geist-Körper zu beherrschen – sie ist die Wurzel allen Aberglaubens. Wenn er in diesem Aberglauben steckt, verleugnet dein Geist-Körper am Ende gänzlich seine ganzheitliche, transzendente Realität!

Der Ego-Trick Aberglaube ist der Hort der „autonomen" Teile deines Selbst. Diese Teile, deine Persönlichkeiten, finden stets neue Mittel, um einen „besonderen Status" zu bewahren. Das hindert dich daran, dein Leben einfach zu machen. Wenn du nicht fähig bist, in einfacher Weise leben, bist du der Eitelkeit deiner Persönlichkeiten zum Opfer gefallen, und das verstärkt nur den Ego-Trick Aberglaube! Du verlierst deine Gabe des Vereintseins. Du siehst die Menschen um dich und deine Situationen im Leben nicht mehr als Teil deiner selbst. Du versteht sie nicht mehr als Teil der einen Realität, die ständig von dir, diesen Menschen und diesen Situationen gemeinsam erzeugt wird. Du verlierst dich wegen der ständigen Fragmentierung des Geist-Körpers in Komplikationen! Die Menschen und Situationen in deinem Leben in einer ganzheitlichen Perspektive zu sehen erfordert aber Selbstverwirklichung. Dann werden diese Menschen und Situationen entsprechend auf dich reagieren. Selbstverwirklichung gibt dir dann die Möglichkeit, deine Gabe des Vereintseins wiederzugewinnen und zu genießen und das Leben in jedem Augenblick zu feiern! Dadurch entfalten sich deine Beziehungen durch Wohlwollen, Einfachheit und Wertschätzung statt durch innere Leere, durch „etwas Besonderes zu sein" und Konkurrenzdenken.

Wenn deine kreative Transformation blockiert ist, dann löst das eine übermäßige und verzerrende Materialisierung deines Bewußtseins aus und unterbricht deine Mitschöpfung mit dem Ganzen.

Gleich, welches Problem du hast, ob es Beruf, Gesundheit, Beziehung, finanzielle Lage oder etwas anderes betrifft – alle diese Probleme sind nur Spiegelungen eines einzigen Hauptproblems, nämlich des fehlenden kreativen Umgangs mit deinen Geist-Hologrammen. Das blockiert die Widerspiegelung und Aktualisierung der Ganzheit in dir und verhindert damit Selbstverwirklichung. Es führt dazu, etwas Besonderes sein zu wollen, und zum Gefühl des Leerseins. Ersteres ist ein akutes Symptom für den Opportunismus verschiedener Persönlichkeiten, die miteinander um die Vorherrschaft über jemanden, über eine Sache oder über eine Situation kämpfen. Letzteres ist eine direkte Folge der erpresserischen Natur dieser Persönlichkeiten. Es gehört zu ihnen, daß sie versuchen, immer mehr zu erlangen und die Kontrolle über deinen Geist-Körper zu übernehmen. Wie Vampire saugen deine Persönlichkeiten, deine trennenden Geist-Hologramme, sowohl deine eigene kreative Lebensenergie, als auch die deiner Umgebung aus. Das macht dir das Leben schwer. Du wirst niedergedrückt und pessimistisch. Einzig kreatives Selbstmanagement kann deine natürliche Erwartungshaltung, die dich selbst betrifft und sich auf dein Leben bezieht, wiederherstellen. Es ermöglicht dir die kreative Transformation, von der dich deine Persönlichkeiten abhalten.

Du kannst dich nur kreativ transformieren, wenn dein Bewußtsein sich vertieft und erweitert und dadurch Selbstverwirklichung möglich macht. Wenn deine kreative Transformation blockiert ist, dann löst das eine übermäßige und verzerrende Materialisierung deines Bewußtseins aus und unterbricht deine Mitschöpfung mit der Ganzheit. Du wirst dann selbstbezogen, eifersüchtig und beginnst an allem zu zweifeln. Du verlierst so deine Würde und deine Selbstherrschaft. Nur wenn du dich entschließt, in wechselseitiger Beziehung zu leben und deine innere Fülle zu akzeptieren, gewinnst du deine Würde und deine Selbstherrschaft zurück. Das macht Selbstverwirklichung möglich. Nur dann beginnst du wirklich einen Prozeß, der zu Selbstverwirklichung führt. Sie macht Selbstverantwortung, Mitgefühl und Verstehen in deiner inneren und äußeren Welt wider lebendig. Das sind die Meilensteine, die dir helfen, den Aberglauben der Getrenntheit der Materie von innen her zu überwinden!

Zwanghaftes Konkurrenzdenken ist die beste Waffe des Egos gegen die Ganzheit!

Individualismus ist ein zentrales Mittel der Trennung und hängt eng mit Selbstsucht und Besitzgier zusammen, die ihrerseits mit Eitelkeit und Arroganz verbunden sind. Eitelkeit und Arroganz führen lediglich zu Konkurrenzdenken. Die Dynamik des Konkurrenzdenkens beruht auf der Vorstellung, jemand müsse verlieren, damit ein anderer gewinnen kann. Sie steht im Gegensatz zu den Vorstellungen von Einfachheit und Wohlwollen, indem sie ständig das Gefühl, „etwas Besonderes" zu sein, und die innere Leere verstärken und so den Teufelskreis des Individualismus schließen. Du verstrickst dich häufig im Dilemma des Konkurrenzdenkens: Entweder konkurrierst du mit anderen, indem du deinen Besitz zur Schau stellst und dich übermäßig positiv verhältst. Wenn dir jemand von seinem Erfolg erzählt, versuchst du ihn sogleich zu überzeugen, wie erfolgreich du selbst bist. Oder du beteiligst dich am Wettkampf, indem du dein Elend übertreibst, eine

Tragödie machst und übermäßig pessimistisch wirst. Niemand anderes kann dann mehr das Opfer sein als du. Wenn dir jemand von etwas Tragischem berichtet, hast du gleich eine noch schlimmere Geschichte zu erzählen. In diesem Dilemma des Konkurrenzdenkens mit den beiden Formen, „etwas Besonderes" zu sein, verlierst du dich in Protzerei, falschem Optimismus oder in übertriebenem Pessimismus. Nur wenn du dich davon, „etwas Besonderes" sein zu wollen, und von innerer Leere, die immer damit einhergeht, befreist, kannst du deine Einfachheit und dein Wohlwollen wiedergewinnen. Sie sind die wichtigsten Voraussetzungen dafür, mitschöpferisch mit der Ganzheit zu wirken.

Zwanghaftes Konkurrenzdenken ist die beste Waffe des Egos gegen die Ganzheit! Im Alltag machen wir normalerweise aus dem Konkurrenzdenken etwas Edles und Wünschenswertes. Wir fördern es sehr in der Schule, beim Sport und am Arbeitsplatz als ein Mittel, uns zu entwickeln und höhere Ebenen an Können und Intelligenz zu erreichen. Man braucht nur einige Fernsehsendungen anzuschauen, um zu sehen, wie die Idee des Konkurrenzdenkens glorifiziert und idealisiert wird. Die zunehmend übersteigerte Art von Aufgaben, die Menschen im Namen des Konkurrenzdenkens erledigen sollen, ist verblüffend. Unsere Gesellschaft läßt sorglos zu, daß Konkurrenzdenken zwanghaft wird.

Warum legen wir so viel Wert auf das Konkurrenzdenken? Mache dir bewußt, daß wir zu konkurrieren anfangen, weil wir etwas zu verlieren fürchten, was wir bereits haben, oder etwas bekommen wollen, was wir noch nicht haben. Die Basis des Konkurrenzdenkens und das, was es am Leben erhält, ist die Empfindung von Mangel, die immer auch das Klagen darüber einschließt. Dieser Mangel führt dich dazu, Dinge durch Verführung in deinen Besitz zu bringen. Echtes und spontanes Empfangen, das eine deiner ganzheitlichen Natur innewohnende Gabe ist, wird für dich nicht mehr möglich. Die Furcht, nicht genug zu haben, treibt dich dann dazu, übermäßig Prestige, Anerkennung, Liebe, Geld oder materielle Dinge anzuhäufen. Das Bedürfnis nach Anhäufung blockiert aber wechselseitige Beziehung; es spiegelt deinen gewaltigen Zweifel gegenüber dem Leben wider und zeigt, wie sehr du ein Sklave deines Besitzdenkens bist. Dinge zu haben und sich an ihnen zu erfreuen ist kein Verbrechen; es ist eine natürliche Fähigkeit von dir. Doch jedesmal, wenn Besitzdenken zwanghaft durch Konkurrenzdenken verursacht wird, verstrickst du dich unweigerlich in Gier. Wenn du gierig versuchst, jemanden oder etwas zu besitzen, trennst du dich nur von diesem Menschen oder dieser Sache. Diese Gier trennt dich von der Ganzheit. Du kannst nicht mehr der Mitschöpfung zu Diensten stehen und beginnst zu leiden. Das ist schlecht für dich.

Wenn dein natürlicher Zustand völlige Verbundenheit mit der Ganzheit ist, hat es doch keinen Sinn, dich wild in Konkurrenzdenken zu verlieren! Es bringt dich nur dazu, angestrengter zu arbeiten, um die stetig wachsenden Forderungen zu erfüllen. Wenn du hingegen in Mitschöpfung stehst, in deinem natürlichen Zustand der Ganzheit bist, kannst du erreichen, was du willst, indem du einfach du selbst bist und verantwortungsvoll das tust, was du in diesem Leben zu tun berufen bist. Wenn du aufrichtig dein kreatives Potential und deinen Lebenssinn lebst, erreichst du deine Ziele und verwirklichst deine Träume mit Leichtigkeit. Nur dann kannst du wahrhaft dienen, weil du gewinnst und auch alle anderen gewinnen. Zu dienen hat deshalb nichts damit zu tun, daß du dich selbst aufopferst. Vielmehr geht es darum, daß du dich entschließt, deine Begabungen zu entwickeln sowie sie mit allen zu teilen und dabei eine natürliche Erwartungshaltung und Solidarität zu bewahren. Vor allem geht es darum, Glück durch Mitschöpfung zu leben. Leider bist du süchtig nach Konkurrenzdenken geworden. Du bist fest überzeugt, daß kein anderer Weg zur erfolgreichen Entfaltung deines kreatives Potentials und deines schöpferischen Lebenssinns führt. Damit machst du es dir unmöglich, echte Erfüllung und Begeisterung zu erfahren. Die Ironie ist, daß beides die Belohnung dafür ist, die du mit deiner harten Arbeit und deinem Versuch, deine Ziele in der Konkurrenz zu erreichen, suchst. Die Erfüllung und Begeisterung, die du im Konkurrenzdenken findest, haben aber wenig Bestand. Sie verschwinden so leicht wie Rauch im Wind.

Aber was könnte, magst du fragen, begeisternder als Konkurrenz und Wettkampf sein? Um eine Antwort zu finden, müssen wir uns fragen, wo denn wahre Erfüllung und wahre Begeisterung zu finden sind. Ihre Grundlage ist echte partnerschaftliche Beziehung, die Manifestation des Selbst. Diese partnerschaftliche Beziehung muß jedoch in dir beginnen, indem du deine Geist-Hologramme verbindest. Erst dann kann sie sich nach außen ausweiten. Lernen, in partnerschaftlicher Beziehung zu sein, hat die Macht, das tief verankerte Bedürfnis nach Konkurrenzdenken gänzlich zu transformieren. Deine erste Schule für partnerschaftliche Beziehung ist deine Familie, aber die meisten Familien sind überraschenderweise nicht darauf vorbereitet, Kooperation, gegenseitige Achtung, wahre Anerkennung und Wertschätzung statt Konkurrenz zu vermitteln. Und was noch schlimmer ist – Familien sind sich nicht einmal bewußt, daß dies ihre wahre Aufgabe ist. Sie sehen nicht einmal, wie Konkurrenzdenken in der Zelle der Familie entsteht und gefördert wird. Erst wenn die Familie ihren Hauptzweck zu verstehen beginnt, nämlich das Nest echter partnerschaftlicher Beziehung zu sein, wird sich unsere Welt grundlegend verändern. Auch wenn du in deiner Ursprungsfamilie nie etwas über partnerschaftliche Beziehung gelernt hast, kannst du dennoch deinem Leben eine neue Richtung geben, indem du verstehst, daß partnerschaftliche Beziehung die primäre Aufgabe aller Familien ist. Dieses Verständnis ist von größter Wichtigkeit, wenn du dich neu entscheiden und dein Leben auf kreative Weise leben willst. Damit dir das gelingt, mußt du dich ganz dafür öffnen, partnerschaftliche Beziehung in dir und in deiner Familie zu entwickeln. Würde jeder von uns auf der Basis partnerschaftlicher Beziehung, des Selbst, sein Leben neu entscheiden, würde unser ganzes Erziehungssystem davon zutiefst beeinflußt. Es würde darauf ausgerichtet, Kooperation, wahre Anerkennung und Wertschätzung zu fördern! Es würde nicht mehr so viel Wert auf Ränge und Titel legen. Auch der Sport hätte eine völlig andere Ausrichtung, und unser Unterhaltungsangebot würde aus der Perspektive einer ganzheitlichen Sicht gestaltet. Unsere Beziehungen untereinander und mit unserem Umfeld würden eine tiefgreifende Veränderung erfahren.

Tatsache ist, daß wir das zunehmende Konkurrenzdenken, das wir uns selbst schaffen, nicht mehr tragen können!

Es ist entscheidend, daß der Perspektivenwechsel von extremem Konkurrenzdenken zu echter Kooperation, wahrer Anerkennung und Wertschätzung von der augenblicklichen Bewußtseinsebene der Menschheit aus nicht sehr attraktiv erscheint. Mit unserer gegenwärtigen Mentalität können wir uns gar nicht vorstellen, wie die Welt ohne Konkurrenzkampf interessant sein könnte. Vielleicht denkst auch du, wie langweilig es ohne die Energie des Wettbewerbs wäre. Wahrscheinlich kannst du dir die Entwicklung deines kreativen Potentials und die Verfolgung deines schöpferischen Lebenssinns ohne den Ansporn der Konkurrenz gar nicht vorstellen. Vielleicht ist für dich eine solche ganzheitliche Vision nur eine weitere Utopie ohne Aussicht auf Verwirklichung. Wir brauchen uns aber nicht darum zu sorgen, wie wir einen solchen Zustand, in dem wir frei von belastendem Konkurrenzdenken sind, erreichen können. Unsere Augen sind noch nicht offen genug, um deutlich den Weg zu sehen, den wir für eine solche Veränderung einschlagen müssen. Im jetzigen Zeitpunkt ist es vordringlich, zu vertrauen und sich immer wieder zu verpflichten, in die Richtung einer ganzheitlichen Perspektive des Lebens zu gehen. Dann wird uns der Weg dorthin Schritt für Schritt gezeigt werden. Nur dann können wir uns von der Last des Konkurrenzkampfes befreien.

Tatsache ist, daß wir das zunehmende Konkurrenzdenken, das wir uns selbst schaffen, nicht mehr tragen können! Es stimmt, daß das Konkurrenzdenken – verstanden als natürlicher Antrieb – uns dazu bringen kann, eine Herausforderung zu bewältigen und uns geholfen hat, ein hohes Niveau der Technologie, Kommunikation und wissenschaftlicher Entdeckungen zu erreichen. Der Preis, den wir dafür bezahlen, daß wir diesen natürlichen Antrieb zu einer Obsession gemacht haben, ist aber viel zu hoch! Die Folge des zunehmenden Konkurrenzdrucks in unserem Leben ist eine kollektive Desintegration. Wir verlieren unsere Würde. Das kann nur zu Selbsttäuschung führen! Konkurrenz ist für uns wichtiger geworden als Menschlichkeit – so groß ist die Verzerrung, die es verursacht. Nur wenn wir uns aufmachen, unser ganzheitliches Bewußtsein wiederzugewinnen, werden wir in der Lage sein, zu verstehen, welchen Schaden unser zwanghaftes Konkurrenzdenken verursacht und wie wir ihn beheben können. Das wird uns die Möglichkeit geben, unser individuelles und unser kollektives kreatives Potential anzuerkennen, indem wir unserem individuellen schöpferischen Lebenssinn folgen. Nur wenn wir auf unserem kreativen Weg, der auf einer ganzheitlichen Sicht beruht, voranschreiten, können wir lernen, wahrhaft mit unserer menschlichen Natur zu leben und unser ganzheitliches Bewußtsein zu erfahren. Nur dann kann sich das Selbst in uns spontan in wahrer wechselseitiger Beziehung und Fülle entfalten. Nur so sind wir fähig, unsere Menschlichkeit authentisch zum Ausdruck zu bringen.

Das Selbst, dessen Wesen partnerschaftliche Beziehung ist, manifestiert sich vollständig durch eine Kooperation, die auf Integrität beruht. Sobald wir das Selbst zu leben beginnen, wird das Konkurrenzdenken keinerlei Anziehungskraft mehr haben, weil das Ego der Menschheit seine Macht verliert. Konkurrenzdenken, wie es uns begegnet, wird man dann als überholtes, „selbstmörderisches" Modell ansehen, das einstmals angewandt wurde, um Fähigkeiten und Intelligenz zu entwickeln. Statt dessen wird sich etwas Attraktiveres zeigen: Die Chance, eine ganzheitliche, unbegrenzte, kreative Kraft zu erfahren, wird von selbst in uns aufkeimen, als Folge davon, daß wir wahrhaft in Vereintsein zusammenwirken. Eine verantwortungsvolle und bewußte Verbundenheit wird dann wichtiger sein als alle anderen Erfahrungen. Dann erst wird sich ein Raum öffnen, der uns gestattet, ein kreatives kollektives Bewußtsein zu entwickeln. Durch Vereintsein können wir deshalb unsere kollektive Fragmentierung heilen. Vereintsein wird es jedem von uns ermöglichen, daß wir uns in uns selbst vollendet fühlen. Solche Vollendung wird uns von zwanghaftem Konkurrenzdenken frei machen. Wir werden dann von selbst wieder in der Lage sein, bewußt Ganzheit in uns zu erfahren und zugleich erleben, daß wir in der Ganzheit sind. Es geht darum, gemeinsam unsere holographische Erfahrung kreativ zu leben! Unsere angeborene Fähigkeit, spontan zu geben und zu empfangen, wird dann wiederhergestellt. Die Menschheit wird dann mit echtem schöpferischem Mitwirken beginnen. Auch wenn diese Vision in den Bereich der Science Fiction zu gehören scheint, sei dir doch bewußt, daß der Same einer solchen Transformation schon gesät worden ist und bereits begonnen hat, von unserem verbindenden kollektiven Unbewußten aus zu wachsen. Du wirst die wichtigsten Auswirkungen der kreativen Umwandlung des menschlichen Bewußtseins früher erblicken, als du glaubst!

Wenn du Fülle, wechselseitige Beziehung und Erfolg erfahren willst, mußt du einige einfache Schritte machen. Der erste besteht darin, daß du dich achtest, bereit bist, dir selbst, den anderen und allem Wertschätzung entgegenzubringen und dankbar zu sein!

Deine Überzeugung, daß du an Mangel leidest, wird durch den Ego-Trick Aberglaube bewirkt. Dieser Ego-Trick lockt deine Aufmerksamkeit in seine Falle. Du kannst dann die Grenzenlosigkeit der Ganzheit mit deiner Aufmerksamkeit nicht mehr länger anerkennen. Aber nur dann, wenn du durch deine Aufmerksamkeit die Ganzheit anerkennst, können die fokussierten Absichten in dir hochkommen, die dir Fülle und Erfolg bringen. Dies zeigt dann, daß dein Wille und der des Ganzen als Einssein vereinigt sind, als der kreative Wille! Wenn dir dagegen dieser kreative Wille fehlt, verstärken sich deine Ängste, „daß es nicht genug gibt". Du entwickelst die Überzeugung, daß du in deinem Leben nicht mit genügend Reichtum, Liebe, Wohlergehen, Wahlmöglichkeiten oder Anerkennung belohnt werden kannst. Von der Überzeugung, daß du an Mangel leidest, überwältigt, entschließt du dich, diese Dinge zu bekommen, indem du deine inneren Werte und deine innere Wahrheit verkaufst. Du machst Kompromisse. Denn du vergißt gänzlich, daß du die holographische partnerschaftliche Beziehung bist, die aus der Ganzheit ausstrahlt. Es ist dir nicht mehr bewußt, daß du geschaffen bist als Abbild einer ewigen Fülle. Solche Fülle gehört zu deinem Wesen – daran kannst du nichts ändern!

Wenn du vergißt, daß Fülle dein Wesen ist, läßt du zu, daß die Überzeugung, daß du an Mangel leidest, auf verschiedene Lebensbereiche ausstrahlt. Das Resultat ist, daß du einen Mangel an Liebe fühlst. Es scheint, daß du deinen wahren Partner nicht finden kannst. Du hast nicht genug Geld. Du findest nicht die richtige Anerkennung für deine Arbeit. Du kannst keinen Weg sehen, wie es in deinem Leben weitergehen könnte. Du fühlst, daß du keine Alternativen hast. Oder du findest in deinen sexuellen Erfahrungen keine Erfüllung. Vielleicht vermißt du eine echte Beziehung, Nähe, wahre

Freundschaft. Diese ganze Situation, die deine Selbstbehinderung zum Ausdruck bringt, macht dein Leben zu einem Lagerhaus von Klagen. Klage erzeugt nur noch mehr Mangel – Mangel erzeugt wiederum mehr Klage. Der Mangel läßt sich dann nicht mehr kontrollieren!

Um das, was du vermißt, zu bekommen, entschließt du dich, hart zu arbeiten, was auch immer der Preis sein mag. Du verstrickst dich dann in Kompensation, die zwischen Aufopferung und Selbstverhätschelung schwankt. Jetzt wirst du wirklich arm, denn du entfernst dich von deinem Zentrum, wo Harmonie und Integration bestehen. Du bist nicht mehr fähig, schöpferischem Mitwirken zu dienen und zu erlangen, was du wirklich begehrst. Das Leben wird zu kompliziert für dich! Sei dir im klaren: Dich aufzuopfern bedeutet, zu geben, ohne den Lohn zu empfangen. Dich zu verhätscheln bedeutet dagegen den Versuch, zu nehmen, wonach du begehrst, ohne dich selbst zu geben und dich in die Situation einzubringen. Diese Verhaltensformen funktionieren nie. Du kannst so nicht glücklich sein. Sowohl Aufopferung als auch Selbstverhätschelung sind nichts anderes als ein Abziehen von Energie, und dies signalisiert das Fehlen von Selbstachtung und Selbstverantwortung. Das hält dich davon ab, spontan und echt zu geben und zu empfangen. Dieser Mangel an Selbstachtung und an Selbstverantwortung nimmt dir folglich die Chance weg, ein erfülltes Leben zu gestalten. Du kommst dann zur Überzeugung, daß dir soviel Fülle als Geburtsrecht nicht zusteht, und du wirst unfähig, in einem Zustand der wechselseitigen Beziehung zu leben. Wenn du Fülle, wechselseitige Beziehung und Erfolg erfahren willst, mußt du einige einfache Schritte machen. Der erste besteht darin, daß du dich achtest, bereit bist, dir selbst, den anderen und allem Wertschätzung entgegenzubringen und dankbar zu sein! Beginne damit, daß du danke sagst für all das Gute, das dir das Leben jeden Tag bietet. Wisse das einfache Lächeln zu schätzen, das dir dein Partner schenkt. Schwinge mit der Blüte einer Blume mit. Sieh die Größe, die darin liegt, daß du jemandem hilfst, der auf dich angewiesen ist. Dankbarkeit öffnet dein Herz für eine wahre Teilnahme an den Begegnungen in deinem Leben. Dankbarkeit stellt deine Intuition wieder her. Dankbarkeit wird dir stets Erfüllung bringen!

Nur wenn du deine Fähigkeit zur Wertschätzung wiedergewinnst und fähig bist, Fülle aus deinem Innern zu erfahren, kannst du Fülle in dein Leben und in das Leben deiner Lieben bringen.

Intuition ist dein kreativer Kanal, der die Manifestation von Fülle und wechselseitiger Beziehung in dir ermöglicht. Beide sind Widerspiegelungen deines Einsseins. Um sie zu verhindern, blockiert dein Ego deinen kreativen Kanal der Intuition mit Hoffnungslosigkeit. Eine natürliche Erwartungshaltung ist dann der Schlüssel, der deinen kreativen Kanal der Intuition von dieser Einschränkung befreien kann. Sonst wirst du abgelenkt, bekommst Zweifel, machst dir um alles Sorgen, wirst verwirrt oder fragmentiert. Zur Kompensation beginnst du dann oft den „Optimisten" zu spielen. Falscher Optimismus zeigt nur deine Angst, deine Fragmentierung aufzudecken, die in widersprüchlichen Zielen und ungelösten Konflikten zum Ausdruck kommt. Aber du kannst nur wahrhaft optimistisch sein, wenn dein Geist-Körper inneren Frieden hat.

Mein Bruder schrieb mir einmal, während er sich von einer schweren Operation erholte: „Indem wir den Weg des Lebens mit Zuversicht gehen, sind wir fähig, unsere Empfindungen von wahrer Hoffnung, echtem Optimismus aufzubauen." Das half mir zu verstehen, daß echter Optimismus heißt, immer in der Gegenwart zu sein und auf sie einzugehen. Das bedeutet kreativ auf die Entfaltung unserer Lebenserfahrungen anzusprechen und ihr zu vertrauen. Echter Optimismus ist also jener Zustand des Geist-Körpers, der Einssein widerspiegelt, eine ganzheitliche Perspektive von dir selbst. Wenn du optimistisch und verantwortungsvoll auf deine Lebenserfahrungen eingehst, bist du wirklich in Mitschöpfung mit der Ganzheit.

Um deinen kreativen Kanal der Intuition wieder mit der unendlichen Intelligenz, mit Fülle, zu verbinden, mußt du deine Selbstsucht aufgeben. Der Grund dafür ist, daß dein Ego die Verzerrung deines kreativen Kanals der Intuition mit deiner Selbstsucht besiegelt. Selbstsucht hat mit Gier, Skepsis, Eifersucht und Egozentrik zu tun, die alle verschiedene Widerspiegelungen von Arroganz sind. Arroganz beruht ihrerseits auf der Leugnung deiner Unschuld. Unschuld ist eine dir innewohnende Gabe deiner ganzheitlichen Natur. Unschuld bedeutet, daß du in Geduld gibst und empfängst, weil du dich in Ganzheit fühlst und bereit bist, diese Ganzheit mit jedermann zu teilen. Wenn du deine Unschuld annimmst, gerätst du deshalb nicht ins „Gewinnen-Verlieren-Dilemma", sondern nimmst dir Zeit, dem Weg deines schöpferischen Lebenssinns zu folgen. Du bist nicht mehr blockiert durch die Furcht vor Mangel, die von deinem Jammern und deinem Habenwollen herrührt. Du brauchst dich nicht abzuschuften, damit die Dinge ins Rollen kommen, sondern bleibst einfach offen dafür, wie sich die Lebenssituationen entfalten. Du gibst deine Eitelkeit auf. Du verwickelst dich nicht in Opportunismus, versuchst nicht, um jeden Preis besser wegzukommen oder zu nehmen statt zu empfangen. Du bringst deine Solidarität zum Ausdruck und machst auch mit deiner Eifersucht Schluß. Nur indem du deine Unschuld wiederentdeckst, kannst du deine Würde wiederfinden und

Gott in dir wiederentdecken. Gott, die unendliche Quelle der Kreativität, manifestiert sich dann als wechselseitige Beziehung und Fülle.

Fülle kann nur von innen kommen – aus einem inneren Vertrauen, daß du schon alles hast, weil du dich ständig in partnerschaftlicher Beziehung mit der Ganzheit fühlst. Andernfalls magst du sehr reich sein und ein Leben in Luxus führen, aber doch ein tiefes Gefühl von Mangel haben, das dich dauernd bedrückt. Das bedeutet, daß du dich über das, was du hast, nicht freuen kannst. Du kannst für nichts mehr echte Wertschätzung empfinden. Wenn du aber deinen Sinn für echte Wertschätzung verlierst, hältst du dich davon ab, spontan zu geben und zu empfangen. Du gibst dich auf inmitten der von deinen Persönlichkeiten geschaffenen Komplexität, in der sich ihre Eitelkeit zeigt. Nur wenn du deine Fähigkeit zur Wertschätzung wiedergewinnst und fähig bist, Fülle aus deinem Innern zu erfahren, kannst du Fülle in dein Leben und in das Leben deiner Lieben bringen. Nur dann fühlst du dich inspiriert und fühlst in dir die Kraft der Gnade! Nur dann strömt Gnade – im wesentlichen kreative Energie – durch dich und erhält deine Verbindung mit deiner Intuition aufrecht. Als Folge werden deine Entscheidungen weise und deine Handlungen erfolgreich. In deinem täglichen Leben bringt dein inneres Licht Klarheit, Begeisterung und Kreativität hervor. Dieses Licht berührt dann jeden und alles um dich herum!

Dein persönliches Wachstum entspricht dem Ausmaß, in dem du deine Gaben erweiterst.

Bei meinem Versuch, zu einem tiefen Verständnis meiner selbst zu gelangen, beschloß ich, meine eigenen Gefühle von Arroganz und Selbstsucht zu beobachten. Ich entdeckte, daß jeweils gleichzeitig Konkurrenzdenken, Besitzgier, Eitelkeit, Aufopferung und das Gefühl von Mangel aufkommen. Und was noch wichtiger ist: Sobald Arroganz und Selbstsucht in mir aufkommen, ist mein Atem nicht mehr normal. Ich versuche meinen Atem anzuhalten, als ob ich mich daran hindern wollte, die Person oder die Situation, die ich gerade vor mir habe, zu „empfangen". Oder aber ich atme ängstlich und schnell, versuche etwas zu nehmen, statt mich der Person oder Situation, mit denen ich zu tun habe, wirklich zu geben. In beiden Fällen bin ich nicht mehr im Gleichgewicht. Ich habe auch beobachtet, daß meine physische Inspiration ruhig ist und einem natürlichen Rhythmus folgt, wenn ich im Gleichgewicht, in meinem Zentrum bin. In diesen Momenten empfinde ich oft Freude, Harmonie, Integration und Lebendigkeit, und ich fühle, daß ich offen bin für Innenschau. Sei dir in Zeiten, in denen es dir an innerem Gleichgewicht fehlt, bewußt, daß deine physische Inspiration stark in Mitleidenschaft gezogen ist. Bewußt den Rhythmus deines Atems in Harmonie zu halten hilft dir aber, inneres Gleichgewicht zu finden, und hält deinen kreativen Kanal der Intuition offen. Harmonie ermöglicht dir, das Bewußtsein von Geben und Nehmen in deinen Geist-Körper zu bringen. Dieser Austausch ist eine fortwährende ganzheitliche Bewegung, die in Ein- und Ausatmen zum Ausdruck kommt. Ob du mit Bewußtheit atmest, bestimmt, in welchem Ausmaß deine negativen Einstellungen gegen positive ausgetauscht werden! Du bist dann fähig, in jedem Augenblick Frieden in deinem Geist-Körper zu schaffen. Dieses Gleichgewicht und dieser Friede machen es möglich, daß dein Leben ständig von Innenschau, unbegrenzter Intelligenz inspiriert wird. Alles wird einfacher, denn du ziehst in deinem Leben von selbst die richtigen Leute und die richtigen Situationen an. Du fühlst dich entspannt und sicher.

Im Anschluß an meine Reise nach Indien machte ich im Flughafen von Amsterdam Halt, um eine Tasche abzuholen, die ich dort deponiert hatte. Ich entschloß mich dann, eine andere, kleine Tasche aufbewahren zu lassen, die ich in Indien benutzt hatte. Meine Absicht war, sie wieder abzuholen nach dem Monat, den ich in Deutschland und der Schweiz verbringen wollte, um an einem Training in Bioenergetik teilzunehmen und therapeutische Sitzungen in Psychosynthese zu nehmen. Nachdem ich mein Programm in Europa beendet hatte, legte ich auf dem Rückweg nach Brasilien wieder einen Stop in Amsterdam ein. Als ich am Ticketschalter jemanden nach meinem Gepäck fragte, bekam ich die Auskunft, ich müsse mit einem Bus zur Gepäckaufbewahrung fahren, die ganz schön weit vom Hauptgebäude entfernt ist. Weil ich bis zum Abflug nur wenig Zeit hatte, mußte ich schnell einen Bus finden. Als ich dann mein ganzes Gepäck hatte und fertig war zum Check-In im Hauptgebäude, sagte man mir, in den nächsten zehn Minuten fahre kein Bus dorthin, und ich müsse so lange warten. Es war mir klar, daß es keine andere Möglichkeit gab, und ich geriet in Panik, weil ich mein Flugzeug verpassen würde. An der Haltestelle schaute ich mich nach einem Auto um, aber vergeblich. Ich fühlte mich völlig allein und hilflos. Ich schloß die Augen, begann ruhig zu atmen und bat um die Gegenwart der unendlichen Intelligenz. Ich fragte, was ich tun sollte, und bat um Innenschau. Als ich die Augen wieder öffnete, fuhr zu meinem großen Erstaunen ein Wagen vor, hielt an, und der Fahrer fragte mich, ob ich zum Hauptgebäude des Flughafens wolle. Der Mann fuhr mich nicht nur hin, sondern half mir auch noch mit meinem Gepäck und beim Check-In. Ich kam als letzter Passagier an Bord. Das ist ein Beispiel dafür, wie die Verbindung mit der unendlichen Intelligenz schöpferisches Mitwirken ermöglicht. Diese Verbindung stellt den Fluß von Geben und Nehmen wieder her! Vereintsein manifestiert sich spontan und unvorhersagbar als wechselseitige Beziehung.

Vereintsein erfordert wechselseitige Beziehung und Vertrauen in deine Fähigkeit, Fülle anzuziehen. Wenn du deine Gabe des Vereintseins annimmst, fühlst du dich getragen von Gott, der kreativen Kraft, die jeden und alles vollkommen inspiriert. Vereintsein läßt dich Schritt für Schritt deine trennenden Gefühle wie etwa Konkurrenz, Eifersucht, Eitelkeit, Aufopferung und Besitzgier aufgeben. Du hast dann die Möglichkeit, wahrhaft an der Fülle teilzuhaben. Du siehst ein, daß du all deiner physischen und transzendenten Gaben würdig bist und sie wahrhaft wiedergewinnst. Du fängst an, dich an all deine physischen und transzendenten Gaben zu erinnern, und hörst auf damit, dich selber daran zu hindern, diese Gaben zu empfangen. Diese Selbstbehinderung verzögert dein persönliches Wachstum. Dein persönliches Wachstum entspricht dem Ausmaß, in dem du deine Gaben erweiterst. Wenn du falsche Bescheidenheit zeigst oder vergeblich versuchst, deine Gaben zu besitzen, nimmst du nicht all die Gaben an, die für dich bestimmt sind. Deine falsche Bescheidenheit gestattet dir nur, einige wenige Gaben zu nutzen, während deine Eitelkeit es nicht zuläßt, daß du deine Gaben angemessen und geduldig entwickelst. In beiden Fällen blokkierst du deine Selbsterweiterung. Diese Selbstbehinderung „lehrt" dich der Ego-Trick Aberglaube. Wenn du dein Vereintsein zurückgewinnst, befreist du dich von dieser Selbstbehinderung und erfährst deine Universalität, deine ganzheitliche Dimension. Deine Einsicht wächst, und du kannst verstehen, daß, wenn du gewinnst, auch alle um dich herum gewinnen können, wenn du dich öffnest, um alle deine Gaben zu empfangen. Dank diesem Verständnis erkennst du, wie wichtig es ist, deine angeborene Gabe des Vereintseins wiederzugewinnen und zu teilen. Vereintsein ist eine deiner wichtigsten Gaben. Es beruht auf deiner Unschuld. Es ist eine primäre Hologramm-Gabe, die eine Brücke bildet zu Inspiration, zu wahrer Liebe, zu wechselseitiger Beziehung und zu ewiger Fülle!

Schlag eine Brücke zur Fülle!

- Lies die Übung sorgfältig Schritt für Schritt durch, oder bitte jemanden, sie dir während der Ausführung laut vorzulesen. Falls dir jemand hilft, dann schließe deine Augen.
- Wie fühlt sich dein Atem in diesem Moment an? Achte darauf... Verändere ihn nicht, spüre ihn einfach... Beantworte jetzt die folgenden Fragen:

Wenn ich so atme...
- „Woran halte ich fest?"
- „Woran liegt es, daß ich Angst habe zu geben?"
- „Woran liegt es, daß ich Angst habe zu empfangen?"

- Beginne jetzt bewußt ganz entspannt zu atmen, und bleibe dir dabei bewußt, daß du beim Einatmen empfängst und beim Ausatmen gibst... Bleibe dir dessen weiterhin bewußt, und visualisiere dabei, wie du deinen kreativen Kanal der Intuition mit der unendlichen Intelligenz wiederverbindest... Vielleicht stellst du dir vor, daß ein Kanal aus Licht in deinem Geist-Körper entsteht, durch deinen Kopf austritt und sich zum Universum über dir hin ausweitet ...
Atme einige Minuten weiter, und visualisiere dabei, wie diese Verbindung entsteht. Spüre sie in dir.

- Visualisiere jetzt ein heilendes Hologramm, das Vereintsein darstellt. Dieses Hologramm ist das erste Bild, das in deinem Geist entsteht und dir übersetzt, was du in diesem Augenblick benötigst, um in deinem Leben kreativ weiterzukommen. Dieses heilende Hologramm kann die Gestalt eines Menschen, Ortes, Symbols oder einer besonderen Situation oder Sache annehmen.

- Stelle diesem heilenden Hologramm die folgenden Fragen. Höre genau auf jede Antwort, die in deinem Geist auftaucht:
  - „Was ist dein Sinn und deine Absicht?"
  - „Was bedeutet dieser Sinn, auf mein Leben bezogen?"
  - „Was muß ich in mir transformieren, damit ich meine Gabe des Vereintseins wiedergewinne, um dem Weg zu wechselseitiger Beziehung und Fülle zu folgen?"

- Atme in Ruhe ein und aus ... Visualisiere beim Einatmen, daß du Fülle empfängst, und beim Ausatmen, daß du Fülle gibst... Schlage eine Brücke zur Fülle! Atme in dieser Weise für eine Weile...

- Laß als nächstes einen oder mehrere Menschen erscheinen, mit dem oder mit denen du deine Fülle teilen willst. Du kannst auch eine Situation in deinem Leben visualisieren, die du mit dieser Fülle nähren willst... Atme ein und empfange Fülle. Atme aus, und gib diese Fülle dem Menschen oder der Gruppe oder der Situation, die in deinem Geist aufgetaucht sind. Mache damit eine Weile weiter... Nimm dir Zeit, diese Verbindung herzustellen...

- Konzentriere nun beim Einatmen deine Bewußtheit in deinem Geist-Körper, und empfange dort Fülle und heilende Gnade... erlaube dieser Fülle und heilenden Gnade, daß sie in dir gründet... Wenn du ausatmest, erweitere deine Bewußtheit über das Universum hinaus. Visualisiere, daß du diese Fülle und heilende Gnade an das ganze Universum und darüber hinaus weitergibst... Atme eine Weile auf diese Weise weiter, und spüre dabei, wie sich dein Bewußtsein erweitert und vertieft... Erfahre Gefühle der Wertschätzung und der tiefen Verbindung... Laß diese Gefühle in ihrer Ganzheit in dir aufkommen... Laß diese Erfahrung ungefähr eine Minute lang andauern...

- Atme dann tief ein... Versetze dich an den Ort zurück, an dem du gerade bist ... Spüre diesen Ort... Öffne deine Augen, und bewege deinen Körper... Fühle dich gehegt, verbunden, ganz und vollkommen in der Fülle!

23
Partnerschaft ist der Weg, aus dem Ego-Trick Vergötterung herauszukommen

Vergötterung stellt lediglich den besten Weg dar, den du gefunden hast, um keine Verantwortung für deine Entwicklung übernehmen zu müssen.

Um deine Selbsterweiterung zu blockieren, erfindet das Ego den Trick der Vergötterung. Vergötterung läßt keine Partnerschaft zu! Partnerschaft ist aber dein natürlicher Weg zu Selbstbewußtheit und zu Selbsterweiterung. Wenn du etwas, jemanden oder gar dich selbst zu vergöttern anfängst, ist das ein Hinweis auf fehlende Selbstliebe. Wenn es dir an Selbstliebe mangelt, stehst du unter der Herrschaft deines Egos. Dabei ist keine Form der Vergötterung besser als irgendeine andere. So ist zum Beispiel ein übervoller Terminkalender keineswegs besser als ein leerer. Sie widerspiegeln nur entgegengesetzte Tendenzen der Vergötterung. Das bedeutet, daß du Aufgaben großes Gewicht einräumst oder daß du umgekehrt viel Gewicht auf eine rebellische Einstellung gegenüber Dingen legst, die erledigt werden sollen. Diese Tendenz der Vergötterung ist ein zentrales Hindernis für die Entwicklung von Selbstbejahung und Selbsthilfe – beide sind aber die Grundlagen einer wahren Partnerschaft! Auf keinen Fall wird etwas durch irgendeine Form von Vergötterung besser. Vergötterung stellt lediglich den besten Weg dar, den du gefunden hast, um keine Verantwortung für deine Entwicklung übernehmen zu müssen. Durch Vergötterung kannst du nur zweierlei spüren: Minderwertigkeit oder Aufgeblasenheit, und beides verhindert die Ausweitung deines kreativen Wesens.

Dein kreativer Kanal, der dich mit deinem kreativen Wesen, der Liebe, verbindet, ist der kreative Kanal der Zuneigung. Das Maß deiner Zuneigung ist proportional zur Vergrößerung dieser Liebe in dir. Auch die Intensität deiner Erfüllung hängt von diesem Verhältnis ab. Das ist der Grund, weshalb du dich immer noch ganz leicht mit Liebe verbinden und sie auf einfache Weise erweitern kannst, wenn es dir an Erfüllung fehlt und du dich von deinem kreativen Wesen getrennt fühlst: Denke an einen Menschen, für den du Zuneigung empfindest. Diese Erinnerung gibt der Liebe in dir Leben. Dieser Mensch wird dann zum Tor zu deinem kreativen Wesen. Erst wenn die Zahl dieser Tore zunimmt, bist du wahrhaft auf dem Weg, deine Zuneigung zu entwickeln. Du bist dann fähig, bedingungslose Liebe zu empfinden, weil es keine Barrieren zwischen dir und deinem kreativen Wesen, oder zwischen dir, allen anderen Menschen oder allen Dingen um dich gibt.

Ein klares Symptom, das die Blockierung deiner Zuneigung zeigt, ist Streß. Streß meint nicht die Müdigkeit nach der Arbeit, den Aktivitäten des Alltags oder sportlicher Betätigung. Müdigkeit ist lediglich eine Frage von etwas mehr Schlaf, Entspannung oder Ausruhen. Streß, wie ich ihn hier verstehe, engt dich auf die folgende trennende Gleichung ein: Streß = Schwäche + Leere + Besorgnis (siehe Tabelle 23-1). Es ist wichtig, diese Gleichung ganz zu verstehen, denn das ermöglicht dir, zu erkennen, was unter dem Streß verborgen liegt:

Tabelle 23-1

Streß-Gleichung

Streß	=	Schwäche	+	Leere	+	Besorgnis
Mangel an wahrer Verbundenheit aufgrund selbstauferlegter Bedingungen		Kindisches Verhalten, Zwecklosigkeit		Materielles Denken, Mangel an echter Nähe		Depression, Selbstzerstörung und Selbsthaß

Mit anderen Worten: Wenn du dich daran hinderst, in gereifter Weise Zuneigung zu empfinden, erzeugst du Streß. Du kannst deine innere Stärke nicht mehr entwickeln, was sich als deine Schwäche manifestiert. Du verstrickst dich leicht in kindischem Verhalten, Zwecklosigkeit, indem du dich in Sinnlosigkeit verlierst und dich in der Komplexität deiner täglichen Forderungen verheddert. Das führt zu einem Zustand des Leerseins. Du sperrst dich in den Mauern einer auf Konkurrenz ausgerichteten, materialistischen Sicht von dir und deinem Leben ein und wirst gänzlich davon getrieben, in deiner äußeren Welt „etwas Besonderes" zu sein. Das führt dazu, daß du dich polarisiert fühlst. Du kannst weder mit Menschen noch mit Dingen eine reife Partnerschaft erfahren, weil du dich selbst daran hinderst, wahre Intimität zu entwickeln. Weil du nicht fähig bist, mit der kreativen Bewegung der Ganzheit oder mit der kreativen Bewegung deines Lebens zu fließen, fängst du an, dir ständig Sorgen zu machen. Du kannst dich nicht mehr erneuern oder leidenschaftlich sein. Wenn du aber zu Erneuerung und Leidenschaft unfähig bist, wirst du niedergeschlagen. Du verfällst der Selbstzerstörung und dem Selbsthaß. Dann fühlst du dich gestreßt. Streß ist das Endergebnis deines Mangels an wahrer Verbundenheit, die von deinen selbstauferlegten

Bedingungen, deinen kompensatorischen Forderungen verursacht werden. Streß wird entsprechend oft als ein tiefes Gefühl erlebt, der Achtung nicht würdig zu sein. Das Gefühl, der Achtung unwürdig zu sein, ist nichts anderes als ein Symptom eines Mangels an Partnerschaft mit der Ganzheit. Es ist ein Mangel, der die Gefangenschaft deiner liebevollen Zuneigung ausdrükkt.

Die Streß-Gleichung zeigt deine Unfähigkeit auf, Fürsorge, Liebenswürdigkeit, Kooperation und Mitgefühl zu entwickeln. Diese Unfähigkeit geht auf dein Unvermögen zurück, dich um dich zu kümmern, was erfordert, daß du dich wahrhaft achtest. Mangelnde Selbstachtung läßt dich oft einem Teufelskreis von Verrat und Rache zum Opfer fallen. Dieser Teufelskreis bestimmt dann den Rahmen deiner täglichen Begegnungen. Verrat und Rache sind aber trennende Verhaltensmuster, die du unbewußt annimmst, um dich von deinem kreativen Wesen zu lösen und dich so der Verantwortung für deine Zuneigung zu entledigen. Du brauchst dich dann nicht darum zu kümmern, deine Gaben des Mitgefühls und der Liebenswürdigkeit zu entwikkeln. Dein Ego bringt dich aber dazu, grob und zynisch zu werden. Das bewirkt, daß du dich selbst haßt und deine Selbstliebe verlierst, denn Verrat und Rache sind immer mit fehlender Selbstliebe verbunden. Dein Streß ist der ideale Partner für den Mangel an Selbstliebe. Mangel an Selbstliebe läßt deine Fähigkeit für Zuneigung schwinden. Du bist dann nicht mehr in der Lage, dich eines Lebens „mit Pfiff" zu erfreuen. Im Gegenteil – dein Leben wird bitter. Fehlende Selbstliebe ist der Hauptgrund, weshalb Streß zu einer so weitverbreiteten Erscheinung in der modernen Welt geworden ist.

Wenn du dich von deiner wahren Demut entfernst und dich erniedrigen läßt, machst du dich zum sicheren Verlierer, weil du keine echte Partnerschaft zuläßt.

Wenn du gestreßt bist, vermeidest du eine echte Verbindung mit anderen Menschen oder Situationen. Die Begegnungen in deinem Leben können daher keine Tiefe haben, sondern bleiben oberflächlich, sinnlos, weil du nicht zu einem Austausch von Zuneigung bereit bist. Streß ist eine Art, dein Herz zu verschließen, und bedeutet, daß du wahre Intimität ausgeschlossen hast. Echtes Engagement wird unmöglich. Wenn deine Fähigkeit, zu lieben und innig zu sein, verloren ist, kommt es in deinen Beziehungen zu allen möglichen Formen von Vergötterung, Erniedrigung, Verrat, Rache, Intoleranz, Beleidigung, Zynismus und Grobheit. Jede dieser Formen wird zuerst in dir selbst, an dir eingeübt. Nur so können sie nach außen in Erscheinung treten. So zeigt zum Beispiel jeder Verrat, an dem du beteiligt bist, wie du auf irgendeiner Ebene an dir selbst Verrat übst. Selbstverständlich kennst du in deinem Leben dann nicht mehr viel Treue, Einfühlungsvermögen, Intimität, wahre Verbundenheit und Anerkennung.

Wenn dein Ego deinen kreativen Kanal der Zuneigung verzerrt, wandelt es deine Energie der Zuneigung zunehmend in Ablehnung um. Es beginnt damit, daß du dich selbst zurückweist, dich völlig von deiner inneren Größe, von deinem kreativen Wesen und schließlich von der Liebe trennst. Der Liebe verdankst du aber die Bewußtheit deiner Universalität. Wenn du dich aber von der Liebe trennst, wird dein Leben immer mehr von Haß bestimmt, einem Haß, der von deinem unbewußten Selbsthaß herrührt. Dieser unbewußte Selbsthaß geht auf deine Selbstablehnung zurück. Er läßt in deinen Begegnungen keinen Raum für Mitgefühl, Liebenswürdigkeit, Teilnahme, Fürsorge, Bescheidenheit und Kooperation. In dieser Ausgrenzung zeigt sich nur die Herrschaft deines Egos. Die Hauptstrategie, mit der das Ego dich davon abhält, Zuneigung zu entwickeln, besteht darin, daß es deine Fähigkeit, zu akzeptieren und zu unterstützen, schwächt. Wenn du dieser Strategie zum Opfer fällst, gibt es zwei Möglichkeiten. Die eine ist, Forderungen zu stellen; du vermeidest es dann, dich selbst, die Menschen und die Situationen um dich herum zu akzeptieren, wie sie sind. Deshalb wirst du unfähig, dich für kreative Begegnungen zu öffnen. Die andere ist Rückzug von der Gesellschaft und deinen Aktivitäten. Du bist dann nicht mehr in der Lage, Unterstützung anzubieten. Du zählst dann einfach nicht mehr. Du gibst dich selbst auf.

Jedesmal, wenn du den Kontakt mit deiner Zuneigung verlierst und die Verbindung mit deinem kreativen Wesen löst, wirst du zunehmend von Gefühlen verletzt und vom Getrenntsein überwältigt. Du erfährst Gram und Herzeleid. Du verlierst dann die schöne Gabe wahrer Demut, die eine unverzichtbare Voraussetzung für eine echte Partnerschaft ist. Wahre Demut entsteht, wenn du natürlicherweise bereit bist zu Kooperation und Selbsterkenntnis. Sie macht dich fähig, deine innere Größe bedingungslos anzuerkennen und mit ihrer Hilfe dich und andere zu unterstützen. Demut ist nicht vereinbar mit Erniedrigung, die unvermeidlich zu Intoleranz und Beleidigung führt. Wahre Demut kann nur ausgedrückt werden, indem du Liebenswürdigkeit, Mitgefühl und wahre Verbundenheit entwickelst. Wenn du dich aber erniedrigt fühlst, ist das ein klares Zeichen, daß du in einer unwahren Verbundenheit steckst, weil du dein kreatives Wesen nicht mehr lebst. Es ist deshalb offensichtlich, daß du Herzeleid erfährst und deine Gabe wahrer Demut weggeworfen hast. Es gibt keinen Platz für Herzeleid und für Erniedrigung, wenn du in wahrer Demut bist, denn wahre Demut macht dich fähig, spontan die Größe deiner wahren Identität anzuerkennen und zu lieben. Diese wahre Identität kann sich nur durch Verbundenheit und Teilnahme zum Ausdruck bringen. Sie ist in ihrem Wesen allumfassend! Dein Ego lehrt dich aber unablässig, deine wahre Identität zu verleugnen und deinen Mangel an Liebe zu kompensieren. Dein Ego kann dir deshalb nur Trennung wie zum Bespiel Herzeleid, Verherrlichung und Heuchelei bieten. Sie alle haben mit Erniedrigung zu tun! Dein Ego kann dir keine wirkliche Teilnahme bieten, welche die Grundlage deiner Gabe wahrer Demut ist.

Sehr oft verhältst du dich so, als ob du wahrhaft demütig seiest. Diese scheinbare Demut weist aber eine heuchlerische Dynamik auf. Diese Dynamik spiegelt nur deine Unfähigkeit zu Nähe und Mitgefühl wider. Nähe und Mitgefühl würden dich zu wahrem Engagement führen! Wenn du dich von deiner wahren Demut entfernst und dich erniedrigen läßt, machst du dich zum sicheren Verlierer, weil du keine echte Partnerschaft zuläßt. Du glaubst fälschlich, dafür nicht gut genug zu sein! Sei dir jedes Mal, wenn du dich erniedrigt fühlst, bewußt, daß dahinter auch eine Strategie steckt: Wenn du dich erniedrigst, gewinnst du Anerkennung, selbst wenn es eine negative Anerkennung ist. Aber diese Strategie kann nicht funktionieren. Wenn du dich erniedrigt fühlst, verstärkst du nur die Intoleranz und Beleidigung in deinem Leben. Intoleranz und Beleidigung verstärken dann deinen Mangel an Selbstanerkennung und Selbstachtung, die ihrerseits deinen Selbsthaß schüren. Um diesen Selbsthaß zu kompensieren, läßt du dich entweder oft erniedrigen oder erniedrigst umgekehrt selbst ständig andere. Du wirst einfach zynisch und kehrst zu Selbsthaß und Grobheit zurück. Damit wird aber alles nur noch schlimmer. Du beginnst, Mißerfolg anzuziehen. Du fängst an, dich in jeder Situation zurückgewiesen zu fühlen, oder beginnst selbst, andere Menschen zurückzuweisen. In beiden Fällen bist schon vorher in einem Zustand der Selbstablehnung. Du weigerst dich, deine wahren Gefühle mitzuteilen, und vermeidest es, dein Herz in einem freundschaftlichen Gespräch zu öffnen. Du bist unfähig, dich mit jemandem zu verbinden, dich selbst zu engagieren und mitfühlend und liebend zu handeln.

Wahre Liebe, Transzendenz, wird in einer wahren Partnerschaft erfahren und erweitert – nicht durch Vergötterung!

Vergötterung beruht auf der Verherrlichung von Unterschieden! Meinst du, es sei möglich, daß diese Verherrlichung in der kreativen Bewegung der Ganzheit, an der du beteiligt bist, existiert? Eine solche Möglichkeit ist unsinnig. Wo Ganzheit ist, kann es nur Einssein, wechselseitige Beziehung oder Mitschöpfung geben. Wo Mitschöpfung ist, kann es nur Liebe geben. Wo Liebe ist, kann es nur wahre Verbundenheit geben. Wie kann es in der Manifestation der Ganzheit Vergötterung geben, wenn Ganzheit nicht aus einzelnen Teilen besteht? Vergötterung ist also eine völlig unsinnige Vorstellung des Egos. Sie ist nichts als ein Trick, um eine illusionäre Verzerrung deiner wahren Natur zu bewirken. Dein Ego bringt dich dadurch dazu, zu vergessen, daß deine wahre Natur darin besteht, in der Ganzheit zu sein, die zugleich deine verschiedenen Aspekte und Dimensionen einschließt und widerspiegelt. Wenn du diese Realität vergißt, kannst du nicht mehr erkennen, daß dein wahres Wesen die intimste Partnerschaft ausdrückt, die es geben kann, nämlich eine holographische Partnerschaft, die sich zwischen dir und der Ganzheit entfaltet. Sie ist vollkommene Nähe! Um diese Nähe in deinem Leben zu manifestieren, bist du aufgefordert, eine wahre Partnerschaft mit den Menschen und Situationen in deinem Leben zu entwickeln. Wahre Partnerschaft ist jedoch nur möglich, wenn du zuläßt, daß du an Verstehen, Mitgefühl und Selbstverantwortlichkeit wächst; denn dies sind die Samenkörner, aus denen echte Partnerschaft entstehen kann.

Woher kommt deine Angst vor Partnerschaft und Nähe, so daß du dich lieber von deinem Ego-Trick Vergötterung dominieren läßt? Schätzt du diesen Teil deines Geist-Körpers, der dein Ego ist, so sehr, daß du bereit bist, für diese Unterwerfung den hohen Preis an Streß und Erniedrigung zu zahlen? Was könntest du damit gewinnen, daß du dich wahrer Partnerschaft verschließt, außer daß du keine Verantwortung für dein Leben übernimmst? Nur wenn du dich für Partnerschaft öffnest, kannst du für dich ein besseres Leben schaffen. Andernfalls zerstörst du dich selbst, fragmentierst, „stirbst"! Es ist naiv zu meinen, du könntest dich einfach entscheiden, aus dem Prozeß des schöpferischen Mitwirkens auszusteigen, indem du der Verantwortung dafür, eine wahre Partnerschaft mit dir und deinem Leben zu entwickeln, aus dem Wege gehst. Du bist ja selbst der Prozeß des schöpferischen Mitwirkens. Daher bedeutet jede Verweigerung von Selbstverantwortung in dieser Hinsicht nichts als eine Verzögerung deiner Entwicklung, die dich selbst, jedermann und dein ganzes Leben betrifft. Diese Verzögerung löst bei dir gewaltiges Unbehagen aus. Sie hält dein Reifwerden auf. Sei dir bewußt: Wenn du nicht fähig bist, bewußt auf deine Partnerschaft mit der Ganzheit zu antworten, indem du dich der Partnerschaft in deinem Alltag öffnest, blockierst du die Erweiterung deiner Liebe. Es ist deine Transzendenz, die du blockierst. Wie soll eine Pflanze ohne Wasser überleben und wachsen? Wie kannst du wirklich leben ohne Liebe? Wie willst du sinnvoll leben, wenn du nicht in der Lage bist, deine selbstauferlegte Begrenzung zu überschreiten? Wahre Liebe, Transzendenz, wird in einer wahren Partnerschaft erfahren und erweitert – nicht durch Vergötterung!

Die Familienverschwörung der Vergötterung hält die ganze Familie auf drastische Weise davon ab, ihr kreatives Potential zu erweitern.

Vergötterung wird oft unbedacht in der Familie erzeugt. Das geht gänzlich gegen den letztlichen Sinn der Familie, ein Ort der Liebe zu sein. Wie kommt es in der Familie zur Vergötterung? Die ganze Familie – Brüder, Schwestern und Eltern – „wählt" einen aus ihrer Mitte zum Idol voller Großartigkeit, der die Heldenrolle spielt. Ein anderer wird dagegen „auserwählt", die Lasten der Familie zu tragen. Er spielt dann die Rolle des Märtyrers oder des schwarzen Schafes. Er hat für seine Familie die Last der Sorge und der Zurückweisung zu tragen, die sich in ihren Gefühlen von Minderwertigkeit und in ihrem Versagen spiegelt. Die anderen Familienmitglieder liegen irgendwo zwischen diesen beiden Hauptrollen und spielen andere Rolle wie etwa die des Unsichtbaren, des Clowns, des Opfers, des Antreibers, des Kritikers, des Perfektionisten, des Kontrolleurs, des netten Jungen oder des Friedensstifters. All diese Rollen können von Zeit zu Zeit sich ändern, je nachdem, wie sich die Konkurrenzsituationen in der Familie entfalten. Jede dieser Rollen veranlaßt die Angehörigen der Familie entweder zu einer Haltung der ständigen Forderungen oder zu einer Verhaltensweise, sich jeweils zurückzuziehen. Entsprechend kommt es entweder zu einem Mangel an echter Akzeptanz in ihren Beziehungen zueinander oder zur Verpflichtung, das Rückgrat der Familie „sein zu müssen". Im zweiten Fall beruht die Unterstützung nicht ehrlich auf Liebe, sondern geht auf Schuldgefühle zurück. Auf diese Weise werden wir gewöhnlich in die Spielchen der Vergötterung eingeweiht, die wir im Leben erfahren. Wenn die Familie vom Ego-Trick Vergötterung überwältigt wird, kann sich ihre Einheit in Trennung, Verrat und Vergeltung verwandeln. Nähe und Zusammenhalt, echte Fürsorge und Freundlichkeit werden völlig vergessen.

Wenn du unfähig bist, Nähe, Zusammenhalt, echte Fürsorge und Freundlichkeit zu empfinden oder spontan deine Liebe auszudrücken, ist das ein klares Zeichen dafür, daß du möglicherweise ein Komplize in der Familienverschwörung Vergötterung bist. Wenn dies der Fall ist, wer ist in deiner Familie der Abgott? Bist du selbst ein solcher geworden? Wer trägt die Last der Familie? Wo hast du dich entsprechend der Dynamik der Vergötterung in deiner Familie eingeordnet? Welche Rolle hast du übernommen? Sei dir bewußt, daß du, wenn du ein Komplize in dieser Familienverschwörung bist, weder dich noch jemand anderen in der Familie oder in deinem Leben wirklich akzeptieren kannst. Deine Toleranzgrenze ist manchmal praktisch bei Null. Du kannst dann weder dir selbst noch anderen echte Unterstützung geben.

Beantworte diese Fragen kritisch: Was läuft gerade jetzt zwischen dir und deinem Freund, deiner Freundin, deinem Mann, deiner Frau ab, das die Beziehung stagnieren läßt? Warum bist du noch nicht mit deinem wahren Partner zusammen, auf den du schon so lange wartest? Warum hast du Schwierigkeiten in deiner beruflichen Laufbahn? Warum können sich du und deine Arbeitskollegen nicht verstehen? Warum gelingt es dir nicht, deine Lebensziele kreativ und ohne Mühe zu erreichen? Alle diese schwierigen Situationen haben ihre Wurzeln in den Ego-Spielchen der Vergötterung. Diese sind einzig Ausdruck deiner Unfähigkeit, deine Gaben wahrer Kooperation und Fürsorge oder gegenseitiger Achtung zu entwickeln. Damit hinderst du dich daran, deine Fähigkeit zu Akzeptanz und Unterstützung auszuweiten. Du bist deshalb unfähig, deine Zuneigung zu verstärken. Ohne Zuneigung kannst du dich nicht wirklich geben noch mit Leichtigkeit irgendein Projekt erfüllen. Ja, du kannst dich nicht wirklich daran beteiligen. Wie kannst du erwarten, erfolgreich zu sein, wenn es dir an Zuneigung mangelt?

Die Familienverschwörung der Vergötterung hält die ganze Familie auf drastische Weise davon ab, ihr kreatives Potential zu erweitern. Der Ego-Trick Vergötterung hat dann sein Ziel erreicht! Das kreative Potential von jedem einzelnen Familienmitglied kann nur dann erfolgreich und mühelos realisiert werden, wenn die Familie die Fähigkeit entwickelt, Zuneigung zu erfahren. Nur durch Zuneigung kann Liebe wirklich erlebt werden. Diese Liebe gibt dann jedem die Kraft, seine Selbstliebe und seine Kreativität zu verbessern. So liegt der eigentliche Sinn der Familie darin, wahre Liebe zu lehren. Nur wenn wir lernen, was wahre Liebe heißt, können wir unsere Fähigkeit erweitern, Liebe mitzuteilen und zu verbreiten. Wenn Familienmitglieder einander nicht annehmen und unterstützen können, hindern sie sich selbst daran, liebende und liebenswerte Menschen zu werden. Ihr Vermögen, in ihrem Leben spontan, mühelos, kreativ und erfolgreich zu sein, wird begrenzt. Wenn sie dem Ego-Trick Vergötterung zum Opfer fällt, wird die Familie leider zu einer Zelle der Fehlschöpfung, die sich in der Welt unkontrolliert vervielfacht. Es ist Zeit, die wahre Bedeutung der Familie wiederzugewinnen, nämlich ein Nest zu sein, in dem echte Partnerschaft gedeihen kann. In unseren Familien müssen wir die ersten Schritte zu einem Leben in echter Partnerschaft tun.

Nur durch Teilnahme können du, dein Partner und die Menschen um dich herum den ursprünglichen kreativen Lebenssinn aller Menschen vollenden. Das bedeutet, Glück durch schöpferisches Mitwirken zu verwirklichen.

Vergötterung besteht einzig darin, deine eigene schöpferische Kraft auf jemanden oder auf eine Sache zu übertragen. Wenn du derart deine kreative Kraft aufgibst, läßt du dich darauf ein, deine Idole zu hegen. Wen oder was machst du in diesem Augenblick in einer Weise zum Idol, daß Mangel, Streß oder Fehlen von Liebe dein Leben prägen? Könnte es eine Person oder gar eine Tragödie sein? Streß ist das letzte Zeichen, mit dem dein Geist-Körper sagt: „Hör auf!" Hör auf zu verherrlichen; hör auf damit, deine kreative Kraft zu verschwenden! Diese Verschwendung zeigt nur, daß du die Bedeutungslosigkeit deiner Idole verstärkst – Idole, von denen du Hilfe erwartest, oder die wegen ihrer Macht dein Leben bestimmen können. Das stört deine Aufmerksamkeit und verursacht einen Bruch in deiner fokussierten Absicht, die in sich widerstreitende Fragmente zerfällt. Partnerschaft, im Gegensatz zu Vergötterung, muß aber durch die deine Ganzheit manifestierende Integrität deiner Aufmerksamkeit und Absicht ausgedrückt werden. Sonst wird diese Partnerschaft leicht zum Opfer von Selbstinteresse.

Warum fühlst du dich unfähig, eine liebevolle Partnerschaft zu erfahren, besonders wenn dies einer deiner intensivsten Träume ist? Diese Schwierigkeiten, dich in einer wirklich liebevollen Partnerschaft zu engagieren, aber auch alle anderen Probleme haben auf verschiedenen Ebenen ihre Ursache in einer Form von Vergötterung! Wie hindert dich zum Beispiel die Dynamik der Vergötterung daran, eine liebevolle Partnerschaft zu pflegen? Wenn du dich zu jemandem hingezogen fühlst, erkennst du gewöhnlich nicht, daß diese Anziehung auch deine eigene Begabung widerspiegelt. Diese Anziehung ist tatsächlich ein Mittel, dich an deine eigenen Gaben zu erinnern. Deshalb kannst du sie wiedergewinnen, um sie zu entwickeln. Wenn dir das nicht bewußt ist, fängst du statt dessen an, diesen attraktiven Menschen zu einem Idol zu erheben. Je mehr du diese Person verherrlichst, desto mehr kommst du davon ab, deine eigenen Gaben zurückzugewinnen und zu entwickeln. Umso mehr schöpfst du Mißtrauen, und umso weniger bist du fähig, solche Größe, wie diese Person sie in dir wachruft, auszudrücken oder zu besitzen. Indem es dich in eine solche Dynamik verwickelt, will dein Ego dir vormachen, die Person, von der du dich angezogen fühlst, sei besser als du. Du hältst dich dann für unfähig, derart wunderbare Gaben zu besitzen, wie sie die Natur dir geschenkt hat. Das läßt dich und folglich die Partnerschaft selbst stagnieren. Eine andere Möglichkeit, wie du daran gehindert werden kannst, eine liebende Partnerschaft zu leben, besteht darin, daß die Gaben, die du in deinem Partner vergötterst, in deinem Leben zu einem Alptraum werden. Diese Gaben erinnern dich ständig an deine Weigerung, sie zu entwickeln. Um dich von der „Pflicht" zu befreien, diese Gaben zu entwickeln, versuchst du unablässig deinen Partner um jeden Preis anders zu machen. Du übst dann fortwährend Kritik an deinem Partner und lehnst oft gerade die Gaben ab, die früher der Grund dafür waren, daß du dich angezogen fühltest. Eine dritte Möglichkeit der Schwächung deiner Partnerschaft ist schließlich, daß du allzu sehr von deinen eigenen Gaben beeindruckt bist. Dies sind die Gaben, von denen dir schon bewußt war, daß sie zu dir gehören, oder Gaben, die du zurückgewonnen und kürzlich entwickelt hast. Indem du übermäßig stolz auf diese Gaben bist, stellst du dich über deinen Partner.

Wenn du aber eine wahre Partnerschaft leben willst, so mußt du dir klar machen, daß deine Gaben zum Zweck der Integration geachtet und geteilt werden sollen. Der Sinn hinter solchem Sich-Hingezogen-Fühlen ist deshalb nicht zuletzt der, dich und deinen Partner zu motivieren, ständig neue Gaben zu entdecken – Gaben, bei denen ihr gerade dabei seid, sie anzuerkennen, oder Gaben, die gänzlich verleugnet worden sind. Attraktion kann euch auch beide inspirieren, die Gaben zu entwickeln, die ihr schon zurückgewonnen habt und zu erweitern bereit seid. Sich angezogen zu fühlen gibt beiden Partnern die Chance, eine Brücke zu ihren Gaben zu schlagen, diese zu verbessern und zu teilen. Indem du diese Chance ergreifst, kannst du in deinem Leben kreative Schritte nach vorne machen. Attraktion erfordert zudem, daß du deinen Partner ermutigst, die Gaben, die du für ihn spiegelst, anzuerkennen und zu entwickeln. Sonst hinderst du sowohl deinen Partner als auch dich selbst daran weiterzukommen! Partnerschaft kann sich nur vertiefen, wenn beide Partner einander akzeptieren und unterstützen. Akzeptanz und Unterstützung führen beide dazu, ihr eigenes persönliches Reifen zu verstärken und ihre Fähigkeit zu wahrer Teilnahme zu verbessern. Nur durch Teilnahme kannst du, dein Partner und die Menschen um dich herum den ursprünglichen kreativen Lebenssinn aller Menschen vollenden. Das bedeutet, Glück durch schöpferisches Mitwirken zu verwirklichen. Wenn du dir der Besonderheiten der Dynamik der Anziehung nicht bewußt bist, kann deine Partnerschaft sehr angespannt werden, bis zu dem Punkt, an dem die Kommunikation zwischen dir und deinem Partner aufhört, kreativ zu sein. Dann stagnieren entweder beide, oder die Partnerschaft bricht auseinander.

Dein eigenes kreatives Wesen, das Liebe ist, wieder zu entdecken läßt dich auch das kreative Wesen deines Partners neu finden.

Wenn du nicht fähig bist, dich dafür zu öffnen, deinen Partner zu akzeptieren und zu unterstützen, so liegt es daran, daß du dich darin verstrickt hast, den eigentlichen Sinn von Partnerschaft zu verraten. Dieser Sinn ist gegenseitige Achtung! Du bist dann durch Formen der Verherrlichung blockiert, die in Verrat und Rache enden. Verrat und Rache, beides Ausdruck von Ablehnung, sind die Haupthindernisse zu wahrer Partnerschaft. Wenn sie in die Partnerschaft eindringen und bleiben, signalisieren sie dir das Ende einer Beziehung, in der du glücklich mit dem Menschen zusammengelebt hast, zu dem du dich hingezogen fühltest, deinem Prinzen, deiner Prinzessin! Diese Wandlung von Anziehung zu Ablehnung kann auch zwischen dir und einem Freund passieren, und wenn es dazu kommt, trennst du dich von einem Menschen, den du für deinen besten Freund hieltest. Und dies kann auch zwischen Geschäftspartnern passieren. Am Ende distanzierst du dich von dem, den du für den vollkommenen Mitarbeiter hieltest.

Dein eigenes kreatives Wesen, das Liebe ist, wieder zu entdecken läßt dich auch das kreative Wesen deines Partners neu finden. Indem ihr beide in eurem kreativen Wesen seid, seid ihr in der Lage, auf die Ganzheit eurer Partnerschaft zu antworten, während ihr diese Ganzheit in eurer Verschiedenheit widerspiegelt. Du und dein Partner werden dann zu einer einzigartigen transzendent-physischen Realität, die Einssein manifestiert! Dieses Einssein kann aber nur auf wirklicher Teilnahme beruhen. Ihr seid dann frei von Verschmelzung und allen Formen der Kontrolle. Jeder trägt verantwortungsvoll das Einssein der Partnerschaft in sich, nicht nur 50 Prozent davon. Paare bringen dieses Einssein, wahre Verbindung gewöhnlich durch Ringe zum Ausdruck. Jeder Ring steht für Ganzheit!

Jemanden oder etwas in Partnerschaft zu empfangen heißt, deine Aufmerksamkeit auf diese Person oder diese Sache zu richten und bewußt dafür offen zu sein, in eine Beziehung einzutreten, in der du Anerkennung und Unterstützung gibst und empfängst.

Wer könnte in deinem Alltag dein Partner sein? Dein Partner ist immer jener Mensch oder jene Situation, die jeweils nach Unterstützung und Anerkennung verlangen. Das kann jetzt gerade dein Freund oder deine Freundin sein, deine Ehefrau oder dein Ehemann, dein Sohn oder deine Tochter, andere Familienmitglieder oder ein Bekannter. Dein Partner kann auch ein Nachbar, ein Arbeitskollege, ein Klient, ein Seminarteilnehmer sein, oder es können deine Studien, deine Arbeit, die Gemeinschaft, in der du lebst, oder sogar die Natur sein. Die Gelegenheit, Ganzheit zu erfahren, bekommst du in dem Maße, in dem du dich auf Menschen oder Situationen einläßt, denen du in deinem Leben gerade begegnest. Das öffnet dich dafür, Empathie oder Mitgefühl zu empfinden. Empathie ist eine Haltung, die Brücken für Zuneigung und so für ein tiefes Verstehen baut. Sie ist das Mittel, um Anerkennung und Unterstützung auszudrücken. Wenn du dir aber Zuneigung nicht aneignen kannst, indem du die Gaben entwickelst, die Liebe und Selbstliebe ausdrücken – Anerkennung, wahre Verbundenheit, Treue, gegenseitige Achtung und Intimität – dann fällst du allen Arten von Herzeleid und Trennung zum Opfer. Empathie ist dann nicht mehr möglich. Dein Leben wird sinnlos. Du wirst gegenüber dir selbst und gegenüber anderen zum Heuchler. Du bleibst an der Oberfläche und tauchst nicht ein in das Wunder deines kreativen Wesens, deines liebenden Wesens, das du vernachlässigst. Du fällst dann leicht der Vergötterung zum Opfer. Wahre Partnerschaft mit dir selbst und anderen zu entwickeln ist jedoch das Gegenmittel gegen Vergötterung. Nur durch Partnerschaft kannst du deine Zuneigung verstärken und dich davon befreien, durch das der Vergötterung inhärente Element der Zurückweisung gefangen zu werden. Zuneigung hat mit Einbeziehung und Verbundenheit zu tun, Zurückweisung dagegen mit Fragmentierung und Trennung. Du erzeugst gewöhnlich sowohl Idole positiver als auch solche negativer Art. Zum Beispiel vergötterst du sogar deine Krankheiten. Auf gleiche Weise vergötterst du alle deine Probleme. Wenn du von ihnen besessen bist, können sie gigantische Ausmaße erreichen, weil du zuläßt, daß sie in dir zu einem Monument von Verzweiflung und Trennung werden.

Ich entdeckte, wie sehr ein Klient auf sein Problem fixiert war, und zwar so sehr, daß er ständig im Kreis lief, besessen von seiner Schwierigkeit, sich förmlich dagegen sträubend, einen Ausweg zu finden. Sein „Gewinn" bestand darin, daß sein Problem eine Ausrede wurde, um alle seine Ziele auf autonome Weise zu verfolgen. Diese „Autonomie" gab ihm die Macht, alle in seinem Umfeld zu kontrollieren. Folglich wurde er zu halsstarrig, um sein Problem lösen zu können. Er konnte diesen Vorteil, seine Kontrolle über andere, nicht aufgeben, wollte das aber nicht wahrhaben. Diese ungelöste Situation setzte ihn ihrerseits einem hohen Maß von Streß aus und belastete ihn bereits mit einem starken und wiederkehrenden Druck auf der Brust. Ich bat ihn in einer unserer Sitzungen, seine Gefühle in bezug auf diese problematische Situation auf eine ungewöhnliche Weise mitzuteilen. Er sollte sie laut aussprechen, wie wenn er einen Liebesbrief vorlesen würde, der mit der Anrede „Mein liebes Problem ..." beginnt. Dieser Ansatz ermöglichte ihm viele Einsichten. Es wurde sich bewußt, wie sein Problem dazu geführt hatte, daß er seine Verantwortung in wichtigen Bereichen seines Lebens vernachlässigte. Es wurde ihm klar, wie er das Problem als Entschuldigung benutzt hatte, sich wieder mit seiner Zuneigung zu verbinden. Das blockierte ihn emotional, sich selbst zu unterstützen, und machte es ihm unmöglich, seine Sexualität kreativ auszuleben. Es wurde ihm klar, daß sein Problem eine Verzögerung seines Reifeprozesses war, die ihn auf fälschliche Weise „wohl" und „sicher" fühlen ließ. Aber was noch wichtiger war – er entdeckte, daß er auf diese Weise nicht weiterleben konnte. Er war dabei zu „sterben". Er spürte, daß dies genug war! Diese Erfahrung ließ ihn erkennen, wie sehr er sein Problem vergötterte, und das war der Anfang seiner Veränderung.

Der einzige Weg aus jeder Art von Vergötterung ist die Wiederherstellung deiner Partnerschaft mit der Ganzheit. Es geht darum, daß du dich verantwortungsvoll verhältst, indem du dich öffnest, mit allem, was vor dir ist, in wirkliche Beziehung zu treten. Du hast dann die Möglichkeit, dein Urteilsvermögen wiederzugewinnen und Schritt für Schritt zu schärfen. Es ist die Fackel, die deine Partnerschaft erhellt. Sei dir bewußt, daß du in deinem Alltag vom Morgen bis zum Abend unzählige Gelegenheiten hast, jemanden oder etwas in Partnerschaft zu empfangen. Jemanden oder etwas in Partnerschaft zu empfangen heißt, deine Aufmerksamkeit auf diese Person oder diese Sache zu richten und bewußt dafür offen zu sein, in eine Beziehung einzutreten, in der du Anerkennung und Unterstützung gibst und empfängst. Das geschieht zum Beispiel, wenn du deinem Kind deine ganze Aufmerksamkeit schenkst, deiner Frau, deinem Mann, einem Freund oder jemanden, dem du helfen möchtest. Partnerschaft kann sich auch entfalten, wenn du mit ganzer Aufmerksamkeit arbeitest, Musik hörst, ein Buch liest, dich um den Haushalt kümmerst, dich an der Natur erfreust, eine kreative Idee entwickelst, etwas schreibst. Die Möglichkeiten für Partnerschaft sind unendlich. Was Partnerschaft ausmacht, ist deine anfängliche Bereitschaft, die Menschen oder Situationen, die sich dir zeigen, willkommen zu heißen. Das macht dich offen, nicht nur, um sie zu akzeptieren, sondern auch, um ihnen Unterstützung zu geben. Kommt es dagegen nicht zu dieser Offenheit, dann liegt es daran, daß du dich schon vorher zurückziehst oder Ansprüche bereits im Meer deiner Frustrationen gegenwärtig sind. Dein Ego läßt dann keine wirkliche Partnerschaft zu. Denn Partnerschaft beruht vor allem auf Akzeptanz und Unterstützung, was wahre Verbundenheit, Anerkennung und gegenseitige Achtung voraussetzt. Nur wenn du deine Gaben von Akzeptanz und Unterstützung entwickelst, bleiben die Brücken zur Ganzheit, deinem wichtigsten Partner, bestehen!

Erfahre die Erweiterung deines kreativen Wesens!

Lies die ganze Übung, während du sie durchführst, Schritt für Schritt durch, oder bitte jemand, sie laut vorzulesen. Schließe in diesem Fall während der Übung die Augen.

- Setze dich auf einen Stuhl, und mache es dir bequem. (Es ist wichtig, daß du für diese Übung einen Stuhl verwendest.)
- Atme ein paar Mal tief ein und aus... Entspanne deinen Körper... Entspanne dich, bis du dich ruhig und friedlich fühlst.
- Atme nun normal weiter. Massiere mit der linken Hand die rechte. Lockere mit dem Daumen die Stellen, die sich schmerzhaft oder verspannt anfühlen... Nimm dir Zeit... Wechsle dann und massiere mit der rechten Hand die linke, bis du alle schmerzenden Stellen gelockert hast... Dabei entspannen sich beide Hände.
- Lege deine entspannten Hände mit der Handfläche nach oben auf die Oberschenkel. Fühle den festen Boden unter beiden Füßen.
- Spüre die entspannten Empfindungen in deinen Händen... Aufgrund des holographischen Prinzips, das deinem Geist-Körper innewohnt, öffnet sich durch die Entspannung deiner Hände dein ganzer Geist-Körper, um in Kontakt zu treten, und dein Herz öffnet sich, um zu empfangen.
- Atme tief ein und wähle einen Menschen, mit dem du für diese Übung in Kontakt treten möchtest. Das ist jemand, zu dem du dich hingezogen fühlst...

  Stell dir nun vor, dieser Mensch sitzt vor dir. Schau ihm in die Augen, und atme im selben harmonischen Rhythmus mit ihm; er lächelt dir dabei zu.

  Atme entspannt weiter, lächle auch du ihm zu. Halte die Verbindung mit diesem Menschen ungefähr eine Minute aufrecht. Atme ruhig und im gleichen Rhythmus wie er weiter... Lächle weiter...
- Erfahre nun die tiefe Verbindung, die zu diesem Menschen aufgebaut wird. Wenn du spürst, daß sie zustande gekommen ist, möchtest du ihm vielleicht deine Liebe zeigen. Tu das, indem du dir bildhaft vorstellt, wie du ihn in die Arme nimmst oder ihm deine Liebe ausdrückst.
- Schau jetzt diese Person an, und höre auf eine Botschaft, die dir diese Person mitteilen will... Sie kann dir helfen, deine Zuneigung zu erhöhen. Hör einfach weiter zu, lächle und atme weiter... und laß los... Laß zugleich alle Gedanken und Gefühle los, die diese Erfahrung zu stören versuchen. Sei einfach bereit zu empfangen... Deine einzige Aufgabe ist Erweiterung. Es geht darum, dich wieder mit Liebe zu verbinden. Atme deshalb weiter, lächle entspannt weiter, und schaue diesem Menschen in

die Augen. Fühle die tiefe Verbindung, wieder und immer wieder... Spüre bedingungslose Liebe... Langsam nehmen in dir Gefühle von Ausdehnung und Zärtlichkeit zu. Nimm sie wahr.

- Atme tief ein... Danke diesem Menschen für seine Akzeptanz und Unterstützung. Stärke ihn mit deiner Liebe... Entlasse ihn dann als eine Kugel von hellem Licht aus deinem Geist.
- Atme eine Weile normal weiter, behalte dein Lächeln in deinem Gesicht und die Liebe in deinem Herzen! Spüre die Erfüllung, die dir diese Verbindung vermittelt hat... Dieses Empfindung von Erfüllung und Stärkung spiegelt die Wiederverbindung mit dem Zentrum deines Geist-Körpers wider. In diesem Zentrum ist dein kreatives Wesen, deine Liebe, stets gegenwärtig. Es ist der Sitz von wahrer Partnerschaft! Spüre die Ausdehnung und Freiheit, die diese Erfahrung in dir freigesetzt hat...
- Lenke deine Liebe zu einem Menschen hin, der gerade jetzt deine Hilfe braucht. Es ist die Person, der zu helfen du dich gerade jetzt aufgerufen fühlst. Es ist die erste Person, die dir in den Sinn kommt. Teile diese Gefühle von Liebe mit ihr... Stärke diesen Menschen mit deiner Liebe! Spüre, wie sich die Liebe, indem du sie teilst, in euch beiden ausbreitet... Erfahre die Erweiterung deines kreativen Wesens!
- Entlasse jetzt diese Person, gestärkt durch deine Liebe aus deinem Geist... Entlasse sie in einer Kugel aus rosa Licht...
- Atme tief ein... bewege deinen Körper... öffne die Augen... und spüre deine tiefe Entspannung!

24
Beziehung ist der Weg, aus dem Ego-Trick Ich-sollte-ich-müßte-Pakt herauszukommen

Unechte Beziehungen, die zu „Unterwerfung" oder ausschließender „Autonomie" statt zu kreativer Begegnung führen, haben gewaltige Auswirkungen auf dein Leben!

Um die Fragmentierung deines Geist-Körpers zu vollenden, bringt dein Ego deinen kreativen Kanal der Emotion aus dem Gleichgewicht. Dieses emotionale Ungleichgewicht führt zu deiner Polarisierung und läßt dich entweder Opfer oder Rebell werden. Diese Muster hindern dich daran, Reife zu erlangen. Sie zeigen, daß du deinen angeborenen Mut verloren hast. Deine mangelnde Reife wird durch einen Ich-sollte-ich-müßte-Pakt mit dem Ego besiegelt, der dich daran hindert, wahre Partnerschaft zu erfahren. Alle Arten von emotionaler Erpressung, Verschwörung, Opportunismus, Verlogenheit, Verführung, Gefeilsche, Vortäuschung und Manipulation beginnen in verschiedenen Bereichen, auf verschiedenen Ebenen und in unterschiedlichen Graden deines Lebens deine Beziehungen zu beherrschen. Sie fangen meist in deinem Innern, in deiner Beziehung zu dir selbst an, aber meist bist du dir ihrer nicht bewußt. Und dann entwickelst und verfestigst du unechte Beziehungen. Unechte Beziehungen, die zu „Unterwerfung" oder ausschließender „Autonomie" statt zu kreativer Begegnung führen, haben gewaltige Auswirkungen auf dein Leben!

Unterwerfung läßt dich ein Kind bleiben, weil du nicht mehr fähig bist, deine innere Stärke zu entwickeln. Du brichst deinen Wachstumsprozeß einfach ab. Schließlich übst du alle Arten emotionaler Erpressung aus, die dich wiederum daran hindern, kreative Entscheidungen zu treffen. Statt dessen triffst du impulsiv fehlkreative Entscheidungen. Du kannst mit deinen emotionalen Grenzen nicht kreativ umgehen! Du richtest dein Leben nach anderen aus, weil du dich den „Sollte" und „Müßte" unterwirfst, die dir ständig auferlegt werden. Du fügst dich, versuchst aber deinerseits, ihnen mit Jammern und Klagen deine „Sollte" und „Müßte" aufzubürden. Deshalb fühlst du dich als Opfer. Du machst sie so ironischerweise zu deinen Opfern, weil du bewirkst, daß sie sich schuldig fühlen.

Du ordnest dich anderen in dem Maß unter, in dem deine rezeptive geistige Energie eingeschränkt wird, während der richtungsweisende Aspekt deiner aktiven geistigen Energie übermäßig gestärkt wird. Zugleich wird deine weibliche innere Realität, der Teil von dir, der deine rezeptive geistige Energie ausdrückt, geschwächt, während deine männliche innere Realität, der Teil von dir, der deine aktive geistige Energie ausdrückt, in einer sehr verzerrenden Weise dominant wird. Du hältst dich dann deiner inneren Größe für unwürdig und auch für unwürdig, irgendetwas Gutes in deinem Leben ohne Mühe zu erreichen! Solange du dich in diesem unausgeglichenen Zustand quälst, verstärkst du noch das Reaktionsmuster der Unterwerfung. Du gestattest dir nicht mehr, deine Gaben spontan zu empfangen! Statt dessen opferst du dich in naiver Weise auf. Dieses Opfer dient dazu, die Möglichkeit zu rechtfertigen, daß du deinen Lohn verdienst. In dieser Verzerrung hast du zwei Optionen. Die eine Möglichkeit besteht darin, beim Versuch, unbedingt deinen Lohn zu bekommen, es zu vermeiden, klare Entscheidungen in deinem Leben zu fällen, um andere Menschen, mit denen du zu tun hast, nicht „vor den Kopf zu stoßen" oder zu „enttäuschen". So können sie dich anerkennen und vielleicht sogar belohnen. Ja, du brauchst ständig Bestätigung von deiner Umgebung. Wenn du professionelle Hilfe suchst, besteht die Gefahr, daß du von solcher Hilfe abhängig wirst. Das zeigt, daß du den Stil der „offenen Unterwerfung" angenommen hast. Die andere Möglichkeit ist, daß du dich ganz im Gegenteil davon ausschließt zu empfangen und zugleich verstimmt bist, daß du nicht angemessen belohnt wirst. Mit deinen Enttäuschungen versuchst du die Situationen zu manipulieren. Du bestehst aber weiterhin darauf, dich blockieren zu müssen, damit du nicht empfängst. Folgerichtig besteht dein nächster Schritt darin, ein Problem zu schaffen, sobald sich die Dinge in deinem Leben positiv zu entwickeln beginnen. Wenn dir Freunde in einer schwierigen Phase deines Lebens helfen wollen, bist du nicht bereit, ihre Hilfe anzunehmen. Du kannst keine Therapie oder irgendeine Form professioneller Hilfe annehmen, selbst wenn du dir sicher bist, daß dies das Richtige für dich wäre. Zudem vermeidest du es gewöhnlich, Entscheidungen bezüglich einer Situation zu fällen, bis die Situation selbst dich zwingt, es zu tun. Meistens sind deine Entscheidungen dann radikal, geprägt von Kompensation. Das bedeutet, daß du den Stil der „versteckten Unterwerfung" angenommen hast.

Kurz: Welches auch immer dein Stil ist, ständig zunehmende Unzufriedenheit und Unentschlossenheit bringen dich dazu, auf verzerrende Art zu projizieren, wodurch die Dynamik der Unterwerfung noch verstärkt wird. Mit dieser Projektion versuchst du, offen oder versteckt, deine Verantwortung für dein Leben an andere zu delegieren. Verzerrende Projektion wird so zum Mittel, das unüberwindliche Maß deiner Selbsttäuschung freizusetzen. Als Folge hängst du dich an alle und rufst nach ihrer Aufmerksamkeit, damit sie dir helfen. Oder du stellst übertriebene Anforderungen an dich selbst und an andere, die du nachzuahmen beginnst, während du das Opfer spielst. Oder du versuchst womöglich auch, jede Situation zu manipulieren, indem du das ewiggleiche Opfermuster wiederholst. Insgeheim möchtest du, daß die Situation zu deinem Vorteil ausgeht. Wenn Unterwerfung dich überwältigt, fühlst du dich machtlos, und als Ausgleich setzt du dir und anderen unerreichbare Ziele. Das führt aber nur zur Verstärkung deiner Opfermentalität.

Dieser ganze Prozeß von Unterwerfung oder ausschließender Autonomie geht immer weiter, weil du dich davor fürchtest, dich deiner inneren Wahrheit zu verpflichten.

Im Gegensatz zur Opfermentalität ist ausschließende Autonomie jener Zustand deines Geist-Körpers, in dem du dich von dir selbst und folglich auch von anderen trennst. Du wirst für dich selbst zum Außenseiter. Du gehst Beziehungen aus dem Weg, weil sie für dich zu etwas ganz Unheimlichem werden. Das Ausmaß deiner ausschließenden Autonomie ist so groß, wie deine aktive geistige Energie ihre Richtung verliert und deine rezeptive geistige Energie kontrolliert. Gleichzeitig wird deine weibliche innere Realität, jener Teil von dir, der deine rezeptive geistige Energie ausdrückt, besitzergreifend, während deine männliche innere Realität, jener Teil in dir, der deine aktive geistige Energie ausdrückt, seine Kraft verliert.

Wenn du in einem Zustand der ausschließenden Autonomie verharrst, bist du unfähig, richtig mit dem umzugehen, was du dir innerlich erlaubst. Statt dessen verhätschelst du dich zwanghaft, indem du weder deine eigenen Begrenzungen noch die der anderen achtest, weil du dich bemühst, um jeden Preis zu erreichen, was du dir vorgenommen hast. So rauchst du oder trinkst du zum Beispiel zu viel, oder du überreagierst und schreist jemanden unerwartet an. Du verschließt dich in Rebellion. Deine Entscheidungen sind Überreaktionen. Du erlaubst dir gewöhnlich, bei deinen Freunden Hilfe zu suchen, und du gestattest dir auch professionelle Unterstützung. Aber sobald du dich von der akuten Spannung deines Problems befreist, hältst du andere davon ab, dir zu helfen. Du vermeidest es, in die Tiefen deines Problems einzutauchen. Entsprechend hast du die Verhaltensweise der „impulsiven Autonomie" angenommen. Eine andere Möglichkeit ist die, daß du dir nicht erlaubst zu erreichen, was du wirklich willst. Du erlaubst dir nicht einmal, deine Wünsche wahrzunehmen! Du trennst dich einfach von deinen kreativen Bedürfnissen. In deinem Innersten zweifelst du daran, daß andere dir helfen können. Wenn du in Schwierigkeiten steckst, erwägst du nicht einmal die Möglichkeit, daß professionelle Hilfe etwas bewirken könnte. Du vernachlässigst diese Möglichkeit gänzlich. Du hältst dich gewöhnlich in scheinbarer Unabhängigkeit oder falscher Autonomie zurück. Du wirst gefühlskalt. Du bist dann nicht mehr in der Lage, in Übereinstimmung mit deinen inneren Zielen kreative Entscheidungen zu treffen. Deine Entscheidungen werden zu rational. Das zeigt, daß du die Verhaltensweise der „unterdrückten Autonomie" angenommen hast.

Welche Verhaltensweise du auch immer annimmst, du wirst durch ausschließende Autonomie polarisiert. Du bist dann versucht, andere Menschen durch deine „Macht" zu kontrollieren. Du versuchst, deine Autorität zu beweisen und sie ihnen aufzuerlegen, um deine scheinbare „Unabhängigkeit" zu garantieren. Du wirst entweder ein Rebell im Gewand der Konfrontation oder ein Rebell in der Maske der Gleichgültigkeit. Du wahrst deine Distanz! Du ziehst dich von dir selbst und von anderen Menschen zurück. Du gehst jeder Verantwortung aus dem Weg, weil du fürchtest, deine Freiheit zu verlieren. Du kannst deshalb nicht mehr wirklich geben. Du hörst auf, deine Größe mit anderen zu teilen. Du trennst dich einfach von dem, was du willst, indem du unbedacht nimmst, was immer dir attraktiv erscheint und wann immer es dir gefällt, oder indem du das, was du wahrhaft möchtest, verleugnest.

Dieser ganze Prozeß von Unterwerfung oder ausschließender Autonomie geht immer weiter, weil du dich davor fürchtest, dich deiner inneren Wahrheit zu verpflichten. Aber nur eine solche Verpflichtung kann dich aus diesem Trick von Unterwerfung und ausschließender Autonomie herausholen. Dein Mangel an Verpflichtung zeigt sich darin, daß du mit deinen emotionalen Grenzen nicht richtig umgehst. Damit entfernst du dich von deinem Zentrum, dem Ort deiner Grundsätze und deiner Integrität. Anstatt Grundsätze schaffst du starre Regeln und fängst dann an zu feilschen. Niemand ist aber hundertprozentig im Zustand der Unterwerfung bzw. ausschließender Autonomie. Du wechselst diese Reaktionsmuster entsprechend den verschiedenen Lebensbereichen und zu verschiedenen Zeiten. Wenn du im Zustand der Unterwerfung oder ausschließender Autonomie steckst, bist du nicht mehr fähig, authentisch zu sein. Ganz egal, ob Unterwerfung oder Autonomie, du belügst dich nur selbst! Der einzige Ausweg aus dieser Selbstlüge ist der Weg kreativer Begegnung, der Weg echter Partnerschaft.

Wenn du authentisch bist, kannst du mit deinen Emotionen richtig umgehen, anstatt dich von ihnen lenken zu lassen.

Reife ist das Gegenteil von Unterwerfung bzw. ausschließender Autonomie. Sie liegt vor, wenn du auf verantwortungsvolle Weise Selbstwert und die Fähigkeit, dir etwas zu gestatten, entwickelst. Das kann dich von Verschmelzung, emotionaler Erpressung und Feilschen, die alle Formen von kindischem Verhalten sind, befreien. All diese Kompensationen verbergen lediglich Formen der Verführung. Verführung macht dich blind. Wenn du dich verführen läßt oder wenn du versuchst, andere zu verführen, ist das ein Zeichen deiner fehlenden Verpflichtung gegenüber dir selbst und anderen. Du beginnst deshalb echte Werte gegen Illusionen einzutauschen, korrumpierst dich und wirst schließlich Opfer oder Rebell. Dies impliziert, daß deine Verhaltensmuster auf Selbstaufopferung oder auf Selbstverhätschelung beruhen. Gewöhnlich opferst du dich in bestimmten Bereichen deines Lebens und bist gleichzeitig in anderen dir gegenüber allzu nachsichtig. Du zeigst deshalb deine Unaufrichtigkeit gegenüber dir selbst und so auch gegenüber andern. Du verstrickst dich in Manipulation, Zumutung und Konfrontation, d. h. Vortäuschung. Vortäuschung spiegelt sich in deiner Selbsttäuschung wider. Das Ausmaß deiner Vortäuschung entspricht deinem Mangel an Selbstbestimmung, nicht in kreativer Beziehung mit deinem wahren Selbst zu sein. Die trügerischen Fäden der Falschheit umgarnen dich. Du verwickelst dich in einen Machtkampf, der dich von deinem Zentrum, deiner inneren Wahrheit getrennt hält. Je intensiver dieser Machtkampf ist, desto schwächer wirst du. Das ist eine Folge davon, daß du deinen ganzen Mut verloren hast. Du gibst dann deine Grundsätze und deine Integrität auf. Prinzipien und Integrität sind die beiden Seiten der einen Münze, die für deine Reife steht.

Deine Reife zeigt sich in deiner Fähigkeit, dich zu verpflichten, und im authentischen Verhalten gegenüber deinen Emotionen. Wenn du authentisch bist, kannst du mit deinen Emotionen richtig umgehen, anstatt dich von ihnen lenken zu lassen. Wenn du unfähig bist, authentisch mit deinen Emotionen zu interagieren, bist du auch nicht in der Lage, kreative Entscheidungen zu treffen. Wenn du deine Authentizität blockierst, beginnst du deine Emotionen als Waffen einzusetzen, um Menschen und Situationen ständig zu manipulieren. Das Paradoxe daran ist, daß du damit zuläßt, daß am Ende diese Menschen und Situationen über dich verfügen, weil du ihnen die Macht gibst, über dein Leben zu entscheiden! Deine Entscheidung, in authentischer Beziehung zu deinen Emotionen zu sein, hat die Macht, dich immer wieder in dein Zentrum zurückzuführen, deinen Ort der Kraft. Wenn du aber die authentische Beziehung zu deinen Emotionen abbrichst, gewinnen sie die Macht, dich weit von deinem Zentrum wegzubringen. Du wirst durch Verschmelzung zurückgehalten. Das liegt daran, daß dein Ego die Gelegenheit ergreift, deinen kreativen Kanal der Emotion zu beherrschen. Deine Emotionen werden dann zu Verbündeten der Herrschaft deines Egos. Statt auf Prinzipien stützen sich deine Beziehungen auf einen Ich-sollte-ich-müßte-Pakt. Anstatt in deiner inneren Stärke zu bleiben, fühlst du dich schwach oder fragmentiert. Du blockierst deine Entwicklung und genießt deine Beziehungen nicht mehr.

Nur wenn du dir wahrhaftig gestattest, kreativ mit deinen Emotionen umzugehen, gewinnst du dein Selbstwertgefühl zurück und läßt es wachsen.

Deine Emotionen sind deine Unterschrift. Die Art und Weise, wie du deine Emotionen erfährst und mit ihnen umgehst, ist ganz individuell. Das Ego versucht aber, dein wahres Selbst zu verdrängen, indem es deine Unterschrift mißbraucht. Dein Ego-Prozeß ist deshalb nichts anderes als ein Betrug. Mit diesem Prozeß versucht dein Ego, seine Herrschaft in dir zu errichten, indem es sich das Recht anmaßt vorzuschreiben, wie du deine Emotionen erfahren und mit ihnen umgehen „sollst"! Du mißverstehst dann deine Emotionen und erkennst nicht, daß sie Licht-Pfeile sind, die dir die Richtung deines wahren Selbst angeben. Deine Emotionen können dir helfen, deinen Lebenssinn zu verwirklichen. Wenn du die Verantwortung für deine Emotionen übernimmst, werden sie zur treibenden Kraft, die dich motiviert, wahrhaft und tief mit dir selbst, den Menschen und Situationen in deinem Leben zu interagieren. Nur wenn du dir wahrhaftig gestattest, kreativ mit deinen Emotionen umzugehen, gewinnst du dein Selbstwertgefühl zurück und läßt es wachsen.

Um eine kreative Interaktion mit deinen Emotionen aufrecht zu erhalten, ist es nötig, dich auf eine reife Art allem zuzuwenden, was dich zu irgendeinem Zeitpunkt zu einer Beziehung auffordert. Deine Emotionen zu erleben ist nicht dasselbe wie deine Gefühle zu erfahren. Emotionen spiegeln Augenblickszustände deines Geist-Körpers wider; sie spiegeln seine unvorhersagbaren Reaktionen, das spontane Feedback deiner inneren und äußeren Welt. Ihre permanente Veränderbarkeit zwingt dich geradezu, bewußt in Beziehung mit deinem unbewußten Willen, deiner Sensitivität und deiner Vorstellungskraft zu sein. Dein Wille ist das Medium, in dem deine tiefen Empfindungen anerkannt werden können. Deine Sensitivität ist das

Medium, in dem deine Gefühle erfahren werden können, und deine Vorstellungskraft ist das Medium, in dem deine Gedanken in der Außenwelt interpretiert, ausgedrückt und konkret manifestiert werden. Deine Emotionen können dir deshalb helfen, kreative Beziehungen mit deiner inneren und äußeren Welt zu entwickeln. Sie machen es dir möglich, dich ganzheitlich mit deinem ganzen Geist-Körper und all deinen Dimensionen des Bewußtseins zu verbinden. Emotionen machen dich lebendig und lassen dich deinen persönlichen Ausdruck finden. Sie sind die Kraft, die in deinem Geist-Körper das mediale Zentrum der kreativen Kanäle entfacht, damit sich Kreativität als Bewußtheit offenbaren kann.

Wenn du aber mit deinen Emotionen falsch umgehst, hinderst du dich schwerwiegend daran, eine geordnete Vorstellungskraft zu erfahren. Du bist dann nicht länger fähig, deine Gedanken klar und angemessen auszudrücken und in der physischen Welt konkret zu manifestieren. Dies hält dich davon ab, kreativ zu schaffen, was du willst. Deine ungeordnete Vorstellungskraft und dein zusammenhangloses Denken beeinträchtigen direkt deine Sensitivität, und so kannst du auch nicht deine wahren Gefühle erfahren. Die wiederholte Fragmentierung deines Willens ist eine Nachwirkung dieser Unfähigkeit. Die Spaltung deines Willens ist es aber, die dich daran hindert, deine tiefsten Empfindungen anzuerkennen; sie läßt deine unbewußten Entscheidungen nicht an die Oberfläche kommen, und folglich kannst du diese dann auch nicht wahrnehmen. Du kannst sie deshalb nicht korrigieren, wenn sie korrigiert werden müßten. Das führt dazu, daß du in Reaktionsmustern verhaftet bleibst, die dein inneres Wachstum unmöglich machen. Nur wenn du beginnst, mit deinen Emotionen verantwortlich umzugehen, werden sie es dir ermöglichen, alle Facetten deiner inneren Welt kreativ zu manifestieren und zu interpretieren. Das machst es dir möglich, ein erfolgreiches Leben zu führen. Du verwandeltst dann dein Leben in reine Kreativität und Glück!

Wenn deine Emotionen hoch gehen, hat es jeweils damit zu tun, daß ein Beziehungsprozeß zwischen deiner inneren und deiner äußeren Welt abläuft.

Wenn du mit deinen Emotionen auf gereifte und authentische Art umgehst, kannst du dein Selbstwertgefühl und die Fähigkeit in dir entwickeln, dir etwas zu gestatten. Diese Muster der Mitschöpfung lassen dich wahrhaft in Beziehung mit dir selbst, mit Menschen und Situationen in deinem Leben sein. Das befähigt dich, die Wahrheit abzuwägen. Du wirst dir bewußt, was für dich wertvoll ist, und dies verhindert, daß du der Selbsttäuschung verfällst. Du gestehst es dir einfach zu, daß du Glück verdienst, und erlaubst dir, für dich selbst und die Menschen um dich ein glückliches Leben zu manifestieren. Wenn es dir aber an Selbstwertgefühl und an der Fähigkeit, dir etwas zu erlauben fehlt, wirst du nur ein armseliges, unechtes Abbild deiner selbst.

Deine emotionalen Zustände sind nicht dazu da, bewertet zu werden; sie sollen nur anerkannt, erfahren und ausgedrückt werden. Sie spiegeln wider, was in jedem Augenblick in deinem Geist-Körper und in deiner Umgebung wirklich geschieht. Sie fordern dich ständig auf, Verantwortung für sie zu übernehmen, denn sie können sich nicht selbst lenken. Sie brauchen dich als ihren Lenker. Wenn deine Emotionen hoch gehen, hat es jeweils damit zu tun, daß ein Beziehungsprozeß zwischen deiner inneren und deiner äußeren Welt abläuft. Aber wenn du deine Emotionen nicht lenkst, geraten sie in Verwirrung und können alle deine Möglichkeiten zunichte machen, wahre Beziehung zu erfahren.

Dein kreativer Kanal der Emotion ist eng mit deiner Gabe der Manifestation verbunden. Wenn dieser Kanal offen und ausgeglichen ist, kann deine Kreativität fließen, und dein gesamter Geist-Körper spürt Wahrheit und Lebendigkeit. Du hast keinerlei Schwierigkeit, kreativ und verantwortungsvoll das, was du wirklich willst, anzuziehen und zu erschaffen, weil deine Verbindung mit der Ganzheit unverletzbar bleibt. Wenn aber der kreative Kanal der Emotion verzerrt ist, gibt es für dich nur zwei Möglichkeiten. Die eine ist, daß du dich wie ein Vulkan verhältst, der plötzlich ausbrechen kann und gewaltige Zerstörung mit sich bringt. Diese Zerstörung bringt dich durcheinander, schafft emotionale Labyrinthe, die dir Irrwege anbieten, auf denen du dein Zentrum nie erreichst. Nach solchen Vulkaneruptionen ist es schwer, in dein Zentrum zurückzukehren, und du fühlst dich ganz verloren. Die andere Möglichkeit ist die, daß du ein entgegengesetztes Verhalten entwickelst und dich wie ein Eisklotz benimmst. Du wirst völlig blockiert, erstarrst und bist unfähig, mit anderen in Kontakt zu treten. Nur ein kleiner Teil von dir ist dann für die Welt sichtbar. Damit verhinderst du deine Gabe schöpferischer Manifestation! Diese Gabe friert in den kalten Gewässern deiner Isolation ein!

Du befreist dich von deinem Ego Trick Ich-sollte-ich-müßte-Pakt. Erst dann kannst du das Selbst, deine Authentizität, frei ausdrücken!

Wenn du Verantwortung dafür übernimmst, wie du mit deinen Emotionen umgehst, öffnest du dich für eine wahre Beziehung mit unendlicher Intelligenz, Innenschau. Sowohl Zeichen als auch die richtigen Menschen mit den richtigen Lösungen erscheinen in deinem Leben. Du bist zum Beispiel von Büchern, die wichtige Botschaften für dein Leben enthalten, angezogen oder erhältst sie von anderen Menschen. Oder du hörst etwas, was jemand sagt, und es beeindruckt dich, als bekämest du eine persönliche Botschaft. Du spürst ständig, wie die Gegenwart kreativer Energie durch dich, durch andere und durch Situationen in deinem Leben wirksam ist. Transformation fängt in deiner inneren und äußeren Welt an, weil du eine wahre Beziehung mit der Führung von innen wiederhergestellt hast. Anstatt den Ego-Trick des Ich-sollte-ich-müßte-Pakts anzunehmen, öffnest du dich für diese Beziehung. Du hörst auf damit, unehrlich gegenüber dir selbst zu sein. Verführung verliert ihre Macht, und statt unter Schwäche zu leiden, gewinnst du deine innere Stärke zurück. Statt Manipulation als deine stärkste Waffe zu gebrauchen, entschließt du dich, selbstverantwortlich zu sein. Du erfüllst dein Lebens-Lernprogramm, indem du wahrhafte Wertschätzung zu dir selbst zuläßt. Du empfindest wahre Wertschätzung für dich. Dann bekommst du auch den nötigen Mut und findest deine Integrität wieder!

Den Ego-Trick des Ich-sollte-ich-müßte-Pakts kannst du nur überwinden, wenn du deine Reifung annimmst und aufhörst, dich entweder aufzuopfern oder zu verhätscheln. Reife macht dich frei von den „Sollte" und „Müßte". Du entwickelst dich dann von äußerer Pflicht zu innerer Verpflichtung. Wahre Beziehung beruht auf innerer Verpflichtung. Wie sehr du dich auf deine Wahrheit verpflichtest, hängt davon ab, wie selbstverantwortlich du bist. Dem entspricht auch das Ausmaß, in dem du deine Entscheidungen auf der Grundlage deiner Beziehung mit der Ganzheit fällst. Das ist Reife! Reifwerden beruht darauf, daß du lernst, mit deinen emotionalen Grenzen umzugehen und zur Ganzheit Brücken der Kooperation zu bauen. Du gibst dann den Machtkampf in deinem Geist-Körper auf und ebenso alle Formen der Rebellion und hörst auf, das Opfer zu spielen. Du stellst die Beziehung zu deinem Zentrum, deiner inneren Wahrheit wieder her. Innere Stärke und Mut strahlen von dir aus. Du befreist dich von deinem Ego Trick Ich-sollte-ich-müßte-Pakt. Erst dann kannst du das Selbst, deine Authentizität, frei ausdrücken!

Was sollst du gerade jetzt in deinem Leben tun?

Die Übung soll Schritt für Schritt gelesen und ausgeführt werden. Wenn du sie mit jemandem machst, der sie dir laut vorliest, kannst du die Augen schließen und dich entspannen.

Teil 1

- Atme einige Male tief durch, und entspanne deinen Körper.
- Laß dich von deiner Vorstellungskraft an einen Ort führen, zu dem du Zuneigung empfindest. Dieser Ort kann real sein oder auch nur in deiner Vorstellung existieren. Das Bild, das jetzt vor deinem geistigen Auge gerade auftaucht, ist ein verbindendes Hologramm, das es dir ermöglicht, tief in deine Erfahrung einzutauchen. Mach es dir an diesem Ort deiner Zuneigung bequem.
- Betrachte jetzt dein Leben ... Was sollst du gerade jetzt in deinem Leben tun?
  - Könnte es mit deiner beruflichen Laufbahn zu tun haben, mit einem Berufswechsel?
  - Könnte es darum gehen, eine angemessene Tätigkeit zu finden, die deine Kreativität wachsen ließe?
  - Könnte es darum gehen, einen anderen Weg zu finden, dich in deinen Beziehungen auszudrücken?
  - Könnte es damit zu tun haben, dich auf eine spezielle Beziehung mit einem Projekt oder einem Menschen einzulassen?
  - Was liegt vor dir?
- Betrachte noch einmal dein Leben ... Was sollst du gerade jetzt tun? ... mit Blick auf deine Familie, deine Freunde, deine Liebesbeziehung? Was fordert dich auf, Verantwortung zu übernehmen? Sollst du...
  - Die innere Trennung von einem alten Partner vollziehen?
  - Die Trennung von einem für dich wichtigen Menschen, der gestorben ist, vollziehen?
  - Gegenüber jemandem Gefühle der Liebe oder des Zorns ausdrücken?
  - Eine bessere Beziehung zu deinen Eltern... deinem Sohn... deiner Tochter... zu sonst jemandem in deinem Leben aufbauen?
  - Etwas klären, das zwischen dir und einem Freund unklar ist?
  - Deinem Partner, deinem Sohn, deiner Tochter oder einem Freund Hilfe und Akzeptanz anbieten und ihnen dadurch Kraft geben?
  - Deine emotionale Grenzen in einer bestehenden Beziehung, die an deinen Kräften zehrt, neu bestimmen... dadurch diesen Prozeß stoppen und dabei Brücken der Kooperation bauen?

- Schau wieder auf dein Leben... Was sollst du gerade jetzt in bezug auf bestimmte Projekte tun? Sollst du...
  - Eine Reise machen, von der du schon lange träumst?
  - Einen Urlaub genießen?
  - Eine neue Sprache lernen, die neue Möglichkeiten für Beziehungen eröffnen könnte?
  - Einer Ausbildung beginnen in etwas, das dich wirklich interessiert?
  - Ein Buch schreiben?
  - Ein Instrument spielen?
- Welches Projekt liegt vor dir, das vollendet werden will?
  Sei dir klar darüber, daß jedes Projekt, das du nicht vollendest oder bei dem du dich nicht bewußt zum Abbruch entschließt, deine kreative Energie blockiert. Das ist der Ursprung deiner inneren Leere, deines Mangels an Fülle und deiner Schwierigkeiten. Diese Blockade deiner kreativen Energie zeigt sich völlig unerwartet in verschiedenen Lebensbereichen – Geld, Liebe, Gesundheit, Sexualität, Laufbahn usw.
- Richte jetzt deinen Geist-Körper auf ein gerade aktuelles Problem.
  Während du über dieses Problem nachdenkst, laß spontan die anderen kleinen Probleme auftauchen, die du gerade in deinem Leben hast... All die Probleme, die ein Gefühl der Hoffnungslosigkeit, der inneren Leere und der Langeweile auslösen...
  Hoffnungslosigkeit, innere Leere, Langeweile sind nur Symptome dafür, daß du nicht schöpferisch mitwirkst, denn das würde dich zu Reife, Wachstum, echter Beziehung und Erfüllung führen. Statt dessen lenkst du dich gewöhnlich durch deine Probleme ab. Diese Ablenkung ist nur die Angst oder der Mangel an Mut, mit deiner kreativen Energie in Beziehung zu stehen. Deine kreative Energie ist die Manifestation der Ganzheit in dir. Wenn es dir nicht gelingt, eine wahre Beziehung mit deiner kreativen Energie herzustellen, bist du auch nicht fähig, eine reife Beziehung in irgendeinem Lebensbereich herzustellen. Du kannst deinen Lebenssinn und dein Lebensziel nicht mehr länger auf kreative Weise verwirklichen.
  Dein Hauptproblem wie auch deine kleinen Probleme entstehen alle dadurch, daß du unbewußt den Dienst am schöpferischen Mitwirken meidest. Schöpferisches Mitwirken erfordert, daß du deine Beziehungen in Integrität aufrechterhältst, indem du sie kreativ und achtungsvoll neu definierst. Es verlangt auch, daß du dich den Lebensprojekten zuwendest, die von dir entweder vollendet oder aufgegeben werden wollen. Wenn du nicht in der Lage bist, deine Beziehungen auf der Grundlage deiner Integrität und deiner Prinzipien neu zu definieren und in gereifter Art auf deine Wünsche und Träume einzugehen, schaffst du unausweichlich

Probleme. Es sind trennende Geist-Hologramme, die es dir unmöglich machen, Fülle zu empfangen oder wechselseitige Beziehung zu erfahren. Was dich in deinem Leben in diesem Augenblick wirklich aufruft, „neu definiert", „vollendet" oder „aufgegeben" zu werden, ist ein Lichtpfeil, der dir die Richtung zeigt. Vor diesem Licht kannst du dich nicht verstecken. Wenn du keine Verantwortung dafür übernimmst, deine widersprüchlichen Beziehungen neu zu definieren, zu vollenden, was in deinem Leben erreicht werden muß, und loszulassen, was in deinem Leben nicht mehr läuft, hast du am Ende ein großes Problem, das deine Zeit und Freude aufzehrt. Es erscheint immer von kleineren Problemen umgeben, und auch diese sind Pfeile, die deine Aufmerksamkeit beanspruchen. Sie beziehen sich auf Schwierigkeiten, die von selbst gelöst werden, wenn du dich erst einmal um das Wichtigste kümmerst, das wirklich deine Aufmerksamkeit verlangt, dein Hauptproblem. Vergiß nicht: In jedem Augenblick deines Lebens gibt es immer ein Hauptproblem, das im Mittelpunkt steht und zugleich der Schlüssel zur Lösung deiner anderen kleineren Probleme ist.

Wenn du dich zu sehr von deinen Problemen beunruhigen läßt, sei dir bewußt, daß du auf den Ego-Trick Ich-sollte-ich-müßte-Pakt hereingefallen bist. Dein Ego gaukelt dir vor, du „müßtest", „solltest" alle Probleme auf einmal lösen. Dein Ego macht das, um deinen Mangel an Selbstwertgefühl zu verschärfen. Das lenkt dich aber nur von den echten Lösungen ab und verstärkt in dir den Druck, diese kleinen Probleme ganz dringend zu lösen. Du fühlst dich dann schwach, hoffnungslos, leer, gelangweilt, weil du dich im Kreis deiner Probleme drehst. Das hält dich davon ab, in wirkliche Beziehung zu dem zu treten, was wesentlich ist, deinem Hauptproblem, das die Wahrheit verdeckt.

Teil 2

- Stelle dir bildlich vor, du seiest mitten in einem von deinen Problemen gebildeten Kreis. Mache dir jedes dieser Probleme bewußt, aber ohne die Aufmerksamkeit zu lange auf jedes einzelne zu richten. Nimm sie einfach zur Kenntnis.
- Nun stelle dir vor, daß dieser Kreis aus Problemen, die dich umgeben, sich in einen Kreis von Lichtpfeilen verwandelt.
- Frage den Lichtpfeil direkt vor dir, der für dein Hauptproblem steht, was du diesbezüglich tun sollst und was deine erste Priorität in diesem Augenblick deines Lebens ist. Hör einfach zu ...
- Während du die Antwort erhältst, laß das Bild deiner ersten Priorität klarer, strahlender und ganz deutlich vor dir werden... Wenn du spürst, daß

du mit diesem Prioritäts-Hologramm, das aus dem Lichtpfeil vor dir entsteht, in Beziehung getreten bist, dann verpflichte dich auf diese Priorität... Setze dabei dein Vertrauen auf diese Priorität. Stell dir vor, wie all die anderen Pfeile im Kreis mit dem einen Lichtpfeil verschmelzen und in ihm aufgehen.

Jeder Pfeil, der so verschmilzt, verleiht dir mehr kreative Energie. Sieh zu, wie der Pfeil vor dir immer strahlender wird... Dann verwandelt sich dieser Lichtpfeil in einen sich dir öffnenden Weg, einen Weg von reinem Licht...

- Spüre, wie du den ersten Schritt auf diesem Lichtweg tust. Stell dir vor, wie du der Richtung folgst, in der du gerade jetzt etwas in deinem Leben erledigen sollst, der Richtung deiner wichtigsten Priorität... Visualisiere, wie du sicher und frei auf diesem Lichtweg gehst... Nimm dir Zeit...

Spüre, wie gut es sich anfühlt, wenn du dich der Richtung verpflichtest, die du als die richtige empfindest... Immer wenn du dich durch das Licht deines Wesens, durch das Licht deiner Wahrheit, verpflichtest, zeigt sich dir dieser Lichtweg. Jedes deiner Probleme ist nur eine Verwirrung, die Schatten auf diesen Weg wirft, dich in Verpflichtungen einschließt und deine kreative Kraft vor dir verbirgt. Jedes Problem ist ein Schatten, der deinen Lichtweg, den Weg deiner Kreativität, verdunkelt.

- Atme tief ein. Gib einem zunehmenden Gefühl von Wahrheit und Vertrauen Raum und einem Gefühl von Selbstbestimmung, deine erste Priorität jetzt in deinem Leben zu erledigen... Nimm jetzt deine kreative Energie an... Nimm auch deine innere Stärke und deinen Mut an, die von deinem kreativen Zentrum ausgehen...

- Atme tief ein... Spüre den Ort, an dem du gerade bist... Bewege deinen Körper...

Der Zweck dieser Übung ist, dich zu bestärken, Verantwortung zu übernehmen und dir zuzugestehen, daß du deine kreative Energie verdienst. Die Übung hilft dir, den natürlichen Fluß kreativer Energie in deinem Geist-Körper wiederherzustellen. Wenn es dazu kommt, wird kreative Energie auch in deiner Familie frei, bei deinen Freunden und bei anderen Menschen, mit denen du in Beziehung stehst. Immer wenn du den Fluß kreativer Energie wiederherstellst, hilft sie dir und diesen Menschen, Krankheiten zu heilen, Probleme zu lösen und erfolgreich zu sein.

Jedes deiner Probleme ist ein Versuch, dich an den Ich-sollte-ich-müßte-Pakt zu binden, den du mit deinem Ego abgeschlossen hast. Jedes Problem verbirgt eine Priorität, die du zu erledigen hast und die du bisher vernachlässigt hast. Das erfordert meist einen Wandel durch neue Entscheidungen, neue Definitionen, ein Loslassen oder die Erneuerung deiner Verpflichtung.

Das verlangt Mut und Selbstbestimmung! Nur wenn du deine Prioritäten erledigst, kannst du deine blockierte kreative Energie freisetzen. Du gestattest dir, deinen Erfolg zu verdienen, und gibst dir die Erlaubnis, deinen Erfolg mit anderen zu teilen. Nur so kannst du eine wahre Beziehung zu dir selbst entwickeln, die dir erlaubt, deine eigenen Probleme zu lösen, und die zugleich anderen ermöglicht, ihre Probleme zu lösen. Dies ist der Weg zu Reifung und Glück. Was du also jetzt gerade tun sollst, ist deshalb, dich deiner inneren Wahrheit zu verpflichten! Triff täglich die Entscheidung für dein Glück! Wir tragen alle Verantwortung dafür, glücklich zu sein. Glücklich zu sein ist der letzte und heilige Sinn deiner Existenz und der Existenz aller Menschen.

Sei also in wahrer Beziehung. Tu, was du möchtest, und tu es in Integrität! Sei glücklich!

Teil 5

Sei verantwortlich!

Innerer Dialog

Während der Arbeit an diesem Buch habe ich viele Höhen und Tiefen durchgemacht. Ich bin durch verbindende und trennende Erfahrungen gegangen! In Bern, wo ich viereinhalb Jahre lebte, bevor ich nach Zürich zog, fühlte ich mich 1993 verloren wie ein Schiff im Meer einer überwältigenden Informationsflut. Ich konnte noch keine klare Struktur erkennen, die sich aus diesem Meer entfaltete, und ich empfand eine gewisse Beklemmung. In der Folge wechselten Zweifel und Belastung mit Vertrauen und Optimismus in mir ab. Während ich Material für dieses Buch sammelte, hatte ich keine Ahnung, wie lange dieser Prozeß dauern würde. Ich fühlte mich allein und war ungeduldig. Heute weiß ich, daß diese Ungeduld eine Widerspiegelung meiner Arroganz war, aber damals fühlte ich mich hoffnungslos.

Eines Tages, nachdem ich etwas in der Stadt erledigt hatte, kam plötzlich der Wunsch in mir auf, an einem stillen Ort zu sein und zu meditieren, ganz allein zu sein. Ich beschloß, in die Dreifaltigkeitskirche zu gehen und dort eine Weile zu sitzen. Kaum war ich in der Kirche, begann ein innerer Dialog mit Gott. Ich sprach über meine Müdigkeit und Hoffnungslosigkeit. Ich wollte deutlich machen, daß ich meine Arbeit aufgeben wollte. Ich fand allerdings keinen vernünftigen Grund, um mein Tun zu rechtfertigen. Ich hatte meine eigene Vorstellung davon, wie die Arbeit zu tun sei. Ich wollte mehr Konkretisierung, mehr Struktur. Mir schien, ich würde meine Zeit vergeuden, weil ich das Ziel, wohin ich geführt wurde, nicht sehen konnte. Kurz, ich wollte das Werk schon schreiben, aber auf meine eigene Weise. Als diese Gedanken in meinem Geist deutlich wurden und ich still wurde, kam eine tiefe Trauer in mir auf, ein Gefühl völliger Trennung. An diesem Punkt sagte ich mir: „Ich fühle, als tue ich etwas Falsches, etwas, das nicht zu meinem Glück paßt. Wenn dieses Werk immer noch mein Weg zur Ganzheit ist, dann möchte ich gerne ein deutliches Zeichen empfangen. Wenn mir mein Partner Michel heute eine rote Blume oder einfach ein Blatt von einem Baum bringt, will ich dieses Geschenk als Zeichen ansehen, mich wieder auf meine Arbeit zu verpflichten." Als ich heimkam, empfing mich Michel mit einem Strauß roter Rosen. Und mehr noch. Als ich die Treppe hochstieg und in mein Zimmer trat, sah ich auf meinem Bett ein großes, schön gefärbtes Blatt. Michel stand hinter mir und sagte, dieses Blatt sei von der Pflanze neben seinem Arbeitstisch abgefallen, und er habe sich entschlossen, das Blatt nicht wegzuwerfen, sondern seine Schönheit mit mir zu teilen. Dieses Blatt hatte die Form eines Herzens. Nach diesem Ereignis wußte ich, daß ich in die richtige Richtung ging, spürte aber einen gewissen Energieverlust. Ich hatte den Wunsch, Teile dieser Arbeit mit jemandem zu besprechen, der mir ein professionelles psychologisches Feedback geben könnte, und zwar ein Feedback auf der Grundlage einer ganzheitlichen Sicht des Geist-Körpers.

Eines Abends sah ich im Haus eines Freundes einen Prospekt über ein Seminar in London. Etwas in mir sagte, ich sollte dieses Seminar besuchen, und im Juli 1993 tat ich das auch. Die Arbeit der Seminarleiter, eines Ehepaares, deren zugrundeliegende Botschaft viel mit dem von mir begonnenen Werk gemeinsam hatte, berührte mich tief. So war ich nicht überrascht, als im Laufe des Workshops einer der Leiter, Dr. Chuck Spezzano, seine Verbindung mit Jesus erwähnte, den er als Ausdruck des „höheren Selbst" zu bezeichnen pflegte. Mein Ehepartner und ich fühlten uns motiviert, die Arbeit, die wir in London 1994 begonnen hatten, fortzusetzen. So reisten wir während des ganzen Jahres zwischen Hawaii und der Schweiz hin und her, um an einem prozeßorientierten Programm mit dem gleichen Ehepaar teilzunehmen. In dieser Zeit mit ihnen hatten alle meine Heilungsprozesse mit Vergebung zu tun. Heute weiß ich, daß ich, bevor ich mit meiner Arbeit weitermachen konnte, diese Zeit der Heilung durchmachen mußte. In diesem Jahr hatte ich die Gelegenheit, einige meiner Erfahrungen Dr. Spezzano mitzuteilen, und später konnte ich mit ihm auch über mein Buch sprechen. Ich teilte ihm auch meine Zweifel mit und daß ich versucht war, die Arbeit aufzugeben. Er sagte nur: „Dieses Werk ist zu wichtig, als daß du damit aufhören könntest. Es ist ein neues Modell des Geistes. Mach weiter!" Das motivierte mich, mit meiner Arbeit weiterzumachen. Und zugleich ließ mich diese Erfahrung erkennen, wie wichtig wir füreinander sind. Wir sind leuchtende Fackeln, welche die Macht haben, den Schatten gänzlich aufzulösen, der den Weg eines anderen blockiert. Das können wir aber nur dann, wenn wir uns entscheiden, unsere Verantwortlichkeit zu entwickeln. Sie ermöglicht die Manifestation wirklicher Führungsqualität.

Meine holographischen Erfahrungen gehen weiter. Je bewußter ich mir dieser Erfahrungen werde, desto mehr schätze ich die Erhabenheit des Geist-Körpers, bin ihr dankbar und werde von ihr angezogen. Ende 1995 hörte ich in einer Meditation: „Mach dir keine Sorgen um die Veröffentlichung dieses Buches. Wenn es fertig ist, wird der Verleger zu dir geführt werden." Ungefähr ein halbes Jahr später sprach ich mit einem Freund, Dr. med. Christian Larsen, der gleichfalls Bücher schreibt. Er wollte wissen, wann ich mit meinem Buch fertig sein würde. Als ich ihm sagte, ich nähme die letzte Überarbeitung vor, bot er mir an, mit seinem Verleger in Deutschland zu sprechen. Im Juni 1996 rief mich dieser Verleger an, und ich lud ihn zu mir ein. Ich konnte seine unglaubliche Sensitivität spüren. Nach einem Nachmittag, den wir gemeinsam verbracht hatten, verstand er zutiefst die Botschaft dieses Buches. Er gab mir einen Vertrag und sagte mir, daß er das Buch gern verlegen möchte.

25
Stille ist der Weg

Innere Stille ist der Weg zu Klarheit und zu Gleichgewicht in deinem Geist-Körper.

Innenschau ist von größter Wichtigkeit, um dein Bewußtsein zu vertiefen und zu erweitern. Innenschau bedeutet, daß deine Verbindung zu unendlicher Intelligenz in dir wiederhergestellt wird. Dein gesunder Geist-Körper kann diese Verbindung – Innenschau – nicht zurückweisen! Ohne Innenschau läufst du Gefahr, dich grundlegend zu verirren. Innenschau ist die Frucht deiner inneren Stille. Diese innere Stille ist der Weg zu Klarheit und zu Gleichgewicht in deinem Geist-Körper. In dieser ausgewogenen Konfiguration können sich deine verbindenden Geist-Hologramme unvorhersagbar, aber im Zusammenhang in dir entfalten. Sie widerspiegeln eine zugrundeliegende Ordnung, welche die Komplexität der Welt auf vollkommene Weise organisiert. Es ist eine natürliche Gabe von dir, ständig mit dieser allem zugrundeliegenden Ordnung mitzuschwingen, auch wenn sie dir manchmal widersinnig scheinen mag. Der scheinbare Widersinn geht aber allein auf deine fragmentierte Wahrnehmung zurück. Damit du diese Gabe des Mitschwingens mit der Ganzheit entwickeln kannst, ist innere Stille absolut entscheidend. Sie ermöglicht dir den Zugang zu und die Erfahrung deiner holographischen Realität. Es ist ein Merkmal dieser holographischen Realität, daß sie sich ständig und unvorhersagbar verwandelt, um ihren obersten Zweck der Mitschöpfung zu erfüllen. Indem du lernst, bewußt mit dieser holographischen Realität mitzuschwingen, kommst du zum Verständnis, daß kreative Interaktion dein einzig wahrer Weg ist. Erst dann kannst du anfangen, Verantwortung für dich und dein Leben zu übernehmen. Damit stärkst du deinen Körper und bringst deinem Geist Erleuchtung. Du beginnst zu strahlen!

Warum ist Stille so wichtig? Die Zellen deines Nervensystems, die Neuronen, übertragen Impulse entweder in Gestalt von Bewegungsimpulsen oder von Sinnesreizen. Ein Nervenimpuls ist eine Welle elektrischer und chemischer Veränderungen, die durch deinen Geist-Körper zieht. Dein Geist-Körper steht ständig unter Belastung wegen der großen Anzahl und Vielfalt von Reizen, die dein Nervensystem bombardieren. Und genau deswegen ist Stille so wichtig. Sie kann dein Nervensystem auf natürliche

Weise ausbalancieren und dich so von Streß befreien. Wenn du ein ausgeglichenes Nervensystem bewahren kannst, hat dies direkt einen positiven Einfluß auf deine kreativen Kanäle von Verstehen, Sinnlichkeit-Sexualität, Instinkt, Kommunikation, Intuition, Zuneigung und Emotion. Dies bringt mehr Harmonie in deinen Geist-Körper und ermöglicht Integration. Dein Geist-Körper ist dann in der Lage, mehr lebenswichtige kreative Energie zu empfangen und dir und anderen zu geben. Das macht dich lebendig und kreativ!

Jedesmal, wenn du aber das Reich der Stille verläßt, wirst du von etwas außerhalb deines Zentrums verführt. Dein Zentrum ist kein Ort, er ist vielmehr dein Einssein; es ist ein bildhafter Ausdruck für Frieden! Nur wenn du nicht in die Falle der Verführung gehst, die immer eine Täuschung ist, kannst du in der Stille deines Einsseins bleiben. Natürlich heißt das nicht, daß du die Erfahrung von anderem als Stille völlig meiden mußt, sondern lediglich, daß es notwendig ist zu verstehen, wie du in der Stille sein kannst, und zwar sowohl während als auch nach deinen Erfahrungen in den Situationen, in denen du nicht in der Stille bist.

Du kannst deinen Geist-Körper auf allen Ebenen nur wirksam pflegen, wenn du weißt, wie du ihm Ruhe verschaffst. Diese Ruhe zu gewinnen erfordert, kreativ atmen zu lernen. Dieses Atmen verlangt Bewußtheit. Wenn du in deinem Geist-Körper diese Ruhe nicht finden kannst, dann kommt diese Rastlosigkeit daher, daß deine trennenden Geist-Hologramme sich als verwirrte und unkontrollierte geistige Energien in dir entfalten. Es ist offenkundig, daß es dir in dieser chaotischen Situation an kreativem Selbstmanagement fehlt. Du kannst deshalb dein Atmen nicht steuern. Die Bewußtheit deines Atmens zu entwickeln, hilft dir deshalb, dich immer mehr kreativ zu steuern. Du kannst dann Rastlosigkeit in Frieden verwandeln! Wenn du keinen Frieden in dir und den Erfahrungen deines Lebens finden kannst, fühlst du dich ausgebrannt. Du leidest unter Angst, Unangemessenheit, Verhaftetsein, und vielleicht zeigst du sogar seltsames und widersprüchliches Verhalten. Dies sind ganz klar Symptome eines überlasteten Nervensystems. Solcher Streß führt unvermeidlich zu einem ernsthaften Abbau von kreativer Lebenskraft. Was geschieht, wenn du ständig einen solchen Abbau von Lebensenergie spürst? Du fängst an zu sterben, weil du deine vitale, kreative Kraft, deinen Enthusiasmus, verlierst. Du kannst dein wahres Selbst immer weniger zum Ausdruck bringen. Unweigerlich entfernst du dich dann von deinem schöpferischen Potential und deinem kreativen Lebenssinn. Dann gibt es für dich nur noch eines: Leere.

Was erzeugt die Erfahrungen von „Gott innerhalb" und „Gott außerhalb"?

Enthusiasmus geht auf das Griechische zurück und bedeutet wörtlich „Gott innerhalb". „Lebendigkeit" ist deshalb eine Erfahrung von „Gott innerhalb", „Leblosigkeit" eine Erfahrung von „Gott außerhalb". Welche dieser beiden Erfahrungen dominiert dein Leben? Wenn du diese Dominanz erkennst, fragst du vielleicht: Was erzeugt die Erfahrungen von „Gott innerhalb" und „Gott außerhalb"? Um diese Frage zu beantworten, mußt du dich zuerst fragen, was das Geheimnis hinter der Erfahrung von Leidenschaft und Enthusiasmus ist. Leidenschaft und Begeisterung können nur von deiner Fähigkeit kommen, dich und dein Leben jeden Augenblick kreativ zu verändern. Ihre Quelle ist also Ursprünglichkeit. Deine Ursprünglichkeit zeigt sich, wenn du deine Spiritualität zum Ausdruck bringst. Spiritualität ist die Entfaltung deiner kreativen Energie in jedem Moment. Diese Entfaltung erfordert aber Integration!

Der erste Schritt zu kreativer Transformation ist, „darin" zu sein – sowohl „in" deinem Geist als auch „in" deinem physischen Körper. Du bist dafür verantwortlich, deinen Geist-Körper ständig anzuerkennen, zu erfahren und zu trainieren, denn Lebendigkeit kannst du nur dann erfahren, wenn du fähig bist, in deinem Geist-Körper zu sein. Wenn du dich weigerst, in deinem Geist-Körper präsent zu sein, kann keine Lebendigkeit einziehen. Warum fällt es dir so schwer, wirklich in dir präsent zu sein? Es liegt daran, daß du wegen deines mangelnden Selbstvertrauens große Angst davor hast, deine wahre Größe anzunehmen. An Selbstvertrauen mangelt es dir immer dann, wenn du deine Brücken zu deinem Zentrum, zu deinem Wesen, abbrichst. Wovor du dich letztlich fürchtest, ist, dich auf einen kreativen Transformationsprozeß einzulassen, der es dir ermöglicht, diese Brücken neu aufzubauen. Sie würden dir Leben bringen! Du hast aber zuviel Angst davor, eine Beziehung mit deiner Lebendigkeit wiederherzustellen. Statt diese Lebendigkeit anzunehmen, ziehst du deine Leblosigkeit, deine falsche Stabilität oder deine Routine vor. Du beschränkst dich dann auf die Oberflächlichkeit dieses lästigen Lärms, den deine wiederholten selbstverursachten Konflikte erzeugen. Deine Konflikte sind meist nur Entschuldigungen dafür, nicht tief in dich einzutauchen oder nicht den nächsten Schritt vorwärts zu machen.

Zu wirklichen Konflikten kommt es jedoch, wenn du beginnst, deine alltäglichen Tätigkeiten kompliziert zu machen oder die Schwierigkeiten in deinem Leben zu übertreiben. Sie werden dann zu einer Mauer, hinter der du die stets vorhandenen Alternativen nicht mehr sehen kannst. Du bist ständig besorgt, und das kommt davon, daß es dir schwerfällt, einen Schritt weiterzukommen, deine Aktivitäten zu konzentrieren und dadurch zu vereinfachen sowie deine belastende Situation neu zu definieren. Zu vereinfachen und neu zu definieren würde dich aber dazu bringen, deine Konflikte kreativ zu überwinden. In Wirklichkeit beruht dein ständiges Besorgtsein auf deiner Angst, in deinem Leben Entscheidungen zu treffen. Konflikt ist also ein Mangel an Selbstmanagement, ein Mangel an Entschlossenheit. Es gibt mehrere verfehlte Ansätze, deine Probleme zu lösen. Sie sind tief in dir verborgen, in deinem Unbewußten, und verstärken deine Furcht, Entscheidungen in deinem Leben zu treffen. Der erste Fehler besteht darin, zu meinen, du hättest keine Möglichkeit mehr, deinen Entschluß zu ändern, wenn etwas schiefgehen sollte. Der zweite ist die falsche Vorstellung, du „müßtest" einen Teil von dir opfern, wenn du eine Entscheidung triffst. Einen dritten Fehler machst du schließlich, wenn du inkonsequent von einer Entscheidung zur anderen springst, um es zu vermeiden, überhaupt irgendwie Stellung in deinem Leben zu beziehen. Diese falschen Ansätze, mit Entscheidungen umzugehen, sind ein Zeichen dafür, daß du dich selbst daran hinderst, zu erfahren, daß du deine eigene Größe verdienst. Du erlaubst dir nicht, in einem Leben voll Glück mit der Ganzheit zusammenzuwirken. Du öffnest dich den vielen Gelegenheiten nicht, die sich dir auf deinem Weg bieten. Damit diese Gelegenheiten für dich erkennbar werden, mußt du mit deiner Selbstgerechtigkeit aufhören. Du mußt dich ständig erneuern! Wenn du nicht in der Lage bist, dich dieser Erneuerung gegenüber zu verpflichten, gibst du die Verantwortung für dich selbst ab. Aber wie willst du dann wahrhaft existieren? Du spielst ein unechtes Selbst vor und führst ein falsches Leben. Du erzeugst ein Leben der Illusionen, weil du das Zentrum deines Geist-Körpers deinen Maskierungen, Ablenkungen und Konflikten opferst. Wenn du von dir fern bleibst, kann das nur zu Spannung führen. Mit Enthusiasmus ist es dann vorbei. Du stellst Lebendigkeit an einen Ort außerhalb von dir, d. h., „Gott außerhalb".

Wenn du Begeisterung in dir spüren willst, mußt du den Kurs ändern, den dein Leben zu nehmen droht. Du mußt anerkennen, daß du selbst in deiner Naivität ständig Spannung in deinem Geist-Körper erzeugst, weil du dir innerlich nicht gestattest, deine Wahrheit zu verdienen. Diese Wahrheit heißt Glück und Erfolg! Jede Spannung, die du in deinem physischen Körper spürst, spiegelt eine Spannung auf der psychischen Ebene, und umgekehrt. Du kannst deinen Geist-Körper, der eine Quantenrealität ist, nicht spalten! Spannung, egal in welcher Form, bedeutet, daß du nicht alle deine kreativen Möglichkeiten wahrnimmst, indem du dich von Teilen deiner selbst trennst und damit versuchst, eine Spaltung in deinem Geist-Körper herbeizuführen. Damit schließt du dich von ganzheitlichem Verstehen aus. Das führt zu

Fehlwahrnehmungen. Sie zerstören deine innere Stille. Fehlwahrnehmung ist letztlich der Grund für deine Spannung und für deine Konflikte. Sie macht es dir unmöglich, begeistert zu sein. Es ist an der Zeit, dich zu entschließen, deine Gabe ganzheitlicher Wahrnehmung wiederzuerlangen, indem du deine innere Stille zurückgewinnst. Es ist an der Zeit, daß du dich von deiner alten, verfehlten Art, das Leben anzupacken, verabschiedest, denn sie paßt nicht mehr zu dir. Höre jetzt also mit deinen Selbstangriffen auf, und heile deine chronischen Konflikte, statt sie ständig dazu zu mißbrauchen, dich aufzuhalten. Es ist jetzt Zeit, die Gabe deiner Lebendigkeit zu empfangen; Zeit für eine neue und wahre Entscheidung; Zeit für Frieden!

Ein Konflikt entsteht, wenn du es zuläßt, daß du in Selbstzerstreuung verfällst. Diese Selbstzerstreuung bedeutet, daß du dich dagegen wehrst, die antreibende Kraft zu leben, die in dir ist. Diese treibende Kraft ist im wesentlichen Kommunikation!

Jeder Familienkonflikt verschwendet die schöpferische Kraft der Familienmitglieder. Jeder Konflikt in deinem Beruf macht die Chance zunichte, dein kreatives Potential zu entwickeln und deinen Lebenssinn zum Ausdruck zu bringen. Diese Entwicklung und dieser Ausdruck könnten dich dazu bringen, mühelos den gewünschten Erfolg zu haben. Jeder Konflikt in einer Organisation stiehlt den Beteiligten die Gabe einer ganzheitlichen Sicht und nimmt ihnen die Möglichkeit, einen Schritt nach vorne zu gehen. Jeder Konflikt, in den sich ein Paar verstrickt, hindert beide Partner daran, das Licht ihrer Schönheit leuchten zu lassen. Sie können ihre Anziehungskraft nicht mehr ausdrücken und ihre Kreativität nicht mehr erweitern. Die Vorurteile, die ein Konflikt bewirkt, können nur überwunden werden, wenn du den Mut hast, durch den Konflikt hindurchzugehen, um ihn durch dein Verstehen zu transformieren. Wenn die Spannung eines sich anbahnenden Konflikts sich nicht durch dieses Verstehen auflösen läßt, wirkt sie wie ein Leck im Fluß deiner kreativen Energie. Sie zerstreut und verschwendet dann deine kreative Energie. Es ist ganz wichtig, zu wissen, daß du die Möglichkeit hast, deine Konflikte zu stoppen, sobald sie entstehen. Wenn du spürst, daß ein Konflikt sich anbahnt, nimm dir Zeit, tief durchzuatmen, bevor du ihn akzeptierst oder zu kämpfen beginnst. Und während du tief durchatmest, verpflichte dich wieder auf den Frieden deines Geistes! Das kann alles völlig verändern, weil damit ein Raum für Verstehen geschaffen wird. Du kannst dich so davor bewahren, dich selbst zu zerstören oder zumindest deine Zeit zu verschwenden. Jeder Konflikt macht dich leer, zerstört dich und verzögert so deine persönliche Entwicklung. Bist du dir eigentlich bewußt, daß du meistens in dem einen oder anderen Lebensbereich – Paar- und Familienbeziehungen, Sex, Karriere und Geld – irgendeinen Konflikt austrägst? Wovor genau drückst du dich? Was ist der nächste kreative Schritt, den zu machen du dich weigerst?

Während Enthusiasmus Brücken der Kommunikation schlägt, erzeugt Konflikt Frustration! Konflikt hindert deine innere und äußere Kommunikation daran, sich in gereifter Weise zu entwickeln. Ein Konflikt entsteht, wenn du es zuläßt, daß du in Selbstzerstreuung verfällst. Diese Selbstzerstreuung bedeutet, daß du dich dagegen wehrst, die antreibende Kraft zu leben, die in dir ist. Diese treibende Kraft ist im wesentlichen Kommunikation! Kommunikation ist das Medium, in dem das Ganze seine kreative Bewegung ausdrückt. Jedesmal, wenn du unfähig bist, dich wahrhaft mitzuteilen, hinderst du dich daran, mit dieser kreativen Bewegung zu fließen. Das verursacht schwerwiegende Rückwirkungen in dir und deinem Leben. Diese verstärken stets deine Verwirrung, dein Leiden oder deine Konflikte. Nur wenn du den Entschluß faßt, dich dafür einzusetzen, eine gereifte Kommunikation in deiner inneren und äußeren Welt zu entwickeln, gewinnst du deine angeborene Freiheit zurück, du selbst zu sein, die Freiheit, ganzheitlich zu sein. Nur dann gehen dir die Augen für deine Kompensationen auf, und du kannst dich anders entscheiden. Du hast dann die Möglichkeit, dich sanft in dein Zentrum zurückzubringen und dich von den Einschränkungen deiner Kompensationen zu befreien. Du lernst Schritt für Schritt, dich kreativ und unbeirrbar zu „überwachen". Nur so kannst du wirklich aufhören, dir deine Konflikte zu schaffen.

Du kannst die Dynamik, die dem kreativen Netz innewohnt, in dem du lebst, nur soweit verstehen, wie du dir bewußt wirst, daß du dieses kreative Netz gar nicht verlassen kannst.

Vor einiger Zeit machte ich eine einfache, aber bedeutungsvolle Erfahrung. Ich fuhr Auto und merkte plötzlich, daß ich Tränen in den Augen hatte. Ich fühlte mich von der Schönheit der verschiedenen Gelb-, Rot-, Orange- und Rosttöne der Blätter an den herbstlich verfärbten Bäumen tief berührt. Die Fülle dieser Farben war so intensiv, daß mich diese Üppigkeit bewegte. Solche einfachen, aber tief gefühlten Erfahrungen beeinflussen auch den kollektiven Geist-Körper zutiefst in positiver Weise. Deshalb beeinflussen sie unseren Körper, den Stoffwechsel zu intensivieren, und den Geist, auf ganzheitliche Weise klar wahrzunehmen. Solche Erfahrungen von Gnade, verbindende Erlebnisse, oder auch Erfahrungen von „Gott innerhalb" zeigen, daß eine authentische Kommunikation mit unserer inneren Wahrheit stattfinden kann.

Wenn du aber lieber im Konflikt verharrst, statt die vielen Gelegenheiten zu ergreifen, Glückseligkeit, Verbindung oder „Gott innerhalb" zu erfahren, hat das sowohl einen zerstörerischen Einfluß auf deinen eigenen als auch auf den kollektiven Geist-Körper. Du kannst die Dynamik, die dem kreativen Netz innewohnt, in dem du lebst, nur soweit verstehen, wie du dir bewußt wirst, daß du dieses kreative Netz gar nicht verlassen kannst. Du kannst die Kommunikation nicht einfach stoppen, denn sie gehört zu deinem Wesen und zu allem, was existiert. Entweder in positiver oder negativer Weise bist du selbst und jedes Ding auf verschiedenen Ebenen und zu unterschiedlichen Zeiten immer Verkörperungen von Information. Information kehrt unvermeidlich in unvorhersagbarer, modifizierter Form zu dir zurück. Das zu verstehen hilft dir, damit aufzuhören, deinen Geist-Körper mit Konflikten zu belasten. Denn du erkennst, daß es sinnlos ist, im Konflikt zu verharren. Die Pfeile in deinen Konflikten, die deinen Haß, deine Klagen, deine Rache verdecken, zeigen immer auf dich selbst! Sie tragen die Kraft persönlicher und kollektiver Degeneration. Jeder Konflikt, den du in dir heilst, macht es dagegen möglich, daß du und der kollektive Geist-Körper von dieser Degeneration befreit werden.

„Liebe kann vielleicht entstehen, wenn vollkommene Stille herrscht."

Was immer in deinem Geist-Körper geschieht, hat – wie alles im Universum und darüber hinaus – einen kreativen Sinn. Er setzt die Integration um, auf die eine zugrundliegende ordnende Intelligenz abzielt. Diese ordnende Intelligenz erschafft das Orchester für die wunderbare Sinfonie der Mitschöpfung, eine ewige Sinfonie, die durch Schönheit und Wahrheit vermittelt wird. Kommunikation ist das wesentliche Instrument, um diese mitschöpferische Sinfonie zu verwirklichen. Deshalb wurden das Universum und das, was darüber hinausgeht, als eine Erweiterung deines Geist-Körpers geschaffen, und dieser ist umgekehrt eine Erweiterung des Universums und dessen, was darüber hinausgeht. Alles ist also darauf ausgerichtet, sich als eine einzige kreative Bewegung, die Bewegung der Ganzheit, zu entwickeln. Wenn du dir der gegenseitigen Durchdringung aller Dinge bewußt wirst, verstehst du, daß du geschaffen bist, um für jeden Augenblick deines Lebens verantwortlich zu sein. Du erkennst, daß dein Leben entscheidend ist im großen Ballett der Mitschöpfung – wie kannst du da noch an deinen Konflikten festhalten?

Dein Leben ist vor allem anderen die Entfaltung deiner kreativen Erfahrung mit der Ganzheit. Diese allumfassende Erfahrung drängt dich, deine Selbstbewußtheit zu entwickeln, um Frieden und Liebe statt Konflikt zu leben! Du kannst dir den Luxus, in deinen Konflikten zu verharren, nicht leisten. Die Folgen eines Konfliktes sind unabsehbar verheerend – sowohl für das Bewußtsein des einzelnen als auch für das kosmische Bewußtsein. Du mußt deshalb jetzt deine Entscheidung treffen, den Entschluß fassen, auf deinen Weg zu Selbstbewußtheit zurückzukehren. Wie willst du sonst deine wahre Freiheit wiedergewinnen? Selbstbewußtheit muß aber wie Meditation entwickelt werden. Krishnamurti sagt:

> „Meditation ist eine der größten Kunstfertigkeiten im Leben – vielleicht die größte –, und man kann sie von niemandem lernen. Darin liegt ihre Schönheit. Sie hat keine Technik und daher keinen Lehrer. Wenn du etwas über dich selbst lernen willst, dann beobachte dich, beobachte die Art, wie du gehst, wie du ißt, was du sagst, den Klatsch, den Haß, die Eifersucht – und wenn du dir all dessen in dir bewußt bist, ausnahmslos, ist das Teil der Meditation." „Meditation ist der Zustand des Geistes, der alles mit vollkommener Aufmerksamkeit betrachtet, das Ganze, nicht nur Teile davon." „Im Verstehen der Meditation ist Liebe, und Liebe ist nicht das Ergebnis von Systemen, von Gewohnheiten, vom Befolgen einer Methode. Liebe kann nicht durch Denken kultiviert werden. Liebe kann vielleicht entstehen, wenn vollkommene Stille herrscht." [27]

Die Ruhe und Stille in deinem Geist-Körper, die du allmählich durch Meditation erreichst, macht es möglich, daß du beginnst, Selbstbewußtheit zu entwickeln, hohe Energie zu erfahren und dich an der Mitschöpfung mit der Ganzheit zu beteiligen. Damit heilst du deinen von Konflikten geplagten Geist-Körper. Er gewinnt sein harmonisches und integriertes Wesen zurück! Du verbindest dich mit deiner inneren Wahrheit. Sie kann sich zu Kreativität in dir erweitern und dir Frieden und Liebe bringen. Diese Erweiterung belohnt dich ihrerseits mit einer ewigen Quelle von Enthusiasmus und Lebendigkeit, die der reine Ausdruck deines tiefen Verstehens deiner selbst und deines Lebens ist.

26
Der Schlüssel zur Veränderung deines Lebens

Die drei Mind Bridging-Fragen haben die Macht, dich zu motivieren, durch deine trennenden Dimensionen hindurchzugehen und sie zu integrieren. Als Folge dieser Integration erreichst du die Lichter deiner verbindenden Dimensionen.

Drei grundsätzliche Mind-Bridging-Fragen bringen dich dem Verstehen näher:
- „Worin liegt die Bedeutung dieser Situation?"
- „Wie beeinflußt mich diese Situation?"
- „Wie ist meine Einstellung zu dieser Situation?"

Diese Fragen sind die magischen Schlüssel, um dich von jedem Problem zu befreien. Sie ermöglichen es dir, die drei manifesten Dimensionen deiner Geist-Hologramme zu erfahren – schöpferisches Mitwirken, hohe Energie und Selbstbewußtheit. „Bewußt" diese drei Dimensionen zu erfahren heißt, in deine Geist-Hologramme einzutreten. Dazu mußt du bestimmte Schritte gehen. Mit diesen Schritten überwindest du die Wirrungen deiner trennenden Geist-Hologramme und entdeckst durch das Licht deines Verstehens deine Ganzheit wieder. Dieses Licht ist die Manifestation der unbegrenzten Intelligenz in dir und tritt als die „So-ist-es-Antwort" in Erscheinung. Unbegrenzte Intelligenz ist immer gegenwärtig, durchdringt deinen Geist-Körper und wartet darauf, sich frei auszudrücken. Sie wird aber durch den falschen Umgang mit deinen Geist-Hologrammen blockiert. Die Blockade von unbegrenzter Intelligenz tritt dann als dein Problem in Erscheinung! Probleme sind nichts anderes als mangelndes Verstehen! Jedesmal, wenn du dich entschließt, diesen Mangel an Verstehen zu korrigieren und die Wahrheit über dich, dein Leben und die Menschen um dich aufzudecken, kann sich unbegrenzte Intelligenz einmal mehr in dir und deinem Leben frei manifestieren. Es ist aber deine Entscheidung, diese Korrektur zu machen und diese Wahrheit aufzudecken!

Die Fragen „Worin liegt die Bedeutung dieser Situation?" – „Wie beeinflußt mich diese Situation?" – „Wie ist meine Einstellung zu dieser Situation?" zeigen dir die Schritte, die dich dazu bringen, die fehlkreativen Entscheidungen, die du ständig machst, zu erkennen. Du kannst entdecken, wie du mit deinen Erfahrungen umgehst, und du wirst dir deiner Fehlinterpretationen bewußt. Du beginnst, das riesige Meer deiner trennenden unbewußten Muster, die Quelle deiner Probleme, zu erkunden. Du erkennst deine trennenden unterbewußten Subdynamiken, die deine Probleme aufrecht erhalten. Du wirst dir deiner trennenden Verhaltensformen bewußt, die dieses Problem verstärken. Die drei Mind Bridging-Fragen haben die Macht, dich zu motivieren, durch deine trennenden Dimensionen hindurchzugehen und sie zu integrieren. Als Folge dieser Integration erreichst du die Lichter deiner verbindenden Dimensionen und hast dann durch dieses Licht Zugang zur Mind Bridging-Dimension. Die Mind Bridging-Dimension liegt im Reich der Ganzheit, wo jedes Bewußtsein sich als Einssein verbindet! Wenn du wahrhaftig, sorgfältig und geduldig die drei Mind Bridging-Fragen beantwortest, bist du in der Lage, dich damit auseinanderzusetzen und zu verstehen, was dich in deinem Leben blockiert. Diese innere Auseinandersetzung und dieses Verständnis machen es dir möglich, dich in deiner letzten Wahrheit wiederzuentdecken.

Sinnlosigkeit erfährst du, wenn du von einem Problem aufgehalten wirst.

Wenn du die drei Mind Bridging-Fragen anwendest, kannst du durch die Erfahrungen deines Lebens lernen, Harmonie und Frieden zu erreichen und dich dafür frei zu machen, dein kreatives Potential und deinen schöpferischen Lebenssinn auszudrücken. Dieser freie Ausdruck ist dein Weg zur Bewußtheit. Vergiß nicht, daß es auf dem Weg zur Bewußtheit keine Autorität gibt außer dir. Die Mind Bridging-Fragen helfen dir, diesen Weg zu gehen. Wenn du sie konsequent anwendest, verstehst du die tiefste Bedeutung der Einzigartigkeit eines jeden Augenblicks deiner Existenz, und du erfährst Sinn anstatt Sinnlosigkeit. Sinnlosigkeit erfährst du, wenn du von einem Problem aufgehalten wirst. Sinn dagegen erfährst du, wenn du die Situationen aus anderen Perspektiven siehst. Du stehst über diesen Situationen, verbindest sie, leugnest sie aber nicht. Ein tiefes Verstehen ergreift dich!

Die Antworten auf die drei Mind Bridging-Fragen kommen nicht ausschließlich durch angestrengtes Nachdenken zustande. Das Geheimnis ihrer erfolgreichen Anwendung liegt darin, sie immer wieder zu stellen und Pausen innerer Stille zwischen ihnen zuzulassen. Wie lange diese Pausen sein sollen, ist dir überlassen; folge dabei einfach deiner inneren Wahrheit. In diesen stillen Lücken zwischen deinen Fragen empfängst du die Gabe der Innenschau! Diese Innenschau ist die Botschaft von innen, die es dir ermöglicht, dich selbst und deine augenblickliche Konfliktsituation besser zu verstehen. Nur dann kannst du den Zusammenhang des inneren Dialogs zwischen dir und deiner inneren Weisheit wiederherstellen.

Wenn du vollständig erkennst, wie wichtig es ist, die Mind Bridging-Fragen anzuwenden, kannst du daraus ein Werk der Liebe machen.

Wenn du ein Problem hast, stelle dir die drei Mind Bridging-Fragen, eine nach der anderen. Achte jeweils darauf, daß du in einem entspannten und besinnlichen Zustand bleibst, wenn du dir die drei Mind Bridging-Fragen zu deinem Problem stellst. Räume deine Urteile und deine Kritik beiseite, und beobachte einfach dich und dein Leben. Laß deine Erwartungen zu den Ergebnissen los. Vergeude nicht deine Zeit damit, irgendein Ergebnis zu kontrollieren, sondern sei besinnlich! Innenschau stellt sich immer am rechten Ort und zur richtigen Zeit in dir ein. In einem besinnlichen Zustand kannst du selbst dann bleiben, wenn du arbeitest, eine geschäftliche Verabredung hast, studierst, auf Reisen bist, einen Film anschaust, im Haushalt arbeitest, unterrichtest, Auto fährst, Musik hörst, Freude mit deinem Partner teilst. Du kannst dadurch in diesem besinnlichen Zustand bleiben, wenn du dich schon vorher entschließt, deine innere Aufmerksamkeit ständig darauf zu richten. Dieser Zustand spiegelt das wahre Wesen deines Geist-Körpers wider, das friedvoll, allumfassend, ungeteilt und für alle Zeit ganz ist. Indem du dich entschließt, dieses Wesen zu verwirklichen, bist du in der Lage, ganz in dir zu sein, selbst wenn du in alltäglichen Verrichtungen engagiert bist.

Die drei Mind Bridging-Fragen „Worin liegt die Bedeutung dieser Situation?" – „Wie beeinflußt mich diese Situation?" – „Wie ist meine Einstellung zu dieser Situation?" als eine Lebensform anzunehmen erfordert viel Geduld. Es ist ein Lernprozeß. Wenn du vollständig erkennst, wie wichtig es ist, die Mind Bridging-Fragen anzuwenden, kannst du daraus ein Werk der Liebe machen. Diese Liebe hilft dir und gibt dir den Mut, in die Tiefe deiner inneren Stille einzutauchen, in die Tiefen deines Bewußtseins, um dieses Bewußtsein in Licht und Wohlbefinden auszuweiten!

Wenn du die drei Mind Bridging-Fragen konsequent anwendest, wirst du mit der Fähigkeit belohnt, deine innere und äußere Welt auf kohärente und kreative Weise anzuerkennen, zu fokussieren, zu bewerten, zu manifestieren, zu interpretieren oder wahrzunehmen. Du lernst, mit deiner inneren Orientierung Gegensätze zu verbinden und so Frieden zu erfahren. Du entwickelst

Selbstvertrauen! Du findest deshalb deinen eigenen Weg zu Selbstverantwortung, Wohlbefinden, Glück und wahrer Kreativität. Du entdeckst
deinen eigenen Weg, deine Ganzheit wiederzufinden!

27
Die erste Mind Bridging-Frage, um deine Ganzheit wiederzufinden

„Worin liegt die Bedeutung dieser Situation?"

Diese Frage hat direkt mit den Empfindungen und Funktionen deines Geist-Körpers zu tun und betrifft deinen Willen in seinem Kern. Sie hilft dir, auf die unbewußten Muster aufmerksam zu werden, die deinen Lebensstil bestimmen, indem sie dich dazu bringt, deine unbewußten Entscheidungen zu erfassen. Diese Entscheidungen sind von diesen unbewußten Mustern geprägt, aber du kannst dich nicht mehr erinnern, daß du diese Entscheidungen gemacht hast. Die Wurzeln all deiner Entscheidungen liegen im Unbewußten. Dort liegen deine letzten Antworten. Die Frage „Worin liegt die Bedeutung dieser Situation?" hat die Kraft, dich zu motivieren, deine unbewußten Entscheidungen anzuerkennen und auf einer ganzheitlichen und kreativen Grundlage neu zu fällen. Das ermöglicht dir, diese Entscheidungen im Nährboden deiner wahren Kreativität zu verankern!

Wenn du dir die Frage „worin liegt die Bedeutung dieser Situation?" in bezug auf dein Problem stellst, verbindet dich dies mit deinem inneren Raum. Das bringt dich dazu herauszufinden, was wirklich hinter der Schwierigkeit steckt, die zur Zeit gerade in deinem Leben auftritt. In der Stille deines Herzens und Geistes erkennst du, daß du noch keine Transformation zuläßt. Du hinderst dich daran, kreative Energie zu geben und zu empfangen, indem du dich von Selbstzweifel überwältigen läßt. Du versuchst deshalb ständig, jemand zu sein, der du gar nicht bist. Das führt dazu, daß du dich in Selbstbestrafung verfängst, dich von wahrem Austausch ausschließt und alle Risiken vermeidest. Du bist überzeugt, ein Versager zu sein. Deshalb drängst du mit allen Mitteln danach, deine Ziele zu erreichen. Schließlich legst du zwanghafte Verhaltensformen an den Tag, statt deinen glücklichen Traum zu leben. Dieser glückliche Traum ist dein Leben, wenn du mit Freude deinen Lebenssinn auf kreative Weise verwirklichst. Deine Freude ist Ausdruck davon, daß du auf dem Weg zu deinem wahren Selbst bist.

Wenn du fragst „Worin liegt die Bedeutung dieser Situation?", kannst du erkennen, daß du dir gar nicht erlaubst, du selbst zu sein, sondern in deinem persönlichen Mythos feststeckst, deiner Geschichte. Du bringst deine Ursprünglichkeit nicht mehr zum Ausdruck und bist deshalb auch nicht in der Lage, dich auszuweiten. Dieses Gefühl der Ausweitung steigert aber die Lebensfreude. Die Erkenntnis, daß du dir nicht erlaubst, du selbst zu sein, läßt dich den Ursprung deiner Depression, Ängstlichkeit, deines Schmerzes oder auch deiner inneren Erregung verstehen. Die Frage „Worin liegt die Bedeutung dieser Situation?" hilft dir, dich vor diesem Zustand der Unausgeglichenheit zu bewahren, weil sie dich antreibt, deinen Sinn für Richtung und eine fokussierte Absicht zu entwickeln. Sie läßt dich sehen, daß deine Unfähigkeit, die wahre Ausrichtung in deinem Leben zu finden, damit zu tun hat, daß du dir deinen inneren Raum noch nicht kreativ aneignen kannst. Das bedeutet, daß deine innere Aufmerksamkeit sich verzettelt hat und außer Kontrolle geraten ist, was zur Folge hat, daß deine eine Absicht sich in eine Vielzahl von einzelnen Absichten aufgespalten hat. Kurz, du hast das Gespür für den Sinn deines Lebens verloren! Wenn du deinen inneren Raum nicht wieder einnimmst und deine innere Ausrichtung nicht wiederfindest, vernachlässigst du aber zwangsläufig deine Gabe des Selbstbesitzes. Du leidest dann an Bedürftigkeit, fühlst dich verloren, heimatlos und gefangen in Tabu. Merkst du, daß du sehr oft ein unbestimmtes Mißtrauen hast, dich unsicher fühlst und ständig hinter etwas her oder vor etwas davonläufst? Deshalb fühlst du dich gehetzt und gejagt. Und das alles, weil du nicht in der Lage bist, ganz in der Gegenwart zu sein. Du kannst dich nicht mehr freuen!

Sei dir bewußt, daß die Manifestationen deines Geist-Körpers ständig Botschaften aus deiner unbewußten Dimension kommunizieren. Es sind Botschaften, die du durch die Schwingungen von Wohl- bzw. Unwohlsein deuten kannst!

Wenn du die Frage stellst, „worin liegt die Bedeutung dieser Situation?", wirst du herausfinden, daß du dich in hohem Maße von außen bestimmen läßt. Diese Frage erinnert dich daran, dich wieder nach innen auszurichten, nach deiner inneren Wahrheit. Das erfordert aber, Prioritäten zu setzen und dein Leben in einer mehr fürsorglichen Weise zu führen. Es ist entscheidend, daß du Selbstdisziplin entwickelst, denn sonst wirst du unvermeidlich ein Opfer von Selbstaufgabe. Du hast dann keine Grundlage mehr!

Die Frage „worin liegt die Bedeutung dieser Situation?" veranlaßt dich, deine Verhaltensmuster zu ändern. Du verstehst dann auch die Sinnlosigkeit hinter deinen Angriffs- und Verteidigungsstrategien, die in deiner inneren wie äußeren Welt nur Gewalt und damit Widersprüchlichkeit sowie Orientierungslosigkeit erzeugen. Es sind Gewalt, Widersprüchlichkeit und Orientierungslosigkeit, welche zu deinen Schwierigkeiten werden. Diese Frage ist der Auslöser für deine Transformation, die dadurch zustande kommt, daß du dir klar machst, wie sehr du dich von den Reaktionsmustern von Angriff und Verteidigung dominieren läßt. Das läßt dich verstehen, wie wichtig Selbst-Gestaltung ist. Nur wenn du Selbst-Gestaltung erreichst, hast du den Antrieb, Zeuge der Entfaltung deiner Geist-Hologramme zu sein und deshalb die Verantwortung für sie zu übernehmen. Du gelangst zu einer klaren Absicht, was in deinem Leben abläuft, was du erreichen willst und was deine persönliche Wahrheit ist. Du hast eine klare Vorstellung davon, wo du bist und wohin du gehen möchtest. Die Frage „Worin liegt die Bedeutung dieser Situation?" hält dich auf dem rechten Weg! Sie rettet dich vor den Fallen der Gewalt gegen dich selbst, vor den Fallen der Widersprüchlichkeit und der Desorientierung! Sie bringt dich wieder dazu, dir deinen inneren Raum und deine innere Ausrichtung dadurch anzueignen, daß du für deine Entscheidungen die Verantwortung übernimmst. Diese Frage hilft dir zu verstehen, daß du immer dann, wenn du dich nicht deiner Ganzheit und der deines Lebens verpflichtest, dich dem Glück, der Fülle und dem Wohlergehen verschließt.

Die Frage „Worin liegt die Bedeutung dieser Situation?" weckt deine Aufmerksamkeit für die Entdeckung der Wechselbeziehungen zwischen deiner Schwierigkeit und den Manifestationen deines Geist-Körpers. Es geht daher um Manifestationen wie die Wahrnehmung deiner fünf Sinne, die Entfaltung deiner physischen und transzendenten Inspiration, die Vielfalt deiner Empfindungen und die verschiedenen Ausdrucksformen deines Willens. Wenn du dir die Frage stellst „Worin liegt die Bedeutung dieser Situation?", mußt du dir unbedingt Zeit nehmen, wahrhaftig zu erfahren, was gleichzeitig in deinem Geist-Körper vor sich geht. Jede Manifestation in deinem Geist-Körper gibt dir Auskunft über den Verlauf deiner Beziehungen mit dir selbst, mit anderen Menschen und mit deinen Lebenssituationen. Auf deinen Geist-Körper zu hören erlaubt dir, dich und die Welt außerhalb von dir besser zu kennen. Für die Signale deines Geist-Körpers offen zu sein hilft dir, auf dem Weg deiner inneren Wahrheit zu bleiben. Sei dir bewußt, daß die Manifestationen deines Geist-Körpers ständig Botschaften aus deiner unbewußten Dimension kommunizieren. Es sind Botschaften, die du durch die Schwingungen von Wohl- bzw. Unwohlsein deuten kannst! Wenn du mit einer Person oder einer Situation zu tun hast, mußt du offen sein für die Schwingungen deines Geist-Körpers; anerkenne, was für Schwingungen in deinem Geist-Körper auftreten. Wenn du diese Schwingungen unparteiisch und ohne eine Wahl zu treffen betrachtest, wirst du erstaunt sein, wieviel du über dich selbst, andere Menschen, Dinge und Situationen erfährst.

Diese Schwingungen kommen zustande, weil alle und alles miteinander in Resonanz gehen. Auf deinen Geist-Körper zu hören bedeutet, deine holographischen Fähigkeiten zu entwickeln, die unerläßlich dafür sind, die Schwingungen deines Geist-Körpers präzise zu erkennen, um dadurch deine ganzheitliche Wahrnehmung wiederzugewinnen. Damit erhältst du deine Integrität aufrecht. Sonst können deine Folgerungen über die Schwingungen deines Geist-Körpers entweder zu kategorisch, zu analytisch, falsch und tendenziös sein oder aber einfach verleugnet werden! Die Schwingungen deines Geist-Körpers, die Spiegelungen deines wahren Wesens von reiner Bewußtseins-Schwingung sind, müssen vor allem als klare, transparente Kristalle empfunden werden. Zweifellos sind die Schwingungen in deinem Geist-Körper grundlegende Mittel, um Integration und Selbstverstehen zu erreichen. Es ist deshalb notwendig, daß du ein reifer Beobachter deines Geist-Körpers bist, damit du seine verschiedenen Schwingungen ehrlich interpretieren kannst.

Wenn du lernst, deinen Geist-Körper sorgfältig zu erfahren, öffnest du dir neue „Fenster" zu deinem Bewußtsein. Du gehst dann tief in dich hinein und zugleich konsequent in die Gegenwart.

Die Frage „worin liegt die Bedeutung dieser Situation?" läßt dich erkennen, daß kein Problem gelöst werden kann, solange du den Ruf deiner inneren Wahrheit nicht beachtest. Du hörst natürlicherweise auf diesen Ruf, wenn du ständig deinen Geist-Körper beobachtest. Diese Beobachtung steht in direktem Verhältnis zu deiner Fähigkeit, auf die Schwingungen deiner wirklichen Bedürfnisse und Wünsche einzugehen. Nur wenn du dich mit deinen wahren Bedürfnissen und wahren Wünschen wiederverbindest – was zu Harmonie bzw. Integration führt –, kann deine fragmentierte Wahrnehmung, auf die deine trennenden Muster zurückgehen, korrigiert werden. Du kehrst dann zu deiner ganzheitlichen Wahrnehmung zurück, und das gibt dir mehr Lebenskraft, so daß du spontan auf kreative Weise handeln kannst. Deine Fähigkeit, deine wahren Bedürfnisse und wahren Wünsche zu befriedigen, gibt dir die notwendige Grundlage, dein kreatives Potential und deinen schöpferischen Lebenssinn zu erfüllen. Das rettet dich vor jedem Problem. Diese Erfüllung ist unerläßlich, weil du der einzige bist, der dein kreatives Potential und deinen schöpferischen Lebenssinn auf vollkommene Weise manifestieren kann. Du bist ein unerläßlicher Teil im gesamten Prozeß der Mitschöpfung. Nur durch Kooperation kann der großartige Entwurf der Mitschöpfung in seiner Ganzheit in Erscheinung treten und vollendet werden. Deine verantwortungsvolle Beteiligung an diesem mitschöpferischen Ereignis ist deshalb von größter Bedeutung!

Die Frage „worin liegt die Bedeutung dieser Situation?" erlaubt dir, dich mit deinen verschiedenen Aspekten und Dimensionen wiederzuverbinden. Sie erlaubt dir zu verstehen, daß dein innerer wie dein äußerer Raum unbegrenzt sind und unzählige Ausrichtungen haben. Wenn du lernst, deinen Geist-Körper sorgfältig zu erfahren, öffnest du dir neue „Fenster" zu deinem Bewußtsein. Du gehst dann tief in dich hinein und zugleich konsequent in die Gegenwart. Deine Wahrnehmung gewinnt dann zunehmend an Klarheit. Du kannst erkennen, daß die Dinge, die in deinem Leben widersprüchlich erscheinen und als wiederkehrende Probleme auftreten, eigentlich sowohl Botschaften von deinen verschiedenen Aspekten als auch aus parallelen Dimensionen sind. Diese Aspekte und Dimensionen wollen einfach erkannt werden, um in dir integriert zu werden. Diese Integration erfolgt über einen Prozeß der Bewußtheit, der dir ermöglicht, die Botschaft aus diesen Aspekten und Dimensionen zu verstehen. Durch dieses Verständnis erhöhst du das Niveau deiner kreativen Energie und erlebst eine ungeheure Lebendigkeit. Die Frage „Worin liegt die Bedeutung dieser Situation?" läßt dich erkennen, daß es entscheidend ist, ganz in deinem Körper präsent zu sein, indem du Zeuge davon bist, was in deinem Geist-Körper vor sich geht. Deine Gegenwart in deinem Geist-Körper bedeutet tatsächlich mehr, als nur die Verantwortung für die Heilung der augenblicklichen Schwierigkeit in deinem Leben zu übernehmen. Zu dieser Verantwortung gehört auch, eine wirksame innere Kommunikation wiederherzustellen, um all deine verschiedenen Aspekte und Dimensionen im Einssein zu verbinden.

Deine parallelen Dimensionen gehören zum Reich deiner Geist-Hologramme in der nicht-manifesten Realität, die im Bereich der Schwingungen liegt. Deine parallelen Dimensionen sind Ausdruck dieser Schwingungen, die du erkennen und so durch deine eigene Interpretation manifestieren kannst. Du vertiefst und erweiterst dein Bewußtsein, wenn diese Interpretation aus dem Geist der Integrität erfolgt. Aber du blockierst dein Bewußtsein, wenn diese Interpretation auf dem Geist der Fragmentierung beruht. Sei dir bewußt: Dein Unbewußtes ist das Tor zu deinen parallelen Dimensionen. Deine sinnlichen und außersinnlichen Wahrnehmungen dagegen sind die Mittel, die Schwingungen der schöpferischen Notwendigkeiten anzuerkennen, die andauernd und unbewußt aus der kreativen Bewegung der Ganzheit in dir hervorgehen. Diese Schwingungen sind meist Wahrnehmungen der Schwingungen von parallelen Dimensionen, die eigene logische Systeme des Bewußtseins bilden. Diese Systeme nehmen ständig an Mitschöpfung teil, indem sie auf holographische Weise die verschiedenen

Realitäten der kreativen Bewegung der Ganzheit widerspiegeln. Es ist eine Tatsache, daß du von dieser Bewegung der Ganzheit nie direkten bewußten Zugang zu den Einzelheiten der ständig und unvorhersehbar in deinem Geist-Körper auftauchenden schöpferischen Notwendigkeiten hast. Sie entstehen jedoch in dir, einzig um das Gleichgewicht, die Vollkommenheit und die Virtuosität des Tanzes der Mitschöpfung zu erhalten, indem sie sich in dir integrieren. Diese Integration ist deshalb die Frucht eines Prozesses, in dem die schöpferischen Notwendigkeiten von deinem Geist-Körper ganzheitlich wahrgenommen werden, und das ermöglicht Selbstverstehen. Dieses Selbstverstehen bedeutet Frieden! Frieden ist deshalb das letzte Ziel des Tanzes der Mitschöpfung. Wisse einfach, daß schöpferische Notwendigkeiten sich in dir entfalten, weil du ein „Mitschöpfer" bist. Das ist, was du in Wahrheit bist! Erkennst du nicht, daß du geschaffen bist, um ein Partner der Ganzheit zu sein im mitschöpferischen und komplexen Prozeß des holographischen Lebens? Erkennst du nicht, daß du zum Frieden geboren bist?

Eine einfache Möglichkeit, die fehlkreative unbewußte Entscheidung zu korrigieren, besteht darin, eine weitere Entscheidung zu treffen, sie zu korrigieren, selbst wenn du dich nicht mehr an den Inhalt der fehlkreativen Entscheidung erinnern kannst.

Die Frage „Worin liegt die Bedeutung dieser Situation?" führt dich auf ganz praktische Art über die Grenzen deines Problems hinaus. Sie hilft dir anzuerkennen, daß du weit größer und stärker bist als dein Problem. Denn du bist eins mit der Ganzheit! Wenn du das akzeptierst, bist du in der Lage, innerlich und äußerlich mit den vielschichtigen Dimensionen deiner selbst mitzuschwingen. Du machst die Erfahrung, mit allem in Wechselbeziehung zu stehen und so an einem unaufhörlichen Austausch teilzuhaben. Du gewinnst eine ganzheitliche Sicht deiner selbst und deines Lebens. Du verstehst deshalb die universalen Aufforderungen, in wechselseitiger Beziehung zu leben! Die Frage „Worin liegt die Bedeutung dieser Situation?" führt dich dazu, über dein Problem hinauszusehen. Du verstehst, daß es einen universalen mitschöpferischen Sinn gibt, der alles ordnet. Dein Problem bedeutet, daß du dich im Moment aus irgendeinem Grund nicht auf diesen universalen mitschöpferischen Sinn einstellen kannst. Dein Problem ist also nichts als eine Mahnung, deine kreativen Fähigkeiten auf deine Teilnahme am universalen mitschöpferischen Sinn, der sich in deinem eigenen kreativen Sinn spiegelt, auszurichten und sie zu verbessern. Nur wenn du die Verantwortung dafür übernimmst, deinen Sinn im Leben zu erfüllen, kann daher der universale mitschöpferische Sinn erfüllt werden. Ein Problem erinnert dich gewöhnlich daran, ein zentrales trennendes Muster aufzugeben, das dich auf deinem mitschöpferischen Weg behindert. Es ist ein Muster, das dir eine falsche Sicherheit gibt. Dieses trennende Muster hält dich davon ab, Harmonie und Integration, Frieden, in jedem Augenblick deines Lebens zu manifestieren.

Die Frage „Worin liegt die Bedeutung dieser Situation?" weckt dein Bewußtsein dafür, daß deine Probleme lediglich Warnzeichen sind, daß du dich von deinem kreativen Potential und schöpferischen Lebenssinn entfernst und damit die Entwicklung von Selbstverstehen vernachlässigst. Diese Frage führt dir auch deutlich vor Augen, daß du der Erfüllung deines kreativen Potentials und schöpferischen Lebenssinns nicht ausweichen kannst oder sie in eine unbestimmte Zukunft verschieben darfst. Der richtige Zeitpunkt ist gerade jetzt! Dein kreatives Potential und dein schöpferischer Lebenssinn sollen Schritt für Schritt jetzt entwickelt werden. Sonst schleppst du dein Problem unvermeidlich weiter!

Die Frage „Worin liegt die Bedeutung dieser Situation?" öffnet dich der Innenschau, daß deine Probleme auf unbedacht getroffene fehlkreative Entscheidungen zurückgehen. Im Bruchteil einer Sekunde, in der du eine solche Entscheidung triffst, fällst du aber eine weitere, nämlich erstere zu vergessen. Du kannst dein Leben folglich nicht mehr richtig organisieren. Der Grund dafür, daß du beide Entscheidungen vergißt, liegt darin, daß sie auf Selbstzerstörung oder Selbstaufgabe beruhten. Beide Muster sind Schattenenergien, die deine Bewußtheit oder dein Verstehen verdecken. Dieser Schatten bewirkt, daß du dich nicht mehr an die Entscheidungen zu erinnern vermagst. Deine fehlkreative Entscheidung läßt sich dann nicht mehr korrigieren, weil du dir ihrer nicht mehr bewußt bist. Wenn dann ein Problem auftaucht, bist du unfähig, aus ihm herauszukommen. Es ist eine Tatsache, daß die Mehrzahl deiner fehlkreativen Entscheidungen in deinem trennenden Unbewußten vergraben sind und in deinem Alltag Probleme erzeugen. Eine einfache Möglichkeit, die fehlkreative unbewußte Entscheidung zu korrigieren, besteht darin, eine weitere Entscheidung zu treffen, sie zu korrigieren, selbst wenn du dich nicht mehr an den Inhalt der fehlkreativen Entscheidung erinnern kannst oder daran, was genau du korrigieren sollst. Wenn du dich zu dieser Korrektur entschlossen hast, verpflichte dich deiner Ganzheit. Du würdigst damit deine Verpflichtung, in deinem Einssein zu bleiben. Sie hat die Kraft, deine fehlkreative Entscheidung aus deinem Unbewußten zu löschen. Das kommt einfach dadurch zustande, daß deine fehlkreative Entscheidung zur illusionären Schattenwelt deiner

Fragmentierung gehört. Du mußt dich aber immer wieder zur Korrektur dieser fehlkreativen Entscheidung entschließen, so oft, wie du es für nötig empfindest, und dich anschließend jeweils deiner Ganzheit verpflichten. Wenn du die Verantwortung dafür übernimmst, deine Entscheidung neu zu fällen und dich wieder deiner Ganzheit zu verpflichten, verstärkst du das Licht deiner inneren Wahrheit und breitest es in der Schattenwelt deiner Fragmentierung aus. Deiner fehlkreativen Entscheidung bleibt dann nichts anderes übrig, als zunehmend ihre Macht aufzugeben oder gänzlich zu verschwinden. Schatten verschwinden in der Gegenwart von Licht. Du bist dann befreit vom Schatten deiner fehlkreativen Entscheidung. Spontan machst du allmählich einen Mind Bridging-Prozeß durch, in dem du deine Muster neu ordnest. Du fühlst dich dann bereit, dein Leben kreativ neu zu entscheiden. Du bist zuversichtlich und fühlst dich eingetaucht in das Licht deiner inneren Wahrheit. Das ist das Licht, das aus dir leuchtet, wann immer du den Mut hast, deine Ganzheit anzunehmen.

Die Frage „Worin liegt die Bedeutung dieser Situation?" macht dir bewußt, wie wichtig es ist, „in dir gegenwärtig" zu sein, während du „in der Gegenwart" bleibst. Nur wenn du „in dir gegenwärtig" bist, kannst du der kreative Mensch sein, der du zu sein bestimmt bist. Und nur wenn du „in der Gegenwart" bleibst, kannst du Zeuge der Wechselbeziehung und der kreativen Transformation zwischen deiner inneren und äußeren Welt, zwischen deinen nicht-physischen und physischen Dimensionen sein. „In dir gegenwärtig" zu sein und zugleich „in der Gegenwart" zu bleiben ist eine Kunst, die deine Verantwortung für dich selbst erfordert. Es ist die Kunst, von deinen Problemen nicht aufgehalten zu werden. Sie verlangt nicht mehr, als deine fehlkreativen Entscheidungen zu korrigieren, einen Prozeß der Reorganisation deiner Muster durchzumachen und die Bewußtheit deiner inneren Wahrheit wiederzufinden. Es ist die Kunst, deine Ganzheit wiederzufinden! Deine innere Wahrheit kann dich nie in die Irre führen, denn sie ist unendliche Intelligenz! Wenn du fähig bist, wieder eine Brücke zu deiner inneren Wahrheit zu errichten, entfernst du dich einen großen Schritt weg von jedem Problem. Indem du dich diesem Prozeß verpflichtest, kannst du dich von deinem aktuellen Problem lösen. Du verstehst dann deine gegenwärtige Schwierigkeit aus einer sicheren Distanz, aus einer ganzheitlichen Sicht. Nur so kannst du die Mauern deiner trennenden Muster niederreißen und dein Problem überwinden!

Einsichten, die dir helfen, dich und dein Leben neu zu definieren.

Wenn du fragst „Worin liegt die Bedeutung dieser Situation?" erhältst du eine Vielzahl von Einsichten, die dir helfen, dich und dein Leben neu zu definieren:

- Die Wurzeln all deiner Entscheidungen liegen im Unbewußten.
- Du hinderst dich daran, kreative Energie zu geben und zu empfangen, indem du dich von Selbstzweifel überwältigen läßt.
- Deine Unfähigkeit, die wahre Ausrichtung in deinem Leben zu finden, hat damit zu tun, daß du dir deinen inneren Raum noch nicht kreativ aneignen kannst.
- Es ist entscheidend, daß du Selbstdisziplin entwickelst, denn sonst wirst du unvermeidlich ein Opfer von Selbstaufgabe. Du hast dann keine Grundlage mehr!
- Du verstehst die Sinnlosigkeit hinter deinen Angriffs- und Verteidigungsstrategien, die in deiner inneren wie äußeren Welt nur Gewalt und damit Widersprüchlichkeit sowie Orientierungslosigkeit erzeugen.
- Jede Manifestation in deinem Geist-Körper gibt dir Auskunft über den Verlauf deiner Beziehungen mit dir selbst, mit anderen Menschen und mit deinen Lebenssituationen.
- Deine Fähigkeit, deine wahren Bedürfnisse und wahren Wünsche zu befriedigen, gibt dir die notwendige Grundlage, dein kreatives Potential und deinen schöpferischen Lebenssinn zu erfüllen.
- Wenn du lernst, deinen Geist-Körper sorgfältig zu erfahren, öffnest du dir neue „Fenster" zu deinem Bewußtsein.
- Dein Unbewußtes ist das Tor zu deinen parallelen Dimensionen.
- Ein Problem erinnert dich gewöhnlich daran, ein zentrales trennendes Muster aufzugeben, das dich auf deinem mitschöpferischen Weg behindert.
- Du darfst der Erfüllung deines kreativen Potentials und deines schöpferischen Lebenssinns nicht ausweichen oder in eine unbestimmte Zukunft verschieben. Der richtige Zeitpunkt ist gerade jetzt!
- Deine Probleme gehen auf unbedacht getroffene fehlkreative Entscheidungen zurück. Im Bruchteil einer Sekunde, in der du eine solche Entscheidung triffst, fällst du eine weitere, nämlich erstere zu vergessen.
- Wenn du fähig bist, eine Brücke zu deiner inneren Wahrheit zu errichten, entfernst du dich einen großen Schritt weg von jedem Problem.

Übung, mit der du deine Entscheidungen überwachst, um deine Ganzheit wiederzufinden.

- Nimm dir einige Minuten Zeit, um diese Frage zu beantworten: „Welche zwei bedeutenden fehlkreativen Entscheidungen habe ich gemacht, daß ich nun dieses Problem in meinem Leben habe: Erstens, was mich betrifft, und zweitens, was das Leben im allgemeinen betrifft?" Beobachte einfach! Laß diese zwei fehlkreativen Entscheidungen in deinem Geist auftauchen.

- Unterziehe dich während einer Woche der Übung, mit der du deine Entscheidungen überwachst, um deine Ganzheit wiederzufinden. Ertappe dich in jeder Situation, in der sich diese fehlkreativen Entscheidungen spiegeln. Sobald du dir jeweils der Situation bewußt wirst, korrigiere deine fehlkreativen Entscheidungen, indem du dich auf einer kreativen Grundlage neu entscheidest. Mit dieser Neuentscheidung ermöglichst du dir, den Verlauf deines Lebens zu ändern.

- Wenn du diese Übung zur Überwachung deiner Entscheidungen eine Woche gemacht hast, sei dir darüber im klaren, welche Entscheidungen du für deinen nächsten kreativen Schritt machen mußt. Mach dir eine Liste, wenn du willst. Entwirf dann in groben Zügen deine planende Vision. Bestimme, wann, wie und wo du deine Entscheidungen zum Ausdruck bringen mußt. Bestimme auch die spezifischen Zwischenziele, die du erreichen mußt, um erfolgreich den nächsten Schritt zu machen. Verpflichte dich, diese planende Vision zu überwachen!

28
Die zweite Mind Bridging-Frage, um deine Ganzheit wiederzufinden

„Wie beeinflußt mich diese Situation?"

Diese Frage hat mit deinen Gefühlen und deiner Sensitivität zu tun. Sie lenkt deine Aufmerksamkeit auf die Kräfte, die dich in deinem Leben weiterbringen. Die Frage „Wie beeinflußt mich diese Situation?" führt dich dahin, genau zu beurteilen, wie du dein Leben führst. Oft lebst du dein Leben unter Streß und erlebst deine innere und äußere Welt auf fehlkreative Weise! Das bedeutet, daß du gegenüber allen Arten von Problemen verwundbar wirst, dich verloren und hoffnungslos fühlst. Wenn du bezüglich eines bestimmten Problems fragst „Wie beeinflußt mich diese Situation?" hilft dir das, diese Verwundbarkeit zu vermeiden. Du deckst die Details dieses Problems auf. Du machst sie dir bewußt und weckst deine Sensitivität auf. Du entdeckst die wahre Bedeutung dieser Details und gelangst zu einem tiefen Verständnis deiner schwierigen Situation.

Meist fällt es dir schwer, deine Gefühle und deine Sensitivität zum Ausdruck zu bringen. Die Frage „Wie beeinflußt mich diese Situation?" hat aber die Macht, deine tiefsten Gefühle auszulösen, so daß sie in dein Bewußtsein treten. Wenn du diese Frage in bezug auf dein Problem in ihrem ganzen Ausmaß verstehst, bekommst du die Möglichkeit, tief in dich und somit in das Meer der Trauer und Trennung einzutauchen, in dem du untergegangen bist. Diese Trauer und Trennung gehen allein darauf zurück, daß du dich hinter deinen Tarnungen versteckst, und das wiederum läßt dich dein Ritual fortsetzen. Du machst deine Tarnungen wichtiger, als daß du voll ausdrückst, was du fühlst und wer du wirklich bist. Nur wenn du es unternimmst, die Tiefen deiner trennenden Gefühle auszuloten, dich ihrem Feuer aussetzt, die Hitze und das Licht dieses Feuers fühlst, wirst du klar und deutlich sehen, wie du deine Probleme verstärkst. Das geschieht jedes Mal, wenn du dich zurückhältst, deine unangenehmen Gefühle aufrichtig auszudrükken. Diese Verstärkung ist sogar möglich, wenn du dich zurückhältst, deine angenehmen Gefühle auszudrücken. Unweigerlich ist das Maß voll, wenn du dich selbst darin begrenzt, überhaupt keine Gefühle mehr zum Ausdruck zu bringen, was nur zu oft der Fall ist. Du hältst dich davon ab, überhaupt irgendwelche Gefühle zu haben, und frierst deine Sensitivität ein. Damit machst du es dir unmöglich, jeden Augenblick kreativ zu transformieren und auf deinem Weg weiterzukommen. Sei dir bewußt, daß deine Gefühle Mittel sind, deine Empfindungen, deine Willensäußerungen, die Daten von deinen fünf Sinnen, die Entfaltung deiner physischen und transzendenten Inspiration und alle elektrischen bzw. chemischen Aktivitäten und Reaktionen deines Geist-Körpers zu beurteilen und zu bewerten. Wenn du dich von deinen Gefühlen trennst, verlierst du die Möglichkeit, die fundamentalen Prozesse zu beurteilen, welche die Manifestationen deines Geist-Körpers leiten. Diese Prozesse, entweder verbindende oder trennende, hängen eng zusammen mit der Entfaltung deiner täglichen Interaktionen und Erfahrungen und so mit dem Fluß deines Lebens. Jedesmal, wenn du dich von deinen Gefühlen trennst, hinderst du dich daran, kreativ mit deinen Lebenserfahrungen zu fließen oder, falls nötig, ihren Verlauf zu korrigieren. Diese Blockade macht dich unfähig, die Bewußtheit jedes Augenblicks deiner Existenz zu entwickeln.

Formalismus und Rituale schränken dich ein. Sie können dich lediglich dazu führen, Gefühle von Leere und Gier zu hegen und dadurch dein neidisches und habsüchtiges Verhalten zu verstärken.

Die Frage „Wie beeinflußt mich diese Situation?" läßt dich auch deutlich begreifen, wie sehr du dafür verantwortlich bist, daß du dein Selbstbildnis schaffst und erhältst. Damit verhinderst du deine innere Meisterschaft. Du fragmentierst in unzählige Persönlichkeiten. Du nimmst vielleicht das Verhaltensmuster an, jedem in deiner Umgebung zu gefallen, oder das Verhaltensmuster der Selbstgefälligkeit. Dieses bringt dich dazu, ein übertriebenes Bedürfnis nach Bestätigung zu entwickeln. Du mühst dich ab, dieses Bedürfnis um jeden Preis zu befriedigen. Wenn du die Frage „Wie beeinflußt mich diese Situation?" beantwortest, wirst du auch den Ursprung deiner Minderwertigkeitsgefühle erkennen. Du kannst die Wurzeln deiner verborgenen Schamgefühle aufdecken. Weil diese Schamgefühle oft zu schmerzlich sind, verleugnest du sie meist. Du deckst sie meist zu durch Kompensationen wie große Geschwätzigkeit oder ein Verhalten, das alle Aufmerksamkeit auf dich zieht, oder, umgekehrt, durch ein geradezu zwanghaftes Bemängeln und Verstecken. Die Frage „Wie beeinflußt mich diese Situation?" läßt dich wach werden zu sehen, wie deine Aufmerksamkeit ständig von deinem Ego beherrscht wird. Dann wird deine Aufmerksamkeit anstatt ein Mittel zu sein, das deine Lebenserfahrungen richtig bewertet, zu einem Mittel, das dein Selbstbildnis aufrechterhält.

Wenn du deine innere Meisterschaft an ihrer Entwicklung hinderst, ist es dir nicht möglich, dich auf authentische und liebevolle Weise anzunehmen und durchzusetzen. Du kannst nicht mehr dich oder die Menschen in deinem Umfeld motivieren. Du verlierst die Gabe der Offenheit, die sich nur manifestieren kann, wenn du dich von deiner ursprünglichen inneren Fülle und Ganzheit nicht trennst. Wenn du die Verbindung zu deiner inneren Fülle verlierst, verlierst du unvermeidlich deine Transparenz. Du beginnst dich mit Perfektionismus und Kritiksucht selbst zu schädigen. Du gibst dadurch deine Gabe der Anziehungskraft auf, und das führt dazu, daß du von deinen Erwartungen getrieben wirst, so daß du deinen Sinn für Wertschätzung, den Sinn für Wunder verlierst. Dieser Sinn für Wunder ist aber nötig, damit du mühelos erfüllende Erfahrungen anziehen kannst. Wenn du durch das Szenario der vielen Verluste zurückgehalten wirst, legst du zu viel Wert auf Formen und Rituale. Formalismus und Rituale schränken dich ein. Sie können dich lediglich dazu führen, Gefühle von Leere und Gier zu hegen und dadurch dein neidisches und habsüchtiges Verhalten zu verstärken. Die Frage „Wie beeinflußt mich diese Situation?" läßt dich erkennen, daß du zwanghaft versuchst, dich und andere zu kontrollieren. Du wirst dir bewußt, wie du mit deinem Perfektionismus und deiner Kritiksucht dich, jeden und alles in deiner Umgebung bemängelst. Du blockierst damit deinen kreativen Selbstausdruck und nimmst dir die Lebensfreude. Du neigst dann zu Überreaktionen, und was du in deinem Leben erfährst, wird dadurch schlechter und schlechter oder gänzlich sinnlos.

Die Frage „Wie beeinflußt mich diese Situation?" motiviert dich dazu, deine Gefühle zu achten. Du läßt deshalb ihre Erfahrung zu, und du kommst dadurch zu einem tiefen Verständnis, nämlich daß du sowohl in deiner inneren als auch in deiner äußeren Welt in einem Konkurrenzkampf steckst. Dieser Konkurrenzkampf zeigt, daß du unter einem Zwang stehst, von anderen Energie abzuziehen, um die Verschwendung deiner eigenen kreativen Energie auszugleichen. Du wirst zum Opportunisten und entwickelst deshalb das Bedürfnis zu nehmen. Um nehmen zu können, was du haben möchtest, machst du dich zu etwas Besonderem. Das führt aber zu einer Blockade durch Aufopferung! Bei deiner Suche nach Privilegien und Aufmerksamkeit opferst du dein wahres Selbst. Du verlierst dich schließlich in Feilschen und Leere.

Die trennenden Kräfte, etwas Außergewöhnliches sein zu wollen, erhalten in dir einen individualistischen Blickwinkel auf die Welt aufrecht. Du beginnst Gefühle der Arroganz zu hegen, die deine Muster der Eitelkeit, der Sinnlosigkeit und Oberflächlichkeit verstärken. Doch dies leugnest du zwanghaft, was dich gegenüber allen Arten der Erniedrigung, des Verhaftetseins und der Selbstgerechtigkeit verwundbar macht. Diese verstärken nur noch deinen Individualismus.

Wenn du dem Individualismus zum Opfer fällst, trittst du aus dem Fluß des Gebens und Nehmens heraus. Du fühlst dich wie ausgetrocknet. Die Frage „Wie beeinflußt mich diese Situation?" gibt dir Kraft, diese Realität anzuerkennen, und läßt dich verstehen, daß ein anderes Leben nur möglich ist, wenn du anfängst, all deine Gefühle zu würdigen und sie achtungsvoll auszudrücken. Das erlaubt dir, deine kreative Lebensenergie aufzutauen, die durch deine Empfindungslosigkeit eingefroren ist. Dann vermagst du das Leben wieder auf kreative Weise zu erfahren. Nur wenn du dich aufrichtig mit deinen Gefühlen verbindest, wird es dir möglich, von deiner falschen Bewertung deines Problems zu einer genauen und verfeinerten Einschätzung zu gelangen. Wenn du erkennst, wie bedeutungsvoll es ist, dich wieder mit deinen Gefühlen zu verbinden, entdeckst du, daß du, getrennt von deinen Gefühlen und deiner Sensitivität, dich verloren fühlst wie ein Schiff auf hoher See.

Dein Lachen oder deine Tränen und auch alle anderen Gefühle, die jetzt aus deinem inneren Wesen aufsteigen, haben die Kraft, die verschmutzten Gewässer deines Problems zu reinigen.

Die Frage „Wie beeinflußt mich diese Situation?" läßt dich erkennen, daß du jedesmal, wenn du die Spannung deiner unterdrückten Gefühle löst, über mehr Leidenschaft und Lebensenergie verfügen kannst. Du gibst dein Kontrollverhalten auf. Das macht dich frei, Selbstvertrauen zu entwickeln und aufrichtig gegenüber dir selbst zu sein. Ein äußerst erfolgversprechender Weg, deine Gefühle zu erfahren und deine Kontrolle loszulassen, ist Musik zu hören, die dein Herz berührt. Wenn es für dich schwierig ist, den Staudamm deiner Gefühle zu öffnen, dann nimm dir Zeit, solche Musik zu hören, denn dies kann dir helfen, mit deinen tiefsten Gefühlen in Berührung zu kommen. Dabei kann es sein, daß, wenn deine Gefühle aufbrechen, beim ersten Mal eine kritische innere Stimme dein Tun für ausgesprochen dumm erklärt. Wenn du dich aber darauf verpflichtest, mit dieser Erfahrung weiterzumachen, wirst du erstaunt sein, wie tief du auf diese Weise in deine Gefühlswelt eintauchen kannst. Dein Lachen oder deine Tränen und auch alle anderen Gefühle, die jetzt aus deinem inneren Wesen aufsteigen, haben die Kraft, die verschmutzten Gewässer deines Problems zu reinigen.

Nur wenn du deine Gefühle wahrhaftig ausdrückst, können deine natürliche Spontaneität, Einfachheit und Unschuld, das innere Kind, an die Oberfläche kommen. Nur so kannst du deine wahre Lebensmotivation wiederfinden, die eine Frucht davon ist, daß du dein Verbundensein mit der Ganzheit erneuerst und dich als „Mitschöpfer" mit dieser Ganzheit erkennst. Indem du dich als „Mitschöpfer" wahrnimmst und dies anerkennst, kannst du deine Empfänglichkeit für dich selbst, für deine Lebenserfahrungen und für andere wieder befreien, was dir Erfüllung und Frieden schenkt. Du gewinnst dann deine Gabe der Führungsqualität ganz zurück und fängst an, sie konsequent auszudrücken. Deshalb gewinnst du wieder Selbstvertrauen, steigerst dein Durchsetzungsvermögen und erfährst Transparenz.

Indem du fragst „Wie beeinflußt mich diese Situation?", hast du die Gelegenheit zu erkennen, daß es in deinem Leben darum geht, das frische Wasser der Mitschöpfung, der Wechselbeziehung, zu erfahren, das sich durch die Verfeinerung deiner Sensitivität beständig erneuert. Diese Verfeinerung ermöglicht die Entfaltung vielfältigen Facetten deiner Kreativität. Damit aber diese Entfaltung spontan geschehen kann, mußt du all deine Gefühle ohne Erwartungen und Verhaftetsein und ohne irgendwelche Dramen, sondern in Würde ausleben! Deine Würde beim Erleben all deiner Gefühle reinigt dein „Herz" und räumt die Tarnungen weg, die deinen wahren Selbstausdruck blockieren. Nur dann bist du in der Lage zu entdecken, wie du wirklich aus deinem Problem heraustreten kannst.

Einsichten, die dir helfen, dich und dein Leben neu zu definieren.

Wenn du fragst „Worin liegt die Bedeutung dieser Situation?", erhältst du Einsichten, die dir helfen, dich und dein Leben neu zu definieren:

- Oft lebst du dein Leben unter Streß und erlebst deine innere und äußere Welt auf fehlkreative Weise!
- Du hältst dich davon ab, überhaupt irgendwelche Gefühle zu haben, und frierst deine Sensitivität ein.
- Du schaffst und erhältst dein Selbstbildnis. Damit verhinderst du deine innere Meisterschaft.
- Mit deinem Perfektionismus und deiner Kritiksucht bemängelst du dich, jeden und alles in deiner Umgebung.
- Um nehmen zu können, was du haben möchtest, machst du dich zu etwas Besonderem. Das führt aber zu einer Blockade durch Aufopferung!
- Wenn du dem Individualismus zum Opfer fällst, trittst du aus dem Fluß des Gebens und Nehmens heraus. Du fühlst dich wie ausgetrocknet.
- Jedesmal, wenn du die Spannung deiner unterdrückten Gefühle löst, kannst du über mehr Leidenschaft und Lebensenergie verfügen. Du gibst dein Kontrollverhalten auf.

- Indem du dich als „Mitschöpfer" wahrnimmst und dies anerkennst, kannst du deine Empfänglichkeit für dich selbst, für deine Lebenserfahrungen und für andere wieder befreien.
- Deine Würde beim Erleben all deiner Gefühle reinigt dein „Herz" und räumt die Tarnungen weg, die deinen wahren Selbstausdruck blockieren.

Übung, mit der du deine Erfahrungen überwachst, um deine Ganzheit wiederzufinden.

- Nimm dir einige Minuten Zeit, um diese Frage zu beantworten: „Hindere ich mich daran, in echten Kontakt mit meinen Gefühlen zu treten, und somit daran, kreative Lösungen für mein andauerndes Problem zu finden?" Laß die Antworten deutlich in deinem Geist auftauchen.
- Unterziehe dich während einer Woche der Übung, mit der du deine Erfahrungen überwachst, um deine Ganzheit wiederzufinden. Registriere deine Gefühle in jeder bedeutsamen Situation deines Alltags. Tritt mit den bei diesen Erfahrungen auftretenden Gefühlen in engen Kontakt. Würdige diese Gefühle, indem du sie aufrichtig erfährst und in Integrität zum Ausdruck bringst. Laß dann diese Gefühle los, und verpflichte dich wieder darauf, dein Leben auf kreative Weise zu führen. Nur indem du deine Gefühle ehrlich erfährst und ausdrückst, kann die Maßlosigkeit deines Problem beseitigt werden. Du reduzierst dann dein Problem in seiner Größe. Das erlaubt dir, mit deinem Problem auf einer realistischen und wirksamen Grundlage umzugehen. Zudem setzt du die kreative Energie frei, die von deinen nicht zum Ausdruck gebrachten Gefühlen zurückgehalten wird, und machst es damit einfacher, deine kreativen Lösungen zu finden.

29
Die dritte Mind Bridging-Frage, um deine Ganzheit wiederzufinden

„Wie ist meine Einstellung zu dieser Situation?"

Diese Frage hat mit deinen Gedanken und deiner Vorstellungskraft zu tun. Sie gibt dir die Kraft zu erkennen, daß du selbst fortlaufend deine Geist-Hologramme aus einer transzendenten Dimension der Schwingungen manifestierst und interpretierst. Diese Dimension der Schwingungen ist die eigentliche Welt deiner Geist-Hologramme. Einzig du kannst deshalb deine Geist-Hologramme in deiner konkreten, physischen Dimension manifestieren. Nur du allein kannst das Drehbuch deines Lebens schreiben. Die Frage „Wie ist meine Einstellung zu dieser Situation?" zeigt dir deine Verantwortung für den kreativen Prozeß auf, in dem du deine eigene Realität erschaffst. Diese Frage hilft dir, auf jene Überzeugungen, Einstellungen und Verhaltensformen zu achten, mit denen du gewöhnlich deinen Lebenssituationen begegnest.

Wenn du dich in bezug auf dein Problem fragst „Wie ist meine Einstellung zu dieser Situation?", legt dies dir nahe zu überdenken, wie stark deine einschränkenden Überzeugungen sind und wie sehr du dich von ihnen zurückhalten läßt. Sie macht dir auch bewußt, daß du inneren Regeln folgst, welche diese einschränkenden Überzeugungen tragen. Diese Regeln engen dich ein. Sie diktieren, wie es mit dir, deinen Lebenssituationen und den anderen weitergehen soll. Allmählich ergibt sich für dich ein klares Bild davon, was in dir und um dich herum vor sich geht, wenn du die Frage stellst: „Wie ist meine Einstellung zu dieser Situation?" Du erfaßt mit Sicherheit, daß du mit deinen einschränkenden Überzeugungen ein fragmentiertes und zusammenhangloses Panorama von Menschen und Erfahrungen erzeugst. Dir wird klar, daß in der Tat deine Überzeugungen die Grundzüge deiner Einstellungen und damit die Richtung deines Lebens bestimmen. Und schließlich erkennst du, wie unsinnig es ist, deine einschränkenden Überzeugungen zu nähren. Sie blockieren nur den Fluß deiner inneren Weisheit und nehmen dir die Gabe, ein reiches Leben zu führen.

Deine einschränkenden Überzeugungen können dich nur daran hindern, in Weisheit zu werden, der du bist, weil sie dich an eine Kette innerer Reaktionsmuster fesseln. Sie blockieren so dein kreatives Handeln und halten dich davon ab, in deiner Persönlichkeit zu wachsen. Die Frage „Wie ist meine Einstellung zu dieser Situation?" öffnet dein Verständnis dafür, daß du konditioniert sein mußt, nicht du selbst zu sein, wenn du dich andauernd auf deine einschränkenden Überzeugungen stützen mußt. Solche Konditionierung wird von deiner äußeren Welt verstärkt. Durch diese Verstärkung wird dein einschränkendes System von Überzeugungen bezüglich dir selbst, anderen Menschen und dem Leben überhaupt starr strukturiert. Diese Starre läßt deine trennenden Einstellungen, die sich in deinen starren oder widersprüchlichen Verhaltensweisen manifestieren, vorherrschend werden. Solche Verhaltensformen bestimmen ihrerseits deine starren Gewohnheiten, die aber nichts anderes sind als Widerspiegelungen deines tiefen Gefühls, ein Versager zu sein, und deiner hartnäckigen Weigerung, reifer zu werden. Dieses Gefühl, ein Versager zu sein, und deine hartnäckige Weigerung, reifer zu werden, halten das aufrecht, was den Kern deiner Konditionierung ausmacht, nämlich, daß du nicht du selbst bist. Die Frage „Wie ist meine Einstellung zu dieser Situation?" läßt dich erkennen, daß du nicht dazu bestimmt bist, dich in zahlreichen einschränkenden Systemen von Überzeugungen, die sich in Selbstablehnung und Selbsttäuschung äußern, zu verstricken. Diese Erkenntnis weckt dich auf, die zahlreichen einschränkenden Überzeugungen deiner Systeme zu hinterfragen.

Tatsächlich ist es so, daß deine einschränkenden Überzeugungen der eigentliche Grund dafür sind, daß du von deinen Problemen aufgehalten wirst und sie deshalb weiterhin nicht lösen kannst. Fixe Überzeugungen, was immer ihr Inhalt ist, schränken deine Fähigkeit ein, deine Konzepte neu zu formulieren und deine fehlkreativen Entscheidungen zu überdenken. Du kannst aber nur Erfolg haben, wenn du bezüglich deiner Überzeugungen skeptischer wirst. Solche Skepsis hilft, ihre Autorität über dich zu schwächen. Du bringst dich dann wieder zurück in dein Zentrum. Die Frage „Wie ist meine Einstellung zu dieser Situation?" drängt dich deshalb, damit aufzuhören, deine einschränkenden Überzeugungen zu nähren, damit du deine trennenden Einstellungen und Verhaltensformen änderst. Sei dir darüber im klaren, daß du zu dem wirst, wovon du fest überzeugt bist. Was du vom Leben wirklich glaubst, gibt dir das Leben zurück. Weil du meist keine Kontrolle über deine Überzeugungen hast, wachsen sie in dir zu mächtigen Größen heran. Sie stehen deinem Ego zu Diensten und schränken dich und dein Leben ein.

Die Frage „Wie ist meine Einstellung zu dieser Situation?" läßt dich sehen, daß du fälschlich deinen Überzeugungen die Macht gibst, das Modell zu schaffen, „wie du sein mußt" und „was du tun mußt". Du hältst dich dann davon ab, authentisch zu sein, und mühst dich statt dessen in einer Tretmühle von Konflikten und unvollendeten Aufgaben ab. Weil du ein Leben führst, das von Konflikten und unvollendeten Aufgaben geprägt ist, kannst du nicht mehr Harmonie und Integration erfahren. Deine verzerrenden Projektionen überwältigen dich dann. Du fängst an, über alles und jedermann dein Urteil abzugeben und zu klassifizieren, sogar dich selbst herabzusetzen. Das hat unmittelbar zur Folge, daß du dich absonderst.

Es liegt an deinem mangelnden Vertrauen dir selbst und dem Leben gegenüber, daß du naiverweise deine Überzeugungen als Krücken benutzt, um dich zu stützen, wenn du argwöhnisch durch die Erfahrungen deines Lebens gehst.

Die Frage „Wie ist meine Einstellung zu dieser Situation?" drängt dich, deine Rechthaberei aufzugeben und deinen fixen Überzeugungen keine kreative Kraft mehr zu geben. Wenn du diese kreative Kraft zurückgewinnst, mußt du dir nicht mehr ständig Sorgen machen. Möglich ist das aber nur, wenn du dazu fest entschlossen bist und Vertrauen hast. Dein fehlendes Vertrauen hält deine einschränkenden Überzeugungen am Leben und bewirkt, daß deine Schwierigkeiten ungelöst bleiben. Es liegt an deinem mangelnden Vertrauen dir selbst und dem Leben gegenüber, daß du naiverweise deine Überzeugungen als Krücken benutzt, um dich zu stützen, wenn du argwöhnisch durch die Erfahrungen deines Lebens gehst. Nur wenn du deine innerste Haltung veränderst, von Mißtrauen zur Selbstgenügsamkeit, löst sich der Anker deiner fixen Überzeugungen. Eine solche veränderte Einstellung ist nur durch eine ehrliche Verpflichtung von deiner Seite aus möglich. Das Ausmaß deiner Verpflichtung, diese Haltung zu verändern, entspricht dem Ausmaß, wie du deine Aufmerksamkeit nicht blockierst, deinen kreativen Weg anzuerkennen. So kannst du dein Lebens-Lernprogramm erfüllen. Das bedeutet, daß du für die Schritte, die dir dein kreativer Weg in jedem Augenblick anbietet, Verantwortung übernimmst. Es gibt keine Alternative! Du kannst eine Einstellung nur ändern, wenn du von der Notwendigkeit dieser Veränderung überzeugt bist. Du fühlst das tief in dir. Du fühlst, daß es genug ist. Du erkennst, daß du nicht mehr von einer irreführenden Einstellung getrieben werden kannst. Eine solche Einstellung kann dich nur auf den Weg der Sinnlosigkeit statt auf den wahren Weg deines schöpferischen Sinns im Leben führen.

Die Frage „Wie ist meine Einstellung zu dieser Situation?" läßt dir bewußt werden, daß dein Problem wahrscheinlich mit dem Ausmaß deines Widerstands, es zu lösen, zu tun hat. Dieser Widerstand spiegelt den Teufelskreis deiner Überzeugungen wider, nämlich daß du entweder ein Opfer oder ein Rebell sein „mußt". Die Frage deckt auf, daß du deshalb ein Opfermuster oder aber ein Rebellenmuster annimmst, weil du fälschlich überzeugt bist, dein Wert liege in etwas, das du sein „mußt" oder tun „solltest". In diesem Irrglauben zeigt sich nur dein mangelndes Selbstwertgefühl, das du oft durch emotionale Erpressung und durch „emotionales Feilschen" kompensierst. Ein solcher Zustand der Kompensation enthält oft Manipulation und zeigt klar, daß du mit dir selbst nicht aufrichtig bist. Kein Erfolg, den du auf diese Weise erzielst, kann dich deshalb wirklich glücklich machen. Wie willst du wahres Glück erfahren, wenn du deine Prinzipien vernachlässigst und statt dessen deine „Müßte" und „Sollte", die Regeln deines Egos, übernommen hast?

Durch die Frage „Wie ist meine Einstellung zu dieser Situation?" wirst du dir bewußt, daß dein Problem durch deine sich selbst erzeugenden fehlkreativen Gedanken und deine ungeordnete Vorstellungskraft verstärkt wird. Diese Art Gedanken und Vorstellungskraft ist immer damit beschäftigt, deine einschränkenden Überzeugungen zu erhalten und zu verstärken, weil sie deinem Ego dienen. Ihre Strategie besteht darin, dich zwanghaft immer neue Konzepte und Situationen finden zu lassen, die dir bestätigen, daß deine trennenden und einschränkenden Überzeugungen zu dir und deiner externen Welt korrekt sind. Die Ironie besteht darin, daß alles, was du beweisen willst, für dich keine Authentizität hat. Diese Tatsache sollte genügen, um dich wach zu machen, dieser betrügerischen Strategie in dir ein Ende zu bereiten! Es gehört auch zur Strategie deiner fehlkreativen Gedanken und ungeordneten Vorstellungskraft, dich an die Menschen und die Situationen in deiner Lebensgeschichte zu binden, die deine einschränkenden Überzeugungen noch unterstreichen. Du verfällst in Selbstgerechtigkeit, was deine Überzeugungen betrifft. Deine fehlkreativen Gedanken und deine ungeordnete Vorstellungskraft bringen dich entsprechend dazu, daß du dich an vergangene Erfahrungen von Streß und Schmerz erinnerst und sie ständig in deinem Leben erzeugst. So können auf diese Weise diese einschränkenden Überzeugungen verstärkt werden! Wenn du all diesen Strategien naiv zum Opfer fällst, kannst du keinen Frieden mehr finden – aber wie willst du die wahren Lösungen für deine Probleme finden?

Sei dir bewußt, daß deine geringe Selbstliebe gewöhnlich zu Rachegefühlen führt. Rache läßt dich entweder ein Problem erzeugen, oder sie zeigt, daß dein wahres Problem endlich zu Tage getreten ist.

Wenn du bezüglich deines Problems fragst „Wie ist meine Einstellung zu dieser Situation?", erkennst du, wie sehr es dir an Selbstliebe mangelt, die eng mit deinem Selbstwertgefühl verbunden ist. Sei dir bewußt, daß deine geringe Selbstliebe gewöhnlich zu Rachegefühlen führt. Rache läßt dich entweder ein Problem erzeugen, oder sie zeigt, daß dein wahres Problem endlich zu Tage getreten ist. Das hat damit zu tun, daß in jedem deiner Probleme ein Moment der Rache an dir selbst steckt, der wieder ein Gefühl von Selbstverrat zugrundeliegt. Die Dynamik, die die Selbstliebe schwächt, beruht wesentlich auf Gefühlen der Rache an dir selbst aufgrund deines Selbstverrats. Dieser Selbstverrat ist die Frucht deiner Versäumnisse, alle deine Gaben zu sammeln und zu entwickeln und damit die Frucht deiner Ablehnung der Ganzheit. Wegen deines Selbstverrats glaubst du, daß du ein Problem schaffen oder einen Mißerfolg erzeugen „mußt", um dich zu erlösen. Solche „Erlösung" lenkt dich aber nur davon ab, deinen Selbstverrat, den falschen Umgang mit deiner Begabung, zu korrigieren. Du blockierst damit deinen Lernprozeß. Unvermeidlich produzierst du Probleme! Das führt zu einem zunehmenden Mangel an Selbstwertgefühl. Du weichst deinem letzten Sinn im Leben aus, der darin besteht, glücklich zu sein und anderen dabei zu helfen, es auch zu werden. Damit dieser Sinn verwirklicht wird, ist es erforderlich, daß du deine Größe in jedem Augenblick wahrhaftig ausdrückst. Für die Lösung deiner Probleme ist es in erster Linie nötig, daß du deine Selbstliebe und dein Selbstwertgefühl wiederfindest. Das kann aber nur geschehen, wenn du wirklich bereit bist zu lernen, wie du deine eigene Realität auf kreative Weise manifestieren kannst. Dazu gehört, deine Gaben zu entwickeln, wodurch sich deine Fähigkeit verbessert, dich zu konzentrieren, dich neu zu definieren, dich zu beobachten und so kreative Entscheidungen zu fällen.

Die Frage „Wie ist meine Einstellung zu dieser Situation?" macht dir bewußt, daß deine Probleme Schutzschilde sind, um dich vom mitschöpferischen Prozeß mit der Ganzheit fernzuhalten. Deine Probleme „schützen" dich also vor dem, wovor du dich insgeheim fürchtest, nämlich die Verantwortung für deine Weiterentwicklung, deine Begabung und dein Glück zu übernehmen. Deine Probleme spiegeln die Angst wider, mit so viel Macht umzugehen. Indem du diese geheime Angst schürst, bewahrst du auch deine pessimistische Einstellung gegenüber dir, anderen und dem Leben. Solcher Pessimismus zeugt von deinem mangelnden Mut und deiner Hoffnungslosigkeit. Beides zeigt, daß du in deinem Innersten einen Machtkampf mit der Ganzheit führst. Dieser Machtkampf wird in deinen unangenehmen Begegnungen im Leben sichtbar. Dein fehlender Mut und deine Hoffnungslosigkeit zeigen, daß du mit zumindest einer bedeutenden Person in deinem Leben noch immer einen Machtkampf führst. Das ist jemand, dem du noch nicht verziehen hast. Wer ist es? Warum ist dir dieser Machtkampf wichtiger als dein Glück, deine Ganzheit?

Machtkampf ist der wichtigste Grund für deine ungelösten Probleme!

Die Frage „Wie ist meine Einstellung zu dieser Situation?" rüttelt dich auf, durch kreative Interaktion statt durch Unterwerfung oder ausschließende Autonomie dich selbst und andere zu achten. Sie läßt dich begreifen, daß deine Verpflichtung, Kooperation, der kreative Umgang mit deinen emotionalen Grenzen wie auch Fürsorge und Selbstbestimmung Meilensteine für deinen Ausstieg aus dem Machtkampf sind. Machtkampf ist der wichtigste Grund für deine ungelösten Probleme! Nur wenn du den Mut hast, den durch deine Rebellen- und Opfermuster ausgelösten Machtkampf aufzugeben, findest du ein Loch im dichten Netz deiner Konditionierungen. Dann bist du fähig, die durch dein aktuelles Problem verursachten Beschränkungen wirklich zu überwinden. Die Frage „Wie ist meine Einstellung zu dieser Situation?" inspiriert dich, dich auf dein wahres Selbst, deine wahre Identität, zu verpflichten. Mit der Entscheidung, deine wahre Identität als „Mitschöpfer" mit der Ganzheit anzunehmen, kannst du die immer schon in deinem Problem verborgene wahre Lösung entdecken. Gleichzeitig enthüllt sich dir deine Ganzheit, und deine Einstellung dem Leben gegenüber wird folglich eher „positiv" als „negativ", deine Einstellung dir gegenüber wird eher „begeistert" als „hoffnungslos", und deine Einstellung gegenüber anderen Menschen wird eher von „wechselseitiger Beziehung" als von „Individualismus" geprägt sein.

Die Frage „Wie ist meine Einstellung zu dieser Situation?" läßt dich begreifen, daß du durch deine Unfähigkeit, mit den augenblicklichen Zuständen deines Geist-Körpers richtig umzugehen, dein Problem nur weiterschleppst. Diese momentanen Zustände kommen von der wechselhaften Entfaltung deiner Emotionen. Für dieses Unvermögen ist ein Satz wie der folgende typisch: „Ich habe nicht so gehandelt, wie ich hätte handeln sollen." In diesem Satz kommt deine Schwierigkeit zum Ausdruck, mit deinen Emotionen in Beziehung zu sein, und gleichzeitig dein Zögern gegenüber jeder Situation in deinem Leben. Die Unfähigkeit, in gereifter Weise auf deine Emotionen einzugehen, macht dich fordernd, oder aber du ziehst dich von den anderen und damit von den schwierigen Situationen überhaupt zurück. Du bist dann nicht mehr in der Lage, dich gegenüber dir selbst, gegenüber irgend jemand oder irgend etwas zu verpflichten! Du fühlst dich einfach unfähig, einen kreativen Umgang mit deinen emotionalen Grenzen zu entwickeln.

Der kreative Umgang mit deinen emotionalen Grenzen erlaubt dir, Brücken der Zuneigung zu schlagen und aufrechtzuerhalten, die durch wahre Verbundenheit gekennzeichnet sind. Wahre Verbundenheit kann dich davor bewahren, auf der Insel deiner starren Überzeugungen isoliert zu werden und allmählich zu verknöchern, denn wahre Verbundenheit beruht auf deinen warmherzigen und aufbauenden Gefühlen, die Achtung und Authentizität widerspiegeln. Dadurch kannst du dich einer wahren partnerschaftlichen Beziehung erfreuen, ohne zu verschmelzen oder der Versuchung zu erliegen zu beherrschen. Du gerätst deshalb nicht in Gefahr, die Reaktionsmuster der Unterwerfung und ausschließenden Autonomie anzunehmen, die nur zu Problemen führen. Die Frage „Wie ist meine Einstellung zu dieser Situation?" öffnet dich für das Verstehen, daß du deine innere Größe wirklich verdienst und daß nur du es bist, der dich daran hindert, diese Größe in ihrem ganzen Umfang anzunehmen und dich über sie zu freuen. Weiter kannst du erkennen, daß deine Reaktionsmuster „Unterwerfung" und ausschließende „Autonomie" zusammen mit deinen Reaktionsmustern „Forderung" und „Rückzug" es dir unmöglich machen, deine Muster des Verdiensts, der inneren Erlaubnis, der Akzeptanz und der Unterstützung zu entwickeln. Diese Muster der Mitschöpfung bilden den Kern deiner partnerschaftlichen Beziehung mit deinem Glück!

Eine Lösung deiner Probleme ist nur dadurch möglich, daß du zuerst deine Überzeugungen beobachtest und sie dann aus der sicheren und weisen Perspektive deiner Prinzipien in Frage stellst.

Die Lösung deines aktuellen Problems kann sich nur zeigen, wenn Ordnung und Frieden in deinem Geist-Körper herrschen. Das ist aber nicht möglich, wenn ihn einschränkende Überzeugungen, selbsterzeugende Gedanken und eine ungeordnete Vorstellungskraft beherrschen, noch ist ein solcher Geist-Körper mit deinen pessimistischen trennenden Einstellungen und deinen trennenden Verhaltensweisen vereinbar. Wenn diese Art von Überzeugungen, Gedanken, Einstellungen, Verhaltensweisen und eine derartige Vorstellungskraft deinen Geist-Körper überwältigen, wirst du unvermeidlich abgelenkt und bist ständig damit besorgt, dich schützen oder gegen etwas kämpfen zu „müssen". Das verstärkt nur deine Selbstgerechtigkeit. Die Frage „Wie ist meine Einstellung zu dieser Situation?" hilft dir aber zu erkennen, daß in einem selbstgerechten Geist-Körper kein Raum für innere Stille ist. Der geordnete und friedliche Geist-Körper kann nur im Reich der inneren Stille, der inneren Ruhe bestehen. Er enthält alle kreativen und sinnvollen Lösungen. Die Frage „Wie ist meine Einstellung zu dieser Situation?" läßt dich tief verstehen, wie wichtig es ist, dich von einschränkenden Überzeugungen, deinen pessimistischen und feindseligen Einstellungen wie auch von deinen trennenden Verhaltensweisen zu lösen. Du verstehst auch, wie wichtig es ist, deine Gedanken und deine Vorstellungskraft einem Übungsprozeß zu unterwerfen. Nur so kann in dir ein freier Raum für innere Ruhe und für innere Weisheit entstehen.

Um einen Freiraum für die Erfahrung von Zeit und Raum als einer untrennbaren Realität zu schaffen, ist es nötig, daß du die Vergangenheit losläßt und Vertrauen in die Zukunft hast. Dann kannst du das Einssein in der Gegenwart erfahren. Das macht dich fähig, den Kreislauf deiner verzerrenden Manifestationen und unkontrollierten Fehlinterpretationen in deinem Leben zu durchbrechen. Deinen Frieden und deine Integrität höher zu schätzen als deine Probleme ermöglicht dir, den Verlauf, den dein Leben nimmt, zu verändern und so deine Lebensqualität zu verbessern. Durch diese Änderung in deiner Einstellung wird dir bewußt, daß jegliches Problem einzig auf einem Mangel an wahrer Information beruht, der durch die Barriere deiner einschränkenden Überzeugungen verstärkt wird. Eine Lösung deiner Probleme ist nur dadurch möglich, daß du zuerst deine Überzeugungen beobachtest und sie dann aus der sicheren und weisen Perspektive deiner Prinzipien in Frage stellst. Es ist deshalb an der Zeit, deine Prinzipien zurückzugewinnen, indem du dich für dein unteilbares Wesen, dein Einssein, deine Ganzheit, die Frieden ist, entscheidest. Dann können deine Überzeugungen nicht mehr zu unüberwindbaren und unumstößlichen Hindernissen werden, die auf deiner Selbstgerechtigkeit beruhen. Vielmehr beginnst du sie mit Distanz zu betrachten. Du erkennst, daß sie Schritte in deinem Prozeß sind, dich von Fragmentierung zu befreien, ja daß sie Vorstufen in deinem intellektuellen Prozeß sind. Durch eine bessere Interpretation deiner selbst und der Welt schreitest du von diesen auf Selbstzweifel gegründeten Stufen zu einem tieferen Verstehen deiner selbst. Du gewinnst deine Prinzipien zurück! Deine Prinzipien beruhen auf Relativität und Integration, während hinter deinen Überzeugungen Absolutismus und Trennung stecken. Es gibt nur den Weg der Reife, der von den intellektuellen Vorstufen deiner Überzeugungen zu den verfeinerten intellektuellen Stufen deiner Prinzipien führt. Wenn du deine Prinzipien zurückgewinnst, kannst du auf diesem Weg aufrecht durchs Leben gehen und auf dem ewigen Weg der Reife vorwärtsschreiten!

Einsichten, die dir helfen, dich und dein Leben neu zu definieren.

Wenn du fragst „Wie ist meine Einstellung zu dieser Situation?", erhältst du Einsichten, die dir helfen, dich und dein Leben neu zu definieren:

- Nur du allein kannst das Drehbuch deines Lebens schreiben.
- Du folgst internen Regeln, welche deine einschränkenden Überzeugungen tragen. Diese Regeln engen dich ein. Sie diktieren, wie es mit dir, deinen Lebenssituationen und den anderen weitergehen soll.
- Du mußt konditioniert sein, nicht du selbst zu sein, wenn du dich andauernd auf deine einschränkenden Überzeugungen stützen mußt. Solche Konditionierung wird von deiner äußeren Welt verstärkt.
- Was du vom Leben wirklich glaubst, gibt dir das Leben zurück.
- Du gibst fälschlich deinen Überzeugungen die Macht, das Modell zu schaffen, „wie du sein mußt" und „was du tun mußt".
- Du kannst eine Einstellung nur ändern, wenn du von der Notwendigkeit dieser Veränderung überzeugt bist. Du fühlst das tief in dir.
- Wie willst du wahres Glück erfahren, wenn du deine Prinzipien vernachlässigst und statt dessen deine „Müßte" und „Sollte", die Regeln deines Egos, übernommen hast?
- Dein Problem wird durch deine sich selbst erzeugenden fehlkreativen Gedanken und deine ungeordnete Vorstellungskraft verstärkt.
- Für die Lösung deiner Probleme ist es in erster Linie nötig, daß du deine Selbstliebe und dein Selbstwertgefühl wiederfindest.
- Dein fehlender Mut und deine Hoffnungslosigkeit zeigen, daß du mit zumindest einer bedeutenden Person in deinem Leben noch immer einen Machtkampf führst. Das ist jemand, dem du noch nicht verziehen hast.
- Nur wenn du den Mut hast, den durch deine Rebellen- und Opfermuster ausgelösten Machtkampf aufzugeben, findest du ein Loch im dichten Netz deiner Konditionierungen.
- Durch deine Unfähigkeit, mit den augenblicklichen Zuständen deines Geist-Körpers richtig umzugehen, schleppst du dein Problem nur weiter. Diese momentanen Zustände kommen von der wechselhaften Entfaltung deiner Emotionen.
- Du verdienst deine innere Größe wirklich. Nur du bist es, der dich daran hindert, sie in ihrem ganzen Umfang anzunehmen und dich über sie zu freuen.
- Die Lösung deines aktuellen Problems kann sich nur zeigen, wenn Ordnung und Frieden in deinem Geist-Körper herrschen.
- Um einen Freiraum für die Erfahrung von Zeit und Raum als einer untrennbaren Realität zu schaffen, ist es nötig, daß du die Vergangenheit losläßt und Vertrauen in die Zukunft hast. Dann kannst du das Einssein in der Gegenwart erfahren.

Übung, mit der du deine einschränkenden Überzeugungen über prüfst, um deine Ganzheit wiederzufinden.

- Nimm dir einige Minuten Zeit, um diese Frage zu beantworten: „Was sind meine zwei zentralen einschränkenden Überzeugungen, die mich betreffen, und meine zwei zentralen einschränkenden Überzeugungen, die das Leben allgemein betreffen, daß ich nun dieses Problem in meinem Leben habe?" Beobachte einfach! Laß diese zentralen einschränkenden Überzeugungen in deinem Geist auftauchen.

- Unterzieh dich während einer Woche der Übung, mit der du deine einschränkenden Überzeugungen überprüfst, um deine Ganzheit wiederzufinden. Ertappe dich in jeder Situation, die diese zentralen einschränkenden Überzeugungen in dir verstärkt. Sobald du dir jeweils dieser Verstärkung bewußt wirst, beobachte deine zentralen einschränkenden Überzeugungen, prüfe, wie sie dein Leben in einer Weise formen, die nicht dem entspricht, was du willst. Betrachte gleich anschließend dein Leben und schau, was danach ruft, kreativ vollendet, neu definiert oder aufgegeben zu werden, das du bisher übersehen oder aufgeschoben hast. Indem du dich entschließt, angemessen auf diesen Ruf einzugehen, kommst du auf deinem kreativen Weg voran. Deine Einstellung zu deinen zentralen einschränkenden Überzeugungen kann sich dann verändern. Es wird dir dann möglich, deine Selbstliebe und dein Selbstwertgefühl zu steigern, und das führt dazu, daß deine Lebensqualität besser wird.

30
Die So-ist-es-Antwort:
Licht am Ende des Tunnels

Wenn die Versuchung in dir aufkommt, dich und dein Leben aufzugeben, weigere dich, in die Hoffnungslosigkeit zu versinken. Gib nicht auf! Liefere dich nicht dem Nebel der Verwirrung aus, sondern gehe entschlossen durch ihn hindurch!

Die So-ist-es-Antwort ist der Lohn für die Rückkehr zu deinem Wesen – Ganzheit –, wo du Klarheit und Frieden findest! Damit das dauerhaft wirksam bleibt, sind drei Schritte zu kreativem Selbstmanagement nötig: dich auf deine Wahrheit zu fokussieren, deine Ziele neu zu definieren und dich bei der Erfüllung dieser Ziele zu überprüfen. Diese Schritte halten dich offen für Innenschau, die sich in deinem Verstehen manifestiert. Verstehen kommt durch die Integration deines holographischen und deines analytischen Bewußtseins zustande. Es ist das unfehlbare Resultat deiner Wiederverbindung mit der vierten Dimension deines Bewußtseins, der Mind Bridging-Dimension. Durch diese Wiederverbindung empfängst du die So-ist-es-Antwort oder Innenschau und überwindest die durch dein Problem verursachte Einschränkung. Diese So-ist-es-Antwort schenkt dir eine ganzheitliche Sicht auf deine regelmäßig wiederkehrenden Entscheidungen, Erfahrungen und Einstellungen zu deinem Leben. Du hast dann die Chance, die Wahrheit über dich und über deine aktuelle Konfliktsituation zu entdecken. Du bist deshalb fähig, neu zu entscheiden, wie dein Leben kreativ weitergehen soll. Durch die So-ist-es-Antwort siehst du deshalb den Weg, die innere Verwirrung aufzulösen, die deine Urteilskraft trübt und dich dazu zwingt, ständig Probleme zu erzeugen. Deine Probleme, was immer sie sind, sind stets nur auf Trennung ausgerichtet.

Sei dir bewußt, daß es im Meer der unendlichen dir offen stehenden kreativen Möglichkeiten immer eine gibt, die dich mühelos dein kreatives Potential und deinen schöpferischen Lebenssinn verwirklichen läßt. Diese Entscheidungsmöglichkeit signalisiert dir dein Geist-Körper als die richtige, indem du einen natürlichen und starken Impuls spürst, sie anzunehmen. Zugleich inspiriert dich deine innere Wahrheit, dich dieser Entscheidung gegenüber zu verpflichten. Offensichtlich können alle anderen Entscheidungsmöglichkeiten, die dir in jedem Augenblick und in jeder Lebenssituation verfügbar sind, ebenfalls dazu führen, daß du dein kreatives Potential und deinen Lebenssinn erreichst. Sie alle sind Gelegenheiten, etwas über dich zu lernen. Bedauerlicherweise führen sie dich oft auf einen holprigen, zerklüfteten Weg, der dich aufhält, weil er mit vielen Hindernissen gepflastert ist, die zu überwinden deinen ganzen Mut erfordert. Manchmal scheinen diese Hindernisse unüberwindbar. Diese Hindernisse sind aber deine eigene Schöpfung. Es mag paradox erscheinen: Deine unbewußte Entscheidung, die dieser Schöpfung zugrundeliegt, hat vielleicht ein erzieherisches Ziel. Sie bietet dir eine Gelegenheit, deine kreativen Fähigkeiten zu fördern und deine Selbsterkenntnis zu mehren. Dein Bewußtsein kann sich deshalb zu einer neuen, feineren Ebene entwickeln.

Wenn dich deine Entscheidungen auf einen solchen zerklüfteten Weg führen, der mit deinen undefinierten Zielen und unklaren Absichten gepflastert ist, kannst du leicht im Nebel der unvollständigen Information über dich, die Menschen, mit denen du zu tun hast, und dein Leben allgemein verloren gehen. Diese unvollständige Information ist eine Folge deiner zwanghaften Zweifel und falschen Entscheidungen, mit denen du unwissend dein eigenes Leid erzeugst. Wenn Leid dich überwältigt, kannst du das Licht am Ende des Tunnels nicht mehr sehen. Du bist versucht, dich, dein kreatives Potential und deinen Lebenssinn zu ignorieren. Das hält dich aber nur davon ab, auf deiner Reise zur Selbsterkenntnis vorwärtszukommen. Es blockiert deine Selbstentwicklung und Selbsterweiterung. Wenn du dieser Ablenkung folgst, beginnst du dich einzuengen. Du bist versucht aufzugeben. Wenn die Versuchung in dir aufkommt, dich und dein Leben aufzugeben, weigere dich, in die Hoffnungslosigkeit zu versinken. Gib nicht auf! Liefere dich nicht dem Nebel der Verwirrung aus, sondern gehe entschlossen durch ihn hindurch! Verbinde dich wieder mit deiner inneren Wahrheit, triff deine Entscheidung, und definiere deine Ziele neu. Verpflichte dich darauf, dein kreatives Potential zu entwickeln und deinen schöpferischen Lebenssinn zu erfüllen. Verpflichte dich deiner Ganzheit, sei bereit, das „Licht" zu sehen, und bitte um Innenschau!

Deine Probleme gehen nur weiter, weil du nicht in der Lage bist, dich mit deiner inneren Wahrheit zu verbinden. Wenn aber diese Verbindung auf natürliche Weise wieder hergestellt ist, nimmst du schwierige Situationen in deinem Leben nicht mehr als echte Probleme wahr, sondern als Schritte, die es kreativ zu nehmen gilt. Solche Schritte können dich stark und reif machen. Die Wiederverbindung mit deiner inneren Wahrheit, Innenschau, steht dir stets offen. Sie läßt dich kreative Entscheidungen treffen. Wenn du dich aber von deiner inneren Wahrheit trennst, gehst du verloren, greifst dich an und bestrafst dich, statt deine fehlkreativen Entscheidungen zu korrigieren. Ohne es zu wissen, machst du diese falschen Entscheidungen zu großen, unüberwindbaren Monumenten!

Du kannst erkennen, daß die Zahl der Lösungsmöglichkeiten immer größer ist als die deiner Probleme! Weise Lösungen gehören zum Reich unbegrenzter Kreativität, Probleme dagegen zum Reich der Begrenztheit, wo unbegrenzte Kreativität nicht weiter existieren kann.

Bring deine Verpflichtung auf die Ganzheit zum Ausdruck, wann immer du ein Problem hast. Bestätige in deinem stillen „Herzen": „Ich verpflichte mich meiner Ganzheit. Ich verpflichte mich der Ganzheit dieses Menschen oder dieser Situation, die jetzt die Ursache meines Problems sind. Ich verpflichte mich der Ganzheit der Lösung dieses Problems." Wenn du dich so verpflichtest hast, lade einen Menschen, der für dich Ganzheit bedeutet, oder einen kreativen Meister ein, in deinem Geist zu erscheinen. Mit der Gegenwart ihrer Energie können sie Zeugen deiner Verpflichtung sein und dich dabei unterstützen, sie zu halten. Du gewinnst dann deine Wesensnatur, das Selbst, das partnerschaftliche Beziehung ist, zurück. Die Vereinigung mit ihrer Energie bewirkt, daß du dich mit dem Teil von dir wieder verbindest, der ewig und ganz ist, also mit jenem Teil, der auch ihre Ganzheit widerspiegelt. Sei dir bewußt, daß deine echte Verpflichtung der Ganzheit gegenüber die Macht hat, eine Brücke der Heilung zwischen dir und der Ganzheit zu schaffen. Durch diese Verpflichtung lädst du die Ganzheit ein, sich in dir zu manifestieren, in den Menschen, mit denen du Probleme hast, und in der schwierigen Situation selbst. Dann können sich für dich und andere die Dinge auf harmonische und angemessene Weise entfalten. Deine Verpflichtung der Ganzheit gegenüber kann Wunder wirken!

Wenn du dich wirklich der Ganzheit verpflichtest, beeinflußt du in positiver Weise die chemischen Prozesse deines physischen Körpers und bringst dein Nervensystem ins Gleichgewicht. Du kannst folglich ein Nachlassen der Spannung und ein zunehmendes Gefühl von Vertrauen, Wohlbefinden und Frieden verspüren. Die Kraft deiner Verpflichtung auf die Ganzheit ermöglicht es, daß Licht und Verstehen in dir funkeln. Dein Geist-Körper und deine Lebenssituationen kommen ins Gleichgewicht, du fühlst dich erfüllt und gönnst dir deinen Erfolg. Deine Verpflichtung für deine Ganzheit ist aber nicht etwas, worüber du ausschließlich mit deinem Intellekt entscheiden kannst, sondern es umfaßt alle deine Ebenen. Es geht ganz auf deine innere Wahrheit zurück, die alle Tätigkeiten, Reaktionen und Funktionen deines Geist-Körpers in gesunder Weise steuern kann. Wenn deine Verpflichtung der Ganzheit gegenüber echt ist, kann dein Geist-Körper frei reagieren. Du kehrst zum Fluß wahrer Kreativität zurück, fühlst dich wohl, erlebst Wohlbefinden, Vertrauen, Kohärenz und Klarheit. Lebendigkeit stellt sich ein und gibt dir das Gefühl, umsorgt zu sein. Angenehme Empfindungen und Gefühle und ganzheitliche Gedanken fließen in dir wie eine Quelle der Gnade. Es kommt dann zu einer Verschiebung von deiner fragmentierten Wahrnehmung zu einer ganzheitlichen Wahrnehmung. Du fühlst die Kraft, aus deinen Problemen und damit aus deiner existentiellen Krise auszubrechen. Diese Kraft ist aber die Ausweitung deiner Selbstbestimmung, die die Beschränkungen überwindet. Nur durch deinen Entschluß, dich von dieser Einschränkung zu befreien, indem du so oft wie nötig deine Verpflichtung der Ganzheit gegenüber erneuerst, kannst du die unbegrenzten kreativen Möglichkeiten erkennen, die dir stets offenstehen. Du kannst erkennen, daß die Zahl der Lösungsmöglichkeiten immer größer ist als die deiner Probleme! Weise Lösungen gehören zum Reich unbegrenzter Kreativität, Probleme dagegen zum Reich der Begrenztheit, wo unbegrenzte Kreativität nicht weiter existieren kann. Dieses Reich ist die Ursache dafür, daß du nicht glücklich bist.

Wenn du dich der Ganzheit von Menschen oder Situationen in deinem Leben verpflichtest, die zu verstehen dir schwerfällt oder denen du helfen möchtest, gewinnst du schließlich deine eigene Ganzheit wieder. Es kommt dann zu deiner kreativen Transformation, und zugleich können sich auch diese Menschen und Situationen wandeln, indem sie ihre Ganzheit wiederfinden. Zu deiner wahren Verpflichtung auf Ganzheit gehört aber auch, daß du deine eng gefaßten Erwartungen aufgibst. Sie beruht auf Vertrauen. Du mußt dich von deiner Sucht nach der Vergangenheit oder deinen Sorgen um die Zukunft freimachen. Nur dann bist du frei, bewußt die Relativität von Zeit und Raum in dir zu-erfahren. Du befreist dich von deinem Verhaftetsein und lernst es, Geduld zu haben. Geduld bedeutet Vertrauen. Wahre Verpflichtung ist seinem Wesen nach Geduld und beruht auf Vertrauen.

Wenn deine Verpflichtung der Ganzheit gegenüber aufrichtig ist, wird sie für dich zu etwas Natürlichem. Du fängst an, dich mit den Augen der Wahrheit zu sehen. Du beginnst die Menschen mit den Augen des Mitgefühls, die Welt mit den Augen des Verstehens zu sehen. Und du beginnst auch, dein Leben mit den Augen der Begeisterung und der reinen, unschuldigen Neugier zu betrachten. Tatsächlich beginnst du nun, jeden und alles mit den Augen von Jesus, seiner Mutter Maria, Krishna, Buddha und Quan Yin und anderen kreativen Meistern zu sehen, oder von jemandem, der für dich Ganzheit repräsentiert. Durch ihre Augen der Ganzheit findest du deine Augen der Unschuld wieder, die deine Meisterschaft widerspiegelt.

Verpflichtet euch gegenseitig auf eure Ganzheit!

Ihr Eltern, verpflichtet euch auf die Ganzheit eurer Kinder, selbst wenn ihr denkt, es sei zu spät, auch wenn sie schon erwachsen sind oder weit weg leben.

Ihr, Tochter und Sohn, verpflichtet euch auf die Ganzheit eurer Eltern, selbst wenn es euch schwer fällt, sie zu verstehen; auch wenn sie diese physische Welt schon verlassen haben! Eure Selbstverpflichtung gegenüber ihrer Ganzheit wird euch und sie von Beschränkung und Begrenzung befreien, wo immer ihr seid.

Ihr, Bruder und Schwester, verpflichtet euch gegenseitig auf eure Ganzheit.

Ihr, Ehepaar, verpflichtet euch auf die Ganzheit eurer partnerschaftlichen Beziehung. Ehefrau und Ehemann, verpflichtet euch gegenseitig auf eure Ganzheit! Ihr seid es allein, wodurch die Selbstverpflichtung gegenüber der Ganzheit im menschlichen Geist-Körper neu hervorgebracht werden kann.

Du, Lehrer, verpflichte dich auf die Ganzheit deines Schülers.

Du, Schüler, verpflichte dich auf die Ganzheit deines Lehrers.

Jede Gruppe, die in echter partnerschaftlicher Beziehung auf ihr Selbst hinarbeitet, verpflichte sich auf die Ganzheit der Gruppenmitglieder, und jedes Gruppenmitglied verpflichte sich auf die Ganzheit der Gruppe.

Jedermann verpflichte sich auf die Ganzheit der anderen.

Und du selbst, verpflichte dich auf deine eigene Ganzheit, und die heilbringende Brücke zwischen dir und der Ganzheit wird für alle wiederaufgerichtet werden. Deine Ganzheit spiegelt sich in der Ganzheit der anderen wider, genau wie die Ganzheit der anderen sich in deiner Ganzheit widerspiegelt. Die Ganzheit enthält alles, sie spiegelt alles wider, und in ihr existiert alles. Der Keim der partnerschaftlichen Beziehung mit der Ganzheit kann jedoch zuerst in dir selbst wachsen und gedeihen. Wahrheit, die reines „Licht" ist, kann zuerst aus deinem Inneren für jedermann strahlen, sich überall ausbreiten und als Fülle und Gnade leuchten!

„Ich verpflichte mich auf meine Ganzheit."

Diese Übung wird dir helfen, die Muster der Fragmentierung zu löschen, indem sie den trügerischen Schatten der Trennung von der Ganzheit vertreibt, den du selbst geschaffen und als Wahrheit akzeptiert hast. Jedesmal, wenn ein Teil dieses Schattens verschwindet, anerkennst du deine Ganzheit, erfährst du Frieden und bist du Zeuge des „Lichts"! Das bewirkt Heilung, die dann zu Fülle und Gnade für dich, für dein Leben und für die Menschen deiner Umgebung wird.

Nimm dir Zeit für diese besinnliche Übung. Wenn du magst, triff die kreative Entscheidung, sie zu einem Teil deines Tages, deines Alltags zu machen! Suche dir jetzt einen ruhigen Platz, und lies die folgenden Schritte sorgfältig durch, bevor du mit deiner Übung beginnst.

- Schließe deine Augen, und atme mehrere Male tief ein und aus... Entspanne deinen Körper...
- Sage dir: „Ich verpflichte mich auf meine Ganzheit."... Nimm diese Verpflichtung auf deine Ganzheit tief in dich auf, indem du ihre Kraft tief in dir spürst, mit deinem ganzen Geist-Körper. Wiederhole langsam und mehrmals: „Ich verpflichte mich auf meine Ganzheit." Bleibe dir dabei bewußt, was du sagst, bis du bemerkst, daß dein Geist-Körper entspannt und friedlich auf diese Verpflichtung reagiert. Sei dann ganz still... Laß nach und nach deine Empfindungen, Gefühle und Gedanken los... Tauche immer tiefer in diese Stille ein... Entscheide dich für die Erfahrung dieser Stille.
- Wenn jeweils die Lücken der Stille länger werden und dann plötzlich durch deine störenden Empfindungen, Gefühle und Gedanken unterbrochen werden, nimm einfach Notiz davon... und laß sie gehen, ohne sie abzulehnen... Wiederhole dann mehrere Male ruhig: „Ich verpflichte mich auf meine Ganzheit." Wiederhole diesen Satz entspannt, so oft es dir richtig scheint, bis dein Geist-Körper sich ruhig fühlt und du zu deiner inneren Ruhe zurückkehrst... Diese innere Stille ist reines Verstehen... Zusammen mit der Verpflichtung auf die Ganzheit inspiriert sie dich sanft, das Licht am Ende des Tunnels zu sehen... Laß dich Zeuge dieser inneren Stille sein, etwa zwanzig Minuten lang... Tauche zunehmend in sie ein... Freue dich über diese Erfahrung!
- Atme jetzt mehrere Male tief ein und aus... Spüre deinen Geist-Körper... Anerkenne den Ort, an dem du bist... Öffne langsam deine Augen, dehne und strecke dich, fühle dich wohl, in Frieden und ganz...

31
Verkörpere Frieden!

„Bin ich wirklich entschlossen, meine Geist-Hologramme zu verbinden, damit in meinem Geist-Körper die notwendige Korrektur erfolgen kann?"

Dein Mangel an Erfolg, an Liebe, an Fülle, an Wohlergehen, aber auch dein Leiden – sie können korrigiert werden. All diese Dinge, die in deinem Leben Kreativität verhindern, können durch Innenschau korrigiert werden, wenn du bereit bist, sie zu empfangen. Innenschau, unbegrenzte Intelligenz, ist dein Weg zu Freiheit! Weil du dich in einem Netz der Fehlinterpretation verfängst, kannst du dich nicht mehr durch Innenschau kreativ führen. Du bist unfähig, auf deine innere Wahrheit zu hören. Wenn du dich aber entschließt, fortwährend deine Tiefen auszuloten, kannst du deine Fähigkeit wiederentdecken, auf diese innere Wahrheit zu hören. Dadurch siehst du klar, wie du dich von den Ego-Tricks Moralismus, persönlicher Mythos, Tabu, Ritual, Aberglaube, Vergötterung, Ich-sollte-ich-müßte-Pakt beherrschen läßt. Nur mit dieser Erkenntnis kannst du dich dagegen entscheiden. Wenn du wissen willst, in welchem Ausmaß die Ego-Tricks dein Leben beherrschen, frage dich:

- „Wie weit bin ich davon entfernt, mein kreatives Potential zu leben?"
- „Wie sehr widersetze ich mich meinem schöpferischen Lebenssinn?"
- „Wem oder was gegenüber fällt es mir schwer zu vergeben, um Frieden in meinen Geist-Körper zu bringen? Begreife ich, daß mir durch mein Vergeben meine lebendige, kreative Energie – genau wie die des Menschen oder der Situation, denen ich vergebe – unverzüglich zurückgegeben wird? Begreife ich, daß das auf beiden Seiten Heilung bewirkt?"
- „Bin ich wirklich entschlossen, meine Geist-Hologramme zu verbinden, damit in meinem Geist-Körper die notwendige Korrektur erfolgen kann?"
- „Bin ich mir dessen bewußt, daß die Korrektur meiner Fehlinterpretationen nur erfolgen kann, wenn ich bereit bin, Innenschau zu empfangen, die wahre Führung von innen? Bin ich mir bewußt, daß ich selbst mich daran hindere, sie zu empfangen?"
- „Bin ich mir dessen bewußt, daß der Mangel an Zeit, das zu tun, woran mir liegt, das mangelnde Interesse an meinem Beruf, meine Klagen über meine Beziehungen und über mein Wohlbefinden von meiner Entscheidung abhängen, mit solchen Konfliktsituationen in meinem Leben Schluß

zu machen? Erkenne ich, daß diese Konfliktsituationen lediglich meine innere Zersplitterung widerspiegeln?"

- „Bin ich mir dessen bewußt, daß ich nur dann, wenn ich mich entschließe, meine Fragmentierung zu korrigieren, meine Gabe der Manifestation richtig anwenden kann, um ein glückliches, friedliches und erfülltes Leben zu führen?"
- „Wie sehr übernehme ich wirklich die Verantwortung für mein Glücklichsein?"

Alle unbewußten und bewußten Reaktionen in deinem Geist-Körper spiegeln den Austausch von unbegrenzten kreativen Möglichkeiten, von der subatomaren bis zur kosmischen Bewegung des gesamten Universums und darüber hinaus!

Was ist Leben? Leben ist ein ständiger, wechselseitiger, alles durchdringender kreativer Transformationsprozeß, eine Mind Bridging-Bewegung, die sich durch dich, in dir und mit dir vollzieht. Wird diese Bewegung durch deine Fehlinterpretationen blockiert, liegt es einzig daran, daß du die Entscheidung getroffen hast, dieses Leben, dein Leben, aufzugeben. Du vermeidest es also, dich kreativ zu transformieren. Du verleugnest deine kreative Kraft und wählst statt des Lebens den „Tod". Leben ist wesentlich die kreative Bewegung der Ganzheit, die das Quantenselbst manifestiert, das heißt die partnerschaftliche Beziehung, die zwischen der transzendenten und der physischen Realität zustandekommt. Diese partnerschaftliche Beziehung entfaltet sich in deiner Person, als Menschheit, als Natur und als die gesamte Schöpfung, die ständig die kreative Bewegung der Ganzheit ausführt. Das macht es möglich, daß sich ganzheitliches Bewußtsein manifestiert. Die kreative Bewegung der Ganzheit, die ewig Leben erzeugt, läßt sich erfahren am Wechsel der Jahreszeiten, an der unterschiedlichen Bewegung des Meeres, an der Aufeinanderfolge von Tag und Nacht, an den wechselnden chemischen und elektrischen Reaktionen deines Geist-Körpers und damit an der Vielfalt und Unbeständigkeit deiner Stimmungen.

Alle unbewußten und bewußten Reaktionen in deinem Geist-Körper spiegeln den Austausch von unbegrenzten kreativen Möglichkeiten, von der subatomaren bis zur kosmischen Bewegung des gesamten Universums und darüber hinaus! Du selbst enthältst diese Realität, die über das Universum hinausreicht, die subatomare und kosmische kreative Bewegung des Bewußtseins, das Quantenselbst – und bist zugleich in dieser Realität enthalten. Entsprechend sollst du die partnerschaftliche Beziehung verkörpern, die sich zwischen der transzendenten und der physischen Dimension des Lebens entfaltet. Wenn du allerdings das Selbst, also dich, daran hinderst, jederzeit bewußt die kreative Bewegung der Ganzheit zu werden, dann deswegen, weil du in Täuschungen verstrickt bist. Du steckst in einem Teufelskreis der Konditionierung. Gewiß hält dich eine Kette von Reaktionsmustern zurück und bewirkt für dich schmerzliche Erfahrungen. Diese Reaktionsmuster führen dazu, daß du in ausschließlicher und übertrieben kontrollierter Weise von den analytischen und reduktionistischen Aspekten deines Geist-Körpers Gebrauch machst. Oder sie bewirken, daß du deine Fähigkeit, dich und dein Leben logisch und verantwortungsvoll zu organisieren, vernachlässigst. In beiden Fällen verlierst du den Zusammenhang oder die Verbindung. Das läßt auf die Existenz eines deinen Geist-Körper erdrückenden Ego-Prozesses schließen. Dessen Merkmale sind Verwirrung, Schmerz, Angst, Kontrolle, Arroganz, Haß und Machtkampf. Dieser Ego-Prozeß, der auf dem Psycho-Virus – der Überzeugung, vom Ganzen getrennt zu sein – beruht, kann dir nur dessen Ersatzprogramm aufdrängen, nämlich „Fehlen von Glück". Auf diese Weise läßt dich dein Ego das Originalprogramm „Glück durch schöpferisches Mitwirken" vergessen. Dieses Programm kann nur dann wirklich in dir, durch dich und mit dir ablaufen, wenn du dich für die Erfahrung von Mind Bridging entschließt. Mind Bridging ist dein Zustand des Einsseins, der deinen Ego-Prozeß von selbst ausschaltet. Wenn du also diesen Zustand des Einsseins, der in deinem ganzheitlichen Wesen steckt, wiedergewinnst, kann dein Ego nicht überleben, weil es nichts hat, dem es sich widersetzen könnte. Du brauchst dich nicht mehr zu verteidigen, weil du in Frieden lebst. Du verbindest dich von selbst wieder mit der unbegrenzten Intelligenz.

Empfange heute und jeden Tag die Gabe der Ganzheit!

Du, jeder und alles – wir sind ein einziger Geist-Körper, ein einziges kreatives Netz. Dieses kreative Netz manifestiert Leben selbst! Wir manifestieren dieses Leben auf authentische Weise, wenn wir mit dem Ganzen schöpferisch zusammenwirken. Hast du erst einmal erkannt, daß du dich dieser Verantwortung, ein „Mitschöpfer" des Lebens in all seinen Aspekten zu sein, nicht entziehen kannst, hörst du auf damit, dich zurückzuziehen und gibst deine Tarnungen auf. Du begreifst, daß alles, was in dir, in deinem Leben und im Leben anderer geschieht, eng miteinander verbunden ist. Alles, was in dir, zwischen einzelnen Menschen, in alltäglichen Situationen, überall auf der Welt, im Universum, in Galaxien und jenseits davon geschieht, steht auf unvorhersagbare Weise miteinander in Wechselbeziehung. Diese Wechselbeziehung besteht von der subatomaren bis zur kosmischen Realität. Wenn du dir dies klar machst, ist für die naive Vorstellung, du könntest dich hinter deinen Maskierungen verstecken, einfach kein Platz mehr.

Du bist aufgerufen, völlig transparent und authentisch zu werden! Du bist jetzt aufgefordert, den schöpferischen Umgang mit deinem Geist-Körper wiederzuentdecken. Das kreative Selbstmanagement läßt dich sicher deinen Weg der Selbstfindung und Selbstentwicklung gehen. Du kannst dann dein Bewußtsein vertiefen und ausweiten und Ganzheit in dir und überall widerspiegeln und aktualisieren. Das erlaubt dir, zu begreifen, daß ein schöpferischer Sinn in allem liegt, was in deinem Leben geschieht. Jede Situation ist eine Gelegenheit, zu lernen und reif zu werden. Reife bedeutet kreatives Selbstmanagement, um dich selbst zu erziehen. Selbsterziehung ist der Mind Bridging-Weg, der Weg von Nicht-Dualität. Nicht-Dualität ist dein wahres Wesen, deine wahre Identität. Du kannst deine wahre Identität nur manifestieren, wenn du Selbstverantwortlichkeit, Mitgefühl und Verstehen entwickelst. Dafür mußt du dich nur öffnen, um Innenschau, unbegrenzte Intelligenz, zu empfangen, den bestmöglichen Lehrer. Du öffnest dich so der höchsten Glückseligkeit und ehrst dein kreatives Selbst!

Dieses Glück ist ein Zustand, in dem du dich vorbehaltlos wohl fühlst, der aber nur durch Gnade erfahren werden kann. Gnade ist die Berührung der Ganzheit. Gnade – reine kreative Energie – kannst du nicht schaffen, sondern Gnade schenkt sich dir nur, wenn du dich dafür entscheidest, sie als dein natürliches Erbe anzunehmen. Das erfordert, daß du dich als „Mitschöpfer" mit der Ganzheit anerkennst. Indem du dich öffnest, um Gnade zu empfangen, kannst du Glückseligkeit erfahren.

Wir sind alle aufgerufen, zusammen Glückseligkeit zu erfahren. Nur wenn wir in der Lage sind, Glückseligkeit zu erfahren, können wir gemeinsam wahres Glück in dieser Welt hervorbringen, wahres Glück, das frei ist von Verhaftetsein und Erwartungen. Nur durch die Erfahrung von Glückseligkeit können wir gemeinsam Frieden schaffen!

Freue dich heute und jeden Tag über die Gabe der Gnade. Empfange heute und jeden Tag die Gabe der Ganzheit!

„Du mußt nur in deinem kreativen Wesen – der ewigen Liebe – sein!"

Das Folgende ist eine Innenschau zum Frieden. Diese Innenschau ist die Grundlage von Mind Bridging und offenbarte sich mir in ausgesprochen philosophischer Form. Obwohl sie hier als Folge von Aussagen erscheint, begriff ich sie in tiefer Weise, als sie mir eingegeben wurde, in ihrer Gesamtheit, als ein Ganzes:

„Wenn du Frieden in deinem Geist-Körpers willst, darfst du nicht dort nach Frieden suchen, wo du ihn nicht finden kannst. Du mußt deshalb die Ausrichtung deines Geist-Körpers verändern. Du mußt wissen, wie es sich anfühlt, wenn du keinen Frieden spürst. Wenn du nicht im Zustand des Friedens bist, fühlt es sich an, als würde dein Geist-Körper nicht zu dir gehören und du nicht zu ihm. Es fühlt sich an, als würde es zwischen dir und deinem Geist-Körper nur ein „Warum?" geben.

Um Frieden in deinem Geist-Körper zu finden, brauchst du dich nicht auf Details zu konzentrieren oder zu versuchen, die vielen „Warum?" zu beantworten, die dein Geist-Körper ständig hervorbringt. Den Frieden des Geistes zu finden heißt: dich zu entscheiden, deine Geist-Hologramme miteinander zu verbinden. Nur so kannst du deine Ganzheit wiederfinden. Nur dann kannst du ganz in deinem Geist-Körper sein. Du wirst eins mit seiner kreativen Bewegung! Andernfalls geraten deine Emotionen aus dem Gleichgewicht, werden irregeführt durch Rationalismus oder Zusammenhanglosigkeit. Dann erfährst du deinen Geist-Körper wie ein Außenstehender.

Ins Zentrum deines Geist-Körpers zurückzukehren, das der einzige Ort ist, wo du deine Ganzheit spüren kannst, ist das Wichtigste, um deinen Frieden wiederzugewinnen. Im Zentrum deines Geist-Körpers kannst du dich überall präsent fühlen und vereint mit allem sein. Nur von hier aus kannst du alle deine Geist-Hologramme miteinander verbinden. Dabei spielt es keine Rolle, wie weit weg in Zeit und Raum sie zu sein scheinen, denn das Zentrum deines Geist-Körpers kennt nicht Zeit und Raum. Es ist Vergebung und Friede! Das Zentrum deines Geist-Körpers ist dort, wo du den Frieden nicht mehr suchst, sondern selbst zu Frieden wirst. Du mußt also anerkennen, daß jeder Zustand, bei dem du nicht im Zentrum deines Geist-Körpers bist, nur eine Form von Verzerrung ist, die dich davon abhält, Frieden zu finden. Friede ist hinter allem verborgen, was dich von deinem Zentrum entfernt hält. Du bist aufgerufen, den Frieden hinter all deinen Erfahrungen von Unfrieden zu entdecken und die Polarisierung deines Geist-Körpers zu überwinden. Alles andere führt nur zu Selbsttäuschung.

Das einzige, das du wirklich „machen" mußt, ist, deinen Geist-Körper auf die Ganzheit hin auszurichten, die wahre Natur deines Geist-Körpers. Dann werden alle Unterschiede nach und nach verschwinden. Das einzige, das du wirklich „sein" mußt, ist eine Mind Bridging-Bewegung. Mind Bridging ist deine wahre Art zu „sein"! Diese Bewegung zu werden erfordert, daß du dich auf deine Ganzheit, die Ganzheit eines jeden und die Ganzheit von allem verpflichtest. Durch das Licht dieser Verpflichtung, das Vereinigung erzeugt, kannst du deinen Frieden finden. Dieser Friede ist die komplementäre kreative Energie, die in allem verborgen ist, was dich vom Frieden abhält. Verurteile weder dich, noch irgend jemanden oder irgend etwas. Deine Angriffe gegen dich, jeden und alles sind nichts als Schutzschilde, hinter denen du dich vor dem Frieden versteckst. Wenn du deine Schutzschilde ablegst und dich nicht mehr verteidigst, gibt es zwischen dir und dem Frieden keine Schranke. Wenn du dich nicht verteidigst, bist du, was du fühlst, und fühlst, was du bist. Du kannst dich durch ehrliches Weinen, Lächeln und schöpferisches Tun vollständig und ehrlich ausdrücken. Du kannst Zeuge sein, integrieren und loslassen. Du kannst kreativ mit deinen emotionalen Grenzen umgehen und zugleich wahre Verbundenheit schaffen. Authentizität ist deshalb dein Weg zum Frieden! Friede ist deine Integrität! Wenn du wirklich Frieden in deinem Geist-Körper willst, dann sei bereit, in Frieden zu sein. Du mußt nur in deinem kreativen Wesen – der ewigen Liebe – sein!"

Vergiß nie...

Du bist hier, um Harmonie zu schaffen!

Wenn du dich nicht um deine Brücken kümmerst, kannst du deinem Geist keine Brücken bauen.

Dieses Buch ist für den Frieden, den Frieden des Geistes, geboren. Es ist eine Brücke. Es ist eine Brücke des Bewußtseins, ein eigenes Geist-Hologramm. Dies ist das Mind Bridging-Buch.

Laß dieses Buch, diese Brücke, die Friede ist, aus dir geboren werden. Ehre diese Geburt für dich, für jene, die du liebst, und für die Welt und darüber hinaus...

Dieses Buch soll ein lebendiges Buch sein. Es handelt davon, Frieden selbst zu werden. Es handelt davon, wie du deine Ganzheit wiederfindest!

Anmerkungen

1 Im Original ein Wortspiel, das sich im Deutschen nicht wiedergeben läßt: If you don't mind your bridges, you can't bridge your mind.

2 Talbot, Michael, *The Holographic Universe,* HarperCollins Publishers, Inc., New York, 1991, S. 77.

3 Talbot, Michael, a. a. O., S. 42.

4 *The Holographic Paradigm and Other Paradoxes,* edited by Wilber, Ken, Shambhala, Boston, MA, & London, England, 1985, S. 6.

5 Saxby, Graham, *Practical Holography,* Prentice Hall International (UK) Limited, Hertfordshire, England, 1994, S. 42.

6 Talbot, Michael, *The Holographic Universe,* HarperCollins Publishers, Inc., New York, NY, 1991, S. 15.

7 Talbot, Michael, a. a. O., S. 18.

8 Leith, E. N. and Upatnicks, J., in Pribram, Karl H., *Languages of the Brain, Experimental Paradoxes and Principles in Neuropsychology,* Brandon House, Inc., New York, NY, 1971, S. 150.

9 Talbot, Michael, *The Holographic Universe,* HarperCollins Publishers, Inc., New York, NY, 1991, S. 47.

10 Ferguson, Marylin, in *The Holographic Paradigm and Other Paradoxes,* edited by Wilber, Ken, Shambhala, Boston, MA, & London, England, 1985, S. 5.

11 Bohm, David, *Wholeness and the Implicate Order,* Ark Paperbacks, London, England, 1983, S.198.

12 Pribram, Karl H., *Languages of the Brain, Experimental Paradoxes and Principles in Neuropsychology,* Brandon House, Inc., New York, NY, 1971, S. 150.

13 Leith, E. N. and Upatnicks, J., *Photography by Laser,* Scientific American, 1965, S. 31.

14 Bohm, David, *Wholeness and the Implicate Order,* Ark Paperbacks, London, England, 1983, S.198.

15 Bohm, David, a. a. O., S.198.

16 Saxby, Graham, *Practical Holography,* Prentice Hall International (UK) Limited, Hertfordshire, England, 1994, S. 455.

17 Talbot, Michael, *The Holographic Universe,* HarperCollins Publishers, Inc., New York, NY, 1991, S. 34.

18 DeBerry, Stephen. T., *Quantum Psychology: Steps to a Postmodern Ecology of Being, Prager Publishers,* Grenwood, Westport, 1993, S. 27.

19 DeBerry, Stephen. T., a. a. O., S. 30.

20 DeBerry, Stephen. T., a. a. O., S. 30–31.

21 DeBerry, Stephen. T., a. a. O., S. 31.

22 DeBerry, Stephen. T., a. a. O., S. 33.

23 DeBerry, Stephen. T., a. a. O., S. 35.

24 DeBerry, Stephen. T., a. a. O., S. 34–35.

25 Nach der auf den neuesten Stand gebrachte Ausgabe von *The Brain/Mind Bulletin, in The Holographic Paradigm and Other Paradoxes,* edited by Wilber, Ken, Shambhala, Boston, MA, & London, England, 1985, S. 13–14.

26 Talbot, Michael, *The Holographic Universe,* HarperCollins Publishers, Inc., New York, NY, 1991, S. 52–53.

27 Krishnamurti, J., *Meditations,* Shamballa, Boston, MA, & London, England, 1991, S. 2, 86, 62.

28 *The Holographic Paradigm and Other Paradoxes*, edited by Wilber, Ken, Shambhala, Boston, MA, & London, England, 1985, S. 6.

29 Pribram, Karl H., *Languages of the Brain, Experimental Paradoxes and Principles in Neuropsychology,* Brandon House, New York, NY, 1971, S. 150.

Glossar

Aberglaube:
- Der Ego-Trick, der die primäre Hologramm-Gabe Vereintsein verhindert.
- Enthält die Überzeugung von der Getrenntheit der Materie, steht in Zusammenhang mit Verhaftetsein, Besitzdenken, Habsucht und Materialismus.
- Hat mit beziehungslosem Individualismus zu tun.

Aktive Konzentration:
- Durch Miterleben, Erfahren und Loslassen in der augenblicklichen Situation im Geist-Körper präsent sein.
- Mit unschuldiger Neugier miterleben.
- Miterleben, offen sein und vertrauen, daß die Realität die Illusion der materiellen Welt übersteigt.
- Achtsamkeit.
- Ganzheitliche Subjektivität und ganzheitliche Objektivität.

Aktualisierung der Ganzheit:
- Die gleichzeitige Manifestation von unbeschränkter Intelligenz, vereinheitlichter Energie und reiner Bewußtheit im menschlichen Geist-Körper.
- Die Manifestation des Hologramms der Mitschöpfung in sich selber.

Assoziation:
Ein Mechanismus des Geist-Körpers zur Verbindung seiner Geist-Hologramme, der Integration ermöglicht. Ausdruck der kreativen männlichen inneren Realität.

Bedürftigkeit:
- Steht im Gegensatz zu den wahren Bedürfnissen und Wünschen. Sie trennt einen von innerer Fülle oder von der Ganzheit.
- Bedürftigkeit hält den Fluß des Nehmens und Gebens auf. Sie ist innere Armut.
- Zu Bedürftigkeit kommt es durch falschen Umgang mit Zeit und Raum. Sie verrät mangelnde Aneignung des inneren Raums und der inneren Ausrichtung. Das führt dazu, die Reaktionsmuster von Angriff und Verteidigung zu entwickeln.

Bereich der Schwingungen
- Der holographische Bereich.
- Wo weder Raum noch Zeit existieren, sondern nur Ereignisse (oder Schwingungen).
- Er hat Raum-Zeit-Strukturen, die anders sind als jene, die man im linearen Geist findet.
- Hängt in Wechselwirkung mit dem Bild-Gegenstand-Bereich zusammen, was bedeutet, daß geistige Betätigungen wie etwa Mathematik die primäre Ordnung des Universums widerspiegeln.
- Hat ausschließlich mit der Dichte von Ereignissen zu tun.

Bewußtheit (Momente der):
- Erinnerung an die Ganzheit.
- Kreative Welle.
- Widerspiegelung der ewigen Gegenwart.
- Ausgeglichenheit, im Zentrum sein.
- Widerspiegelung der verbindenden Geist-Hologramme.
- Hängt mit der Mind Bridging-Dimension, der vierten Dimension des Bewußtseins, der Dimension des Selbst, zusammen.
- Ganzheitliches Verstehen.
- Widerspiegelung und Aktualisierung von Ganzheit.
- Die Verbindung des holographischen und des analytischen Bewußtseins.

Bewußtsein:
- Eine schöpferische Bewegung, die von der Ganzheit ausstrahlt. Ständig entfaltet sich diese Bewegung von der Ganzheit und faltet sich ein, zurück zu dieser, wobei sie sich manifestiert als Geist-Körper, als die gesamte Schöpfung und darüber hinaus.
- Ein Vorgang des Sich-Verbindens.
- Ermöglicht die holographische und die analytische Manifestation des Selbst, der Matrix der Mitschöpfung. Diese Manifestation drückt sich als partnerschaftliche Beziehung mit der Ganzheit aus. Zur Entfaltung dieser partnerschaftlichen Beziehung kommt es, wenn das Bewußtsein sich in Mitschöpfung vertieft und ausweitet. Die Vertiefung und Ausweitung von Bewußtsein wiederum führt zu einem Verständnis der Relativität aller Dinge und damit zu einer ganzheitlichen Sicht.
- Nach der *Holographischen Psychologie* entfaltet sich Bewußtsein durch die Mind Bridging-Dynamik ganzheitlichen Bewußtseins. Die Mind Bridging-Dynamik besteht aus drei Teilen, welche sind: die Subdynamik des Verbindenden, die Subdynamik des Verbundenen und die Subdynamik des Vorgangs des Verbindens. Sie entsprechen den drei Dimensionen des physischen Bewußtseins: den Dimensionen des verbindenden Unbewußten, des verbindenden Unterbewußten und des verbindenden Bewußten. Wenn diese Teilkräfte zusammenwirken, ist man fähig, die transzendente vierte Dimension seines Bewußtseins, welche die Mind Bridging-Dimension ist, zu erfahren.
- Es ist die Möglichkeit der bewußten Manifestation des Hologramms der Mitschöpfung aus der nichtmanifesten in die manifeste Realität. Das Ego ist der Teil des physischen Bewußtseins, der sich von der Ganzheit „abtrennt" und sich von seiner transzendenten Realität ausschließt. Dieser Teil widersetzt sich der Widerspiegelung, Aktualisierung und Manifestation dieser Ganzheit. Das Ego verhindert auf diese Weise, daß sich das Hologramm der Mitschöpfung in einem, durch einen und mit einem manifestiert.

Bewußtseinsnetz:
Ein Energiefeld nicht vorhersagbarer und unbegrenzter Möglichkeiten. Diese Möglichkeiten bewegen sich in Einheiten. Jede Einheit manifestiert sich als ein Ganzes. Jede Einheit ist ein Geist-Hologramm, eine Brücke des Bewußtseins.

Beziehung:

- Die Fähigkeit, gegenüber sich selbst und gegenüber anderen authentisch zu sein.
- Die Fähigkeit, mit seinen emotionalen Grenzen kreativ umzugehen und seine Integrität zu bewahren.
- Es hat Bezug zum Reifeprozeß.
- Läßt keinen Ich-sollte-ich-müßte-Pakt zu.
- Eine grundlegende Hologramm-Gabe des Systems der Sieben Mind Bridging-Hologramme.

Boden unter den Füßen haben:

- Seine wirklichen Bedürfnisse und Wünsche leben.
- Im Zentrum, ruhig und ausgeglichen sein.
- Im Frieden sein.
- Seinen inneren Raum und seine innere Ausrichtung haben.

Brücken (auch Verbindungen):

- Verbindende Geist-Hologramme.
- Eine Person ist ein Beispiel für eine lebendige Brücke. Ein Mensch ist ein lebendiges Geist-Hologramm.
- Eine Person ist eine Brücke zur Ganzheit.
- Sich eines verbindenden Geist-Hologramms bewußt zu werden befähigt, gemeinsam mit der Ganzheit schöpferisch tätig zu sein.

Bumerang-Erfahrung:

Die Überlagerung ungelöster Konflikte, zu der es kommt, wenn sie nicht erkundet und durch kreative Transformation geheilt, sondern verdrängt werden. Diese Konflikte kehren stets zurück. Durch diese Wiederholung werden sie verstärkt.

Dimension (vierte) des Bewußtseins:

- Mind Bridging-Dimension (das Wesen des Bewußtseins).
- Widerspiegelung und Aktualisierung der Ganzheit in einem selbst.
- Eine relative, nicht-manifeste Dimension.
- Wenn es zu einer kreativen Wechselbeziehung zwischen den nicht-manifesten und den manifesten Dimensionen der Geist-Hologramme und ebenso zwischen den transzendenten und physischen Dimensionen des Bewußtseins kommt, wird die Ganzheit in einem gespiegelt und aktualisiert. Das Selbst wird ausgedrückt. Dies läßt die vierte Dimension des Bewußtseins zum Vorschein kommen. Kommt es bei jemandem aber nicht zu dieser kreativen Wechselbeziehung, liegt das daran, daß sein analytisches Bewußtsein sich von seinem holographischen Bewußtsein trennt. Das erzeugt einen illusionären Prozeß der Materialisierung und Fragmentierung, der durch Selbst-Ausschluß, Selbst-Ignoranz und Selbst-Vergessenheit geprägt ist. Die vierte Dimension kann sich dann in dieser Person nicht bewußt manifestieren. Diese Unfähigkeit führt zur Manifestation eines unwahren Selbst, des Egos.
- Ausdruck einer verbindenden Dynamik zwischen den drei nicht-manifesten und den drei manifesten Dimensionen des Hologramms der Mitschöpfung.

Dimensionen des Bewußtseins (verbunden mit) Dimensionen der Geist-Hologramme:

Die drei physischen Dimensionen des analytischen Bewußtseins und die drei manifesten Dimensionen der Geist-Hologramme sind vom Psycho-Virus befallen; es ist die Überzeugung, von der Ganzheit getrennt zu sein. Dies erfolgt in einem dreidimensionalen trennenden Vorgang, der sich durch Selbst-Ausschluß, Selbst-Ignoranz und Selbst-Vergessenheit ausdrückt:

- Die drei physischen Dimensionen des analytischen Bewußtseins, die verbindende unbewußte Dimension, die verbindende unterbewußte Dimension und die verbindende bewußte Dimension werden zur trennenden unbewußten Dimension, zur trennenden unterbewußten Dimension und zur trennenden bewußten Dimension.

- Die drei manifesten Dimensionen der Geist-Hologramme, die Dimension von Mitschöpfung, die Dimension von hoher Energie und die Dimension von Selbstbewußtheit werden zur Dimension der Fehlschöpfung, zur Dimension der Abbaus von Lebensenergie und zur Dimension von Selbstbezogenheit.

- **Trennende unbewußte Dimension** (die physische erste Dimension des analytischen Bewußtseins, die einen Prozeß der Trennung durchmacht): Selbst-Ausschluß hindert die Subdynamik des Verbindenden im analytischen Bewußtsein daran, kreativ die unbewußte Dimension zu manifestieren. Selbst-Ausschluß verhindert einen „Prozeß der Anerkennung" und einen „Prozeß der Fokussierung" und macht es unmöglich, daß sich die geistige Energie frei manifestiert. „Fehl"anerkennung führt zur Fragmentierung der rezeptiven geistigen Energie, und mangelnde Fokussierung führt zur Fragmentierung der aktiven geistigen Energie. Diese „Fehl"anerkennung und die mangelnde Fokussierung trennen die unbewußte Dimension einer Person in zwei Bereiche, in die verbindende unbewußte Dimension und in die trennende unbewußte Dimension.

- **Trennende unterbewußte Dimension** (die physische zweite Dimension des analytischen Bewußtsein, die einen Prozeß der Trennung durchmacht): Selbst-Ignoranz hindert die Subdynamik des Verbundenen im analytischen Bewußtsein daran, kreativ die unterbewußte Dimension zu manifestieren. Selbst-Ignoranz verhindert einen „Pro-

- **Dimension der Fehlschöpfung** (die manifeste erste Dimension der Geist-Hologramme, die einen Prozeß der Verzerrung durchmacht): Selbst-Ausschluß hindert die Dimension schöpferischen Mitwirkens in den Geist-Hologrammen daran, sich schöpferisch zu manifestieren. Denn Selbst-Ausschluß verzerrt sowohl die weibliche Wechselbeziehung, den „Spürenden", als auch die männliche Wechselbeziehung, den „Entscheidenden", indem sie unendliche Intelligenz daran hindert, sich in einem selbst angemessen zu manifestieren. Wegen dieser Verzerrung können der „Spürende" und der „Entscheidende" ihre weiblichen und männlichen Merkmale, die mit der Dimension der Mitschöpfung zu tun haben, nicht mehr angemessen ausdrücken. Die Verzerrung des inneren „Spürenden" und des inneren „Entscheidenden" hält einen davon ab, ein kreatives Muster im Leben auszudrücken.

- **Dimension des Abbaus von Lebensenergie** (die manifeste zweite Dimension der Geist-Hologramme, die einen Prozeß der Verzerrung durchmacht): Selbst-Ignoranz hindert die Dimension hoher Energie in den Geist-Hologrammen daran, sich schöpferisch zu manifestieren. Denn Selbst-Ignoranz verzerrt sowohl die weibliche Wechselbe-

zeß der Signifikanz" und einen „Prozeß der Bewertung" und macht es unmöglich, daß sich die kreative Energie frei manifestiert. Unklarheit führt zur Fragmentierung der rezeptiven geistigen Energie, und Fehlbewertung führt zur Fragmentierung der aktiven geistigen Energie. Diese ungenaue Klärung und die Fehlbewertung trennen die unterbewußte Dimension einer Person in zwei Bereiche, in die verbindende unterbewußte Dimension und in die trennende unterbewußte Dimension.

- **Trennende bewußte Dimension** (die physische dritte Dimension des analytischen Bewußtseins, die einen Prozeß der Trennung durchmacht):
Selbst-Vergessenheit hindert die Subdynamik des Vorgangs des Verbindens im analytischen Bewußtsein daran, kreativ die bewußte Dimension zu manifestieren. Selbst-Vergessenheit verhindert einen „Prozeß der Manifestation" und einen „Prozeß der Interpretation" und macht es unmöglich, daß sich die kreative Energie frei manifestiert. Verzerrende Manifestation führt zur Fragmentierung der rezeptiven geistigen Energie, und Fehlinterpretation führt zur Fragmentierung der aktiven geistigen Energie. Diese verzerrende Manifestation und Fehlinterpretation spalten die bewußte Dimension einer Person in zwei Bereiche, in die verbindende bewußte Dimension und in die trennende bewußte Dimension.

ziehung, den „Empfindenden", als auch die männliche Wechselbeziehung, den „Erfahrenden", indem sie die vereinheitlichte Energie daran hindert, sich in einem zu manifestieren. Wegen dieser Verzerrung können der „Empfindende" und der „Erfahrende" ihre männlichen und weiblichen Merkmale, die mit der Dimension hoher Energie zu tun haben, nicht mehr angemessen ausdrücken. Die Verzerrung des inneren „Empfindenden" und des inneren „Erfahrenden" hält einen davon ab, eine kreative Dynamik im Leben zu erfahren.

- **Dimension der Selbstbezogenheit** (die manifeste dritte Dimension der Geist-Hologramme, die einen Prozeß der Verzerrung durchmacht):
Selbst-Vergessenheit hindert die Dimension der Selbstbewußtheit in den Geist-Hologrammen daran, sich schöpferisch zu manifestieren. Denn Selbst-Vergessenheit verzerrt sowohl die weibliche Wechselbeziehung, den „Denkenden", als auch die männliche Wechselbeziehung, den „Produzierenden", indem sie reine Bewußtheit daran hindert, sich in einem zu manifestieren. Wegen dieser Verzerrung können der „Denkende" und der „Produzierende" ihre weiblichen und männlichen Merkmale, die mit der Dimension der Selbstbewußtheit zu tun haben, nicht mehr angemessen ausdrücken. Die Verzerrung des „Denkenden" und des „Produzierenden" hält einen davon ab, ein kreatives Verhalten im Leben zu entwickeln.

Die folgenden Dimensionen des Bewußtseins wie auch die folgenden Dimensionen von einem selbst sind frei vom Einfluß des Psycho-Virus, der Überzeugung, von der Ganzheit getrennt zu sein:

- **Mind Bridging-Dimension** (die transzendent-physische vierte Dimension des holographisch-analytischen [ganzheitlichen] Bewußtseins):

Ausdruck des Momente der Bewußtheit, der die Erinnerung an die

- **Das Quantenselbst** (die allintegrierte, relative, nichtmanifeste Dimension seiner selbst, die die holographisch-analytische Geist-Körper-Matrix der Mitschöpfung manifestiert):

Ausdruck der partnerschaftlichen Beziehung zwischen den nicht-manifesten

Ganzheit auftauchen läßt. Zu einem Moment der Bewußtheit kommt es durch die Mind Bridging-Dynamik ganzheitlichen Bewußtseins. Entsprechend spiegelt die rezeptive geistige Energie durch einen „Prozeß der Widerspiegelung" innere Ganzheit wider. Gleichzeitig aktualisiert die aktive geistige Energie Ganzheit durch einen „Prozeß der Aktualisierung". Das holographische und das analytische Bewußtsein verbinden sich dann miteinander und machen es möglich, daß sich ganzheitliches Bewußtsein, vollkommenes Verstehen, in einem manifestiert.

und den manifesten Dimensionen des Hologramms der Mitschöpfung, das jeder Mensch verkörpert. Wie kommt es zu dieser partnerschaftlichen Beziehung? Die drei „nicht-manifesten" Dimensionen des Hologramms der Mitschöpfung von einem selbst sind Widerspiegelungen dieser drei Ausströmungen. Diese Ausströmungen manifestieren sich als die drei weiblichen und die drei männlichen Wechselbeziehungen. Die weiblichen Wechselbeziehungen sind: der „Spürende", der „Empfindende" und der „Denkende". Die männlichen Wechselbeziehungen sind: der „Entscheidende", der „Erfahrende" und der „Produzierende". Die Integration dieser weiblichen und männlichen Wechselbeziehungen erfolgt durch einen dreidimensionalen Prozeß der Materialisierung, in dem die weiblichen und männlichen inneren Realitäten sich verbinden, um kreativ ihre eigentümlichen Merkmale auszudrücken, wie sie zu jeder Dimension dieses Prozesses gehören. Durch diese Integration wird man fähig, hohe Bewußtheit zu entwickeln und die nicht-manifesten Dimensionen des Hologramms der Mitschöpfung, seiner selbst auszudrücken – unbegrenzte Intelligenz, vereinheitlichte Energie und reine Bewußtheit –, indem man diese drei Dimensionen als schöpferisches Mitwirken, hohe Energie und Selbstbewußtheit im eigenen Leben manifestiert. Man verkörpert dann die Realität des inneren „Mitschöpfers", der das Quantenselbst manifestiert, das zu sein man bestimmt ist. Das Quantenselbst zu sein bedeutet, eine partnerschaftliche Beziehung mit der Ganzheit zu leben, indem man ständig einen Prozeß der Integration durchmacht.

- **Geordnete Weisheit** (die transzendente fünfte Dimension des holographischen Bewußtseins):
  Die kundige Natur kreativer Energie.

- **Ein vereinheitlichtes Feld von Information und unbegrenzten Möglichkeiten** (die transzendente sechste Dimension des holographischen Bewußtseins):
  Die veränderbare Natur kreativer Energie.

- **Innenschau** (die transzendente siebte Dimension des holographischen Bewußtseins):
  Die urteilssichere Natur kreativer Energie.

- **Reine Bewußtheit** (die nicht-manifeste dritte Dimension des Hologramms der Mitschöpfung):
  Das kreative Verhalten des Geistes.

- **Vereinheitlichte Energie** (die nicht-manifeste zweite Dimension des Hologramms der Mitschöpfung):

  Die kreative Dynamik des Geistes.

- **Unbegrenzte Intelligenz** (die nicht-manifeste erste Dimension der Mitschöpfung, seiner selbst):
  Das kreative Muster des Geistes.

Es folgt das dimensionslose ganzheitliche Bewußtsein, die absolute nicht-manifeste Quantenrealität, die in einem selbst ist und die einen enthält:

- **Die kreative Energie selbst**　　　　• **Die kreative Bewegung**

Ganzheit

Urquelle

Ego:
Der fehlkreative Vorgang der Fragmentierung des Geist-Körpers, durch den die kreative Lebensenergie am Fließen gehindert wird und der einen zugleich daran hindert, schöpferisches Mitwirken, hohe Energie und Selbstbewußtheit zu erlangen. Das Ego ist Resultat von „Fehl"anerkennung, mangelnder Ausrichtung, ungenauer Klärung, Fehlbewertung, verzerrender Manifestation und Fehlinterpretation des eigenen ganzheitlichen Wesens. Es blockiert die Selbsterziehung.

Ego-Tricks:
- Moralismus, Tabu, Persönlicher Mythos, Ritual, Aberglaube, Vergötterung und Ich-sollte-ich-müßte-Pakt.
- Die Tricks, welche die Fragmentierung des Geist-Körpers verstärken, indem sie seine kreativen Kanäle blockieren: Verstehen, Sinnlichkeit-Sexualität, Instinkt, Kommunikation, Intuition, Zuneigung und Emotion.
- Sie erhalten die Illusion einer von der Bewegung der Ganzheit „unabhängigen" Bewegung des Geist-Körpers aufrecht.

Elternschaft über sich selbst:
- Die Fähigkeit, zusammen verantwortungsvoll und kreativ für sich zu sorgen.
- Sie ist ein Resultat der Entwicklung der kreativen inneren Mutter- und Vater-Realitäten, des „elterlichen" heilenden Geist-Hologramms.

- Hängt mit Selbst-Gestaltung, Selbstvertrauen, Selbstausdruck. Selbstverwirklichung, Selbstliebe, Selbstwert und Selbsterkenntnis zusammen.
- Hilft einem, sich zu befreien von den Ego-Tricks von persönlichem Mythos, Tabu, Ritual, Aberglaube, Vergötterung, Ich-sollte-ich-müßte-Pakt und Moralismus.
- Bezieht sich auf die Aufforderung, „sei dein eigener Vater und deine eigene Mutter".

Emotionen:
- Das individuelle Erkennungszeichen jedes Geist-Körpers.
- Emotion und Beziehung gehören immer zusammen.
- Die Möglichkeit, Beziehungen, wahre Verbundenheit und Brückenbauen (Bridging) zu erfahren.
- Sie bestätigen die Verpflichtung auf das eigene Wesen, auf die eigene Reife und auf die Fähigkeit, selbstverantwortliche Entscheidungen zu fällen.
- Seine Emotionen zu erfahren ist nicht dasselbe wie seine Gefühle zu erfahren. Emotion führt dazu, eine Beziehung zu seinen Gefühlen und seiner Sensitivität und damit zu sich selbst, zu jedem Menschen und zu allen Dingen zu haben.
- Echte Emotion ist das Gegenteil von emotionaler Erpressung und von allen Formen der Manipulation, die Beziehung blockieren. Es kommt zu emotionaler Erpressung, wenn jemand seine Emotionen auslebt, um durch Manipulation einer Situationen einen Vorteil zu gewinnen.
- Der kreative Umgang mit seinen Emotionen steht in engem Zusammenhang mit dem Selbstwert.
- Widerspiegelungen des momentanen schwankenden Zustandes des Geist-Körpers.

Enthusiasmus:
Von Gott erfüllt sein (Gott innerhalb).

Erfüllung:
- Ergebnis davon, sich physisch und psychisch in angemessener und kreativer Weise zu schützen und zu hegen.
- Die entgegengesetzten Zustände sind Bedürftigkeit, Mangel und Leere.
- Vollendung.

Erinnerung:
- Die Fähigkeit, bewußt den eigentlichen Sinn der Geist-Körper-Matrix der Mitschöpfung zu manifestieren, nämlich partnerschaftliche Beziehung mit der Ganzheit. Das erlaubt, in schöpferischem Mitwirken mit der Ganzheit zu sein.
- Das Mittel, durch Erinnerung an die Ganzheit das Selbst zu manifestieren. Durch diesen Prozeß manifestiert man die innere Realität des „Mitschöpfers".
- Kodifizierung einer allesdurchdringenden, allumfassenden Realität, ganzheitliches Bewußtsein, aufgezeichnet in der Geist-Körper-Matrix der Mitschöpfung, des Selbst.
- Ein ganzheitliches (holographisch/analytisches) Kodesystem.

Ersatzprogramm:
- Fehlen von Glück.
- Der Psycho-Virus: Die Überzeugung, von der Ganzheit getrennt zu sein.

Erziehung (Selbst-):
- Die Erfüllung seines Lebens-Lernprogramms, das in der Vertiefung und Erweiterung des eigenen Bewußtseins besteht.
- Fortschritt auf dem Weg der Nicht-Dualität.

Fragmentierung:
- Die Spaltung des Geist-Körpers zwischen dem Selbst und dem Ego.
- Das Auseinanderbrechen des kreativen Willens.
- Die Krankheit des Geist-Körpers.
- Das Gegenteil von Ganzheit.
- Persönlichkeiten.
- Trennende Geist-Hologramme.

Führungsqualität:
- Wahrhaft im Geist-Körper gegenwärtig sein und zugleich im gegenwärtigen Moment bleiben.
- Zeugt von einem kreativen Umgang mit seinen Geist-Hologrammen. Bringt einen dazu, die Erfahrungen, „von Gott erfüllt zu sein", zu leben. Dies macht Begeisterung und Leidenschaft möglich.
- Wahrhaft im Geist-Körper gegenwärtig sein.
- Der Selbstbesitz der eigenen kreativen Energie, Begabung.

Ganzheit:
- Die kreative Bewegung.
- Die kreative Energie.
- Grenzenlosigkeit.
- Die unbegrenzten kreativen Möglichkeiten.
- Unteilbare Realität.
- Das absolute Nicht-Manifeste.
- Unsere authentischste Wirklichkeit.
- Fülle und reine Liebe.
- Vollendete Verbundenheit.
- Ganzheitliches Bewußtsein.

Ganzheitliche Wahrnehmung:
- Verstehen. Es umfaßt sowohl die analytische Perspektive als auch die holographische Perspektive auf die Realität und führt so zu einer ganzheitlichen Sicht der Wirklichkeit.
- Die Erleuchtung des Geist-Körpers.

Ganzheitlicher Geist-Körper:
- Die Integration der nicht-manifesten und der manifesten Dimension durch den Prozeß des Verbindens. Dieser Prozeß spielt sich zwischen der transzendenten/holographischen und der physischen/analytischen Realität ab.
- Das Quantenselbst, die holographisch-analytische Matrix der Mitschöpfung.
- Hängt mit der vierten Dimension des Bewußtseins, der Mind Bridging-Dimension, zusammen.

Ganzheitliches Bewußtsein:
- Die kreative Bewegung der Ganzheit.
- Die Verbindung des holographischen Bewußtseins mit dem analytischen Bewußtsein.
- Die Integration der transzendenten und physischen Dimensionen des Bewußtseins, die sich als die vierte Dimension des Bewußtseins, die Mind Bridging-Dimension, manifestiert.

Geist-Hologramm (seine drei manifesten Dimensionen):
- Schöpferisches Mitwirken.
- Hohe Energie.
- Selbstbewußtheit.

Geist-Hologramm (seine drei nicht-manifesten Dimensionen):
- Unbegrenzte Intelligenz.
- Vereinheitlichte Energie.
- Reine Bewußtheit.

Geist-Hologramme:
- Die freie Manifestation von Bewußtsein durch einen ständigen Fluß von Entfaltung und Einfaltung von der und zurück zur Ganzheit, was Vertiefung und Ausweitung des Bewußtseins ermöglicht.
- Brücken von Bewußtsein zwischen den nicht-manifesten und den manifesten Dimensionen des Geist-Körpers und zwischen dem holographischen, transzendenten und dem analytischen, physischen Bewußtsein.

Geist-Körper:
- Eine unteilbare, einzige Realität, die zugleich die nicht-manifeste und die manifeste Dimension erfahren kann.
- Eine einzige Realität, die sich als Energie und Materie durch einen ständigen Prozeß kreativer Transformation manifestiert.
- Eine transzendente und physische Realität!
- Eine Quantenrealität.

Geist-Körper-Bewegung:
- Die kreative Bewegung von Bewußtsein, das sich vertieft und ausweitet.
- Die kreative Bewegung der Ganzheit.
- Die Mind Bridging-Bewegung zwischen den transzendenten und den physischen Dimensionen des Bewußtseins. Spiegelt die Integration der holographischen, nicht-manifesten Realität mit der analytischen, manifesten Realität des Geist-Körpers wider.
- Sie manifestiert das Hologramm der Mitschöpfung.

Geordnete Weisheit:
- Die kreative Ordnung, die allem zugrundeliegt.
- Sie ist einschränkenden Überzeugungen nicht unterworfen.
- Spiegelt die innere Wahrheit wider.
- Die kundige Natur kreativer Energie.
- Die transzendente fünfte Dimension des holographischen Bewußtseins.

380

„Gerissenheit":
- Zur „Gerissenheit" gehört Arroganz. Zum einen die Unfähigkeit, zu akzeptieren, daß man selbst Fehler machen kann, zum anderen die Unfähigkeit, seine Vollkommenheit, seine Ganzheit zu akzeptieren. Das führt dazu, ein „gerissenes" Verhaltensmuster zu entwickeln.
- Verlust der Unschuld. Das Bedürfnis, sich gegenüber jedem und allem einen Vorteil zu verschaffen.
- Fehlende Geduld auf dem Weg zur Selbstverwirklichung. Das führt dazu, voreilig zu sein und Aufgaben, die man erfüllen sollte, auszulassen.
- Macht die primäre Hologramm-Gabe Vereintsein unmöglich.

Getrenntheit der Materie (der Aberglaube der):
- Die auf einer materialistischen Vorstellung der Realität beruhende Überzeugung, daß die Dinge in der physischen Welt tatsächlich getrennt sind.
- Die Grundlage von Individualismus.

Gewohnheit:
Verfestigung eines Systems von Überzeugungen zu einer starren Haltung und damit zu einer wiederkehrenden Verhaltensweise.

Glück durch schöpferisches Mitwirken:
- Das Originalprogramm der Menschheit, das abläuft, wenn man seine partnerschaftliche Beziehung mit der Ganzheit akzeptiert.
- Sein Gegenstück ist das Ersatzprogramm „Fehlen von Glück", die Überzeugung, von der Ganzheit getrennt zu sein. Dieses Ersatzprogramm ist der Psycho-Virus.

Grenzen (emotionale):
- Energie-Trennung, die der Geist-Körper in den täglichen Interaktionen vornimmt.
- Eine ganzheitliche Sicht des Geist-Körpers versteht sie als Chancen, Bewußtheit zu entwickeln. Emotionale Grenzen lassen sich demnach durch einen Prozeß der Integration in Brücken und Verbundenheit umgestalten, was Reife und Transzendenz ermöglicht. Das wird durch einen kreativen Umgang mit den emotionalen Grenzen erreicht.

Himmel:
- Die bewußte Erfahrung von unbegrenzter Intelligenz, vereinheitlichter Energie und reiner Bewußtheit. Diese Erfahrung drückt sich im Alltag in der physischen Dimension als schöpferisches Mitwirken, hohe Energie und Selbstbewußtheit aus.
- Himmel ist die Widerspiegelung und Aktualisierung der Ganzheit im Geist-Körper.
- Ein Zustand der Gnade.

Hohe Energie:
- Eine Dimension des Hologramms der Mitschöpfung in der physischen Welt.
- Ein Zustand des Geist-Körpers, der einen Zustand des Abbaus von Lebensenergie heilt.
- Ein Zustand des Geist-Körpers, der Ganzheit, Enthusiasmus (von Gott erfüllt) widerspiegelt.

Hölle:
- Die Erfahrung von Fehlschöpfung, Abbau von Lebensenergie und Selbstbezogenheit als Resultat der Fragmentierung und Unabhängigkeit von der Ganzheit.
- Hölle ist die Verhinderung der Widerspiegelung und Aktualisierung der Ganzheit im menschlichen Geist-Körper.
- Ein Ego-Zustand des Geist-Körpers.
- Verzerrung des Hologramms der Mitschöpfung.

Hologramm:
- „Eine fotografische Aufnahme. Wird die fotografische Aufnahme in einen kohärenten Lichtstrahl, wie etwa einen Laser, gebracht, wird das ursprüngliche Wellenmuster wiederhergestellt, und es entsteht in einer gewissen Entfernung von der Filmplatte ein dreidimensionales Bild. Die Platte, auf der das Wellenmuster aufgezeichnet ist, zeigt, weil bei dieser Methode der Fotografie kein Linsensystem benutzt wird, ein scheinbar sinnloses Muster von Wirbeln. [...] Jeder Teil des Hologramms enthält das ganze Bild."[28] Die Möglichkeit, aus jedem Teil das Ganze zu rekonstruieren, ist allerdings durch bestimmte Bedingungen eingeschränkt.
- „Jeder Teil des Hologramms, wie klein er auch sein mag, enthält Informationen über das gesamte ursprüngliche Bild und kann es daher reproduzieren. Wenn die Teile zu klein werden, geht etwas an Auflösung verloren."[29]
- Das physische Universum kann als gewaltiges Hologramm verstanden werden. Jeder Teil dieses Hologramms ist in der Ganzheit enthalten, und die Ganzheit, die unteilbare Wirklichkeit, ist in jedem Teil des Hologramms enthalten.

Hologramm der Mitschöpfung:
- Die drei nichtmanifesten Dimensionen und die drei manifesten Dimensionen des Prinzips der Trinität als Einheit. Das Prinzip der Trinität ist das fundamentale Prinzip der Kreativität.
- Seine nichtmanifesten Dimensionen sind: Unbegrenzte Intelligenz, Vereinheitlichte Energie und reine Bewußtheit. Seine manifesten Dimensionen sind: Schöpferisches Mitwirken, hohe Energie und Selbstbewußtheit.
- Es wird vom Selbst verkörpert, von einem selbst.

Holographische Psychologie:
- *Holographische Psychologie* ist eine ganzheitliche Sicht des Geist-Körpers, die darauf beruht, die Brücken des Bewußtseins – die Mind Bridging-Hologramme – wiederherzustellen. Diese Brücken werden wieder aufgebaut, wenn man die physisch/analytische Dimension mit der transzendenten/holographischen Dimension des Bewußtseins integriert. Die Folge ist dann, daß man zur gleichen Zeit ganzheitliches Bewußtsein, die kreative Energie selbst, erfährt.
- *Holographische Psychologie* ehrt das Prinzip, den Menschen zu achten, und stellt nicht Verfahren und Modelle in den Mittelpunkt. Verfahren und Modelle können nach ihrer Auffassung nicht wichtiger sein als der Mensch, der ganz und einzigartig ist.
- Sie regt an, Brücken zu schlagen zwischen den fragmentierten Teilen der inneren und äußeren Welt. Durch solche Verbindungen lassen sich Vergnügen, Freude, Spontaneität, Unschuld, Liebe, Mut und Friede wiederfinden – all das bringt Verstehen und ist Ausdruck der eigenen Ganzheit!

- Sie ermöglicht die bewußte Erfahrung der Bewußtseinsbrücken, der Geist-Hologramme. Dadurch läßt sich die eigene ganzheitliche Natur zurückgewinnen und die innere Realität des „Mitschöpfers" annehmen.
- Die Wissenschaft des Geistes durch die „Wissenschaft des Herzens".

Holographisches Meisterwerk:
Das Hologramm der Mitschöpfung, ein „gewaltiger Entwurf". Wir sind hier zusammen, weil jeder von uns ein Stück im Puzzle dieses holographischen Meisterwerks ist. Zudem kann jeder von uns (also jedes Stück) bewußt das Hologramm der Mitschöpfung (den gesamten Entwurf) verwirklichen (reproduzieren), wenn er (jedes Stück) nicht verzerrt und durch die Illusion der Trennung von der Ganzheit fragmentiert wird.

Ich-sollte-ich-müßte-Pakt:
Der Ego-Trick, der die primäre Hologramm-Gabe Beziehung verhindert.

Innenschau:
- Unbegrenzte Intelligenz.
- Verstehen, ganzheitliche Sicht.
- Erfahrung des still gewordenen Geist-Körpers, der Weisheit empfängt.
- Die urteilssichere Natur kreativer Energie.
- Die transzendente siebte Dimension des holographischen Bewußtseins.
- Eingebungen, tiefe Einsicht.

Innere Wahrheit:
- Die Manifestation ganzheitlichen Bewußtseins im Geist-Körper.
- Die Führung von innen her.
- Die innere Weisheit.

Integrität:
Der Zustand des Geist-Körpers, der den kreativen Umgang mit den emotionalen Grenzen zum Ausdruck bringt. Zeugt von Authentizität und Selbstverantwortung. Zeigt Ganzheit.

Intellekt:
- Übersetzt die nicht-manifeste Dimension der Schwingungen in die manifeste Dimension der „greifbaren" Welt.
- Organisiert die analytische Realität des Geist-Körpers.
- Das rationale Wesen des analytischen Geist-Körpers.
- Ein Aspekt der kreativen Bewegung des Geist-Körpers, der kreativen Bewegung der Ganzheit.
- Ein analytischer Verstehensprozeß, der folgende sechs analytische Vorgänge umfaßt: „Prozeß der Anerkennung", „Prozeß der Fokussierung", „Prozeß der Signifikanz", „Prozeß der Bewertung", „Prozeß der Manifestation" und „Prozeß der Interpretation". Diese sind alle in den zwei holographischen Prozessen enthalten: „Prozeß der Widerspiegelung" und „Prozeß der Aktualisierung".

Kaleidoskopisches Prinzip:
- Jeder Teil des Geist-Körpers steht in Wechselbeziehung zu den anderen Teilen. Schlägt man eine bestimmte Richtung ein, bewegen sich deshalb alle Teile in nicht vorhersagbarer Weise so, daß sich ein unerwarteter Entwurf, eine neue Sicht anbietet.
- Eine holographische, nicht-ortsgebundene Perspektive des Geist-Körpers.

Kollektiver Geist-Körper:
- Das universale Unbewußte.
- Alles, was eine einzige mitschöpferische Bewegung ist, ein einziger Geist-Körper. Das heißt nicht, daß alle Geist-Körper Teile sind, die zusammengefügt einen einzigen Geist-Körper bilden. Bezieht sich vielmehr auf eine unteilbare Realität, in der sich alles gegenseitig durchdringt, eine Quantenrealität.
- Das kollektive Unbewußte.

Komplementäre Energie:
Verleugnete kreative Lebensenergie – eine verleugnete Gabe, Eigenschaft oder Fähigkeit.

Komplementarität:
Die Existenz von unzähligen Schichten einander überlagernder Realitätsperspektiven. Diese Schichten ergänzen einander. Sie sind aber oft widersprüchlich.

Konditionierung:
- Eine wiederkehrende trennende Dynamik, die durch automatisch trennende Gedanken verstärkt wird. Diese immer wieder trennende Dynamik erzeugt ein wiederkehrendes trennendes Verhalten. Diese Dynamik schafft ein wiederkehrendes trennendes Muster.
- Ein unechter Zustand des Geist-Körpers, der Selbstbewußtheit unterdrückt, Selbstbezogenheit dagegen verstärkt.

Kreative Kanäle:
- Die kreativen Kanäle des Geist-Körpers sind: Verstehen, Sinnlichkeit-Sexualität, Instinkt, Kommunikation, Intuition, Zuneigung und Emotion. Sie sind auf unvorhersagbare, holographische und gleichzeitig auf lineare, analytische Weise miteinander verbunden. Die kreativen Kanäle beeinflussen sich gegenseitig.
- Sie machen es möglich, daß Innenschau entsteht und Bewußtheit sich im Geist-Körper manifestiert. Sie lassen auch kreative Lebensenergie durch die Bewegung des Gebens und Nehmens im Geist-Körper fließen.
- Verschaffen Zugang zu den vielschichtigen Aspekten und den parallelen Dimensionen der eigenen Person.

Kreative Kommunikation:
- Spiegelt partnerschaftliche Beziehung wider.
- Verantwortliche Schritte zur Verbindung mit dem Unbekannten machen; das ermöglicht den vollständigen und wahren Ausdruck seiner selbst.

Schöpferische Notwendigkeit:
- Eine unvorhersagbare Manifestation des Geist-Körpers, die ein Schwingungsmuster bestimmt. Sie gibt kreativer Lebensenergie eine neue Richtung, um einen aus der schöpferischen Bewegung der Ganzheit sich ergebenden schöpferischen Lebenssinn zu erfüllen.

Kreative Transformation:
- Loslassen vergangener Konditionierungen. Veränderung in einer Weise, die es erlaubt, Verständnisbrücken zu schlagen. Diese Brücken machen kreative Lebensenergie für Mitschöpfung verfügbar.

Kreative Wechselbeziehung:
- Eine Beziehung mit integrativem Zweck, die zwischen den nicht-manifesten und den manifesten Dimensionen der Geist-Hologramme sowie zwischen den transzendenten und den physischen Dimensionen des Bewußtseins entsteht.
- Eine Beziehung mit integrativem Zweck, die zwischen den drei Dimensionen eines verbindenden Geist-Hologramms sowie unter allen verbindenden Geist-Hologrammen entsteht. Wenn es nicht zu einer kreativen Wechselbeziehung kommt, wird das „verbindende Geist-Hologramm" zu einem „trennenden Geist-Hologramm".

Kreative Welle:
- Moment der Bewußtheit.
- Reflektiert die Verbindung der drei nicht-manifesten mit den drei manifesten Dimensionen des Hologramms der Mitschöpfung als Einssein. Dank dieser Brücken kann sich das Bewußtsein durch die Widerspiegelung von Ganzheit vertiefen. Es kann sich auch erweitern, wenn man in der evolutionären Spirale seines Bewußtseins vorankommt und Ganzheit auf einer entsprechenden, aber erweiterten Ebene des Bewußtseins aktualisiert.
- Anzeichen, daß sich das ganzheitliche Bewußtsein frei und kreativ in einem, durch einen und mit einem manifestiert.
- Hängt mit der vierten Dimension des Bewußtseins, der Mind Bridging-Dimension, zusammen.

Kreativer Lebenssinn:
- Die Fähigkeit, die Gabe der Einzigartigkeit zu verkörpern, die es einem erlaubt, seine Aufgabe im gesamten Prozeß der Mitschöpfung mit der Ganzheit zu erfüllen.
- Die Fähigkeit, seine Gabe der Einzigartigkeit zu entwickeln und zu teilen, indem man seine männliche innere Realität ausdrückt und seine aktive geistige Energie ins Gleichgewicht bringt.

Kreativer Wille:
- Wahrnehmung von Einssein.
- Der menschliche Wille vereint mit dem Willen der Ganzheit.
- Der Wille spiegelt den „Entscheidenden" des Geist-Körpers wider, jenen Teil, der die bewußten und unbewußten Entscheidungen trifft. Wenn der individuelle Wille mit dem Willen der Ganzheit verbunden ist, spiegelt er das Selbst wider. Diese Verbindung bedeutet, daß es nur einen Willen gibt, den kreativen Willen. Wenn sich

der individuelle Wille aber vom Willen der Ganzheit trennt, wird er dem unwahren Selbst, dem Ego dienstbar. Der Wille fragmentiert dann in zahlreiche Einzelwillen – Persönlichkeiten. Man trifft zwar weiterhin seine Wahl, aber die Fähigkeit zu wählen verliert jeden Zusammenhang und gerät unter das Diktat von Konkurrenzkampf, Verhaftetsein und Besitzdenken.

Kreatives Netz:
Mitschöpferische, in Wechselbeziehung stehende und einander durchdringende Lebenssysteme und -vorgänge.

Kreatives Potential:
- Begabung (innere Größe).
- Die Fähigkeit, seine Begabungen willkommen zu heißen, indem man seine weibliche innere Realität ausdrückt und seine rezeptive geistige Energie ins Gleichgewicht bringt.

Kreatives Selbstmanagement:
- Die Fähigkeit, mit seinen geistigen Energien, seinen Geist-Hologrammen, umzugehen, indem man sie in einen Zustand kreativer Wechselbeziehung zurückführt und darin bewahrt.
- Die Fähigkeit, sich um seine geistige Energien, seine Geist-Hologramme, zu kümmern. Das ermöglicht ein friedvolles, glückliches, erfüllendes und erfolgreiches Leben zu führen!
- Entspricht dem Satz: „If you don't mind your bridges, you can't bridge your mind." (Ein Wortspiel, etwa: „Wenn du dich nicht um deine Brücken kümmerst, kannst du deinem Geist keine Brücken bauen.")
- Hängt mit der Fähigkeit zusammen, kreative Möglichkeiten zu aktualisieren. Hat auch mit fokussierter Absicht und vereinheitlichter Aufmerksamkeit zu tun.
- Verantwortungsvoller Umgang mit den emotionalen Grenzen, was Mind Bridging oder Vergeben ermöglicht.
- Ermöglicht es, wahre Verbundenheit zu entwickeln.
- Hilft einem, sich selber zu erziehen. Diese Erziehung bedeutet, den Weg der Nicht-Dualität zu gehen.

Kreativität:
Manifestation von unbegrenzter Intelligenz, Innenschau, die hohe Energie und Selbstbewußtheit ermöglicht.

Krise:
- Verkehrsstau im Geist-Körper.
- Ein Zustand des Geist-Körpers, in dem blockierende reaktive Verhaltensmuster in einem Teufelskreis von Wiederholung ineinander greifen.
- Eine Krise kann zu schöpferischem Mitwirken führen, wenn sie als ein kurzes Zwischenstadium angesehen wird, das Transformation möglich macht. Es ist kein „Ort", um dort zu bleiben, sondern eine Chance, sich neu zu entscheiden. Die Krise enthält zugleich ihre Lösung. Dagegen ist Verharren in einer Krise Ausdruck von Selbstnachgiebigkeit und Selbstaufopferung.

Krise der Kreativität:
- Fehlen von unbegrenzter Intelligenz. Verhinderung von Innenschau. Blockade von hoher Energie und Selbstbewußtheit.
- Blockierung des Selbst, der partnerschaftlichen Beziehung mit der Ganzheit.
- Zerstörung kreativer Kommunikation: Eine unterbrochene Verbindung zwischen den nicht-manifesten und den manifesten eigenen Realitäten.

Leben:
- Ein ständiger kreativer Energieprozeß, der sich durch Wechselbeziehung, gegenseitige Durchdringung, Transformation und Neuschöpfung manifestiert.
- Die mitschöpferische Bewegung der Ganzheit.
- Es ist eine spiralförmige Bewegung in ständiger Transformation, Neuschöpfung. Die spiralförmige Mind Bridging-Dynamik der Bewegung ganzheitlichen Bewußtseins verweist auf die Lebens-Bewegung.
- Ein kreatives Gewebe.
- Eine einzigartige Realität, die Geist und Materie in ständiger kreativer Transformation ist.

Lebens-Lernprogramm:
- Vertiefung und Erweiterung des Bewußtseins.
- Mitschöpfung.
- Erfüllung seines schöpferischen Potentials und kreativen Lebenssinns. Dazu gehört kreatives Selbstmanagement.
- Beruht auf dem kreativen Umgang mit seinen emotionalen Grenzen sowie auf der Selbstbestimmung beim persönlichen Wachstum.

Linearität:
- Befolgen einer zeitlichen Ordnung.
- Ereignisse hängen als Ursache und Wirkung zusammen.
- Vorhersagbarkeit.

Manifeste Dimension:
- Die physische Dimension - die „greifbare" Welt.
- Manifestation der Materie. Materie ist eine minimale Zunahme an Energie, eine kleine Welle im Energie-Ozean der nicht-manifesten Realität.

Männlich – kreativ:
- Die Integrität der männlichen inneren Realität.
- Hängt mit dem Einssein der aktiven geistigen Energie zusammen.

Männlich – fehlkreativ:
- Die Verzerrung der männlichen inneren Realität.
- Hängt mit der Fragmentierung der aktiven geistigen Energie zusammen.

Materialität:
- Materie.
- Physischer Körper.
- Der Gedanke ist eine sehr feine Form der Materialisierung.

Meister
- Jemand, der für uns „sehen" kann, solange wir „blind" sind für unsere eigene Größe. Über den Meister wird diese Größe zu uns zurückgespiegelt.
- Jemand, der weiß, wie er am besten aus jedem Ereignis im eigenen Leben lernen kann.
- Jemand, der eine Situation mit den Augen unschuldiger Neugierde betrachten kann.

Meister (innerer):
- Jemand, der weiß, wie er immer wieder zu einem Leben der Leichtigkeit und des Humors zurückfinden kann, und sich von Schwierigkeiten und Polarisierung nicht aufhalten läßt.
- Jemand, der in einem Lernprozeß ständig vorwärts geht.
- Jemand, der in seinem Geist-Körper jederzeit präsent ist und das Leben mit Freude und aufmerksamer, unschuldiger Neugier zu schätzen weiß.

Meisterschaft:
- Die Fähigkeit, für sich selbst, für andere und für den Prozeß der Mitschöpfung empfänglich zu sein.
- Die Fähigkeit zu kreativer Kommunikation.
- Die Fähigkeit, ungezwungen zu sein und Humor zu erfahren.
- Ein ständiger Lernprozeß.
- Transparenz.
- Läßt kein Ritual zu. Eine primäre Hologramm-Gabe des Systems der Sieben Mind Bridging-Hologramme.

Menschheit:
- Manifestation des Selbst.
- Die bewußte partnerschaftliche Beziehung mit der Ganzheit, die zwischen der nichtmanifesten, transzendenten Dimension und der manifesten, physischen Dimension der Menschen zustandekommt.
- Manifestation ganzheitlichen Bewußtseins.
- Manifestation des Hologramms der Mitschöpfung.

Mind Bridging-Antwort: Die So-ist-es-Antwort
- Die Innenschau, ganzheitliche Sicht, die sich aus der partnerschaftlichen Beziehung mit der Ganzheit ergibt.
- Das Verstehen, das sich aus den drei Mind Bridging-Fragen ergeben kann: „Worin liegt die Bedeutung dieser Situation?", „Wie beeinflußt mich diese Situation?" und „Wie ist meine Einstellung zu dieser Situation?"
- Manifestation des Moment der Bewußtheit, der Verbindung des holographischen und des analytischen Bewußtseins.
- Bezug zur vierten Dimension des Bewußtseins, der Dimension von Mind Bridging, der Dimension des Quantenselbst.

Mind Bridging-Dynamik:
- Ist die Grundlage der Lehre der *Holographischen Psychologie*, der Lehre der Kreativität, der Lehre des Einsseins.

- Besteht aus drei Teilen: Die Subdynamik des Verbindenden, die Subdynamik des Verbundenen und die Subdynamik des Vorgangs des Verbindens.
- Integriert die persönlichen weiblichen und männlichen Wechselbeziehungen und verbindet die rezeptive geistige Energie mit der aktiven geistigen Energie. Man gewinnt so seine kreative Energie zurück.
- Die Dynamik des Zusammenhangs.
- Gemäß der *Holographischen Psychologie* ermöglicht sie den kreativen Ablauf des Bewußtseinsprozesses der Entfaltung und Einfaltung.
- Erlaubt einem, das Selbst, das man ist, widerzuspiegeln und zu aktualisieren, weil es einem erlaubt, die Realität des „Mitschöpfers" in sich zu verkörpern.

Mind Bridging-Fragen (die drei): „Worin liegt die Bedeutung dieser Situation?", „Wie beeinflußt mich diese Situation?" und „Wie ist meine Einstellung zu dieser Situation?"

- Schlüsselfragen, die den Geist-Körper bereit machen, Innenschau, Verstehen zu empfangen.
- Bezug zu den drei manifesten Dimensionen des Geist-Hologramms: schöpferisches Mitwirken, hohe Energie und Selbstbewußtheit, welche die drei analytischen Dimensionen des Bewußtseins widerspiegeln: das verbindende Unbewußte, das verbindende Unterbewußte und das verbindende Bewußte.
- Sie machen den Geist-Körper dafür wach, bewußt und kreativ den Tanz der Gegensätze, den Tanz der Bewußtheit zu erfahren, und sie helfen, diese Gegensätze zu integrieren.
- Ihr Hauptsinn ist Selbsterziehung, der Weg zu Nicht-Dualität.
- Sie helfen einem, seine Authentizität wiederzuerlangen und ein erfüllteres Leben zu schaffen.

Mind Bridging-Hologramme (Die Sieben):

- Ein System, das ein holographisches psychologisches Modell erklärt, indem es Geist-Hologramme mit der verbindenden Dynamik ganzheitlichen Bewußtseins in Wechselbeziehung setzt. Es besagt, daß die nicht-manifeste und die manifeste Natur der Geist-Hologramme wie auch die transzendente und die physische Natur ganzheitlichen Bewußtseins einander widerspiegeln.
- Ein System, das sich auf die biologischen, psychologischen und transzendenten Aspekte des Hologramms der Mitschöpfung, das man verkörpert, bezieht. Es besagt, daß das Bewußtsein eine Realität mit drei Dimensionen ist, welche die verschiedenen Ebenen der kreativen Energie durch die Bewußtseinsbrücken – die Geist-Hologramme – holographisch spiegelt und analytisch manifestiert.
- Ein System, das die Spaltung aufzeigt, die zwischen der untrennbaren Quantennatur und der illusionären, fragmentierten Natur des Geist-Körpers eintritt. Diese fragmentierte Natur ist das Ego, welches die wahre Quantennatur „verdeckt".
- Ein System, das die kreativen und fehlkreativen Muster, Kräfte und Verhaltensweisen wie auch die verbindenden und trennenden Aspekte des Bewußtseins aufzeigt. Es erklärt diese einander entgegengesetzten Muster, Kräfte, Verhaltensweisen und Aspekte des Bewußtseins durch bestimmte Konzepte, die unterschiedlich angeordnet sind, aber miteinander in Beziehung stehen. Diese Konzepte sind dreidimensional strukturiert, um psycho-holographisch das ganzheitliche Wesen jeder Person wie

auch dessen Verzerrung auszudrücken. Ebenso werden die verbindenden und die trennenden Ebenen des Bewußtseins deutlich. Alle diese Konzepte, aufgezeichnet in den sieben Mind Bridging-Hologrammen, stehen entweder in nicht-ortsgebundener oder in linearer Wechselbeziehung, entsprechend der Mind Bridging-Dynamik der *Holographischen Psychologie*. Dies sind die Mind Bridging-Hologramme und ihre polaren Gegenstücke:

	Verbindende Geist-Hologramme	**Trennende Geist-Hologramme**	
	Wahre Identität	Moralismus	
	Ursprünglichkeit	Persönlicher Mythos	
Verbindender Pol:	Selbstbesitz	Tabu	**Trennender Pol:**
Der ganzheitliche	Meisterschaft	Ritual	**Der fragmentierte**
Geist-Körper	Vereintsein	Aberglaube	**Geist-Körper**
	Partnerschaft	Vergötterung	
	Beziehung	Ich-sollte-ich-müßte-Pakt	

- Ein System, das die illusionäre Verzerrung und Fragmentierung aufzeigt, die während der Manifestation der Geist-Hologramme und des Bewußtseins von der nicht-manifesten/transzendenten Realität zur manifesten/physischen Realität auftreten. Dies „spaltet" die Matrix der Mitschöpfung in das Selbst und das unwahre Selbst und ganzheitliches Bewußtsein in verbindende und trennende Ebenen, Dimensionen und Aspekte. Das Selbst bleibt in seiner kreativen Natur, derjenigen des „ganzheitlichen Geist-Körpers", während das unwahre Selbst eine fehlkreative Natur, die des „fragmentierten Geist-Körpers", verkörpert. Das unwahre Selbst ist das Ego.
- Die illusionäre Spaltung der holographisch-analytischen Geist-Körper-Matrix der Mitschöpfung, also des Selbst, wie auch die illusionäre Fragmentierung ganzheitlichen Bewußtseins erzeugen gewaltige Mißbildung. Man beginnt in unkontrollierter, fehlkreativer Weise, abseits von der Ganzheit, trennende Geist-Hologramme zu erzeugen. Dies hält die trennenden Geist-Hologramme davon ab, sich von der inneren Ganzheit her zu entfalten. Im Geist-Körper äußert sich das in Unbehagen, fehlendem inneren Frieden und Verkrampfung.

Mind Bridging-Prozeß:
- Die Verbindung des holographischen und des analytischen Bewußtseins. Diese Verbindung ermöglicht die Manifestation kreativer Energie.
- Seine Bestandteile sind:
  – Rezeptive Prozesse: „Prozesse des Anerkennens", der „Klärung", der „Manifestation" und der „Widerspiegelung". Diese Prozesse drücken verschiedene Aspekte und Dimensionen der eigenen rezeptiven geistigen Energie aus.
  – Aktive Prozesse: „Prozesse der Fokussierung", „Bewertung", „Interpretation" und der „Aktualisierung". Diese Prozesse drücken verschiedene Aspekte und Dimensionen der aktiven geistigen Energie aus.
- Ein Prozeß, eine verleugnete geistige Energie zu verbinden, indem die bisher blockierte komplementäre Energie wiedergewonnen wird. Das setzt den Fluß kreativer Energie im Geist-Körper wieder in Gang.
- Ein Prozeß des Vergebens.
- Drückt die verbindende Natur des Selbst aus. Ermöglicht Mitschöpfung.

- Bezug zur vierten Dimension des Bewußtseins.
- Bezug zum Moment der Bewußtheit, der Erinnerung an die Ganzheit.

Mind Bridging-Subdynamik:
- Gemäß der *Holographischen Psychologie* regen die drei Formen der Mind Bridging-Subdynamik die Bewegung ganzheitlichen Bewußtseins an, sich im Geist-Körper, durch ihn und mit ihm zu manifestieren.
- Die drei Formen der Mind Bridging-Subdynamik sind: Die Subdynamik des Verbindenden, die Subdynamik des Verbundenen und die Subdynamik des Vorgangs des Verbindens.
- Sie bringen bei ihrer Manifestation im Geist-Körper verschiedene Momente und Merkmale der Bewegung ganzheitlichen Bewußtseins zum Vorschein. Diese Bewegung spielt sich zwischen den transzendenten und physischen Dimensionen des Bewußtseins ab.
- Sie integrieren die weiblichen und die männlichen Wechselbeziehungen durch rezeptive und aktive Prozesse des Verbindens zur inneren Realität des „Mitschöpfers".
- Sie ermöglichen der rezeptiven geistigen Energie und der aktiven geistigen Energie, sich mit der kreativen Energie zu vereinigen. Man erlangt dann wieder die Fähigkeit, mit der Ganzheit schöpferisch wirksam zu sein.

Mind Bridging-Wechselbeziehungen:
- Weibliche Wechselbeziehungen: Der „Spürende", der „Empfindende" und der „Denkende". Diese Wechselbeziehungen drücken in drei Dimensionen verschiedene Aspekte/Phasen der weiblichen inneren Realität aus.
- Männliche Wechselbeziehungen: Der „Entscheidende", der „Erfahrende" und der „Produzierende". Diese Wechselbeziehungen drücken in drei Dimensionen verschiedene Aspekte der männlichen inneren Realität aus.
- Wenn man seine männlichen und weiblichen Wechselbeziehungen integriert, wird man ein „Mitschöpfer".

Moralismus:
- Der Ego-Trick, der die primäre Hologramm-Gabe der wahren Identität verhindert.

Muster der Mitschöpfung:
- Der harmonische Ausdruck der weiblichen und der männlichen inneren Realität, die einander unterstützen. Sie sind: Kreatives Potential und schöpferischer Lebenssinn, Flexibilität und Gespür für Gelegenheiten, Aneignung des inneren Raums und der inneren Ausrichtung, Leichtigkeit und Humor, Fülle und wechselseitige Beziehung, Akzeptanz und Unterstützung, Selbstwert und innere Erlaubnis.
- Ihre Gegensätze sind die Reaktionsmuster: Verzerrende Projektion und Dissoziation, Nervosität und Selbstbestrafung, Angriff und Verteidigung, Perfektionismus und Kritik, Selbstbehinderung und Habsucht, Forderung und Rückzug, Unterwerfung und ausschließende Autonomie.
- Sie tragen dazu bei, daß kreative Lebensenergie in einem fließt und Bewußtheit sich im Geist-Körper manifestieren kann.

- Die Muster des Geist-Körpers, die sich durch schöpferisches Mitwirken, hohe Energie und Selbstbewußtheit manifestieren. Diese Muster sind von den Vorfahren und Eltern übernommen und von jedem auf seine eigene Weise entwickelt worden.

Nicht-Linearität:
- Unvorhersagbarer und paradoxer Prozeß.
- Kleine Anfangsveränderungen können zu unvorhersagbaren Ergebnissen führen.

Nicht-manifeste Dimension:
- Transzendente Dimension.
- Der Bereich der Schwingungen; der holographische Bereich.
- Ein nicht-manifester Energie-Ozean.

Nicht-Ortsgebundenheit:
- Hat zur Folge, daß Systeme, die miteinander in Wechselbeziehung stehen, einander ohne Verzögerung beeinflussen.
- Räumlich getrennte Ereignisse beeinflussen einander. Nach Heinz Pagels ist die Nicht-Ortsgebundenheit des Quants die Theorie des Informationstransfers.

Opferschmeichler
Eine Persönlichkeit, die der Prämisse „Ich habe kein Recht, mich auszudrücken" Macht verleiht. Diese Persönlichkeit entwickelt dann ein Bedürfnis nach Bestätigung. Dieses Bedürfnis führt einen dazu, anderen zu schmeicheln, und verstärkt so die Prämisse selbst. Dieses Schmeicheln hält einen davon ab, wirklich man selbst zu sein.

Originalprogramm:
Glück durch schöpferisches Mitwirken.

Parallele Dimensionen:
- Sie kommen durch die Entfaltung des Bewußtseins zu anderen Dimensionen seiner selbst zustande. Diese Dimensionen sind allgegenwärtig und manifestieren sich zur gleichen Zeit wie die physische Dimension.
- Nacht- und Tagträume sind Beispiele paralleler Dimensionen: Diese Dimensionen verwenden ein unterschiedliches Kodesystem, eine unterschiedliche Symbolsprache.
- Wir sind uns unserer parallelen Dimensionen nicht völlig bewußt. Sie beeinflussen aber unsere physische Dimension, denn alle Dimensionen stehen in holographischer Wechselbeziehung miteinander.
- Es sind unbekannte Dimensionen von einem selbst, die einen auffordern, sie zu verbinden, um Integrität und Harmonie erfahren zu können.
- Es sind einzelne logische Systeme des Bewußtseins.

Partnerschaft:
- Die Fähigkeit, miteinander zusammenzuarbeiten, sich gegenseitig zu achten und füreinander zu sorgen, Freundlichkeit, Liebe und Mitgefühl zu zeigen.
- Eine primäre Hologramm-Gabe des Systems der Sieben Mind Bridging-Hologramme.

- Ein Zustand der Akzeptanz und der Unterstützung für sich selbst und für andere.
- Läßt keine Vergötterung zu.

Partnerschaftliche Beziehung:
- Das Selbst.
- Die kreative Bewegung der Ganzheit, welche die nicht-manifesten Realitäten mit den manifesten Realitäten integriert.

Persönlicher kreativer Meister:
- Person oder inneres Bild, die einem Vertrauen in den Prozeß der Mitschöpfung geben.
- Person oder inneres Bild, die Harmonie und Integration vermitteln. Friede!
- Beispiele persönlicher kreativer Meister sind Jesus, Buddha, ‚Licht‘ (Verstehen, Klarheit, kreative Energie), ein lebender spiritueller Lehrer, der liebevolle Partner.

Persönlicher Mythos:
- Der Ego-Trick, der die primäre Hologramm-Gabe der Ursprünglichkeit verhindert.
- Die unglückliche Geschichte, die man erfindet und weiterspinnt, um sich davon abzuhalten, sich kreativ zu transformieren. Sie erlaubt einem nicht, man selbst zu sein, seine innere Größe auszudrücken.

Persönlichkeit:
- Autonome fragmentierte geistige Energie.
- Trennendes Geist-Hologramm.
- Von der Ganzheit unabhängiger Schöpfer.
- Fragmentierung des Willens.
- Eine Rolle.
- Ein Selbst-Konzept.

Physische Dimension:
- Manifeste Dimension.
- ‚Greifbare‘ Welt.
- Begrenzte Dimension.

Planende Vision:
Definition größerer Schritte, um trotz schöpferischer Notwendigkeiten, die im Augenblick auftreten, mit einer Situation fertig zu werden. Dazu gehören Flexibilität und ein Sinn für gute Gelegenheiten, ein Gespür für den richtigen Zeitpunkt.

Possessive Induktion:
- Ein zwanghaftes Anhäufen von Informationen, um eine Vorstellung „greifbar“ zu machen. Beruht auf Zweifel.
- Macht einen selbstgerecht hinsichtlich seiner Selbst-Konzepte. Man meint, die Wahrheit über etwas zu „besitzen“. Führt dazu, daß man sich an seine starren Vorstellungen bindet.
- Ein Prozeß von zwanghafter Materialisierung, Habsucht, Verhaftetsein und Selbstgerechtigkeit.

Projektion:
- Der schöpferische Geist-Körper-Mechanismus, durch den die Gabe der Manifestation ausgedrückt wird. Sein Sinn liegt darin, daß er einem möglich macht, mit der Ganzheit schöpferisch zusammenzuwirken.
- Die Deformation dieses Mechanismus ist verzerrende Projektion. Durch verzerrende Projektion wird die Schattenseite des Geist-Körpers verewigt. Diese Schattenseite spiegelt „Fehl"anerkennung, mangelnde Ausrichtung, ungenaue Klärung, Fehlbewertung, verzerrende Manifestation, Fehlinterpretation. Sie alle haben ihre Wurzeln in Fehlwahrnehmung.

Psycho-Virus:
- Die Überzeugung, von der Ganzheit getrennt zu sein.
- Das Ersatzprogramm des Geist-Körpers: Fehlen von Glück.
- Ein Prozeß des Selbst-Ausschlusses, der Selbst-Ignoranz und der Selbst-Vergessenheit. Zu diesem Prozeß gehören „Fehl"anerkennung, mangelnde Ausrichtung, ungenaue Klärung, Fehlbewertung, verzerrende Manifestation, Fehlinterpretation, die alle Formen von Fehlwahrnehmung sind.
- Blockiert schöpferisches Mitwirken, hohe Energie und Selbstbewußtheit und hindert dadurch das Hologramm der Mitschöpfung daran, sich in einem, durch einen und mit einem zu manifestieren.
- Die Verkörperung des fehlkreativen Intellekts.
- Die eigentliche Wurzel des Egos.

Quant:
- Ein unteilbares „Paket".
- Etwas, das entweder Welle oder Teilchen ist.
- Ein einzelnes Elektron ist ein Quant. Mehrere Elektronen bilden eine Quantengruppe.
- Der ganze Raum ist ein Netz aus Quantenpotential.

Quantenrealität:
- Unteilbare Realität.
- Zustand wechselseitiger Verknüpfung. Ereignisse, die nichts miteinander zu tun zu haben scheinen, sind alle miteinander verknüpft.
- Das vereinheitlichte Feld von Information.

Quantenselbst:
- Das unteilbare Selbst. Eine unteilbare Realität.
- Die ungebrochene partnerschaftliche Beziehung mit der Ganzheit.
- Die Mind Bridging-Dimension.
- Die partnerschaftliche Beziehung zwischen der nicht-manifesten und der manifesten Realität, die aus der Ganzheit ausstrahlt und sich in der physischen Welt als eigene Person, als Menschheit, als Natur und als Schöpfung überhaupt entfaltet.
- Holographisch-analytische Realität (die ganzheitliche Realität).
- Wir sind das Selbst.
- Die gewaltige, alles einschließende Matrix der Mitschöpfung, wo die Erinnerung an die Ganzheit und das Originalprogramm, „Glück durch schöpferisches Mitwirken", eingeprägt sind.

Raum:
Psychologische korrelative Realität.

Rebellenschmeichler
Die Persönlichkeit, die der Prämisse „gegen alles sein" Macht verleiht. Diese Persönlichkeit wird von Überlegenheitsgefühlen überwältigt, welche die Prämisse „gegen alles sein" verstärkt, eine Verstärkung, die selbst zum Akt des Schmeichelns wird. Diese Verstärkung kompensiert nur Minderwertigkeitsgefühle und hält einen davon ab, wirklich man selbst zu sein.

Reife:
- Die Fähigkeit, selbstverantwortliche Entscheidungen zu treffen, die zu Mitschöpfung führen.
- Die Fähigkeit, mit seinen Gefühlen, dem jeweiligen Zustand seines Geist-Körpers, kreativ umzugehen und nicht in Mustern von Opfer und Rebell zu verharren.
- Der richtige Umgang mit den emotionalen Grenzen.
- Hat mit kreativem Selbstmanagement zu tun.
- Die Fähigkeit, kreative Entscheidungen zu treffen und sie konsequent umzusetzen.
- Die Fähigkeit, fehlkreative Entscheidungen zu korrigieren, was einem erlaubt, seine Integrität wiederzugewinnen.

Reine Bewußtheit:
- Die nichtmanifeste dritte Dimension des Hologramms der Mitschöpfung.
- Ausstrahlung von der Ganzheit her.
- Das schöpferische Verhalten des Geistes.

Rest-Angst:
- Ein tief in der trennenden unbewußten Dimension verborgener „Teil" der Angst. Das Ego läßt diese Teile der Angst niemals völlig ans Licht der bewußten Dimension kommen, wo sie geheilt werden könnten. Es ist eine Form von Zwangsvorstellungen des Egos, die nur durch Gnade, kreative Energie geheilt werden kann. Das geschieht, wenn man diese verborgenen Teile der Angst zurückgewinnt und ans Licht bringt sowie sie rettet, indem die partnerschaftliche Beziehung mit der Ganzheit wiederhergestellt wird.
- Der Thron des Ego.
- Miteinander verknüpfte Restängste werden zu einer Kette von Restängsten. Diese Kette hält einen im Gefängnis seines Egos fest. Man wird ein Sklave des Ego.

Ritual:
Der Ego-Trick, der die primäre Hologramm-Gabe der Meisterschaft verhindert.

Schöpferisches Mitwirken:
- Die erste Dimension eines Geist-Hologramms.
- Die Integration der weiblichen und der männlichen inneren Realitäten. Der Zustand, in dem beide Realitäten in partnerschaftlicher Beziehung mit der Ganzheit wirken. Dies ermöglicht die Manifestation von Ganzheit.
- Ein Zustand des Geist-Körpers, der in Gegensatz zu Fehlkreativität steht.

Selbstliebe:
- Die Fähigkeit, sich selbst zu lieben. Sie ist verbunden mit Selbstachtung und gegenseitiger Achtung. Sie beruht auf Akzeptanz und Unterstützung. Selbstliebe läßt keine Vergötterung zu.
- Die Grundlage wahrer Partnerschaft.

Selbstaufgabe:
- Unfähigkeit, sich seinen inneren Raum und seine innere Ausrichtung zu eigen zu machen.
- Verhinderung der Selbstgenügsamkeit.
- Verhinderung von kreativem Selbstmanagement.
- Erlaubt nicht, Selbstvertrauen zu entwickeln.

Selbst-Ausschluß:
- Hat mit Fehlwahrnehmung des eigenen Wesens zu tun.
- Geschieht aufgrund der „Fehl"anerkennung der eigenen Empfindungen und eines Mangels an Ausrichtung auf den eigenen kreativen Willen. Blockiert die Urteilskraft.
- Hat mit Selbst-Vergessenheit und Selbst-Ignoranz zu tun.

Selbstbesitz:
- Die Fähigkeit, sich den eigenen inneren Raum und die innere Ausrichtung zu eigen zu machen.
- Stille, Fähigkeit zur Umsetzung, klare Absicht zu schöpferischem Mitwirken.
- Die Grundlage kreativen Selbstmanagements.
- Der Ausdruck der individuellen Einzigartigkeit.
- Eine grundlegende Hologramm-Gabe des Systems der Sieben Mind Bridging-Hologramme.
- Läßt kein Tabu zu.

Selbstbewußtheit:
- Ein Zustand des Geist-Körpers, der Ganzheit widerspiegelt.
- Ein Zustand des Geist-Körpers, der im Gegensatz zu Selbstbezogenheit steht.
- Ein kundiger Zustand des Geist-Körpers.

Selbstbezogenheit:
- Ein Zustand des Geist-Körpers, der Fragmentierung verrät.
- Ein Zustand des Geist-Körpers, der im Gegensatz zu Selbstbewußtheit steht.

Selbsterkenntnis:
- Die Fähigkeit, sich selbst zu verstehen. Dieses Verstehen beruht auf Vergeben, das Mind Bridging, Transzendenz ist.
- Spiegelt die Fähigkeit wider, auf seine wahren Bedürfnisse und Wünsche zu hören, was Harmonie und Integration zu einem zurückbringt.
- Sie macht frei von Moralismus und läßt einen seine wahre Identität, Ganzheit, wiederfinden.

Selbstgenügsamkeit:
- Die Fähigkeit, sich wirklich freuen zu können. Sie hat mit innerer Stille und Sinnhaftigkeit sowie mit vereinheitlichter Aufmerksamkeit und fokussierter Absicht zu tun.
- Sie beruht auf der Aneignung seines inneren Raums und der inneren Ausrichtung. Sie macht frei von Tabu.
- Zeugt von kreativem Selbstmanagement.

Selbst-Gestaltung:
- Die Fähigkeit, mit der Formbarkeit des Geist-Körpers umzugehen. Sie hat mit der Fähigkeit zu tun, in der Gegenwart zu sein und wahre Freiheit zu erfahren. Beruht auf Flexibilität und einem Gespür für die richtige Gelegenheit, den richtigen Zeitpunkt.
- Selbst-Gestaltung befreit vom persönlichen Mythos, der eigenen unglücklichen Geschichte.

Selbstsicherheit:
- Die Fähigkeit, spontan und bestimmt zu sein. Hat mit Empfänglichkeit und Führungsqualität zu tun. Beruht auf Ungezwungenheit und Humor. Selbstsicherheit läßt Ritual nicht zu.
- Steht im Gegensatz zum Selbstbildnis.

Selbst-Ignoranz:
- Das Leugnen seiner natürlichen Weisheit.
- Geschieht aufgrund der ungenauen Klärung der eigenen Gefühle und der Fehlbewertung der eigenen Sensitivität. Blockiert die Fähigkeit, sich zu transformieren.
- Hat mit Selbst-Ausschluß und Selbst-Vergessenheit zu tun.

Selbst-Urheberschaft:
- Die Fähigkeit, die innere Stimme der Weisheit auszudrücken und wahrhaft auszudrücken, wer man ist.
- Die Fähigkeit, sich in jedem Augenblick seines Lebens neu zu erschaffen.
- Seine Masken abstreifen.
- Fähigkeit zu kreativer Kommunikation.

Selbst-Vergessenheit:
- Die Unfähigkeit, sich an seine wahre Identität, die Ganzheit, zu erinnern.
- Hängt mit Selbst-Ausschluß und Selbst-Ignoranz zusammen.
- Geschieht aufgrund der verzerrenden Manifestation der eigenen Gedanken und der Fehlinterpretation der eigenen Urteilskraft. Blockiert die Selbsterkenntnis.
- Geht auf einen Prozeß der Fehlinterpretation zurück, der das Verstehen blockiert und so Selbsterkenntnis und die Erfahrung der Mitschöpfung verhindert.

Selbstverwirklichung:
- Die Fähigkeit, seine Unschuld zu bewahren und nicht der Arroganz zu verfallen. Hängt mit Optimismus und Geduld zusammen und beruht auf Empfangen und Geben. Läßt den Aberglauben der Getrenntheit der Materie wie den beziehungslosen Individualismus nicht zu.

- Sie befreit von allen Arten von Aberglauben.
- Die Fähigkeit, verschiedene Dimensionen des Bewußtseins in der physischen wie in der transzendenten Realität zu verbinden.

Selbstverzerrung:
- Selbstdeformation.
- Ein Prozeß, bei dem der Geist-Körper den Fokus seines Laserstrahls von Innenschau und Verstehen verläßt. Selbstverzerrung tritt im Geist-Körper als Verwirrung auf und geht auf Moralismus zurück – gut und schlecht, richtig oder falsch. Moralismus beruht auf ständiger Bewertung, auf Reduktionismus und Diskriminierung, die zur Prämisse führen: „Womit ich mich identifiziere, das ‚ist ich‘, und das womit ich mich nicht identifiziere, das ‚ist nicht ich‘." Er führt auch dazu, daß man sich kompensatorisch von seiner wahren Identität, die Ganzheit ist, entfernt. Man wird dann abgetrennt, funktional gestört, getrennt von der eigenen Wahrheit.

Selbstwert:
- Die Fähigkeit, in echter Beziehung zu sein. Hat mit Selbstverantwortung und Authentizität zu tun. Beruht auf der Anerkennung der eigenen Verdienste und innerer Erlaubnis.
- Macht frei vom Ich-sollte-ich-müßte-Pakt.
- Hängt mit der Fähigkeit zusammen, kreative Entscheidungen zu fällen.
- Hängt mit der Fähigkeit zusammen, kreativ mit emotionalen Grenzen umzugehen.
- Hängt mit der Fähigkeit zusammen, kreativ Probleme zu überwinden.
- Ist die Grundlage echter Beziehung.

Spiritualität:
- Hängt mit einem fortwährenden Mind Bridging-Prozeß zusammen, in dem sich die transzendente Realität mit der physischen Realität verbindet.
- Ausdruck der eigenen kreativen Lebensenergie, die Entfaltung des persönlichen Geistes.
- Reine Kreativität.
- Anerkennung des Quantenselbst, das man ist. Dieses Quantenselbst verkörpert die partnerschaftliche Beziehung, die sich aus der Ganzheit als Mittel der Mitschöpfung mit der Ganzheit entfaltet.
- Der ständige Prozeß kreativer Transformation, der frei von Verhaftetsein ist.
- Der Weg, sich immer wieder mit der Ganzheit zu verbinden. Dies ist der Weg wahren Vergnügens.
- Der aufrichtige Ausdruck der sinnlich-sexuellen Energie auf achtungsvolle und verantwortungsvolle Weise. Diese Energie wird dann in reine Kreativität verwandelt und macht Enthusiasmus möglich. Enthusiasmus (griechische Wurzel) bedeutet „von Gott erfüllt".

System der Fragmentierung:
- Beruht auf dem Psycho-Virus, der Überzeugung, von der Ganzheit getrennt zu sein.
- Spiegelt die Schattenseite des Geist-Körpers und somit Trennung wider.
- Spiegelt den Prozeß des Egos im Geist-Körper wider.

System der Ganzheit:
- Beruht auf dem Originalprogramm für die Menschheit: Glück durch schöpferisches Mitwirken.
- Die Lichtseite des Geist-Körpers.
- Widerspiegelung der Ganzheit.

System von Überzeugungen:
Sich selbst erzeugende Gedanken, welche die Konditionierung widerspiegeln und verstärken. Diese Verstärkung erzeugt das System von Überzeugungen über sich selbst, die anderen und das Leben insgesamt.

Tabu:
Der Ego-Trick, der die primäre Hologramm-Gabe Selbstbesitz verhindert.

Transzendente Dimension:
- Die nicht-manifeste Realität.
- Unteilbare Realität.
- Ganzheitliche Dimension.
- Quantenrealität.

Trennendes Geist-Hologramm:
Drückt die Trennung, Fragmentierung und Autonomie des Geist-Körpers von der Ganzheit aus. All dies sind Fehlschöpfungen und Täuschungen.

Trennung (unbewußt – unterbewußt – bewußt):
Die Schattenseite sowohl des individuellen als auch des kollektiven Bewußtseins, die Fragmentierung widerspiegelt. Diese Fragmentierung ist aber eine Illusion.

Überzeugung (einschränkende):
Verstärkung einer Vorstellung durch sich selbst erzeugende trennende Gedanken, die sich durch Selbstgerechtigkeit auszeichnen. Diese Gedanken führen zu Besserwisserei.

Unbegrenzte Intelligenz:
- Innenschau.
- Die nichtmanifeste erste Dimension des Hologramms der Mitschöpfung.
- Ausstrahlung von der Ganzheit her.
- Das kreative Muster des Geistes.

Unbeständigkeit:
Ständige Transformation.

Universale Therapie:
Die Therapie von wechselseitiger Beziehung. Wir alle sind hier in diesem Leben, um einander Innenschau zu bringen und voneinander Einsicht zu empfangen, so daß durch bewußte Integration universale Heilung geschehen kann.

Universalität:
- Vereintsein.
- Kollektiver Geist-Körper.
- Kollektives Bewußtsein.
- Wechselseitige Beziehung.
- Ein einziges Gruppenbewußtsein.

Unschuld:
- Der Zustand des Geist-Körpers, der Ganzheit verkörpert.
- Natürliche Verbindung mit der holographischen Dimension des Geist-Körpers im Reich der Schwingungen, wo Zeit und Raum zusammenfallen.
- Natürlicher Zustand der Unbeschwertheit.
- Der Kern von Mind Bridging.

Unteilbares Ganzes:
- Die vereinheitlichte Realität, die alles durchdringt.
- Eine Quantenrealität.

Unterbrochene-Verbindungen-Effekt
- Die durch die Verzerrung der weiblichen und männlichen inneren Realität und die Fragmentierung der rezeptiven und aktiven geistigen Energien bewirkte Polarisierung des Geist-Körpers.
- Bedürftigkeit, Mangel an innerer Kommunikation zwischen der physischen und der transzendenten Realität einer Person.
- Unfähigkeit, bewußt mit der Ganzheit gemeinsam schöpferisch tätig zu sein.
- Das Leben wird zu einem Widerspruch.

Ursprünglichkeit:
- Die Fähigkeit, im Fluß zu sein, sich zu transformieren, in der Gegenwart zu sein, sich zu erneuern und schöpferisch mitzuwirken.
- Freier Ausdruck der eigenen Begabung.
- Eine grundlegende Hologramm-Gabe des Systems der Sieben Mind Bridging-Hologramme.
- Läßt keinen persönlichen Mythos zu.

„Vater und Mutter" (innere kreative):
- Innere Aspekte, die einem helfen, reif zu werden. Unterstützen die persönliche Entwicklung.
- „Elterliches" heilendes Geist-Hologramm. Widerspiegelt Ganzheit.

Verbinden (sich):
- Die Illusion der Trennung und Fragmentierung hinter sich lassen und so seine Ganzheit wiedergewinnen.
- Die kreative Bewegung des Bewußtseins.
- Integration: Verschiedene Aspekte oder Dimensionen einer Person werden verbunden.
- Es erlaubt einem, seine Grenzen zu überschreiten.

Verbinden (unbewußt – unterbewußt – bewußt):
Die lichte Seite (im Gegensatz zur Schattenseite) des individuellen wie des kollektiven Bewußtseins. Widerspiegelung der untrennbaren Natur ganzheitlichen Bewußtseins.

Verbindendes Geist-Hologramm:
Ein Bild-Gegenstand, der die Ganzheit und Mitschöpfung verkörpert. Dieser Bild-Gegenstand kann zum Beispiel eine Vorstellung, eine Person, ein Ort, eine Situation, ein Symbol ♥, ein Zeichen → oder ein Objekt ☎ sein. Es gibt Bild-Gegenstände, die dich mit der Ganzheit verbinden, und solche, die dich an einer Verbindung mit der Ganzheit hindern. Alles manifestiert sich entweder als verbindendes oder als trennendes Geist-Hologramm.

Verbindung der geistigen Energien:
• Die Vereinigung der rezeptiven und aktiven geistigen Energien.
• Die kreative Beteiligung und Integration der rezeptiven und aktiven geistigen Energien am Prozeß schöpferischen Mitwirkens mit der Ganzheit.

Vereinheitlichte Energie:
• Die nichtmanifeste zweite Dimension des Hologramms der Mitschöpfung.
• Ausstrahlung von der Ganzheit her.
• Die kreative Dynamik des Geistes.

Vereintsein:
• Die Fähigkeit, in Mitschöpfung zu geben und zu empfangen.
• Steht in Gegensatz zum Ego-Trick Aberglaube, der Überzeugung von der Getrenntheit der Materie, die zu Verhaftetsein, Besitzdenken, Habsucht und Materialismus führt.
• Heilt Individualismus.
• Eine grundlegende Hologramm-Gabe des Systems der Sieben Mind Bridging-Hologramme.

Vergebung:
• Ein Mind Bridging-Prozeß.
• Wiedererlangen der eigenen verleugneten komplementären kreativen Energie. Wiedererlangen der verleugneten Gaben. Man leugnet seine Gaben, wenn man seine Klagen wichtiger macht, als sich wieder zu verbinden. Vergebung bedeutet, seine Klagen loszulassen. Echte Vergebung ist letztlich Selbst-Vergebung dafür, seine eigenen Gaben nicht anerkannt zu haben, seine Ganzheit nicht angenommen zu haben.

Vergötterung:
Der Ego-Trick, der die primäre Hologramm-Gabe der Partnerschaft verhindert.

Vertiefung und Ausweitung des Bewußtseins:
• Die ständige Bewegung der Entfaltung und der Einfaltung des eigenen Bewußtseins (der kreativen Energie) von und zurück zur Ganzheit. Das begründet eine partnerschaftliche Beziehung zwischen sich und der Ganzheit.
• Widerspiegelung und Aktualisierung der Ganzheit.

- Ermöglicht die Verbindung der transzendenten und der physischen Dimension des Bewußtseins.

Wahre Bedürfnisse:

- Deine inneren Impulse (Schwingungen), die dir erlauben, friedvolle und harmonische Kommunikation zwischen deiner transzendenten und deiner physischen Dimension, zwischen deinem Geist und der Materie, zu erfahren.
- Jener Zustand des Geist-Körpers, der Harmonie widerspiegelt. Wenn diese Harmonie fehlt, schafft der Geist-Körper auf verzerrende Weise Projektionen.
- Bezug zur Ausgeglichenheit der rezeptiven geistigen Energie.

Wahre Identität:

- Wahres Wesen.
- Ganzheit.
- Vollkommenheit.
- Ganzheitliche (holographische und analytische) Natur.
- Läßt keinen Moralismus zu.
- Eine grundlegende Hologramm-Gabe des Systems der Sieben Mind Bridging-Hologramme.

Wahre Wünsche:

- Die inneren Impulse (Schwingungen), die einem erlauben, die Integration der transzendenten und der physischen Dimension zu erfahren. Diese Integration geht aus der Vereinigung des Geistes und der Materie hervor.
- Jener Zustand des Geist-Körpers, der Integration widerspiegelt. Wenn diese Integration fehlt, befindet sich der Geist-Körper im Zustand der Dissoziation.
- Bezug zur Ausgeglichenheit der aktiven geistigen Energie.

Wahrnehmung (analytische):

- Die lineare, reduktionistische Natur der Wahrnehmung.
- Bezieht sich auf Verstehen als Wissen.

Wahrnehmung (ganzheitliche):

- Die allumfassende Natur der Wahrnehmung.
- Bezieht sich auf Verstehen als Erleuchtung.

Wahrnehmung (holographische):

- Die alles durchdringende, unvorhersagbare, nicht-ortsgebundene und in Wechselwirkung stehende Natur der Wahrnehmung.
- Bezieht sich auf Verstehen als Weisheit.

Weg nach Hause:

- Der Weg zur Ganzheit.
- Verbindung, Wiederverbindung mit der Ganzheit.
- Rückkehr ins Zentrum seines Geist-Körpers.

- Erkenntnis, das Selbst zu sein, die partnerschaftliche Beziehung, die aus der Ganzheit ausströmt und sich durch einen selbst, die Menschheit und die gesamte Schöpfung manifestiert.

Weiblich – kreativ:
- Die Integrität der weiblichen inneren Realität.
- Hängt mit dem Einssein der rezeptiven geistigen Energie zusammen.

Weiblich – fehlkreativ:
- Die Verzerrung der weiblichen inneren Realität.
- Hängt mit der Fragmentierung der rezeptiven geistigen Energie zusammen.

Wesen:
- Ganzheit.
- Einssein.
- Integrität.
- Kreativität.
- Vollkommenheit.
- Vollkommene Kohärenz.
- Erleuchtung.
- Die primären verbindenden Gefühle: Vergnügen, Freude, Spontaneität, Unschuld, Liebe, Mut und Frieden.

Willensabhängige Wahrnehmung:
Der Wahrnehmungsmechanismus läßt sich vom Willen eines Menschen nicht trennen. Was jemand wahrnimmt, spiegelt immer seinen bewußten oder unbewußten Willen wider.

Zeit:
Eine richtungweisende psychologische Realität.

Zentrum (im Z. sein):
- Ausgeglichenheit.
- Friede.
- Ganzheitliche Sicht.
- Innere und äußere kreative Kommunikation.
- Innere Stärke.
- Einssein.
- Ganzheit selber.
- Unbegrenztheit.

Zwischenziele:
Flexible Leitplanken, die einem helfen, auf dem richtigen Weg zu bleiben.

Empfohlende Lektüre

A Course in Miracles, Penguin Arkana Books Ltd., London, England, 1985.

Ackerman, Diane, *A Natural History of the Senses,* First Vintage Books, a Division of Random House, Inc., New York, NY; 1991.

Allen, Marc, *Tantra for the West: Everyday Miracles and Other Steps for Transformation,* New World Library, San Rafael, CA, 1992.

Assagioli, Roberto, *The Act of Will,* Penguin Books Ltd., New York, NY, 1974.

Bandler, Richard, & Grindler, John, *Resignificando – Programação Neurolinguística e Transformação do Significado, (Orig. Titel: Neuro-Linguistic Programming™ and the Transformation of Meaning),* Summus Editorial Limitada, São Paulo, Brazil, 1986.

Bandler, Richard, *Usando Sua Mente – As Coisas Que Voce Não Sabe Que Não Sabe – Programação Neurolinguística, (Orig. Titel: Using Your Brain – for a Change),* Summus Editorial Limitada, São Paulo, Brazil, 1987.

Baratta, L. e Tazzi, A., *Gli Organi di Senso,* La Goliardica Pavese s.r.l., Pavia, Italy, 1984.

Beaulieu, John, *Music and Sound in the Healing Arts,* Station Hill Press, New York, NY, 1987.

Beck, Freeman & Associates, Aaron & Arthur, *Cognitive Therapy of Personality Disorders,* The Guilford Press, New York, NY, 1990.

Beck, Rush, Shaw & Emery, Aaron T., A. John, Brian F. & Gary, *Cognitive Therapy of Depression,* The Guildford Press, New York, NY, 1979.

Bergeron, Richard & Bouchard, Alain & Pelletier, Pierre, *A Nova Era em Questão, (Orig. Titel: Le Nouvel Age en Question),* Paulus, São Paulo, Brazil, 1994.

Bertherat, Thérèse, & Bernstein, Carol, *O Corpo Tem Suas Razões: Antiginástica e Consciência de Si, (Orig. Titel: Le Corps a Ses Raisons – Auto-Guérison et Anti-Gymnastique),* Livraria Martins Fontes Editora Limitada, São Paulo, Brazil, 1979.

Blackburn & Davidson, Ivy-Marie & Kate, *Cognitive Therapy for Depression & Anxiety,* Blackwell Science Ltd., Malden, MA, USA, 1995.

Bleichmar, Hugo, *Introdução ao Estudo das Perversões: A Teoria do Édipo em Freud e Lacan,* Artes Médica, Porto Alegre, Brazil, 1988.

Boadella, David, Lifestreams: *An Introduction to Biosynthesis,* Routledge & Kegan Paul Ltd., London, England, 1987.

Boff, Leonardo, & Betto Frei, *Mística e Espiridualidade,* Editora Rocco Limitada, Rio de Janeiro, Brazil, 1994.

Bohm, David, *Wholeness and the Implicate Order,* Ark Paperbacks, London, England, 1983.

Capacchione, Lucia, *Recovery of Your Inner Child,* Fireside/Simon & Schuster, New York, NY, 1991.

Capra, Fritjof, *The Tao of Physics,* Shambhala, Berkeley, CA, 1975.

Capra, Fritjof, *O Ponto de Mutação, (Orig. Titel: The Turning Point),* Editora Cultrix, São Paulo, Brazil, 1993.

Capra, Fritjof, *The Web of Life: a New Scientific Understanding of Living Systems,* First Anchor Books Edition, New York, NY, 1996.

Chardin de, Pierre Teilhard, *The Divine Millieu,* Harper & Row, Publishers, New York, NY, 1960.

Chodorow, Joan, *Dance Therapy & Depth Psychology, The Moving Imagination,* Rotledge, New York, NY, 1991.

Chopra, Deepak, *Quantum Healing: Exploring the Frontiers of Mind/Body Medicine,* Bantam Books, New York, NY, 1990.

Chopra, Deepak, *Ageless Body, Timeless Mind: The Quantum Alternative to Growing Old,* Harmony Books/Crown Publishers, Inc., New York, NY, 1993.

Coelho, Paulo, *O Alquimista,* Editora Rocco Limitada, Rio de Janeiro, Brazil, 1990.

Cousins, Norman, *Anatomy of an Illness as Perceived by the Patient – Reflections on Healing and Regeneration,* Bantam Books, New York, NY, 1981.

DeBerry, Stephen T., *Quantum Psychology: Steps to a Postmodern Ecology of Being,* Prager Publishers, Greenwood, Westport, CT, 1993.

Diamond, Harvey & Marilyn, *Fit for Life II: Living Health,* Warner Books, Inc., New York, NY, 1988.

Diamond, John, *Your Body Doesn't Lie,* Warner Books Inc., New York, NY, 1980.

Dychtwald, Ken, *Corpomente, (Orig. Titel: Bodymind),* Summus Editorial Limitada, São Paulo, Brazil, 1984.

Easwaran, Eknath, *Meditation,* Arkana, London, England, 1986.

Easwaran, Eknath, *Mantram Handbook,* Nilgiri Press, Petaluma, CA, 1988.

Freud, Sigmund, *The Complete Psychoanalytical Library,* Chatto & Windus, London, England, 1995.

Garcia-Roza, Luiz Alfredo, *Freud e o Inconsciente,* Jorge Zahar Editor Limitada, Rio de Janeiro, Brazil, 1987.

Grof, Stanislav, *Além do Cérebro: Nascimento, Morte, e Transcendência em Psicoterapia, (Orig. Titel: Beyond the Brain: Birth, Death and Transcendence in Psychotherapy),* McGraw-Hill, São Paulo, Brazil, 1988.

Hart, William, *The Art of Living, Vipassana Meditation, as Taught by S. N. Goenka,* HarperSanFrancisco, San Francisco, CA, 1987.

Hawking, Stephen W., *A Brief History of Time: From the Big Bang to Black Holes,* Bantam Books, New York, NY, 1995.

Hay, Louise L., *You Can Heal Your Life,* Hay House, Inc., Carson, CA, 1993.

Hendrix, Harville, *Getting the Love You Want: A Guide for Couples,* HarperPerrenial, New York, NY, 1990.

Holography Marketplace, 6th. Edition, edited by Ross, Franz, and Rhody, Alan, Ross Books, Berkerley, CA, 1997.

Jampolski, Gerald G., *Good-bye to Guilt – Releasing Fear Through Forgiveness,* Bantam Books, New York, NY, 1985.

Joy, Brugh W., *Joy's Way,* J. P. Tarcher, Inc., Los Angeles, CA, 1981.

Jung, C. G., *Synchronicity: An Acausal Connecting Principle,* Bollingen Series XX, Princeton University Press, Princeton, NJ, 1973.

Jung, C. G., *Memories, Dreams, Reflections, (Orig. Titel: Erinnerungen, Träume, Gedanken),* Vintage Books Edition, a Division of Random House, Inc., New York, NY, 1991.

Kast, Verena, *Imagination as Space of Freedom, Dialogue Between the Ego and the Unconscious, (Orig. Titel: Imagination als Raum der Freiheit)* Fromm International Publishing Corporation, New York, NY,1993.

Krisnamurti, J., *Bliss of Reality,* Chetana, Bombay, India, 1984.

Krisnamurti, J., *Meditations,* Shambhalla, Boston, MA, & London, England, 1991.

Krisnamurti, J., *Meeting Life,* Penguin Arkana, London, England, 1991.

Kurtz, Ron, *Body-Centered Psychotherapy – the Hakomy Method,* LifeRhythm, Mendocino, CA, 1990.

Leith, E. N. and Upatnicks, J., *Photography by Laser,* Scientific American, 1965.

Lerner, Harriet Goldhor, *The Dance of Intimacy: A Woman's Guide to Courageous Acts of Change in Key Relationships,* Harper & Row, Publishers, New York, NY, 1989.

Liberman, David, *Psycopatologia, (Orig. Titel: Comunicación y Psicoanálisis),* Editora Campus, Rio de Janeiro, Brazil, 1982.

Lowen, Alexander, *O Corpo em Terapia – a Abordagem Bioenergética, (Orig. Titel: Physical Dynamics of Character Structure),* Summus Editorial Limitada, São Paulo, Brazil, 1977.

Lowen, Alexander, *Bioenergética, (Orig. Titel: Bioenergetics),* Summus Editorial Limitada, São Paulo, Brazil, 1982.

Lowen, Alexander, *Amor e Orgasmo, (Orig. Titel: Love and Orgasm),* Summus Editorial Limitada, São Paulo, Brazil, 1988.

Nhât Hanh, Thích, *The Miracles of Mindfulness: A Manual on Meditation,* Beacon Press, Boston, MA, 1987.

Nhât Hanh, Thích, *Peace Is Every Step: The Path of Mindfulness in Everyday Life,* Bantam Books, New York, NY, 1991.

Nhât Hanh, Thích, *Living Buddha, Living Christ,* Riverhead Books, New York, NY, 1995.

Pearson, Carol S., *Awakening the Heroes Within,* HarperCollins Publishers, New York, NY, 1991.

Pert, Candace B., *Molecules of Emotion, Why You Feel the Way You Feel,* Scribner, New York, NY, 1997.

Perls, Frederick S., *Gestalt-Terapia Explicada, (Orig. Titel: Gestalt Therapy Verbatim),* Summus Editorial Limitada, São Paulo, Brazil, 1977.

Pierrakos, John C., *Energética da Essência (Orig. Titel: Core Energetics – Developing the Capacity to Love and Heal),* Editora Pensamento Limitada, São Paulo, Brazil, 1990.

Pribram, Karl H., *Languages of the Brain, Experimental Paradoxes and Principles in Neuropsychology,* Brandon House, Inc., New York, NY, 1971.

Pribram, Karl H., *Brain and Perception: Holonomy and Structure in Figural Processing,* Lawrence Erlbaum Associates, Inc., Publishers, Hillsdale, NJ, 1991.

Reich, Wilhelm, *A Função do Orgasmo, (Orig. Titel: Die Funktion des Orgasmus),* Editora brasiliense Sociedade Anônima, São Paulo, Brazil, 1987.

Rogers, Carl. R., *Tornar-Se Pessoa, (Orig. Titel: On Becoming a Person),* Livraria Martins Fontes Editora Limitada, São Paulo, Brazil, 1987.

Saxby, Graham, *Practical Holography,* Prentice Hall International (UK) Limited, Hertfordshire, England, 1994.

Spezzano, Chuck, *If It Hurts, It Isn't Love,* James Arthur Ltd., Evesham, Canada, 1996.

Spezzano, Lency, *Make Way for Love, a Story To Open Your Hearth,* Psychology of Vision Press, Kaneohe, HI, 1995.

Stevens, John O., *Tornar-se Presente: Experimentos de Crescimento em Gestalt-Terapia, (Orig. Titel: Awareness: Exploring, Experimenting, Experiencing),* Summus Editorial Limitada, São Paulo, Brazil, 1977.

Stone, Hal, & Stone, Sidra, *Embracing Your Inner Critic: Turning Self-Criticism Into a Creative Asset,* HarperSanFrancisco, San Francisco, CA, 1993.

Stone, Hal, & Winkelman, *Sidra, Embracing Each Other – Relationship as a Teacher,* Healer & Guide, New World Library, San Rafael, CA, 1989.

Talbot, Michael, *The Holographic Universe,* HarperCollins Publishers, Inc., New York, NY, 1991.

The Teaching of Buddha, Donated by the Buddhist Promoting Foundation, Japan, 1987.

Thurston, Mark, *Paradox of Power: Balancing Personal and Higher Will,* A.R.E. Press, Virginia Beach, VA, 1988.

Wilber, Ken, *The Holographic Paradigm and Other Paradoxes,* Shambhala, Boston, MA, & London, England, 1985.

Wolf, Fred Alan, *The Body Quantum, the New Physics of Body, Mind and Health,* MacMillan Publishing Company, New York, NY, 1986.

Wolf, Fred Alan, *Taking the Quantum Leap,* Harper & Row, Publishers, New York, NY, 1989.

Yogananda, Paramahansa, *Autobiografia de um Iogue, (Orig. Titel: Autobiography of a Yogi),* Summus Editorial Limitada, São Paulo, Brazil, 1981.

Yogananda, Paramahansa, *Scientific Healing Affirmations,* Self-Realization Fellowship, Los Angeles, CA, 1987.

Stichwortverzeichnis

Die Erforschung der Sieben Mind Bridging®-Hologramme

Die Botschaft von Mind Bridging findet sich in diesem Buch. Ich setze die Erforschung des Systems der Sieben Mind Bridging®-Hologramme fort, indem ich die Wechselbeziehung zwischen den Begriffen und die primäre Dynamik erforsche, die jedem Begriff in diesem System zugrundeliegt. Die endgültige Absicht dieser Entwicklungen zeigt sehr praxisorientiert auf, wie das kreative Selbstmanagement eines Individuums verbessert werden kann. Durch dieses kreative Selbstmanagement gewinnst du deine Gaben zurück und erlebst die Vollendung dessen, wer du wirklich bist. Du lernst wieder, wie du dich leicht mit deiner Ganzheit verbinden kannst. Deine Ganzheit wiederzufinden macht es dir möglich, deine Zeit, deinen Raum, deine Freiheit, deinen Erfolg, deine Liebe, dein Wohlbefinden und deinen Frieden wiederzuerlangen. Das ist innere Freude!

Weitere Informationen über Mind Bridging®-Coaching sowie über das Kreative Selbstmanagement-Programm und über die laufende Entwicklung der *Holographischen Psychologie* sind unter folgender Adresse erhältlich:

The Mind Bridging® Institute
Postfach
CH 8034 Zürich
mindbridging@bluewin.ch

Wenn es verletzt, ist es keine Liebe

Chuck Spezzano

5. Auflage

416 Seiten, gebunden – ISBN 3-928632-20-5

Dieses Buch verändert Ihr Leben. Ein Wissender zeigt den Weg, wie Sie ein Leben führen können, das erfüllt ist von Liebe und Verstehen, von Freude und Glück. Sie erfahren in 366 Kapiteln wichtige Lebensgrundsätze, die Ihre zwischenmenschlichen Beziehungen auf eine höhere Ebene heben.

Die Weisheit der Liebe, die der Verfasser in jahrzehntelanger Forschungsarbeit als Psychotherapeut, als weltweit bekannter Seminarleiter, als visionärer Lebenslehrer entdeckt und in klare Weisungen umgesetzt hat, verwandelt Sie und berührt Ihr wahres Wesen, das Liebe ist.

Durch die angebotenen Übungen, die das theoretisch Erkannte auch in den praktischen Alltag umsetzen, wird das Buch zu einem Wegbegleiter und Ratgeber in bedrängenden Beziehungsnöten. Wenn Sie Schritt für Schritt in die wichtigsten Grundprinzipien der Liebe eingeführt werden, reifen Sie in Ihrer Selbsterkenntnis, können Ihre Beziehungen in Partnerschaft und Freundschaft neu ordnen, vertiefen und intensivieren. Sie können die Ursachen für Ihre Schwierigkeiten in der Liebe erkennen, Blockaden auflösen und seelische Wunden heilen lassen.

Glücklichsein ist die beste Vergeltung

Die Kunst des Loslassens

Chuck Spezzano

152 Seiten, gebunden – ISBN 3-928632-21-3, **2. Aufl.**

Auch dieses Buch von Chuck Spezzano informiert den Leser über die wichtigsten Lebensregeln zum Glücklichsein. Es hilft, die unterbewußten Blockaden zu erkennen und aufzulösen, die inneren Hindernissse aus der Psyche zu überwinden und in der Erfahrung der wunderbaren Seelenkräfte der Liebe sein wahres Lebensglück und seinen Lebenssinn zu finden. Unverarbeitete Geschehnisse und Gefühle kommen ins Bewußtsein und können geheilt werden. Widerstände aus verdrängten, ungelösten Ereignissen, Schmerz, Schuldgefühle und Angst werden durch Erkennen und Übung aufgelöst. Vertrauen und Selbstbewußtsein wachsen, Krankheiten heilen, neue Schritte für die Selbstwerdung und Bewußtseinserweiterung werden sichtbar. Sie werden in einem 30-Tage-Programm vermittelt. Jedes Kapitel wird mit einem Angebot von Übungen abgeschlossen, die die gewonnenen Einsichten in konkrete Übungsschritte umsetzen.

Gib den Weg frei für die Liebe

Leitfaden zum Öffnen des Herzens

Lency Spezzano

168 Seiten, gebunden – ISBN 3-928632-19-1

Ist es Ihr Herzenswunsch, die Zärtlichkeit, die Schönheit und die Faszination einer großen Liebe zu erfahren? Ist Ihnen die natürliche Fähigkeit verlorengegangen, Gefühle wirklich zu empfinden und Vertrautheit zu erleben? Wenn dies zutrifft, ist dieses Buch eine Antwort auf Ihren Hilferuf! Es ist ein Erlebnis, das Ihr Herz bewegen und Sie in einer Weise berühren wird, wie Sie es vorher nur selten erfahren haben. Daß wir alle eine unauslöschliche Sehnsucht nach der Einheit der Liebe haben, beschreibt Lency Spezzano in spannenden und innerlich berührenden Erlebnissen, die aus ihrer eigenen lebendigen Lebenserfahrung und ihren ans Wunder grenzenden Heilerfolgen, ihrer Therapie- und Beratertätigkeit entstanden sind. In der tiefgreifenden Seelenanalyse des menschlichen Wesens durchbricht die Verfasserin die Masken und Rollen, die sich der Mensch als vermeintlichen Selbstschutz angelegt hat.

Die Vision vom göttlichen Menschen

Eine spirituelle Weg-Begleitung in das neue Jahrtausend

Barbara Schenkbier

Paperback: 424 Seiten, 21 ganzseitige Bilder – ISBN 3-928632-68-X

Prachtband: 424 Seiten, geb., Einband Kunstleder mit Goldaufdruck,
21 ganzseitige Bilder, Zweifarbendruck – ISBN 3-928632-18-3

Das Buch ist ein umfassendes Standardwerk, das den Durchbruch einer neuen Evolutionsstufe im menschlichen Bewußtsein des Menschen vorbereiten hilft. Aufbauend auf wissenschaftlichen Erkenntnissen und der mystischen Tradition aller Religionen führt es zu einem tieferen Wissen über das menschliche Bewußtsein, um dann den Weg zum göttlichen Menschen zu beleuchten. Alle wichtigen Schritte werden beschrieben, wesentliche Übungen aus einer neuen Sicht heraus dargestellt und die Transformationsstufe zu einem neuen Bewußtsein geschildert. Beim Lesen und Anwenden der beschriebenen Wahrheiten eröffnet sich dem Leser eine neue Sicht über den Sinn des Lebens. Alle, die den geistigen Weg beschreiten, werden ihn besser verstehen, ihn bewußter, mutiger und konsequenter weitergehen.

Das Buch ist aus der eigenen, spirituellen Erfahrung der Autorin heraus geschrieben und eröffnet den Blick in eine Zukunft, die die evolutionäre Schöpferkraft selbst schaffen wird.

Der Weg des Propheten

In Berührung mit der Macht des Lebens

Thom Hartmann

336 Seiten, gebunden – ISBN 3-928632-71-X

In dieser wunderbaren, aus dem Leben gegriffenen spirituellen Abenteuergeschichte erfährt Thom Hartmann die verwickelten Fortschritte eines Pilgers am Rande des Chaos – sozial, politisch, psychologisch und spirituell – und entdeckt, daß es genau dort ist, wo das Leben am intensivsten erfahren wird und wir der Gegenwart Gottes am vollständigsten gewahr werden – und wo sogar unsere einfachsten und geheimsten Aktionen, in einer Art von göttlichem Schmetterlings-effekt, die Welt transformieren können. In den Begegnungen mit dem international bekannten Gründer der in vielen Teilen der Welt entstandenen Salem-Kinderdörfer, Gottfried Müller, hat der Autor all dies erleben können. Hartmann beschreibt dabei seine eigenen, im alltäglichen Leben getesteten praktischen Techniken, wie man zum wahren Leben und der göttlichen Gegenwart erwachen, und wie man seine alltäglichen Aktionen mit weltverändernder Kraft aufladen kann. Das ist es, worum es wirklich geht. Dieses Buch zu lesen, kann das Leben verändern.

Die innere Sphäre des Menschen

Das Tor des Herzens öffnen

Mansukh Patel

192 Seiten, Paperback – ISBN 3-928632-72-8

Dr. Patel hat die seltene Gabe, die etwas rätselhaften und schwer faßbaren Facetten unseres Lebens zu ergründen. Es scheint, als ob er in der Lage wäre, tief in unseren Geist einzutauchen, unsere profunden Bedürfnisse zu verstehen und eine fertige und anwendbare Lösung für unsere unausgesprochenen Fragen zu haben.

Jeder hat irgendwann in seinem Leben nach einer Lösung auf die Verwirrung und die Konflikte, die einen manchmal überkommen, gesucht. Jeder von uns hat zu verstehen versucht, warum unsere Beziehungen nicht immer auf die erhoffte Weise funktionieren und manchmal haben wir unsere Hände ausgestreckt, nur um festzustellen, daß unsere Träume unerreichbar sind.

„Die innere Sphäre des Menschen" zeigt auf einfache und klare Weise, wie Dr. Patel vorgeht, um Glück und Erfolg zu erlangen. Seine Techniken beruhen auf jahrelanger Forschung und persönlicher Erfahrung. Sie sind praktisch anwendbar, sicher und äußerst effektiv.

Der Weg durch den Sturm

Weltarbeit im Konfliktfeld der Zeitgeister
Arnold Mindell

248 Seiten, gebunden – ISBN 3-928632-29-9

Wie sollen wir Menschen an der Schwelle zum dritten Jahrtausend unsere gigantischen Probleme lösen? Ausgehend von seinen Erfahrungen in der psychotherapeutischen und supervisorischen Arbeit mit Einzelnen und Gruppen in vielen Teilen der Welt hat Mindell Ansätze für eine Methode entwickelt, welche Lösungen nicht von außen überstülpt, sondern Gruppen und Großgruppen dabei unterstützt, sich selbst kennenzulernen und bisher unterdrückte oder übersehene Teile als Ressourcen für den Umgang mit ihren Schwierigkeiten und zur Entwicklung von Gemeinschaft zu nutzen. Wie können Betroffene dabei unterstützt werden, aus ihrem Prozeß und ihrem jeweiligen Feld heraus Zugang zu den eigenen Potentialen von Führungskraft und Weisheit zu finden? Dieses Buch schildert Schritte auf dem steinigen Weg der Suche nach einer **neuen „Weltarbeit"**, welche Erkenntnisse aus der Psychologie, den modernen Naturwissenschaften und den alten spirituellen und schamanistischen Traditionen zusammenbringt, um den Herausforderungen unserer Zeit zu begegnen.

Das Enneagramm der Gesellschaft

Die Übel der Welt, das Übel der Seele.
Claudio Naranjo

152 Seiten, gebunden, 10 Zeichnungen – ISBN 3-928632-37-X

Das Wissen um die Tiefenstrukturen der Seele mit Hilfe des Enneagramms führt zur Erkenntnis des eigenen Charakters mit seinen Stärken, Schwächen und verborgenen Potentialen. In diesem Buch weist Claudio Naranjo – Arzt, Psychiater, weltbekannter Bewußtseinsforscher und Therapeut – nach, daß die Mißstände der Welt in den Übeln unserer Seele begründet liegen.

Es werden dabei folgende Themen behandelt:
● Das Enneagramm als Landkarte der Übel, Sünden und grundlegenden Leidenschaften in der individuellen Psyche sowie die Beziehungen zwischen diesen Übeln und den Krankheiten der Seele.
● Eine detaillierte Beschreibung der Störungen der Persönlichkeit oder Charakterneurosen, die sich aus jeder einzelnen dieser Übel oder krankhaften Zuständen ableiten lassen.
● Eine Diskussion der Verwirrungen der Liebe, die jedem einzelnen dieser menschlichen Charaktere des Enneagramms zu eigen sind.
● Eine Betrachtung eines möglichen „Enneagramms der Gesellschaft" als eine kurze sozialkritische Abhandlung aus der Perspektive der psychischen Krankheiten des individuellen Charakters.

Suche nach dem Sinn des Lebens

Bewußtseinswandel auf dem Weg nach innen
Willigis Jäger

5. Auflage

272 Seiten, Paperback – ISBN 3-928632-03-5
Preisträger amerikanischer Verleger

Alle wichtigen Themen des spirituellen Lebens werden von dem Zenmeister (Roshi) Pater Willigis Jäger in diesem Buch grundlegend behandelt und in Bezug gesetzt zur christlichen Mystik, aber auch zu den großen Traditionen der esoterischen Wege anderer Religionen, zu den Ergebnissen moderner Naturwissenschaft und den Erkenntnissen der transpersonalen Psychologie. Die psychologischen Aspekte des inneren Weges, seine Tiefenstrukturen und Stadien, der Umgang mit den Gefühlen und die Verwandlung des Schattens werden eingehend beschrieben. In diesem Buch geht es um den inneren Weg der christlichen Religion, um einen Bewußtseinswandel in der Gleichgestaltung mit Christus, um eine neue – von innen geprägte – Ethik, die Verantwortung für die Mitwelt übernimmt. Das Buch befreit zu einem sinnerfüllten Leben; motiviert, den inneren Weg zu gehen, provoziert zu einem neuen Denken und Handeln und tröstet in dunklen Stunden.

Aura Soma Farblexikon

Praxisbuch für Lichtarbeitende

Elsbeth Devi Kaegi Maurer

392 Seiten, geb., 21 farbige Seiten, 1 Plakat – ISBN 3-928632-46-9

Das praktische Handbuch der Aura-Soma-Therapie ist für jeden eine wertvolle Hilfe, diese Farb-Licht-Heil-Methode in umfassender Weise kennenzulernen und anwenden zu können, gleich ob er Therapeut, Lehrer, Praktizierender ist oder ob er sie für sich selbst benutzt.

Das „**Farblexikon**" verbindet auf einzigartige Weise das ganzheitliche Wissen über die Farben mit dem Tarot, den Chakras, dem I Ging und der Numerologie. Es ermöglicht den schnellen Zugriff zu den geeignetsten Aura-Soma-Equilibriumflaschen, Pomander und Quintessenzen. Über 20 übersichtliche Tabellen für viele wichtige Lebensbereiche und für die Heilung von Krankheiten mit entsprechenden Affirmationen ergänzen jedes andere Aura-Soma-Buch.

Das „**Praxisbuch**" mit den Selbstanalysen „Chakra Body" und „Partnerschaft" vermittelt einen einzigartigen und wirkungsvollen Weg, negative Muster und Blockaden zu erkennen und aufzulösen. „*Das Lexikon ist die Antwort auf unzählige Fragen – es bringt Licht in das komplexe Soma-System.*" Mike Booth)

Sieben Schritte zu deinem Idealgewicht

Ein spiritueller Pfad zu Gesundheit und Wohlergehen

Mary Bray

152 Seiten, gebunden – ISBN 3-928632-67-1

„Was wir essen ist nur ein Teil des Lernvorganges, der in diesem Buch angeboten wird. Dieses Buch ist nicht fanatisch. Es ist flexibel. Sein Thema sind weder Lebensmittel noch das Essen. Es sind nicht unsere schlechten Eßgewohnheiten, die uns übergewichtig sein ließen. Es sind unsere falschen Gedanken über uns selbst und andere, die uns das Leben schwer gemacht haben.

Wenn wir uns mit der Vergangenheit aussöhnen und unsere falschen Gedanken und unseren Groll loslassen, uns und anderen nicht mehr die Schuld geben, lassen wir auch unser Fett los. Jeder, der bereit ist, seine „alt eingesessenen" Lebensmuster aufzugeben, kann sein Idealgewicht erreichen. In Form von mentalen Übungen werden in diesem Buch grundlegende Einsichten und Anleitungen gegeben, wie man den Geist trainiert, um Gewicht abzubauen. Der Körper beginnt zu reagieren und fängt an, sich zu wandeln. Gleichzeitig mit dem körperlichen Wandel vollzieht sich eine Verbesserung der persönlichen Gefühlsebene, die zu Gesundheit und Wohlergehen führt.

Transpersonale Psychologie und Psychotherapie

104 Seiten, Paperback, zwei Ausgaben: Frühjahr und Herbst

ISSN 0949-3174

Transpersonale Psychologie und Psychotherapie ist eine unabhängige Zeitschrift. Sie verbindet das Wissen spiritueller Wege und der Philosophia perennis mit moderner Psychologie und Psychotherapie, leistet Beiträge zur wissenschaftlichen Fundierung des Transpersonalen.

Transpersonale Psychologie und Psychotherapie ist eine Zeitschrift, die sich an Fachleute und Laien wendet mit einem Interesse an transpersonalen Themen. Aus einem schulen-, kultur- und religionsübergreifenden Verständnis heraus bietet sie ein Forum der Verbindung von Psychologie und Psychotherapie und deren theoretischen Grundlagen mit spirituellen und transpersonalen Phänomenen, Erfahrungen und Wegen, Welt- und Menschenbildern. Sie dient dem Dialog der verschiedenen Richtungen, fördert integrative Bemühungen und leistet Beiträge zur Forschung und Theoriebildung. Sie bietet Überblick, Orientierung und ein Diskussionsforum auf wissenschaftlichem Niveau.